2016 年的
中国与世界

China and the World
in 2016

中国社会科学院国家全球战略智库 / 编

社会科学文献出版社
SOCIAL SCIENCES ACADEMIC PRESS (CHINA)

引　言

王灵桂[*]

2016 年，因种种偶然和必然的因素，波谲云诡的事情不少。因此，2016 年，被西方学术界冠以"黑天鹅年"之称。

此说把目光集聚在西方社会，虽有以偏概全之嫌，但西方民粹主义的高企、反全球化浪潮的铺天盖地、国际秩序不确定性带来的焦虑，确实让西方传统的学者们感到无所适从：历来屡试不爽的理论在严酷的现实面前显得苍白无力，甚至荒谬；挥斥方遒的大家们在专业领域内的种种判断和预测，几无应验；整个世界如脱缰之马匹，肆无忌惮地践踏和嘲笑着"象牙塔"内的精致思想；以"历史终结论"闻名于世的美籍日裔学者弗朗西斯·福山（Francis Fukuyama），最近也在小心翼翼地修正他的理论，在其新版的书中，他甚至用"我们需要什么样的好民主"来取代"我们是否需要民主"等当时似乎不容置疑的问题，把曾经名震一时的"西方民主政治和市场经济将是人类历史制度发展演变的最后阶段"的著名论断，悄悄掩埋进了其书斋薄薄的尘埃之中——凡此种种，"黑天鹅"之概括也不是没有道理。但是，不能否认的是，震惊之后的慌乱、有悖惯性思维的现实、刻舟求剑式的研究方式等，确实让"黑天鹅"成为一块遮羞的合适布片。

一个"脱"字，让过去的欧盟接近搁浅境地，在一片"不可能"的预言中，英国公投脱欧结果让人们大跌眼镜；在希拉里和特朗普的对决中，屡被围攻的"政治素人"特朗普成功当选，让只准备了当选感言的希拉里当场重伤无语；喧嚣一时的意大利宪政改革将会何去何从亦尚不分明。2016 年的这三大"黑天鹅事件"搅乱欧美后，迅速在世界范围内发酵扩散，大有世界末日来临之势。但是，仔细分析和剖析这些"黑天鹅事件"，其实是事出有因，且由来已久，只不过择时而发罢了。西方世界长期以来精英阶层和草根阶层之间存在的分裂与对立，早就把西方民主政治放到了"烤肉架"上，西方惊呼的"几十年来最严重的危机"只不过是多年积弊的

---

[*] 王灵桂，中国社会科学院国家全球战略智库常务副理事长兼秘书长、研究员、博士生导师。

质变，是西方民众借助推特、脸谱等社交媒体表达不满，最终通过手中的选票表达强烈求变呼声的水到渠成之举。正如一块石头扔进宁静的池塘，本身并不值得大惊小怪。但是，池塘涟漪产生的共振和放大效应，却对世界权力结构产生了催化、分化、改组、调整，乃至重构之功效，随之而来的第一波浪潮，伴随着民粹主义的强劲风头，推高了反全球化浪潮，点燃了保护主义的导火索，催生了新一轮排外主义的狂潮。尤其值得警惕的是，其涟漪效应目前尚未告终，接连的新一波浪潮将如何涌动，将对国际政治与安全秩序造成什么样的新冲击，值得我们继续关注。

一个"负"字，让 2016 年的世界经济弱于预期并酝酿诸多新的变化，全球利率陷入了 2008 年世界金融危机爆发以来的最低点，又让西方国家总体上进入了"负利率时代"，导致全球债务持续膨胀，拉高了全球债务危机风险。全球化与区域一体化进程中的利益再平衡加剧，西方国家再度祭出贸易保护主义大旗，西方去全球化声音再度放大至空前音量，经济全球化和区域一体化暂时进入了"逆风运行"阶段，经济全球化大势已逝还是继续不可逆转，成为世界最为关心的时代问题。"超低油价时代"似乎正在结束，随着国际原油市场供需关系的渐趋平衡，国际油价开始回升的势头，正在"温暖"着下跌的、冰冷的世界经济符号，但美伊关系再度生变、中东乱局因大国深度卷入难望和平曙光、美国新政府试图加大能源开发的声明，有可能使国际油价再度受到严重抑制。美联储加息的信号像是楼上的靴子，落了一只之后，另一只一直没落下来，让世界焦心，也让资金回流美国的趋势不断增强，掣肘了全球市场对新兴国家的投资信心，有可能迟滞新兴国家市场复苏的进程。回望 2016 年的世界形势，由于以上抑制因素的增强，世界经济正因消极因素的增加而处于深度调整阶段，再加上短期内难以消除的地缘政治危机、无解的难民浪潮、前途未卜的欧盟等因素，出现了美国经济难以放量增长、欧盟经济弱势复苏、日本经济下行压力持续、新兴市场国家经济增长持续放缓、全球经济复苏依然乏力的突出特点。同时，围绕亚太贸易规则不断加剧的博弈、G20 全球治理突出的引领作用等，全球经济治理规则制定权开始进入激烈的竞争阶段。

一个"博"字，让 2016 年的国际格局进入了新的调整阶段，围绕欧洲东线、西太平洋、中东地区的战略博弈三线并进，中美俄大三角的格局相对稳固。以乌克兰为焦点的欧洲争端，迫使美国不得不加大对欧洲的战略投入。史称"大国坟墓"的中东地区，正在考验着美国和俄罗斯以及地区国家的战略定力和战略忍耐，土耳其的"叛阵"和俄罗斯力挺巴沙尔的系列布局，让美国举棋不定。面对不安宁的 2016 年乱局，美国和俄罗斯不约而同地宣称要扩充核武库，试图可笑地把能毁灭世界 1000 次的核能力再度加码，恫吓与讹诈的招数频出；乱局各当事方空前地加强军事部署，甚至小小的连级或营级军事调动，都能牵动世界媒体敏感的神经，欧盟更是不失时机地提出要建立"欧洲防务联盟"；不管要不要或能不能打仗，各当事方的国防部门借机哭穷，纷纷向议会要钱，或多或少地呼吁增加军事预算；随便找个名目，借机找个名义，就联合开展声势浩大的双边或多边军事演习，搅动地区局势，撬动格局大势，强化军事关系，浑水摸鱼、乘机牟利的意味十分明显。俄罗斯在牌局上频频出牌，美欧日的接招反制令人眼花缭乱：美国和俄罗斯关系在特朗普当选后出现了短暂的"投怀送抱之意"；欧洲一边试图缓和与俄罗斯的关系，一边延长对俄罗斯的制裁，两手对两手的策略味道十分明显；围绕"南千岛群岛"，日本和俄罗斯之间的博弈出现了新的迹象，新的经济合作协议似乎让冰冷的俄日关系出现了某种转机。而更加令人侧目的是，在三线并进的博弈中，中美俄成为世界舞台的主角，中俄在不断按照各自套路寻求和扩大与美合作的同时，在反导、网络安全、南海、东海、极地、叙利亚等问题的相互策应与协作方面也让世界看到了和则两利的曙光。特别值得一提的是，2016年的菲律宾新政府实行外交转向策略，杜特尔特弃美友华，让沸沸扬扬的南海争端顿时降温。

一个"搅"字，让地区问题发热，让现实世界和网络空间不得安生，或让2016年的和平之舟颠动不已，或也让某些搅局者谋取私利的心态昭然若揭。"萨德"入韩，让东亚局势再添变数，搅动了东北亚已经不安生的战略与安全格局，但让中俄合作"菜单"上再添新品。已成世界众矢之的的"伊斯兰国"，垂死挣扎之余依托社交APP、利用"暗网"等"创新"恐怖主义手段，推出了所谓的"外线扩张"，把部分目光转向了欧美国家，使其感受到了近十年以来最大的恐怖威胁，各方不得不纷纷采取新举措加强反恐，无奈病根不除，却越反越恐。"阿拉伯之春"中，突尼斯、埃及、利比亚、伊拉克、叙利亚等国遭受重创，战乱不已，政局动荡，民不聊生，难民潮汹涌澎湃，让欧洲国家难受到了无以复加的地步，默克尔无奈变更难民政策口风，欧盟为收紧难民政策而组建"欧洲边境与海岸警卫队"，不惜动用北约力量打击冒死求生的中东难民，尚未执政的特朗普声称将遣返非法移民，打击"偷渡潮"。面对2016年的36万难民和非法移民，欧美把挂在嘴边的"人权"暂时垫到了自己的屁股底下，凭其惯有的冷漠和伪善，并以本国民生等"高尚而光明正大"的理由，将在偷渡中遭遇不幸的5000多难民亡灵，扔进地中海悲伤呜咽的波涛里不闻不问。现实世界中乱局不已，虚拟空间也不甘寂寞。在网络世界中，看得见和看不见的手也在搅局，先是俄罗斯控称自己的信息和科研、军事和国防、金融银行等20多家机构的网络遭到恶意入侵，俄罗斯央行被黑客盗取3000多万美元资金；美国宣称网络中介服务商遭到攻击，主要网站服务被迫全面中断后，首次将网络攻击认定为作战手段，并声称将用武力捍卫自己的网络主权。随后，美国又宣称其总统大选受到了俄罗斯黑客的操纵和干预，声称要对俄发起"前所未有的网络行动"。在网络空间中，"伊斯兰国"也不甘寂寞，支持"伊斯兰国"的黑客组织公布了 3600 多名纽约人的名字和住址，并声称将对这些人进行"圣战"，让美国政府不得不宣布将对"伊斯兰国"进行网络战争。水塘越搅越混，混乱之中的危机因素随之而生，使得维护世界和平与国家安全的努力面临的挑战不断增大。毛主席曾说过：扫帚不到，灰尘照例不会自动跑掉。因此，只要搅局者的棍子不停止，问题就永远不会消除，危机也会接二连三地出现。此为国际政治的常态。2016 年也毫不例外，并不值得大惊小怪，只不过是新问题增加了应对的难度而已。

一个"定"字，让世界安心，让世界和平的曙光初绽于远方的地平线。2016年，中国率先批准了气候变化《巴黎协定》，随后 170 多个国家签署的协定得到了60 多个国家的批准，成就了人类历史上第一个气候条约的正式诞生。G20 杭州峰会作为中国 2016 年的主场外交大戏，用中国智慧、中国经验、中国模式，首次把发展问题作为全球宏观政策框架的首要议题，历史性地就落实联合国 2030 年可持续性发展议程，制订了具有可操作性的行动计划，魅力十足的西子湖畔和涌动向前的钱江大潮，在全球治理发展史上留下了中国聪慧的优秀历史基因。在 G20 这个世界性舞台上，中国以其坚定的稳重步伐、沉着的战略定力、深沉的历史担当，为世界乱局和低迷的经济形势开出的中国药方，得到了与会领导人的一致认同，开启了中国参与全球经济治理的崭新时代。从广袤的亚欧腹地哈萨克斯坦到风光旖旎的印度尼西亚，习主席分别提出的"丝绸之路经济带"和"21 世纪海上丝绸之路"吸引了世界各国的眼球。和平合作、开放包容、互鉴互学、互利共赢的丝路精神，共商、共建、共享的合作理念，驱散了去全球化的阴霾，为增长低迷的世界经济注入新的动能。各国纷纷将本国经济发展与中国政府发布的《推动共建丝绸之路经济带和 21世纪海上丝绸之路的愿景与行动》规划相衔接。"一带一路"倡导的政策沟通、设施联通、贸易畅通、资金融通、民心相通这"五通"，正在以基础设施、经贸合作、产业投资、能源资源、金融支撑、人文交流、生态环保、海洋合作等为载体和依托，在全球掀起了投资兴业、互联互通、技术创新、产能合作的新势头。2016 年中国牵头成立有 57 个成员方加入的亚洲基础设施投资银行（AIIB）；2016 年 11 月 17日，第 71 届联合国大会以 193 个成员一致赞同的投票结果，通过了第 A/71/9 号决议，欢迎"一带一路"倡议，敦促各国参与"一带一路"建设，呼吁国际社会为开展"一带一路"建设提供安全保障环境。2017 年 3 月 17 日，联合国安理会全票赞成，一致通过第 2344 号决议，呼吁国际社会凝聚援助阿富汗共识，通过"一带一路"建设等加强区域经济合作，敦促各方为"一带一路"建设提供安全保障环境。"一带一路"不是中国的独角戏，是与亚欧非及世界各国共同演奏的交响乐。中国恪守《联合国宪章》的宗旨和原则，坚持开放合作、和谐包容、政策沟通，培育政治互信，建立合作共识，协调发展战略，促进贸易便利化及多边合作体制机制。2016 年，中国携手 100 多个国家和地区，依托国际大通道，以陆上沿线中心城市为支撑，以重点经贸产业园区为合作平台，共同打造的新亚欧大陆桥、中蒙俄、中国－中亚－西亚、中巴、孟中印缅、中国－中南半岛等国际经济合作走廊进展顺利，中欧班列在贸易往来中动力强劲，风景独好；在海上以重点港口为节点，共同建设通畅安全高效的运输通道，实现陆海路径的紧密关联与合作，太平洋、印度洋、大西洋上巨轮往来频繁，不亦乐乎。亚太经合组织、亚欧会议、大湄公河次区域合作等有关决议或文件，都体现了"一带一路"建设内容。丝路基金、开发性金融、供应链金融汇聚全球财富，建设绿色、健康、智慧与和平的丝绸之路，增进各国民众福祉。新的"一带一路"作为人类历史上从未有过的恢宏蓝图，作为横跨亚非欧、连接世界各国的暖心红线，在 2016 年伊始结出了丰硕成果，为低迷的世界经济带来了希望之光。

2016 年是充满希望的一年，也是充满挫折的一年；是争取前进和进步的一年，也是充满倒退和悲伤的一年。因此，过度洗练的"脱"、"负"、"博"、"搅"、"定"五个汉字，并不足以描述 2016 年的复杂与严峻、乐观与悲伤。好在中国社会科学院国家全球战略智库的研究人员，以其炽烈的报国之情和深厚的学术积累，在 2016 年试图努力回答时代给世界提出的课题。这也是本书得以付梓的前提和基础。

我的研究伙伴们敏锐地看到了习近平总书记外交战略思想所具有的前瞻性和针对性，细致研究了中国的国际角色、义利观、总体安全观、文明互鉴观等新思路、新观念、新论断，从"一带一路"与世界秩序等角度入手，探究了其为国际社会提供的和平发展新思路，以及推动"一带一路"与新型大国关系融合发展的路径、"一带一路"与中国经济外交转型、"一带一路"与扩大开放、"一带一路"经济走廊的形成机理与功能演进、全球价值链重构背景下中国与"一带一路"沿线国家国际产能合作、建立健全支撑"一带一路"建设的中国国际援助和开发合作体系研究等重要问题。围绕中国的国际战略问题，研究了坚持不干涉内政原则与建设性介入的关系，以及发挥建设性介入作用的方向、目的、条件、方式和程度；研究了中国特色开放理论体系与大国软实力建设问题。围绕中国的国际作为，研究了如何构建包容性的国际经济治理体系、G20 杭州峰会与中国的全球治理理念、新时期中国打造战略支点国家的方向与策略、中国海外利益面临的主要安全风险及统筹维护等问题。围绕中国软实力建设，探索了如何提升中国软实力的方式方法、如何有针对性地开展国际传播、如何与国际主流媒体合作等议题。围绕中国内政问题，探索了社会治理现代化的国外经验教训及启示、网络强国战略的架构与核心内容等议题。围绕国际形势，探讨了美国金融危机以来的世界经济发展趋势、当前国际反恐斗争态势及挑战、"伊斯兰国"在中国周边扩张态势及其影响、希腊债务危机的发展前景等。围绕国际规则问题，探索了当代全球规则体系的发展趋势与影响、国际贸易新规则对中国的影响等。围绕国际格局演进，研究了世界战略格局和运筹大国关系、主要大国内外战略调整及变化研究等问题。围绕大国战略，研究了奥巴马主义的困境与美国全球战略走向、特朗普政府执政后美国的外交政策走向、亚太再平衡战略未来走向及影响等。围绕中美关系，探讨了特朗普政府对推进中美新型大国关系的立场评估、2016 美国大选两党候选人对华政策主张评析等问题。

值得说明的是，以上研究成果的时间截至 2016 年 12 月底。因此，对某些问题的观点和看法，可能与事态的后续发展并不十分相符，甚至背道而驰。但是，这是我们当时的认识水平和认知能力，结集付梓是为了记录我们的研究轨迹，也是为了方便回顾和评估我们前进的步伐。这也是中国社会科学院国家全球战略智库作为刚刚成立的新型智库的一次浅浅尝试，十分希望得到学界前辈和朋友的指点指教。从这个意义上讲，本书实际上是一个靶子，方便大家对我们的工作提出意见和批评，以利我们在错综复杂的研究道路上不断纠正偏颇和失误。对于我们研究工作的探索性尝试，诚挚希望得到读者们的宝贵意见。在此，我谨代表本书全体作者，向各位读者的宝贵意见致以真诚的感谢。

该研究工作作为中国社会科学院国家全球战略智库的年度重点任务，得到了国家全球战略智库理事长蔡昉教授、首席专家傅莹女士的亲切关怀。本报告的结集付梓，是在蔡昉理事长的直接指导和启发下完成的。在本研究工作中，中国社会科学院世界经济与政治研究所所长张宇燕研究员、俄罗斯东欧中亚研究所所长李永全研究员、欧洲研究所所长黄平研究员、西亚非洲研究所所长杨光研究员、拉丁美洲研究所所长吴白乙研究员、亚太与全球战略研究院院长李向阳研究员、美国研究所所长郑秉文研究员、日本研究所领导高洪研究员和杨伯江研究员，以及上述研究所有关领导和同志做的大量组织协调和审核把关工作，都令我们由衷感佩。国家全球战略智库副秘书长赵江林研究员以及智库秘书处的有关同志，在幕后所做的书稿前期整理工作，让我们始终铭记在心。在此，一并对给予智库研究工作指导、支持、关心和帮助的所有领导和同志们，献上我们最诚挚的感谢和敬意。你们一以贯之的爱护与扶持，是我们不断探索前行的最大动力，是我们不畏困难勇于开山架桥的信心之源，是我们构建中国特色国际战略理论框架和体系的学养支柱和基石。

　　最后，衷心感谢社会科学文献出版社的诸位编辑，在他们的鼓励和支持下，该书才得以在短时间内面世。也正是他们严谨、细致、专业的工作作风，才保证了本书较高的水平。在此，谨向他们高质量的专业水准和孜孜不倦的敬业精神一并致敬。

　　随笔至此，聊为引言，再次向本书各位作者的家国情怀致敬，向各位领导、专家和读者的赐教厚爱致礼，向参与本书工作的各位同仁的敬业奉献致意。

2017 年 4 月 9 日子时

于香山麓听雨轩

目 录
C O N T E N T S

“一带一路”篇

“一带一路”与习近平外交战略思想 …………………………………… 3

“一带一路”与世界秩序问题 …………………………………………… 14

“一带一路”与中国经济外交转型 ……………………………………… 20

“一带一路”方式应成为中国推进全球发展与获得全球认同的

    国际话语符号 ………………………………………………………… 31

“一带一路”与扩大开放 ………………………………………………… 37

构建“一带一路”综合战略平台，营造更加主动有利的外部环境条件 …… 44

关于“一带一路”切入点的政策建议

    ——基于“五通”的逻辑框架 ……………………………………… 48

以塑造区域一体化新模式为导向建设“一带一路” ………………… 54

从走廊到区域经济一体化：“一带一路”经济走廊的形成机理与

    功能演进 ……………………………………………………………… 61

全球价值链重构背景下中国与“一带一路”沿线国家国际产能合作 …… 71

“一带一路”倡议与海外产业园区建设 ……………………………… 76

建立健全支撑“一带一路”建设的中国国际援助和开发合作体系研究 …… 87

“一带一路”框架下的中欧合作：机遇、挑战与政策建议 ………… 93

中国国际战略理论篇

处理好坚持不干涉内政原则与建设性介入的关系 …………………… 101

发挥建设性介入作用的方向、目的、条件和方式、程度研究 …………… 108

中国特色开放理论体系与大国软实力研究 ………………………… 114

推进国际产能合作的理论基础和实践策略 ………………………… 120

中国国际作为篇

构建包容性的国际经济治理体系 …………………………………… 129

形成中国参与国际宏观经济政策协调的机制和完善全球国际经济治理

研究 ………………………………………………………………… 135

2016 年 G20 杭州峰会与中国的全球治理理念 …………………… 145

新时期中国打造战略支点国家的方向与策略 ……………………… 154

中国海外利益面临的主要安全风险及统筹维护 …………………… 158

“十三五”规划期间中国周边外交的前景展望 …………………… 166

加强中国中东战略顶层设计，提升中国在中东地区的影响力 …… 173

中国对非洲战略运筹研究 …………………………………………… 181

中国软实力建设篇

构建与开放型经济新体制相适应的软实力 ………………………… 191

进一步提升中国软实力的方式方法 ………………………………… 196

进一步强化中国国际话语权的方式方法 …………………………… 207

关于有针对性开展国际传播的分析与建议 ………………………… 213

与国际主流媒体开展合作，加强合作传播能力建设，有效传播中国声音

研究 ………………………………………………………………… 220

推动中国非政府组织“走出去”的必要性及方式方法 …………… 227

发挥留学生群体国家形象塑造意识和能力的研究 ………………… 234

中国内政篇

社会治理现代化国外经验教训及启示研究 ………………………… 243

网络强国战略的架构与核心内容 …………………………………… 249

网络空间全球命运共同体建设与国家安全研究 …………………… 256

经济全球化背景下的数据开放与数据治理

　　——美欧实践与中国对策 ………………………………………… 262

国际形势篇

美国金融危机以来的世界经济发展趋势 …………………………… 277

当前国际反恐斗争态势及挑战 ……………………………………… 282

"伊斯兰国"在中国周边扩张态势及其影响 ……………………… 291

土耳其未遂军事政变对土内政外交及中土关系的影响 ………… 300

希腊债务危机的发展前景 …………………………………………… 308

欧盟反恐政策发展研究 ……………………………………………… 315

美国特朗普政府任期下的朝鲜半岛形势研判与前瞻 …………… 322

"萨德"系统入韩进程、各方考虑及影响评估 ………………… 330

国际规则篇

当代全球规则体系的发展趋势、影响与应对 …………………… 339

国际贸易新规则对中国的影响及对策研究 ……………………… 347

国际格局篇

世界战略格局和运筹大国关系 …………………………………… 357

未来五年主要大国力量对比及走向研究 ………………………… 368

主要大国内外战略调整及变化研究 ……………………………… 375

未来五年中国面临的国际政治、经济、安全以及舆论环境及中国应对思路与

　　举措 ……………………………………………………………… 383

大国战略篇

奥巴马主义的困境与美国全球战略的走向 ……………………… 393

特朗普政府执政后美国的外交政策走向 ………………………… 402

美国亚太再平衡战略未来走向及对中国的影响 ………………… 407

2016 年大选后美国涉台政策研判 ………………………………………… 416

中美关系篇

特朗普政府对推进中美新型大国关系的立场评估 ……………………… 425

2016 年美国大选两党候选人对华政策主张评析 ……………………… 432

美国南海政策与中美关系 …………………………………………………… 440

2016 年美国大选对中美关系的影响：延续与调整 …………………… 449

中美在朝鲜半岛博弈的筹码与软肋 ……………………………………… 459

中美反腐合作与国际反腐新秩序建构 …………………………………… 465

中国合作策略篇

中国经济结构调整对区域经济一体化进程的影响及相关选择研究 ……… 479

中国对 TPP 的战略选择及其影响分析研究 …………………………… 486

中国应对 TPP 的对策研究 ………………………………………………… 490

构建中国主导的亚太贸易投资便利化格局研究 ……………………… 497

美国旋转门人物资料库及相关问题研究报告 ………………………… 502

"一带一路"篇

"一带一路"与习近平外交战略思想

许利平

中国社会科学院亚太与全球战略研究院社会文化研究室主任、研究员

王晓玲

中国社会科学院亚太与全球战略研究院社会文化室副研究员

2013 年，习近平主席先后在中亚和东南亚提出了"一带一路"合作倡议，这是中国国家元首向国际社会明确发出的中国声音、中国倡议和中国方案。为何提出"一带一路"？如何建设"一带一路"？国际社会存在不同声音。对此，习近平主席明确指出："一带一路是开放的，多元的，共赢的。这条路不是某一方的私家小路，而是大家携手前进的阳光大道。"①"一带一路"合作倡议包含了习近平重要的外交战略思想，同时习近平外交战略思想对于全面推进"一带一路"建设又具有十分重要的理论指导意义。如何全面准确地把握和分析习近平外交战略思想已成为建设好"一带一路"的关键之一。

"一带一路"是开放的、多元的、共赢的，同时建设面临着复杂的国际环境的考验，这需要习近平外交战略思想的宏观指导。习近平外交战略思想具有很强的前瞻性和针对性，包含国际角色、义利观、总体安全观、文明互鉴观等新思路、新观念、新论断。这些战略思想与"一带一路"建设紧密相连，需要我们系统分析和整体把握。

一 "一带一路"与"国际角色"的新定位

"一带一路"究竟把中国引向何方？中国如何处理与"一带一路"沿线国家关系？中国在"一带一路"建设中的位置如何？这些问题都需要对中国的"国际角色"进行重新定位。

① 习近平：《"一带一路"建设将为中国和沿线国家共同发展带来巨大机遇》，（2015.10.22），[2016.5.20]，http://news.xinhuanet.com/politics/2015 - 10/22/c_128343816.htm。

（一）中国的"国际角色"的含义

所谓角色，是指与社会行为体身份、地位相一致的权利、责任、义务与行为方式，是其他社会行为体对其身份的预期。而"国际角色"一般是指一个国家的国家行为和对外政策的展现，包含角色扮演和角色认知两个方面。

中国的"国际角色"产生于中国与外部世界的互动之中，并有可能不断调整，而"一带一路"则是这场互动的重要平台。

因此，定义中国的"国际角色"，将取决于两个因素：一个是中国对自己实力的定位，即身份认同；另一个是国际社会对中国的"国际角色"的认知。

（二）中国"发展中国家"身份再确认

根据美国皮尤公司 2015 年对全球 40 个国家的调查，"27 国人民认同中国已经或将要替代美国成为全球超级大国。其中，加拿大 52%，法国 66%，澳大利亚66%，西班牙 60%，英国 59%，德国 59%，意大利 57%，波兰 46% 等国民都认同中国全球超级大国地位"①。这些国家几乎都是欧美发达国家，这体现了 2008 年金融危机对这些国家沉重打击所带来的心理挫败感，同时表明了这些国家的民众肯定和认同中国日益崛起的势头和全球超级大国的潜质。其实，对于中国来说，虽然国民生产总值居于世界第二，但人均国民生产总值仍然排在世界末端。

（三）中国积极建设性的"国际角色"

虽然中国发展中国家的身份没有变，但中国是一个"特殊"的发展中大国，必须发挥与中国地位相称的"国际角色"作用。作为一个负责任大国，中国将提出更多中国方案，致力于为国际社会提供更多的公共产品。

当前，无论是从经济总量，还是从人口、面积等指标来看，中国毫无疑问已经成了全球性关键大国。中国社会科学院院长王伟光一针见血地指出："今天的中国已成长为世界瞩目的一个关键大国，外部世界也更加关注中国的一言一行，特别是中国将如何思考和处理与外部世界的关系。"②"一带一路"合作倡议给中国如何处

---

① Richard Wike, Bruce Stokes and Jacob Poushter, "Views of China and the Global Balance of Power", (2015/06/23)，[2016.5.18]，http：//www. pewglobal. org/2015/06/23/2 - views - of - china - and - the - global - balance - of - power/.

② 王伟光：《中国已成长为全球关键性大国》，《人民论坛》2015（23），第 20～23 页。

理与外部世界的关系提供了一个新的平台，必将成为塑造中国作为一个全球性关键大国形象的重要路径。

但我们应该看到，"中华民族的复兴以及伴随而来的与国际体系关系的深刻调整，是一个长期而复杂的过程，中国国际角色的确立需要在这个过程中得以实现。在当前及未来相当长的时期里，国际体系的力量结构、中国与其他大国的战略互动、国际政治特征的演变等几方面因素对中国国际角色的选择具有根本性影响"①。

因此，中国应该坚持推动合作共赢的新型国际关系，稳定中美新型大国关系，建立好中国与周边国家关系，使得中国在国际体系中占据有利地位，积极主动地扮演"国际角色"，保持"国际角色"的适应能力，为"一带一路"建设扫清障碍，为中华民族复兴的中国梦而奋斗。

二 "一带一路"与"义利观"的新界定

在"一带一路"建设中，中国弘扬什么？摒弃什么？这些问题不仅涉及中国在"一带一路"沿线国家的形象问题，而且涉及中国与"一带一路"国家开展项目合作是否可持续的问题。解决上述问题，必须坚持正确的"义利观"。

（一）"义利观"的时代内涵

"义利观"是"一带一路"舞台上的行为准则和价值导向。2014 年 7 月 4 日，习近平在韩国首尔大学演讲时指出："国不以利为利，以义为利也。"② 针对"一带一路"建设，习近平明确指出："要坚持正确义利观，以义为先、义利并举，不急功近利，不搞短期行为。"③

习近平将"义利观"表述为"道义为先、互利共赢、着眼长远"，是对"义利观"的新界定。与之相对的，是旧"义利观"，即损人利己的零和游戏，是霸权秩序下强国对于弱国的掠夺。新界定的"义利观"所追求的是国际共生，是一个将世界各国、各个地区有机联系在一起的"命运共同体"，而不是霸权制衡下的"霍布斯森林"。

---

① 唐永胜：《中国国际角色分析》，《现代国际关系》2006 年第 10 期，第 52～59 页。
② 《习近平在韩国国立首尔大学的演讲》，（2014/07/04），［2016/06/01］，http：//news. xinhua-net. com/world/2014 -07/04/c_1111468087. htm。
③ 习近平：《让"一带一路"建设推动各国共同发展》，（2016/04/30），［2016/06/02］，http：//news. qq. com/a/20160430/028801. htm。

"义利观"是对中国传统道德的继承。以儒家为中心的中国传统道德承认个人利益的合法性，但同时提倡"由己及人"，主张"幼吾幼以及人之幼"、"老吾老以及人之老"、"己所不欲勿施于人"，这是一种既关照个人需求又有助于社会资本积累，实现个人与社会和谐相处的社会行为准则。不仅如此，中国传统道德为精英人群设定了更高的道德标准，提出"达则兼济天下"，要求强者做出更多的利他行为、提供更多的社会公共产品，从而得到与自身社会地位相称的道德威望，进而获得社会地位的合法性。这种"义利观"指导下的社会秩序不同于西方现代社会从个人主义、社会契约出发建立起的社会秩序，更加强调人的道德自觉。习近平在"一带一路"建设中所提倡的"义利观"与儒家社会里的"义利观"一脉相承，是对中国思维方式的阐述，为国际社会建设提供了中国智慧。

（二）"义利观"在"一带一路"建设中的重要性

"一带一路"是中国为世界各国设计的一个公共产品，而正确的"义利观"有助于维护所有参与者的整体利益，有利于降低"一带一路"建设中的"道德风险"。在国际社会上，国家作为独立的行为主体，同市场上的"经济人"一样，会努力实现自身利益最大化。

"一带一路"沿线各国经济发展差异巨大，很多国家的基础设施不完善，政局动荡，国家间冲突、社会内部冲突不断。在这样的情况下，一些国家很可能为谋求自身利益而利用"一带一路"，做出言行不一、损人利己的行为。"一带一路"的参与者来自国家、企业、社会等多个层面，所有参与者能否信守承诺，恪守"互利共赢"，不损害"一带一路"这一公共产品，关乎"一带一路"能否持续发展。

（三）推动"义利观"所面临的障碍

我们希望正确的"义利观"成为约束"一带一路"上各国行为的道德规范，这表达的是今天中国所追求的国际秩序理想。然而要实现这一理想，目前还面临重重困难。

从中国的角度来看，中国作为这种新的行为准则的倡导者，应该身体力行、率先垂范。但是，无论是政府、社会、企业还是个人层面，这种实践面临很大的障碍。首先，中国与周边国家之间仍存在着很多领土领海争端。在领土领海问题上，要兼顾"义"与"利"，非常考验当事国的智慧。在美国重返亚太的背景下，这些争端将存在很长的一段时间。中国是一个"未富先大"的国家，虽然推出了新的国际秩序理念，但难以向国际社会提供丰富的公共产品，国际社会对于中国应负责任的要求超出了中国的实际能力。

其次，中国社会的道德文化建设还有待大发展。改革开放以来，中国人生活日益富裕，但伴随激烈的社会变动，社会问题也层出不穷，传统道德规范在社会变动中被打破，新的道德规范却远远没有成为社会共识。贫富分化日益严重，公正公平拷问着社会良知，唯利是图的拜金主义和个人利己主义得不到遏制。在全球信息化时代，中国社会的发展水平很容易被全世界所了解，中国社会内部首先需要树立良好的"义利观"，中国在国际舞台上倡导"义利观"才会更加具有说服力。

再次，中国企业将随着"一带一路"的建设步伐更快地走出国门，但中国产品目前还未能摆脱"劣质"形象，中国企业还未能建立起良好的市场口碑，中国企业在回馈社会、与当地社会互动方面的经验还不足。由于长期受粗放型经济发展模式的影响，部分中国企业走出国门后做出了很多破坏当地环境、追求短期利益的短视行为。最后，中国民众也正在大量走出国门，观光足迹正渐渐踏遍全球。中国游客所到之处，留下了缺少公共道德、缺乏文化修养、追求物质享受、喜爱炫耀消费的印象。中国游客的这些行为映射出了中国社会文化建设落后的现状。在这样的现状下，中国提出"义利观"这种较高的道德行为准则，其说服力会被打折扣。

从全球的角度来看，目前的国际秩序仍然是"霸权秩序"，所有国际社会成员把民族国家的利益作为行为出发点。新的道德规范的确立，需要共同体中掌握更多资源的行为者率先垂范，并建立起相应的奖惩机制。最强国美国仍然推行"霸权秩序"，具有较强影响力的中国如果不能担负起示范和监督的角色，那么很难期待通过口头上的道德倡议就能够使其他国家接受中国所提出的"义利观"。"一带一路"沿线国家中有很多欠发达国家，是国际社会里的弱势群体，面对大国有天然的受害者意识。希望这些国家在当今"霸权秩序"下自觉遵从"取义舍利"这种较高的道德准则更加不现实。

三 "一带一路"与"总体安全观"的新思路

"一带一路"的建设离不开安全的保障。任何离开安全保障的"一带一路"项目将有可能面临巨大的风险。这些风险有看得见、能预测到的风险，称为"显性风险"；还有一些是偶发的、不可预知的风险，称为"隐性风险"。如何防范"显性风险"，避免"隐性风险"，需要从"总体安全观"的角度，综合统筹，对症下药，构筑包括中国在内的"一带一路"沿线国家的安全保障体系。

（一）"总体安全观"的提出及含义

总体安全观是习近平主席根据大安全时代的特点，审时度势，统筹国内和国际两个大局，发展与安全两件大事，提出的解决国家安全所面临新挑战的具有全局性和系统性的新思路，对指导我们解决国内、国际安全问题具有十分重要的指导意义。

2014 年 4 月 15 日，习近平主席主持召开中央国家安全委员会第一次会议并发表重要讲话时强调："当前中国国家安全内涵和外延比历史上任何时候都要丰富，时空领域比历史上任何时候都要宽广，内外因素比历史上任何时候都要复杂，必须坚持总体国家安全观，以人民安全为宗旨，以政治安全为根本，以经济安全为基础，以军事、文化、社会安全为保障，以促进国际安全为依托，走出一条中国特色国家安全道路。"[①] 习近平主席的讲话生动地表明了中国推行总体国家安全观新思路的必要性和紧迫性，以及践行总体国家安全观新思路的五位一体框架。

在总体国家安全观的架构下，各个安全领域不是孤立的，而是相互协调和统一的，这对"一带一路"的建设具有十分重要的指导意义。

（二）统筹协调外部安全与国内安全

"一带一路"建设不仅涉及欧亚大陆 60 多个国家或地区，而且涉及中国各个省、市、自治区，其覆盖面相当广，其中存在外部安全与国内安全问题。习近平明确指出，"一带一路"建设要处理好"对外开放和维护国家安全的关系"，因此如何统筹外部安全与国内安全是践行"总体国家安全观"的具体体现。

根据中国政府的总体部署，新疆为丝绸之路经济带的核心建设区域，而福建为21 世纪海上丝绸之路的核心建设区域。这个总体部署，充分考虑了"一带一路"建设中外部安全与国内安全的协调关系。

丝绸之路经济带，是连接亚太经济圈和欧亚经济圈中间地带，被认为是"世界上最长、最具有发展潜力的经济大走廊"，而新疆则是这个中间地带的核心，具有重要的战略地位。毗邻新疆的中亚地区，能源资源丰富，是丝绸之路经济带的重要通道。以美国为首的西方大国出于地缘政治利益的考量，不断染指中亚地区，并加强对中亚油气资源的控制，美国等大国对中亚的新动向必然会波及新疆地区。

---

① 《习近平主持国安委首次会议阐述国家安全观》，（2014/04/15），［2016/06/02］，http：//news. xinhuanet. com/video/2014 - 04/16/c_126396289. htm。

如何应对上述安全风险，必须在总体国家安全观框架下，有效地整合各个部门的力量，树立国家安全一体化意识，提高外交与安全决策机制的协调和执行力，为更好地建设丝绸之路经济带，加快新疆发展提供最坚实的安全保障。

福建作为21世纪海上丝绸之路的核心区，具有区位、人文和经济优势。"福建地处中国东南沿海，是海上丝绸之路的重要起点，是连接台湾海峡东西岸的重要通道，是太平洋西岸航线南北通衢的必经之地，也是海外侨胞和台港澳同胞的主要祖籍地，历史辉煌，区位独特，且具有民营经济发达、海洋经济基础良好等明显优势，在建设21世纪海上丝绸之路中具有十分重要的地位和作用。"①

同时我们应该看到，"台独"势力对福建作为21世纪海上丝绸之路建设核心区域具有负面影响。2016年5月20日，台湾新领导人蔡英文发表"就职演说"，避谈"九二共识"和两岸同属一个中国的政治公约数，是向渐进式"台独"方向迈进。此外，蔡英文还提出"新南向"政策，试图在政治上、经济上、文化上绑定东南亚，实施其"去中国化"策略，这是对21世纪海上丝绸之路建设的安全威胁。

在"总体国家安全观"框架下，发挥福建区位、人文和经济优势，通过海外侨胞和港澳台侨胞桥梁作用，瓦解"台独"在台湾本土的社会基础，同时，通过21世纪海上丝绸之路建设，夯实中国在东南亚的社会根基，抵御台湾"新当局"的"新南向"政策。

（三）统筹协调传统安全与非传统安全

"一带一路"建设中，我们不可避免地要面临各种安全挑战，其中包括传统安全挑战和非传统安全挑战。传统安全挑战与政治互信紧密联系在一起，而非传统安全挑战则与社会治理联系在一起，二者需要综合统筹与协调，从而更好地服务于"一带一路"建设的大局。

一般说来，传统安全的挑战涉及中国的主权、安全与发展利益，对此我们要有"底线思维"意识，即在涉及中国的核心利益时，没有任何妥协余地，需要采取各种手段坚持我们的立场。

自2009年以来，中国与周边国家的领土和岛礁争端成为中国和平崛起的重要障碍，同时也成为中国推进"一带一路"建设的传统安全威胁。随着这些争端被人为放大，以及西方一些大国的介入，这些传统安全威胁迟缓了"一带一路"项目的有

---

① 《福建省21世纪海上丝绸之路核心区建设方案》，（2015/11/17），［2016/04/13］，http：//www.fjfao.gov.cn/zwgk/ghjh/201511/t20151118_1095767.htm。

效推进。

比如南海问题，在个别南海国家的搅浑水和美国亚太再平衡战略的推动下，南海问题越来越充满"军事化"和"司法化"的趋势。这在一定程度上挑战了中国在南海问题的"底线思维"，影响了中国与南海沿岸国家的政治互信。

实际上，中国与东盟国家在 2002 年签订了《南海各方行为宣言》，明确了各方在南海问题上的原则性立场，同时规划了多项合作领域，比如海上搜寻与救助，打击毒品走私、海盗、海上武装抢劫和军火走私等，这些领域大多为非传统安全合作。这实际上体现了传统安全与非传统安全合作的一种互动关系，值得深入推进。

在"总体国家安全观"框架下，可以推动中国与"一带一路"沿线国家的非传统安全合作，建立机制，实施合作项目，构建中国与"一带一路"沿线国家的政治互信基础，为加强传统安全合作奠定合作氛围，从而有效推动传统安全合作。

（四）统筹协调自身安全与共同安全

在全球化和地区一体化不断深化的今天，任何一个国家难以保证自身的绝对安全，即使像美国这样的超级大国，也难以避免像"9·11"这样规模的恐怖袭击。因此，在"一带一路"建设中，协调统筹自身安全与共同安全十分重要。

2014 年 5 月 21 日，习近平在亚洲相互协作与信任措施会议上海峰会上，提出并全面阐述了共同、综合、合作、可持续的亚洲安全观。在亚洲安全观中，共同安全置于首要地位，这表明共同安全是构筑亚洲安全的重要前提条件。共同安全强调安全的共同利益，强调安全责任共担、安全利益共享、安全机制共建，表现为各个安全成员角色的平等参与关系。当然，共同安全必须与综合安全、合作安全和可持续安全协调推进。

在亚洲安全观的指导下，"一带一路"建设需要构建开放、多元、立体的安全架构体系，打造责任共担、互利共赢的安全共同体。

在双边安全架构中，以"一带一路"建设中的发展战略对接为平台，构建互动频繁、高效管用的安全合作体系。在多边安全框架中，通过"一带一路"建设中的六大经济走廊规划与合作，构建多边的安全合作体系。比如利用中蒙俄经济走廊，打造中蒙俄三边安全合作架构；以孟中印缅经济走廊，打造四边安全合作架构；以中国–中南半岛经济走廊，打造澜湄安全合作机制等。

总之，"总体国家安全观"为"一带一路"安全保障体制的论证、建设、运转等提供了宏观的理论指导，使得"一带一路"建设走得更稳。

四　"一带一路"与"文明互鉴"的新发展

"一带一路"不仅是经贸合作之路，而且是"文明互鉴"之路。2015年3月28日，习近平在博鳌亚洲论坛年会作主旨演讲时指出："要促进不同文明不同发展模式交流对话，在竞争比较中取长补短，在交流互鉴中共同发展，让文明交流互鉴成为增进各国人民友谊的桥梁、推动人类社会进步的动力、维护世界和平的纽带。"①而"一带一路"则为"文明互鉴"提供了契机。

（一）"文明互鉴"的内涵

"文明互鉴"是一种多元包容的价值观。在纪念和平共处五项原则发表60周年纪念大会上，习近平指出："注重汲取不同国家、不同民族创造的优秀文明成果，取长补短，兼收并蓄，共同绘就人类文明美好画卷。"②"文明互鉴"强调"和而不同"，这与"霸权秩序"背后的价值观理念截然不同。在以美国为核心的"霸权"秩序下，存在着价值观同盟，存在着"邪恶国家"，各种宗教、文明之间的冲突时而引发安全危机。而"文明互鉴"的价值观念则不划分你我、不排斥异己，希望包容一切人类文明。

"文明互鉴"的文化价值观与中国历史上长期存在的多元文化理念一脉相承。与宗教长期占主导地位的西欧国家不同，中国人长期生活在世俗世界里，任何一种宗教都未能成为社会生活中的支配力量。中国人对待宗教文化采取一种实用态度，而不是被某种宗教所主导，"儒""释""道"三种文化经常同时出现在同一人身上。

作为一个多民族多文化的世俗国家，中国自古以来就以"和而不同"的态度对待文化，也以这种态度看待外来文化。中国人认为，"和实生物、同则不继"；"夫和实生物，同则不继。以他平他谓之和，故能丰长而物生之，若以同裨同，尽乃弃矣……声一无听，物一无文，味一无果，物一不讲"。③"和而不同"不仅能够保障万物共存，而且能够使事物在相互配合中发挥最大价值和意义。中国人虽然对于以儒家为中心的传统文化非常自豪，却并没有文化扩张的意识，儒家文化对于文化传

---

① 《习近平主席在博鳌亚洲论坛2015年年会上的主旨演讲》，（2015/03/28），［2016/05/20］，http：//news. xinhuanet. com/politics/2015－03/29/c_127632707. htm。

② 《习近平谈和平共处五项原则精彩话语摘编》，（2014/06/28），［2016/04/15］，http：//cpc. people. com. cn/n/2014/0628/c164113－25213211. html。

③ 赵汀阳：《冲突、合作与和谐的博弈哲学》，《世界经济与政治》2007年第6期，第6～16页。

播的态度是"来而不拒、不往教之"。

(二)"文明互鉴"在"一带一路"建设中的重要性

重视文化交流,践行"文明互鉴",是"一带一路"战略构想的重要内容。首先,把人文交流摆在"一带一路"战略的重要位置,有助于中国以及中国推动的"一带一路"战略获得沿线国家民众的心理认同。中国崛起的经历证明,仅仅靠经贸合作难以换取其他国家的认可,很多国家从中国发展中获得了红利,但对中国的认识却依旧负面,甚至交流越多对中国认识越负面的例子也比比皆是。因此,在今后的"一带一路"建设中,中国应该提高文化交流的质量,讲好"中国故事",弥补中国外交中文化交流这块短板。

其次,把文明交流摆在重要位置,才能够充分发挥"一带一路"的功能,惠及沿线各国人民,进而得到世界的尊重和认可。古代丝绸之路虽然是商贸通道,但却作为东西方文明交流的桥梁留在了人类文明发展史上。通过古代"丝绸之路",中国的丝绸和瓷器走向世界,而欧洲的玻璃和雕塑、东南亚的奇珍异宝则装饰了中国人的生活空间。西域的农业文化流入中国,丰富了中国人的饮食;中国的科学和艺术进入欧洲,影响了欧洲人的审美。世界各地的音乐、美术、舞蹈、宗教都在丝绸之路上交流和碰撞,极大地丰富和刺激了世界各国文化的发展繁荣。"一带一路"应该继承"丝绸之路"的光辉遗产,重视文化交流价值,为沿线各国社会的文化发展做出贡献,这样才能够提升其价值,更有利于"一带一路"获取民心。

再次,"文明互鉴"、"求同存异"、"和而不同"是有利于国际社会"共生共荣"的中国智慧,在"一带一路"沿线国家宣传"文明互鉴"、"求同存异"的理念,有利于解构西方的"霸权秩序",推动"人类命运共同体"的构建。亨廷顿在其著作《文明的冲突与世界秩序的重建》中提到,"西方国家的普世主义把它引向同其他文明的冲突"①,欧洲中世纪的宗教战争是追求"同"的结果,今天穆斯林与非穆斯林的战争依然在世界上演。"文明互鉴、求同存异"的文化价值理念有助于化解世界上因为宗教文化、意识形态差异而引发的敌对,化解人类"安全命运共同体"建设过程中的难题。

(三)推动"文明互鉴"面临的障碍

要在建设"一带一路"的过程中推动以"文明互鉴"为宗旨的文化交流,面临

---

① 亨廷顿:《文明的冲突与世界秩序的重建》,新华出版社,2010,第 137 页。

着来自国内外的几个障碍。

首先，文化交流面临着文化民族主义的壁垒。"一带一路"沿线的很多国家是经济发展的落后国，也是文化产业发展的落后国，这些国家的文化民族主义很可能会抵制外来文化。不仅如此，"一带一路"沿线的一些国家，在宗教、法律、体制、文化、风俗等多方面存在极大的差异，一些国家之间因为历史原因形成了很深的文化隔阂，再加上国际政治格局的影响，相互之间难以接受。中国虽然持有"多元"的文化理念，但是中国是一个迅速崛起的国家，中国文化传播也很可能被看作是文化扩张，因此中国在文化交流过程中还需要持谨慎的态度。

其次，中国的文化产业虽然近年来取得了长足发展，但在全球范围内的竞争力并不强。"一带一路"沿线很多国家经济发展落后，文化产业基础薄弱，对外文化交流沟通并不通畅。"一带一路"的沿线国家所处的发展阶段各不相同，经济发展模式、社会制度、文化基础都存在巨大差异。在这种情况下，很可能出现国家间文化交流的不均衡，而这种不均衡会刺激弱势国家的文化民族主义，引发其对文化交流的抵抗。不仅如此，还有很多国家的文化产业基础设施非常薄弱，这也阻碍了其文化交流的参与能力。

再次，异文化之间的交流存在着"文化打折"现象，中国在对外文化交流中则面临着更高的门槛。中国作为社会主义国家，在很多国家的眼睛里被视作意识形态上的"另类"，看待中国文化时很容易因此戴上意识形态的有色眼镜。中国文化带有"世俗文化"的特征，而在很多国家的文化中，宗教占有重要比重，这也会成为相互理解的壁垒。为了避开"意识形态"差异，近年来中国在文化交流过程中较多地向世界介绍了以儒家为核心的中国传统文化。但是，儒家文化是亚洲多个国家共有的文化，很多国家都因此而骄傲，中国在宣传儒家文化时也要同时顾及这些国家的感受，涉及相关话题时要采取谨慎态度。总而言之，要践行"文明互鉴"，仅仅有美好的愿望是不够的，中国还需要了解沿线各国的文化，还需要学会能够与世界沟通的文化语言。

综上所述，习近平外交战略思想是中国新一届领导集体立足中国实际，充分吸收中华历史文化的智慧结晶，顺应和平、发展、合作、共赢的时代潮流，提出的内涵丰富、特色鲜明、与时俱进的新理念、新想法与新论断，具有很强的前瞻性和针对性。面对"一带一路"沿线国家的复杂形势，如何处理中国角色与国际角色、国家利益与整体利益、安全与发展等问题时，习近平外交战略思想将给政府各个部门如何与"一带一路"沿线国家开展深度合作，建立人类命运共同体提供了有力的思想武器和强大的实践指南。

"一带一路"与世界秩序问题

宿景祥

中国现代国际关系研究院研究员

古代"丝绸之路"是欧亚大陆最早形成的世界秩序的产物，这种秩序的总体框架是由农业和游牧业这两种生产方式的不同特点所决定的，二者形成既对立又协调的辩证关系。世界历史上第二种世界秩序，是近代欧洲国家建立并主导的资本主义、殖民主义和帝国主义体系，它跨出了欧亚大陆，囊括了美洲、非洲和澳大利亚，至19世纪而发展成为一种真正的世界秩序。现行世界秩序是从欧洲所主导的世界秩序中蜕变而来并逐渐形成的，它是美国崛起、欧洲衰落、俄国十月革命、两次世界大战、中国革命、殖民体系瓦解、冷战结束等一系列重大事件所导致的最终结果，其核心要点是欧洲的优势终结，美国取代欧洲在世界上取得霸权地位，主导了世界秩序。现行世界秩序虽被称为冷战后世界秩序，但实际上，它的总体框架是在冷战时期形成的，其内在本质仍然与冷战时期一样，是以美国的政治、经济和安全需要为中心的，包括维护美国的霸权地位，保护美国及其盟国的安全，确保美国大资本在世界各地拥有充足的利润来源，扼制第三世界的经济和民族主义势力上升，等等。美国在军事上对其他任何国家都拥有绝对的优势，是当今世界政治中最具根本性意义的事实，也是美国最核心的战略优势。美国比以往更加倾向于动用武力，不是简单的政策问题，而是一个制度问题，是由现行世界秩序的内在本质所决定的。现行世界秩序是当今世界基本的"社会形态"，是整个世界经济的上层建筑，是由世界范围的生产力发展水平所决定的，在它"所能容纳的全部生产力发挥出来以前"，是不会灭亡的。"一带一路"与现行世界秩序的关系，在某种意义上说就是中美关系。中国秉持发展的哲学，美国笃信控制的哲学。两种哲学清浊交互，相激相荡，决定了今后一个相当长时期内，中美两国将继续曲折周旋，颉颃作用，在对立与协调中影响亚太地区乃至整个世界的和平与发展进程。

"一带一路"是古代"丝绸之路"和"海上丝绸之路"的再生、延展和深化。习近平主席所阐扬的这个宏阔的主题，涵盖了广袤的欧亚大陆数千年波澜壮阔的历史，揭示了当今世界所面临的各种重大现实问题，为国际社会提供了和平发展新思路，势将对世界政治经济乃至整个世界秩序产生愈益重大而深远的影响。

一 "一带一路"与历史上的两种世界秩序

"一带一路"作为一个新概念，甫一提出便如空谷足音，引起巨大反响，是因为它蕴含着无比丰富的内容，贯穿着整个欧亚大陆数千年一以贯之的精神。正所谓"滥觞流为江河，事始简而终钜"。

世界秩序这个概念，所揭示和涵盖的是不同时代世界的本质特征。公元前126年左右张骞"凿空"西域时，中国北方的游牧文明已有了近2000年的历史，技术和文化都达到了较高水平。尽管难以逾越的喜马拉雅山脉和青藏高原阻隔了中国和印度，帕米尔高原和中亚无垠的荒漠隔断了中国与巴比伦，但中国与其他各主要文明之间仍然通过游牧民族建立了各种联系，并且在广袤的欧亚大陆上共同缔造了最早的世界秩序，其基本特征是"东西相通，南北相抗"。

由于生产方式的不同，农业文明与游牧文明之间形成了一种既对立又协调的辩证关系。为谋求和平，农业文明必须向游牧文明提供大量的物资和金钱，缴纳某种形式的"保护费"，而游牧民族往往以"称臣""上贡"的方式加以回报。这样，各农业民族便通过周边的游牧民族，扩大了与其他文明的交流，推动了文明的进步。

古代"丝绸之路"既是这种世界秩序的产物，也是这种世界秩序的体现，它为周围诸文明提供了一条细弱的，但又延绵不绝的联系纽带，是各种文明的交汇处。

中国过去几千年历史中的大部分的时间，都在与西部和北部的游牧民族进行斗争。游牧民族需要中国的物产，如纺织品、粮食和茶叶，一部分用于自己的生活，另一部分可用于和其他民族做贸易。中国通常是向游牧民族牧人提供这些物产和金钱，以避免兵戈之争，维持和平。

世界历史上第二种世界秩序，是近代欧洲国家建立并主导的资本主义、殖民主义和帝国主义体系，它跨出了欧亚大陆，囊括了美洲、非洲和澳大利亚，至19世纪而发展成为一种真正的世界秩序。

在欧洲资本主义兴起之前，中国、罗马、拜占庭、伊斯兰帝国和蒙古帝国，交替兴衰，它们曾在世界秩序中占据过主导地位。欧洲崛起的起始点是公元1500

年左右，西班牙人对美洲的发现和掠夺，葡萄牙人打通并垄断了亚洲与欧洲之间的海路，急剧改变了欧亚大陆和整个世界历史的面貌，西欧从此进入了一个急速向前的新时期，荷兰、英国、法国等欧洲强国相继而起，正是它们拓展并扩大了"海上丝绸之路"。从 15 世纪末开始一直到 19 世纪中叶，在这 300 多年的时间里，欧洲国家经历了无数次战争、政治动荡和社会文化革命，终于在几乎整个世界范围内主导建立了一种新的世界秩序，取代了古代由农业民族和游牧民族共同维系的旧秩序，而欧洲国家在其中占据了统治地位。

新建立的世界秩序是由资本主义生产方式所决定的，也就是以价值规律，由资本的无限积蓄的冲动所支配的。与传统的封建制农业和游牧业生产方式相比，资本主义生产方式对科学和技术进步有内在的要求，因而能够带来更高的生产力。正因如此，这种秩序自 15 世纪末最初形成后，促进了欧洲各国国民经济的迅速成熟，并将亚洲、美洲和非洲等世界其他地区一个接一个地卷入进来。

印度和奥斯曼帝国都在 18 世纪末开始衰落，中国则是在 19 世纪初开始急剧失序。1840 年鸦片战争后，中国终于被逐渐地纳入了欧洲所主导的世界秩序之中。当中国被纳入帝国主义和垄断资本的统治之下时，也标志着整个世界被瓜分完毕，一个统一的世界秩序和世界经济体系便基本形成了。到 19 世纪上半叶，"丝绸之路"几不复存在，中国和中亚、西亚等亚洲其他各地区在各个方面一同陷入了衰退的潮流，这股潮流一直持续了 100 多年。

二 现行世界秩序的形成及其本质特征

现行世界秩序是从欧洲所主导的世界秩序中蜕变而来并逐渐形成的，它是美国崛起、欧洲衰落、俄国十月革命、两次世界大战、中国革命、殖民体系瓦解、冷战结束等一系列重大事件所导致的最终结果，其核心要点是欧洲的优势终结，美国取代欧洲在世界上取得霸权地位主导了世界秩序。

罗莎·卢森堡于 1913 年发表的《资本积累》一书，沿着马克思的世界观和方法论，考察了 19 世纪末 20 世纪初资本主义向帝国主义转变的新特征，构建了适用于现代资本主义经济问题的分析框架。卢森堡指出：（1）现代经济的基本性质是"国际的"，而非"国家的"；（2）帝国主义经济的最新特征是具有了一种"超级结构"，即国际贷款制度。它改变了资本积累的方式，使其能够从"资本主义的外围空间"实现原始积累；（3）新形式的帝国主义在整体上处于濒临瓦解的紧张状态；（4）在这种危机爆发期间，如果没有社会主义转变的发生，从危机中崛起的资本主义将以一种新形式的面貌出现，即"国家主义"和"军事经济"。这一巨大的转变过程，必然以世界性的经济危机作为它的开端。

历史证明卢森堡的系统性分析是正确的。1914 年爆发的第一次世界大战，促成了资本主义一次整体性的危机。19 世纪在欧洲兴起的马克思主义和社会主义思潮，在俄国成了现实。1917 年 11 月，列宁领导布尔什维克夺取了政权，建立了世界历史上第一个社会主义国家，充分显示出了马克思主义思想的威力。十月革命的胜利，成为世界文明史上一座耀眼的灯塔，为全世界受压迫的民族照亮了前进的道路。

战后出现的世界秩序仍然是建立在资本主义生产方式基础之上的，但它的结构比以往的世界秩序要复杂得多。除欧洲主导权结束、美国确立了世界霸权地位之外，两种社会制度的对立、第三世界的觉醒和奋起，都是战后世界秩序的重要特征。世界经济体系发生了重大变化，东南欧和亚洲新出现的一些社会主义国家，与苏联一道构筑成社会主义阵营。世界明显分裂为两个部分：一个是仍然由西方国家和垄断资本所主宰的资本主义经济体系，另一个则是实行社会主义经济制度的新体系。

现行的世界秩序，通常被称为冷战后世界秩序，但实际上，它的总体框架是在冷战时期形成的。现行世界秩序的内在本质，仍然与冷战时期一样，是以美国的政治、经济和安全需要为中心的，包括维护美国的霸权地位，保护美国及其盟国的安全，确保美国大资本在世界各地拥有充足的利润来源，扼制第三世界的经济和民族主义势力上升，等等。

美国长期积累了巨大的军事力量，对其他任何国家都拥有绝对的优势，这是当今世界政治中最具根本性意义的事实，也是美国最核心的战略优势。美国是有史以来最强的霸权国家，世界历史上还从未出现过像当今美国这样的国家。冷战刚结束时，很多人认为军事力量和"传统安全"将变得不像过去那么重要，各国都将会享受"和平红利"，世界将会进入一个"永久和平时期"，事实证明这绝对是一种错觉。对于美国而言，它的军事优势可能比冷战时期更加有用，因为它可以更容易地将军事力量转变为政治力量，甚至经济力量。

据美国《纽约时报》2016 年 5 月 15 日报道，奥巴马已经打破了他的前任布什总统保持的纪录，成为美国历史上进行战争时间最久的总统。奥巴马一上任就继承了布什发动的阿富汗和伊拉克战争，后来又派特种部队到叙利亚，还批准空袭利比亚、巴基斯坦、索马里和也门的恐怖分子，累计已对 7 个国家动武。美国比以往更加倾向于动用武力，不是简单的政策问题，而是一个制度问题，是由现行世界秩序的内在本质所决定的。

三 "一带一路"与现行世界秩序之间的辩证关系

马克思 1859 年在《政治经济学批判》序言中指出："无论哪一个社会形态，在它所能容纳的全部生产力发挥出来以前，是决不会灭亡的；而新的更高的生产关系，在它的物质存在条件在旧社会的胎胞里成熟以前，是决不会出现的。所以人类始终只提出自己能够解决的任务，因为只要仔细考察就可以发现，任务本身，只有在解决它的物质条件已经存在或者至少是在生成过程中的时候，才会产生。"

辩证法的精髓在于对立与协调，矛盾的双方向对立面的转化。马克思的这段话，对于理解"一带一路"与现行世界秩序之间的关系有重要的启示：所谓世界秩序，可以理解为当今世界基本的"社会形态"，是整个世界经济的上层建筑，它是由世界范围的生产力发展水平所决定的，在它"所能容纳的全部生产力发挥出来以前"，是不会灭亡的。

尽管现行世界秩序的总体框架和意识形态，是为了保护美国大资本的利益而设计的，但决不意味着这种秩序全然是为美国大资本服务的，美国也绝不可能全然掌控一切世界事务。由于美国不足以持久地为它的军事优势提供坚实的经济基础，这就使得美国在世界事务中所发挥的强迫性和支配性作用，也变得越来越有限度。

和平的真谛是发展，真正的发展必须充分利用当今世界上各种先进的科学技术成果，注重科学领域的投资，最大限度地提高劳动生产率。"一带一路"沿线大部分是发展中国家，如果没有大规模的基础设施建设投资，没有跳跃式的技术发展，这些国家中的大部分社会阶层和大多数人民，就无法取得确确实实的进步，也摆脱不了长期落后的地位。

"一带一路"正在将亚太区域经济和欧亚大陆经济贯通起来，从而加速促进整个欧亚大陆的联合，最终形成一个相对统一完整的经济板块，使世界经济的基本格局从过去 30 年来的欧洲、北美、东亚"三足鼎立"的局面，变为欧亚大陆与北美大陆经济相抗衡的新格局，这将从根本上动摇现行世界秩序的基础。

四 中美关系中两种哲学的对立与协调

过去的 100 多年时间里，中国在政治、经济和安全等各个方面，不得不屈从于列强。新中国成立后，中国锐意自坚，逐渐恢复了应有的国际地位，但安全问题仍有很多隐忧。冷战期间，中国在美苏两个超级大国之间折冲樽俎，努力维护自身安全。冷战结束后，国际社会多将中国定位为中等国家，政治、经济和军事能力都很有限，对内一心搞经济建设，对外则力争和平环境，尽快融入国际经济。发展是中国的主要任务，中国秉持发展的哲学，亦为国际社会所公认。

过去 10 多年来，随着中国崛起的步伐加快，国际媒体热炒"中国崩溃论""中国威胁论"。2009 年美国高调宣布"重返亚洲"之后，日本、菲律宾等国响应美国对中国的"围堵战略"，顿生轻中国之心，怀私挟诈，试图利用与美国之间的军事同盟关系，挑起中美之间军事冲突，以达到阻遏中国崛起之目的而后快。

发展的哲学侧重经济，控制的哲学侧重政治。但政治永远是手段，目的仍是为了获取经济利益，二者源同而流异。美国之所以孜孜以求地维系其超强的军事力量，实质上是为了保持对国际安全市场的垄断，从而合理地向各个受到其保护的国家收取巨额的费用。在人类社会中，军事力量从来都是第一重要的资本，它总是要求获取比其他技能更高的回报。但由于军事力量的非生产性，一个国家如果维持过多的军力，而又无法从其他国家寻求到足够的补偿，那么，它不仅对国际社会无益，同时也势必会损害本国经济。美国有足够的技术能力和资金，却不能充分投入到国家建设上，这一切都是因为所奉行的政治哲学所致。

以国际大势观之，中国快速崛起，综合国力持续提升，势必对亚太地区旧有的政经秩序构成重大冲击。由于美国长期以来一直是这一地区的支配性力量，中美矛盾自然成为该地区的基本矛盾。中美矛盾是"纲"，其他各种矛盾都是"目"；中美矛盾是主干，其他各种矛盾皆为枝节。

从根本上说，发展的哲学总是人心所向，大势所趋。2016 年 5 月在日本召开的"七国集团"首脑会议，提出加强基础设施投资，拉动全球经济增长，表明"一带一路"倡议与整个世界的发展节奏高度吻合，正所谓"卓然与天地并，沛然与造化同"。对中国长远发展而言，它有重开国运之规模。从世界发展大势看，"一带一路"倡议的确符合世界政治、经济、文化、社会发展全球化的潮流，已显出重开世运之气象。

古人云："元气调而无不顺之四时，心术定而无不安之四肢，中国盛而无不来之四远。"归根结底，"一带一路"最终的前途，在很大程度上将取决于中国。中国欲联合各国共谋大业，需要储备足够的实力，以使各国能切实从中受益。这不仅需要"硬实力"，更需要"软实力"，需要掌握国际舆论的主导权，阐扬更加符合中国国家利益、更加贴近不断往前滚动的历史巨轮的世界秩序观，从而确保"一带一路"合作倡议取得更大的成功。

"一带一路"与中国经济外交转型

高 程

中国社会科学院亚太与全球战略研究院《当代亚太》编辑部主任、研究员

"一带一路"是"丝绸之路经济带"和"21世纪海上丝绸之路"的统称,是由习近平总书记和新领导班子提出,旨在带动中国与亚欧大陆国家共同发展的大战略构想。当前对"一带一路"的学术研究主要集中三大类:一是从能源、产业、贸易、科技、历史文化等特定领域切入,二是从国内特定区域、省区或城市的角度出发,三是分析中国与特定国家合作,其中相当部分是从产业和区域经济学的学科视角展开,综合战略层面的研究和理论性探讨彰显不足。[①] 本文试图将"一带一路"设想和规划纳入中国经济外交的战略视角中,将其视为一套运用经济资源开创周边外交布局、构建地区秩序的实现手段。2009年之后,中国通过经济手段换取良好周边政治环境的效力下降,我们需要反思其背后的根源,转变对中国经济外交的传统思路,在整体外交转型的大背景下,让"一带一路"所引导的中国经济外交新模式充分发挥构建周边及国际秩序的支柱作用。

本文试图从中国经济外交转型的角度分析"一带一路"战略构想。2009年以来,东亚地区力量对比的变化和美国亚太战略调整导致了中美邻互动关系的新逻辑,由此降低了中国传统经济外交的战略效果。"一带一路"作为中国实现崛起和民族复兴的大战略,正是在中国外交转型背景下,经济外交模式调整的产物,其着眼点在于运用市场和经济资源开拓中国与周边及世界的外交新局面,以缓解周边战略压力和构造地区新秩序。"一带一路"需要发挥中国经济外交引擎作用,让地区关注点重新回到"共同发展"议题上,改变粗放的传统经济外交模式,以双边关系为节点有序缔结网状多边合作,通过打造周边战略支点国家,推进差异性经济外交策略。

---

① 冯维江:《丝绸之路经济带战略的国际政治经济学分析》,《当代亚太》2014年第6期,第73页。

一　中国传统经济外交的困境及根源

2009 年，中国代替美国成为亚太地区主要国家和经济体的最大贸易伙伴。然而，近年来，在经济密切程度不断提升的同时，一个"反常"的现象是，中国运用经济手段在周边维持良好政治环境的效力开始下降，出现了经济投入与政治收获的不对称局面。

从双边关系层次看，自 2009 年之后，中国周边政治和安全关系一度出现紧张状态。日本、菲律宾、越南等国家一度纷纷在海洋问题上挑战中国。它们与中国的经济关系紧密，从中国高增长中获得了不少市场红利，但源自经济的共同利益却不能消除它们和中国在政治上的对立关系，其中中日关系表现得尤为突出。除了和中国存在领土领海争端的声索国之外，其他多数东亚国家和中国的双边政治关系热度也出现下滑，对中国经济快速增长和影响力提升的疑虑多于期待。

在多边层次上，中国倡议的东亚经济合作进程明显受阻，陷入了困境，特别是东亚 10 + X 合作框架渐渐流于形式，中国通过推动经济互利共赢的合作机制以缓解周边国家对中国崛起的敌意或疑虑越来越困难。在钓鱼岛争端长期化和中日关系趋冷的背景下，中日韩合作一时难以取得期望结果；由东盟发起的"区域全面经济伙伴关系（RCEP）"在大国竞争夹缝中艰难生长；2014 年亚太经合组织（APEC）会议上，在中国倡议下，各成员重启了亚太自贸区（FTAAP）进程，但其达成协议之路仍相当曲折。亚洲多边经济合作前景充斥着高度不确定性。

中国周边经济外交陷入上述困境的根源在于，东亚地区力量格局的变化和美国相应的亚太战略调整导致了中美邻互动关系的变化，这降低了中国传统经济外交的战略效果。从 21 世纪初至 2009 年，东亚地区基本力量格局是中国倡导的多边经济合作体系和美国主导的双边军事联盟体系和谐并存，中美邻实现了互利共赢。然而，在中国迅速崛起的背景下，这种二元格局的性质发生了变化。以美国为首的西方国家在金融危机的冲击下，将全球经济带入萧条期；在这一轮危机中，中国等新兴市场国家替代发达国家扮演了全球经济复苏的引擎角色。中美两国相对实力差距不断缩小，中国与周边国家实力差距持续拉大。美国感受到了来自中国崛起的压力，其战略重点转向巩固亚太联盟体系和地区霸权，防止中国崛起成为该地区新兴主导力量。与此同时，相对实力上升的中国开始在其周边寻求相应的地区影响力。因此，中美两国的互动关系发生了微妙的变化：东亚地区二元格局的竞争和相斥性开始取代其互利与兼容性。之前中美更多是追求相对经济获益的正和博弈，而如今在权力竞争和地区影响力上的零和博弈色彩越来越浓。尽管在不同领域和议题上，中美之间互利合作共赢与你得即我失的博弈状态共存，但两国的零和博弈关系逐渐上升为亚太地区的主要关系。①

2009 年，美国开始推行"重返亚洲"的地区再平衡战略，亚太地区首次被定位为美国的战略主方向。美国在该地区安全、外交、经济和政治领域全面进行了针对中国崛起的战略部署，其政策呈现出明显的连续性和整体性特征。美国的战略东移改变了中美邻的互动关系模式，影响了中国在周边的经济外交效果。

首先，随着美国做出的一系列"重返亚洲"的战略部署，地区的主导性议题一度由经济发展开始转向安全领域。亚太地区国家普遍认为中美在该地区将陷入"权力转移"过程，预期两国将就地区主导权展开激烈竞争，担心由此引发对抗与冲突。中美两国相对实力的变化和美国对华遏制战略使亚太地区的安全威胁认知上升。在美国力量的影响和挑动下，中国与周边国家的领土领海争端及其对抗性被过度放大，"中国威胁论"成为地区关注焦点，这提高了东亚国家对于美国提供的地区安全公共产品的依赖、需求和期盼。② 在安全领域被认为存在明显隐患的情况下，安全上的不对称依赖关系通常被置于经济上的相互依存关系之上，成为优先考虑方向。因此，周边国家对美国安全保护依赖程度的加强降低了中国经济外交的战略效力。

其次，美国在亚太地区采取的"离岸平衡"战略，需要依靠其联盟体系和其他中国周边国家的力量制衡中国的崛起势头。这些国家同时也在充分借美国的亚太战略的"东风"谋求自身利益最大化。它们利用美国对中国的制约和打压，在美国提供的安全保护和中国经济增长创造的红利之间两面"要价"和"渔利"。它们这边积极发展与中国的经贸往来，那边努力加强与美国的安全联系和军事合作，借美国在亚太地区的"势"与"力"，平衡中国在地区政治影响力的上升势头。美国在亚太安全领域的存在和军事联盟体系联系度的加强，无疑使东亚国家在发展与中国的经济关系时更具有"底气"，让它们在与中国的经济交往中坐享权益和福利改善而不给予政治回报提供了可能性。③ 周边国家的"对冲"策略压缩了中国传统周边经济外交的政策空间和效果。

再次，由于对中国强劲崛起势头的担忧，周边国家对于中国"以经促政"的经

① 高程：《中国崛起背景下的周边格局变化与战略调整》，《国际经济评论》2013 年第 2 期。

② 高程：《区域公共产品供求关系与地区秩序及其变迁——以东亚秩序的演化路径为案例》，《世界经济与政治》2012 年第 11 期。

③ 周方银：《中国崛起、东亚格局变迁与东亚秩序的发展方向》，《当代亚太》2012 年第 5 期；俞新天：《美国对冲政策的新特点与中国的应对》，《国际问题研究》2012 年第 5 期。

济外交手段开始酝酿应对策略，有意识减轻对中国市场的不对称依赖，这也将影响中国未来经济外交效力的发挥。传统的经济外交手段主要通过出让利益进行政治安抚和利用对方在经济领域对本国的不对称依赖关系予以政治施压。然而，那些与中国在传统安全领域，如领土问题上存在重大纠纷的国家，一旦政治安全议题被提上核心议程，则经济让利对于塑造友好双边政治关系的余地较小，中国难以借助经济利益改变或安抚对方的敌对状态和心态。此外，部分周边国家对于中国未来可能运用的经济施压能力开始警觉。它们为降低对中国市场的不对称依赖性，积极谋求与其他区域主要国家和经济体之间的自由贸易协定，以预防中国未来通过经济施压手段谋求政治获益。比如韩国，即便两国已达成双边自贸区协定，但韩国此前已先后与美欧签署 FTA 协议，希望借此减轻对中国市场的依赖程度。[1] 一些中国周边国家积极加入美国主导的 TPP 谈判，也持有类似动机。[2]

二 中国经济外交模式的调整与"一带一路"的应运而生

面对周边力量格局和环境的变化，新任领导班子对中国周边外交的理念和方向均做出重要调整，在一定程度上开始对 2009 年后的困境进行"破局"。中国在主权问题上已经明确宣示了战略底线，基本消除了周边国家打破现状的机会主义动机。与此同时，中国促进了周边大部分与自己无领土领海争端国家的中立立场和趋势；明显提升了与俄罗斯的大国战略互信，拓展了双方的协作互助关系；扭转了对美国及其盟友日本和菲律宾的战略被动，开始掌握更多主动权。

2013 年 10 月，习近平主席亲自主持了阵容豪华的周边外交工作座谈会。作为新中国成立以来首次周边工作会议，周边外交转型对中国崛起和民族复兴的重要意义得以充分展现。[3] 2014 年 11 月，中央外事工作会议召开，再一次突出了周边外交战略在中国整个对外大战略布局中的重中之重作用。两次重要会议上确立的外交新理念和近两年来的对外实践都清楚地显示，中国外交正在从立足"韬光养晦"向"奋发有为"转型。

第一，中国看待周边的态度从被动应对危机和麻烦，开始转变为有意识地驾驭甚至利用危机和麻烦，将该地区作为国家崛起的地缘依托带进行主动经略和塑造。

---

① 董向荣：《中韩经济关系：不对称依赖及其前景》，《国际经济评论》2013 年第 2 期。
② 高程：《周边环境变动对中国崛起的挑战》，《国际问题研究》2013 年第 15 期。
③ 陈琪、管传靖：《中国周边外交的政策调整与新理念》，《当代亚太》2014 年第 3 期。

配合这一外交理念大调整，中国正在出台外交、经济、政治、军事、文化相互配合，中央、地方、企业、社会多层互动的整套周边战略规划，而不是过去那样各领域和部门各自为政。第二，大国外交的内涵发生了主客体之间的转换。过去的"大国外交"更多是关注中国与世界大国之间的交往，而如今的立足点则是中国自身作为大国如何与其他大国建立新型关系。新型大国关系的构建，从以中美关系为重中之重，到平行强调与中俄之间的大国战略协作关系，并全面扩展到与欧洲和金砖国家之间的新型关系上。王毅外长的 2014 年外交盘点最大的特点就是突出了"以我为主"的大外交格局，总结顺序是先周边关系，后大国关系，而不像以往把重要位置和篇幅放在与大国的关系上，真正体现了立足地区和着眼全球。[①] 第三，中国的"崛起"在过去十年更多是被动性的，是在外部世界感知中"被崛起"。如今，对崛起的主体认知正在形成，进入主动寻求民族复兴的转型过程。中国正在尝试着基于自身发展模式的经验和文化价值观，提出新的地区秩序和国际秩序主张，争取周边社会和具有相近发展诉求的全球伙伴对中国崛起及其秩序观产生更多共鸣。中国正在努力塑造一个新型的地区秩序，在以往追求互利共赢的基础上寻求更多包容性的相互认同。

"一带一路"正是在上述中国周边外交的调整大背景下提出的。在成功"立威"的基础上，以及在逆转周边困局的过程中，中央提出了构建中国周边"命运共同体"的概念[②]和"亲诚惠容"地经略周边秩序的理念，传递了亲善近邻的信号。"一带一路"的宏伟规划与为此提供资金支持的丝路基金和亚洲基础设施投资银行（简称"亚投行"），正是实现中国周边"命运共同体"的战略规划和经济外交手段。"一带一路"涉及经济、外交、安全、文化各领域，其核心理念一是与周边国家谋求共同发展，二是促进开放竞争，三是实现相互包容。从防御性目标角度，"一带一路"的提出是为了将地区的关注点从美国希望的安全议题重新回到地区协同发展的经济议题上，为防止周边形成美国的进攻性联盟体系联手遏制中国的长期发展。从积极作为的角度，"一带一路"规划也是为了在周边地区提高和中国实力增长相称的贡献度和影响力，塑造一个以我为主、惠及周边的地区合作秩序。

尽管"以经促政"的传统经济外交面临种种困境，但庞大的市场和经济发展潜

---

① 王毅：《盘点 2014：中国外交丰收之年》，王毅出席 2014 年国际形势与中国外交研讨会开幕式并发表演讲，外交部网站，http://www.fmprc.gov.cn/mfa_chn/zyxw_602251/t1222375.shtml。

② 习近平：《让命运共同体意识在周边国家落地生根》，习近平在周边外交工作座谈会上的讲话，中华人民共和国中央人民政府网，2013 年 10 月 24 日，http://www.gov.cn/ldhd/2013-10/25/content_2515764.htm。

力仍然是中国主动经营周边秩序和寻求地区影响力的主要途径。然而，"一带一路"大战略正引导着中国传统经济外交的内涵和重点的变化。一方面，中国在周边基于纯粹互利共赢原则的经济外交效率下降，其思路需要调整；另一方面，随着外交转型的大节奏，中国需要面对如下问题：国家对外政策是否仍然紧紧围绕并服务于经济利益这个"中心"？对于地区秩序主导权的竞争是否仍然采取刻意回避的态度？一份不同于以往的外交答卷正在呈现。在过去的二十多年时间里，中国经济外交主要辅助于海外经济利益的拓展，服务于国内"以经济建设为中心"的大局，未来则需要更有效、更灵活地运用市场和经济资源去开拓中国与周边及世界的外交新局面，其目标在于塑造一个由强调互利共赢上升到追求身份认同的中国周边"命运共同体"和新型地区秩序。

"一带一路"所倡导的中国经济外交新理念，首先要能"以柔克刚"地缓解美国"重返亚洲"战略带给地区经济合作的压力和困境。美国亚洲"再平衡"战略对中国经营周边的干扰作用将在相当一段时间内持续存在。然而，相对实力的衰落和内部问题使美国正渐渐丧失为亚太地区提供经济公共产品的能力，其对于该地区的影响和控制能力处于下降趋势，对东亚多边合作的破坏性明显高于其建设性。美国如今更多依靠价值观、国际话语权等软实力和挑动周边国家给中国制造麻烦的方式破坏中国在周边的经营。但是中国周边国家大多意识到，中国崛起是大势所趋，而美国相对实力的衰落逐渐不能带给它们更多发展的增量需求，而且在关键时候也不会为它们与中国的冲突承担更多军事与经济义务。因此，包括与中国有领土争端的大部分周边国家并不希望在中美之间站队。中国需要让地区经济协同发展的动力超过美国挑动的东亚内部安全威胁认知，特别是由此产生的种种夸大其词的"中国威胁论"。

中国与美国和日本之间存在结构性矛盾，这种由相对实力变化带来的地区主导权竞争关系不可避免，在短期内难以消除。然而，周边大多数国家对中国崛起的担忧并非结构性困境，中国可以通过主动作为，挖掘自身发展释放的正面元素，缓解市场扩展输出的消极外部影响和西方主流国际舆论引导周边社会形成的威胁与不适感。"一带一路"的经济外交作用就是要消解外部世界对中国和平崛起的疑虑，它本身既要符合中国的国家利益，同时也需要被大多数周边国家所接纳和产生共鸣。中国需要通过"一带一路"的经济外交新模式让周边国家意识到，中国寻求的地区秩序是将自身发展和民族复兴与周边国家的长期福利融为一体。唯有如此，周边大多数国家对中国崛起的长远期待才能超越力量格局变化引发的短期不适。

"一带一路"旨在促进开放、自由参与和共同发展的周边经济秩序。中国周边是新兴市场国家和发展中国家聚集的地区，对多数国家来说社会经济发展是首要，它们同处于国际分工的不利位置，共同面临可持续增长和国内经济结构转型问题。中国有能力通过"一带一路"建设为这些国家提供更为广阔和开放的市场，通过帮助它们改善基础设施建设获得可持续增长的动力，促进地区协同发展的良好环境，增加周边国家对中国积极作为的期许。与此同时，通过"一带一路"建设促进共同参与、开放竞争的地区经济秩序也是当前中国冲破美国为首的发达国家集团限制中国发展的有效对策，中国需要通过"一带一路"战略与周边国家一起构建更为开放包容、公正合理的地区经济秩序。

三 让"一带一路"发挥新时代中国经济外交引擎作用的政策思考

如何重新焕发"以经促政"经济外交的活力，使之成为构建中国周边"命运共同体"的主要支柱，如何让"一带一路"建设引导新时期的中国周边秩序，正是当前需要深入思考的问题。

第一，让地区关注焦点重新回到"共同发展"轨道，避免落入美国设置的安全议题陷阱，对外淡化"一带一路"的政治性。面对掌握国际话语主动权的美国，中国与其在对方设置的地区议题中与之针锋相对，不如主动掌握自身议题的方向。中国如今是要在地区经济领域努力做成事，引导周边国家将关注点放在经济共同发展上；而美国则尽力破坏这一进展，挑起和利用各种"中国威胁论"，把中国周边国家注意力往安全议题上诱导，以此孤立中国。对此，在对外处理时，中国要淡化"一带一路"的政治性。"一带一路"构想一经提出，许多海外媒体纷纷冠名以"中国版马歇尔计划"，这种类比和称呼正是中国需要警惕的，中国要避免用"马歇尔计划"的理念去经营"一带一路"建设，更不应给沿途沿岸国家这种错觉。①

"马歇尔计划"的推出背景是，第二次世界大战结束后共产党及其理念在西欧一些国家声望增长，这令美国不安，因此不得不对遭遇战争破坏的西欧国家提供的复兴计划，而该计划的倡导者之一乔治·凯南预言了未来世界两极对峙的冷战格局。"马歇尔计划"旨在与苏联抗衡，遏止共产主义在欧洲扩张，具有鲜明的意识

---

① 参见 Gao Cheng："Correcting misconceptions about the Silk Road initiatives"，*China Daily*，10，March，201；宋国友：《马歇尔计划？不，Yidai，yilu!》，观察者网，2014 年 11 月 8 日，http：//www.guancha.cn/Song – Guoyou/2014_11_10_284550.shtml。反方观点可参见徐进《马歇尔计划的借鉴意义》，联合早报网，2015 年 3 月 20 日，http：//www.zaobao.com/forum/views/opinion/story20150320 – 459043。

形态色彩。美国通过该援助计划恢复并控制欧洲市场，通过军事安全合作和排他性的经济联盟组织（OECD）密切与其盟国的战略联系度，并使其成为遏制苏联的地缘政治工具，其实质是政治集团间排他性对抗。该计划还通过严苛的政治附加条件，将欧洲所有亲苏社会主义国家排斥在外。而根据这些附加条件，受援国则需要无条件按美国设计的市场道路、标准和规则发展，不但丧失部分经济主权，而且还必须进行美国要求的政治制度改革；与此同时，这些国家还需要和美国进行政治捆绑，成为美苏两极对峙的附属来配合美国的全球战略。

把中国惠及周边与世界共同发展的"一带一路"建设置于两极争霸和冷战的思维定式与语境下进行联想和引申，可能会导致外部世界误认为中国有借助经济手段控制他国与美国及其西方集团对抗的用心，使它们对"一带一路"产生更多戒心和排斥。这种联系既是中国不应抱有的心态，同时也要尽力消除美国和西方制造的国际政治舆论引导，消除"一带一路"相关国家因此产生的不解和疑虑。

中国的"一带一路"是在和平发展的世界大环境中提出的，中国和"一带一路"所及国家或者正在探寻自身发展道路，或者在经济不景气中寻找新的增长点，都立足于努力提高国民生活水平和福利。"一带一路"是为谋求中国与途经国家的共同发展，在平等互利基础上构建中国周边命运共同体，实现地区繁荣。对于不同种族、信仰、文化背景的国家，"一带一路"应追求包容性共生，不干涉地区国家内政和发展路径，不拉帮结派搞军事集团，与既有地区机制和组织和谐共存。中国给予沿途国家的贷款不附带任何政治条件和内部变革要求，未来做大后也要充分尊重合作国家的内部政治制度和经济发展方式，不将中国发展模式强加于人。"一带一路"建设与美国日趋保守的"俱乐部式"合作相比，应具有高度开放性，不像美国那样令其处于"选边站"的境地，而是鼓励和欢迎沿线各国自愿参加，无论其是否与他国结盟，选择何种政治制度。

"一带一路"沿线大多为新兴经济体和发展中国家。作为一套包括基础设施、贸易、产业、能源和金融的全面经济合作计划，中国要通过自身的产业、资本、基建优势和庞大的外汇储备帮助它们拓展可持续发展的空间，与沿线国家对基础设施建设的旺盛需求之间的互补关系进行产业对接，通过丝路基金为相关国家提供地区公共产品，通过非排他和非经济联盟性质、各国自由参与共同入股的亚投行向"一带一路"沿途沿岸国家提供贷款，帮助它们完善基础设施建设，提供可持续发展的经济动力。

第二，改变粗放的传统经济外交模式，让沿途国家从"一带一路"中切实分享福利和可持续发展的动力，通过最终消费品市场增加对其行为的影响力。"一带一路"计划横跨亚欧地区，涉及沿途 60 多个国家，除了通过继续开放，让这些国家分享来自与中国贸易的收益之外，以往粗放的经济外交需要在质量上予以完善。惠及"一带一路"沿途国家不仅要呈现在宏观数字上，更需要落实在具体、微观层次。近年来，中国发展对周边国家的 GDP 增量、就业等宏观指标做出了明显"贡献"，但这种数字上的正面作用不易为人们感知，而大量采伐和摄取资源、给周边生态造成的破坏和私人企业的欺诈行为等，带给周边国家居民的心理不适却是直观的。因此，配合"一带一路"的中国经济外交开展需要更多战略性考量，要有效约束国内企业在相关国家为追求利润最大化的不负责任行为，给予其必要的激励机制去维护其商业信誉和企业文化形象，使中国对外投资的切实福利在对方国家民间社会层面得以深化和具体化，真正让"一带一路"沿途沿岸国家的企业和百姓获得实惠。这需要中央、地方、企业和民间社会的相互配合。

"一带一路"与沿途国家的互联互通通常被理解为有助于输出中国的过剩产能。但作为一项经济外交战略，中国同时应照顾到沿线发展中国家的可持续发展问题。中国应有意识地通过为周边国家提供更多最终消费品市场，以此获得外交战略主动性。未来中国需要更多消化那些工业化进程中的国家日益增长的工业生产能力。如今美国和日本在东亚地区的最终消费品市场份额上的优势仍十分明显。目前美国占东亚地区最终消费品市场的 24%，日本占 11%，中国则只拥有 7% 的份额。[1] 控制最终消费品市场，能够较为灵便地改变本国需求，更有效地施展经济手段向对方施压，同时可以通过调整或转移中间市场，控制其下游的初级产品供应市场。21 世纪以来，中国与亚太地区的贸易总额增速迅猛，而且成为几乎所有区域内国家的第一贸易伙伴。[2] 然而，中国与区域内国家的贸易往来更多是进口其原料等初级产品，在国内进行加工后输出到美欧发达国家市场。中国主要扮演东亚生产网络中的中间环节角色[3]，难以充分地将自身庞大的市场规模转变为对周边国家的政治影响力。由于产业链源头的最终消费品订单仍然掌握在发达国家那里，中国无法随意改变与产业链下端市场的关系。随着国内资本的累积和国内购买能力及消费需求的提升，中国在亚太地区最终消费品市场的份额正在上升。"一带一路"在输出过剩产能的

---

① Asian Development Bank, *Institutions for Regional Intergration: Toward an Asian Economic Community*, http://www.iadb.org/intal/intalcdi/PE/2011/07384.pdf, p. 3.

② 赵江林主编《后危机时代亚洲经济增长与战略调整》，社会科学文献出版社，2013，第 18 ~ 21 页。

③ 关于东亚贸易结构，详见周小兵主编《亚太地区经济结构变迁研究》，社会科学文献出版社，2012，第 4 章。

同时，应将必要的关注放在周边国家最终消费品环节，提高东亚生产网络的独立性，借此将更多经济实力转化为地区影响力。从这一角度，"一带一路"所构造的地区经济秩序，需要中国更多扮演东亚终端市场角色。①

第三，将"一带一路"的经济外交重点放在做实具有发展潜力的双边关系上，以双边为节点有序结成网状多边结构。21世纪以来，中国一直寄希望于通过推动区域多边机制和合作协议框架促进与地区国家的关系，创造对自身发展有利的周边政治环境。这一思路在美国亚太再平衡战略的布局下举步维艰。在传统一揽子多边一体化合作陷入僵局的情况下，"一带一路"战略的更多关注点应重新放到发展和做实具有潜力的双边关系上。中国可以针对各自经济特点，通过与"一带一路"相关国家签订不同层次双边贸易协定、投资协定、货币互换协议等方式夯实双边经贸关系，扩大彼此互惠互利的基础，然后再用良好的双边关系带动多边舞台。美国对于多边机制及合作的破坏和干扰能力相对较强。相对多边领域，中国当前在周边推进的双边合作更为顺畅和有效，更容易取得突破性进展和实质收获。

"一带一路"建设应是在打造双边关系的基础上以个个突破的渐进方式一步步缔结多边网络，暂时绕开美日两国、避开现有地区一体化机制和规则的长期胶着状态另起炉灶，先易后难、先亲后疏地将合作条件成熟的国家有序接纳。通过双边关系缔结的"一带一路"多边网络是以中国为中心的松散关系，立足点是中国与相关国家一对一的关系，而非一对多的联系。亚投行的倡议和发起就沿袭了这一思路。由于中国和新兴市场国家及发展中国家在美国主导的世界银行和日美主导的亚洲开发银行中遭受排挤、不能获得相应话语权，于是中国另起一摊成立了该地区金融组织。如今，亚投行已有来自全球各个区域50多个国家成为或正在申请初始成员国，其中包括除美日两国外几乎所有世界重要经济体，这在客观上打破了日本和美国在亚洲地区的金融机构垄断状态，逐渐蚕食美国一家独大的金融霸权根基。在自贸区建设上，中国同样暂时难以寄望于APEC框架下的FTAAP达成，而应将更多关注点放在积极打造中国–东盟自贸区升级版和中国与澳大利亚、中韩、中巴、中新等双边自贸区的建设和完善上。与此同时，中国要利用好亚信、APEC、上合组织等多边平台，发挥中国在地区的议题引导作用。

第四，区别与周边国家双边关系的不同性质，推进多层次、差异性的经济外交策略。"一带一路"是一项普遍惠及沿途国家的经济外交战略，它追求的是中国与这些国家的利益共生性，但并不因此意味着这种"惠及"在层次和力度上是没有差

---

① 高程：《从规则视角看美国重构国际秩序的战略调整》，《世界经济与政治》2013年第12期。

异和原则的。"一带一路"从双边着眼的好处就在于，它可以将经济手段与政治关系进行灵活适配，加固与中国重要战略伙伴和友好国家关系的内生性，同时安抚和消除周边国家对中国崛起存在的担忧情绪。尽管周边国家对于中国在地区影响力的提升和未来的主导能力存在不同程度的疑虑，但由于它们各自利益的性质、诉求和排序差异诸多，所以对于中国崛起的心态和不满的形成机制在性质和程度上差别很大，体现在具体对华行动上更需要区别看待。中国可以通过"一带一路"的经济外交手段，巩固与己关系相对友好或中立的力量，使尽可能多的周边国家采取中立，而不是追随美国制衡中国在亚太地区的实力扩展。

要特别区分与周边国家政治趋冷是源于难以化解的长期结构性矛盾，还是中短期可以改进和调整的情绪性问题。对于那些在传统安全领域与中国存在领土等矛盾，并且心理上能够依仗美国安全保护向中国发难的国家，中国通过经济外交改善双边政治关系的空间较小。对于大部分周边国家对中国崛起的情绪性担忧，特别对于那些不希望美国分化东亚合作框架，或更看重中国经济增长带给地区的福利，对待中国崛起态度相对温和的国家，经济外交仍具有很大空间。美国在亚太地区的盟友中，韩国、泰国和澳大利亚与中国没有结构性矛盾，在实质问题上不积极在中美之间站队，是中国可以争取的中立力量。在领土问题上与中国有冲突的国家日本、菲律宾、越南中，越南在安全保护方面暂时指靠不上美国，对华态度相对谨慎。在乌克兰危机发生之后，中小国家在大国博弈中的教训正在令越南和菲律宾的心态发生微妙变化，明白在大国间明确"选边站"、为美国身先士卒与强邻交恶的苦果。在美国势力辐射范围较弱的中亚和南亚地区大多数国家，对中国崛起态度普遍较为温和，希望依托于中国市场带动本国经济发展。中国在这些地区推行经济外交的过程中，需要处理好与俄罗斯和印度之间的大国关系。

针对不同性质的双边关系以及对方对待中国不同的态度和利益诉求，中国在推进"一带一路"时要采取差异性经济外交，其中应遵循的原则是：对中国的友好度与获益度在方向和程度上大体一致，打破对方"会哭的孩子有奶吃"的主观印象，消除周边国家利用加强与美国的安全紧密度和配合度向中国施压，试图以此提高与中国经济合作谈判筹码的幻想，尤其要防止部分国家利用中国崛起谋求稳定的期望，通过挑起事端和制造麻烦进行利益勒索。通过"内外有别"的经济外交策略来处理与周边国家不同性质的双边政治经济关系，将有助于提高中国由双边节点拓展至多边合作网络的效率。

"一带一路"方式应成为中国推进全球发展与获得全球认同的国际话语符号

赵江林

中国社会科学院亚太与全球战略研究院研究员

历史上推进全球发展的战略行为主要由西方发达国家来主导,并形成当今所谓的国际话语体系。"一带一路"是第一次由发展中大国提出的推进全球发展的倡议,目的是引领世界不发达国家实现工业化目标。目前国外对"一带一路"倡议的接受度和认可度仍存在一定的误差和偏见,这为中国推进"一带一路"倡议带来不小的难度。本文从历史与现实出发,认为应将"一带一路"作为一种方式向国际社会推广,使国际社会、主流媒体能够加深理解和接受"一带一路"倡议。

"一带一路"是第一次由发展中大国提出的推进全球发展的倡议,目的是引领世界不发达国家实现工业化目标。历史上大国在推进全球发展进程的同时也往往通过自己的行为模式和话语体系,塑造新的国际形象和国际地位,以此完成自身的战略转型。借鉴大国推进全球发展的经验与做法,中国应在积极"做事"的同时,也要适时推出具有国际含量的话语体系,使国际社会、主流媒体能够加深理解和接受"一带一路"倡议。

一 历史上大国推进全球发展的行为与国际话语

大国是世界工业化进程中的主导国家,甚至对世界工业化进程起着决定性的作用,在将工业文明向世界非工业化国家推进的历史进程中,也最终完成了自身在世界经济体系中的转型与升级。历史上引领全球发展进程的大国主要是英国和美国。

1750—1913 年时期的英国对全球发展进程的主要贡献是奠定工业文明在世界范围内的主导地位,并对其他工业国启动工业化进程起到示范作用。当工业革命相继在主要资本主义国家完成之后，其所形成的合力将工业文明确立为世界体系中的主导文明，这些工业国也成为世界体系中的主导国家，成为世界新秩序的创建者、维护者。作为工业革命的发源地，英国也因此成为世界第一个"日不落"的帝国，彰显出工业帝国对以农耕为基础的农业帝国的强力超越。

在英国主导时期，为满足资本赚钱的欲望，英国迫切希望冲破当时世界上存在的以农耕为主的贸易壁垒，以便为自身的产品找到更多的市场和原材料生产地，也因此"自由贸易"成为实现英国霸主地位的核心路径与旗帜。通过强大的军事手段，英国打开了一个又一个农耕国家的大门，所提出的"自由贸易"口号自然成为工业国走向世界、建立新的世界秩序的主体内容。正是由于英国高举"自由贸易"大旗，更多的工业国加入英国对传统文明进攻的行列中。

但是英国之后也给后任者留下诸多难题：一是工业文明还不足以发展成为改造全世界的力量，在世界范围内仍存在大量的非工业国家。二是工业国之间的关系有待在新的经济力量和新的制度框架下被重新塑造。为争夺世界原材料基地和产品市场，工业国内部、工业国之间曾爆发多次战争，如英法战争、美国独立战争、美国内战、第一次世界大战、第二次世界大战等。三是工业国与非工业国之间的关系始终处于不平等的关系上，非工业国长期承受工业国的剥削，由此产生了不发达国家如何实现工业化的问题。

针对英国主导全球发展时期遗留的问题，美国的主要贡献是创建世界经济发展的和平机制、对发达国家经济恢复以及启动不发达国家的工业化进程。特别是后一点，为世界工业化进程的推进提供了新的发展模式。

第一，美国依靠资本霸权、市场霸权、美元霸权主导建立一系列具有国际性质的不平等但又稳定的机制，如联合国、世界贸易组织、国际货币基金组织、世界银行等，对战后国际秩序的稳定发挥着重要的作用，使世界没有因经济竞争而导致大规模的战争爆发。

第二，通过"马歇尔计划"实现欧洲经济的振兴，同时欧洲主要工业国从战争中汲取教训，以合作取代对抗，建立新型合作模式，由此消除欧洲内部启动战争的风险和隐患，也为世界国家间合作开创前所未有的先河。

第三，与部分不发达国家建立新型的政治经济关系。第二次世界大战后随着殖民地国家纷纷独立，美国与东亚不发达国家通过贸易、投资等经济手段创建了一种新的供求平衡关系，即美国消费、东亚生产的模式。这种近似平等的政治经济关系实际上开创了世界工业化进程中的一种新模式，以此回应了第二次世界大战后对不发达国家工业化进程的探索，即不发达国家可以在与发达国家交往中赢得经济发展的机会，实现"跨越式"发展。也正是在这种"机会"作用下，亚洲国家在短短几十年甚至十几年内取得了发达国家上百年才完成的工业化任务，构成战后最为显著的群体性崛起，也被世界银行称为东亚奇迹。

美国对不发达国家工业化的推进是有选择的，通过主打"民主"旗号取代英国的"自由贸易"来吸引更多的不发达国家先建立"民主制度"，再推进工业化进程，以此扩大以西方民主价值观为阵地的工业国实力。冷战结束后，是否推行民主更是成为美国支持或制约不发达国家的主要评价标准。当然，"政治标准"的设定实际上也限制美国对不发达国家工业化的整体性支持。

美国在推进不发达国家工业化进程的同时也强化了自身的国际定位。一是可以专注于从事高端制造业和服务业，成为世界技术创新与经济增长的"永久性"领跑者，同时还将国内消费或国内市场转化为"统治世界"的路径；二是实现美国的世界金融霸权目标，加固美元在世界货币中的霸主地位；三是将更多的不发达国家拉入资本主义世界体系中，加强美国意识形态的主导地位。

随着亚洲国家经济实力的崛起，美国推进不发达国家工业化进程的模式开始面临现实困境，不断在"贬值"。美国制造业的衰减使得美国能够转移出去的产业规模越来越小。相对于东亚制造业规模，美国的市场容量越来越有限，加上2008年全球金融危机对美国金融资本的削弱，美国已无力承担对那么多国家产品的吸纳。与此同时，发展中国家崛起之后迫切希望改变不合理的国际经济规则，以追求平等的获利机会和获利结果。然而，发达国家却始终未能在上述方面做出原则上的妥协。

二　即将到来的中国主导时期与国际话语体系的构建

发展仍然是当今世界不发达国家的核心议题，在世界范围内实现工业化仍是人类面临的主要难题。随着发达国家实力的衰退，借助发达国家市场推进不发达国家工业化的目标已经变得越来越不可行。美国模式终结后是否还会出现新模式，以此引领更多的国家加入世界工业化进程中来，这是需要中国迫切回答的问题。"一带一路"实际上给予了这一问题的答案。

历史上看，世界工业化进程主要是由发达国家来引领或主导的，尚未出现由发展中大国来完成这一历史任务。应该说由发展中大国引领世界工业化进程有一定的困难，原因在于发展中国家往往缺乏技术、市场、资金、制度优势和先进理念。

但是上述"要素"或"力量"的缺乏并不意味着发展中大国难以承担引领世界工业化进程这一历史重任。事实上，发展中国家正在以前所未有的力量出现在世界舞台上。发展中国家的资本实力、技术实力、市场规模、制度建设能力正在紧追发达国家，已与发达国家形成半壁江山的格局。这些变化为中国倡导的全球发展进程创造了新的前提和可能。

中国工业化模式的成功为发展中国家走向共同富裕增添了信心和动力。在中国推进工业化进程之前，未有证据表明工业化可以在世界范围内获得普及，或者说人人可以享有工业化成果。改革开放之后的中国用事实证明工业化是可以在世界范围内实现的。据统计，在当今世界 200 多个国家（地区）中，大致有 64 个国家（地区）实现了工业化，这些国家（地区）的总人口占全世界人口总数的不足 20%，而中国有 14 亿人口，占世界人口 21% 以上。中国工业化一旦完成将在未来使全世界工业社会的人口翻一番。

当前中国有实力、有自信、有意愿引领发展中国家完成世界工业化进程任务。中国已经成为世界第二大经济体、世界第二大贸易大国、世界技术大国、世界对外投资规模第二大经济体，并与发达国家签有高水平的自由贸易区协议，十八大倡导的"创新、协调、绿色、开放、共享"五大发展理念，既贴近中国的实际，也符合世界的潮流。

"一带一路"倡议自提出之后已为国际社会所周知，但是对"一带一路"要做什么、目标是什么却有着多种理解和解释，特别是一些别有用心的负面解释给"一带一路"倡议的推进造成很大的困扰。这里有必要将"一带一路"转化为国际社会所能理解的话语体系，明确"一带一路"是今后很长一段时期内中国解决全球发展议题的主要方式。国际上经常会以"方式"一词来概括某个国家或地区的行为模式，如"东盟方式"、"欧盟方式"等，提及这些词语将使人们迅速理解其所代表的确切含义。因此，以"一带一路"方式（The OBOR Way）作为有中国特殊含义的国际用语在国际社会加以推广，有助于增强对不发达国家的吸引力和提升它们对中国倡导的全球发展进程的配合度。

三 "一带一路"方式的全球未来发展意义

"一带一路"是人口大国将自身工业化经验向世界推广的主要通道。在英国主导时期，仅证明了工业化可以在一国范围内实现，即使与他国交往，也是为了自身工业化服务的。二战之后，美国扶助部分不发达国家走工业化道路客观上打破了一国工业化的地域范围，推动了部分不发达国家实现一定程度的工业化，但是美国模式维系的是其体系内部的平衡，却无力带动更多不发达国家实现经济增长。而今天的"一带一路"正在引领不发达国家走一条不同于发达国家主导的工业化道路，中国用自身的工业化进程证明人口规模并不是限定工业化进程的约束条件，人人享有工业化成果是可以由理想转化为现实的，这是"一带一路"倡议所具有的全球意义。在这一过程中，中国也将实现从地区性大国向全球性大国的重要转变。

尽管"一带一路"建设包含当今众多类似的概念如共享、可持续等，但是从历史角度看，将有别于曾经出现过的任何一种大国推进全球发展进程的新模式。"一带一路"将通过中国与不发达国家之间合作，共同创建市场，共同享有技术，在世界范围内建立新的供求平衡体系，以全面解决长期存在的供求失衡问题，最终依靠自身力量完成工业化进程，实现共同发展。这是发展中国家第一次以不依托发达国家支持为主的方式，将打破只有少数国家才能够实现工业化的难题，通过在世界范围内谋求共同发展、公平发展和可持续发展，使一部分国家"先富起来"能够演进到"共同富裕"，使工业文明成果成为世界各国共享的文明成果。具体来说，有以下几种模式：

一是共同发展模式。主动创造新的世界需求，以解决有效需求不足的问题是"一带一路"扶持众多发展中国家的主要路径。目前中国一方面正在构建全球自贸区网络，依靠减让关税和非关税壁垒等政策手段拓展地区乃至世界市场规模，目的是尽可能使这一时期不因市场缺口的存在而延缓世界工业化进程。另一方面，中国正在通过"供给侧"改革，积极开展与"一带一路"沿线国家的产能合作，推进"一带一路"沿线国家基础设施的建设，强化贸易投资便利化合作，核心是寻求中国与发展中国家实现共同增长的经济体系，以此为中国与"一带一路"沿线国家的繁荣与稳定创造必备的物质基础。

二是公平发展模式。发展中国家经济实力的崛起日益要求改变现有的国际经济秩序规则，使其朝着更加公平的方向发展，使发展中国家也能够获得同等的发展机会和发展结果。然而，目前发达国家正在人为设置新的障碍，如制定下一代贸易投资规则以延缓后起国家的崛起。"一带一路"将在充分尊重政治制度的差异、经济发展水平差异、社会文化差异的前提下，创建更加公平合理的经济规则，改变工业国和非工业国之间长期存在的不合理、不公平的交易，以营造新的国际经济新秩序。

三是可持续发展模式。"一带一路"将继续走和平发展的道路。过去中国走的工业化道路是和平道路，今天和将来中国仍将继续走和平道路，这也是发展中大国对推进全球发展进程所做出的政治贡献。另外，"一带一路"也将引领发展中国家走绿色发展道路，解决工业化面临的环境问题，最终促进人类的可持续发展。到 2030 年中国将率先实现绿色工业化，成为世界绿色工业强国。

　　未来，中国应将"一带一路"作为推进全球发展进程的一种新方式，把共享、公平、可持续作为这一国际话语体系的突出的三个关键词，向世界表明中国倡导世界发展进程的主体内容，使国际社会能够明白"一带一路"要做什么和怎么做，使发达国家和发展中国家都能够主动接受"一带一路"倡议，愿意配合中国这一大倡议的实现。

"一带一路"与扩大开放

庄 芮

对外经济贸易大学国际经济研究院教授

国家"十三五规划"明确指出,面对国内外新形势,今后中国对外开放领域要"健全对外开放新体制"、"推进'一带一路'建设"。未来中国在"一带一路"背景下推进对外开放的政策思路应该是:贸易领域,要重视投资带动贸易,重视进口贸易,推动与"一带一路"国家的贸易便利化,同时挖掘"一带一路"优势,创新发展服务贸易。FTA方面,要合理选择谈判对象,注意区分开放程度,寻找FTA网络突破口,并有效对接沿线国家发展战略。投资领域,应从国家层面优化"一带一路"投资环境,从企业角度加强风险防范。

2008年以来,中国对外开放面临的国内外环境发生了较大变化,使得中国未来推进对外开放面临新的压力和考验。为应对挑战,"十三五规划"明确提出,对外开放领域今后要"健全对外开放新体制"、"推进'一带一路'建设"。未来中国在"一带一路"背景下推进对外开放的政策思路应该是多方面加强对外开放力度,以实现中国对外开放的全新格局。

一 中国对"一带一路"国家开放现状

(一)中国与"一带一路"沿线国家的贸易往来

"一带一路"沿线国家与中国双边贸易额居前七位的分别是马来西亚、俄罗斯、越南、泰国、印度、沙特阿拉伯、印度尼西亚。最近十余年来,中国对"一带一路"沿线国家的出口在中国总出口中所占的比重一直处于上升阶段,2014年达到27.2%,其中11.62%来自东南亚11国,6.36%来自西亚中东19国。从商品结构看,中国对"一带一路"沿线国家出口的主要是初级产品和低端制成品。

在"一带一路"沿线，中国进口主要源自东南亚 11 国和西亚中东 19 国，这两个地区 2014 年在中国进口贸易中分别占比 10.63% 和 8.51%。纵观 2001—2014 年，中国自"一带一路"沿线国家的进口比重有所增加（从 2001 年的 17.1% 增加到了 2014 年的 24.69%），但增速比较缓慢。

中国重点从"一带一路"沿线国家进口能源，2001 年和 2014 年分别占中国该类商品总进口的 64.53% 和 64.96%。近年来中国自"一带一路"沿线进口的劳动密集型制成品如鞋帽制品、纺织服装都在大幅增加，与此形成对比，中国自沿线进口的"交通运输设备"比重急剧下降，已从 2001 年的 20.91% 下降到了 2014 年的 4.63%。

截至 2016 年 4 月，中国与"一带一路"沿线国家已签署协定的自由贸易区（FTA）共 4 个（中国－东盟、中国－新加坡、中国－巴基斯坦、中国－韩国）；正在谈判的 FTA 有 7 个，即中日韩 FTA、区域全面经济伙伴关系协定（RCEP）、中国－海合会 FTA、中国－斯里兰卡 FTA、中国－马尔代夫 FTA、中国－格鲁吉亚 FTA、中国－巴基斯坦 FTA 第二阶段谈判；可行性研究完毕但尚未启动谈判的是中国－印度 FTA；正在研究的 FTA 有 3 个，对象分别是摩尔瓦多、斐济、尼泊尔。

（二）中国与"一带一路"沿线国家的投资现状

第一，中国对"一带一路"沿线国家投资增速快，但空间差异大。中国对"一带一路"沿线直接投资流量从 2005 年的 6.68 亿美元增长到 2014 年的 137.27 亿美元，年均增速达 40%。但中国对"一带一路"沿线国家投资呈现明显的空间差异性。2005—2014 年间，中国对"一带一路"沿线国家的投资规模从大到小依次为东南亚南亚地区、中西亚地区、中东欧地区、中东地区。

第二，沿线国家对华投资增速高于世界平均水平，但波动幅度大。2015 年中国实际利用"一带一路"沿线国家外资同比增长 28.2%，远高于世界整体 5.6% 的增速；多个国家对华投资增长迅猛，其中泰国对华投资增长 521%，蒙古国达 728%。但"一带一路"沿线国家对华直接投资波动幅度较大，且投资基数较小。

第三，中国对"一带一路"沿线国家的投资高度集中于能源资源行业。中国对"一带一路"沿线国家的投资以能源占绝对主导地位，金属矿石居次席，不动产、交通分列第三、第四位，农业、高科技和化学等行业的投资规模相对较小。利用丰富的人力资源和开拓当地市场。

二 中国对"一带一路"沿线国家扩大开放的现实障碍

（一）进出口贸易的现存问题

当前中国与"一带一路"沿线国家的贸易关系存在四个问题：一是贸易规模偏小，中国与"一带一路"沿线国家的贸易 2014 年仅占中国总出口的 27.20%、总进口的 24.69%；二是贸易结构单一且层次偏低，中国主要向"一带一路"沿线国家出口劳动密集型制成品，同时进口能源；三是贸易的地区分布相对局限，即高度集中于东南亚和西亚中东地区，其他如南亚、中东欧等，贸易额都非常小；四是贸易未能形成价值链上下游的供应关系，容易受到外界因素影响。

应该看到，"一带一路"可以带动中国和沿线国家共同发展，双方在贸易上具有较强的互补性，存在进一步拓展贸易的巨大潜力和空间。

（二）FTA 建设面临的挑战

第一，FTA 数量少，地区分布不均衡。"一带一路"沿线经济体多达 60 余个，但截至 2016 年 5 月，中国与沿线经济体签订的 FTA 仅有 4 个，算上正在谈判和正在研究的也只有十余个，数量总体偏少，且主要集中在周边地区，由此也可看出，中国与"一带一路"沿线经济体建设 FTA 还有很大的发展空间。

第二，深度一体化水平低。目前，中国与"一带一路"沿线经济体签订的 4 个 FTA 主要包含了"第一代"贸易政策即"WTO＋"贸易政策①，而这 4 个 FTA 只涉及少数"第二代"贸易政策，即"WTO－X"贸易政策②，可见这些已签订的 FTA 在 WTO 框架内的合作较深，而在 WTO 框架之外的合作仍需进一步深化。

---

① 根据 Henrik Horn，Petros C. Mavroidis，André Sapir，"WTO＋"贸易政策包括工业产品、农业产品、海关程序、出口税、SPS、TBT、国有企业、反倾销、反补贴、国家救助、公共采购、TRIMS、GTAS、TRIPS 14 项议题。

② 根据 Henrik Horn，Petros C. Mavroidis，André Sapir，"WTO－X"贸易政策包括反腐败、竞争政策、知识产权、环境法、近似立法、消费者保护投资、资本流动、劳动市场管制、农业、视听领域合作、民事保护、创新政策、文化合作、文化保护、经济政策对话、教育和培训、能源、金融援助、健康、人权、非法移民、违禁毒品、产业合作、信息社会、采矿、反洗钱、核安全、政治对话、公共管理、区域合作、研究和科技、中小企业、社会事务、统计数据、税收、恐怖主义、签证和庇护 38 项议题。

第三，合作的潜在风险较高。中国与"一带一路"沿线经济体推进 FTA 建设受安全、政治、经济等诸多风险影响。安全风险方面，传统安全和非传统安全并存，前者包括战争、武装冲突等，后者包括恐怖主义、疾病传播、跨国犯罪等。政治风险方面，一些国家内部的政府换届、民族矛盾、教派冲突等都会影响到其政局稳定，进而波及 FTA 建设。经济风险方面，"一带一路"沿线经济体发展水平参差不齐，一定程度上会影响其与中国开展合作的广度和深度。

尽管面临上述问题，"一带一路"毕竟幅员辽阔、深藏潜力，因此，建成辐射"一带一路"沿线经济体的自贸区网络，是中国加快推进自贸区战略中长期目标的重要组成部分。

（三）投资领域的现存风险

中国对"一带一路"沿线国家进行投资的最大挑战来自于当地政策和政局的不稳定性。当地投资政策受政治影响较大，若其单边修改投资政策，会使中国企业难以把握政策方向而遭受损失。

第一，海外投资效益较低。中国企业在"一带一路"沿线国家主要采用绿地投资方式，常常遇到"水土不服"、国际化经营人才缺乏、经验不足等问题。这种投资方式的效率和效益也较低。

第二，沿线国家经济文化发展差异大。"一带一路"沿线国家基本覆盖四大文明古国的全部区域，各国文化差异明显，中国企业在这些国家投资很容易遇到文化融合难题。企业如果不了解投资国的市场、法律、技术水平，没有本地的工人，投资会遇到较大的困难。

第三，引资伙伴国的多元化有待提升。中国吸引"一带一路"沿线国家投资增长迅猛，远高于中国吸引外资的整体水平。但中国在沿线的外资来源结构较为单一，主要集中在东盟国家。因此，中国推进"一带一路"建设应积极拓宽新的投资伙伴关系。

第四，新的引资优势尚未形成。目前中国进入调整转型的攻坚期，以往政策、成本寻求型外资难以维系，甚至出现制造业外资撤离现象，新的外资增长点有待发掘。"一带一路"沿线多为发展中国家，企业国际竞争力有限，随着中国本土企业的快速崛起，沿线外资企业面临巨大压力，一定程度上影响了这些国家投资中国的积极性。

第五，与其他经济体间引资竞争加剧。巴西、俄罗斯、印度等新兴经济体均具有独特的引资点，东南亚也凭借成本优势成为新一轮资源寻求型外资的目的地。

中国在转型升级关口，FDI的产业结构、区域布局等均将发生重大变化，在固有优势逐步丧失而新优势尚未培育成熟的情况下，中国对外资的吸引将面临严峻挑战。

三 "一带一路"背景下中国推进对外开放的路径思考

（一）"一带一路"背景下中国外贸创新发展思路

在"一带一路"开放新形势下，中国外贸必须谋求创新发展道路。

首先要重视投资带动贸易，特别是应结合"一带一路"沿线的对外直接投资，打造以中国为核心的区域价值链或全球价值链，鼓励有条件的中国企业带着自有技术和自主品牌到"一带一路"沿线国家投资设厂，由此带动相关中间品或零部件的进出口，形成中国外贸新动力。

其次要重视进口贸易，推动与"一带一路"沿线国家的贸易便利化。过去中国发展对外贸易，长期存在"重出口、轻进口"现象。今后中国如果进一步调降进口品关税，与"一带一路"沿线国家共同努力，降低贸易壁垒，增加贸易便利化措施，那么相当一部分"一带一路"特色的海外消费就有可能转向国内进口品市场，并由此带动外贸增长。

再次，要挖掘"一带一路"优势，创新发展服务贸易。中国服务贸易虽然发展速度较快，但长期处于逆差状态，服务贸易出口并不理想。在"一带一路"背景下，中国应及时调整、创新服务贸易监管模式，大力挖掘面向"一带一路"沿线国家的服务贸易市场，尽快突破服务贸易发展"瓶颈"，使之成为中国外贸发展的新动能。

（二）"一带一路"倡议下中国自贸区战略推进要点

1. 合理选择谈判对象

首先，根据FTA类型划分商签国范围。中国与"一带一路"沿线经济体FTA的类型大致可以划分为两种：经贸互补型和能源、资源寻求型。鉴于此，中国需要根据贸易关系的类型采取不同的FTA谈判策略。

其次，优先考虑与已经建立"伙伴关系"的经济体商签FTA。"一带一路"沿线主要经济体中，半数左右已经同中国建立了不同层级的伙伴关系。中国在推进"一带一路"FTA建设时可以优先考虑这些国家。

2. 注意区分开放程度

"一带一路"沿线经济体已有的诸多 FTA 一体化水平总体不高，中国在推进与"一带一路"沿线经济体建设自贸区时，应把握好与不同国家 FTA 的开放程度，同时综合处理各方面关系。

3. 寻找 FTA 网络突破口

首先，加快推进与周边的"一带一路"沿线经济体签订 FTA。通过自贸区建设不断深化与周边国家的经贸关系，推进国际产能合作，并逐步向"一带一路"沿线其他国家辐射。

其次，加快推进与海合会的 FTA 商签工作，由此带动与西亚北非其他国家的区域经济合作。中国要认真总结与海合会 FTA 商签过程中的经验教训，摸索出一套适合西亚北非国家的 FTA 商签模式，积极构建以能源合作为主轴，以基础设施建设和贸易投资便利化为两翼，以核能、航天卫星、新能源三大高新领域为突破口的"1 + 2 + 3"的合作格局。

4. 有效对接沿线国家发展战略

中国在与"一带一路"沿线经济体推进自贸区建设过程中，要积极对接各国国内发展规划及其对外战略，寻求利益汇合点，推动构建各国共同认可的范式与规则，从而实现互利共赢。

（三）中国与"一带一路"沿线扩大双向投资的路径选择

1. 从国家层面优化"一带一路"投资环境

一是构建投资贸易磋商机制，优化实施"一带一路"倡议的外交环境，并为资本"引进来"与"走出去"消除各种地缘政治障碍。

二是具体制定中国与"一带一路"沿线各国的经贸合作与发展战略、项目规划，建立区域投资促进与保护机制，改善区域投资环境。

三是积极推进与"一带一路"沿线各国签订双边或多边 FTA，同时积极开展与沿线国家的双边投资协定（BIT）谈判，以此促进双边投资增长。

四是系统出台财政、税收和金融等政策措施，有效推动中国企业对外直接投资，从而带动国内产业结构转型升级。

五是发挥政府的信息资源优势，及时向社会发布"一带一路"沿线的经贸信息，引导资本双向流动。

2. 从企业角度加强风险防范

企业在"一带一路"沿线具体实施投资计划时，应时刻谨记企业社会责任，充分了解东道国法律法规和民风民俗，加强与当地民众的交流。宏观层面引导国内企业高效"走出去"时也应采取差别策略：

一是对于与中国政治经济关系较为密切的国家，可以由掌握某种垄断优势的大型国有企业作为"领头羊"，由市场经济机制带动相应的中小企业群体快速高效地"走出去"。

二是对于地缘政治环境较为复杂的国家，由于其对主权资金的投资较为敏感，因而应更多地鼓励和支持民营企业进入这些国家。

此外，还应强化企业的投资风险意识，引导其设立专门的风险监控部门，并要求行业协会发挥应有作用，做好企业间信息互通和共享。

构建"一带一路"综合战略平台，营造更加主动有利的外部环境条件

周方冶
中国社会科学院亚太与全球战略研究院副研究员

作为中国在全球化时期的重要战略部署，"一带一路"建设要在日趋复杂多变的地区与国际环境中稳步推进，就必须在对外工作的思路与方法上积极创新：一方面要形成从"防御性"到"进取性"的外交观念重塑；另一方面要整合资源，先在部委层面打破条块分割，以功能为导向，搭建跨部门的专业化平台，再在中央领导的总体规划与战略部署下，"由点及面"地构建和完善中央综合战略平台，以取得"国内国外一盘棋"的全局效果。

对此，一要有"摸着石头过河"的决心和勇气，二要有"小步快进"的谨慎与灵活。建设初期，有必要优先考虑以下专业化平台。

一 基建工程协作平台

设施联通，特别是交通基础设施联通是"一带一路"建设的重要内容，不仅对沿线国家有很强的吸引力，有助于提升各国发展潜力，而且对中国也有着至关重要的现实意义。但是，近年来以中泰铁路建设为代表的多项重大基建工程都未能如期推进，甚至被搁置，究其原因，很大程度上就在于传统的海外工程承包做法，已经很难适应新时期的发展需要。

相较于日本以国际协力机构（JICA）为支点的综合服务平台，中国在推进"一带一路"建设过程中，还是受条块分割影响，通常以单个企业为工作主体，缺乏多部门多领域的有效资源整合。"一带一路"建设的沿线国家通常无力自筹资金开展基础设施建设，而且在申请世界银行或亚洲银行等国际机构贷款方面也存在诸多障

碍。这对中国而言，既是挑战，也是机遇。但是，如果还像以往那样单打独斗，将很难克服贷款利率、融资担保、工程造价、技术转让、成本回收、公共关系等诸多并发式难题。

在传统的海外工程承包项目中，中方仅是其中施工环节的承包者，更多的项目难题都是由世行或亚行或其他机构负责处理，而在"一带一路"建设中，中国将成为主导力量，并为西方机构都难以承担的高难度项目进行全盘负责。这就意味着，中国必须改变以往的项目承包者角色，更多地从项目设计者与运营者的立场去开展工作。

借鉴日本国际协力机构的经验，中国在基建工程合作中，有必要构建打破条块分割的协作平台，改变发改委、商务部、外交部、进出口银行、开发银行以及各大国有企业各大机构各自为政现状，从而将项目可行性研究（专业科研机构）、融资贷款（政策性金融机构或商业金融机构）、项目担保（保险公司）、工程承包（工程技术企业）、材料与设备供应（制造业企业）、项目运营以及商业开发（综合商业集团与地产集团）、项目公共关系（非政府组织）等环节进行统筹安排，通过"一揽子"方案赢得沿线国家对项目合作的理解与认可。

举例而言，中泰铁路合作表面的争议有两个，一是贷款利率偏高，二是工程造价偏高；深层的担忧有一个，就是中泰铁路建成后，从铁路运营来看可能亏损。以我国目前的基建工程谈判模式而言，这些问题根本无解，因为贷款利率和工程造价都很优惠，再低就要亏损，而铁路运营亏损也是必然。这在相对发达的泰国尚且如此，其他国家更会面临相同问题。[①]

但以协作平台的方式运作，则有可能为解决问题提供可行方案。贷款利率与工程造价的亏损，可以通过限定贷款必须购买中国设备与材料的方式加以回补，既能输出中国过剩产能，又能在对象国推广中国制造标准，但这种安排，必须进行统一协调，以保证设备和材料出口企业的盈利能填补亏损，从而在总体上做到不亏损甚至小有盈余。

铁路运营亏损问题，则需要通过铁路外溢的商业利益进行贴补，其中包括物流、电商、房地产、旅游等多方面的综合开发。但这需要相应的规划和投资，否则很难得到对象国的理解与认可。因此，必须通过协作平台，引入相应中资或外资，与当地资本同步协商投资开发事宜，并加强政策协调，特别是跨境的人员流动与货

---

① 周方冶：《"一带一路"建设与中泰战略合作：机遇、挑战与建议》，《南洋问题研究》2016 年第 4 期，第 76 页。

物运输的检验检疫等问题，避免基建工程完工后却无法有效发挥作用，结果不仅影响预期收益，而且会影响中国在经济建设方面的国际权威。

二 海外信息共享平台

为了构建于中国更为主动有利的外部环境，最基本的前提条件就是对相关信息及时、准确、全面、深入的有效掌控。唯有如此，方能做到有的放矢地提前预警和积极应对，否则就可能错失良机，甚至做出影响大局的错误决策。目前来看，中国对海外信息的收集还是传统的防御性和封闭式运作模式，很难有效应对新时期的海外利益保护。具体而言，弊端有三：

首先是信息来源相对不足，主要靠相关部门的驻外站点收集信息。这在防御阶段足以满足需要，因为当时更多的是了解西方对中国不利的相关信息，并加以防范或反击即可；但对"一带一路"建设而言，传统做法明显力有未逮，因为现在处于进取阶段，中国要与沿线国家加强合作，所需信息无论是深度还是广度都要有显著提高，现有的信息收集模式已很难满足需要。因此，有必要拓展信息收集来源。

其次是信息分析相对乏力，缺乏专业人才，难以对日益细化的信息内容进行针对性的分析解读。随着中国对外关系的日益扩充，涉及的国家、层次与领域都在迅速拓展，传统的封闭式运作主要依靠系统内的人才储备进行分析解读，无论是处理能力，还是专业化程度，都已捉襟见肘。因此，在不增加系统编制的情况下，有必要积极引入体系外的专家学者以提供智力支持。

再次是信息效用相对有限，除了事关国家决策的重要信息得到合理利用之外，多数在国策层面缺乏重要性的信息被束之高阁，但与此同时，中国企业在"走出去"的过程中却面临严重信息不对称问题，除了外交部和商务部定期公布的通用信息外，很少有获取对象国信息的有效渠道。因此，为提高中国企业在"一带一路"沿线国家的竞争力，有必要进一步完善信息共享机制，切实提高信息利用率。

针对上述问题，中国应构建官产学联动的信息共享平台，打造进取性的开放式信息运作新模式。通过体制机制创新，形成以政府信息管理为核心、以商业信息收集为支撑、以学术信息分析为枢纽的良性循环体系。

在起步阶段，可以考虑以政府服务外包的形式，支持民间智库为企业"走出去"提供信息服务，首先由政府提供经费和基础信息，并构建由相关部门主管的海外信息数据库，提供一定权限让企业和民间智库查阅；随着企业对民间智库的需求增加，逐渐将民间智库市场化，开始由企业提供经费，并由民间智库自主拓展信息网络，从而在不增加编制和预算的情况下，就能为政府信息工作，特别是在信息数据库的完善和信息分析的印证方面，提供可持续的重要助力。

三　基层公关统筹平台

中国在海外投资的合作项目中，有不少项目特别是资源开采型项目，需要与对象国当地民众直接打交道。从目前来看，一些项目面临基层公关难题，一些企业与当地民众存在分歧与矛盾，难以得到有效解决。例如，缅甸的莱比塘铜矿项目，即使在做出巨额经济补偿和社会公益投资后，依然面临诸多潜在矛盾难以化解，很可能再次引发冲突。

美日等西方国家一直在指责中国海外企业缺乏社会责任，不仅破坏环境，而且破坏传统文化和当地民生，并通过非政府组织挑唆当地民众进行和平抵制甚至暴力对抗，严重损害中国负责任大国的国际形象。尽管中国公开承诺将履行更多国际扶贫开发责任，政府和海外企业也投入庞大人力物力，但迄今为止未能在相关对象国取得明显成效。

究其原因，一方面是相较于美日等西方国家的深耕细作，中国在基层公关方面尚处于起步阶段，还需要一定时期的持续投入方能形成从量变到质变的显著改善；另一方面是中国在基层公关的方式上存在明显缺陷，缺乏统筹安排，更多的是各部门、各企业自行其是，着眼于与己有关的特定区域、项目或领域，难以顾及综合效果，结果不仅无法形成集群效应，而且很容易在对象国产生逆向激励，使得未能分享收益的基层民众在西方势力挑唆下表现出更强烈的不满和抵触情绪。

借鉴西方国家特别是日本国际协力机构的做法，有必要将中国在对象国开展基层公关的相关资源集中使用和统筹管理，以提高资源配置的集群效应和外溢效应。具体而言，一是要将政府和超大型国企民企的资源进行整合，集中人力物力开展"兼顾点面"的基层公关，并积极动员传媒大力宣传，以取得最大化的公关效果，切实改善中国国家形象。二是要积极沟通对象国非政府组织，通过当地人做具体的基层公关，中方人员作为指导者和监督者，一来避免因语言、文化等差异影响公关效果，二来有助于当地基层培养利益共同体，从而在西方势力采取不利于中国的基层活动时，成为中国最有效的反制手段。三是要积极回应中小企业在基层公关方面的困难与障碍，积极为其提供基层公关服务，避免由于中小企业能力不足而增加的基层公关风险。

关于 "一带一路" 切入点的政策建议
——基于"五通"的逻辑框架

范祚军

中国-东盟区域发展协同创新中心研究员

"一带一路"旨在共同打造中国与相关国家政治互信、经济融合、文化包容的利益共同体、命运共同体和责任共同体。如何向全球传递中国上述主张和思想,就需要寻找双边或多边共同的切入点。应围绕设施联通,以新的经济走廊建设为切入点,以规划对接切入来推动共同利益;围绕贸易畅通,要从全球价值链重构中切入,布局全球生产贸易链条中的中国核心地位建设;围绕资金融通,从金融需求满足切入,推动"一带一路"金融支撑体系打造;围绕政策沟通,从建立多层次、多领域、多方式的政策沟通机制来切入,增强双边互信;围绕民心相通,从人文交流机制建设切入,推动人民之间的利益融合、命运相依和文化包容来建立纵横交织的人文交流网络。通过多渠道切入,最终在国际政治经济新秩序重塑中提升中国影响,在中国对外政治经济互动中体现中国特色,在全球"共同体朋友圈"中体现中国风格。

习近平主席在谈到"一带一路"问题时指出:"一个国家要谋求自身发展,必须也让别人发展;要谋求自身安全,必须也让别人安全;要谋求自身过得好,必须也让别人过得好。"因此,寻找共同切入点,培育共同利益,至关重要。"一带一路"的内涵归纳起来为"五通三体",主要是通过政策沟通、设施联通、贸易畅通、资金融通、民心相通,推动利益共同体、命运共同体和责任共同体建设。因此,有必要通过"切入点"建设,推进"五通三体"进程。

一 "一带一路"倡议中"五通"框架推进情况

"一带一路"倡议自 2013 年提出以来,参与的国家越来越多,目前有 70 多个国家表达了合作的意愿，有 30 多个国家同中国签署了合作共建的协议，合作框架初步搭建起来。

第一，初步形成全方位、多层次的互联互通格局。中国与"一带一路"沿线国家基础设施的互联互通已经取得了阶段性的突破，正从东南亚向南亚、西亚、中亚、蒙俄等区域开展，中老、中缅、中蒙铁路以及中老、中缅孟印、中蒙西部公路等贯穿南北的陆上通道已经投入建设，吉布提港、也门亚丁港、缅甸皎漂港、孟加拉国吉大港、斯里兰卡科伦坡港等由中国建成或正在修建的港口码头遍布航运要道，国际道路运输客运线路有 136 条，国际货运线路有 151 条，中缅、中哈、中俄原油管线陆续贯通运营，中亚、中缅天然气管道分别建成投产，中巴经济走廊能源合作规划、中亚五国可再生能源规划、东盟清洁能源路线图、孟中印缅经济走廊电力项目投资环境研究等项目逐步展开，已经连通与东南亚、中亚、南亚等多个区域的大容量光缆，初步形成全方位、多层次的交通、能源、通信互联互通格局。

第二，"一带一路"推动全球经贸格局调整。在全球经贸规则形成过程中，发达国家力图主导并发力构建诸如 TPP 和 TTIP 的高标准排他性自贸区，限制发展中国家参与国际经济活动，进而主导全球经济治理。发展中国家和新兴经济体始终没有恰当的、合乎身份的国际规则制定权，而中国"一带一路"倡议的提出为中国与沿线国家构建新一代经贸规则提供了新的出路，中国与沿线国家境外经贸合作保持逐年递增的良好势头，中国对"一带一路"沿线国家投资规模和在全球占比处于上升态势，对东南亚地区的直接投资保持稳步增长态势，在中亚与南亚地区的投资增速最快。

第三，推进资金融通的金融支撑建设进展顺利。"一带一路"的亚洲投融资支撑体系已显雏形。从商业性金融来看，互设分支机构、互相开放金融市场已成趋势；从政策性金融来看，中国进出口银行、中国出口信用保险公司、国家开发银行等机构，从原先的扶持贸易，到如今专门设置投资基金来参加具体项目的扶持与投资，帮助企业"走出去"、"走进来"；从开发性金融来看，金砖国开行、亚洲基础设施投资银行等区域金融机构的先后建立，加上中国以参股或作为成员等不同方式积极参与非洲开发银行等国际性金融机构来支撑"一带一路"的发展。从政府间金融合作看，中国与沿线国家针对经济对话合作、货币清算与支付、金融交流合作、新交易合作平台设立等方面签订相关金融协议。截至 2015 年底，中国人民银行已与世界上 30 多个国家签订了货币互换协议，其中 15 个为"一带一路"沿线国家。

第四，通过政策沟通以增强互信效果明显。"一带一路"倡议中的政策沟通体现"共商"的思维。从 2013 年"一带一路"提出至今，国家领导人习近平和李克强通过 14 次国事访问对"一带一路"国家包括中亚 5 国、东南亚 7 国、东北亚 2 国、南亚 4 国、西亚 3 国、中东欧 3 国总计 24 个国家，通过关系维度构建、政治经济互动，就各方发展规划、合作理念、双边或多边规则、分歧解决机制、国际主张、全球治理方式等进行沟通和协同，提升相互信任，达成新的共识。通过对来自"一带一路"沿线相关国家、区域大国的智库和学者的不同视角和多元的声音梳理，可以清楚看到目前政策沟通达到的效果、深度和广度情况。在"一带一路"沿线 64 个国家中，绝大部分国家的态度都十分正面，印度反应谨慎，俄罗斯务实，欧洲各国则表现出期待。

第五，民心相通夯实"一带一路"民意基础。通过文化交流、不同文明的碰撞，各国民众在交流中互相学习、共同成长。仅 2015 年一年的时间，新加坡、新西兰、斐济、布鲁塞尔、尼泊尔、坦桑尼亚相继成立"中国文化中心"。2016 年，中国与卡塔尔共同举办"中卡文化年"、"中阿丝绸之路文化之旅"。通过"丝绸之路旅游年"系列活动的举办、中国每年向沿线国家提供 1 万个政府奖学金名额、60 多家研究机构在"一带一路"研究方面的合作、沿线国家文化传媒的国际交流合作，这些大大加快了民心相通交流的步伐，为中国与沿线国家塑造出和谐友好的人文文化生态和舆论环境。

二 "一带一路"中"五通"推进面临的主要困境

当前，"一带一路"面临的问题与挑战包括：

第一，设施互联互通面临的问题与挑战。"一带一路"沿线国家多为发展中或者转轨国家，经济实力薄弱，基础设施落后，交通技术、口岸管理制度和运输标准参差不齐，无法与中国实现有效衔接形成互联互通网络；基础设施资金缺口较大、可接受投融资主体和模式单一；各国各阶层目的不同，地缘政治关系复杂，受"三股势力"、境外恐怖分子威胁等，如果项目不能兼顾各方利益，就会导致有些国家采取观望态度，表面上表示支持"一带一路"倡议，实际上则缺乏具体行动跟进，甚至暗中采取制衡的策略，将经济问题政治化，甚至军事化。

第二，对外贸易与投资面临的问题与挑战。中国对外投资法律体系不健全，管理体制不完善；部分沿线国家贸易、投资规范和保护法律体系出现缺位，中国企业海外投资缺乏法律保护；中国对沿线国家的贸易投资形成地区性"质""量"失衡；应对 TPP、TTIP 等自由贸易协定准备不足，中国遭遇全球战略性资源的投资壁垒和大国利益博弈的地缘政治挑战；"一带一路"贸易投资便利化尚未形成相对有约束力的协调机制；沿线地区多为地缘政治"破碎地带"，认知差异、互信不足、政局动荡、反华排华事件、没收资产等风险时时在干扰"一带一路"的推进。

第三，"一带一路"资金融通需求和支撑功能缺陷。域内各国多为发展中国家，资金缺乏成为制约"一带一路"基础设施建设最为关键的因素；支撑"一带一路"多边贸易与投资互动相适应的金融工具和金融服务多样性、融资便利性偏弱；企业跨国的经营、全球配置资产并进行投融资管理面临的金融风险管理需求与现有金融机构体系和金融服务范围不对称；全球化的高素质金融人才严重缺乏；尚未建立起针对"一带一路"沿线国家和地区的机构与企业投融资现状相适应的信用管理和信用评价体系。

第四，"一带一路"倡议与行动下政策沟通面临挑战。政策沟通的广度、深度和具体形式以及政策沟通的真实性和有效性亟待进一步加强和改善，需要针对社会制度、文化、价值观乃至语言的不同形成的思维方式差异、认知差异进行方式方法创新；国际舆论、研究中交织存在着理解、赞同或疑虑、反对等多元声音；沿线各种宗教文明交汇、国家和民族冲突交织，给"一带一路"政策信息传递、沟通、传播和反馈造成了阻碍，利益格局交错影响政策沟通和项目推进；大国竞争、角逐和博弈搅动原有的利益格局，各自不一致的利益诉求给战略规划对接、政策沟通和合作磋商带来不容小觑的挑战。

第五，"民心相通"遭遇困境。受一些民族对中国新倡议的认知不同、宗教形态与文化多样、民族文化多元等因素的影响，民族、宗教、教派冲突往往被利用干扰"一带一路"的推行；语言障碍和语义长期困扰双方经济和人文交流，沿线60多个国家有50多种通用语和200多种民族语言，而中国与沿线国家之间并没有设置相应的小语种专门语言学校，导致语言人才十分匮乏；沿线国家社会制度多样，经济发展模式、发展理念、与世界接轨程度差别巨大，民众对"一带一路"倡议、中国形象的宣传结果接受程度有很大的差异；不良舆论故意破坏中国在朋友圈中的形象，"中国威胁论""中国崩溃论"给中国推行民心相通建设带来较大的阻力，刻意夸大中国社会存在的矛盾，导致一些沿线国家对中国推动"一带一路"建设实力产生疑虑，甚至缺乏合作动力。

三 "一带一路""五通"布局与切入对策

为推进"一带一路"建设，应围绕"五通"要求，五个环节嵌入项目，多个渠道切入合作，积极参与全球生产贸易链和价值链重构，在国际政治经济新秩序重塑中提升中国影响、在中国对外政治经济互动交往中体现中国特色、在全球"共同体朋友圈"中体现中国风格。

第一，推动设施互联互通。

国内切入：进一步提高国内对接国外的交通、通信、电网等基础设施互联互通水平，形成贯穿东中西、联结南北方的对外经济走廊；布局"一带一路"生产贸易链条中交通运输节点建设，在全球重点航空港、海港和沿线国家铁路、公路、口岸，推进项目实施形成中国权益，使中国成为全球资源配置枢纽。

国外切入：主动提供全球公共产品，用实际行动展现政策导向和意图，消除疑虑和偏见；向"一带一路"国家提供中国的卫星全球定位和通信、航空航天服务、高铁、核电等一流技术；推进互联互通规则标准化，发展国际多式多维联运；基础设施项目充分考虑并兼顾各国不同利益诉求，兼顾政府、企业、民众以及非政府组织的利益诉求，做好各大利益相关方的分析，启动一批项目。

第二，构建贸易畅通的新格局。

国内切入：鼓励中国企业"走出去"，推进"一带一路"投资贸易磋商机制和多元化的国际贸易投资争端解决机制建设；建立健全与国际接轨的中国对外贸易和投资相关法律和制度体系，完善风险预警机制和突发事件应急处理机制；与沿线国家做好信息互换、监管互认、执法互助，成立投资安全咨询机构并形成风险报告；推进对外投资去本土化并主动承担社会责任，实现投资项目与当地发展形成"利益共同体"。

国际切入：在国际贸易支点城市或"一带一路"主要交通节点、港口共建一批产业示范区和特色产业园，形成"一带一路"产业共享模式；围绕资源开发与获取、产品研发与销售、服务外包与承接三条主线，深化供应链、价值链全球化合作，基于要素禀赋特征和地理空间特征的差异化策略来建设境外工业园区，打造跨越多国的新生产网络和贸易链，构筑"一带一路"自贸区群。

第三，创新金融支撑体系框架与机制设计。

国内切入：构建中国金融双向开放新体系，支撑金融机构"出得去""进得来"；健全多元化的金融机构，打造具有层次化的金融市场体系，实现金融机构在国际化发展方式、国际金融业务模式和跨国项目管理方式的转变，提高金融的资源配置效率；主动支持金融工具创新，探索交易类、需求类和投机类的金融工具创新，满足"一带一路"沿线国家实体经济发展需求的金融服务。

国外切入：积极在境外开设和建立分支机构，充分把握和使用好境外富有潜力的金融网点资源及地理位置的优越性，推进人民币在"一带一路"沿线国家中实现支付、结算和储备功能；用好亚洲基础设施投资银行、丝路基金、金砖银行等区域多边金融机构，提升开发性金融、政策性金融、商业性金融、合作性（私人）金融的对外协同作用；构建完善的商品市场、金融市场、外汇市场、黄金市场和衍生品市场开放对接框架，加强在岸和离岸的联动；建立适用于中国与"一带一路"沿线国家的信用管理体系及信用评价体系。

第四，构建促进政策沟通畅达的机制。

国内切入：建立官方全方位、多层次的话语权和政策宣传渠道，统一对外政策宣传和政策解读，注重体现"一带一路"提供公共产品的属性，打破西方话语高墙，真正伸张、表达中国通过推动"一带一路"倡议构建多层次政策体系；建立中国智库类机构主导的关于专业政策领域的定期地区对话平台、主题论坛和研讨会以及智库间合作，促进学术界、媒体和民间组织参与政策的公开讨论。

国外切入：国家通过高层互访和外交渠道，利用双边、多边、区域、次区域和国际场合和舞台，建立沟通对话机制；设立关于"一带一路"沿线国家的政策类研究项目，针对不同国情、互动情况，与相关国家共同开展差异化的政策沟通的策略研究。

第五，推动"一带一路"人文交流机制建设。

国内切入：全方位吸引各界人士访华，建立完善的制度框架来保障沿线国家领导人、公司和民众在中国的考察、访问、交流、旅游，向沿线国家民众传达"一带一路"倡议国的新思维、新形象，了解中国开放多赢的新思维及和平崛起政策；对沿线国家加大提供政府奖学金名额，扩大相互间留学生规模，开展多层次合作办学，吸引沿线国家知识分子来到中国学习甚至工作。邀请沿线国家招商引资企业和组织团体代表实地考察企业所关注的因素，了解中国投资的实力；建议开设沿线国家小语种专门语言学校，培养小语种人才，为中国民众走出国门与沿线国家民众交流搭建沟通的桥梁。

国外切入：加强跨国旅游合作机制，联合打造具有丝绸之路特色的国际精品旅游线路和旅游产品；推动传统媒介和新媒介相结合，适当为当地引进新的传播方式、技术，可以加强信息流量更大的新媒体如网络平台、社交软件、各种新闻客户端等对中国形象的宣传力度；建立主题相关的媒体传播联盟，支持沿线国家建立媒体网络，在媒体合作、资源共享上加强互动，深化传统媒体之间的深度合作；定期在沿线国家举办文化年、艺术节、电影节、电视周和图书展等活动，推动广播影视剧精品创作、推广及互译；联合申请世界文化遗产，共同开展世界遗产的联合保护工作；在国外打造有品牌价值的轻资产项目如餐饮、民俗、文化产业、教育、中医药等。

以塑造区域一体化新模式为导向建设"一带一路"

王玉主
中国社会科学院亚太与全球战略研究院研究员

"一带一路"是中国崛起进入关键时期所提出的重要倡议,其建设目标和原则已经在习主席的多次谈话中得到清晰阐述,即本着"共商、共建、共享"的原则,与有关国家实现"政策沟通、设施联通、贸易畅通、资金融通和民心相通"的合作格局。换句话说,中国希望通过"一带一路"建设,与亚洲国家打造全新的一体化局面,实现共同繁荣,迈向命运共同体。然而到目前为止,遵循西方一体化模式的亚洲区域合作却表现出明显的"飞地"特征,推动亚洲一体化,需要在"一带一路"建设中塑造符合亚洲实际的一体化模式。

一 "飞地"式的亚洲一体化及其成因

亚洲的经济一体化有两种不同的动力源:内部次区域合作扩展及外部一体化进程的吸纳。前者的代表是东盟自贸区建设及其扩展,后者主要是美国主导的 APEC 及后来的 TPP。这是两类目标不同的进程,但都选择从推动贸易投资自由化、便利化入手,以自贸区建设的形式推动地区一体化。

(一) 亚洲一体化的两种路径

东盟的"轴—辐"式自贸区:1992 年东盟开始推动自由贸易区建设,其直接动力是扩大区内市场,应对北美自贸区建设带来的挑战。东盟各国在参与东亚雁行模式形成的地区生产网络进程中,都采取出口导向发展模式,对外部市场尤其是欧美等最终消费市场依赖性很强。

但在推动内部合作过程中,东盟发现无法像欧洲那样推动一体化建设。成员国之间巨大的差异性使东盟不得不采取一种建立在协调一致基础上的"东盟方式"建设自贸区。这自然使东盟的自贸区建设进程缓慢，被批评为只看重维护进程，不重视合作进展。在内部关税已经大幅降低，但区内贸易份额没有任何显著提升的情况下，东盟选择一方面把东盟自贸区向东北亚拓展，逐步形成以东盟为中心的"轴—辐"式自贸区结构，以弥补内部市场建设上的不足；与此同时，东盟从自身利益需求出发采取的大国平衡战略，导致东盟最终选择把自贸区安排向亚洲外部扩展，形成开放性的地区全面经济伙伴关系（RCEP）。

美国主导的选择性吸收一体化：美国一直自认为是太平洋国家，在东亚的经济和战略利益使其深度卷入这一地区的事物。冷战结束后，美国参与到澳大利亚等国家倡导的 APEC 合作中，并逐步把部分东亚经济体吸收到这个推动贸易投资自由化和便利化的进程中。1994 年 APEC 提出茂物目标，各成员开始认真推动亚太地区的贸易投资自由化和便利化，地区贸易自由化仍取得了很大成就：1989 年 APEC 成员的平均关税在 18% 左右，到 2013 年已经下降到 6% 左右。但在亚太一体化的制度性安排方面，APEC 却没有取得有效进展。2006 年提出的亚太自由贸易区（FTAAP）没有得到 APEC 各方的认真推动，此后美国对建设 FTAAP 的态度发生变化，不再认真对待茂物目标确定的 APEC 发达经济体到 2010 年率先实现贸易投资自由化，而是自 2009 年起转向推动建设 TPP。TPP 以建设白金标准的亚太自贸区为目标，再次对 APEC 范围内的亚太经济体选择性吸收，目前 12 个 APEC 成员已经完成了 TPP 谈判。

（二）亚洲一体化的"飞地"性及其成因

这两种路径虽然有主动和被动之分，但对亚洲各经济体来说，都是依靠自身的资源禀赋、从参与多边安排起步、逐步融入全球和地区生产网络的进程。在这个进程中，依靠人力资源优势的出口导向型亚洲经济体逐步发展成为制造业基地，而那些依靠能源出口实现富裕的亚洲经济体则成为世界经济的能源基地。当多边进程停滞、区域化成为潮流时，亚洲国家开始顺承各自在全球生产网络中的分工展开横向一体化。东盟自 1992 年开始建设东盟自由贸易区，海湾阿拉伯国家合作委员会 2002 年开始建设共同市场，南亚区域合作联盟于 2004 年提出建设南亚自由贸易区，2012 年中日韩自由贸易区启动谈判。但这些自贸区要么相对封闭，以推动次区域一体化为目标，要么选择向亚洲以外发展。更为重要的是，亚洲的区域性安排因为外部市场或投资的吸引，都以联系外部发达国家为导向，因此这些区域性一体化努力对亚洲一体化来说都显示出很强的"飞地"效应，没有形成横向联合并推动亚洲内部一体化，相反在逐步强化与全球生产网络的关系中，加重了亚洲经济的离散性。

亚洲区域合作出现的"飞地"化现象，首先是第二次世界大战以来形成的世界经济结构对亚洲经济影响的结果。冷战时期，世界经济形成了美苏两大集团对抗的局面，亚洲国家分属这两个阵营，在经济上自然也就与这两个阵营的中心——美国和苏联建立了更加紧密的联系。冷战结束后，苏联作为国际政治权力的一极消失了，但在经济上仍对中亚国家施加影响。东亚很多经济体则在参与亚太地区产业分工过程中深化了与美国的联系。因此，区域一体化的抱负不是整合亚洲，而是提升与外部经济的联系能力。这也从另一方面说明，美国及西欧作为"二战"后形成的世界经济核心，虽然在后冷战时期通过多边安排推动世界经济一体化的能力大大降低，但对区域一体化的影响依然很强。

外部力量的影响造成亚洲区域合作"飞地"化，也反映出另一个事实，即亚洲没有形成足够的内部凝聚力，无论是日本还是中国都没能成为亚洲区域一体化的主导力量。虽然"国内的资源匮乏成就了日本的远大抱负"，但日本的努力只是背靠美国整合东亚。因此，以日本为首的雁行模式把东亚经济体先后变成了发达国家的制造业基地，加深了东亚一体化的"飞地"色彩。而同样作为亚洲大国的中国，GDP 总量已经超过 10 万亿美元，但按人均 GDP 计算中国还远不是个富国。中国只是"世界工厂"而不是"世界市场"的事实使中国无法主导亚洲一体化。

二　亚洲一体化需要合作模式创新

亚洲一体化是按照建设自贸区的逻辑展开的。自由贸易区建设的经济学理论基础认为，主权国家设置的关税等障碍，提升了国际贸易成本，因此自由贸易区建设的首要目标是削减关税，推动贸易自由化。同时，主权国家对国际贸易的监管会影响国际贸易的交易时间，提升交易的时间成本，因此自由贸易区建设还有一个目标是消除各类非关税壁垒，实现国际贸易的便利化。这些努力的目的是促进自贸区参与者之间的经济一体化而带来福利改进，但如前所述，追逐利益的自贸区建设没能向着整合亚洲经济的方向发展。

（一）对自贸区模式的两种反思

随着国际局势的变化，美国开始反思以自贸区建设推动亚太合作的战略：随着中国经济的快速发展，美国开始把亚太合作作为遏制中国的战略，因此原本以追求福利多赢的自贸区建设模式不再符合美国的利益要求，TPP 所针对的正是自贸区把国际合作参与方作为给定行为体这一缺陷，其包含的一系列横向议题实际上是要打破国家这个国际合作行为体，使其协议条款可以进入参与各国的边界后直接约束参与国际活动的经济单元。确立这一规则的目的是要在下一步的国际合作中规范不按照市场规则运行的中国。

东盟出台《东盟互联互通总体规划》，也是对长期自贸区建设的一种反思：经过二十多年的自贸区建设，东盟内部的关税自由化水平已经很高，但区内一体化水平却一直受制于内部发展水平差异的制约。东盟倡导互联互通，尤其是基础设施互联互通，实际上与TPP建设的思路一样，也是改变把各成员作为国际合作独立责任单位的做法，从区域一体化的角度规划整个地区的互联互通。

目前看，TPP对亚洲国家的再次选择吸收，已经放弃了整合亚洲的努力，而东盟加强互联互通建设则是朝向夯实区域一体化基础的重要步骤。

（二）亚洲一体化模式存在的问题

东盟的反思表明，亚洲一体化存在的明显问题是没有形成以整合亚洲为目标的努力。除了目标上的非亚洲性之外，目前的一体化模式是否适应亚洲现实也是个问题。这个问题一直被亚洲一体化的"飞地"特点掩盖着，没有受到关注。在亚洲一体化的逻辑上一直存在一种错觉，即亚洲的一体化面临的问题仅仅是因为缺少主导者整合亚洲的意志，而道路上可以遵循当下流行的自贸区一体化模式。实际上，东盟的合作实践反映了一个现实：在贫富差异巨大、基础设施建设水平参差不齐的亚洲，只靠消除制约一体化的主观性的制度障碍，而不解决基础设施建设等领域的客观性的物理障碍，无法实现真正的一体化。

（三）亚洲一体化需要模式创新

要真正形成以实现亚洲再平衡为目标的亚洲一体化，新的合作模式就必须注重如下两个方面：

首先，要以实现亚洲一体化为目标。过去几十年中，世界经济一体化程度大大加深，推动一体化的力量主要来自发达国家并具有某种目标导向。也就是说，虽然很多学者都认为区域一体化与全球一体化是相向而行的进程，区域一体化并不会完全自发产生，亚洲一体化的"飞地"化正是在亚洲内部没有整合力量出现时，区域一体化在市场力量作用下追随区外经济中心的结果。但这种进程不会自动带来亚洲的一体化，相反会使亚洲经济受到分化。亚洲地缘政治和地缘经济以及其与世界经济之间互动关系的现状说明，亚洲一体化不能靠市场的力量独立推动，而只能是以整合亚洲为目标的战略的结果。在这方面，中国提出的"一带一路"战略基本明确了推动亚洲一体化、建设繁荣亚洲的目标，将会改变此前亚洲在市场力量作用下缺少这类战略的局面。

其次，要符合亚洲现实的一体化模式。目前亚洲存在的美国和东盟主导的一体化模式重点都还在自由化和便利化上。东盟在提出建设经济共同体目标后，进展并不很顺利。因此既可以把在共同体建设紧要关头出台的《东盟互联互通总体规划》看作东盟对一体化建设基础条件的补课，也可以认为东盟把互联互通建设纳入共同体建设是在实质上改变着此前的一体化模式。也就是说，亚洲的一体化模式应该是主观一体化与客观一体化同时推进的过程，既消除制度障碍又解决物理障碍。当下受热议的互联互通不应仅被看作亚洲一体化的引擎，而应该是符合亚洲实际的新型一体化模式的雏形，是中国应该在"一带一路"战略推进中倡导和完善的亚洲新型合作模式。

三 在"一带一路"建设中塑造亚洲新型一体化模式

"一带一路"倡议是中国周边战略构建的重要组成部分，对发展长期以来处于不平衡的亚洲经济来说，"一带一路"建设应致力于通过一体化建设来推动亚洲走向共同繁荣。互联互通是"一带一路"建设的核心内容之一。习近平主席提出的"五通"，拓展了东盟界定的互联互通的内涵，也体现出中国"一带一路"建设对互联互通的重视以及对一体化亚洲美好前景的期待。作为亚洲最大的经济体，中国提出面向亚洲大陆的"一带一路"战略，解决了亚洲经济"飞地"性一体化的一个问题，即亚洲缺少以整合亚洲为目标的合作战略的问题。

(一) 互联互通的经济效应分析

亚洲基础设施供给严重不足的事实，凸显了互联互通推动亚洲经济一体化、增进地区福利方面的重要性。从供给角度来说，互联互通的最重要作用是规模经济效应。互联互通，特别是基础设施互联互通，有助于突破区域一体化面临的基础设施瓶颈，使规模经济能够在更大规模的区域内实现，这使互联互通表现出一种规模经济效应。从需求角度来说，互联互通可以发挥一种贸易创造效应。这种效应主要表现在互联互通的深化可以让更多的人融入经济全球化、区域化进程，扩大消费人群；通过降低物流成本扩大消费规模，或把更多产品变为可贸易产品，从而促进国际贸易发展。互联互通具有规模经济效应和贸易创造效应，这成为"一带一路"构建互联互通一体化模式的基础。

（二）构建互联互通一体化模式

从互联互通出发构建新的一体化模式应该是亚洲一体化的一条出路。互联互通涉及的物理联通、制度联通以及人与人的联通包含了一体化建设的所有领域，自由贸易区建设只是其中制度联通的范畴。从互联互通开始建设亚洲一体化，才能在解决亚洲各国一体化进程中面临的制度障碍的同时，消除同样具有制约作用的自然障碍以及认同障碍。这就从理论上避开了从自贸区建设开始的一体化模式在亚洲的不适应性问题。

在"一带一路"建设过程中，可考虑以"区域互联互通合作框架"代替目前的自贸区协议合作模式，倡导互联互通一体化，以此弱化 TPP 协议倡导的规则主导权竞争。具体来说，互联互通一体化模式的构建应该从如下三个方面入手：

第一，协商制定基础设施互联互通规划。即分别组织 21 世纪海上丝绸之路和丝绸之路经济带沿线国家，协商制定《21 世纪海上丝绸之路基础设施互联互通总体规划》和《丝绸之路经济带基础设施互联互通总体规划》，把基础设施建设作为经济一体化的前提，合作加强基础设施供给。在具体操作中，可在多边合作框架内，通过双边、小多边等安排确定不同国家的优先合作领域。任何双边、小多边甚至单边的项目，都将作为"一带一路"项目，其资金来源可以是国家自筹、使用"丝路基金"、向亚洲基础设施银行贷款，也可以考虑从亚洲开发银行、世界银行以及国际私人投资机构融资。

第二，加强制度联通建设。亚洲一体化的"飞地"性，决定了"一带一路"沿线很多国家之间尚未达成任何一体化的制度安排。因此，推动这些国家之间形成制度互联互通是建设亚洲新型一体化模式的重要一步。推动亚洲各次区域合作安排之间形成横向联系，或者次区域安排在亚洲范围内扩容都能有效提升亚洲一体化的制度水平。

第三，加强"一带一路"相关国家的人文合作，提升对亚洲一体化的认同。区域认同是亚洲真正走向一体化的人文基础，在"一带一路"建设中，应注意将此项合作纳入制度性安排，以持续的人文交流机制提升地区人民的亚洲认同。

中国的"一带一路"战略是中国经济发展到一定阶段后，从立足亚洲角度出发提出的加强与周边国家合作的倡议，但从其推动亚洲经济共同繁荣的潜在能力角度看，"一带一路"是中国版的亚洲再平衡战略，其成功实施将会改变亚洲经济长期不平衡的局面。"一带一路"战略推动亚洲实现共同繁荣的基础在于推动亚洲经济走上一体化。从自贸区建设开始的传统一体化模式并不适应内部经济发展水平差异巨大、地缘上分散隔绝的亚洲，因此亚洲的一体化需要模式创新，互联互通一体化模式是亚洲一体化的一条出路，该模式将会把"一带一路"转化为亚洲的一体化战略，而使中国摆脱崛起背景下各方对"一带一路"战略的猜疑，集中精力推动"一带一路"建设，推进亚洲经济的共同繁荣。

从走廊到区域经济一体化："一带一路"经济走廊的形成机理与功能演进

王金波

中国社会科学院亚太与全球战略研究院助理研究员

作为"一带一路"倡议的有机组成部分，"一带一路"经济走廊的构建将是一个从产业集群到贸易投资便利化，从贸易投资便利化到区域基础设施一体化、区域经济一体化的动态演进过程。在稀缺条件下实现要素在"一带一路"沿线国家间的有序配置和自由流动不仅有利于中国与"一带一路"沿线国家间要素资源禀赋的价值实现与增值，还可以通过空间集聚的自我强化作用推动"一带一路"沿线空间经济结构的产生和变化。进而为"一带一路"沿线要素的集聚和扩散，为"一带一路"由走廊向一体化的超越提供稳定的动力机制。

自 2013 年中国提出"一带一路"倡议以来，"一带一路"已从顶层设计进入务实推进阶段。作为"一带一路"倡议的有机组成部分，"一带一路"经济走廊的贸易创造效应、投资促进效应、产业聚集效应和空间溢出效应将会对沿线国家间区域生产网络的完善与重构、价值链的延伸、贸易和生产要素的优化配置起到积极的促进作用，也为沿线国家提升经济发展质量带来了新的机遇。本文将从区域经济学的角度，就"一带一路"经济走廊的内涵与特征、"一带一路"经济走廊的目标与途径、"一带一路"经济走廊的内生动力和发展基础、"一带一路"经济走廊的空间聚集和空间溢出效应予以探讨和研究。本文认为，"一带一路"经济走廊将是一个从产业集群到贸易投资便利化，从贸易投资便利化到区域基础设施一体化、区域经济一体化的动态演进过程。

一 "一带一路"经济走廊的形成机理

"走廊"（corridor）是经济要素在一定地理区域内不断聚集和扩散而形成的一种

特殊的空间形态。作为"一带一路"倡议的有机组成部分,"一带一路"经济走廊首先要做到要素的自由流动。在稀缺条件下实现要素在"一带一路"沿线国家间的有序配置和自由流动不仅有利于中国与"一带一路"沿线国家间要素资源禀赋的价值实现与增值,还可以通过空间聚集的自我强化作用推动"一带一路"沿线空间经济结构的产生和变化。进而为"一带一路"沿线要素的集聚和扩散,为"一带一路"由走廊向一体化的超越提供稳定的动力机制。

首先,"一带一路"经济走廊的贸易创造效应不仅有助于沿线各国融入全球价值链,拉动经济增长;还可以充分发挥沿线各国的比较优势,提升福利效应。正如"一带一路"倡议将贸易畅通作为重要内容一样,"一带一路"经济走廊首先是一条贸易通道。受益于经济全球化、生产国际化和全球价值链的不断延伸,过去几十年,中国与"一带一路"经济走廊国家间逐步形成了优势互补的贸易格局。双边贸易额已从 2000 年的 577.9 亿美元增加至 2015 年的 7671.3 亿美元,年均增长21.3%,高于同期中国对外贸易增长 1.7 个百分点,高于同期全球贸易增长 10.9 个百分点;占中国对外贸易总额的比例则由 2000 年的 12.2% 上升至 2015 年的19.8%。[1] 沿线国家中,中国与吉尔吉斯斯坦(7.67)、缅甸(3.90)、塔吉克斯坦(3.37)、伊朗(3.11)、蒙古国(3.01)和越南(2.91)的贸易联系程度要明显高于沿线其他国家(见图1)。中国已经成为"一带一路"走廊沿线国家能源、资源的重要出口目的地和工业制成品的重要来源地。[2]

其次,"一带一路"经济走廊的投资促进效应不仅有利于中国与"一带一路"沿线国家间形成新的生产网络,还会为双边贸易的持续增长注入新的活力。作为全球重要的能源和战略资源供应地,"一带一路"经济走廊及其辐射区域在全球投资格局中占据非常重要的位置。受益于全球投资规模的持续增长和外商直接投资的外

---

① 根据 WTA 和 UNCTAD STAT 相关数据计算得出。

② 就具体贸易结构而言,中国自"一带一路"走廊国家的进口主要以能源资源和原材料为主,出口则以机械、电子、钢铁、精细化工和精密机械等工业制成品为主。其中,石油与天然气在伊朗、俄罗斯、哈萨克斯坦、土库曼斯坦和海合会等中亚和中东产油国对华出口商品中居第一位,分别占该国(地区)对华出口总额的 68.6%、61.0%、34.9%、98.6% 和 78.1%。而以中间品或零部件贸易为主的机械、电子产品依然是泰国、马来西亚、越南等东亚区域生产网络成员对中国的主要出口商品,分别占该国对华出口总额的 37.8%、64.8%、47.2%。沿线其他国家中,棉花在巴基斯坦(60.4%)、乌兹别克斯坦(43.2%)和印度(17.0%),纺织品和服装在孟加拉国(66.3%),贵金属在缅甸(43.3%),木及木制品在老挝(37.0%),矿砂在蒙古国(70.0%)和土耳其(22.1%)的对华出口中占据非常重要的位置。数据根据 WTA 相关数据计算得出。

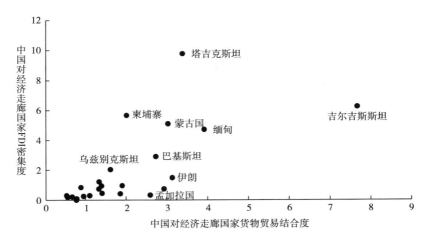

图 1　中国与"一带一路"经济走廊国家贸易投资联系（2015 年）
数据来源：根据 WTA 和中国商务部相关统计数据计算得出。

溢效应（产业结构效应、技术外溢效应、贸易创造效应和制度变迁效应），过去几十年，"一带一路"沿线国家均不同程度地实现了全要素生产率的提高和经济的可持续增长。同期，中国对"一带一路"经济走廊沿线国家的投资也呈不断增长之势。据商务部统计，2015 年，中国对"一带一路"经济走廊国家合计投资 168.9 亿美元，约占当年中国对外投资流量的 11.6%；累计投资 1001.8 亿美元，约占当年中国对外投资存量的 9.1%。沿线国家中，中国与塔吉克斯坦（9.80）、吉尔吉斯斯坦（6.27）、柬埔寨（5.68）、蒙古国（5.11）和缅甸（4.73）的 FDI 密集度指数要远远高于其他国家，意味着中国与这些国家的投资联系更为密切（见图 1）。相比而言，中国与马来西亚（0.43）、泰国（0.45）、土耳其（0.21）和海合会成员（0.44）的 FDI 密集度指数要低于沿线其他国家，意味着中国与这些国家间的相互投资还有很大的上升空间。

最后，"一带一路"经济走廊的产业聚集效应和空间溢出效应将会为中国与沿线国家参与和构建区域或全球价值链带来新的机遇。未来一段时期，随着要素在"一带一路"经济走廊内的不断聚集和扩散、区域产业配套能力的提升和产业链分工布局的不断优化，"一带一路"走廊国家间产业与产业区段的动态转移不仅会对沿线国家间产业集群的形成与发展起到积极的促进作用，还会为中国与沿线国家间价值链的延伸和产业内贸易的持续增加提供新的动力。基于中国的经济规模及其在规模制造和在全球价值链中的优势地位，生产性服务业和先进制造业的融合正在成为中国实现跨越式升级、提高全要素生产率和国际竞争力的重要路径，而"嵌入"全球价值链仍将是"一带一路"沿线尤其是经济后进国家产业升级的重要渠道。对于中国这样一个以规模化制造为基础的全球第一制造业大国而言，先进制造技术和战略性新兴产业的融合才是中国参与全球价值链竞争的独特优势所在，而战略性新兴产业的产业化、规模化和价值链的完善则为中国与"一带一路"沿线国家的经济转型、产业升级和向全球价值链高附加值环节的移动带来了新的契机。

二 "一带一路"经济走廊的功能演进

正如本文开篇所言，"一带一路"经济走廊是一个从产业集群到贸易投资便利化、从贸易投资便利化到区域基础设施一体化、区域经济一体化的动态演进过程。未来一段时期，随着"一带一路"（经济走廊）建设的不断推进，"一带一路"经济走廊的辐射效应、联动效应和一体化框架下的贸易自由化、投资便利化不仅会对沿线国家间价值链的延伸起到积极的促进作用，为沿线尤其是发展中国家经济的内生发展提供新的动力，还会为沿线国家由利用比较优势向创造比较优势、由走廊向一体化的超越提供一个新的链接范式。正是"一带一路"的开放、多元特征决定了其可以容纳更高层次、更大范围的区域经济一体化和区域基础设施一体化进程。

（一）"一带一路"经济走廊与区域基础设施一体化

基础设施是经济发展的重要前提和基础保障。良好的基础设施尤其是公路、铁路、桥梁、港口、能源、电力和电信等生产性基础设施对于一国经济增长、全要素生产率的提高和人均收入水平的提升起着非常重要的作用。中国改革开放的实践和发达国家早期的经历均证明，基础设施投资的正溢出效应（如促进经济增长、提高生产效率和资源配置效率、改善公共卫生、增加优质就业、促进产业发展）对经济发展和人均福利水平的提升意义重大。不过，由于区域（间）基础设施作为国际公共产品具有一定的非排他性和非竞争性特征，容易出现"搭便车"甚至"集体行动困境"，从而导致区域或多边金融机构不愿对区域性或区域间基础设施投入过多资金。以亚洲开发银行为例，1996—2002 年，该行只有 7% 的资金用于区域性或区域间公共产品，而用于受援或贷款国国内公共产品的资金却达 47%。正是区域基础设施的公共产品属性决定了"一带一路"（经济走廊）沿线国家间区域基础设施建设必然会面临资金不足或供应不足的局面。为了避免或解决这种局面，中国与"一带一路"沿线国家有必要在加强跨国合作以满足区域性及区域间基础设施融资需要的同时，进一步探索区域性及区域间国际公共产品（包括基础设施）供给的渠道与方法。

正如区域多中心理论将区域性或区域间制度建设作为国际公共产品供应的核心条件一样，"一带一路"沿线国家间的基础设施互联互通也离不开广泛的区域协调、稳定的区域金融市场、良好的基础设施投资环境和有效的融资措施以及公私部门的密切合作。由于"一带一路"走廊沿线多以发展中国家为主且缺乏完善的金融市场（无法实现对基础设施投资期限错配的有效调整和对市场失灵的有效纠正），中国有必要以亚投行和丝路基金为平台，在优先解决本地区基础设施互联互通瓶颈问题的同时，加快构建全方位、多层次、多渠道的区域基础设施一体化新格局。作为"一带一路"倡议的优先领域，"一带一路"基础设施互联互通不仅会对沿线国家间区域生产网络的完善和重构、地区统一市场的构建、贸易和生产要素的优化配置起到积极的促进作用，也为沿线国家经济的可持续增长带来了新的机遇。①

需要强调的是，"一带一路"基础设施互联互通应是一个广义联通概念，既包括基础设施物理性的硬件联通，也包括在政策与软件上的制度联通。在未来的"一带一路"经济走廊和基础设施互联互通建设过程中，中国有必要在积极拓宽融资渠道、加大交通运输关键节点和通道对接方面投资的同时，适度兼顾沿线发达经济体（如欧盟更加强调规制融合）和发展中经济体（更加关注本国交通基础设施建设水平的提升）在区域基础设施互联互通领域的不同利益诉求。首先在发展中国家亟须的物理性基础设施互联互通领域，中国可以在交通运输、电力和通信设施方面优先选择一批重点或节点项目，以提高市场尤其是发展中国家市场和公共服务的可获得性。而在沿线发达经济体如新加坡和新亚欧大陆桥所在欧盟国家所关心的制度联通方面（如标准一致化、相互认证、海关通关程序、规制融合等），中国应积极倡导和推动沿线国家间基础设施技术框架与标准体系的统一；通过简化政策、体系和程序以扩大、深化和提高"一带一路"沿线国家区域生产网络和供应链的效率。

（二）"一带一路"经济走廊与区域经济一体化

自 2009 年美国重返亚太并将"跨太平洋伙伴关系协定"（TPP）作为亚太经济

---

① 基础设施互联互通主要通过两个途径来拉动经济增长：一是降低运输成本和生产成本；二是提高市场进入的便利程度。据世界银行测算，对基础设施的投资每增加 10%，GDP 将增长一个百分点。另据东盟东亚经济研究中心（ERIA）报告，2021—2030 年间，亚洲基础设施互联互通将使东盟各国 GDP 累计增加 42.08%，东亚各国（"10 + 6"）GDP 累计增加 5.87%；而供应链壁垒和非关税措施的削减将使东盟各国 GDP 累计增加 31.19%，东亚各国 GDP 累计增加 7.76%。参见 World Bank，"Can infrastructure investments generate growth?"，http：//www. worldbank. org；ERIA，*The Comprehensive Asia Development Plan 2.0 (CADP 2.0)*，http：//www. eria. org。

一体化的最佳标准、最新范式和最优路径以来，亚太区域合作随即进入一个新的框架重构阶段。同期，由"跨大西洋贸易与投资伙伴关系协定"（TTIP）和"服务贸易协定"（TISA）所引领的国际贸易与投资规则的重塑正在成为影响中国和"一带一路"沿线国家发展的新的重大外部因素。中国和"一带一路"沿线国家有必要以构建"一带一路"（经济走廊）为契机，在现有区域贸易安排或自由贸易协定的基础上①，进一步推动中国与"一带一路"沿线国家的贸易自由化和经济一体化建设，为中国与沿线国家经贸关系的可持续发展、相互间贸易和投资的可持续增长提供制度性保障。

与 TPP、TTIP 等欧美新贸易投资协定强调标准与规则的统一有所不同，中国与"一带一路"沿线国家的贸易自由化或经济一体化的基础是东亚、亚太有效的国际生产分工体系。如果"一带一路"经济走廊能在现有区域贸易安排或自由贸易协定的基础上对东亚或亚太区域生产网络予以扩展、深化，使沿线国家更为便利地融入全球或区域供应链，将会对中国与"一带一路"沿线国家经济的内生增长和价值链的升级提供新的动力。不过，由于"一带一路"沿线多以发展中国家为主且贸易自由化或一体化水平各异②，在未来的"一带一路"经济走廊和一体化建设过程中，中国与沿线国家有必要以提高通关效率作为贸易和投资便利化的突破口，在降低贸易和投资成本的同时③，进一步提高沿线各国间供应链的连通性，为沿线各国间价值链的延伸和供应链能力的提升创造条件。未来一段时期，随着"一带一路"（经济走廊）建设的不断推进，"一带一路"的多元合作机制和自贸区框架下的贸易自

① 截至 2015 年底，"一带一路"沿线国家中，中国已与新加坡、马来西亚、泰国、越南、老挝、缅甸、柬埔寨、巴基斯坦签有自由贸易协定，与印度（RCEP）和海合会的 FTA 谈判、与欧盟的双边投资协定（BIT）谈判也在进行中，旨在为中国与"一带一路"沿线国家经济关系的可持续发展创造更加有利的条件。

② "一带一路"经济走廊国家中，哈萨克斯坦、乌兹别克斯坦、孟加拉国、老挝、巴基斯坦和俄罗斯等国的货物贸易平均关税税率均超过 9%；而印度、伊朗、卡塔尔、科威特、巴林等国的服务贸易限制指数则均超过 50%，明显高于沿线其他国家。意味着关税和非关税壁垒仍将是制约沿线各国从经济走廊迈向经济一体化的重要因素。参见 WTO, *World Tariff Profiles 2015*, https：//www.wto.org；世界银行服务贸易壁垒数据库, http：//iresearch.worldbank.org/ServiceTrade/。

③ 据联合国亚太经社会（ESCAP）研究显示，贸易便利化和通关电子化（无纸化贸易）措施每年将为亚太地区减少 310 亿美元（20%）的通关费用，而通关效率的提升和通关成本的减少将为该地区带来 250 亿美元的潜在贸易受益。而据世界经济论坛估计，如果全球供应链壁垒的削减能够达到最佳实践水平的一半，全球 GDP 预计将增长 4.7%，贸易量将增加 14.5%，远超取消所有关税所带来的福利收益。

由化、制度一体化将为中国与"一带一路"国家的深度互动提供一个新的平台，为中国与"一带一路"沿线国家合作由自贸区向一体化的超越提供了一个新的链接范式。

（三）"一带一路"经济走廊与区域价值链的延伸

需要强调的是，构建"一带一路"（经济走廊）并非从零开始，而是现有合作的延续与升级。构建"一带一路"（经济走廊）首先要处理好与现有合作机制、合作平台的关系。亚洲区域合作格局的变化与复杂性决定了中国在积极参与贸易自由化和经济一体化建设的同时，还要创造性地推动其他形式的经济合作。中国有必要以"一带一路"（经济走廊）建设为契机，在现有区域生产网络和价值链的基础上（在提高自身价值链地位的同时），继续推动中国与"一带一路"沿线主要贸易伙伴关系由产业间分工向产业内或产品内分工的延伸与升级。

当前，标准与规则制定正在成为新一轮国际贸易与投资谈判的核心内容。以TPP、TTIP 和 TISA 为代表的欧美新贸易投资协定，"正在引领全球贸易投资新规则、新标准和新范式的制定"。同时，"由跨国公司主导的全球价值链的深度分解和区域生产网络的深度融合正在成为整合全球市场、推动全球价值链治理结构的核心变量"。着眼于国际贸易投资规则和全球价值链的最新发展趋势，服务贸易和投资应成为下一步中国与"一带一路"经济走廊国家合作的重要增长点。服务贸易与投资领域的合作不仅有利于中国与沿线国家间形成新的生产网络，也会为中国与"一带一路"沿线国家间产业内或产品内垂直分工的深化和价值链的延伸创造新的条件，为中国与沿线国家参与全球价值链治理、提高自身话语权奠定新的基础。[①] 而产业内或产品内垂直分工的深化则将意味着中国与"一带一路"沿线国家间以价值链、区域生产网络为基础的中间品贸易的可持续性。同时也意味着区域生产网络的完善和地区统一市场的构建或许更应成为"一带一路"区域基础设施一体化、区域经济

---

① "一带一路"经济走廊国家中，新加坡、马来西亚、中国、俄罗斯、沙特阿拉伯和泰国均具有较高的全球价值链（GVC）参与率，分列全球价值链参与率排名第 1、第 7、第 11、第 13、第 14 和第 16 位，表明这些国家已经普遍融入了全球价值链和国际垂直产业分工体系。相比而言，中国与泰国、马来西亚和新加坡等中南半岛经济走廊国家的价值链贸易联系要明显高于沿线其他国家。以东亚/亚太完善的区域生产网络为基础，自 2001 年以来，中国与中南半岛经济走廊所在东盟国家间以产业内或产品内贸易（中间品贸易）和离岸制造为主要特征的价值链贸易均实现了飞速增长。参见 UNCTAD, *Global Value Chains And Development*, http://unctad. org/en/PublicationsLibrary/diae2013d1_en. pdf。

一体化的核心目标。换言之,"一带一路"经济走廊的经济收益和福利效应应更多地来自非关税壁垒的削减以及贸易和投资自由化后具有比较优势产业的产出和要素收入的增加。唯有如此,才能确保"一带一路"经济走廊的吸引力,才能使中国与"一带一路"沿线国家间的合作保持持续前进的动力。

三 中国构建"一带一路"经济走廊的独特优势

历史上,丝绸之路即是东西方物畅其流的象征,更是东西方文明交流的通道。今天,同样是在古丝绸之路沿线,中国已经成为全球 120 多个国家和地区的最大贸易伙伴,70 多个国家和地区的最大出口市场。中国与世界的贸易额已从 1978 年的 206 亿美元增加至 2015 年的 3.9 万亿美元,占全球货物贸易的比重则由 1978 年的 0.8% 增加至 2015 年的 11.9%,并于 2013 年超越美国成为全球第一货物贸易大国。[1] 对外投资则由 1982 年的 0.4 亿美元累计增加至 2015 年的 10978.6 亿美元,并于 2014 年首次成为资本净输出国。[2] 实践证明,对外贸易和投资的持续扩大不仅推动了中国的现代化,而且极大地提高了中国与贸易伙伴国的福利水平。

经过三十多年的改革与开放,中国已经成为全球最具活力的经济体之一。中国的经济总量已由 1980 年的 3065 亿美元增加至 2015 年的 10.86 万亿美元,年均增长 10.7%,高于同期世界经济增速 5.3 个百分点。[3] 占全球经济总量的比例也由 1980 年的 2.5% 上升至 2015 年的 14.1%,并于 2010 年超过日本成为世界第二大经济体。对全球经济增长的贡献率更是由 1990 年的 2.4% 上升至 2015 年的 36.7%。而同期美国和日本对全球经济增长的贡献率则分别由 1990 年的 19.3% 和 30.5% 下降到 2015 年的 12.3% 和 0.7%。中国经济的迅速崛起在改变全球经贸和投资格局的同时,也为中国与"一带一路"沿线国家进一步扩大互利共赢合作提供了新的契机。目前,中国经济正处在转型升级的关键阶段。未来一段时期,随着中国经济由效率驱动向创新驱动、由外需拉动向内需驱动的转型与升级,中国在"一带一路"沿线将由地区公共产品的消费者转型为地区公共产品尤其是经济类公共产品的提供者。这一历史性的转变或许才是中国构建"一带一路"(经济走廊)的真正要

---

① 联合国贸易发展会议数据库(UNCTAD STAT),http://unctadstat.unctad.org/EN/。
② UNCTAD STAT 统计数据库和中国商务部等《2015 年度中国对外直接投资统计公报》。
③ 根据 UNCAD STAT 统计数据库相关数据计算得出。

义所在。

作为全球第一货物贸易大国和第一制造业大国①，中国在常规制造方面的规模优势和在全球价值链贸易中的区位优势及其协同效应一起构成了中国与"一带一路"沿线国家构建经济走廊的独特优势。由于"一带一路"沿线多以发展中国家为主且资源禀赋各异，"一带一路"经济走廊的贸易创造效应、投资促进效应、产业聚集效应和空间溢出效应或许更契合沿线经济后进国家发展阶段的具体需求。"一带一路"经济走廊国家中，既有世界第二大经济体的中国和人均 GDP 世界第三的卡塔尔，亦有人均 GDP 只有 1000 多美元的老挝、缅甸、柬埔寨和孟加拉国等联合国定义的最不发达国家；既有竞争力排名世界第二的新加坡，又有居世界第 134 位的缅甸；既有创新驱动型（如新加坡和卡塔尔）、效率驱动型（如中国、泰国）和效率驱动型向创新驱动转型国家（如俄罗斯、土耳其和阿联酋），又有要素驱动型（如印度和巴基斯坦）和要素驱动向效率驱动转型国家（如蒙古国、科威特和沙特阿拉伯）。正是"一带一路"沿线国家的多样决定了基于比较优势的国际贸易与投资和基于规模效应、溢出效应的产业或产业区段的国家动态转移能为"一带一路"由走廊到区域经济一体化、区域基础设施一体化发挥巨大的推动作用。

鉴于"一带一路"（经济走廊）建设的长期性、沿线国家的差异性和外部环境的复杂性，争取"早期收获"自然成为"一带一路"（经济走廊）布局和起步阶段的关键。由于"一带一路"（经济走廊）的福利效应是一个逐步释放的过程，早期收获首先必须具有很强的示范效应。考虑到"一带一路"走廊沿线国家众多且以发展中国家为主，一些"敏感度低、可复制、可升级且能够很快产生经济效益"的项目，或许更容易形成早期收获。而在具体的项目建设和工程推进过程中，早期收获还需统筹兼顾所选项目的技术可行性、预期盈利性和环境可持续性的平衡。既要考虑项目的技术和资金成本，又要考虑项目所面临的风险、不确定性或社会成本；既要遵循市场规律，又要兼顾项目与"一带一路"战略目标的匹配程度（具体到项目的设计，应兼顾市场盈利与社会责任目标，避免短期行为或竭泽而渔；具体到项目的实施，则应贯彻市场化、国际化和专业化的原则，避免自身特色与各方目标的失

---

① 据联合国统计署数据，2013 年，中国制造业增加值约占世界制造业增加值的 23%，高于美国的 17.2% 和日本的 7.8%，居世界第一位。另据联合国工发组织（UNIDO）报告，2013 年，中国制造业出口 2.33 万亿美元，约占全球制造业出口总额的 16.8%，高于美国的 8.1% 和日本的 5.2%，居世界第一位。参见 UNDIO, *Industrial Development Report 2016*, http://www.unido.org/fileadmin/user_media_upgrade/ Resources /Publications/EBOOK_IDR2016_FULL-REPORT.pdf。

衡与错位）；既要着眼于六大经济走廊和海陆互联互通等"一带一路"骨架项目的战略收益，更要着力于贸易自由化和投资便利化、产业园等非战略性项目的经济效应和示范性效应。

未来一段时期，随着"一带一路"（经济走廊）建设的不断推进，"一带一路"经济走廊的贸易创造效应、投资促进效应、产业聚集效应、空间溢出效应和一体化框架下的联动效应将会对沿线各国提升（经济）发展水平起到积极的促进作用。在"一带一路"由走廊向区域基础设施一体化、区域经济一体化的动态演进过程中，"中国需要不断细化与沿线国家不同形式的合作，进而采取差异性策略予以应对；需要区分沿线不同国家或地区的内部制度，将市场细分和受众分析做得更加细致"。如何处理好利用比较优势与开发优势的关系、如何处理好经济合作与非经济合作的关系、如何处理好机制化合作与非机制化合作之间的关系，等等，都将成为中国构建"一带一路"需要予以考量的重要问题。"一带一路"不仅要适应于亚洲发展的多样性，而且其地缘或空间分布应超越区域范围并更具开放性。唯有如此，才能确保"一带一路"的未来发展空间、活力和可持续性。

全球价值链重构背景下中国与"一带一路"沿线国家国际产能合作

桑百川、 李济广

对外经贸大学教授

全球价值链重构成为当前世界经济的显著特征，全球价值链重构带来跨国公司全球生产的再布局。全球价值链重构对中国带来的挑战不言而喻，但也为中国企业"走出去"创造了新的战略机遇期。随着中国在国际直接投资方面的全球地位不断提升，对"一带一路"国家有很多的投资和产能合作机会。在此背景下，探索中国对"一带一路"国家的投资潜力以及相关的影响因素，可以为中国的相关经济活动提供理论依据和数据支持，继而选择最佳的投资东道国，制订更有目的性的计划。

未来，中国与"一带一路"国家国际产能合作的主要目标是提升在全球价值链中的地位，整合全球资源，培育以设计、研发、营销、服务为核心竞争力的新优势。应继续挖掘"一带一路"国家在投资方面拥有的巨大潜力，提升投资效率，并帮助东道国发挥潜力，打造最高效率的投资环境；优先选择距离近、经济体量大、贸易依存度高的国家；鉴于亚洲和欧洲国家具有明显的差异性，在具体决定投资的国家时，要根据自身的需要做出选择，具体国家具体分析。

一 全球价值链重构及其对中国的影响

(一) 全球价值链重构成为当前世界经济的显著特征

第一，跨国公司向全球公司转型是全球价值链形成和重构的基本动因。20 世纪 90 年代以来，在经济全球化浪潮推动下，全球企业界发生了巨大变革，其中最引人注目的是跨国公司向全球公司转型。跨国公司突破传统的国家地理界线，将价值链各个主要环节在全球进行布局，吸纳和整合全球最优质资源，极大地增强了企业核心竞争力。大批跨国公司海外资产、海外员工、海外销售额的比重均超过半数，由此伴生着企业价值链延伸到全球，并形成全球价值链。2008 年全球金融危机爆发以来，世界经济复苏乏力，跨国公司在需求紧缩的危机中开始寻求新的转型，在全球范围内重新寻找价值洼地，重构全球价值链。

第二，主要国家产业政策调整是全球价值链重构的推动因素。欧美等发达国家提出了再工业化战略，修正制造业过度外包而引起的实体经济产业空心化等问题，对其产业链的全球空间布局进行重组，打破了全球生产体系的原有分工，高端制造业重心向发达国家回流。中、印等新兴经济体为避免在价值链低端被锁定，大力推动产业转型升级，重视科学技术投入和发展，增强核心竞争力，朝着价值链的上游努力。东盟等新兴经济体进一步扩大开放，积极出台优惠政策，承接国际产业转移，加快融入全球价值链加工制造环节。

第三，发达国家主导国际经贸规则变迁旨在全球价值链重构中占得先机。在为跨国公司主导全球价值链重构开辟道路中，发达国家谋求国际经贸规则变迁，跨太平洋战略经济伙伴关系协定（TPP）、跨大西洋贸易与投资伙伴协定（TTIP）、国际服务贸易协定（TISA）都致力于建立高水平的贸易、投资自由化规则体系。新的规则旨在强化跨国公司在知识产权、服务贸易、对外投资上的利益，将其具有竞争优势的服务价值链进一步向全球延伸，同时削弱新兴经济体的国际竞争优势。例如，TPP 的绝大多数内容对中国而言并无新意，很多内容在已经签订的协定中有所体现，真正具有挑战性的内容是国有企业的相关条款，这将制约中国国有企业的国际竞争力。因此，新的规则虽不会导致中国被全球价值链边缘化，但会增加中国向价值链上游升级的难度。

第四，全球价值链重构带来跨国公司全球生产的再布局。跨国公司全球产业链和价值链结构逐步从以母国市场为中心的"中心－外围"式离岸生产布局为主，转向以东道国市场为中心的近岸生产布局为主。其典型表现是，随着中国经济快速发展，一方面是各种生产要素价格不断攀升，在生产成本方面的优势逐渐削弱，另一方面，居民购买力增强，已成为世界主要消费市场。在此形势下，跨国公司一面将劳动密集型价值环节向中国周边国家转移，一面扩大满足中国市场需求的投资，这将导致中国在全球价值链上的分工地位发生新的变化。

（二）全球价值链重构对中国带来的挑战与机遇

全球价值链重构对中国带来的挑战不言而喻。从产业层面看，中国面临"高端封锁"与"低端锁定"的双重夹击。跨国公司利用国际经贸规则的主导权不断强化在价值链高端环节的竞争优势，吸引高端制造业回流，加强服务价值链与制造价值链的融合，使得中国等新兴经济体向价值链高端攀升难度增加。同时，在既有的全球价值链上，中国处于低端地位，很多出口产品科技含量和增加值较低，而跨国公司基本固化了产业链各环节的主导权，中国并不具备主导价值链的能力。从企业层面看，中国本土的跨国公司才刚刚出现，距离全球性公司还有很大差距。相较而言，日本当年成为世界第二经济大国的时候，已经有一大批本土全球性公司了。微观基础支撑的缺失，直接影响到中国在全球价值链重构中的话语权。

当然，全球价值链重构也对中国带来了难得的机遇。从外部环境看，全球价值链重构下新的国际经贸规则以投资规则为主要内容，随着投资自由化深入发展，各国在不断增加对跨国投资的保护，这为中国企业走出去创造了新的战略机遇期。从自身条件看，中国总体经济实力增强，一批大型企业集团进入世界 500 强行列，不断积累着所有权优势、内部化优势和区位优势。高铁、核电、电信设备、工程装备、家电等一些行业生产成本低、技术领先、安全性能可靠，是具备国际优势产能的行业。同时，国家外汇储备规模庞大，具备扩大对外投资的能力和条件，对外投资规模迅速增长。如能有效利用全球价值链重构中国际经贸规则变迁和经济全球化深化的条件，构建和完善开放型经济新体制，主动融入全球价值链，升级在全球价值链中的地位，可以促进经济结构转型升级。

二 中国对"一带一路"国家投资潜力分析

中国在国际直接投资方面的全球地位不断得到提升，在"一带一路"背景下对外联系只会愈发紧密，同时，随着"一带一路"国家自身的发展也出现了很多的投资机会。面对这种必然的产能合作趋势，为探索中国对"一带一路"国家这个特定群体的投资潜力以及相关的影响因素，我们设立了 10 个指标，即东道国 GDP、地理距离、对外贸易依存度、经济自由度、公民话语权和问责制、政治稳定性、政府效率、监管质量、法律制度、抑制腐败。从指标系数和各个国家的效率两个方面进行分析，可以得到如下结论。

第一，在所选择的 10 个影响因素中，中国对"一带一路"国家的投资效率与目标国家的国内生产总值、贸易依存度、政治稳定和无动乱 3 个变量都是正相关的，利于充分发挥潜力；与地理距离、公民话语权和问责制、监管质量 3 个变量都是负相关的，不利于投资潜力的提高。除这 6 项因素外，其他的经济自由度、政府效率、法律制度、抑制腐败 4 项因素在亚洲、欧洲国家呈现出完全相反的影响力。

第二，到 2014 年，中国对"一带一路"国家的整体投资效率水平和平均值都比较可观，意味着这些国家已经具有极大的投资效率，潜力得到较好实现。结合各国实际，在 2005－2014 年的 10 年中，中国对各个国家的投资效率水平普遍得到了巨幅的提升，潜力得到了一定程度的释放，而且仍处于上升通道中，中国应该保持这种发展趋势，根据实际情况审时度势地调整战略，维持并进一步挖掘对外直接投资方面蕴含的巨大潜力。

第三，尽管"一带一路"国家投资效率水平得到普遍提升，但是仍然缺少高投资效率国家，效率超过 0.8 的只有 8 个国家，说明"一带一路"国家仍然具有巨大的投资潜力等待挖掘。

三 加强与"一带一路"沿线国家国际产能合作的有关建议

第一，中国与"一带一路"沿线国家国际产能合作的主要目标是提升在全球价值链中的地位，整合全球资源，培育以设计、研发、营销、服务为核心竞争力的新优势。基于全球价值链发展和重构的现实，中国经济结构转型升级的重点已经不再局限于实现工业化，以及从制造业大国向服务业大国转化，而在于向价值链的高端延伸，在巩固中国制造大国地位的同时，谋求中国设计、中国创造、中国营销和服务。其中，缺乏自主创新能力是制约中国提升价值链地位的主要因素，对此问题要从全球价值链的视角来看待。设计、研发、制造、营销、服务等全球价值链的各环节，不会在一个国家内部实现，必须充分利用全球资源。中国在强调设计研发的自主创新时，离不开在全球价值链中与先进企业合作竞争，在开放中合作创新，引进消化吸收再创新。

在全球价值链重构中，中国企业面对着全球型公司的激烈竞争，只有建立自己的全球型公司，并顺应全球型公司发展要求变革经营理念，调整公司治理结构，充分利用全球的技术、资本、市场、人才、信息、营销渠道、先进管理经验等优质资源，才能赢得国际竞争。既要依托全球资源，在全球设置采购中心、制造组装中心、研究设计中心、营销中心、服务中心和管理中心，通过价值链若干环节外包，或企业并购，打造全球价值链，又要从中心辐射型管理向全球网络型管理以及全球治理转变，还要从为股东利益服务、实现股东利益最大化向包括股东、全球社会责任和环境责任在内的全面责任转变。

第二，中国应该继续挖掘"一带一路"沿线国家在投资方面拥有的巨大潜力，提升投资效率。中国的"一带一路"战略，途径60多个国家和地区，"一带一路"尤其注重对基础设施和投资贸易的建设。截至2015年底，中国已经投资建设了50多个境外经贸合作区，承包工程超过3000个，企业对相关国家的直接投资额同比增长约20%，相信随着中国"一带一路"战略的逐步展开和实行，相关投资会持续增加。中国应当抓住这次机会，通过建立更加密切的经济联系改善相关国家的投资环境，将其中的巨大潜力转化为实际利益。

第三，中国企业的投资应当优先选择距离近、经济体量大、贸易依存度高的国家。亚洲和欧洲国家在很多方面具有明显的差异性，因此在具体决定投资的国家时，建议中国的企业要根据自身的需要做出选择，具体国家具体分析。

第四，帮助东道国发挥潜力，打造最高效率的投资环境。应当持续关注东道国情况，保持与当地政府的密切关系，根据投资中出现的问题向他们提出合理的建议或解决方案，帮助他们迅速建立完善的投资环境。

第五，中国应加强对外投资的自我管理。首先，虽然政府间的政治因素能够弥补政治风险，但对跨国公司在实际中的投资行为来说，风险仍然是实际存在的，尤其是类似于乌克兰这样处于武装动乱的国家，局势瞬息万变，常常超出预料，所以还是建议中国不要刻意追求高风险的政治动荡国家，投资需谨慎。中国趋向于选择监管质量低的国家，可能是出于逃避监管，刻意追求利益的结果。这种漏洞不会长久存在，东道国的监管环境会得到改善，因此这种取巧的直接投资很难得到稳定的回报，还会对中国企业的总体形象造成负面影响。其次，针对监管质量，建议中国投资方严格规范自身的行为，提倡正规经营投资，不要刻意利用己方在逃避监管方面的相对优势，更不要与东道国的法律规章相冲突。

"一带一路"倡议与海外产业园区建设

张中元

中国社会科学院亚太与全球战略研究院国际经济关系研究室副研究员

国际产能合作是推进"一带一路"建设的优先领域与重要支撑,而境外产业园区作为实施中国企业"走出去"战略的一项重要载体和平台,能够大幅降低"走出去"企业境外投资经营的风险和筹建成本,推进企业的国际化发展。近年来"一带一路"沿线国家积极推动产业园区发展,这为中国企业"走出去"提供了难得的机遇,但目前中国境外产业园区建设存在着一些问题与不足,极大地影响了产业园区的发展。中国企业应主动结合国家发展战略,准确定位海外园区功能,形成海外产业链优势,以促进产业园区发展与"一带一路"倡议相融合。

自 20 世纪 70 年代开始,产业园区在世界各地迅速发展,现在已经成为经济发展的重要空间形式。由于各经济体的发展阶段具有很大的差异性,其产业园区建设的演化过程中涉及多种发展目标,这些目标包括了促进出口,吸引外资,建立全球化的制造、物流和服务。从全球产业园区建设的发展历史来看,可将产业园划分为三个阶段:第一阶段为"飞地型"产业园区(enclave – type zones),"飞地型"产业园区通过吸引外商直接投资,致力于提升就业和劳动技能,在创造就业和外汇收入方面发挥了重要作用。例如,柬埔寨的一些产业园区仍为传统的出口加工区,规模较小,但低廉的劳动力成本吸引了企业入驻,企业雇佣的所有工人几乎都集中在服装、电子、电器产品和家具等低技术行业。同样地,孟加拉国工人的工资大约每月只有 30 美元,在孟加拉国出口加工区,几乎所有的工人也都集中在服装业等低技术的小产业园区。

随着产业园区的发展,提升了经济体的产品的多样化,增强了园区经济与国内经济的联系,如马来西亚和泰国先从组装进口开始,逐步提升在国内和全球市场上销售自己品牌商品的数量,最终在国内和全球市场销售自己的品牌商品。产业园区发展到第二阶段,园区的发展主要受益于跨国企业日益复杂的离岸经营活动,随着发达经济体技术的溢出使园区企业能够采用更先进的技术，进而促进了园区内企业的能力建设和技能的积累。在技术更先进的第三阶段，产业园区通过引入某些改革（如劳动力市场和服务业部门）、提高生产率、促进创新、加强技能开发等方式来促进其对全国的影响，而且越来越多的经济体将产业园区视为促进区域合作和一体化的政策工具，这些反过来又会对园区的进一步技术升级和溢出发挥重要影响。因此，第一阶段产业园区的最重要贡献是创造就业和外汇储备，第二阶段产业园区有助于人力资本的升级和出口多元化，第三阶段产业园区则在技术进步、技术转移和技术溢出方面有重要贡献。总体而言，产业园区的收益在不同阶段和不同的地区或国家之间是有差异的。

一 "一带一路"沿线国家产业园区发展现状及政策

下面选取有代表性"一带一路"沿线国家，介绍其产业园区建设状况，主要包括"一路"沿线国家印度尼西亚、越南；"一带"沿线国家俄罗斯、哈萨克斯坦。

（一）印度尼西亚

1989 年以前印尼政府积极推动产业园区发展，并在雅加达、泗水、棉兰、三宝垄等大城市建立了一批工业园区。但近二十多年来印尼政府对开发工业园区的参与程度越来越低，印尼政府在发展工业园区过程中，尤其是征用土地中没有发挥积极的作用。印尼园区的投资主体主要为私营企业，印尼政府对产业园区的投入仍远低于其他东盟国家，印尼绝大部分（94%）的工业园区掌握在私人手中，目前印尼政府控制的园区仅占 6%，而马来西亚和泰国政府投资的工业园区分别占本国的 78% 和 48%。印尼工业园区发展模式更倾向于内向型，企业在追逐利润的同时却无法像政府一样肩负均衡经济发展和推动周边基础设施建设的任务，使得印尼工业园区对外国投资者的吸引力大打折扣。印尼工业部为此订立了目标，以更为积极的姿态直接参与工业园区投资，通过国有企业参与等途径扩大政府对工业园区的占有比重，提高工业园区的竞争力。同时还推动地方政府成立相关地方企业进行工业用地收购开发，其中一个成功的例子是西巴布亚省的索隆县政府成功征用了 6000 公顷的土地用于建设工业园区，并吸引了数个产业领域的企业入园发展。

2014 年印尼政府计划加速发展爪哇岛以外地区的工业园区，以通过产业聚集效应带动欠发达地区工业发展，推动印尼经济整体均衡发展。印尼 74 个工业园区中的 55 个建在爪哇岛，爪哇岛工业园区占地达 2.3 万公顷，占印尼全国工业园区的

75%。印尼政府希望通过建设工业园区和发展道路、电力等基础设施等方式帮助爪哇岛外地区吸引投资，同时提高印尼工业园区的竞争力。印尼政府计划未来 20 年内，在爪哇岛以外地区建立 36 个工业园区，投资数十亿美元带动当地基础设施发展，使之成为本地区的工业中心。近 5 年内（2014—2019 年）印尼政府为促进各地区平衡发展吸引国内外投资，工业部将集中精力开发建设 13 个工业园区。工业园区的建设均依托当地的资源优势，打造各具特色的上下游产业链。印尼政府将为工业园区和科技园区建设提供财政激励政策，并为所在地区的港口、高速公路、铁路等基础设施项目提供资金支持。[①] 2014 年佐科总统要求政府部门减少非必要开支，降低燃油补贴，从企业社会责任基金中拨款建设信息科技工业园，每个园区耗资 100 亿盾（约合 83 万美元），计划 2015 年兴建 100 个科技园区，到 2019 年将达到 500 个。[②] 科技园区具体功能将根据当地特点确定，如城市科技园将以工业为主，乡镇园区将以农业为导向。

（二）越南

越南一直重视产业园区建设，2011 年越南政府出台第 12 号决定，鼓励发展机械制造、电子信息、汽车生产和组装、纺织服装和鞋类等配套工业，以提高产业竞争力。政府将为配套工业项目提供资金、土地和税收优惠。同时政府鼓励建设有利于配套工业发展的专业性工业区，以吸引国外配套企业在园区内投资，发挥产业集聚效应。越南注重工业园区和经济区的区域连接性，进一步发挥各地区和地方在吸引外资方面的优势，如基础设施达标且较为配套，装设废物与排水处理系统，公共设备及服务工程较为完善等；此外在国家财政预算资金方面，越南政府对各工业园区和经济区投资发展区内外基础设施项目给予优惠政策。越南政府出台工业园区企业的所得税政策，补充了系列优惠条款，并于 2014 年 1 月 1 日开始生效。这些措施促进了外资企业在越工业园区的建设，如从 2007 年开始韩国三星集团对越投资 35 亿美元，在北宁省和太原省兴建两个产业园区；同时 LG 集团也正在与越南政府协商，将在海防市投资 15 亿美元兴建产业园区。为吸引日本在工业领域的投资，2014 年越南政府指示在海防市、巴地－头顿省成立 2 个优先吸引日本企业投资的工业园区。

---

① "印尼工业部将重点发展 13 个工业园区"，驻印度尼西亚经商参处，2014 年 11 月 13 日，http：//id. mofcom. gov. cn/article/bankbx/201411/20141100799670. shtml。

② "印尼政府计划实施经济改革大力兴建综合产业园区"，驻印度尼西亚经商参处，2014 年 11 月 27 日，http：//id. mofcom. gov. cn/article/ztdy/zwqihou/201412/20141200830045. shtml。

2015 年越南签订 TPP 协定后，纺织业作为越南主力出口行业，外资企业纷纷加大在越投资，如韩国晓星公司（Hyosung）在同奈省投资 6.6 亿美元，香港鲁泰纺织品公司（Luthai Textile）在西宁省投资 1.7 亿美元，台湾远东集团投资纱线生产项目，韩国的 Pankoa 项目，斯里兰卡 Hirdaramani 集团投资 7000 万美元的项目等。上述项目规模都较大，不仅生产成衣，而且生产纺织原辅料，以满足 TPP "从纱开始"的规定。TPP 签订不仅促使国外纺织企业加大对越投资，而且催生了不少新纺织工业园区。[①] 据越南计划投资部资料显示，2013 年前，越南只有 3 个纺织工业园区，总面积 331 公顷（184 公顷的同奈仁泽工业园区，121 公顷的兴安 pho noi 工业区，26 公顷的平阳平安工业区）。而从 2014 年初至今，新增了 5 个纺织工业园区，总面积达 1910 公顷。包括 600 公顷的南定黎明（Rang Dong）纺织工业区、660 公顷的广宁海河（hai ha）天虹工业园区、175 公顷的广南三升（Tam Thang）工业区、75 公顷的同奈仁泽工业园区下属的韩国纺织工业园区，400 公顷的承天 - 顺化纺织产业辅助工业园区。上述工业园区形成了从纱线、印染和原辅料的生产链。

（三）俄罗斯

2005 年俄罗斯颁布了《经济特区法》，开始了新一轮的特区建设，截至 2012 年底俄罗斯共批准设立经济特区 26 个，其中工业生产型经济特区 5 个[②]，技术推广型特区 4 个，旅游休闲型特区 14 个，港口型特区 3 个。2013 年俄政府提出远东开发新主张，俄主要意图是想借助亚太国家力量拉动远东经济增长，未来发展以非能源产业为主，促进对亚太地区市场的出口（主要出口食品、化工产品和电力）。普京总统发表的 2013 年国情咨文中指出，振兴远东和西伯利亚地区将是贯穿俄 21 世纪的国家优先发展方向，俄东部地区发展转为面向亚太国家，为俄今后开展积极的外交政策提供基础。由于远东以外的亚太地区投资环境好，俄罗斯开发远东地区需要吸引战略投资者，改善基础设施，培养专业人才，创建新工作岗位。在远东开发资金来源方面，俄联邦政府改革现有远东开发投融资机制；为便于统一协调和管理，将地区发展部、财政部和经济发展部有关远东开发职权统一划归远东发展部，包括协调遴选和落实远东地区优先投资项目，分配基建资金补贴，评估地方政府工作效

---

① "越南完成 TPP 谈判后纺织工业园区大量增加"，驻越南经商参处，2015 年 11 月 19 日，http：//vn. mofcom. gov. cn/article/jmxw/201511/20151101189584. shtml。

② "对俄投资指南"，驻俄罗斯联邦经商参处，2014 年 12 月 5 日，http：//ru. mofcom. gov. cn/article/ddgk/ddfg/201412/20141200822824. shtml。

率，参与制定远东地区城建规划和经济特区管理等。

俄还拟借鉴中国、美国和日本等国的成功经验，确定以经济特区为主导的开发模式，在远东和东西伯利亚地区推广建设经济特区、产业园、科技园。在区域内新成立的企业可免除前 5 年的利润税、矿产开采税（石油天然气开采除外）、土地税、财产税，享受优惠的保险费率，并在建筑许可、电网接入、海关通关等方面享受便利。2014 年俄政府确定 14 个跨越式社会经济发展区并提交普京总统批准，普京在视察远东时提出远东开发三大任务：一是提高远东地区交通运输便利化水平，加紧对西伯利亚大铁路和贝阿铁路进行现代化改造；二是扩大吸引国内外对远东地区投资，主要投资能源资源开发、农业、建筑、交通等传统及新兴现代化产业；三是建立跨越式社会经济开发区，重点发展面向亚太市场的出口导向型产业。2016 年俄工贸部长曼图罗夫表示，至 2020 年俄罗斯至少建设 50 个工业园和 20 个高新技术产业园区。俄联邦政府在 2016 年拨款 43.48 亿卢布（按现行汇率计算约合 5503 万美元），用于支持并补贴俄地方发展工业园区基础设施建设。①

（四）哈萨克斯坦

2011 年哈萨克斯坦政府颁布了《哈萨克斯坦经济特区法》，对经济特区的性质及入驻特区享有的各项优惠待遇给予较为明确的规定，增加了可在私人土地上建立经济特区，吸引经验丰富的管理人员管理经济特区，以及对经济特区基础设施建设给予财政拨款的相关规定，为投资者加入经济特区创造了更加便利的条件。目前哈萨克斯坦有 10 个经济特区，总体而言，哈经济特区可以分为三种，第一种具有明确功能和发展模式，拥有专业的管理运作，例如阿斯塔纳－新城、国家工业石化技术园经济特区、塔拉兹化学工业园；第二种目前已经获得一定发展，但仍可进一步挖掘潜力，如阿克套海港、萨雷阿尔卡工业园、巴甫洛达尔工业园、霍尔果斯－东大门工业园、布拉拜工业园等；第三种尚未取得有效的发展成效，投资积极性较低，如位于南哈州的昂图斯季克经济特区。哈萨克斯坦经济特区尽管近年来有所发展，但发展成果远远低于哈政府预期，经济特区进一步发展亟须解决基础设施、项目质量以及管理效率问题。

除经济特区以外，目前哈萨克斯坦有 5 个工业园区，政府推出的《商业路线图》框架下还将在南哈州、克孜勒奥尔达州和阿拉木图州再建立类似 12 个工业区。

---

① "至 2020 年俄罗斯至少建设 50 个工业园"，驻俄罗斯联邦经商参处，2016 年 3 月 2 日，http://ru.mofcom.gov.cn/article/jmxw/201603/20160301266295.shtml。

哈国经济特区走专业化和集群化的道路，生产高附加值产品，而工业园区的目标将是发展中小型企业和保障居民就业。在制定《商业路线图》第四次修正案时，针对中小企业增加了相应的倾斜性内容，而对大型企业则提出缴纳基础设施费以及创造就业机会数量等附加的准入条件。工业园区内的投资项目都可在《商业路线图》框架下获得培训、服务、贷款和担保利率补贴等支持。

二 中国境外产业园区建设

国际产能合作是推进"一带一路"建设的优先领域，随着中国国内制造业的综合成本上升，以及企业开拓国际市场的需求，中国制造业走出去成了必然趋势。推进国际产能合作，加快装备制造业"走出去"，是新条件下共建"一带一路"的重要支撑，有助于推动资源自由流动和市场贯通融合，与全球经济深度融合，实现优势互补、合作共赢，是应对当前世界经济发展和资源配置不平衡现状的有效途径。

（一）境外产业园区为"走出去"企业产能合作带来的优势：以境外经贸合作区为例

商务部在 2006 年公布了《境外中国经济贸易合作区的基本要求和申办程序》，宣布建立 50 个"国家级境外经贸合作区"，鼓励企业在境外建设或参与建设各类经济贸易合作区，如开发区、工业园区、物流园区、自由贸易区、自由港、工业新城以及经济特区等，为中国企业对外投资搭建平台，提供经济可靠的海外发展场所。2006—2007 年经过商务部两批招标投建，最终获得商务部批准建设的国家级境外经济贸易合作区 19 个。到 2012 年中国企业已在 13 个国家开工建设了 16 个合作区，其中 9 家园区通过中国商务部和财政部确认考核。到 2015 年底，共有 13 家园区通过考核进入国家级境外经贸合作区名单。

境外产业园区的开发企业与国外政府达成协议后，东道国政府通常会出台相应的优惠政策，重点会在税收、土地、金融、基础设施配套、出入境等方面提供便利，企业审批手续简单，使商务投资环境呈良性化发展。企业入驻园区除了能享受税收优惠外，园区还能为企业提供全方位投资配套设施及服务，绝大多数境外经贸合作区还建立了一站式服务中心，这对于办事效率极低的发展中国家来说是一个真正的"特区"。如罗勇工业园从考察人员落地接机到企业注册、工业用地许可证、地契、厂房建筑许可证、验收许可证、开工证等都由工业园负责，后期企业遇到其他问题，园区要出面协调。单个企业在海外建厂显然很难享受到这样的待遇，优惠的税收政策和优质的配套服务大大降低了企业的运营成本。柬埔寨西哈努克港经济特区从 2014 年起特别设有"一站式"服务中心，柬埔寨海关、劳动、税收等部门官员入驻其中，为入园企业办理各种手续。

目前中国制造业中有相当一部分的行业的生产能力已严重过剩，国内市场严重饱和，中国对外贸易正在由商品输出向资本输出转型与升级的阶段，而产业园区是资本输出的新模式，通过境外产业园区把国内的企业通过招商引资到海外，国内的部分产能过剩且具有一定比较优势的产业可以转移到有需求的国家，不仅可以充分利用当地廉价的劳动力成本、土地成本等有利条件，还可以改变产品的原产地，绕过一些贸易壁垒进入发达国家市场，规避了贸易摩擦。而且境外产业园区能够充分利用地理上的集中性，变企业低效分散式的投资为高效集群式入驻方式，园区通过集聚效应促进区域内主导企业与相关配套企业的合作，形成一个完整的产业链条，有利于形成产业集群，发挥规模效应。[①]

（二）中国境外产业园区建设存在的问题与不足

第一，境外产业园区建设面临的政策性风险较大。境外产业园区的开发主体是企业，面临的挑战和风险要远远大于国内的经济开发区，虽然当地政府给了很多优惠政策，对东道国当地经济社会发展以及对中国和东道国之间的经贸合作具有非常大的促进作用，但有些国家还没有像中国那样把经济特区作为国家发展战略，经济特区缺少法律地位以及各相关部门的认同。一些沿线国家新移民政策执行后，国内劳务输出难度增大，影响了园区内企业正常生产计划的落实，争取劳务指标的工作也成为产业园区入园企业和招商企业落户的瓶颈。此外，物质进口通关难，审批工程项目程序复杂、手续烦琐、办事效率低等问题都加大了境外产业园区建设发展的难度。

第二，完善的基础设施条件是产业园区发展的基本保证，许多发展中国家基础设施不完善，极大影响了产业园区的发展。如受到中国领导人特别关注的埃塞俄比亚东方工业园，距最近的吉布提港 800 多公里，运输条件差、运输成本高，而中国援建的铁路和高速公路 2016 年前后才能完成，该园区原本计划招收 80 家企业，最后缩减到十几家。此外，园区内各种配套基础设施建设也给企业入驻带来很大影响，如入驻罗勇工业园的一些企业就因园区公共交通不便，导致物资采购困难；尼

---

① 沈铭辉、张中元：《中国境外经贸合作区："一带一路"上的产能合作平台》，《新视野》2016 年第 3 期。

日利亚莱基工业园因水、电、气配套问题而阻碍了一些企业的入区，最终自己投资兴建电厂、拓展道路、疏通河道。

第三，融资困难使园区建设面临较大的资金压力。产业园区开发前期投入较大，固定资产等沉没成本较高，东道国多为经济比较落后的发展中国家，其经融环境较为落后，融资渠道融资工具有限，且贷款成本较高，投资建设主体面临较大的资金压力和投资风险。与国内产业园区相比，境外产业园区建设更多的是企业行为，政策性投入力度要远小于国内产业园区，因此境外园区建设资金以企业自筹为主。而中国国内银行与国际连接渠道并不全面，政策性银行和商业银行的境外分支机构能力不足，对境外资产难以承认，银行全球授信体系不完善，企业境外投资形成的资产不能作为抵押担保在境内贷款，使企业面临融资难问题而影响着园区的后续发展。

第四，园区规划不合理，产业定位不明确，企业协调机制凸显不足。由于园区前期规划建设存在一定盲目性和重复建设现象，使得园区企业入驻数量与计划有一定差距。如俄罗斯乌苏里斯克经贸合作区计划共引进60家中国企业，其中第一期2006年8月至2008年，计划引进18家；第二期2009年至2010年，计划引进26家；第三期2011年，计划引进16家。但到2008年底，合作区已入驻企业7家，仅完成第一阶段目标计划的38.9%，存在较大差距。目前产业园区建设中存在产业选择趋同、范围过杂、未来发展规划不明确等现象，除了少数专业化园区外，绝大多数园区的产业选择范围几乎涵盖所有行业，都将自身定位成一个集制造、商贸、物流、服务、休闲等一体化的综合性、多功能园区，园区明显缺乏自身特色和行业优势，也没有反映出东道国的国情和实际需求，其最终的结果就是园区服务设施的浪费。加上园区入园企业来源地不一，企业性质不一，投资产业类型不一，企业之间没有形成有效的联系与合作关系，企业只是简单的在地理空间上的聚集，牵头企业如何组织协调这些企业，以及能否担当起抱团企业的有效调控者，仍然面临诸多挑战。

三 促进境外产业园区建设的政策建议

（一）促进境外经贸合作区融入"一带一路"发展倡议

目前中国境外产业园区建设还处于起步探索阶段，还没有可以照搬的成熟建设模式，各产业园区所在国家不同，面临的具体情况也都不同，因而需要解决不同的难题，其发展模式是否行得通还需要时间来检验。随着"一带一路"倡议从顶层设计和规划走向落地实施，为扩展境外产业园区建设带来了更多机遇。作为中国"一带一路"倡议的一部分，境外产业园区正成为中国企业参与"一带一路"建设的重要平台，重塑着国家间产业发展的合作模式，中国企业在进一步推进境外产业园区发展时，应主动结合国家发展战略，促进产业园区发展与"一带一路"倡议相融合。

第一，利用"一带一路"倡议中的政策沟通，建立健全政府间合作沟通机制，全方位、多层次争取尽可能多的政策优惠。境外产业园区建设需要中国政府和东道国政府之间的协作，加强与东道国政府沟通才能推动当地政府尽快完善合作区内金融、货代与清关代理等公共服务条件，进一步明确对入园企业优惠政策实施细则，积极争取更优惠的经济特区政策。如 2015 年中巴成立投资和工业合作联合工作组，专司在中巴经济走廊项下设立工业园区和特殊经济区，并制定了 12 条设立规则，确保园区生产活力，根据巴基斯坦特殊经济区法，经济区建设方和入园企业将享受进口设备免税和 10 年期所得税免除政策。

第二，中国政府要执行好服务和扶持的职能，帮助园区建设企业了解和熟悉东道国的有关情况和环境，为企业的投资决策提供指导和必要的建议。"一带一路"沿线境外产业园区所在东道国大多为欠发达国家，其经济环境、基础设施环境、制度环境、信用环境等都存在一些缺陷，这些问题都会在一定程度上给投资增加风险。因此，一旦投资企业的合法权益在东道国被侵害，应该发挥政府强大的作用，通过各种方式维护企业的正当权益。

第三，发挥中国对外援助功能，加强对产业园区所在地区的援助，完善产业园区内基础设施系统建设。中国对外援助中很大一部分是援建受援国的基础设施，如道路、电信等，因此要积极发挥中国对外援助功能，加强对产业园区所在地区的交通、水电、通信等经济基础设施进行援助，便利中国企业的对外投资。

第四，提供融资服务支持，提高产业园区建设融资能力。通过完善双边金融合作机制，拓展跨境贸易人民币结算业务，降低贸易和投资的汇率风险和结算成本，为园区建设提供融资平台。2013 年 12 月，商务部、国家开发银行联合印发《商务部国家开发银行关于支持境外经济贸易合作区建设发展有关问题的通知》，支持境外经贸合作区建设，国家开发银行明确了合作区优先融资的基本条件，针对合作区的特点和需求，对合作区提供融资服务、更好地发挥金融支持国内企业"走出去"的作用，积极、有序地推动合作区建设。

（二）园区准确定位，形成海外产业链优势

第一，园区规划设计和开发建设标准要从实际出发，量力而行。产业园区具有"初期投资大、直接回收慢"的投资特点，因此在经济欠发达、基础设施不完善的国家和地区建设产业园区，其标准和投资规模一定要根据开发企业的实力、两国政府的支持力度以及产业园区本身开发建设的盈利能力，确定合理、务实、可持续发展的开发建设标准，积极探索产业园区可持续发展的途径和模式。从境外产业园区的功能和作用这一根本点上抓住"集群式产业园区"的特点，先发展产业、招商引资、创造就业，而后才是配套服务、商贸住宅等功能，最后发展成为有城市生活功能的综合性园区或新城。实际中切忌把规划标准制定过高，增加开发企业的投资负担，实际上拖延了园区的建设。

第二，立足集群经济，找准主导产业建设集群式产业园区。海外产业园区的建设要适应全球化新形势，将园区建设置身于全球资源链中，抓住中国产业转移、梯度发展的时机，依靠传统比较优势向更多发展综合竞争优势转换，依托创新驱动代替投资驱动，结合地区特点及资源优势，找准主导产业发展特色经济，坚持以产业集群为导向引导企业入园，逐步建立新型的产业集群模式，实现集群转移带动下的产业转型升级，通过产业的提升带动产业集群水平的提高，从而推动海外园区经济的深入发展。这需要中国海外产业园区通过产业链条延伸，形成基于比较优势的特色产业化企业集群，以价值链条为基础建立完善的专业分工协作机制，建立以市场选择主导产业为主的产业集群发展体系。

第三，创新企业融资方式，依据各方的利益，通过严格的法律合同把责任和风险合理分担，从而保证项目融资顺利实施。2014年4月商务部举办境外经贸合作区实施企业与部分国内金融机构对接会，探讨以"外保外贷"形式解决合作区实施企业在合作区建设中的融资瓶颈问题。2015年中国银行（泰国）与泰中罗勇工业园开发有限公司签署了《战略合作备忘录》，推出了双方专门为入园企业共同新创、量身定制的金融产品"产融通"，即入园企业在购置土地阶段时，只需支付土地款的30%～55%，罗勇工业园随后向银行出具回购协议，银行贷款支付土地款尾款的45%～70%部分，企业入园各种手续会同步办理，不影响入园企业的正常经营活动。"产融通"在开始阶段就可以为入园"走出来"中资企业提供信贷支持，为"走出去"中资企业带来实实在在的金融支持，为入园企业解决融资难题。

第四，重视软实力的作用，促进产业园区建设、经营的本土化。法律、政策、文化、民俗等这些环境差异是海外产业园区所面对的共同问题，在"一带一路"加

强国别文化、教育、卫生、宗教等方面的交流和合作的影响下，境外产业园区首先要对运营管理思路进行因地制宜的调整，规范入园企业经营，注重环境保护和可持续发展，维护劳工合法权益；加强对入园企业的系统培训，使其充分了解东道国的风俗习惯、法律制度等。如柬埔寨西哈努克港经济特区就开展协助企业招工，推荐具有语言特长的管理人才及员工；开办西港特区培训中心，为入园企业员工提供语言及技能培训。其次，国外生产和经营必须得到本地的支持和帮助才能成功运行，所以做好本土化工作也至关重要。要促进境外产业园区可持续发展，必须加强当地人才培养和开发，加大对产业园区所在地的人力资源援助，一方面可以化解受援国当地居民对产业园区的误解，改善当地不利的社会环境，另一方面还可以增加本地可用人才。

建立健全支撑"一带一路"建设的中国国际援助和开发合作体系研究

孙靓莹

中国社会科学院世界经济与政治研究所副研究员

中国国际援助与合作开发是中国与其他国家展开政治经济合作的重要手段。经过六十多年的经验积累,中国在对外援助领域已经探索出一套具有中国特色的、以构建全球伙伴关系为目的的援助模式。将中国国际援助与开发合作体系构建与"一带一路"倡议相结合,将进一步促进中国国际援助体系构建;通过探索与他国合作开发的新模式,更能加快推进"一带一路"倡议的落地与实施。"一带一路"倡议与联合国 2030 年可持续发展目标对接是全球化时代题中应有之义,对援助与开发合作体系的提炼概括更是向外输出有中国特色的社会主义建设发展经验与意识形态观念的重要渠道。中国援助与合作开发体系构建应以基础设施投资及新型融资平台建设为先导,以促贸援助及投资为重要手段。为此,应加快协调机制体制建设,提高援助有效性。中国可以考虑设立一个级别较高的专门机构作为对外援助管理机构,并进一步调整国际援助与合作开发的具体政策措施。

2013 年 9 月和 10 月,中国国家主席习近平访问哈萨克斯坦、印度尼西亚时分别提出"丝绸之路经济带"、"21 世纪海上丝绸之路"和筹建亚洲基础设施投资银行的倡议。2014 年 11 月 8 日,国家主席习近平宣布中国将出资 400 亿美元成立丝路基金,为"一带一路"倡议沿线国家基础设施建设、资源开发、产业合作等有关项目提供融资支持。2015 年 3 月 28 日,国家发展与改革委员会、外交部、商务部联合发布了《推动共建丝绸之路经济带和 21 世纪海上丝绸之路的愿景与行动》文件,从顶层战略角度阐明了"一带一路"倡议的时代背景、攻坚原则、框架思路、合作重点、合作机制等内容。

发展援助以及开发合作体系建设作为国家进行对外交往的重要手段,在维护国家利益、实现外交政策方面发挥着不可或缺的影响。世界大国在不同时期，均从各自国家利益的角度，调整自身对外援助力度与方式，使之维护并发展自身利益。从世界发展的总体格局来看，中国的经济实力正在不断提升，处于世界大格局重新构建的关键时期，需要与之相匹配的大国发展援助与开发体系。"一带一路"表达了中国领导人对"求同存异，和平共处"的愿望，以及对提供全球公共物品、安全、和平以及可持续发展的承诺。在多极世界中，传统的南北发展援助理念与新兴的南南发展合作理念之间竞争与合作共存，中国在全球经济治理方面发挥重要作用的同时，也必须更新自身的对外国际援助和开发合作体系理念与指导框架，使之为中国所用并服务于中国崛起的总体策略。经过六十多年的经验积累，中国在对外援助领域已经探索出一套具有中国特色的、以构建全球伙伴关系为目的的援助模式。如果能够将对外援助以及合作开发体系与"一带一路"倡议相对接，则能够在有效推进"一带一路"实施的同时，构建出符合中国利益的新外交版图。

一 "一带一路"国际援助与开发合作体系的基本指导原则

中国的国际援助与开发合作体系既根植于数千年古老文明所滋养出的民族精神与传统文化，又服务于新时期中华民族崛起的宏大战略目标。在 20 世纪五六十年代，作为低收入国家的中国就已经开始向亚洲及非洲国家提供发展合作。中国与其他发展中国家开发合作的历史正是南南合作促进经济转型所历经的共同学习、互相借鉴的过程。在构建国际援助与开发合作体系过程中，中国应提倡平等互利、讲求实效和共同发展三项原则，重视国际援助与合作开发项目的经济、政治、社会效果与民心联结。通过向"一带一路"沿线国家提供援助、构建合作开发体系，促进上述国家的经济增长和民生改善，争取上述国家在中国构建国际政治经济新秩序过程中对中国的认同与支持，改善中国发展的外部环境。此外，中国应坚持义利并举、量力而行和实事求是的实践观。在践行国际援助及构建开发合作体系过程中，需要慎重确立选择受援国标准和援助标准，对援助规模总量进行有效控制。

从发展理念上看，中国为"一带一路"沿线国家提供了不同于"华盛顿共识"和市场原教旨主义的新发展思路，这也是中国对发展援助与合作开发体系的独特贡献。在西方发展援助理念中，使用产业政策以及实现技术升级往往不是关注的重点。西方援助项目关注的重点是"发展中国家缺少什么"，例如市场经济体制构建、行政机构设计以及人力资本提升。但他们经常忽略"发展中国家已经拥有什么"，比如包括土地与资源在内的显性比较优势以及未来增长潜力。总结中国的成功经验，在发展援助理念上应在以下几个方面予以重点体现：第一，以包括公路、桥梁、水电和其他发电及传输服务在内的基础设施为先导；第二，支持经济特区与工业园区发展，推动产业集群建设；第三，寻找并重视培育有潜在比较优势的部门。

此外，从总体规划上，"一带一路"国际援助与开发合作体系应与联合国 2030 年可持续发展目标相一致。联合国 2030 年可持续发展目标广泛为各个国家所接受，并成为各个国家共同遵守并致力发展的目标，这已经是不争的历史潮流。可持续发展目标共包括 17 个子目标，分别从经济、社会、环境多个角度进行阐释。支持其他发展中国家减少贫困和改善民生，是中国对外援助的主要内容，也应成为向"一带一路"沿线国家提供国际援助与合作开发的出发点和落脚点。中国重点支持其他发展中国家促进农业发展，提高教育水平，改善医疗服务，建设社会公益设施，并在其他国家遭遇重大灾害时及时提供人道主义援助。[①] 从实质内容上看，这与联合国 2030 年可持续发展目标相一致。此外，联合国 2030 年可持续发展目标以及第 21 届联合国气候变化大会（COP21）目标的实现都需要调动大量的资源，中国在体现大国责任的同时，需要有目的地将发展援助、贸易与投资相结合，利用所有可获得的金融工具，引入新的和创新性的融资平台和融资工具来应对消除贫困和转变产业结构所带来的挑战，从而实现绿色与可持续发展。

二 "一带一路"国际援助与开发合作体系应以基础设施投资及新型融资平台为先导

"一带一路"构建应聚焦于互联互通、基础设施建设以及经济结构转型。其中亚洲基础设施投资银行以及丝路基金可以看作是"一带一路"倡议的两个融资机制平台。"一带一路"倡议反映了中国对自身经济发展关键思路与经验的总结。中国在基础设施方面的比较优势非常明显，主要体现在建筑、水力发电、高速公路、铁路建设等多个方面。基础设施建设可以推动贸易的增长，以基础设施投资拉动经济作为一种反经济周期的方式，可以在短期内推动总需求并在长期内促进生产力提高。

举例而言，以中国为代表的快速增长经济体中，提前修建高速公路的成本比推

---

① 中华人民共和国国务院新闻办公室：《中国的对外援助（2014）》白皮书，商务部网址，http：//yws. mofcom. gov. cn/article/m/policies/201412/20141200822172. shtml，检索日期：2016 年 9 月 11 日。

迟更低。如果基础设施建设晚于城市化，上升的土地成本将严重阻碍基础设施建设的推进。关键性基础设施作为具有强烈正外部效应的公共产品，它们的存在将大大降低生产部门的商业运行成本，促进国内外贸易，提高所在国对外竞争能力。上述经验同样适用于其他人口增长和城市化速度较快的"一带一路"沿线国家。中国可以与"一带一路"沿线国家分享这一基本经验。

在过去，中国绝大多数开发合作以双边为主。目前，凭借新成立的多边金融机构，中国有能力为发展融资做出更多贡献。传统援助国由于受到沉重债务负担和缓慢增长影响，其在发展融资中所占比重在逐步减小。未来在发展融资中，官方发展援助的比例将会降低，而其他官方资金、类其他官方资金，以及由新型经济体的开发银行以及主权财基金所提供的类其他官方投资将占据主导。与双边发展合作相比，通过发起并主导上述多边金融机构，中国可以有目的地将更多全球资本留存于发展中国家，使之服务于发展中国家实体经济建设需要，推动发展中国家经济增长。这不仅可以改善资本全球配置效果，增强发达国家和发展中国家之间的风险共担意识，更能够增强中国经验和中国发展模式的说服力。"一带一路"沿线国家也可以从多边金融机构成员国内的高储蓄、强劲消费需求以及规模经济中获益。

目前，中国主要利用了三个渠道为基础设施融资：基于财政的直接预算投资；基于市场的融资，包括基于土地融资的借款；以及基础设施的公私合营方式。此外，亚洲基础设施投资银行与丝路基金也成为中国"一带一路"国际援助与合作开发体系构建中的重要融资平台。中国作为新兴经济体为对外援助与合作开发框架体系提供了新的思路、增长机遇以及实践经验，此外，中国还为"一带一路"倡议的落实提供了发展融资。中国正在经历产业转型与升级，"一带一路"沿线国家是承接来自中国的以劳动密集型产业为代表的产业迁移和产能合作的良好对象。沿线国家作为发展融资领域的新来者，可以通过与中国的合作成为更好的发展合作伙伴和地区与全球事务中更负责任的利益相关方。

三　"一带一路"国际援助与开发合作体系应以促贸援助与投资为重要手段

中国的南南发展合作具有自身的独特之处。一直以来，中国一直将援助、贸易和投资相结合，基于自身要素禀赋及比较优势定义有中国特色的发展合作体系。中国一直遵循相互尊重、平等相待、重信守诺、互利共赢的基本原则。中国在发展对外援助体系以及合作框架过程中没有附加政治条件,而且中国从不把这种援助看作是单方面的赐予,而认为援助是相互促进的过程。

以基础设施建设为先导,通过积极设计发展援助与合作开发体系,能够合理扩大受援国国内对中国产品的需求,有效推动中国商品的出口。这种正向推动作用同样体现在投资领域。中国对非洲的援助就与对非洲直接投资之间有明显相关关系。为更好地发挥国际援助与开发合作体的作用,中国应积极加强对东道国宏观政策的咨询与援助,以本地化战略为主要方式,利用优惠援助贷款等方式强化援助效果。

以基础设施建设为先导,通过国际援助与开发合作体系为东道国提供国内公共产品,能够降低中国对外投资的不确定性,减少沉没成本,进一步扩大对外直接投资。此外,以对外直接投资方式参与东道国国内经济建设,能够激发东道国经济发展自主性,降低援助依赖,是发展援助的有益补充,扩大减贫效应与资金利用杠杆效应,放大发展援助效应,形成发展援助与直接投资之间相互促进的良性互动关系。

促贸援助作为官方发展援助的重要形式之一,在帮助发展中国家提高生产能力和经济发展水平目标方面发挥着重要作用。促贸援助提出至今已走过 10 个年头,成为国际社会重点援助领域。作为"促贸援助特别工作组"的 13 个缔约方之一,中国参与制定了"特别工作组关于促贸援助的建议书",致力于推动促贸援助发挥实效。目前中国向受援国出口的主要是受援国存在较大需求的劳动密集型产品,从技术水平、产品结构上看更容易与"一带一路"沿线国家兼容互补。此外,与发达国家采用方案援助(依据一系列综合发展规划)相比,中国主要以项目援助为主,援助目标更为清晰,责权更为明确,受援国能够依靠具体项目尽快掌握符合自身经济发展水平的技术与管理经验,短期效果更为显著。

四 "一带一路"国际援助与开发合作体系应加强国内法律体系与体制机制建设

"一带一路"倡议作为国家层面的重大对外战略构想,融合了政治、外交、经济等各个方面的合作理念,是中国对外援助制度建设的重要引擎。近年来,中国在对外援助领域的基本立法架方面取得了重要进展。2014 年商务部出台的《对外援助管理办法(试行)》的颁布为《对外援助法》的出台和对外援助制度的完善提供了契机。《对外援助管理办法(试行)》就对外援助的定义、宗旨、原则、目的、方式等进行了初步的规范。

2015 年中国在对外援助法律框架方面取得进一步进展，商务部颁布了《对外援助成套项目管理办法》、《对外援助物资项目管理办法》、《对外技术援助项目管理办法》。《对外援助成套项目管理办法》中加入了"软"援助的理念与内容，以期充分利用已建成工程的使用功能，促进中国技术知识经验的走出去，提高受援国的能力建设。

然而，中国在援助组织和管理机构框架方面，仍然存在多头管理的现象。农业部、商务部、财政部、外交部等部委共同参与了援助决策和执行，政出多门、多头管理既拉低了效率，又使援助没能得到有效的分配，造成了资源浪费。中国应加快协调机制体制建设，提高援助有效性。因此，中国可以考虑设立一个级别较高的专门机构作为对外援助管理机构。

在援助的监督和评估体系方面，虽然中国已经有一些援助监督与评价规则，但仍缺乏独立评价机构与操作规范。中国应重视科学与透明的对外援助评价体系构建，建立分地区、分国别、分领域、分援助方式的不同层次与视角的对外援助评价制度，确立事前、事中和事后一贯的评价原则，增强对外援助评价标准的可操作性，积极发挥第三方评价机构作用，并充分利用对外援助评价的结果。此外，也应对发展领域中所有合作伙伴和企业进行国际评分和排名，其中符合下述条件的合作伙伴与企业所实施的项目可被列为优先考虑领域：（1）解决发展瓶颈、促进工业和服务业产业集群的项目；（2）有关可再生能源、绿色科技及生态工业园项目；（3）践行绿色融资原则的银行，包括但不限于赤道原则①；（4）在生态工业园区和经济特区周边的基础设施建设项目。

---

① 赤道原则是 2002 年 10 月世界银行下属的国际金融公司和荷兰银行在伦敦召开的国际知名商业银行会议上提出的一项企业贷款准则。这项准则要求金融机构在向一个项目投资时，要对该项目可能对环境和社会的影响进行综合评估，并且利用金融杠杆促进该项目在环境保护以及周围社会和谐发展方面发挥积极作用。赤道原则已经成为国际项目融资的一个新标准，包括花旗、渣打、汇丰在内的 40 余家大型跨国银行已明确实行赤道原则，在贷款和项目资助中强调企业的环境和社会责任。

"一带一路"框架下的中欧合作：机遇、挑战与政策建议

刘昌明

山东大学政治学与公共管理学院教授

黄栋

山东大学政治学与公共管理学院讲师

中国提出"一带一路"的合作框架后，给沿线国家和地区提供了更广阔的发展机遇，也为中国迈向全球大国地位的外交关系提供了支撑平台。在"一带一路"的合作愿景和行动规划中，欧洲作为古丝绸之路的终点地区，目前也是"一带一路"合作的核心区域，处于十分重要的地位。根据规划，"一带一路"贯穿欧亚非大陆，一头是活跃的东亚经济圈，一头是发达的欧洲经济圈，中间广大腹地是经济发展潜力巨大的欧亚非沿线国家。为保障"一带一路"建设的顺利推进，必须深入研究新形势、新环境下的中欧关系，并以健康、稳定发展的中欧关系为"一带一路"建设保驾护航。本文认为，应依托"一带一路"建设的愿景和规划，为中欧全面战略伙伴关系的发展搭建合作框架和制度化平台；在整体的布局方面，应明确"一带一路"建设的支点国家以及优先发展的次区域；应遵循"三多"原则，"软硬"兼施；扩大中国"一带一路"倡议与欧盟政策对接的广度和深度。

一 "一带一路"框架下中欧关系的新机遇

"一带一路"倡议是一个跨越欧亚大陆的连通型倡议。作为当今世界最综合全面的发展倡议，它表达了中国在全球治理方面的愿景，即在全球治理中建立以合作共赢为导向的发展范式，促进共同繁荣，加强互联互通，增进普通民众之间的交流互动。"一带一路"有关倡议和行动规划，必将对中欧关系的深化发展带来诸多机遇。

　　首先，"一带一路"为推动互利共赢的中欧全面战略伙伴关系的发展，提供了新的载体。自 2003 年中国与欧盟决定建设战略伙伴关系以来，中欧以年度领导人会晤为重要引领，以政治、经贸、人文为三大支柱，发展全方位、多层次、宽领域合作，深入推进全面战略伙伴关系。但是，由于欧盟始终未能承认中国的市场经济地位和解除对华武器禁运，中欧关系的"战略性"和"全面性"遭受多方质疑。而"一带一路"作为一个突出包容性发展的综合型倡议，强调欧亚之间的陆海连通，力图打造一个涵盖从交通、通信到金融、教育等领域的全方位合作体系，必将为中欧全面战略伙伴关系的深化注入新的动力，推动中欧和平、增长、改革和文明四大伙伴关系的构建。

　　其次，"一带一路"倡议对中欧双方具有重要的战略及地缘政治意义。中欧关系没有突出的、尖锐的地缘政治上的矛盾，也没有历史上遗留下来的争议问题，中欧关系都要比中美关系和中日关系更容易相处，致力于拉近中欧关系的"一带一路"倡议符合中欧双边共同利益。

　　对中国而言，"一带一路"倡议有助于中国应对美国"重返亚太"和"亚太再平衡"的压力；"一带一路"战略有助于为中国的经济发展构筑良好和稳定的周边环境；"一带一路"倡议也是中国向国际社会展现中国外交政策理念的一次实践，中国开始在地区和全球治理中扮演更重要的角色。在过去 40 年中，中国的外交政策已经从僵化、意识形态主导的社会连带主义转向注重实用、包容的发展主义。随着这一政策的转变，中国外交更提倡不干涉、共同发展等包容性理念，并开始从"政策追随者"转变为"政策制定者"。

　　对欧盟而言，"一带一路"倡议为其提供了"平衡"大西洋主义的机会。第二次世界大战之后，欧洲的发展一直依赖跨大西洋主义并与美国形成了"不对称"的伙伴关系。参与中国的"一带一路"倡议有助于欧盟同时成为欧亚"强国"和大西洋"强国"，获取与美国更加平等的权利，而且通过中欧在丝路安全领域的合作，欧盟也有可能提升其在北约中的地位。另外，美国"重返亚太"和"亚太再平衡"战略体现了美国全球战略重心的东移，欧盟非常担心成为"弃子"，而"一带一路"倡议为欧盟介入亚太事务提供了有利的条件。尽管欧美正在进行"跨大西洋贸易与投资伙伴协议"（TTIP）的谈判，但是双方在转基因等农产品的限制问题、个人隐私、金融监管规则等方面存在严重分歧，前景并不乐观。而倡导开放性和包容性的"一带一路"倡议不排斥任何国家的参与，且不涉及军事扩张，具有更大的优势和吸引力。

　　第三，"一带一路"框架下的合作有助于促进中欧经济发展，深化中欧经贸合作。李克强总理在 2015 年第 10 届亚欧会议上强调，亚欧大陆迫切需要互联互通，加快构建亚欧统一市场，中国愿与地区国家一道构建亚欧大陆基础设施互联互通网络，深化区域合作，促进各国发展。为推进这一横跨欧亚大陆的经济倡议，中国已做好了长期的准备。值得注意的是，中国的"一带一路"战略旨在发展互联互通、促进国际产能合作，这与欧盟的投资计划（"容克投资计划"）促进基础设施、新能源、信息技术等领域投资的目标具有重叠和互补性。中欧双方的利益契合点成为二者对接的现实基础，中欧双方可在基础设施、能源、数字三大领域实现具体对接。

二 "一带一路"框架下中欧关系面临的新挑战

第一，战略互信是中欧关系发展的基础，也是新平台下中欧关系深入发展的关键。中东欧国家早在 2014 年就在"一带一路"所倡导的互联互通和基础设施建设等领域与中国进行了合作对接，是最早对中国"一带一路"倡议做出积极响应的欧盟成员国。同时，中国和希腊在合作建设比雷埃夫斯港方面的合作同样契合"21 世纪海上丝绸之路"的倡议，有助于搭建东西方交流合作的桥梁。但是，中国与相关国家合作的加强引起了欧盟部分成员的担忧。欧盟指责中国在欧洲搞"分而治之"，担心中国政治和经济影响力在其东部和南部地中海地区的扩大会削弱欧盟在这些地区的影响力和话语权，担心中国与成员国双边互动的深入会成为中国倒逼中国与欧盟关系的砝码。与此同时，中国则担心欧盟难以"用一个声音说话"并保持对外政策的连续性和一致性，将会对中国与欧盟层面在"一带一路"框架下的合作产生负面影响。因此，可以认为，尽管在 2015 年 3 月之后中国与欧盟机构及其成员国的对接合作出现了全面推进的势头，但是在"一带一路"框架下如何建立和维护中国与欧盟层面的战略互信，切实推进具体对接工作的落地，依然是深化中欧合作的前提和关键。

第二，中欧在"一带一路"合作机制中的角色和地位存在分歧。中欧针对"一带一路"框架下合作对接的具体模式已经进行深入探讨，然而双方在"谁将获得最终的领导权并控制投资"议程上有分歧。另外，欧盟特别关注中欧合作关系的平等性问题。中国希望欧洲市场能够进口越来越多的中国产品，而欧盟则更关心"一带一路"能够为欧盟产品和服务创造更多的出口机会，减少欧盟的贸易逆差，促进中欧双边贸易的平衡发展。

第三，"一带一路"建设过程中面临的安全隐患和其他投资风险。具体来看，

"一带一路"沿线国家经济发展水平的参差不齐以及复杂的国内政治环境,如腐败和管理低效等,会对合作项目的成功和成效产生重要影响;欧盟近期正面临欧债危机、乌克兰危机、难民危机和英国"脱欧"等问题的困扰,可能使中欧"一带一路"合作暂时不会成为欧盟对外政策的优先考虑项,给中欧"一带一路"合作带来一定变数。因此,沿线国家能否确保良好的合作环境和稳定的社会秩序将成为基础设施建设项目成功的关键,而负责承建的中国企业也应该做好相应的风险评估,避免不必要的损失。

第四,中欧在"一带一路"框架下的合作将受到美国全球战略和对华政策的干扰乃至牵制。正如奥巴马总统向国会发表年度国情咨文演说时所阐明的,美国要牢牢把握住贸易规则的制定权。美国在欧洲积极推进"跨大西洋贸易与投资伙伴协议"(TTIP)谈判进程已经清楚地表明了其战略调整的取向。因此,就像利用 TPP 来应对中国在亚太地区的经济实力扩张一样,美国在欧洲将会继续推动TTIP 的谈判和签署,在经贸领域对中国进行牵制。另外,美国也可能会在"一带一路"沿线地区利用社会和政治问题来阻碍中国的连通项目和基础设施建设项目的顺利实施。特别是那些处在欧亚东北走廊的国家将会成为美国战略关注的重点对象。

三 在"一带一路"框架下推进中欧关系发展的政策建议

首先,依托"一带一路"建设的愿景和规划,为中欧全面战略伙伴关系的发展搭建合作框架和制度化平台。合作框架是"纲",具体政策是"目",纲举则目张。缺乏合作框架支撑的对欧政策,只能简单地或被动地就某个事件做出反应,无法串联不断变化的国际环境和应接不暇的国际事务之间的各种关系,从而使总体外交在不知不觉中陷入被动和穷于应付的局面。在机会出现时,也势必无法及时抓住。这要求我们应有中长期的目标定位和行动框架,并且能够协调和指导从理念到路径、从制度设计到政策实施、再到人员配备等各方面的具体政策和行动。在此方面,中国的努力近期已经取得明显成效,中国主导的亚洲基础设施投资银行意外赢得许多欧洲国家的响应,各国纷纷选择加入。

其次,在整体的布局方面,应明确"一带一路"建设的支点国家以及优先发展的次区域。德国是欧洲大国和欧洲经济的引擎,而且中德政治关系较为平稳,经贸合作基础坚实,应该成为支点国家。让人欣喜的是,德国正筹划"工业 4.0"与"中国制造 2025"对接机制。在此,中国应该积极推动德国成为有关倡议和行动的参与者、推动者、建设者和合作者，在共商、共建、共享中共同促进双边关系的全面深化。在沿线国家中，中东欧国家约占1/4，双方战略契合度高、合作潜力巨大。对于中东欧国家来说，正经历欧债危机后深刻的经济结构调整，迫切希望通过向东开放、借助中国力量推动老旧基础设施改造、促进投资和消费增长；对于中国而言，中东欧背靠欧盟大市场，有劳动力成本优势，是中国企业走出去的理想场所。因此，中东欧应被明确为推进"一带一路"建设的优先区域，并力争使有关合作产生"外溢"作用。

第三，"一带一路"框架下中欧合作应遵循"三多"原则，"软硬"兼施。

所谓"三多"原则，即需要从"多层"、"多点"、"多维"全方位展开合作，以确保"一带一路"政策的有效推进。"多层"是指"一带一路"的落实在欧盟层面、欧盟成员国层面和地区层面分别进行。鉴于欧盟外交政策"多层治理"的特殊性，欧盟作为一个整体比较难以"用一个声音说话"并保持政策的连贯性和一致性，因此，"一带一路"的成功推进不能单靠中国政府与欧盟机构的合作，还需要充分调动成员国和地区的力量，为"一带一路"的落地铺平道路。尤其要以成员国特别是中东欧国家为突破口，向上（欧盟）向下（地区）传送"一带一路"倡议。"多点"和"多维"是指"一带一路"的落实需要中国同时与欧盟各成员国（点）进行双边合作，并侧重不同的政策领域（维）。与中东欧成员国（匈牙利、捷克、波兰等）主要进行互联互通和基础设施建设方面的合作，而与英、法、德等"大国"主要通过亚投行等途径来进行金融合作。

所谓"软硬"兼施，即兼顾以贸易和基础设施建设为主的"硬联通"与强调社会发展和人文交流的"软联通"。"一带一路"不仅有助于加强中欧在贸易与经济往来领域的合作，而且有利于增进中欧互信，减少文化差异，强化中欧战略伙伴关系。"一带一路"作为一个包容性、开放性的发展战略，把民间组织、学生、文化主体等非国家行为体纳入其中，有助于在中欧之间架起文化的桥梁，建构共赢的双边合作模式。

第四，扩大中国"一带一路"倡议与欧盟政策对接的广度和深度。具体来看：

一是欧洲投资计划的巨大资金需求和中国企业赴欧投资的强烈愿望成为欧洲投资计划与"一带一路"对接的重要基础，中欧双方可主要在基础设施和能源两大领域进行对接。基础设施互联互通是"一带一路"建设的优先领域，可以对接欧盟在2013年达成的"泛欧交通运输网"（TEN-T）协议，投资建设统一的欧洲交通运输体系，有助于中欧产品输送，扩大贸易往来，增加经济收益。加强能源基础设施合作，推进跨境电力与输电通道建设，积极开展区域电网升级改造合作是"一带一路"的一项重要倡议，可以对接欧盟的能源战略，降低对化石能源的依赖，为双方的电网建设企业和输电设备制造企业带来新的市场机遇。

二是中国提出建立的亚洲基础设施投资发展银行（亚投行）和丝绸之路基金（丝路基金）是两个重要的区域融资合作机制，可与欧洲复兴发展银行进行对接，扩展融资渠道，扩大融资规模，为中欧投资贸易合作保驾护航。

三是扩展新的对接领域，将"一带一路"与欧盟的邻居政策和中亚战略进行对接，为中欧合作的深化注入持续的动力和活力。"一带一路"和欧盟的邻居政策都致力于维护和平稳定的周边环境，形成"朋友圈"，为中欧各自的经济发展和社会稳定提供有力的保障，实现与周边地区的合作共赢。因此，基于共同的目标和重合的周边地带，"一带一路"可以与欧盟的邻居政策进行对接，探讨亚投行和丝路基金等融资工具与"欧洲邻居工具"合作的可行性和必要性，实现中欧融资投资合作的共生共赢。

四是在更广阔的背景下探讨中国与欧盟进行"一带一路"合作的模式，可以考虑将中欧"一带一路"合作纳入欧亚多边合作制度安排。欧洲安全与合作组织（OSCE）、欧亚经济联盟（EAEU）、亚欧会议（ASEM）等区域组织与"一带一路"沿线国家多有重合，因此，尝试将"一带一路"倡议设置为这些区域性组织的议题，将有助于协调地区发展政策，增进中欧及沿线国家之间的战略互信，确保"一带一路"顺利推进。2016 年德国担任欧洲安全与合作组织的轮值主席国，将互联互通作为重要的讨论议题，并邀请中国参加欧洲安全与合作组织成员国 2016 年 5 月在柏林召开的涉及工商部门的互联互通会议，为中欧贸易政策协调提供了协商对话的平台。欧亚经济联盟与"一带一路"的连接，可将俄罗斯纳入对话机制，在中、欧和欧亚经济联盟之间探讨自由贸易协定。不同于欧洲安全与合作组织和欧亚经济联盟可以推动中欧"一带一路"合作的"硬联通"，亚欧会议框架下的亚欧基金（ASEF）和跨欧亚大陆信息网络（TEIN）可以为中欧"一带一路"合作的"软联通"搭建平台。亚欧基金成立于 1997 年 2 月，是亚欧会议框架下开展文化、学术和人员交流的机构，旨在促进亚欧间相互理解与合作。跨欧亚大陆信息网络则是研究人员和研究机构参与协作的高速国际研究网络，研究领域涉及气候变化、远程医疗服务等。"一带一路"进入欧亚地区多边合作制度安排，将为中欧"一带一路"合作提供新的选择路径。

中国国际战略理论篇

处理好坚持不干涉内政原则与建设性介入的关系

陈国平

中国社会科学院世界经济与政治研究所党委书记、研究员

《联合国宪章》（以下简称《宪章》）规定了不干涉内政原则，同时也规定了例外情形。当今时代，世界形势、国际政治理论与实践、中国的国际地位都发生了很大变化，但《宪章》框架、宗旨和原则都没有改变。我们既要保持定力，坚定不移地坚持不干涉内政的原则；同时要从维护"人类命运共同体"利益出发，与时俱进实施建设性介入。进行建设性介入，要符合《宪章》的宗旨及包括不干涉内政在内的各项原则的内在要求。

不干涉内政原则是既有国际法的基本原则，也是中国传统的对外关系的重要方针。当今时代，面对世界形势和国际格局发生的深刻变化，随着中国综合国力快速上升及应负的大国责任不断凸显，我们既要继续坚持不干涉内政的原则，同时又要积极而有效地实施建设性介入。恰当地处理好两者的关系，对于维护中国的国际形象与国家利益，维护国际安全与世界和平，都具有十分重要的意义。

一 追本溯源，辩证地全面地认识不干涉内政原则与法定例外干涉的关系

不干涉内政原则一般是指国家在相互交往中不得以任何理由或任何方式，直接或间接地干涉他国主权管辖范围内的一切事务，同时也指国际组织不得干涉属于成员国国内管辖的事项。建设性介入是指在遵守国际法的前提下对原本属于一国主权管辖范围内的事务从外部进行干预的例外情形。不干涉内政原则形成理论并成为以法律形式（包括国际法和国内法）予以确认的原则，在历史上很早就出现了，但成为现代国际社会普遍承认的原则，应该说是联合国成立并发布《联合国宪章》之后的事情。《联合国宪章》作为联合国的基本大法，是一切国际法律规则的渊源，每

个成员国对遵守《联合国宪章》都负有不可推脱的责任。处理不干涉内政原则与建设性介入的关系，首先应当从正确理解《联合国宪章》有关不干涉内政原则与例外情形的规定入手解决认识上的问题。

一般认为，是《联合国宪章》第二条第七款对不干涉内政原则做出了明确规定。但深究后发现，事情并非如此简单。《联合国宪章》第二条第七款的原文是："本宪章不得认为授权联合国干涉在本质上属于任何国家国内管辖之事件，且并不要求会员国将该项事件依本宪章提请解决；但此项原则不妨碍第七章内执行办法之适用。"完整地并联系上下文理解这一规定，我们似可以得出以下结论。

第一，这一款的内容只是规定联合国不得干涉会员国的内政，并没有直接规定会员国之间不得相互干涉内政，也没有规定联合国以外的其他国际组织不得干涉成员国的内政，后面两种情况可以被认为是类推出来的规定。

第二，这一款的内容实际包含正反两方面的内容，一方面强调了联合国不得干涉会员国的内政，另一方面又规定了例外的情形，即"此项原则不妨碍第七章内执行办法之适用"。第七章内执行办法指的是什么呢？指的是"对于和平之威胁、和平之破坏及侵略行为之应付办法"，主要内容为当安全理事会断定任何和平之威胁、和平之破坏或侵略行为存在时，"安全理事会得决定所应采武力以外之办法，以实施其决议，并得促请联合国会员国执行此项办法"（第四十一条）。安全理事会如认为上述办法为不足或已经证明为不足时，"得采取必要之空海陆军行动，以维持或恢复国际和平及安全。此项行动得包括联合国会员国之空海陆军示威、封锁及其他军事举动"（第四十二条）。这就是说，当出现世界和平受到威胁、破坏及侵略行为这些特殊情况时，不仅可以干涉，而且最终可以以武力进行干涉。

第三，《联合国宪章》第二条一共列了七条原则，其中第一款规定"本组织系基于各会员国主权平等之原则"，可以说不干涉内政原则是与国家主权原则相伴而行的，在某种意义上，不干涉内政原则是从国家主权原则衍生出来的，它与国家主权原则一样对于维护国际安全与和平具有十分重要的意义。

第四，第二条规定本条所列各原则（当然包括第七款所列之原则）的执行是"为求实现第一条所述各宗旨起见"，这可以理解为这些原则的执行是有目标诉求或者是有前提条件的。第一条所述的宗旨包括维持国际和平及安全；发展国家间以尊重人民平等权利及自决原则为根据之友好关系，并采取其他适当办法，以增强普遍和平；促成国际合作，以解决国家间属于经济、社会、文化及人类福利性质之国际问题，且不分种族、性别、语言或宗教，增进并激励对于全体人类之人权及基本自由之尊重，等等。这就意味着，当第二条规定的原则在执行时影响甚至妨碍到第一条规定的宗旨的实现时，是可以变通甚至暂时放弃的。对于影响国际和平及安全的情况，第七条已经做出了明确的规定；而对于其他宗旨呢？比如说，如果出现了影响或妨碍"增进并激励对于全体人类之人权及基本自由之尊重"这一宗旨的实现的情况怎么办，宪章虽然没有明确规定是否应当暂时放弃或变通第二条规定的原则，但起码预留了探讨和发展的空间。

第五，通观《联合国宪章》全文，对何种行为属"干涉"的行为，何种事情属"任何国家国内管辖之事件"即内政并没有明确的界定。

综上，《联合国宪章》虽然规定了不干涉内政的原则，但并没有将其绝对化，即在特殊的情况下干涉或干预也是准许的；此外，在特殊情况下对一国的内政进行干涉或干预，应当在联合国的框架内和《联合国宪章》规定的范围内进行，目的是实现《联合国宪章》所规定的各项宗旨。不仅如此，《联合国宪章》本身给不干涉内政原则的发展和完善留下了很大的空间。而这些都意味着，我们今天所讲的建设性介入不会是无源之水和无本之木；随着形势的发展和时代的变迁，建设性介入不仅是可能的也是必需的，只是要处理好其与坚持不干涉内政原则的关系。

二 保持定力，坚定不移地坚持不干涉内政的原则

新中国成立后，中国政府在国际社会一直致力于倡导和维护不干涉内政原则，赢得了亚非拉广大新独立国家的支持，在国际社会树立起独立自主、和平外交的新形象。当前，随着世界形势和国际政治观念的变化，特别是随着中国综合国力快速上升而日益靠近世界政治舞台的中央，对中国要不要、能不能继续坚持不干涉内政的原则，国际国内都出现了各种不同的声音。其中，有出于"国强必霸"逻辑的担忧，有对大国应肩负相应责任的期待，有利用国际人道主义危机进行的恶意绑架，也有保护中国海外利益的强烈呼吁，凡此种种，可谓"乱花渐入迷人眼"。在这种情况下，中国要"任凭风浪起，稳坐钓鱼船"，继续高举不干涉内政原则的旗帜。

首先，不干涉内政原则仍是国际社会公认的国际法的基本原则。《联合国宪章》发布以来，一系列国际法律文件对不干涉内政原则进行了重申和强调，主要有 1946 年联大通过的《国家权利义务宣言草案》、1965 年通过的《关于各国内政不容干涉及其独立与主权保护宣言》、1970 年通过的《关于各国依联合国宪章建立友好关系及合作之国际法原则之宣言》、1974 年通过的《各国经济权利和义务宪章》和 1981 年通过的《不容干涉和干预别国内政宣言》，这些法律文件较全面、系统地规定了不干涉和不干预别国内政和外交原则应包括的各项权利和义务。特别是 1993 年世界

人权大会通过的《维也纳宣言》和《行动纲领》，明确要求维护人权不得损害主权独立和领土完整。从根本上讲，不干涉内政原则同当今世界依赖主权民族国家为主体成员的国际体系构造是一致的。没有了主权及对主权的尊重，国际体系将陷于以大欺小、以强凌弱的野蛮丛林状态，那样的后果不堪设想。因此，不管世界如何变化，国际构造体系是不会变的；只要国际构造体系不变，不干涉内政原则的法理基础和实践基础就不会消失，《联合国宪章》和这些法律文件的有关规定就要得到遵守。中国作为联合国常任理事国和负责任大国，不仅自己要继续坚持这一原则，而且应当在国际社会全力维护它的合法性、正义性和有效性。

其次，不干涉内政原则是中国团结众多发展中国家和最不发达国家反对霸权主义的一面旗帜。不干涉内政原则的关键在于，充分相信各国人民及其政治家的智慧与能力，深刻反思旧时期强权政治和霸权主义的恶果，坚决抵制用外部移植的方式把当事国不情愿的方案强加于人。因此，这一原则长期以来得到了广大发展中国家和最不发达国家的衷心拥护。尽管 20 世纪 90 年代以来，在国际社会相互依赖和联系日益紧密以及人权价值理念获得广泛认同和尊崇情形下，对不干涉内政原则产生了诸多争议，不干涉内政原则在这些国家和地区依然作为国际关系准则发挥着重要作用。如非洲地区，早在 1963 年，非统组织（OAU，非盟的前身）在其《非洲统一组织宪章》第 3 条中就确认了"各成员国的主权一律平等"和"不干涉各国内政"的原则。2000 年通过的《非洲联盟组织法》第 4 条又再次确认了这两项原则。再如东盟地区，东盟是最坚决拥护"不干涉内政原则"的国际组织之一。早在东盟成立初期，为解决成员国之间的纠纷，该项原则就为各成员国所认可并写进《曼谷宣言》、《和平自由与中立宣言》、《友好合作条约》等重要的东盟文件中。历史证明，中国一直是广大发展中国家寻求政治独立和外交自主而开展政治斗争的重要伙伴。中国不仅自己坚持互不干涉内政原则，而且反对别国干涉非洲及其他国家的内部事务，在国际舞台上为广大发展中国家仗义执言，受到国际社会特别是中小发展中国家的广泛欢迎。正因如此，坚持互不干涉内政原则已成为中国外交的"魅力攻势"和软实力的重要来源。

最后，坚持不干涉内政的原则是中国维护国家主权，防止西方敌对势力寻找借口干涉中国内政的有力武器。

坚持不干涉内政原则，不仅意味着中国不干涉别的国家的内政，而且意味着不允许任何别的国家和国际组织干涉中国的内政。中国对外部干涉有着沉痛记忆。从 1840 年第一次鸦片战争直到 1949 年新中国成立，中国人民为了摆脱外部干涉，进行了长达一个世纪之久的艰苦斗争。站立起来的中国人民是决不允许被干涉的噩梦重演的。今天，总有一些西方敌对势力打着"民主、自由、人权"的幌子，利用中国国内的民族问题、宗教问题、台湾问题及与他国的领土争端问题，对中国国内的政策横加指责、肆意抹黑，甚至暗动手脚，试图实现他们"西化"、"分化"中国的政治图谋。我们只有高举不干涉内政原则的大旗，才能在国际政治斗争中占据道义的制高点，始终立于不败之地。

三 与时俱进，从维护"人类命运共同体"利益出发实施建设性介入

中国政府自改革开放以来调整了自己与国际体系的关系，越来越重视人类的共同利益，使自己成为国际社会的"利益攸关者"。党的十八大报告强调，中国将坚持把中国人民利益同各国人民共同利益结合起来，以更加积极的姿态参与国际事务，发挥负责任大国作用，共同应对全球性挑战。习近平就任总书记后首次会见外国人士就表示，国际社会日益成为一个你中有我、我中有你的"命运共同体"，面对世界经济的复杂形势和全球性问题，任何国家都不可能独善其身。这就意味着，在对待一国内政的问题，不能机械地执行不干涉内政的原则，而要根据具体情况，在必要的时候进行建设性干预。

第一，进行建设性干预是国际法律原理和国际关系实践发展的必然结果。自1945年10月《联合国宪章》生效特别是冷战结束以来，国际社会越来越多地出现了关于干预的必要性的讨论和研究，形成了大量理论成果与实践经验，并且竭力将其扩展成国际社会共同的标准与规范。例如，有人道主义干涉学说、人权高于主权学说、区域一体化与治理学说、全球分层次干预学说、反恐与先发制人学说、国际组织功能变化学说，等等。其中最典型的是关于"保护的责任"。为了解决频发的人道主义危机，2001年加拿大政府提议成立的"干预与国家主权国际委员会"向时任联合国秘书长安南提交了一份题为《保护的责任》的报告，首次正式提出了"保护的责任"的概念。2005年世界首脑会议成果明确认可了"保护的责任"观念，并具体界定了"保护的责任"的适用范围、措施和实施程序等。2006年，联合国安理会通过第1674（2006）号决议，重申了2005年《世界首脑会议成果文件》第138和139段关于保护平民免遭灭绝种族、战争罪、族裔清洗和危害人类罪之害的责任的规定。因此，我们一方面要看到，的确有一些西方强权国家为满足自己的私利与霸道要求，歪曲利用或狭隘使用这些干预学说，在没有征求国际社会多数同意、没有得到当事国各国允许和理解的前提下对一国内政实施干预，结果造成了顾此失彼甚至是更大灾难与不确定性的后果。另一方面，也应当承认，这中间确有相当多的

内容表达了新时期国际社会的共同愿望与多数国家的诉求，有一定的进步意义和启发性。当然，这些理论和实践的发展不能在根本上超出《联合国宪章》的框架、宗旨和原则规定。

第二，进行建设性介入是适应国际形势新特点的需要。当前国际形势的基本特点是世界多极化、经济全球化、文化多样化和社会信息化。任何一国的粮食安全、资源短缺、气候变化、网络攻击、人口爆炸、环境污染、疾病流行、跨国犯罪等问题，都可能对国际秩序和人类生存构成严峻挑战。如果不能及时地介入和制止一个国家内部的消极事态，很有可能不仅伤害本国、本地区的人民，而且会危及周边国家和整个国际社会的利益。内战的外溢就是一个典型事态，从波黑战争、海湾战争、利比亚战争直到当前的叙利亚内战都是如此。据不同的评估数据，最近二十年间，由内战或动荡政局诱发的国际对抗，占到地区冲突和局部热点战争总数量的60%以上。在新的时代，国际安全的保障、各国自身的稳定乃至全球性治理的推进，都要求在保证当事方基本权利的前提下由有关国家和国际社会参与个别国家内部危机的解决。

第三，进行建设性介入有利于中国树立负责任大国的形象。在当今的国际实践中，在尊重国家主权、领土完整的前提下，帮助调停矛盾、缓和危机、防止事态进一步恶化、引导事态向和平稳定方向发展，被认为是负责任的表现。相反，那种不管他国混乱到什么程度都不予过问的做法，反而越来越被认为是缺乏责任感的行为。中国经过三十多年的改革开放，不仅在全球经济增长中发挥了"火车头"的作用，而且在战争与和平等传统国际安全上，在气候变化、跨国流行病、跨境犯罪、国际洗钱、非法移民、恐怖主义等非传统国际安全方面，都发挥着越来越大的作用。2015 年 9 月 26 日，习近平主席在出席于纽约举行的联合国成立 70 周年系列峰会上的演讲中阐述了中国对国际秩序和格局、全球发展和治理等重大问题的看法和主张，宣布中方将在维护世界和平、促进共同发展、支持联合国和多边主义等方面采取重大举措，这就向国际社会清晰地传达了中国要做"负责任大国"的理念。要做负责任的大国，就要对国际事务积极进行建设性介入。

四 守经达权，进行建设性介入必须以不干涉内政原则作为基石

进行建设性介入，不是对不干涉内政原则的背离，而是为了更好地实现《联合国宪章》的宗旨及包括不干涉内政在内的各项原则。从《联合国宪章》的立法本意和具体规定出发，结合考察国际社会近些年来国际政治理论和实践的发展情况，总

结中国开展建设性介入的实际经验，中国进行建设性介入必须遵照习近平总书记提出的对外交往应当"义利相间、以利为先"的总的指导思想，与世界各国一道维护以联合国宪章宗旨和原则为核心的国际秩序和国际体系。具体来说要把握以下几点：

第一，进行建设性介入应当明确各国负有保护本国公民的首要责任，通常是在当事国不能或不愿意正当行使主权的情况下进行。

第二，进行建设性介入应当在《联合国宪章》的框架之内进行。有关行动须严格遵守宪章的有关规定及国际法的基本原则，尊重有关当事国及其所在地区组织的意见，由联合国安理会根据具体情况进行判断和处置。

第三，进行建设性介入的情形应当是《联合国宪章》及其他国际法所限定的情形，不能做任意扩大的解释。

第四，进行建设性介入应当是国际社会的共同行动，要避免采取单边主义的行动。

第五，进行建设性介入应当采取审慎而又积极的态度。应尽可能使用和平的方式。在涉及强制性行动时，更应慎重行事，逐案处理。当然，审慎并非消极。对中国来说，在审慎的同时，对国际事务要有更强的参与意识和更有效的手法，要增强进取心和"下先手棋"，力争拿出更多的方案并提供更多的公共产品及援助，以期为未来国际格局的演化和"人类命运共同体"的进步做出更大的贡献。

总之，坚持不干涉内政原则与建设性介入的关系是对立统一的关系，不是二选一的关系。前者是总的要求，后者是例外情形，类似于中国传统文化中"经"与"权"的关系。所谓有"经"必有"权"，有"权"必有"经"，"经非权则泥，权非经则悖"。处理不干涉内政原则与建设性介入的关系同样如此。如果我们将不干涉内政的原则绝对化，在执行的过程中不知变通，就会使不干涉内政原则流于形式甚至窒碍难行；反之，如果我们在介入的过程中完全放弃不干涉内政原则的指导，就会动摇不干涉原则在国际法上的根本地位，妨害甚至背离《联合国宪章》的宗旨。两者的关系处理好了，才能与世界各国一道积极构建以合作共赢为核心的新型国际关系，共同推进世界和平与发展的崇高事业。

发挥建设性介入作用的方向、目的、条件和方式、程度研究

杨 原

中国社会科学院世界经济与政治研究所副研究员

出于确保民族独立、捍卫国家主权完整的战略考虑，不干涉内政一直是中国外交政策的重要基石。冷战结束后，尤其21世纪以来，面对全球化与内外联动的客观现实和伦理道义日益强大的影响，包括中国在内的任何国家无法对其他国家的政治社会危机完全置之不理。随着近年来"保护的责任"规范在全球范围的迅速扩散，传统主权规范和不干涉内政原则正遭遇巨大挑战。随着中国实力的不断增强、海外利益的急剧扩展以及对国际事务参与程度的不断加深，如何更好地协调主权与人权的关系，在全球治理中发挥更积极的作用，塑造负责任大国形象，有效保护海外利益，正成为当前中国外交的紧迫课题。对此，中国在近年来的外交实践中逐步摸索出了一种建设性介入的新模式。本报告旨在对中国实施建设性介入的方向、目的、条件、方式和程度提出建议，以期更好地发挥建设性介入的积极作用。

一 建设性介入的方向与目的

发挥建设性介入作用，不应背离"不干涉内政"原则，主要目的是要树立中国负责任大国形象，维护中国海外利益，促进地区和平与稳定。

第一，建设性介入应坚持不干涉内政原则。伴随自身快速发展与国际语境转变，中国外交面临的挑战日趋增多，不干涉内政原则依然是中国维护主权、安全与稳定的重要法理依据。实现国家统一、维护主权完整的目标尚未全部实现，国内经济社会迅速发展过程中产生的一系列问题有待妥善解决，敌对势力图谋分裂和颠覆

的企图依然存在，在这种复杂形势下，放弃不干涉内政原则将使中国在维护自身利益时陷入法理和舆论上的被动。此外，坚持不干涉内政还有助于安抚周边和其他相关国家对中国崛起的疑虑。例如，中国在处理与东南亚国家关系，特别是华人华侨问题时，就面临干涉内政的质疑。在中国海外利益拓展的某些地区，当地精英和民众对中国影响的扩大也难免有所疑虑。坚持不干涉内政原则是中国释放善意信号、减少外部猜疑的必要宣示。因此，发挥建设性介入作用，必须与不干涉内政原则相兼容，在不违背不干涉内政这一大的原则基础上对地区争端发挥建设性调解和引导作用。

第二，建设性介入要树立中国负责任大国形象。中国自身实力的不断提升以及参与国际事务程度的不断加深，使得国际社会对中国承担国际责任、发挥积极作用的期待不断提高。而客观上，的确只有当中国日益增长的物质实力与自身所承担的国际责任相匹配时，中国的国际接受度和号召力才会最大化。在尊重他国主权且有国际社会普遍呼吁的前提下，积极参与调停矛盾、缓和危机、防止事态进一步恶化、引导局势向和平和对话方向发展、避免和减少人道主义灾难，被认为是负责任的建设性行为，而不会被批评为"干涉他国内政"。相反，那种不管他国混乱到什么程度都不予过问的做法，越来越被认为缺乏责任感。特别是对某些原本与中国关系密切的国家和地区，如果对方一出现危机或困局中国就选择回避，对方和国际社会将很难将中国视为可靠的伙伴，甚至将中国视为安全和人道主义危机的"帮凶"。树立负责任大国形象，化解国际舆论压力，提高国际感召力，是中国发挥建设性介入作用的首要目的。

第三，建设性介入要维护中国海外利益。随着中国企业走出去战略的不断实施和中国公民境外旅游人数的迅猛增长，特别是"一带一路"建设的大力推进，中国的海外利益迅速拓展。2015年，中国内地居民出境人次突破1.2亿，中国企业在"一带一路"沿线49个国家直接投资共计148.2亿美元，同比增长18.2%。中国的海外利益越拓展，所在国家和地区出现动乱对中国利益造成的损失就越巨大。例如，利比亚内乱就导致与中国企业相关合同金额损失高达188亿美元。近年来随着缅甸国内政治局势的变化，缅甸政府突然宣布暂停建设密松电站，也给中国带来巨额损失。2014年越南发生排华事件，打砸中国企业，驱逐中国公民，直接危害中国在越南合法利益。在这种形势下，2016年中国政府工作报告首次明确提出，要"加快海外利益保护能力建设"。积极发挥建设性介入作用，一个很重要的目的就是通过积极介入，有效引导动乱地区局势向有利于中国利益的方向发展，主动塑造有利于中国海外利益的地区环境。

第四，建设性介入要促进地区和平稳定。维护地区和平与稳定，是维护中国在该地区海外利益的基本保障，也是选择建设性介入政策的基本出发点。要想维护地区和平稳定，前提是必须以和平的方式介入。应坚持通过和平协商方式解决国际争端，反对动辄使用武力或以武力相威胁。此外，在维护地区和平稳定的过程中，应高举人道主义大旗，以保护平民生存权等基本人权作为中国提出具体方案主张的合法化依据。西方国家的干涉经常以人道主义为名行政权更迭之实，以扶持亲美或亲西方的政权代理人。对此，中国在实施建设性介入的过程中应当针锋相对地以"人道主义保护"作为论证中方立场和主张的重要依据，以西方国家信奉和宣扬的这种"普世性"规范说服西方国家。在具体做法上，与西方以人道主义危机为由肆意扩大干涉力度不同，中国应主张以和平方式防止和减少人道主义灾难，探寻政治解决路径以彻底解决人道主义危机产生的根源。

二　建设性介入的条件

中国发挥建设性介入作用，须具备以下三方面条件。

一是须获得当事国同意。坚持不干涉内政原则，要求中国发挥建设性介入作用必须尊重当事国主权。2011 至 2014 年，在叙利亚问题上中国连续 4 次对西方国家提出的解决方案投反对票，核心原因就是中国政府坚持认为"国际社会……应该充分地尊重叙利亚的主权、独立和领土完整"。在国际社会一致认为有必要介入一国内政的情况下，如果得到当事国同意，则介入行为并不违背主权平等和不干涉内政原则。中国外交部与中国国际法学会主办的"和平共处五项原则与国际法的发展"国际研讨会的总结文件中对此有明确的确认："国家或国际组织经安理会依据《联合国宪章》授权或经他国同意介入该国事务，不违反不干涉内政原则。"在内政外溢效应日益明显、全球联系与相互依赖日益加深的当下，中国有时不得不建设性介入他国内政，获得当事国同意是兼顾不干涉内政原则和承担国际责任的重要条件。

二是坚持多边主义原则。从战略层面考虑，坚持多边外交路径，能够释放积极信号，表明中国参与介入并非出于排他性的私利。多边方式有助于增强行动的透明度，限制其他参与方采取冒险主义和扩张的机会，有助于争取国际、地区组织以及地区内关键国家的广泛支持并达成共识，也有助于确保相关行动的顺利实施。从规范层面考虑，多边主义采取广泛协商、多数一致的原则，能够提高主张和行动的正当性，减少争议和阻力。对中国而言，坚持多边主义原则还有特殊意义：首先，通过多边主义框架，可以尽量延迟某些干涉的发生，限制干涉的范围。其次，参与多边框架，能够摊薄各种风险，还可通过积极行动提升中国国际声誉。再次，坚持多边主义，中国也能保证一定的发言权，保障国际干涉不会被强国主导而损害自己和其他弱国的利益。最后，通过多边主义的国际强制行动，可以最大限度地将本国利益与国际利益协调起来，塑造中国负责任大国的形象。

三是有可资利用的影响手段和资源。如果说获得当事国同意和坚持多边主义原则保证的是建设性介入的正当性，那么有可资利用的影响手段和资源保证的则是建设性介入的可行性。这些手段和资源包括中国与当事国政府及主要反对方的较为通畅和密切的沟通渠道及关系网络，当事国对中国的利益需求以及中国能够为相关各方提供的各种物质援助。例如在达尔富尔问题上，中国就曾努力向苏丹提供大量援助物资和援建项目，改善当地的社会发展状况，这些援助无疑加强了中国在介入达尔富尔问题上的影响力，起到了外交杠杆作用，同时中国与苏丹较为紧密的双边关系也使得中国的斡旋更具实效。总之，建设性介入意味着介入方必定要承担一定的政治责任和经济付出，因此具有可支配的经济和政治资源是实施介入的物质前提。此外，发挥建设性介入作用还需注意将各种可支配的资源与介入的预期目标相协调，避免那种各种资源投入和援助与政策目标各行其道、互不相关的做法。

三　建设性介入的方式

中国发挥建设性介入作用，应采取"多管齐下"的方式：充分尊重当事国政府和主要反对派，敦促其承担应有的责任；坚持以联合国机制为中心，强化建设性介入的多边属性；有意识地加强与地区合作组织的配合，引导议题发展方向；加强与其他大国和地区性大国在关键问题上的协调。

首先，尊重当事国政府和主要反对派，敦促其承担应有的责任。尊重当事国政府，是坚持不干涉内政的首要要求，也是增强建设性介入合法性的必备条件。从策略上讲，尊重当事国意愿，应当强调当事国政府的首要责任，各种介入行动须尽可能通过当事国政府加以开展。在达尔富尔问题上，中国就曾通过各种形式一再表明希望尊重当事国主权，反对动辄施压制裁。中方一再表示："从过去的实践和经验看，制裁往往达不到预想效果，反而可能使平民百姓成为受害者。"当然，尊重当事国并不代表纵容和不作为。在双边交涉中，应向对方清晰表达中方立场和建议的解决方案，站在当事国立场上向其阐述中方立场和方案对其的好处，用对方可理解、易接受的方式传递中方期待，争取对方理解和支持。在达尔富尔问题上，中方就曾多次向苏丹政府说明，如果达尔富尔问题久拖不决，不仅给西方留下继续指责和制裁的口实，更不利于本国人民的生活安定和国家的经济建设。

其次，坚持以联合国机制为中心，强化建设性介入的多边属性。坚持不干涉内政原则的另一个必然选择是坚持以联合国机制为中心，强调并发挥安理会的核心作用。一方面，应当在安理会框架下积极开展外交努力，充分利用闭门会议等方式协调安理会成员立场，寻找各方诉求的最大公约数，提出建设性意见，影响讨论议程和结果，引导和推动安理会决议向有利于控制事态和有利于中方关切的方向发展。另一方面，应当维护安理会权威，在联合国框架内选择恰当时机，充分注意和动员过去很少发声而事实上却占据多数的成员的呼声，寻找和组织"队友"，将中国诉求转变为联合国机制下的集体表达，以开放、渐进、温和的改良姿态，充分利用现有的为各国所共同接受的规则和规范，构建自身诉求的国际正当性。借助联合国这一具有广泛权威性的多边机制，既有助于增强介入行动的合法性，减少介入的阻力，也能清楚地展现中国积极承担国际责任的意愿和行动。

再次，加强与地区合作组织的配合，引导议题发展方向。现有的地区多边机制和多边组织本身就是该地区各国达成某种共识的体现，熟悉并遵守地区合作机制的规则和"潜规则"，有助于减少建设性介入的阻力。由于各种原因，一些区域国际组织，如非洲联盟和东南亚国家联盟都对不干涉内政原则采取了更为灵活的态度。它们坚决反对区域外国家，尤其是其前殖民地母国的干涉，担心外来人道主义干预会导致国家分裂，破坏地区局势。但是，它们并不排斥根据本组织章程守则所进行的"内部干预"，如非盟在索马里、东盟在东帝汶的相关行动。由于这些组织往往拥有许多内部资源和杠杆，因此它们的"内部干预"往往对控制事态和问题解决有其他机构无法替代的积极作用。此外，因为环境的相似性，地区组织更懂得如何在文化层面处理冲突，更容易被对外部干预非常警惕的国家政府所接受。因此，发挥建设性介入作用，必须加强与地区合作组织的合作。

最后，加强与其他大国和地区性大国在关键问题上的协调。在地区危机和争端的解决过程中，大国的实力和影响力决定了大国的政策取向、参与程度，大国间的立场一致程度在很大限度上决定了危机解决的结果。中国在参与建设性介入的过程中，不应忽视和放弃与其他大国和地区性大国的沟通和协调。多数情况下，中国与其他大国在维护地区和平与稳定、防止大规模平民伤亡和出现人道主义危机等问题上存在基本共识，而包括西方大国在内的其他大国之间在具体问题上的立场也绝不会是铁板一块，而是存在与中国立场有近有远的差异。因此，一方面，中国应当积极就相关政策立场与相关大国保持有效沟通，减少信息不对称造成的误解和猜疑；

另一方面，在具体问题上积极寻求建立统一战线，特别是争取地区性大国对中国主张的理解和支持。

四　建设性介入的程度

中国发挥建设性介入作用，还应注意介入程度。总体而言，应当把握以下三方面原则。

其一，介入范围应有限制。应当以各国普遍接受的《世界首脑会议成果》中所说的"保护人民免受大屠杀、战争罪、种族灭绝和反人类罪的责任"为准，不应泛化"保护的责任"，盲目扩大介入的目标和原因。同时，应当强调当事国政府的首要责任。中国政府从自身发展经验出发已多次强调，一个完全、强大的主权有利于国家的良治与均衡发展。与干预相比，国际社会应该更重视对穷国弱国的发展援助，增强其保护自己国民的能力。国际社会介入所提供的援助和保护应该是暂时的、补充性的，最终的目的仍然是使当事国国家主权能够适当、正常地行使。

其二，介入力度应在国际责任和自身利益之间取得平衡。完全漠视其他国家和地区发生的动乱和危机固然与中国的国际地位不符，会有害于中国的负责任大国形象，而不加区分地介入所有纷争，同样不利于中国国家利益。建设性介入作为一项策略，是维护国家利益的工具而非目的，更非唯一选项，是否介入以及介入力度有多大，应视与中国利益攸关程度而定。对于那些事关中国自身主权和领土安全或重大海外利益的问题，中国的介入应是全方位的。对于那些与中国没有直接利益关切的海外纷争，中国实施建设性介入的主要目的和意义应当是释放善意信号，展示积极作为的姿态和负责任形象，能否解决实际问题是第二位的。此外，在绝大多数情况下，中国都应保持调解者的身份和中立的立场，避免直接卷入政治、民族和宗教冲突，避免背上沉重的政治和经济包袱。

其三，介入投入应与自身国力相匹配。国家的任何行动都要受到自身实力这个根本约束条件的限制。美国作为世界唯一超级大国，在自身国力近年来相对衰落的情况下，同样进行了有选择性的战略收缩，明显减少了对中东地区的介入力度。对于正处于崛起阶段的中国而言，量力而行就显得更为重要。目前中国实力和影响力的投射范围总体而言依然是地区性的，这决定了中国实施建设性介入的投入大体上应当遵循随地理距离增加而递减的原则。从实力构成要素看，中国的经济实力强于军事实力，这决定了中国实施建设性介入应当扬长避短，多运用经济手段施加影响，避免或控制军事介入的投入。

中国特色开放理论体系与大国软实力研究

王晓玲

中国社会科学院亚太与全球战略研究院副研究员

中国特色的开放理论涉及经济、政治和社会文化等各个领域，政治制度和社会文化基础是经济领域的开放理论体系能够成立并且在实践中成功的前提。中国特色的开放理论为发展中国家提供了宝贵经验，成为推动全球经济合作的重要力量。中国的开放理论体系根植于中国传统文化思维，形成于中国三十多年的改革开放实践中，具有浓厚的中国特色。积极向国际社会介绍中国特色开放理论体系，有利于促进世界对中国的理解并提高中国的软实力。

一 中国特色开放理论体系的内涵与特点

中国特色开放理论体系，首先包含了十一届三中全会以来中国在经济领域里形成的对外开放理论。中国三十多年的经济发展实践证明，参与国际分工，有利于发展中国家尤其是劳动力丰富、资本稀缺的发展中国家发挥自己的比较优势，借助国际市场扩大经济规模，积极融入经济全球化，学习国外先进经验，还有利于提升本国企业的竞争力，倒逼国内经济体制改革。在中国实施对外开放的同时，世界上一些国家也打开了国门，但只有中国获得了最明显的成功。回顾过去三十多年的发展经验，可见中国的经济开放道路具有以下三个特点：第一，中国的开放不仅是向世界市场打开国门，而且与国内经济改革同时进行。中国逐渐尝试国内经济体制改革与对外开放，以开放促改革、促发展，通过发展增强中国经济的国际竞争力，从而形成改革、开放、发展之间的良性循环。第二，中国的开放，在积极融入世界经济合作、吸纳海外资本与先进经验的同时，始终立足于自我而不盲从，有选择地适应外部世界。一切制度改革的需求来自于中国的经济发展实践，而一切制度改革的效果也在中国经济发展中得到检验。第三，中国的开放与改革是循序渐进的，先实践后总结，先在小范围内实验再向大范围推广，不搞顶层设计，不拘泥于既有理论框架。

中国特色的开放理论，不仅仅是经济发展理论。中国的经济发展之所以取得成功，政治与社会的稳定是前提，政府与社会对待世界的开放态度是保障。中国之所以有稳定的政治环境、开放的社会心态，与中国政治制度的有效性、政府治理的高效性是分不开的。相比西方，中国的政治制度有以下几个特点：第一，中国拥有一个独立于所有利益集团并且具有良好执行力的中国共产党。西方民主国家的选举制度具有分裂社会的效果，通过选举选出的执政党往往代表某些阶层的利益，也很容易被某些利益集团绑架，但中国共产党能够从全体国民的利益出发，以民族复兴为己任。中国政府的政策规划具有长期性、稳定性和持续性。美国学者斯蒂芬·李柏在《红色警报》一书中指出，"中国领导层能制定长远的国家发展规划，按部就班地把计划付诸实施，这是西方国家做不到的。"公正的强有力的领导核心、稳定的政治体制，是改革最理想的政治环境。第二，正因为中国有着稳定而强有力的领导核心，所以中国可以不断进行各种制度的改革，可以在制度的"纯洁性"与"有效性"之中选择"有效性"，可以在"程序民主"与"结果民主"之中更偏重"结果民主"，从而不断提升"善政"水平，进一步强化共产党领导的合法性。第三，与政党竞争的民主代议制不同，精英执政下的民主集中制更容易引导社会达成共识，再加上中国文化务实的传统，使得中国社会容易摆脱意识形态以及既有发展模式的禁锢，远离争论，形成"发展共识"。正是因为存在"发展共识"，相信"发展"能够解决问题，中国才能够克服改革开放过程中出现的各种不均衡现象，实现社会稳定。

中国的这种开放实用的理论体系是以中国文化多元开放、世俗实用的思维模式为基础的。中国是一个多民族国家，对待异文化历来持有多元包容的态度，同时又有着强烈的文化自信，中国自改革开放以来所采取的立足自我、兼容并蓄的开放路线与中国的这种文化精神一脉相通。历史上，各种文化在中国大地上碰撞、融合、变迁，从未有一种宗教在中国长期占据主导地位，这使得中国人的思维带有更浓厚的实用主义、世俗化的特点。这种思维使得中国人容易超越意识形态的束缚、超越既有发展理论的思维定式，超越文化冲突，构建起更加开放的理论体系。正因如此，中国人不会照搬"苏联模式"或者"华盛顿共识"，在福山断言"历史终结"、苏联和东欧在"华盛顿共识"的指导下接受休克疗法的时候，中国能够持续摸索适合自身的发展道路。中国能够在美国式民主制度的全球扩张中抵御"程序民主"的诱惑，接纳"结果民主"，能够放弃"制度纯洁性"而追求"制度有效性"。

中国特色的开放理论还体现在中国的国际秩序理念中。"人类命运共同体"从有机整体论出发，把世界解释为和而不同、相互依存的共生体，认为国际社会成员具有道德自觉，从而远离"原子论"视角下的"霍布斯丛林"，化解了文化差异所导致的紧张关系，在此基础上追求和平、开放、包容、公平、共赢的国际制度安排。

综上所述，中国特色的开放理论其实涉及经济、政治和社会文化等各个领域，政治制度和社会文化基础是经济领域的开放理论体系能够成立并且在实践中成功的前提。在经济领域里，中国探索出一种复合型的所有制结构、政府指导下的市场经济体制，在立足自身的同时积极融入经济全球化浪潮。在政治领域里，中国拥有一个独立于任何利益集团、具有良好执行力的中国共产党，中国共产党从实际情况出发，不逡巡于任何政治体制模式，以增进广大人民的福祉、实现中华民族复兴为目标，不断地进行制度改革，追求良治善政。在社会领域里，中国既追求公正，又容纳阶段性的差异，通过发展解决问题。在文化领域里，中国秉承多元的价值理念，既珍视传统文化，又积极吸收全人类的文明发展成果。在国际政治领域里，中国提倡多元包容、合作共赢。

二　中国特色开放理论体系对世界的贡献

中国特色的开放理论为发展中国家提供了宝贵经验，成为推动全球经济合作的重要力量。

随着中国经济崛起，特别是经历了 2007 年美国次贷危机引发的全球经济危机以后，世界尤其发展中国家对于中国经济发展模式的兴趣越来越高。《埃及新闻报》2012 年末刊文称："不论是资本主义、社会主义还是穆斯林，各国政府在中国的大门前排起长队，等待学习新本领。"澳大利亚《广告报》称："中国模式让迷恋高增长、稳定、生活水平提高的发展中国家领导人心驰神往。"中非关系专家丹尼尔·拉志在《非洲事务》撰文："中国独特发展模式的成功引起了国际社会，特别是第三世界国家的广泛关注，成为与后殖民主义时期其他现成经验不同的理念和新的发展援助的来源。"不仅如此，随着中国"一带一路"的推进，中国的开放理论会被沿线更多的国家所了解，"一带一路"本身也将进一步推动沿线各国的开放与合作。

中国特色的开放理论打破了西方模式的垄断地位，使发展中国家看到了发展道路的多样性，鼓励他们探索适合自身的发展模式。在经济领域里，中国"实事求是、着眼长远、渐进改革"的道路启发了很多国家的经济政策制定者。美国《华尔街日报》评论说:"中国模式的基本假设是解决问题时没有现成答案,国家通过计划、干预、反馈回路、问责机制和局部实验寻找解决方案。"美国《纽约时报》也认为:"自 1978 年以来,中国领导层一直在做着尝试、创新及调整。"在政治领域里,很多发展中国家都面临着如何追求适合自己的民主形式的困扰。自第三波民主化浪潮以来,很多国家的民主化转型都不尽如人意。在广大第三世界国家急切追求民主的新模式的关键时刻,跳出既有民主制度模型的中国式民主制度展示了其高效性,对整个世界,特别是第三世界国家产生了强烈的示范效应。

中国特色开放理论也引起了西方发达国家的反省和深思。2007 年金融危机发生后,美国《时代》周刊网站文章称:"全球经济衰退暴露出的最大讽刺就是,共产党统治的中国在处理资本主义危机时表现得可能要比民主选举出的美国政府更好。"美国《基督教科学箴言报》2012 年夏天连续刊登题为《为什么中国不会崩溃?》以及《美国存在缺陷的民主制度可以从中国的一党制中学些什么?》的文章,比较了中国的"精英领导制度"与"西方民主选举制度"的优劣。英国广播公司网站载文称:"中国国家政权的合法性建立在西方社会历史经验之外。"福山在金融危机一周年后说:"人类思想宝库需要为中国传统留下一席之地。"英国学者马丁·雅克在《当中国统治世界》一书中论述了中国的政治传统,指出中国的领导层非常重视"善政"和"克制"的必要性,而这种思路与儒家传统紧密相连。他在书中预言:"中国将提供西方模式的替代品,包括完全不同的政治传统、后殖民世代的发展中国家、共产党政权、高度成熟的治国方略和儒家传统。"

随着中国开放发展道路的成功,中国在国际政治舞台上也提出了与之一脉相承的"人类命运共同体"理念。"人类命运共同体"理念同样立足"多元融合""开放共赢",从而化解了"零和游戏""修昔底德陷阱"等霸权秩序思维给国际社会带来的紧张,化解了异文化之间的冲突,为人类社会指出了一条和平共生之路。

三 中国特色开放理论对于提升国家软实力的意义及其面临的困难

中国的经济、社会、文化发展水平虽然仍然落后于美国等发达国家,但是中国三十多年来持续保持了较高的经济增长,成长为全球第二大经济体。与中国形成鲜明对比的是,苏联和东欧国家按照西方经验进行"转型"却付出了沉重代价,亚非拉一些资本主义国家和地区也在追随美国道路的途中陷入困境,2007 年美国的经济模式引发了全球经济危机。因此，中国的经济发展成就使得中国的开放发展理论被全球瞩目，成为中国最重要的软实力。

中国的开放理论体系根植于中国传统文化思维，形成于中国三十多年的改革开放实践中，具有浓厚的中国特色。中国特色的开放理论不仅为发展中国家提供了经验，而且为世界提供了新的思维模式。美欧等西方先进国家把自身的现代化道路、民主制度作为最重要的软实力，不遗余力地在全世界推广。中国特色的开放理论与之不同，这个理论体系的精髓是开放的思维模式。中国没有复制其他国家的发展模式，也不认为其他国家能够复制中国的发展模式。"中国道路"就是没有既定的道路，是在实践中不断改革创新。因此，中国不会向世界展示某种确定的发展理论，但开放的思维模式鼓励世界各国立足自身，向着多样化、多极化的方向发展，从而解构当前以美国为核心的霸权秩序。在制度层面，中国的"专制市场经济"与"新自由主义市场经济"形成了竞争，尤其是 2007 年的经济危机中，中国向世界展示了更好的经济调控能力。中国的政治模式与美国的民主制度产生了竞争，中国的精英执政、民主集中制显示出较高的治理水平，追求结果、不拘泥于程序合法、政策纯洁性的改革逻辑也引发了世界的深思。中国的世界秩序理念——"人类命运共同体"也与国际政治的"霸权格局"产生了竞争。

正因如此，我们看到全球思想界和舆论界在讨论中国成功经验的同时也在质疑中国发展过程中出现的诸多问题，尤其是美国的思想界，近年来开始把"中国道路"描述为对中国崛起给美国带来的最大挑战，这些现象可以解释为中国软实力增长引发的反作用力。今后，中国的持续发展必定使中国特色的开放理论体系具有更强的吸引力，使得中国具有更强的软实力，但与此同时，来自"西方中心主义"的抵抗也会增强。

四 积极介绍中国特色开放理论，提升中国软实力

当下，我们应该积极向国际社会介绍中国特色的发展经验。中国特色的开放理论认为，每个国家都有自己的发展道路，但这并不妨碍中国向世界介绍自身的发展经验。我们可以在政府指导下建立半官方机构，整合政府、企业、学界的力量，向世界主动介绍中国的发展经验，为发展中国家提供借鉴，同时也有利于促进欧美等发达国家对中国的理解。

"开放包容"是中国特色理论的特点，我们应该在介绍中国经验的同时学习世界各国经验，了解不同国家的发展问题，与世界思想界共同思考发展模式，丰富中

国特色的开放理论。中国文化不带有侵略性，中国也不会将自己的思想强加于世界。目前西方强国对于"中国道路"持有危机感，中国在介绍自身发展经验时应该秉持"交流互鉴"的态度，既向发达国家学习，也向发展中国家学习。通过这种交流，我们可以期待三个层次的效果：首先，理解不同国家的发展过程、面临的问题，为思考中国自身的发展道路提供借鉴；其次，寻找与世界各国实现合作共赢的道路，使中国崛起更受世界欢迎；再次，促进世界思想界对于发展多样性、文化多样性的思考，使得中国开放、多元、包容的价值体系更多被世界所接纳，这将有利于推动中国的"一带一路"、"命运共同体"建设，同时削弱"霸权体系"。

我们要向世界介绍中国特色的开放理论体系，吸引世界共同思考中国特色的开放理论体系。在现阶段，中国急需加快建设全球人才库。首先，中国需要培养更多的国际问题专家和国别问题专家，鼓励这些专家长期在对象国进行跟踪研究、掌握当地实际情况和发展动向。其次，中国应该在全球建立起了解中国的专家队伍。政府可以通过提供奖学金、设立国际研究项目等方式吸引海外优秀人才到中国学习和开展研究。政府还应该强化对来华外国留学生的管理，并在留学生毕业归国后，筛选其中优秀人才，为其提供长期支持。再次，政府应该设立基金组织，鼓励中国人研究世界和海外专家研究中国，鼓励中国思想界与海外思想界建立起学术网络。

推进国际产能合作的理论基础和实践策略

宋　泓

中国社会科学院世界经济与政治研究所研究员

国际产业产能合作是指生产能力在国际之间的转移和配置。在只有商品流动的条件下，国际之间的劳动，从而产业分工是一种基于比较优势、要素禀赋或者技术等因素之上的分工关系。这时，国际之间虽然有分工和名义上的合作，但是，却不存在国际之间的生产能力的转移和配置。因此，不存在真正意义上的国际产业合作。只有在生产要素也流动（部分流动，甚至完全流动；并且，主要是资本的流动，而非劳动力的流动）的条件下，国际之间的产业合作才会发生。

一　国际产能合作及其理论基础

从产能输出国的角度来看，国际产业合作是出于这样几种因素的推动：

第一，由于要素等价格的上升，一个产业在国内丧失比较优势，从而需要转移出去。伴随这种生产能力国际转移的就是国际之间的产业合作。历史上，曾经出现过专门的理论来讨论这种情形，即20世纪60年代，以一桥大学的小岛清教授为代表的日本经济学家所倡导的所谓的日本式的对外直接投资理论。根据这种理论，在日本丧失比较优势的产业，通过对外直接投资的形式，可以转移到经济发展水平更低、恰好将该产业作为朝阳产业的国家和地区，从而形成国家之间的"互补"式的产能合作，对双方都有利。更早的时候，日本的经济学家赤松，基于同样的逻辑，甚至提出了基于这类国际产业合作之上的所谓"雁形理论"。该理论认为，同一个产业的生产能力，在经济发展水平，从而要素价格的差异而形成的不同国家和地区之间的梯次转移，会在一个区域内形成一种"有序的垂直分工"格局，从而共同发展、"共同繁荣"。这种理论，对于某个时期某个产业的国际合作有相当的解释能力，但是，无限扩大到国家之间、长期发展的一种分工关系，则非常牵强，也具有很强的欺骗性，甚至成为殖民、压榨其他国家的借口。

第二，由于国内生产能力的过剩，而引发的生产能力的跨国转移和配置。这种情形，在国际上也比较常见。因为，任何一个产业的发展都有一个生命周期，并且和一定的收入水平相联系。比如，钢铁、水泥、煤炭以及化学产业等重化工业的发展，是一个国家进入中等收入水平之后，与大规模的国内房地产、基础设施以及公共设施的建设密切相关的。一旦国内的这些建设工程完成，这类产业的生产能力会大量过剩，因此，需要淘汰。这时，进行国家之间的生产能力转移和重新配置也不失为一种互利共赢的选择，尤其是对于发展水平低于本国，迫切需要这类产业的国家而言。历史上，这类例子很多。比如，20世纪70年代初期，石油危机之后，石油的价格大幅度上涨，很多的石化产业的盈利条件发生变化，生产的产品的价格也大幅度上涨，结果导致生产能力过剩。也正是在这个时候，一方面国际著名的跨国公司开始心生退意；另一方面，一些发展中国家和地区，比如中东产油国和巴西、墨西哥等则试图进入这个产业，甚至不惜采取国有化等激烈的手段。这样，在很短的时间内，这个产业的国际产能分布就发生了很大的变化。另一个例子是钢铁产业。20世纪70年代末，日本国内大规模建设阶段已经基本结束，钢铁产业开始过剩。这个时候，中国则需要大力发展这个产业。因此，有了中日之间的合作，并通过技术引进等形式，建立了宝钢，形成了互利局面：中国为日本卸了过剩产能的包袱，日本也为中国提供了先进技术。

国内产能过剩中，还有一种情形需要特别注意和强调：即便是国内的需求高峰值已过，并产能过剩，但是该产业仍然具有国际竞争力。理论上，这个产业的产品也可以通过国际贸易的形式来出口。但是，现实的情况却是，国际市场的空间非常有限——很多国家采取"两反一保"的形式来进行贸易保护，限制这种出口。以中国的钢铁产业为例，虽然国内的需求在2015年时已经达到顶峰，开始缓慢减少，从而表现出较强的产能过剩倾向。但是，这个产业仍然具有很强的国际竞争力，产品可以出口国际市场。然而，以欧美为首的发达国家，以及以印度等为首的新兴发展中国家却采取种种手段限制这种出口，甚至在2016年的G20议题中，也将所谓过剩产能的处置作为一个重要议题来讨论。显然，我们只能采取产能国际转移和配置，甚至产能的压缩和淘汰来解决了。最近几年中，我们所采取的"三去一补一压"供给侧结构改革中，很重要的一个方面就是"去过剩产能"。当然，从经济角度来看，大力推进这类产业的国际产能合作对我们也更有意义。

第三，由于国内企业具有某种优势而进行的国际直接投资，从而国际产能合作。国际直接投资，本质上，就是以投资企业的所有权优势（技术、品牌、营销网络、管理能力以及其他内部化优势等）为基础所进行的产能输出。这就是国际直接投资理论中的垄断优势理论，也是所谓的"美国式对外直接投资"。这种投资下，虽然投资国（母国）和投资接受国（东道国）之间不一定存在经济发展水平上的差距，但是，经济上的互利共赢却是存在的。比如，有些这类投资，直接为东道国带来了新的产业，从而促进了当地新兴产业的建立和发展；有些则为当地同类产业带来了新的品牌和品种，从而丰富了当地消费者的选择；还有些则增加了当地同类产业和市场的竞争性，有利于打破当地市场的垄断；等等。和前面两类国际产能合作的形式相比较，这类国际产能合作更直接、更丰富，也更多。虽然，就单笔投资以及单个企业的影响来讲，可能规模以及影响都不是很大，但是，长期地、综合来看，这种形式的国际产能合作影响会更大，也更广泛。

第四，由于国内企业跨国追寻某种形式的资产而进行的直接投资，从而国际产能合作。比如，并购控制国外资源、品牌、营销网络，尤其是技术的企业等，以增强本国企业，从而产业竞争力的（即所谓的资源、技术和战略资产寻找型的投资）；再比如，通过构建区域性，甚至全球性经营网络，来充分发挥企业内部的统一管理优势（即所谓的内部化优势），将不同国家和地区的不同类型子公司及其经营活动统一纳入一个区域化、全球化体系之中，从而实现跨国经营的。从某种程度上讲，这类形式的投资推动的，有点"逆向"国际产能合作的意味——其重心是通过跨国合作，构建和加强本国的产业基础，而不是相反。

总之，生产能力在国际之间的配置，既包括完整的、整体性的生产能力的转移和配置，也包括核心的生产能力要素的国际转移和配置；既包括有形的机器设备和工厂，也包括无形的技术、品牌和网络、专利等。国际产能合作的基础是产业上的互补性——或者是由于经济发展水平上的差别而造成的同一个产业发展先后次序的差别，从而形成发展序次上的互补；或者由于品牌、市场定位和差异化而造成的同一个产业内部同时存在的互补关系；等等。正是基于这样的互补性，国际产能合作也才能实现合作双方的互利共赢。

二 推进国际产能合作的实践策略

国际产能合作的推进需要很多条件，更需要一些制度和政策环境来保障。从实践的角度来看，推进国际产能合作，要特别重视以下几个方面：

首先，确保国际经济体系的开放性，大力推进国家之间生产要素流动的自由性、便捷性和安全性。

其次，根据本国内部产业发展状况，针对性地和特定国家与地区建立国际产能合作的正式制度和政策安排。

最后，也是最重要的，保障国际投资的畅通性：一方面，在国际层面上，大力推进国际范围内直接投资规则的形成；另一方面，在双边、区域的范围内，更要谈判和形成更多的投资保障以及避免双重征税的协定。

2016 年前 9 个月，中国对外直接投资达到 1342.2 亿美元，接近于 2015 年全年的水平。作为一个国内经济转型，以及新兴的对外投资大国，在推进国际产能合作方面对于中国的发展具有特别重要的意义。随着中国经济的快速增长，国内劳动力成本不断上升，劳动密集型产业在中国的比较优势逐渐丧失，开始向外转移。同时，中国工业化过程基本完成，随着建设高潮的退去，一些资本密集型的重化工业陷入产能过剩的困境，一大批资金和先进技术的产业需要寻找新的用武之地。另外，基于国内大规模的基础设施建设经验以及在国际上承包工程的积累，我们也具有基础设施建设方面的超群实力。于是，结合自身发展的成功经验，进行国际产能合作便成为中国在世界金融危机的余波中，克服经济转型阵痛、携手他国共渡难关的兼善之道。

在过去十多年中，中国先后提出了在境外建立加工贸易区、"一带一路"等，并取得了积极的进展，但也需要注意以下几点。

第一，防范国际产能合作中的风险。中国周边发展中国家在经济建设中迫切需要基础设施投资，需要对重化工业的投资，需要发展出口导向型产业，产能合作潜力巨大。但这些国家往往经济落后、支付能力差。因此，在推进国际产能合作的时候，一定要注意相应的经济风险。从事国际产能合作的企业要谨慎选择合作模式和支付方式，保证自身利益。资本密集型产业，其中包括基础设施建设，宜向印尼、马来西亚、泰国这些与中国合作基础好、国家政局相对稳定，并有一定支付能力的国家进行合作，其中支付能力应是企业衡量项目的第一出发点。一些中亚国家虽然没有钱，但拥有丰富的资源，可以考虑用资源收益偿还项目，虽然资源市场价格总在波动，但还是一种较为有保障的偿还方式。企业在投资或参与项目时，需要硬性的保障机制。如中方政府贷款项目，贷款应该直接交付到中方的企业手中，而不是先给项目国，再由项目国政府支付中方企业，减少贷款流动中的腐败、克扣等问题，降低支付风险。招标项目此类风险不大。在一些非常落后、无力进行建设却有很高建设热情，并且愿意积极和中国对接合作的国家，我们可以和项目国探讨偿还措施，通过其他途径盈利。

劳动密集型产业宜与人口多、经济发展水平低的国家进行合作，如南亚以及东南亚国家。但这些国家的政府腐败软弱，并且有些国家还与中国有领土领海方面的纠纷，产能合作潜在的政治风险很大。因此，应该谨慎选择国别，多国并举，渐进推进。

第二，要充分考虑合作对象国家对外来产能的接受能力。未来一段时间，我们进行产能合作的对象将主要是一些周边国家。与中国在 20 世纪 80 年代的发展背景相比，这些国家发展规模较小、劳动力素质偏低且数量少，同时，他们的政府也不像中国政府如此积极、有力。过去在承接国外产能、引进投资时，中国制定了明确的发展战略、积极的合作政策，出台并有力地执行了若干相应的配套措施。较于中国，这些国家的政府无法为本国经济发展创造如此优异、稳定的国内环境，无法大规模引进国外优势产能。所以，在这种条件下推动国际产能合作，要把合作国家的实际发展需求放在首位。

第三，要把控节奏，让中国推进国际产能合作的节奏与周边国家对外开放的节奏相吻合。目前，在周边国家中，能够完全与中国进行产能合作对接的国家很少。在周边国家建立起产能合作相关配套机制之前，不能有效保证中国企业在当地的经营条件，贸然进入的企业可能无法顺利落地。我们可以积极与周边国家对接政策，推动配套机制的建立，但也要认识到这将是漫长的过程，不能一蹴而就。共同发展的理念要求我们必须充分考虑周边国家的开放水平和开放条件，不能完全按照自己设想的节奏去走。

第四，要善于宣传，帮助周边国家了解国际产能合作的意义与益处，打消他们的疑虑。目前，有一些观点认为国际产能合作是中国为转移低端产能、攫取邻国资源而使出的障眼法，这导致我们在对外进行产能合作时遭遇了更多的困难。但从周边国家发展的角度看，很多国家需要通过承接他国优势产能发展自身社会经济。而以经济合作为基础，运用商业手段进行资源－项目合作，是资源丰富的发展中国家推动国内经济的有效手段。在 1985 年之前，中国出口产品中资源类占比为 40% ～ 50%，通过资源出口，我们有钱从发达国家买技术、买设备，最终达到了发展的目的。

最后，国家要做好对企业进行国际产能合作时的金融支持和外交配套。从日本和韩国的发展经验看，劳动密集型产业合作往往体现为以中小企业间的合作。这些中小企业自身实力有限，需要国内提供相应的金融支持，需要政府贷款、专项基金的帮助，需要营销、贸易公司等帮助他们。另外，资本密集型产业在"走出去"的过程中也需要政府的金融方面的支持和关照。20 世纪 80 年代末期日本泡沫经济破灭，即便是当时最具竞争力的汽车行业也同样受到了巨大的冲击。日产、马自达等知名企业更由于资金链出现问题，导致被欧美企业并购。所以，面对国内市场饱和的现状，政府需要在金融上支持企业渡过既要转型升级又要向外寻求新发展的关口，注重对劳动密集型的中小企业以及资本密集型企业的资金支持。

在进行国际产能合作时，中国与他国的外交关系对企业选择合作国家和进行产业布局影响很大。如中巴经济走廊的建设就是依靠中巴牢固的外交基础，如果没有中巴良好的外交关系，就会很困难。同样的，产能合作对国家间的外交关系也有影响。如斯里兰卡港口合作中出现的问题，很大程度上影响了中国与斯里兰卡的外交关系。但如果合作问题处理得好，也会帮助双方增进互信、提升友谊。所以，进行国际产能合作不仅需要企业关注国际政治形势、主动配合国家外交政策，也需要国家在外交方面的大力支持。

中国国际作为篇

构建包容性的国际经济治理体系

沈铭辉

中国社会科学院亚太与全球战略研究院研究员

尽管目前跨太平洋伙伴关系协定（TPP）已搁浅，但是以 TPP 为代表的新一轮全球贸易体系重构并未停止，而作为区域合作的前沿地带，亚太地区仍面临着区域合作制度碎片化的风险。新的时期，亚太区域经济合作在区域架构、地缘政治、区域生产网络等方面发生的重大变化既是挑战也是机遇，作为亚太地区最大的发展中国家和区域合作的深度参与者，中国需要积极面对和战略预判。在全球贸易体系新一轮重构期内，中国需以加大开放作为推动改革的压力和动力，以 G20 机制为合作平台，以中美双边投资协定（BIT）谈判为抓手，积极推动亚太自贸区建设和多边贸易谈判，能动地参与和影响新规则制定，推动完善和进一步构建包容性的国际经济治理体系。

一 贸易制度碎片化现象长期存在

2016 年 2 月 4 日，跨太平洋伙伴关系协定（TPP）基础协议正式签署。此后，如果 2018 年 2 月前，TPP 至少获得了 6 个国家的国会通过，且这些国家的 GDP 总量占全部 TPP 的 85% 或以上，那么占全球经济总量约 40% 且代表了"21 世纪"贸易规则的 TPP 将正式生效。

早在 2010 年，当美国将越南、马来西亚纳入 TPP 时，出于被 TPP 分裂和在区域合作中影响力下降的担心，东盟采取了一系列的应对措施，如成立 RCEP 工作组、通过《RCEP 谈判的指导原则与目标》等。2012 年 10 月，美国将加拿大、墨西哥等国纳入 TPP 后，同年 11 月东亚峰会期间，东盟则发表了《启动"区域全面经济伙伴关系协定"谈判的联合声明》，RCEP 进程正式启动，这被认为是对 TPP 的一种应激反应。随后，当日本于 2013 年 3 月宣布加入 TPP 谈判，TPP 实现了第三次扩容后，RCEP 第一轮谈判随之便于 2013 年 5 月在文莱举行。

尽管特朗普当选美国总统，TPP 目前陷入停滞，中短期内美国可能将主要通过双边谈判的形式对外谈判贸易协定，但是从制度构建上看，TPP 的出现标志着亚太区域经济合作进入新的阶段，全球贸易体系重构将持续进行。值得注意的是，RCEP 是全球范围内继欧盟之后出现的又一巨型自贸区，它的出现对美国在全球贸易体系中的地位造成了重大挑战，这是奥巴马政府推动 TPP 之初始料未及的，因此美国不得不通过进一步扩容强化 TPP 加以应对，甚至为了协调、强化在多边贸易谈判中的立场，还提出"跨大西洋贸易投资伙伴关系协定"（TTIP）倡议与 TPP 相呼应。可以预见，无论 TPP 未来发展如何，亚太区域合作中所体现的域外与域内国家博弈将长期存在。从这个角度，无论未来是美国 - 日本双边自贸区或者 TPP，都会刺激地区经济体持续对外谈判 FTA 以避免被边缘化，按照这个逻辑，亚太地区区域合作制度碎片化现象将不可避免地持续恶化。

二 亚洲区域经济合作排除美国并不现实

长期以来，亚洲经济体受到经济体量、经济发展阶段和出口导向发展模式的限制一直没有形成以消费需求为主的经济结构，尽管以生产合作为主的区域生产网络很早就自发地形成了，但是以消费合作为主的亚洲区域经济合作却长期进展缓慢。事实上，长期以来东亚合作"10 + 3"和"10 + 6"两个方案之争表面上是区内国家对亚洲区域经济合作方向缺乏共识，或者体现了中、日两国对东亚合作主导权之争，但是从深层经济角度考虑，其根本原因在于中国和日本都不是亚洲出口商品的最终消费市场，上述两个国家分别仅构成了约 10% 的最终消费需求，远低于美国市场的消费水平（美国一国就消费了全部亚洲出口最终需求的 23.9%），鉴于国际贸易领域，一国对国际经济规则的影响力取决于该国向世界提供出口市场的能力，因此中国或者日本都难以独自推动排他性（排除美国）的亚洲区域经济合作机制的发展，亚洲区域经济合作难以摆脱美国的影响。

数据也显示，排除美国的亚洲自由贸易安排的利用率并不高。以韩国为例，2013 年韩国 - 东盟自贸区的利用率为 36.4%，韩国 - 印度自贸区的出口利用率为 43.2%，而韩国 - 美国自贸区的利用率则高达 77.0%；2015 年尽管韩国 - 东盟自贸区的利用率提高为 40.3%，韩国 - 印度自贸区的利用率提高至 62.1%，但韩国 - 美国自贸区的利用率仍遥遥领先，高达 78.8%。再以日本企业为例，2014 年在泰国从事生产经营活动的日资企业对泰国 - 日本自贸区的出口利用率为 33.2%，同期越南日企的东盟自贸区利用率为 34.4%，在中国经营的日企的中国－东盟自贸区利用率为 32.8%，在印度经营的日企的印度－东盟自贸区利用率为 26.4%，相比之下，TPP 的预期利用率超过 50%，远高于其他自贸区利用率水平。可见，长期以来亚洲地区签署实施的自贸区利用率普遍偏低的最重要原因在于自贸区谈判对象大多不是其主要贸易伙伴，一旦这些国家与美国签署实施自贸区后，其自贸区利用率会有较大幅度提高。事实上，排除美国和包含美国的不同自贸区在利用率上存在的较大差距，表明了亚洲经济对美国市场的依赖程度较高，排除美国的亚洲贸易安排经济效用相对有限。

三　亚太自贸区有助于弥合制度裂痕

当前，亚太地区面临贸易机制碎片化现象继续恶化的局面，单纯排除美国或者排除中国的贸易安排不仅经济收益有限，更有可能引发后续贸易政策博弈甚至政治博弈。对于亚太地区而言，全球范围内达成多边贸易谈判是弥合 TPP 引发的制度裂痕的最优选择，这不仅能够保证亚太地区商品最终消费市场和商品出口国之间的自由衔接，而且能够在最大限度上提高全球福利的同时不损害任何第三方的贸易利益。然而鉴于 WTO 多哈回合谈判困难重重，寄希望于中短期内完成该谈判并不现实，亚太自贸区也许是更现实的次优选择。

现有信息表明，以 TPP 为代表的跨太平轨道合作机制与以 RCEP 为代表的亚洲轨道合作机制各自强调的内容完全不同，跨太平轨道合作机制更多地强调了"边界后"议题，旨在解决阻碍服务贸易、投资等贸易障碍；而亚洲轨道合作机制更多地强调了货物贸易和贸易便利化，旨在优化区域供应链，仅从条款来看，美国等国对亚洲轨道合作机制兴趣有限，而中国、印度等国在加入美国版本的自贸区上有相当难度。因此，推动亚太自贸区建设，不仅可以避免任何经济体后期申请加入上述两种机制而需要强制性接受既有条款的历史负担，而且亚太自贸区有望取得较为显著的福利收益。根据测算，即使一个开放水平适中的亚太自贸区，其全球福利总收益也有望达到 19217 亿美元，更重要的是地区内大国美国的 GDP 将提高 1.6%，中国的 GDP 将提高 3.9%，其他亚太国家也将纷纷受益。毫无疑问，从经济角度，亚太自贸区最符合亚太国家的整体利益，不仅有助于亚太区域经济合作的深化，而且可以防止本地区贸易机制碎片化现象持续恶化。另外，由于亚太自贸区包括了美国、中国、日本、韩国、大部分东盟国家以及中国香港、中国台湾等重要地区经济体，如果该自贸区能够全面覆盖货物贸易并实现高水平开放，实施简单有效的原产地规则，那么未来地区内贸易所面临的"意大利面条碗"效应将得到终极解决，不仅自贸区的利用率会提高，地区贸易安排的碎片化也将得到遏制。

四 推动"一带一路"进一步降低贸易成本

国际贸易不仅受到关税、非关税壁垒甚至"边界内"措施等政策法规成本的影响，还受到运输时间、运费等运输成本、信息沟通成本、合同履行成本、汇率成本以及当地批发零售等一系列广义贸易成本的影响。从这个角度来看，TPP、RCEP 甚至亚太自贸区仅解决了关税、非关税壁垒等影响国际贸易的部分障碍，而对其他广义贸易成本涉及很少或基本未触及。

亚太地区不少国家的基础设施发展落后，不仅远低于基础设施发展水平最高的德国，也低于世界平均水平。其中，阿富汗、吉尔吉斯斯坦、不丹、土库曼斯坦、蒙古国、老挝、乌兹别克斯坦、亚美尼亚、阿塞拜疆、塔吉克斯坦、尼泊尔以及哈萨克斯坦等 12 个内陆国家的地理位置非常不利于开展互联互通。这些内陆国家距离最近的港口有 700～1000 公里，其中吉尔吉斯斯坦、乌兹别克斯坦、塔吉克斯坦、哈萨克斯坦甚至距离海洋 3000 多公里。一般而言，相同距离下，陆运的运输成本是海运的 7 倍，正是由于地理条件和基础设施发展的局限，大部分亚洲内陆国家的商品运输成本高昂，使得这些商品丧失了国际竞争力，难以进入国际市场。在此极端案例中，影响一国国际贸易能力的主要制约因素，已经不再是关税或非关税壁垒，而是交通运输基础设施。

目前，包括 TPP 在内的贸易安排对解决基础设施建设鞭长莫及，但是中国通过提出以基础设施互联互通为核心的"一带一路"倡议，积极参与全球范围内的基础设施建设，为亚太地区和全球提供了极为重要的公共产品。研究表明，包括哈萨克斯坦、蒙古国、吉尔吉斯斯坦、老挝等在内的内陆国家将极大地受益于基础设施改善，这些国家贸易成本每降低 10%，其出口将增加 20%。"一带一路"将极大地提高沿线落后国家，特别是内陆国家的贸易参与能力，通过降低贸易成本，将帮助落后国家大幅提高参与全球化的能力和水平，带动这些国家进一步参与区域经济一体化并实现经济发展。

尽管亚太地区甚至全球范围的基础设施建设需求旺盛，世界银行估计发展中国家年均基础设施投资需求达到了 1 万亿～1.5 万亿美元，但是当前，多数国家面临财政约束，很难有效保证未来巨大的基础设施需求，实际基础设施投资仅达到 50% 的水平，基础设施供需缺口巨大。仅靠中国难以满足上述巨额融资需求，美国作为全球经济第一大国，它的参与和配合十分必要。特别是，一个不被美国反对的倡议或机构有望在基础设施建设和全球经济治理中发挥更显著的作用，只有开放的、包容的公共产品才可能更容易获得国际认可。

五　完善和构建包容性国际经济治理体系

当前，全球贸易体系面临着新一轮的重构，以 TPP 为代表的国际新规则对中国的参与和经济发展形成诸多挑战，但是也提供了新的机遇。中国应该利用新规则制定的过程，加快国内经济体制的改革，以加大开放作为推动改革的压力和动力；积极寻求参与的平台，参与和影响新规则制定，在新的一轮经济竞争中取得主动，为经济发展方式转型和可持续发展提供新的环境。

首先，稳步推进中美双边投资协定（BIT）谈判。2014 年年初，美国贸易谈判代表就指出，中国需要先解决中美 BIT 谈判，再讨论 TPP 的问题。短期内，BIT 可以被视为解决中美双边经贸问题的工具之一；长期内，BIT 有望充当中美合作推动亚太自贸区的基础。目前完成中美 BIT 谈判尽管有一定挑战，即准入前国民待遇、业绩条款、负面清单方式等。但是，中国同意在中美 BIT 谈判中就准入前国民待遇和负面清单问题进行谈判，双方已经就负面清单进行了交换，并取得了长足的进步，这为中美 BIT 下一阶段谈判取得成功奠定了一定的基础。

其次，积极推动亚太自贸区建设。亚太自贸区是亚太区域经济合作发展的重要方向，当前亚太地区已经出现了以 TPP 为代表的跨太平洋轨道和以 RCEP 为代表的亚洲版轨道，不同的路径意味着不同程度的自由化水平和不同的福利水平，也面临着不同程度的挑战。在这个意义上，一个既服务亚太地区贸易投资开放、有助于实现可持续发展目标，又能满足亚太地区多样性特征和需求，具有现实可行性的亚太自贸区，对于亚太地区的经济发展与和平稳定具有十分重要的现实意义。从这个角度来看，亚太自贸区的开放程度宜较高且充分考虑多样性，构建一个高水平的、包容的亚太自贸区将考验中国和美国的决心与智慧。

最后，进一步推动 G20 基础设施合作框架。目前，二十国集团成立了全球基础设施中心，世界银行也成立了全球基础设施基金，但是全球层面的基础设施开发方面基本采取低水平的自下而上和市场为导向的方式，缺乏自上而下、市场扩张以及引入需求的机制建设作为补充，全球基础设施合作需要构建一个包容性的紧密伙伴关系。作为全球基础设施合作框架的重要支柱，多边投资协定是下一阶段中国和美国合作推动的重点领域。

　　理论上，以 TPP 为代表的跨太平洋合作机制和"一带一路"倡议分别代表了不同类型的国际公共产品，具体而言，TPP 表明美国仍然是全球最终消费市场，而"一带一路"倡议则表明中国愿意且有能力参与全球基础设施建设，这两个合作架构都有其存在的意义。但是，如果能够在 TPP 和"一带一路"倡议之间构建更具包容性的合作机制，那么亚太地区甚至全球经济有望获得更大的发展动力。其实，中国与美国之间的经济相互依赖程度很高，已经达到了"一荣俱荣、一损俱损"的局面。回看历史，信息技术协定扩围谈判（ITA2）、APEC 环境产品清单谈判均以中美合作为基础方能成功完成，2014 年启动的 WTO 框架下环境产品协定谈判也在中美合作下顺利进展，可见中美合作能够极为有效地推动多边贸易谈判。如果按照这个逻辑，以中美双边投资协定为基础，合作推动亚太自贸区和多边贸易谈判，以及包容性的全球基础设施合作框架是完全可行的，包容性的国际治理体系将成为未来中国与美国合作的新亮点。

形成中国参与国际宏观经济政策协调的机制和完善全球国际经济治理研究

杨盼盼

中国社会科学院世界经济与政治研究所助理研究员

国际宏观经济协调在全球金融危机之后成为完善全球经济治理的核心内容。客观而言，全球化带来各国溢出效应的提升使得国际宏观经济协调必要性上升，国际宏观经济协调也是各国共同努力提升经济增长潜力的必然选择。现实来看，国际宏观经济协调在危机之后全球经济的复苏中发挥了重要作用，其重要性得到了各国认可。以全球治理重要平台二十国集团（G20）为例，增长框架是其最早设立且迄今为止仍然最为核心的内容，国际宏观经济协调在增长框架中始终占据着重要位置。积极参与国际宏观经济政策协调可成为中国参与完善全球国际经济治理的重要抓手。

一 国际宏观经济政策协调的机制演变

国际宏观经济协调的内容伴随着国际经济形势的变化而变化，危机时期的宏观经济协调以需求侧政策为主，主要体现为货币政策和财政政策的协调；后危机时代宏观经济协调逐渐转向供给侧改革政策，主要体现为提升经济体潜在产出的结构改革政策的协调。由于当前的复苏尚不稳固，两种类型的协调共存，形成货币、财政、结构改革"三驾马车"齐头并举的局面。上述变迁可以很清晰地从全球经济合作首要论坛 G20 下宏观经济政策协调的演变过程中找到。

2009 年 9 月 G20 匹兹堡峰会确立了强劲、可持续和平衡的增长框架[①]，增长框

---

① G20（2009）：《二十国集团匹兹堡峰会领导人声明》，http：//www.g20.org/hywj/lnG20gb/201511/t20151106_1229.html。

架一经推出，就成为 G20 最为重要的议题并延续至今。增长框架本身包含了提升经济长期增长潜力及与之对应的结构性改革措施的内容，但在当时全球经济处于谷底的背景下，结构性改革及促进经济潜在增长并不是重要的主题，G20 各国的政策协调重点仍然是在危机应对的需求侧协调上。

2010 年 11 月召开的首尔峰会正处于危机间隔期，即次贷危机造成的负面影响正在淡退，而欧债危机尚未全面爆发，这使得 G20 领导人在制定增长框架相关议题时，考虑了供给侧协调的议题。峰会提出了《多年发展行动计划》，这一计划的核心是提出各项供给侧结构性改革措施，从而提升全球经济增长的潜力。这份行动计划包含了基础设施、人力资源开发、贸易、私人投资、就业、包容性增长、金融包容性等多方面的内容。这份行动计划是 G20 首次提出详细完整的着眼于供给侧经济政策协调，其多项议题对后来 G20 经济政策协调影响深远。但是，由于随后欧债危机爆发，此后几年的 G20 仍然将重点置于货币政策和财政政策的需求侧经济协调上，重点并未转移至供给侧经济协调。

直到 2014 年布里斯班峰会，供给侧结构性改革议题重新成为增长框架下的重点议题。[①] 这在峰会宣言中有着非常明显的体现，在谈及实现强劲、可持续、平衡增长目标时，峰会宣言首先提到的是实施结构改革这一促进长期增长的政策，随后才是基于当前经济形势，对财政政策、货币政策以及溢出效应管理等需求侧政策协调的相关建议。这一顺序，在此前峰会并不存在，也意味着在全球经济最艰难时刻已过，但增长动能尚未恢复的背景下，国际宏观经济协调进入了新的阶段。具体而言，峰会订立了五年的中期增长目标，即自 2013 年起到 2018 年止，使 G20 国家整体 GDP 再额外增长 2% 以上。这是基于各国所承诺的结构性改革测算得出的目标，将为全球经济创造超过 2 万亿美元的财富，新增数百万的就业岗位。

2015 年安塔利亚峰会延续了这一增长目标[②]，并积极促进各国兑现增长承诺。各国已兑现在布里斯班所做的一半承诺，根据 IMF、经合组织（OECD）和世界银行的分析，这些措施有助于完成集体增长目标的 1/3，随后续将继续审议和调整增长战略，并强调仍将着重加强供给侧结构性改革相关举措，使之与经济形势、结构性挑战和政策重心相适应。

---

① G20（2014）：《二十国集团领导人布里斯班峰会公报》，http：//www.g20.org/hywj/lnG20gb/201511/t20151106_1247.html。

② G20（2015）：《二十国集团领导人安塔利亚峰会公报》，http：//www.g20.org/hywj/lnG20gb/201512/t20151201_1664.html。

2016 年中国作为 G20 主席国进一步深化了各国在供给侧的经济政策协调，此前两年的供给侧经济政策协调仍然着重于各国实现自身的结构性改革承诺，而中国则十分重视对于这些供给侧宏观经济政策的协调，这不仅体现在专门为结构性改革召开高级别研讨会，并将其作为财政和央行行长会的重要议题①，还体现在核准"深化结构性改革议程"②，确立结构性改革优先领域、制定各国结构性改革指导原则、构建结构性改革指标并关注其落实。可以说，尽管各国此前逐步重视供给侧的宏观经济政策协调，但直到中国担任 G20 主席国期间，供给侧的宏观经济政策协调的机制化才得以真正落实，长期基础得以真正构建。

由此可见，全球金融危机爆发以来国际宏观经济政策协调的内容逐步演变，从危机时期的需求侧宏观经济政策协调逐步转向后危机时代需求侧和供给侧宏观经济政策并举，且供给侧宏观经济政策愈发重要。这与各国从危机救助的紧急状态转向寻求长期增长动能的客观需求相匹配，同时，由于此前对于供给侧的政策协调缺乏基础，该领域需要更多政策智慧加以应对，供给侧的国际宏观经济政策协调是中国参与协调和完善全球治理的一个重要突破口。

二　中国对全球经济和全球治理的影响

中国对全球经济的影响可从波动和趋势两个视角来看。波动反映的是短期情形，对应的国际宏观经济政策协调机制主要来自需求面。从波动的视角来看，中国对别国的溢出效应正在显著上升。对于中国而言，从被动接受溢出效应的传导，到自身产生向外的溢出效应，这本身就是一个非常显著的变化。此外，作为最大的新兴经济体，中国同其他新兴经济体又有着截然不同的波动特征。一方面，除中国以外的新兴经济体与发达经济体在经济增长的波动上仍保持高度的协同性，面临发达经济体经济波动时仍然脆弱；另一方面，中国与发达经济体在经济增长的波动上则实现了较为显著的脱钩，从一个较长时期观察，中国经济增长的波动性远小于发达经济体经济增长的波动性，这反映出中国金融市场的稳健性以及中国作为一个经济增长大国自身经济根基的稳固。这样，在国际宏观经济政策协调的过程中，中国成为一个新增的锚定选择。

---

① G20（2016a）：《2016 年七月份二十国集团财长和央行行长会公报》2016 年 7 月。

② G20（2016b）："FWG Report on the G20 Enhanced Structural Reform Agenda"，http：//www. g20. org/English/Documents/Current/201608/t20160815_3142. html.

趋势反映的是长期情形，可通过实体经济渠道传递，对应的国际宏观经济协调机制主要来自供给面。从趋势的视角来看，中国同样扮演了重要角色。新兴经济体的增长趋势同中国的关联在危机之后上升，这意味着新兴经济体对中国的依赖程度正在增强，新兴经济体除了依赖发达经济体之外有了新的锚定目标。这意味着，中国积极促进深度开放，将为其他新兴经济体带来更为正向的溢出效应，这为中国深入参与全球经济政策协调，完善国际经济治理，进而促进全球经济长期增长提供了新机遇。

中国在世界经济中扮演的上述日趋重要的角色意味着中国对全球治理影响力的增强有着坚实的基础。鉴于供给侧的宏观经济政策协调应当成为中国参与国际宏观经济政策协调的突破口，以下重点分析中国参与这一领域全球经济治理的情况。

危机之前，全球经济呈现旧有治理格局。尽管投资、贸易和创新是增长的重要推动力，但体现为发达经济体主导，新兴经济体依附的特征（见图 1）。一方面，新兴经济体通过贸易渠道出口至发达经济体，发达经济体危机前较为稳定的需求，为这一渠道提供充足的外需来源保障；另一方面，发达经济体通过外商直接投资（FDI），在新兴经济体投资设厂，形成资金的环流。创新作为提升经济潜在增长水平的方式，主要是在发达经济体内部展开。

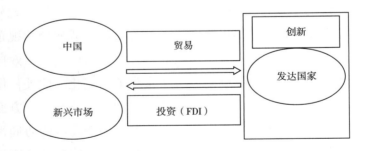

图 1　全球经济旧有治理模式："恐怖均衡"

资料来源：杨盼盼、徐奇渊：《打造全球经济稳健增长的"黄金三角"》，《金融市场研究》2014 年第 6 期。

这一旧有的经济治理模式由发达经济体主导，其实质上是一种恐怖均衡，在发达经济体经济增长繁荣时，新兴经济体也能获得增长的好处，但新兴经济体本身的内生增长动力不强，无法实现可持续增长，在发达经济体经济增长出现问题时，新兴经济体的增长前景也会黯淡。

中国参与构建新的全球经济治理模式致力于将投资、贸易和创新的内涵及范围全面升级（见图 2）。作为最大的新兴经济体，中国正凭借自身经济影响力成为全球经济治理的重要一极，将全球经济治理模式，由"恐怖均衡"转为"黄金三角"。

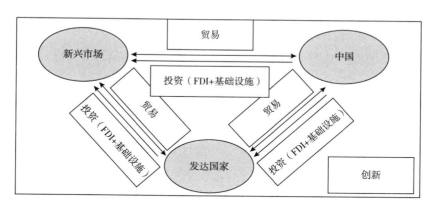

图2　全球经济治理新模式："黄金三角"

资料来源：杨盼盼、徐奇渊：《打造全球经济稳健增长的"黄金三角"》，《金融市场研究》2014年第6期。

投资领域最大的升级来自于基础设施投融资的回归，国际投资合作的范畴变得更加广泛。各国越来越深刻地认识到打破基础设施投资瓶颈的迫切需求。中国任G20主席国期间，全球首份投资指导原则《G20全球投资指导原则》诞生；与此同时，中国推进"一带一路"建设、设立亚投行、促进互联互通等举措也丰富了全球投资治理的内涵。中国积极推进投资开放和互联互通，其投资同时流向新兴市场和发达经济体；新兴市场的投资来源变得更为多样化，有助于弥补融资缺口；包括亚投行在内的多边开发机构的发展，可推进全球投资治理模式的改善。

贸易治理对全球经济治理至关重要，这既包括传统避免贸易保护主义的政策，也包括基于全球价值链贸易治理理念的发展。全球价值链贸易使一国不必完成商品生产的全过程，而可以只参与其中的一个或若干环节，这样有更多的国家可以参与到全球贸易中，并分享全球贸易的果实。以治理机制保障贸易更广泛和更通畅地在不同国家之间进行流动，将有助于为全球经济长期增长找到动力。对中国而言，贸易治理领域的定位在原有出口大国的基础上新增了重要的进口需求来源国和全球价值链核心国的角色，继而有助于推进全球贸易治理的改善。

创新同时体现为科技创新和制度创新。新工业革命的到来已经日渐成为共识，物联网、大数据、协同共享的创新机制为全球经济未来的发展提供了方向。以往的创新主要集中于发达经济体，而现在新兴经济体的创新也面临较大机遇，而协同共享的机制也使得创新得以惠及更多国家，中国作为新兴经济体创新的引领者，在完善全球创新机制领域正逐步扩大影响力。

三 中国如何参与国际宏观经济政策协调

中国参与国际宏观经济政策协调的整体思路如下。

第一，着眼于提升全球经济潜在增长水平。当前全球经济增长仍然低于危机之前的水平，多个国际机构的研究表明，若没有各国宏观经济协调特别是在结构性改革领域的协调，全球经济的潜在增长水平将难以提升。中国在参与国际宏观经济政策协调的过程中，应当基于全球经济潜在增长水平这一客观现实，阐述自身关于政策协调的相关主张，并以此作为完善全球国际经济治理的根本出发点。

第二，重点关注供给侧宏观经济政策协调。后危机时代宏观经济政策协调的重心正从需求侧向供给侧转移，同需求侧协调主要由发达经济体主导不同，中国在供给侧协调方面参与得更加深入，同时这一协调也与国内供给侧改革的推进更为契合。

第三，在国际宏观经济政策协调中发挥桥梁作用。各国在供给侧和需求侧的政策中存在着共性和差异性，在发达经济体和新兴经济体两个国家组别中尤为如此，中国既是新兴经济体的代表，又对全球经济有着超出一般新兴经济体的影响力，可以致力于求同存异，通过协调更好地实现共同发展。

第四，在 G20 框架下推进国际宏观经济政策协调。G20 的代表性决定了它仍然是开展国际宏观经济政策协调的最佳平台，无论是需求侧还是供给侧的宏观经济政策协调，都应当在这一平台下深入开展。

第五，加快推进自身改革，扩大中国影响力和示范效应。中国在国际宏观经济政策协调中发挥重要作用需要自身国际影响力的提升，只有自身经济稳健、前景向好，才能使得中国的主张得到更多信任和支持，成为别国锚定的目标，从而更好地在国际协调中展现中国主张。

中国参与国际宏观经济政策协调的具体对策如下。

短期来看，有如下对策：一是继续深度参与供给侧的宏观经济政策协调，2017年中国仍为 G20 "三驾马车"之一，应当继续推进"深化结构性改革议程"的完善和落实。

二是加快推进各国在供给侧改革重点领域的国际协调，从目前 G20 确定的结构性改革优先领域和指导原则来看，促进贸易和投资开放、鼓励创新国际合作、打击税收诈骗和税基侵蚀等领域应成为国际协调的重点内容（见表 1）。

表1　G20 结构性改革优先领域、指导原则及涉及国际协调的领域

G20 结构性改革优先领域和指导原则	涉及国际协调的领域
1 促进贸易和投资开放	
1A 降低贸易的关税和非关税壁垒	√
1B 降低外商直接投资的壁垒和约束	√
1C 实施贸易便利化措施降低贸易成本	√
1D 适时降低贸易和投资国内限制，更好地实现规则的跨境融合	√
1E 通过多边、诸边和双边投资协定降低贸易和投资壁垒，同时尽量减少对第三方的歧视性措施	√
2 促进劳动力市场改革，提升劳动力受教育程度和技能	
2A 降低包括妇女、年轻人和老年人等低劳动参与率群体进入劳动力市场的障碍	
2B 提升积极劳动力市场政策的有效性	
2C 平衡保护就业和保护劳动者，降低劳动力市场的二元性和非正式性	
2D 加强职业教育、高等教育、技能培训与再培训	
2E 通过提升早期教育、初等和中等教育的可获得性与质量提升教育成果	
2F 促进就业创造质量，增强劳动生产率	
3 鼓励创新	
3A 保持合适的研发支出水平	√
3B 提升研发和创新支持政策的有效性和效率	
3C 促进产学研合作	
3D 促进国际研究合作	√
3E 加强早期风险投资的可得性	
4 推动基础设施建设	
4A 提升公共部门投资质量（同时保证基础设施投资和维护所需的融资来源），通过公私合营（PPP）促进私人部门的参与	
4B 提升基础设施项目审批效率，保证项目竞标透明度	
4C 促进成本收益和现金价格分析在公共基础设施项目投资领域的使用，在必要的时候辅以多重指标评价分析	
4D 降低机构投资者长期投融资的机制和监管壁垒，在确保金融稳定的同时鼓励金融工具创新	
5 深化财税体制改革	
5A 建立由增长友好型税收和支出框架支持的可持续和全面社会保护体系	
5B 拓宽税基，减少无效税式支出	
5C 优先增长友好型支出，保证生产性公共投资，提升支出效率	
5D 提升征税的透明度和效率	

续表

G20 结构性改革优先领域和指导原则	涉及国际协调的领域
5E 提升行政管理与公共服务效率	
5F 加强财政框架、规则和机制的作用	
5G 反对税收诈骗和税基侵蚀	√
6 促进竞争，改善营商环境	
6A 促进竞争立法与执行	
6B 降低创业和扩大业务的行政和法律壁垒	
6C 促进公平竞争	
6D 实施有效破产程序	
6E 减少损害竞争的限制性规定，减轻法规遵从的超额负担，关注监管政策的影响	
6F 加强法治，提高司法系统的效率，反腐败	√
7 改进和加强金融体系	
7A 确保金融稳定	√
7B 支持经济增长，增强竞争和创新的同时保持审慎	
7C 确保体制框架有利于市场融资，同时保证金融稳定和保护投资者	√
7D 改进和加强传统银行融资和创新融资来源，同时确保金融稳定	
7E 防止金融机构活动固有的系统性风险，加强宏观审慎政策框架	√
8 促进环境可持续性	
8A 拓展市场化机制，以减轻污染、提高资源利用效率	
8B 推广清洁和可再生能源使用，发展适应气候变化的基础设施	
8C 推进环保相关领域创新的开发和部署	√
8D 提高能源使用效率	
9 促进包容性增长	
9A 通过减少就业壁垒和改善教育和培训成果提升机会平等	
9B 提高学前教育、小学和中学教育的覆盖范围和效率	
9C 提供具有很强针对性和对增长和就业友好的社会转移支付和收入再分配计划	
9D 促进金融包容性和金融知识	
9E 重点在教育、就业和创业领域为性别平等扫清阻碍	
9F 采取措施，减轻某些降低不平等措施对经济增长的负面影响	

资料来源：G20（2016a）：《2016 年七月份二十国集团财长和央行行长会公报》，2016 年 7 月。G20（2016b）："FWG Report on the G20 Enhanced Structural Reform Agenda"，http：//www.g20.org/English/Documents/Current/201608/t20160815_3142.html。

三是加快推进国内结构性改革，为参与国际宏观经济政策协调夯实内部基础。

四是积极应对需求侧的宏观经济政策协调，特别是发达经济体非常规货币政策的溢出效应协调。

中期来看，有如下对策：一是中国可在国际宏观经济政策协调中发挥桥梁作用。目前，在基础设施投资、劳动力市场改革、财政可持续性和包容性方面发达经济体和新兴经济体有较为类似的改革目标，但在开放和创新领域存在较大差异（见表2）。中国应倡导在共性领域，注重各国之间存在的协同与合作的可能性；在差异性领域，注重以提升经济增长潜力为导向，帮助各国缩小差异，实现共同发展。

表2　主要 G20 国家 2016 年结构性改革重点领域

	开放	创新	竞争	基础设施	金融体系	劳动力市场	财政可持续	环境可持续	包容性
发达经济体									
美国		■		■					■
欧盟					■	■			
日本		■		■					
韩国		■	■		■				
英国				■		■	■		
发展中经济体									
巴西				■			■		■
俄罗斯	■				■	■			■
印度	■			■			■	■	■
南非					■		■		

资料来源：杨盼盼著《G20 结构性改革的进展与评述》，《国际经济评论》2016 年第 5 期。

二是进一步在 G20 中将供给侧宏观经济政策协调机制化。首先，以结构性改革指标两年审查替代 2018 年就将到期的"五年增长计划"，将其作为供给侧宏观经济政策协调相互评估的重要指标；其次，进一步加强各国在供给侧宏观经济协调中的合作，倡导在九大优先领域下均有发达经济体和新兴经济体作为该领域的引领者，以便各国更深入地开展供给侧宏观经济政策的协调；再次，中国在供给侧宏观经济政策协调中发挥更加重要的作用，从结构性改革指标来看，中国在开放、劳动力市场、创新和基础设施领域的改革水平在新兴经济体中名列前茅（见表3），这些领域可成为中国协调的优先领域。

表3　中国结构性改革指标排名

结构性改革优先领域	结构性指标	中国在新兴经济体中的排名
1. 贸易和投资	贸易和投资壁垒	2
2. 劳动力市场	就业率（占人口比重）	1
3. 创新	研发支出（占 GDP 比重）	1
4. 基础设施	物流	1
5. 财政可持续性	一般政府债务（占 GDP 比重）	7
6. 竞争	营商壁垒	8
7. 金融改革	获取信贷难易程度	7
8. 环境可持续性	人均碳排放	7
9. 包容性增长	基尼系数	5

资料来源：作者整理。

　　长期来看，有如下对策：一是推进 G20 长期化、机制化建设。通过提升 G20 工作效率和治理能力进一步提升国际宏观经济政策协调的有效性，提升 G20 对包括供给侧宏观经济政策协调等长期议题的关注度。

　　二是建立国际宏观经济政策协调的长效机制，为全球治理完善提供国际公共产品。在需求侧宏观经济政策协调领域，中国可倡导同新兴经济体建立区域的汇率协调机制，以应对发达经济体非传统货币政策溢出效应带来的冲击；在供给侧宏观经济政策协调领域，中国可倡导在全球投资指导原则的基础上建立全球投资规则，引导投资更好地提升全球经济增长。

　　三是促进全球经济治理良性竞争。积极推广"一带一路"等开放、合作治理理念，加快中国倡导的亚投行等国际机构建设，使之更好地反映全球经济结构性和代表性变化的诉求，与现有治理理念和国际机构实现良性协调发展，更好地促进全球经济治理的完善。

2016 年 G20 杭州峰会与中国的全球治理理念

黄 薇

中国社会科学院世界经济与政治研究所全球治理研究室、
国际经济与战略研究中心博士，副研究员

随着在经济上的相互依赖程度日益加强，开放经济体实现繁荣与稳定已经很难仅仅依靠一国经济政策来实现。全球经济利益攸关方需要通过共同协作来实现对经济发展问题的共同治理。推动 G20 继续有效合作的根本动力在于，G20 成员及国际机构不仅有着追求经济健康稳定发展的共同愿望，而且都认识到在全球化时代下国别经济治理存在局限。

危机之后，G20 峰会已经走过了 8 个年头，举办过 10 次峰会。然而，国际金融市场风险仍在发酵。主要经济体货币政策分化扰动国际资本流向，个别经济体金融市场波动加剧。全球债务规模进一步上升。负的利率以及负收益率的国债已经出现，财政与货币政策空间逐步缩小。贸易保护主义、地缘政治风险、难民危机、大国政治周期、恐怖主义等问题则进一步放大了世界经济复苏的脆弱性。这些现象的出现不仅预示着全球经济增长将可能长期面临困境，也体现出国际社会对于新型全球经济治理之道的迫切需求。中国在这个时刻接过 G20 主席国的位置给世界带来了一个巨大的悬念：中国能否在全球经济状况不佳的背景下，提出创新、有行动力的经济治理方案并在 G20 内部达成共识？

一 反常的全球经济表现

2016 年 7 月 19 日国际货币基金组织再次下调 2016 年全球经济增长预期至 3.1%，这也是 IMF 在 15 个月内第五次调降全球经济增速。在人口老龄化、人均生产率提升乏力等长期结构问题的阴云之下，全球经济呈现与过往经济治理实践相左的三大悖论。

第一大悖论是全球流动性泛滥与通缩现象并存。货币数量论者认为货币数量变动与物价之间存在因果关系，与流动性泛滥相对应的应该是通胀而非通缩。然而，在全球主要国家为提振经济普遍采取宽松货币政策加剧全球流动性泛滥的同时，全球却呈现出显著通缩压力。2015 年 11 月国际能源署调研称全球油价可能在 2020 年以前长期徘徊在 50 美元/桶。国际粮农组织和 OECD 在 2016 年 7 月发布的 2016—2025 年农业展望报告中，则预计未来 10 年全球粮价将持续处于较低水平。

第二大悖论是全球化环境下人口老龄化与失业现象并存。人口老龄化意味着低的出生率、劳动力供给的不足和消费的相对扩大。因此，老龄化应该有助于缓解失业现象。但是，人口数量的减少将会导致未来资产价值和收益率的下滑，并抑制投资活动。此外，全球化与信息科技的发展带来了资源配置效率的提升，这其中包括对劳动力的资源配置。如果缺乏必要的国内税收调节将会导致部分国家（特别是高收入国家）出现收入差距加大、失业凸显等现象。危机以来，由于受到经济进入下行周期、收入差距加大、教育质量不佳、国内劳动力成本偏高等诸多因素的影响，不少经济体出现了严重的失业现象特别是青年人失业问题。

第三大悖论是极低利率与投资乏力并存。通常而言，低利率有助于降低融资成本，促进企业投资。然而当长期经济前景黯淡时，这种结论不再成立。2000—2008年美国、德国的国债收益率维持在 3% ~6%。而 2016 年 6 月德国、日本、瑞士和美国的 10 年期国债收益率则分别降为 0%、−0.27%、−0.51% 和 1.64%。极低的长期利率反映了投资者对于未来市场预期极度缺乏信心，以至于收益率为负的国债依然会成为投资者的选择。

第一悖论说明运用国内短期宏观经济政策进行经济治理的效果已经不再显著，而国家间的经济治理合作则变得愈加重要。第二悖论反映出在经济全球化时代老龄化问题已经与全球价值链等新经济模式和收入分配不平衡等问题联系在一起，变得愈加复杂。第三大悖论反映了全球经济的长期趋势不容乐观，需要从长期经济增长角度寻找新的出路。这些悖论的出现不仅预示着全球经济增长将面临长期困境，而且体现出国际社会对于新型经济治理之道的迫切需求。

二 对 G20 历年峰会主题的分析

在历年 G20 峰会主题设计中，不同身份类别的国家往往有着不同的主题偏好，如表 1 所示。新兴经济体仍处于经济上升时期，会更侧重经济增长，例如在韩国、俄罗斯和土耳其主办的第 5、8、10 届 G20 峰会主题中均含有增长一词。中等强国在

G20 中地位尴尬，游离在 G7 和金砖国家之外，尽管在 2013 年 "MIKTA" 机制确立，但其合作程度依然远低于 G7 和金砖国家。这类国家任 G20 主席国时往往会更强调共享与包容，如韩国和土耳其主办的第 5 和第 10 届 G20 峰会主题。峰会主题在一定程度上折射了中等强国在心理上的不安感。除美国以外的其他西方发达国家则寄希望于全球经济治理在治理道路和模式上的改革和创新，如英国、加拿大和法国设定的第 2、4、6 届峰会的主题关键字均强调了 "新"。

表 1　二十国集团历年峰会主题

届　次	时　间	地　点	会议主题
11	2016.09	中国杭州	构建创新、活力、联动、包容的世界经济
10	2015.11	土耳其安塔利亚	共同行动以实现包容和稳健增长
9	2014.11	澳大利亚布里斯班	促进私营企业成长，增加全球经济抗冲击性和巩固全球体系
8	2013.09	俄罗斯圣彼得堡	世界经济增长和创造高质量工作岗位
7	2012.06	墨西哥洛斯卡沃斯	—
6	2011.11	法国戛纳	新世界、新思维
5	2010.11	韩国首尔	超越危机，共享增长
4	2010.06	加拿大多伦多	复苏和新开端
3	2009.09	美国匹兹堡	—
2	2009.04	英国伦敦	改革与发展
1	2008.11	美国华盛顿	—

资料整理：作者根据历年 G20 相关资料整理。

中国是一个拥有经济领域迅速成长经历的国家。快速变化的身份感赋予了中国在全球经济治理领域独特的视角。中国既能够理解发展中国家追求发展的需求，也能体会游离在主流体系之外的感受，还具有创新治理模式的能力。2016 年中国设计的 G20 主题融合了 G20 中三类典型治理主体的偏好，应该说这是一个成功的设计。

三　对 G20 历年议题的分析

G20 应突出标本兼治式的系统化治理。从 G20 历年议题设置来看，大致可以分为两类：一类是短期危机的应对治理，如全球经济形势研判、金融监管、金融安全网、债务治理、全球海洋保护等；另一类则是针对个别领域的相对长期治理，如发展议题、长期投融资建设、绿色增长议题，等等（见表 2）。前者由于仅关注即时的应对之策，没有触及问题的根源，因此难以从根本上摆脱危机的困扰。后者由于缺乏体系化设计，时间跨度长，因此在 G20 主席国改变优先议题设置时，将直接影响这些相对长期问题的治理效果。

总体而言，在过去 8 年中，G20 主席国对短期经济问题治理的重视程度明显高于中长期的经济治理。而重要的长期议题却形同虚设，较为典型的是过去几年中 G20 框架下的发展工作组。该工作组覆盖的议题领域极为纷杂。发散式的议题设置也使得 G20 在发展问题的治理方面缺乏建树。"若无远虑必有近忧。"缺乏战略性系统化思考，轻视经济增长中的根源性障碍，已成为全球经济无法走出危机阴影的重要原因。无论是在国家层面还是在全球层面，经济活动都是一个相互联系、相互影响的整体。在经济全球化发展的今天，更需要我们从整体、长远的角度去探寻经济系统的治理之道。中国应引导 G20 转向短、中、长期议题并重，标本兼治的系统化治理方向。

表 2　二十国集团历年协调轨与财金轨主要议题

时 间	事 件	协调人渠道	财金渠道
2016.9	杭州峰会	1. 全球经济形势；2. 创新；3. 贸易与投资；4. 发展；5. 反腐；6. 能源；7. 农业；8. 就业	1. 全球经济形势；2. 增长框架；3. 投资与基础设施；4. 国际金融架构；5. 金融部门改革；6. 国际税收合作；7. 气变融资与绿色金融
2015	安塔利亚峰会	1. 全球经济形势；2. 贸易；3. 投资；4. 发展；5. 反腐；6. 能源；7. 农业；8. 就业	1. 全球经济形势；2. 增长框架；3. 国际金融机构（以下简称 IFI）改革；3. 投资与基础设施；4. 国际税收合作；5. 气变融资
2014.11	布里斯班峰会	1. 全球经济形势；2. 贸易；3. 发展；4. 反腐；5. 能源；6. 就业	1. 全球经济形势；2. IFI 改革；3. 增长框架；4. 金融监管改革；5. 长期投融资；6. 国际税收合作
2013.9	莫斯科峰会	1. 全球经济形势；2. 贸易；3. 发展；4. 反腐；5. 全球海洋环境保护；6. 能源；7. 就业	1. 全球经济形势；2. 国际金融架构；3. 增长框架；4. 金融监管和普惠金融；5. 公共债务管理；6. 长期投融资；7. 国际税收合作；8. 能源和大宗商品价格；9. 气候变化融资
2012.6	洛斯卡沃斯峰会	1. 全球经济形势；2. 贸易；3. 发展；4. 反腐；5. 绿色增长；6. 能源；7. 就业；8. 农业	1. 全球经济形势；2. 增长框架；3. 国际金融架构；4. 金融监管改革；5. 能源和大宗商品价格；6. 自然灾害风险管理
2011.11	戛纳峰会	1. 全球经济形势；2. 贸易；3. 发展；4. 反腐；5. 全球海洋环境保护；6. 能源；7. 农业；8. 全球治理	1. 全球经济形势；2. 增长框架；3. IFI 改革；4. 金融监管改革；5. 改革和普惠金融；6. 能源和大宗商品价格

时　间	事　件	协调人渠道	财金渠道
2010.11	首尔峰会	1. 全球经济形势；2. 贸易；3. 发展；4. 反腐；5. 就业	1. 全球经济形势；2. 增长框架；3. IFI 改革；4. 金融监管改革；5. 全球金融安全网
2010.6	多伦多峰会	1. 全球经济形势；2. 贸易；3. 发展；4. 反腐；5. 全球海洋环境保护	1. 全球经济形势；2. 增长框架；3. IFI 改革；4. 金融监管改革
2009.11	匹兹堡峰会	1. 全球经济形势；2. 贸易；3. 发展；4. 能源；5. 全球经济治理改革	1. 全球经济形势；2. IFI 改革；3. 金融监管改革
2009.4	伦敦峰会	1. 全球经济形势；2. 贸易；3. 发展	1. 全球经济形势；2. IFI 改革；3. 金融监管改革
2008.11	华盛顿峰会	危机原因及应对，加强金融监管，推进国际金融体系改革	危机原因及应对，加强金融监管，推进国际金融体系改革

资料整理：作者根据历年 G20 相关资料整理。

四　对 G20 杭州峰会成果推介的分析

在 G20 峰会倒计时 100 天，即 2016 年 5 月 27 日，中国外交部王毅部长已在媒体吹风会上公布了 2016 年 G20 的十大成果：①制定创新增长蓝图；②制订落实 2030 年可持续发展议程行动计划；③制定结构性改革优先领域、指导原则和指标体系；④制定全球贸易增长战略；⑤制定全球投资政策指导原则；⑥深化国际金融架构改革；⑦创立三位一体的反腐败合作；⑧发起支持非洲和最不发达国家工业化合作倡议；⑨制订创业行动计划；⑩推动气候变化《巴黎协定》尽早生效。但由于缺乏框架性结构，使得这个成果清单显得零乱，成果与成果之间的逻辑关系亦不清晰。

（一）将结构改革作为系统化治理体现

以东方文明为代表的系统论（或整体论）认为世间万物是相互联系、相互影响的，需要从整体、长远的角度去理解复杂的系统、事务或现象。2016 年中国在梳理 G20 治理成果时，也应当自然体现出中国文化的整体观。

王毅部长介绍的 2016 年十大成果大致上可以分为两类：一类属于应对大问题的系统化治理，如结构性改革和落实 2030 年可持续发展议程；另一类则属于专业领域的功能型治理，如创新、贸易、投资、金融等。两类并不隶属于同一逻辑层面，最佳的处理方式是第一类作为框架性治理成果，第二类作为实质性治理成果。两者是相互补充、相互支持的关系，以体现中国在 G20 优先议题方面的整体设计。结构改革和 2030 发展议程均属于系统性的整体设计，在结构改革优先选项和 2030 年可持续发展目标下均提供了相应的政策选项和执行手段，都得到了 G20 成员的认可并适用于所有国家。就区别而言，结构改革更加聚焦经济增长，属于 G20 内部合作碰撞出来的产物；而 2030 发展议程则更加全面包容，是联合国千年计划的延续。

关于结构改革的讨论，始于 2014 年澳大利亚担任 G20 主席国期间。结构性改革的优先领域包含 3 个增长方向上的 9 个领域：保障强劲增长（①促进贸易和投资的开放，②鼓励创新，③促进劳动力市场改革，④改善基础设施，⑤促进竞争，⑥金融改革与制度建设）；保障可持续增长（⑦强化财政的可持续性，⑧促进环境的可持续性）；保障平衡增长（⑨加强包容性制度建设）。尽管新兴经济体与发达经济体在结构改革方面的优先次序有所不同，但结构改革已经全面涵盖了经济治理的重点领域。与过去以减贫为核心的联合国千年计划不同，联合国 2030 议程将发展议程拓展为包含发达与发展中国家的整体性议程。该议程涉及经济、社会、环境三个方面，包括 17 个可持续发展目标和 169 个具体目标。

G20 可以将结构改革作为协调国别经济治理的框架性设计。同时，将其他各领域的成果，根据各自属性分别纳入其下各个优先领域的相应位置之中。这种设计可以体现出中国在治理全球经济长期增长方面的整体思路。在考虑到对过去 G20 合作的继承和发扬，亦可以将结构改革与货币政策、财政政策协调并举，将 G20 在货币与财政协调双轨基础上再增加一轨。

如果希望强调经济治理中和谐包容的一面，也可以采取另一个突出系统性设计的选择：将可持续发展议程作为核心框架背景，将结构改革作为指导，将行动计划作为抓手，以此来体现 G20 在整体上的协调性以及对全球经济发展的责任感。此外，需要指出的是，尽管在成果包装时需要体现系统性，但同时也应该考虑到大多数国家对于短期问题的急迫治理需求和治理习惯，避免与人们习惯的思维方式与语言方式相冲突。通过对重要短期议题治理成绩的宣传，尽量减轻其他国家对于中国"重长轻短"的批评或错觉。这种从系统性和长期性出发，同时兼顾短期问题的治理，将有助于形成更有舒适感的 G20 中国印记。

（二）易被记忆的议题成果设计与包装

每年在 G20 平台上讨论的经济治理议题纷繁复杂，G20 各个工作层均做出了卓有成效的努力。但是，议题成果的工作投入与成果的宣传效果之间并不具有必然的联系。有的议题成果经历各种磨难方才达成，却并未收到预期的宣传效果，例如2015 年土耳其非常有雄心并吃力地推动国别投资战略建设，但该战略并未在国际社会引起太大反响。由于 G20 各项工作的透明度不高，外界对 G20 合作进展和合作挑战的了解有限，以至于成果的包装与宣传比议题成果本身更加重要。

根据历史经验，G20 议题成果中大致有四类成果更容易被记住。第一类是易被继承和延续的议题，例如 2009 年 9 月美国匹兹堡峰会提出启动强有力、持续和平衡增长框架，由于这一框架直接对应经济增长问题一直持续到现在。第二类是具有创新思想或创新概念的成果，例如 2010 年韩国首尔峰会提出的金融安全网。第三类是具有数据特征的成果，例如 2014 年澳大利亚布里斯班峰会提出在 2018 年前将潜在GDP 增速提升 2%。第四类是建立了实体机构的议题成果，例如 2009 年 4 月英国伦敦峰会创立的金融稳定委员会（FSB）、2014 年澳大利亚布里斯班创立的全球基础设施中心（GIH）等。2016 年第三次 G20 协调人会议上各个轨道上的合作成果已经基本成型，可以参考以上四个特点对 2016 年议题成果进行包装。

易被延续的议题成果如创新合作、贸易与投资合作，需要重点宣传，体现其首创性。保障成果延续的条件主要有两类：要么议题属于核心问题，要么能够形成机制化的合作模式。鼓励创新、促进贸易投资开放均属于经济结构改革的优先选项。2016 年的创新增长蓝图实际由三个部分构成：科技创新合作、新工业革命和数字经济。创新不仅是经济增长的深层动力，也是未来全球经济治理所需要关切的重要方向。数字经济不仅属于现阶段全球经济治理领域的新领域，而且其商业模式也在潜移默化中改变经济治理传统思维。新一届主席国德国已经明确表态将延续这一方向，尽管可能会对工作小组进行调整。尽管贸易增速在 2011 年以来持续低于 GDP增速，但由于过去缺乏商务部长的参与，G20 在贸易与投资治理方面的进展极为有限。2016 年首次实现了商务部长会的机制化，而且创立了贸易与投资工作组提供技术支持。这些设置保障了贸易治理的延续性。

创新且具战略特点的议题成果如全球投资政策指导原则、创业行动计划和高质量学徒制倡议，值得重点宣传。尽管金融、贸易、投资均是国际经济交往中的主要形式，但是在国际投资领域从未达成综合性的多边投资协定。国际投资协定数量庞大，并呈现碎片化发展趋势，成为影响全球投资活动的主要障碍之一。失业问题是与民生关切最紧密的议题。创业行动计划着力于通过制度环境建设，激发青年人创业潜力。而高质量学徒制倡议则为改善就业状况提供了提升劳动力技能水平，促进就业状况改善的新途径。

容易被记住的具有数据特征的成果应单独加以宣传。2016 年全球贸易增长战略提出在 2025 年之前将贸易成本降低 15%。这将成为第 4 个 G20 的数量化目标。前 3 个数量目标分别是，2018 年前将潜在 GDP 增速提升 2%，2025 年前劳动参与率中的性别差异减少 25%，2025 年前将最容易被永久排除在劳动力市场外的年轻人比例减少 15%。

创立实体机构的成果应单独加以宣传。在投资与基础设施工作组的努力下，全球互联互通联盟已经基本落地，应重点推介。提升基础设施水平是结构改革和可持续发展目标的优先选项，也是提振全球投资活动的重要抓手。建设全球基础设施互联互通联盟的倡议在 G20 国家间协商时阻力较小，折射出 G20 成员对于联通建设的共同愿望。建设互联互通联盟的倡议也有助于增强私人部门参与国家内部以及国家间基础设施联通建设的信心。继 2014 年在澳大利亚建立全球基础设施中心（GIH）之后，2016 年 G20 成果中将体现在中国新设立的国际税收政策研究中心和创业研究中心。前者主要从事国际税收政策研究和设计，并向发展中国家提供技术援助；后者则用于 G20 成员间信息交流与经验分享，并为创业行动的落实提供支持。

（三）对于非经济议题的妥善处理

推动 G20 继续有效合作的根本动力在于，G20 各成员及各国际机构不仅有着追求经济健康稳定发展的共同愿望，而且都认识到在全球化时代下国别经济治理存在局限。G7 曾经是一个重要的全球经济治理平台，但是由于经济影响力的下滑和治理议题的泛化，最终导致这个平台在全球经济治理中的作用被削弱。过去几十年的优异发展给予了中国在全球经济治理中天然的影响力优势，中国也需要通过加强 G20 的治理合作来积累全球治理的实践经验。因此，就现阶段而言，保障 G20 聚焦于全球经济治理对中国更为有利。

近年来受到不同时期国际突发事件的影响，G20 成员在 G20 治理中增加了一些并非严格隶属于经济治理的议题，如海洋治理、网络安全、反恐、难民、健康等议题。由于 G20 治理主体构成复杂，各经济体对这些非经济议题的偏好具有较大差异。G20 采取的又是一致同意议事原则。长期来看这些非经济议题或者被弱化，或者夭折。因此，在处理 2016 年的此类议题时，不用太过紧张，但不宜过于重视。2016 年 G20 峰会仍需着力宣传全球经济治理方面的治理成绩，弱化土耳其、德国对难民、移民问题，以及英国对于抗生素耐药问题的治理诉求。

参考文献

[1] 黄薇，吴国鼎：《2014 年全球经济治理学科研究综述》，《2015 年世界经济年鉴（总第 31 卷）》，

2016 年 10 月，第 533 - 555 页。

［2］中国社会科学院世经政所，《二十国集团与金砖国家财经合作文献》，中国金融出版社，2014。

［3］Huang，W.，"The Evolution of Global Economic Governance and China's Expectation"，*Rethinking International Institutions*，*Diplomacy and Impact on Emerging World Order*，edited by Wilhelm Hofmeister，Singapore：Konrad - Adenauer - Stiftung，2016.

［4］黄薇：《全球经济治理：核心问题与治理进展》，《国际经济合作》2016 年第 1 期，第 20～27 页。

［5］黄薇：《二十国集团领导下的全球经济治理与中国期待》，《国际经济合作》2015 年第 6 期，第 4～9 页。

新时期中国打造战略支点国家的方向与策略

刘 玮
中国社会科学院世界经济与政治研究所助理研究员
康 杰
中国国际问题研究院欧亚研究所助理研究员

当前"打造战略支点国家"的设想，反映了新时期外交需要，但存在缺乏针对性和过分注重经济手段的问题。第一，政策方向不应针对国家整体，应围绕对象国的具体个人和集团建立关系。第二，经济依赖不一定能转化为政治影响，只有影响到具体个人和集团的政治利益，才能形成对中国的追随配合。政治利益是战略支点关系的根本。第三，应研究对象国个人和集团的政治利益来源及变化趋势，在关键节点上施加影响，培植对中国政治依赖，打造战略支点关系。

在学界讨论中，"战略支点国家"是指"地理位置重要，辐射效应和对接意愿强，双边关系良好，对于实现中国战略目标具有关键意义、起重要支撑作用的国家"。学者们设想通过长期的经济援助、项目合作和民间交流等手段，将其塑造成为中国"扩展海外利益的跳板和桥头堡"。这一设想准确把握了主动进取的新时代外交精神，具有较强的前瞻性。特别是在"一带一路"倡议推进过程中，培植和发展新型特殊关系尤为重要。但从这一构想的公开讨论看，该设想在政策方向和手段上还有不足。

一 政策方向上应针对具体个人与集团，而非国家整体

"战略支点国家"在政策方向上针对对象国整体，这一思路存在如下不足：

第一，过于空洞，缺乏抓手。现实中不存在抽象的国家整体，国家政策过程充满多方面的权力和利益博弈。不同的个人与集团，在决策地位和利害关系上相差悬殊。如单纯以国家整体为目标，达成协议简单，但协议的落实易遭国内其他

集团阻力，甚至沦为废纸。只有以恰当的个人与集团为目标，将中国目标与其实际利益结合起来，才能使中国政策与行动获得切实的抓手，保障各项协议长效落实。

第二，以国家整体为目标不切实际。中国周边邻国和"一带一路"倡议中，符合上述"地理位置重要、辐射效应和对接意愿强、双边关系良好"等标准的国家，除俄罗斯这一特殊的大国外，可分为三种类型。逐一分析可发现，以这三类国家为目标都不现实，操作性不高，但以其内部个人与集团为目标是可行的。

第一类是对美有较强的政治和安全依附关系的国家。中国可利用时机，与其发展务实合作。

第二类是独立性强，希望发展"等距离外交"，避免过分依赖某一大国的国家，这类国家与中国有较多的共同利益和协调空间，但不应定位成"战略支点"。

第三类是政体更迭易受外来影响、政府能力较弱、国内分裂矛盾突出的国家。即使以大量扶持和优惠政策换取其一定时期内对中国追随，但难保其稳定性。应格外注重内部抓手。

而对于上述三类国家，以具体个人与集团建立特殊利益关系，能够绕开对美同盟、民族情绪和政权更迭的干扰。

第三，后续成本高、风险大。"战略支点国家"需要长期持续的政治经济和安全投入。但投入限度难以把握，长期投入一旦固定化，可能面临边际效益递减，甚至沦为负资产的可能。对象国可能会以双边特殊关系为要挟，不断抬高要价，并引入其他大国，使中国陷入被动。应格外警惕美日分化中巴关系的动向。另外，一旦上述国家与邻国发生长期冲突，或遭遇恐怖主义蔓延等威胁，有殃及中国长期建设投入，甚至因此卷入长期争端的隐患。中巴经济合作尤其需考虑印巴冲突长期化和极端势力蔓延带来的风险。

综上所述，培植"战略支点"关系，应立足以中国为主、做牢抓手、灵活机动的原则。不宜绑定某一国家整体，而应以该国内部有政策影响力的个人、部门和组织为作用对象，发展针对性联系，作为增强中国对外战略影响力的杠杆。

二　策略上从对象国个人与集团的政治利益入手，增进政治影响

目前，对于打造"战略支点国家"的具体策略，主要以经济手段为主：如财政金融扶持、经济走廊和项目建设、发展援助等。经济并不能决定政治，单纯依靠经

济手段治标不治本。

第一，与美俄相比，中国优势在于拥有更强的经济辐射能力，特别是在产能、资金及合作模式方面；但在对他国政权和政策过程的影响力上，差距较大。中亚国家对中国的态度是突出的例子。虽然中国在中亚各主要国家的经济影响力不断深化，但在政治影响力上，与俄罗斯完全不可同日而语。除传统联系外，俄注重从中亚各国领导人的政权稳定和政权问题下手，为其解忧，是重要原因。中亚国家面临重大变故或危机时，第一时间寻求帮助的是俄而非中国。一个近期例子是 2016 年上半年俄强力机关协助乌兹别克斯坦抓捕在俄境内的乌反对派，为其扫除"颜色革命"的潜在危险。

第二，经济利益不必然是各国政策制定的核心驱动力，经济利益服从于政治利益。经济手段不一定能转化为政治影响，经济依赖不一定能转化为战略追随。经济因素要经历复杂的传导过程，才能转化为政治影响。例如，投资和发展援助会提升对方各级政府的收入来源和领导人的政绩，贸易优惠政策可能会为某政党竞争选区提供利好条件，等等。但经济利益只有在能够促进政治利益时才会成为主要考虑，但经济利益一旦与领导人、部门和组织的政治利益相冲突，则往往被舍弃。因此，只有当经济手段能够促进对方领导人或部门、组织的政治利益时，才能发挥作用。这使单纯的经济手段面临着诸多变数，一旦对方政治利益来源发生变化，就将失去效力。

第三，政治权力是最核心的政治利益。直接作用于政治权力能够收获最大的政治影响。对象国领导人的核心政治利益，在于维护与巩固自身和所属阵营的执政地位，而官僚部门的核心政治利益，在于提升自身在本国各部门竞争中的地位。国有企业（如俄罗斯的各大国有能源企业）首先关注的不是经济利益，而是自身的政治地位。如中国政策能持续提升个人或主要部门的政治利益和政治地位，而当中国成为其重要的、不可或缺的权力来源时，即形成战略上的对中国追随。直接针对政治权力，相比于单纯的经济合作有诸多优点：富有针对性，效果易于检验，使对方依赖于中国而不致使中国受制于人。

第四，针对具体领导人或部门，把握其政治利益的来源和变化趋势，在关键节点上介入，是增进中国政治影响的必由之路。一些关键节点事件，如领导人代际更替、政变、暴恐事件、社会抗议、外部战乱等，都会在短期内显著地改变领导人的政治权力基础，也会因此影响到国内部门的政治利益格局。在这些关键节点上，如果中国能够迅速出手，给予继续的外部承认，或对症下药，支持其稳固政治地位，将有助于增强中国对其政治影响。

第五，发挥针对性影响，需要以长期深入调研为基础。要对该国的各种政治势力、政策过程、社会结构、历史和发展趋势等各个方面建立专门积累，以在突发事件发生时，能够做到准确判断。可针对具体对象国，在国安委下设立多个国别咨询委员会。咨询委员会的构成，应遵循问题优先、贴近一线的原则，进行灵活配置，整合对该国有长期研究或工作经历的政、企、军、学、侨等多领域研究人员。

中国海外利益面临的主要安全风险及统筹维护

杨丹志

中国社会科学院亚太与全球战略研究院博士、助理研究员

中国海外利益即在有效的中国主权管辖范围以外地域存在的中国利益。在狭义层面上主要包括中国机构和公民在海外的生命、财产和活动的安全，在广义层面则包括境外所有与中国政府、法人和公民发生利益关系的有效协议与合约，以及境外所有中国官方和民间所应公平获得的尊严与名誉。[①] 目前，国内学界普遍认为，中国的海外利益总体上可划分为有形的国家安全利益、海外公民权益、海外商业利益和无形的国际社会认同四类。[②] 在现阶段，中国海外利益的成长最直观地体现在海外经济利益的增长和海外公民权益的凸显两个方面。

随着中国经济的发展和对区域化、全球化进程参与度的持续加深，特别是中国企业走出去步伐的加快，中国的海外利益飞速拓展。与此同时，中国海外利益面临的各种风险也持续增加。中国海外利益保护开始成为一项亟待解决的议题。

一 中国海外利益面临的主要安全风险

目前，中国海外利益面临的多种安全风险既涉及传统安全，也涉及非传统安全，主要包括地区安全局势动荡、国内政局变换、资源民族主义的兴起及非传统安全威胁。

---

① 苏长和：《论中国海外利益》，《世界经济与政治》2009 年第 8 期，第 13 页；陈伟恕：《中国海外利益研究的总体视野——一种以实践为主的研究纲要》，《国际观察》2009 年第 2 期，第 8 页。

② 陈松川：《中国海外利益保护战略初探》，《当代世界》2012 年第 4 期，第 54 页。

（一）地区安全局势动荡

地区安全局势动荡是危及中国海外利益的重要因素。例如，始自 2010 年底的阿拉伯世界政治剧变对北非地区各国造成了强烈冲击，导致地区局势趋于动荡，也给中国分布在该地区的各类海外利益带来严峻挑战。中国在北非地区的海外投资和工程项目遭受巨大损失。利比亚内战期间，中国在当地承包的一百多亿美元的大型工程项目几乎全部停工，工程人员被迫撤离。部分项目为炮火波及或被武装人员洗劫。战后重建工作难以开展。[①] 此外，也门及索马里等国旷日持久的武装冲突也使得当地的投资环境极度恶化。

在缅甸，政府军与少数民族地方武装之间大规模武装冲突时有发生，也对中国企业在缅生产经营活动造成冲击。2016 年 11 月 20 日，缅甸北部果敢同盟军（MNDDA）、德昂民族解放军（TNLA）、若开军（AA）和克钦独立军（KIA）等 4 支少数民族地方武装近十个混合营的联合部队，对缅军在缅北的多处驻点发动进攻。双方发生激烈冲突并已经造成人员伤亡。不仅中国边民的生命安全受到威胁，财产遭受损失，而且中缅边境的经贸合作也受到严重影响。现阶段，大量缅北难民进入中国已经得到妥善安置。但缅北冲突态势如果得不到有效控制，更多缅北难民进入中国，必然增加中国中央和地方政府的负担。在中国提出的"一带一路"倡议实施的进程中，缅北的木姐贸易区已成为中国消费品和建材涌入缅甸的中转站。统计数据表明，2015 年度经由木姐的贸易额约为 54 亿美元，是 2011 年的 4 倍，缅甸的边境贸易中的 70% ~80% 也在木姐进行。分析人士认为，木姐将成为实质意义上的"中缅新贸易中心"。此外，中国石油天然气集团（CNPC）2015 年开工建设连接缅甸西部皎漂港和中国内地的油气管线后，木姐也成为管线的重要中转地。而此次缅北冲突中，木姐贸易区成为主要区域。如果缅北冲突持续，中国在缅甸的经济利益将遭受重大损失。

（二）领土、边界纠纷及安全互信缺失

2014 年，因中建南"981"钻井平台在南海部署引起了越南国内持续数日的反华骚乱。虽然因骚乱遭受经济损失的主要是台资企业，但只要中越南海纷争迟迟难以解决，中资企业在越南拓展经营就可能面临巨大的风险。此外，中资企业

---

① 钱学文：《中东剧变对中国海外利益的影响》，《阿拉伯世界研究》2012 年第 6 期，第 45 ~ 46 页。

在越南的投资开发也经常因越南国内非经济原因的干扰而进展缓慢。2007 年 11 月，越南政府决定将位于中部高地省份林同省和多农省的铝土矿开发项目交由越南国家煤矿工业集团经营，后者分别与中国铝业公司和美国铝业巨头美铝合作。早在 2008 年，中国中铝集团就拟在越南中部开发铝矿。但是，铝土矿开发计划一经公布，立刻引起了越南国内"罕见的批评浪潮"。反对者中包括在越南国内深孚众望的武元甲将军等越南各界知名人士。反对者不仅认为矿业开发项目带来的环境污染远远超过经济利益，更重要的是认为由中国进行此项开发深入越南腹地，可能会危害越南的国家安全。越南国内朝野上下的强烈反对使得中铝项目不得不就此搁置。

中印边界争端的现实存在和中印安全互信的缺失影响了中国企业在印度的拓展和经营。有观点认为，美国对中国在孟加拉国、巴基斯坦、缅甸等地区的港口投入早就以"珍珠链"战略命名，从而挑起相关国家对中国的戒备。[①] 而印度无疑就是对中国戒备心态最强的国家。中国著名企业华为在印度开展业务一度遇到了阻力。2005 年，印度最大的电信公司 BSNL 取消了一份与华为公司的价值 3116 万美元的合同。据 BSNL 解释，这是因为华为和它的两个印度伙伴——Himachai 未来通信有限公司和国营的半导体精密有限公司，在 2004 年赢得一个提供设备的投标工程后，没能为它提供超过 10.5 万条 CDMA 线路。BSNL 还暗示，它已经考虑禁止华为参加它今年的工程竞标，甚至永久禁止华为参加它今后所有工程的竞标。

中国第二大电信设备制造商——中兴通信设备有限公司（ZTE）也表示，它两年来一直在等待印度政府对其建厂申请的批复，但是印度安全机构阻碍其计划的实施。

（三）部分周边国家国内政局变动、领导更迭和国内政治纷争

在南亚和东南亚，因部分国家国内政局变动、领导更迭和国内政治纷争而使中国海外利益受损的案例屡有发生。

斯里兰卡首都科伦坡港是中国在南亚重要的建设项目。在 2015 年之前主政的斯里兰卡前总统马欣达·拉贾帕克萨采取了亲华立场，项目运作顺利。但在他下台后，中斯关系受挫。拉贾帕克萨的继任者——迈特里帕拉·西里塞纳总统对科伦坡港口城项目进行了审查，理由是需核实该项目是否公平合法。该项目也因此一度停滞。

---

① 许娟、卫灵：《中国在巴基斯坦海外利益的维护与扩展》，《新疆大学学报》（哲学·人文社会科学版）2015 年第 4 期，第 4 页。

在缅甸，中电投等企业投入巨资进行密松水电站项目建设。但缅甸中央政府与掸邦之间因由此产生的利益分配不均而纷争不休，导致密松水电站等大型工程项目长期处于停滞状态，造成中方企业巨大经济损失。

在蒙古国，中央政府投资政策的连续性和稳定性较差。每届政府新成员上任，对上届未实施的决议均要重新审议，流程烦琐，由此也增加了中资企业在蒙投资的风险。

总体上看，由于部分国家尚处于政治和经济转型的进程中，国内各政治力量角力激烈，一定程度加大了中国在上述国家投资的风险，海外利益的保护也存在较大的难度。

（四）资源民族主义的兴起

所谓资源民族主义，即基于国家对自然资源的合法管辖，通过控制和支配资源，以及市场干预行为，实现为政治服务和国家特定发展等目标。[①] 在非洲和拉美，资源民族主义的兴起也对中国的海外利益构成了现实的威胁。统计资料表明，近年来中国对海外能源资源的依存度在急剧上升。2015 年，中国石油的进口依存度已达 65%，铜矿进口量占世界总产量的 40%，铝土、锰、铬铁、镍等矿产品对外依存均高达 40% 左右。这种对外高度依存必然使中国高度重视海外能源资源的获取，特别是希望以控制海外矿产资源的方式来保证供给。在非洲国家，中国的投资被看作掠夺非洲资源的"新殖民主义"，遭到强烈批评。在拉美国家，中石油计划勘探开采新石油区块（位于亚马孙雨林深处世界闻名的亚苏尼国家公园内）受到了来自厄瓜多尔国内外的批评，原住民组织克丘亚族联合会（ECUARUNARI）也对此提起诉讼。此外，首钢秘鲁铁矿（Shougang Hierro Peru S. A. A.）发生了劳资冲突，秘鲁阿帕雷马克（Apurimac）区域也出现针对中国五矿集团（MMG）的抗议活动。

（五）非传统安全威胁

中国海外利益也面临严峻的非传统安全威胁。主要包括海盗在印度洋及太平洋国际水道对中国油轮及商船的威胁，国际恐怖主义特别是伊斯兰国极端势力兴起对中国在中东、南亚及北非经济利益的威胁；也包括在全球范围内针对中国人或不仅仅针对中国人的暴恐袭击或绑架。此外，流行性疾病的蔓延传播、生态破坏和环境

---

① 马也：《资源民族主义的基本定义与表现形式》，《中国矿业》2014 年第 11 期，第 22 页。

污染等问题同样也会危及中国的海外利益。可以预期，随着"一带一路"建设进程的加快，中国海外利益所面临的非传统安全威胁会进一步加大。

二 中国海外利益保护存在的主要问题

首先，部分在海外从事生产经营活动的企业存在重视经济、轻视政治的倾向。项目设计仅考虑经济因素或投资的自然环境、人力资源等因素。对所在国的政治架构及其运作，国内各政治势力的主要纲领及博弈、政情民意的动向缺乏了解。部分企业不能认识到所在国国内政治的复杂性，大量的公关工作主要针对政府部门、部分政党和个人，没有考虑兼顾、平衡各方利益。这一问题在缅甸较为突出。

此外，部分中资企业轻信外方承诺，轻易做出巨额投资和启动大型工程项目建设等重大决策。海外大型工程建设项目经常因所在国领导人更迭或政策调整而出现停滞甚至烂尾现象，甚至被所在国没收。例如，中国辽宁最大民营企业西洋集团在朝鲜拿下一个储量 17 亿吨的铁矿项目，投资 2.4 亿元，期望每年可获 15 亿元的利润。该项目也是中国企业对朝鲜投资最大的项目。但最终，该项目完全被朝鲜政府接管控制，中国企业家遭受重大损失。

其次，部分中国企业法制观念淡漠。在中国国内习惯潜规则办事，暗箱操作。在海外经营活动也希望利用所在国制度的漏洞从中渔利。重视经济效益，忽视社会影响，在环保和惠及当地民生方面乏善可陈。但随着所在国法律制度日益完善，这些不规范甚至是非法的生产经营活动就会受到约束、管制、惩罚甚至取缔。

再次，中国海外利益保护体系建设滞后于海外利益拓展的进程。在海外利益保护方面中国缺乏成熟的理念、有效的机制和专业化的安保队伍。在此方面，西方国家已经有较为丰富的经验及其实践。但中国无法在海外简单地复制照搬；中国国内各官方机构如外交部和军队之间的协调配合有待进一步加强；中国官方机构与在海外从事生产经营的企业间的沟通有待加强；目前缺乏常态化的沟通协作机制。此外，专业化的安保队伍建设也存在问题。中资企业大量安保从业人员来自复转军人、武警或保安培训机构，大多具有较好体能，也具有一定应变处置能力；但外语使用能力、国际视野和海外工作经验普遍欠缺，对对象国情况缺乏了解，使用外语能力较为薄弱，这直接制约海外利益保护行动的开展。大批在海外从事生产经营的中资中小民营企业则不具备组建、配备专业安保团队的意愿和能力，遇到危险时彼此之间也缺乏照应。

最后，忽视媒体公关工作。遭遇外媒对中资企业正常的生产经营活动造谣中伤，歪曲、诋毁中资企业形象的情况下，中资企业不能及时利用媒体力量予以驳斥，以正视听。此外，部分中资企业即使在生产经营中出现纰漏或失误被曝光，也不能及时进行有效危机管理，而是试图掩盖事实，蒙混过关。此种做法严重损害了企业的信誉和形象。

三 对策建议

海外利益保护是一个多元立体系统工程，应从外交、执法、司法、军事等层面构建海外利益的立体保护体系。[1] 在实践中，仅仅依靠单一部门的力量难以有效地维护中国海外利益。

针对当前中国海外利益保护存在的问题，特提出以下对策建议：

一是中国企业（包括国有企业和民营企业）赴海外投资开发需要预先进行实地调研，收集翔实的一手资料和相关文献资料，进行系统、周密的项目论证并做好相应的风险评估工作。风险评估不仅包括对海外投资开发项目所在环境的评估，也包括对对象国国内政治稳定性、社会治安状况及与周边国家关系的全面评估。对投资开发和进行生产经营活动的困难应有充分的准备。

二是在海外投资并从事生产经营活动的中资企业应增强风险防范意识，加强在安保和紧急避险方面的培训和演练，大型企业需要建立灵活高效的安保体系，配备专业的安保队伍。目前中国企业的安保团队成员主要来自国内，但从当前众多跨国公司的安保经验来看，安保团队还需在所在国，特别是开展业务区域适当招募当地人参与安保工作，因其对当地民情风俗、地形和天气更为熟悉；但对此部分人员进行招募时需要做好甄别和考核工作（包括其身体条件、宗教信仰、性格嗜好及社会关系等）。民营中小企业需要在安保领域加强彼此间合作，或是与海外央企加强合作。海外中资企业还要注意与所在国中央政府部门、地方政府机构建立密切联系，重视在所在国培养和积累人脉，设法在当地培植深厚的社会根基。

社会根基强，即便当地国政府发生变动，自己的权益也不大会被撼动。[2]

三是加强外交、国防、公安等多部门之间的相互协调合作，多管齐下保护中国海外利益。例如，加强军事力量建设，采取更多"非战争军事行动"打击恐怖主义

---

① 李志勇：《中国警务外交和海外利益保护》，《江淮论坛》2015 年第 4 期，第 123 页。
② 苏长河：《中国海外利益保护的新视角》，《探索与争鸣》2011 年 8 月，第 41 页。

势力和海盗，维护地区和平和稳定。如果得到有关国家同意，中国可在海外建立常设军事基地或享有灵活机动进入特定区域开展行动的权利。[①] 外交部门应加强对涉及中国海外利益保护问题的关注。驻外使馆及领事馆在海外中资企业及员工遇到困难、遭受不公正对待时应能及时提供帮助。

此外，中国还应加强与中国海外利益较为集中的国家之间的警务合作，争取建立长效合作机制，开展联合执法。

四是中国政府应加强对在海外从事种植业、养殖业及矿山开发和基础设施建设的中国国企的监督和管理，对其是否具备在海外从事上述生产经营活动的资质（包括工艺、技术可靠及不对环境造成破坏等）进行认定。部分中资国企生产经营部门及从业人员在海外的不法行为不仅损害所在国和中国的经济利益，也可能导致中国与其海外利益所在国关系严重受损。对此问题的严重性中方应有清醒认识并予以高度重视，应及早干预，及时予以整改、补救和对责任人予以必要处罚。对非国有企业在海外的不法生产经营行为，中方亦可通过加强与相关国家的相互沟通，依法处理。

五是随着各国国内环境保护意识的加强和环保立法的逐步完善，在海外从事种植业、养殖业、矿产资源开发及水电站、道路及桥梁等工程建设的中国企业的领导层及员工均应进一步加强对当地法律、法规的学习。此外，还需要了解、尊重当地的风俗习惯。中国企业在海外进行生产经营活动要注意环境保护，为当地创造就业机会，培养当地技术骨干（可在当地培训，也可在中国集中培训）和惠及当地民生。

六是中国政府部门应加强对中国海外利益较为集中的国家国内涉中国的舆情动向的把握，对国际媒体涉中国海外利益的相关报道进行动态追踪，加以整理、分析、甄别。特别是需要了解国际媒体针对中国的负面报道或抨击背后是否有西方势力的策动和支持（在部分国家，已有证据表明西方势力已经涉入），以及涉中国新闻报道的可信程度。如果报道真实可信，则中方需要规范自己的行为；如果报道不属实，中方应及时诉诸媒体予以揭露和说明。此外，在老挝、越南等国，均有部分势力试图借维护国家利益之名，行反中央政府之实。中方可以就此与上述国家政府进一步加强在维稳方面的合作。

七是进一步加强国内的反腐倡廉建设。防止腐败分子借海外开发之机中饱私囊

---

① 在此方面，美国有着成功的经验。参见王发龙《美国海外利益维护机制及其对中国的启示》，《理论月刊》2015 年第 3 期，第 179～183 页。

牺牲国家利益；对部分央企高管实行严格问责制度。例如，中国石油系统在海外油田收购时多次耗费重金收购到的海外油田只能产出高硫油，油品不好，炼化成本大幅上升。类似事件的一再发生，原因不仅在于相关部门高层决策失误，还可能在于主管部门领导玩忽职守，甚至是收受境内外不法分子的贿赂。加强反腐工作有助于有效防范此类行为的出现。

"十三五"规划期间中国周边外交的前景展望[*]

在影响"十三五"规划周边外交的相关指标上，最重要的莫过于：中国与周边国家的实力对比、周边国家对中国的战略意图、周边地区的主要热点问题走向以及美国因素。由于周边国家数量较多，对中国战略意图难以一一列举，且对中国意图也能很好地反映在相关热点问题的立场上。本文就采取以下三个指标。

一 "十三五"规划期间中国的实力情况

中国与周边国家的实力对比是中国周边外交的国情基础，中国与周边国家之间的合作机制构建则是中国周边外交的工具和依托。只有明确中国和周边国家的实力对比及相关合作机制，才能厘清"十三五"期间周边外交的现实基础及可行途径。

2015 年，中国的 GDP 总量为 11.2 万亿美元，位列亚洲之首，约为日本、韩国、印度以及东南亚国家的 GDP 之和；中国的军费开支为 2145 亿美元，同样位列亚洲之首，是日本（463 亿美元）的 4.6 倍，韩国（386 亿美元）的 5.5 倍，印度（511 亿美元）的 4.2 倍，俄罗斯（910 亿美元）的 2.4 倍。① 按照经济新常态的要求，中国的经济增长在"十三五"期间将维持在年均 6.5% 左右，远高于周边国家的平均水平。考虑到周边热点问题没有减弱迹象以及中国海外利益保护面临的压力持续增大，"十三五"期间中国的军费开支将很有可能持续中高速增长。尽管 GDP 和军费开支不能完全反映一个国家的经济实力和军事实力，但上述数据却直观地反映了中国持续上升的综合国力。

中国与周边国家和地区的合作体系是中国周边外交推进的重要依托。从较为宏

---

* 本报告由中国社会科学院亚太与全球战略研究院中国周边战略研究室成员集体完成，执笔人为王俊生、杨晓萍、秦升、屈彩云、丁工。

① SIPRI Military Expenditure Database。

观的视角来看，长期以来中国与周边国家的合作表现出两种不同的区域特点。从印度开始向北延伸，经过中国北部边境向东直至朝鲜，即西部周边和北部周边的合作主要集中于政治、军事和安全领域。这一特点一方面归因于中俄关系的良性互动以及中国在西部和北部边境不存在领土争端，这为政治互信和军事合作提供了重要基础；另一方面，西北周边国家经济发展水平不高，中国与其经济合作并不深入。从韩国开始向南延伸直至中南半岛，即东部和南部周边的合作主要集中于经贸领域。主要原因是日韩和东南亚国家在中国对外贸易当中占有极为重要的地位，对中国的经济发展影响很大。相反，由于美国西太平洋军事同盟的存在以及南海地区复杂的主权争议，中国在这一地区的政治军事合作基本处于停滞状态。在中国周边总体的合作机制构建上，强调经济合作大于强调安全合作，这是由中国将发展经济视为第一要务的基本国策决定的。上述非对称的合作态势在"十三五"期间极有可能发生重大转变，周边外交将朝着政治经济并重、双边多边并重，更加多样化、复杂化的方向发展。这是"十三五"期间中国综合国力的质变以及地区政治经济格局的演进共同造就的。

考虑到上述 2015 年中国的经济指标以及"十三五"规划下中国经济预期的增长速度，中国的综合国力在"十三五"期间将从量变走向质变，这是中国在周边地区转变合作机制构建思路的首要前提。自 20 世纪 90 年代以来，中国的经济增速长期高于周边国家和地区，2010 年就已经超过日本成为世界第二大经济体，在此 9 年前（2001 年）中国的军费开支就已经超过日本，然而中国在东亚地区的大国地位长期得不到周边国家的认可，其本质在于中国的综合国力仍然处于量变阶段。"一带一路"的提出和实施彻底改变了中国在地区经济治理体系中的角色，使中国完成了从"跟随者"向"领导者"的转变，特别是亚洲基础设施投资银行以及丝路基金的成立标志着中国的经济实力完全能够支撑国家利益在海外的拓展。

二 "十三五"规划期间周边主要热点问题走向

中国周边三个热点问题——南海问题、钓鱼岛问题、朝鲜半岛问题——的走向，对于中国"十三五"期间的周边外交将有直接影响。

（一）南海局势

南海局势热度随南海仲裁案 2016 年 7 月 12 日的出炉而达到一个高点，预计未来五年南海燥热状态将会出现小幅回落，但整体高烧不退的基本态势难以扭转。这是由域内和域外两个方面因素共同作用的结果。

域外大国。由于美国将中国设定为主要战略竞争对手，以南海为着力点和切入口对华进行区域围堵的既定方针不会改变，全力防止中国崛起对美国西太平洋霸权地位的威胁。未来五年，随着特朗普政府的上台，预计美国仍将承袭、延续"亚太再平衡"战略。美方将继续奉行台面上不持立场、客观中立的表象，暗地里则继续偏袒帮腔菲律宾、越南等国，美国还将继续利用各种机会场合，怂恿印度、日本、东盟、七国集团、欧盟甚至韩国等友好国家或盟邦出面发声，拿南海问题说事，抹黑炒作中国正当合法的南海维权政策。

还应特别指出日本在这一过程中的角色。考虑到中国实力增长以及中日两国历史关系，"十三五"期间日本对华心态的焦虑较其他国家最为明显，因此将继续扮演搅局者角色，形成美国在后台撑腰鼓气，日本在前台冲锋出招的格局。日本会积极配合美国"重返亚太"战略，承担美国东线封堵、遏制中国的排头兵、马前卒职能。同时，日本努力把东海、钓鱼岛争端，与南海岛屿礁岩和海域划界争议相联结，以图实现对中国"两海"共同发难的效果。未来日本会加大插手南海事务的力度，一来推动西南离岛防御作战的战略部署，与保障南海能源、原料生命线安全的海外计划对接；二来以南海促东海，既通过在南海问题上牵制中国，从而减轻东海、钓鱼岛方向的压力。

此外，印度战略动向值得警惕。随着印度东向战略由"向东看"到"向东干"转变，印度未来五年在南海区域活动力度和参与强度都会有所提升，甚至不排除在某些议题上印度同部分域外国家或涉事方建立"意向"联盟的可能。

域内邻国。越南、菲律宾仍将是南海声索国中与中方摩擦最多的国家，但随着最高领导层的更迭，"批评"的调门会降低，在南海问题上的态度趋于务实。尽管杜特尔特政府上台后，中菲关系迅速改善，但从中长期来看，菲、越两国南海政策的大方向不会变化，继续以引入域外势力来平衡中国崛起的影响力。此外，马来西亚和印度尼西亚是潜在引爆点，由于越南和菲律宾在一线冲锋的作用弱化，印度尼西亚、马来西亚在南海问题上可能比之前更为活跃，特别是印度尼西亚在纳土纳群岛权益分配问题上也可能会掀起一些风浪。

总之，"十三五"时期南海总体呈现日本、美国怂恿唆使菲律宾、越南在南海问题上搅局，其他域外大国加大对南海区域战略投送力度，域内国家部分声索国虽继续与中国存在争议摩擦，但相比之前烈度会有所降低，域内国家逐渐认可接受以对话谈判解决矛盾分歧的主张。

（二）钓鱼岛问题

当今，日本在钓鱼岛构置了咄咄逼人的战略布局：从低调控制到高调强占，从海洋划界到疆域延伸，从借美国威慑中国到拉美国介入争端，从武力监控到可能的军事夺岛。

近几年，中国加大维护钓鱼岛主权的力度，逐渐改变过去被动的地位。针对中国在钓鱼岛海域的大力维权，"十三五"期间，日本预计会采取种种策略，增强对钓鱼岛的控制。第一，日本将继续加强对钓鱼岛的实际管控和监控力度，加强在西南岛屿的军事部署。第二，日本将继续借助美国之力威慑、牵制中国，试图寻求中日钓鱼岛争端的战略制高点。第三，日本将通过日美澳机制、日美印对话框架，拉拢澳大利亚、印度，试图平衡中国。第四，日本将通过积极介入南海争端，以"祸水南引"的方式，向中国施压，试图寻求其在东海问题上的可能优势。

"十三五"期间，钓鱼岛事态有所缓和，中日双方均有所克制，努力构建危机管控机制，但不排除双方擦枪走火的可能。而且，美国因素使钓鱼岛问题更加复杂化。随着亚太再平衡战略的推行，美国表现出明显偏袒、支持日本的立场，不时以"日美安保条约"为借口，对钓鱼岛问题进行实际的干预。

（三）朝鲜半岛问题

当前因朝鲜第五次核试验和韩国欲部署美国萨德导弹防御系统，朝韩同时触及中国底线，这在冷战后还是第一次。中国对半岛问题决策的难度增大。

促使金正恩冒险的根源在于其政策误判与斗狠：认为通过频繁核试验能迫使美国承认其是核武国家。促使韩国公开不顾及中国立场而部署萨德的根源在于朴槿惠政府的误判与情绪化。因此，在2016年1月6日朝鲜核试验后，因中国没有满足朴槿惠政府全面施压朝鲜的要求，朴槿惠得出"中国不可信、不可靠"的误解，情绪化地对华翻脸。"萨德"问题的逻辑就是朴槿惠"选边站"的决定，是向美国投怀送抱的大礼。美国亚太再平衡政策的核心就是军事力量重返亚太，这首当其冲的就是亚太导弹防御系统，主要对象就是中国。

韩国国内由于"崔顺实"干政事件面临政治乱局，2016年12月18日，韩国代理总统黄教安针对"萨德"入韩问题对媒体表示，将继续实施现有政策，按期部署。因此，预期在韩国新总统选举之前，目前的半岛局势不会有明显变化。中国目前在半岛上面临的复杂环境与决策压力将持续下去。

但韩国新的大选之后，这一局面将有较大改观。一方面，朴槿惠政府建立在误判与缺乏战略眼光之上的对朝与对华政策都已触底，不可能更坏；另一方面，考虑到目前韩国国内对朴槿惠政府对外政策的批评，以及考虑到中韩紧密的经贸与地缘关系，以及韩国在半岛问题上对华的倚重，届时韩国新总统很有可能采取比较理性务实的政策。奥巴马政府精力有限，任内主要解决了古巴和伊朗问题，下一任总统想留下外交政绩以及考虑到面临问题的紧迫性，预计解决叙利亚问题与朝鲜核问题将是重要议程。在朝鲜核问题上，尽管一定形式武力解决的可能性不能排除，但考虑到因战争造成局势动荡以及巨大不确定性，这不符合美国利益，因此放弃战略忍耐政策、采取务实对话解决的可能性极大。

这其中还有一个重要原因，朝鲜核问题长期得不到解决的根源在于美国有解决问题的能力但缺乏解决意愿，因为朝鲜所要的安全关切以及关系正常化只有美国能满足。美国不愿意解决的根源在于其希望朝鲜崩溃，因此在等待这一局面到来。在此之前，又可充分利用局势的适度紧张服务于其亚太布局。如上所述，"十三五"规划期间中美实力对比将继续有利于中国的方向发展，这将首先反映到包括朝鲜半岛在内的中国周边地区。也就是说，届时中国将不仅具有解决问题的意愿，也将初步具备解决问题所需的能力。

三 "十三五"规划期间美国对中国周边问题的介入

在"十三五"规划期间，美国在中国周边地区的战略原则仍可概括为：继续确保美国在此区域的领导地位不受挑战。

在此大的原则之下，美国的一些重要目标包括：

（1）管理中国崛起，包括中国崛起在地区秩序层面带来的政治、经济影响；"拒止"中国塑造新的地区秩序的企图和行为（如 AIIB，OBOR）；

（2）在核问题上加强美国的领导力，包括阻断朝鲜的核武器发展进程，阻止印度与巴基斯坦之间可能的"战术核武器"冲突，以及与阿富汗及中东问题相关的核恐怖主义；

（3）保持美国对于开放空间规则制定的主导权，包括海洋（如船只自由航行权、自由飞越上空权）、太空、网络；

（4）将恐怖主义活动更远地控制在远离美国本土以外，在反恐上更借力国际合作（主要是盟友的力量）。

为促进这些目标的实现，美国可能采取的战略路径与选项包括：

其一，大力帮助印度加强实力（如美印防务协定 DTTI，以及美印战略经济对话），并帮助印度更深层次融入地区机制，使印度有能力成为"印度－亚太"区域的安全提供者（如在 2016—2020 年可能鼓励印度在阿富汗发挥更大的作用，如对阿安全部队的培训等），从而从根本上使印度能发挥在地缘政治上平衡中国，帮忙维护基于"法制"之地区秩序的作用。

其二，夸大"朝鲜"核武器发展进程的危险，既可以使韩国在防御系统（如萨德系统）上与美国更近，也可以一定程度使"打掉朝鲜现政权"的目标合法化。在具体谈判中，美国的目标底线可能是要求朝鲜能冻结现有核弹头数量和运载设备研发。

其三，以"渔业"等自然资源之争为借口，继续伺机介入南海问题；与此同时，通过防务技术上的技术进步，以及海洋战略设计的更新，来维持美国在海洋领域的"比较优势"。

其四，将阿富汗政策与巴基斯坦政策脱钩。在机构设置上，国务院可能撤销 2015 年 11 月任命的阿富汗巴基斯坦事务特使。在阿富汗撤军上，美国可能会有所"反复"，如果不增加，美国至少会在阿富汗保留 5000 人的兵力；同时，如果美国不是全面抛弃巴基斯坦的话，至少对巴基斯坦的援助会继续减少，并会继续指责巴基斯坦通过"塔利班"来试图影响阿富汗国内局势，并会在核问题上（特别是巴基斯坦可能使用战略核武器来对付印度）加大"打压"巴基斯坦的力度。

其五，"差异化"使用盟友和战略伙伴的资源。日本将会更加利用其经济资源和军力资源来平衡中国，如部分作为对亚洲基础设施投资银行的对冲，日本加大了在亚洲基础设施上投资的资金额度，日本自卫队也会在南海经常性"无害通过"；澳大利亚在加深与美国军事基地基础设施合作的同时，加大了与斐济等太平洋国家的海洋合作；而印度、新加坡等国家，均会以维持基于"法制"之上的地区秩序为理由，保持对中国在南海问题上的一定压力。

其六，以"民主、人权"为接入点，在香港、台湾问题上给中国制造麻烦。

基于上述分析，本文认为，"十三五"期间中国周边区域合作机制要着力实现两个重大突破。西北周边，要在维持高水平军事政治合作的同时弥补经贸往来的短板，通过"丝绸之路经济带"全面提升西北周边在中国对外经济战略中的地位，拓展中国的海外发展空间。东南周边，"海上丝绸之路"的建设实际上是已有经济合作的延伸，新时期的着力点应该实现两个安全：中国海外投资和经营的安全，海上航行通道的安全，为了确保"海上丝绸之路"的顺利开展，就必须充分运用中国日益强大的军事能力，通过加强军事政治合作机制的构建扭转中国在东南周边不利的安全环境。在"十三五"期间中国拥有极为有利的时机完成周边外交的重大突破，实现经济外交和军事外交的平衡发展，为中国发展成为真正的区域大国奠定坚实的基础。

在热点问题上，要区别化对待，同时防止出现联动，特别是防止美国在背后推动其实现联动态势。对于朝鲜半岛问题，要有战略耐力与战略定力，坚持目前的原则；在钓鱼岛问题上，我们在增强维权和治理的同时，应不断推进双边谈判，积极加强国际法研究，特别是要协调好东海与南海问题，避免陷入这两个问题不断升温产生联动效应的被动局面；在南海问题上，要加强与菲律宾等域内国家的互动。

加强中国中东战略顶层设计，提升中国在中东地区的影响力

王林聪

中国社会科学院西亚非洲研究所研究员、所长助理兼国际关系研究室主任，中国社会科学院海湾研究中心副主任

王　建

中国社会科学院西亚非洲研究所副研究员

中东地区对中国的西部安全和经济发展至关重要。中东地区既是中国开展大国外交的重要舞台，又是中国推进"一带一路"建设的关键地区，是中国未来拓展政治、经济和安全等领域利益及扩大中国政治、文化影响力的重要地区。"一带一路"建设需要以清晰的中东战略为基础。为了使"一带一路"倡议为更多中东国家所接受，特别是为广大民众所认知，有必要加强中国在中东地区软实力建设，提高中国在中东民众中的好感度，提升中国在中东国家的影响力。

一　准确判断中东地区局势及其变化

1. 中东地区局势演变的特征及走向

在经过了"阿拉伯之春"的"严酷洗礼"之后，中东地区正经历自第一次世界大战以来最为深刻的变化，面临着前所未有的严峻挑战。集中表现为：

第一，中东社会变迁速度加快，绝大多数国家正处于政治和社会转型的关键时期，政治和社会变动异常剧烈，但是转型方向和走向尚不明确。

第二，全球化进程中许多国家边缘化，导致国内社会问题尖锐，社会矛盾激化，族群冲突升温，极端主义思潮泛滥，恐怖主义组织化、普遍化和国际化。

第三，中东国家之间实力对比出现变化，伊朗、土耳其在地区的影响力上升，阿拉伯世界进一步走向分裂，其影响力持续下降。同时，伴随着中东变局以及利比

亚战争、叙利亚战争、也门战争，中东国家间关系日趋复杂化，再度分化和重组，形成了不同阵营对垒的局面，以教派对垒（以伊朗为首的什叶派阵营与以沙特阿拉伯为首的逊尼派阵营）为特征的中东地缘政治竞争加剧。

第四，域外大国对中东战略调整日益加快，美国在中东的影响力下降，其中东战略逐步收缩；相反，俄罗斯借叙利亚战争重返中东，其战略影响力逐步上升；因难民问题、恐怖主义泛滥等原因，欧洲国家对中东地区的关注度上升；与此同时，伴随着中东国家整体上"向东看"趋势不断加强，新兴经济体——中国、印度对中东的关注度正迅速增强。因此，在现阶段及未来相当长的时期内，中东地区的基本特征是"变"与"乱"交织，中东秩序处在深刻调整和重构时期，中东地区热点问题在短期内很难降温，中东地区整体局势走向充满着不确定性。

2. 当前中东国家的基本问题和需求

中东地区长期动荡不宁的根本原因，一是中东国家整体发展水平低，实力弱小，大部分国家对外依赖性较强，难以在经济发展上实现独立自主；二是外来干涉从未间断，中东地区因其重要的地缘战略位置，一直成为西方列强干预和介入的重灾区，中东国际关系有着很强的外部性特征。由此来看，中东国家的基本问题归根到底是发展与和平问题。"阿拉伯之春"爆发六年多来，中东地区动荡使得该地区国家承受了巨大的损失，也付出了惨重代价。正因为如此，中东变局发生国从六年前的"人心思变"演变为当前的"人心思稳"和"人心思定"的新阶段。在这个阶段，如何实现稳定和发展成为当前乃至今后相当长时间里中东国家的共同需求。集中反映在：

一是发展需求，核心是发展生产力，通过再工业化等途径，解决尖锐复杂的民生问题，尤其是失业和贫困问题。

二是安全需求，重点是打击恐怖主义，消除极端主义思潮，走出安全困境。中东国家一方面有着摆脱外来干预的强烈愿望；另一方面，由于自身力量弱小，又往往借助于大国来打击或削弱对手，导致中东局势复杂化，其自身利益也因此而受损。

随着美国在中东地区的战略收缩，越来越多的中东国家对中国寄予厚望，对中国三十多年来的发展经验和崛起历程兴趣浓厚，中东国家"向东看"的步伐正迅速加快。2017 年 3 月 15—18 日沙特阿拉伯国王来访北京，随后又有以色列总理访问中国，足以显示其对中国的重视程度。实际上，发展和稳定是中东最为紧迫的任务，也符合中国在中东的利益。由此形成了中国和中东国家在发展和稳定上的共需和共识，这是推进中国在中东外交的基础。

鉴于此，迫切需要加强中国对中东战略的顶层设计，更多地参与中东事务，更紧密地发展与中东国家的关系，以便更好地维护中国在中东地区的利益。

二　加强中国中东战略的顶层设计

1. 明确中国在中东地区的利益

中东地区在中国外交战略中有着重要的地位。一方面，中东地区是中国向西开放、构建"一带一路"（"丝绸之路经济带"和"海上丝绸之路"）的核心区域；另一方面，中国与中东国家有着广泛而深入的利益关系，由此决定了中东地区对于中国的重要性。中国在中东的利益包括主权利益、安全利益和发展利益三个方面。

主权利益是指在涉台、涉疆、涉藏等重大核心利益上，中东国家，特别是阿拉伯诸国是中国的传统友好国家，坚定支持中国的主权完整。因此，赢得中东国家的国际支持是维护中国主权、巩固双边和多边关系的基础。

安全利益是指维护中国西部边疆的安全，防止"三股势力"的渗透和中东地区恐怖主义的蔓延，以及中东变局或动荡对中国在该地区海外利益安全、能源运输通道安全等构成直接或潜在威胁等。因此，加强中国与中东国家的安全合作，既关涉中国海外利益安全，也关涉国内的稳定和安宁。

发展利益是指从"一带一路"构建和创造发展战略机遇期上，确保中东能源供应状况直接关系到中国社会经济发展和小康社会建设。与此同时，维护中国与中东国家迅速扩大的贸易、工程承包和劳务输出等重要经济利益同样关系着中国的经济发展水平。

在中国与中东国家关系中，主权利益和安全利益是根本性的，发展利益是在此前提下双方互惠互利关系的提升和推进。

应该说，中国与中东国家之间合作的水平达到了空前的高度。一方面，中国与中东国家双边关系的层级不断提升，特别是进入 21 世纪第二个十年以来，中国与一批中东国家建立或提升了战略伙伴关系（2010 年以来先后与中国建立或提升战略合作关系的国家有：土耳其、阿富汗、阿联酋、阿尔及利亚、埃及、苏丹、约旦、伊拉克、沙特阿拉伯、伊朗、摩洛哥），为双边关系的稳定发展打下了坚实基础，双边关系内涵更加丰富。其中，中国和中东国家经贸关系有了飞跃性发展，2015 年中国和中东国家贸易总额高达 2660 亿美元，中国已成为阿拉伯世界第二大贸易伙伴。另一方面，中国和中东国家建立了一系列具有重要影响的多边合作机制和平台，诸如中阿合作论坛、中国－海湾合作委员会战略对话、中国－阿拉伯国家博览会等，充分体现了中国和中东国家友好关系的广度和深度。2016 年 1 月，《中国对阿拉伯国家政策文件》的颁布和中国国家主席习近平访问沙特阿拉伯、埃及和伊朗，这为中国与中东国家共建"一带一路"注入了新动力。在《中国对阿拉伯国家政策文件》中，明确提出"坚持共商、共建、共享原则，推进中阿共建'一带一路'，构建以能源合作为主轴，以基础设施建设和贸易投资便利化为两翼，以核能、航天卫星、新能源三大高新领域为突破口的'1+2+3'合作格局，推动务实合作升级换代"。① 2016 年 1 月 19 日至 23 日，习近平主席访问沙特阿拉伯、埃及和伊朗，进一步推动了中国与中东国家关系的水平。因此，在共建"一带一路"框架下，中国和中东国家更加积极地深化各领域互利合作，已经同 7 个中东国家签署了共建"一带一路"谅解备忘录。可以说，共建"一带一路"，重振"丝路"，成为新时期中国与中东国家全面合作的核心内容，也是中国与中东国家利益共融的主要平台。

2. 中国在中东地区的角色和作用

在此背景下，需要从新时期外交全局对中国在中东地区的作用和角色进行新的定位，以便更好地维护在中东的利益，推进中东地区的和平和稳定。2016 年 1 月 21 日，习主席在阿盟总部发表重要演讲。他将中国与中东民众交往的理念确定为"和平、创新、引领、治理、交融"，并将中国在中东地区的角色表述为"中东和平的建设者、中东发展的推动者、中东工业化的助推者、中东稳定的支持者、中东民心交融的合作伙伴"。② 这既是中国历史积淀形成的和合文化的深刻体现，又是新时期中国实行负责任大国中东外交的战略定位。

第一，中国是中东地区和平与稳定的促进者。近代以来，中东不仅饱受西方列强的蹂躏和剥削，而且深陷地区国家间的敌对和冲突。时至今日，这种情况仍没有根本性好转。中国愿意为中东的和平与稳定贡献自己的力量，一是倡导和平共处、对话交流的理念。欧美的中东外交秉承零和思维和冲突观念，使用文化霸权、强制、支配、干涉、战争等手段，其实质是霸权主义和强权政治。与之截然不同，中国外交倡导和平交往、沟通对话的理念，实质是和而不同和相互尊重。二是在实践中坚决不在中东找代理人，搞势力范围和填补"真空"，而是劝和促谈，广交朋友，建立合作网络。具体包括斡旋和平对话，增强与中东国家的反恐合作和去极端化交流，促进地区国家维持稳定的能力。

第二，中国是中东地区发展与繁荣的推动者。由于长期处于世界经济体系的"边缘"，多数中东国家面临着经济不发展的问题。这些国家的经济结构单一、效率

---

① 《中国对阿拉伯国家政策文件》，《人民日报》2016 年 1 月 14 日。

② 习近平：《共同开创中阿关系的美好未来——在阿拉伯国家联盟总部的演讲》，《人民日报》2016 年 1 月 22 日。

低下不仅直接破坏民众的福祉，而且影响政权的稳定。中东动荡的根源是不发展，因此实现中东地区的发展具有重要意义。所谓"己欲立而立人，己欲达而达人"，只有实现共同繁荣，单个国家的发展才是可持续的，因此，中国致力于通过加强与中东国家的经济务实合作，促进地区的繁荣与进步。具体说来，中国试图提升与中东国家的能源合作，促进基础设施建设、贸易和投资便利化，加强核能、航天卫星、新能源等高新领域合作，从而根本上解决中东国家的不发展问题，助推中东国家的工业化和现代化。

第三，中国是中东民心交融的合作者和好伙伴。中国与中东的民心交融包括两个层面：一是政府层面，即建立伙伴关系。伙伴关系外交创制于江泽民时期，而习主席将其提升为处理国际关系的重要机制。其核心是在不使用西方联盟模式的情况下，广交天下朋友。其特征是相互尊重和相互合作，促进理解和包容。其目的是建立全球伙伴网络，增强中国的国际影响力。二是社会层面，即中国与中东之间的民间交流。在全球化不断加深的当下，人类逐渐形成命运共同体。中华民族与中东各民族应以开放的胸怀，容纳异己的文明或文化因素，并以同情的爱心互相理解、互相尊重，从而达到共生、共存、共处、共立和共达。

三　构建新时期的中国中东战略

如何塑造中东战略，其核心是依据中国在中东的利益确定在中东的外交战略目标、策略机制。姚匡乙先生在《国际问题研究》期刊上发表了《中国在中东热点问题上的新外交》，分析了近年来中国应对中东热点问题的外交实践，认为中国已初步形成具有自己特点的中东热点问题外交政策：在目标上，中国主张通过对话，以政治方式解决争端，实现中东的和平与稳定。在工作思路上，中国实现了由总体超脱、有所作为到积极进取、加强谋划、参与治理、拓展影响的转变。中国为积极参与中东热点问题，建立了一系列必要的工作机制。[①] 这些机制包括中东问题特使、阿富汗问题特使、叙利亚问题特使工作，与中东各国的双边磋商、中阿合作论坛框架下的高官会议磋商、与美国等大国定期与不定期的磋商等，其中特使外交已成为热点问题外交不可或缺的重要组成部分。尤其值得强调的是 2016 年颁布了《中国对阿拉伯国家政策文件》，它分析了中阿关系的基础和动力，全面阐述了新时期中国对阿拉伯国家政策的理念、原则和主张，明确规划了中阿在政治、投资贸易、社会发展、人

---

① 　姚匡乙：《中国在中东热点问题上的新外交》，《国际问题研究》2014 年第 6 期。

文交流、和平与安全等五大领域开展全面合作的"路线图"及具体举措。

基于上述分析，新时期需要加强中国在中东地区的战略规划，明确中国外交转型的基本内涵，从顶层设计上，统筹全局，理顺整体利益和局部利益、长远利益和眼前利益，以"一带一路"布局引领中国的中东外交，倡导"人类命运共同体"理念，塑造具有东方文明属性的共同价值，构建新时期中国的中东战略。

第一，把握三大关系相互协调，构建新型中东外交战略。从中国整体外交战略着眼并确立中国中东外交战略，需把握三大层面关系：中国与大国在中东的关系，中国与中东国家的关系，其他国家与中东国家的关系。一方面，中国中东外交战略应配合中国与大国外交；另一方面，以中国与中东国家外交推动大国外交，统合全局与局部，塑造新时期中国中东外交战略。

第二，明确中国的中东战略理念、目标和途径。

中国中东外交战略的核心理念应是：传承友谊共识，加强互利合作，实现共同发展，坚持公平正义，促进稳定和平。坚持全面解决中东问题，即对当前的中东热点问题应倡导系统解决、全面解决，不能只关注一个热点问题而忽视其他热点问题，尤其是不能忽视根源性问题——巴勒斯坦问题的解决。秉持"全面"系统解决中东热点问题。同时，强调先易后难，创造条件，政治解决。

中国中东外交战略主要目标是：提升与中东国家的全面合作，拓展中国在中东的国家利益，增强中国在中东的战略存在，使中国在中东"政治上更有影响力、经济上更有竞争力、形象上更有亲和力、道义上更有感召力"。创造条件，推进中东地区的稳定与和平，积极为中东地区结束动荡，减少冲突进行斡旋和努力。推进中东地区安全机制的建立，共同打击恐怖主义，抵制极端主义思潮的蔓延。

中国中东外交战略实施途径是：以"一带一路"共建为抓手，兼顾中东国家政治诉求和利益关切，构建多层次战略伙伴关系网，逐步形成中国与中东国家之间的能源共同体、发展共同体；以新安全观和发展观为基础，加强安全风险防范机制建设，逐渐与中东地区国家建立安全共同体，维护中国在中东的利益；主动、积极、建设性参与中东热点问题和多边外交平台，在积极维护地区稳定和推动地区和平的过程中提升话语权和影响力。

四 探索提高中国在中东影响力

1. 中东社会转型加速对提升中国在中东影响力的挑战

阿拉伯剧变不仅对地区格局产生重要影响，而且助推了中东诸国的社会转型。

中东社会结构的变化主要表现在以下几个方面：

第一，青年群体和政治伊斯兰力量崛起，逐渐改变社会结构和政治结构。伴随着中东国家和社会的"年轻化"，青年人口比例上升，其数量众多，精力充沛且接受一定程度的教育，富有创造力，但往往缺乏经济实力和社会地位，因而具有强烈的被剥夺感。阿拉伯动乱之初，青年是抗议政府的主力。他们虽然在政治转型中作用有所下降，但仍是一支不可忽视的社会力量。另外，在当前的政治转型中，温和的伊斯兰政党上升显著，甚至在某些国家成为执政党，这是阿拉伯世界寻求具有本土特色的现代化道路的新尝试。青年群体崛起并走上社会舞台和政治舞台，政治伊斯兰力量步入政坛，由此改变原有的社会结构和政治结构，其政治理念和对外交往理念不同于以前的强人政治时代。

第二，社会文化出现新动向，激进主义普遍化，成为社会思潮中的突出现象。中东剧变以来，中东国家草根力量逐渐形成并建立了一系列的新型群体、运动、组织或团体，试图以此解决中东国家长期的积弊。这种现象，一方面，显示出民众不断增强的政治参与和社会参与意识；另一方面，则表现出越来越明显的排斥传统社会规范，迫切要求改变现状的愿望，激进主义思潮蔓延，极端主义在该地区重新抬头并呈现普遍化态势，在一定意义上成为恐怖主义泛滥的思想基础。

中东地区的社会转型意味着民众在国家政治、经济、社会事务中的作用愈加显著，这也为如何提升中国在中东地区的影响力提出了新问题。

2. 提升中国在中东地区影响力的紧迫性

中国在中东地区一直保持着良好的国际形象。这既得益于历史上的友好交往，又是中国和平外交政策成功实践之体现。近年来，随着中东剧变的加深，中东社会转型步伐加快，中东社会基础发生了变化，对中国认知状况也出现了一定的反差。具体表现在：

第一，中东社会年轻化程度越来越高，新一代青年群体对中国的认知不足，甚至存在陌生感。近二十年间，中东国家人口增长迅速，青年人占社会成员比重高，许多国家年龄中位数在 20 岁左右，形成了典型的年轻化社会，这些新一代恰恰对中国缺乏客观了解。而长期致力于对华友好人士逐渐老去，他们对当下中东社会的影响也正在减弱，因此，加强与中东各国青年交往就成为推动民心相通的基础性工程。

第二，中东国家新生代青年最易受西方思想侵染和伊斯兰激进、极端思想的传播。受此影响，西方长期对中国肆意歪曲报道和丑化宣传很容易误导中东社会中的青年群体，造成对中国制度建设、宗教信仰等的误解。例如，2016 年诺贝尔和平奖得主突尼斯青年就声称要向香港传播民主斗争经验。这些问题值得我们关注和深思。

第三，中东变局以来，民间力量上升，民间态度的变化影响着未来中国与中东国家的关系。阿拉伯剧变后，选举成为中东国家政治生态中的普遍现象。民间力量对中东政权的影响增大，官方态度与民间态度形成差异，政治领导人为迎合选民，有时对发生歪曲中国的事件听之任之，造成消极后果。

中东国家正处在深刻转型之中，大国在中东地区的较量异常激烈，因此，如何维护中国在中东地区的良好国际形象，在中东社会群体尤其是青年群体中增加好感度，提升中国在中东地区的影响力就变得尤为紧迫。

3. 提升中国在中东地区影响力的途径

第一，着眼于长远发展，建立中国与中东国家青年群体多层面交流机制，加深了解，增强对中国认知度、好感度，从而提升中国的影响力，推动民心相通。一方面，建立中国与阿拉伯、中国与伊朗、中国与土耳其、中国与以色列等青年交流机制，扩大中东国家来华学习的人数和规模，以便让他们更深入地了解中国；另一方面，建立在华留学生档案及跟踪系统，不断跟进和关注这些学生学成后的动向，保持经常性联系，扩大友华资源，形成"友华圈"。

第二，企业、个人在"走出去"的过程中，树立公共外交和民间外交意识，塑造良好的中国的国际形象。同时，面向中东普通民众，成立以民营企业为主导的基金会，扩大在中东的影响力。

第三，广泛、主动参与中东重大热点问题，积极作为，增强在中东国际舞台上的存在感。随着中国国际地位和实力的提升，中东国家对中国的期望日益增长，因此，中东可以视其为中国大国外交具体实践的舞台。中国参与中东热点问题解决既要注重过程，又要关注结果。例如，在广受关注的中东重大热点问题上，中方要主动参与、多提方案，主动设置议题，包括在一些与中国尚无直接利益关系的问题上，也应该主动参与，体现中国的存在感和大国外交责任。另外，增强对灾害、难民等人道主义危机的及时救助力度。特别是对于突发性灾难援助要迅速、有效，例如中国援助非洲防治埃博拉病毒的快速反应赢得极高国际声誉的经验就值得借鉴。

中国对非洲战略运筹研究

张宏明

中国社会科学院西亚非洲研究所副所长、研究员

2000 年"论坛"机制启动后，中非关系呈现持续快速发展的态势，非洲日趋紧密地融入中国外交和发展战略之中，成为其中不可或缺的重要一环。在 2015 年中非约翰内斯堡峰会上，双方领导人一致同意将中非关系提升为"全面战略合作伙伴关系"。从趋势上看，随着国际战略格局及中国安全、发展环境的变化，非洲在中国国家利益和国家战略中的地位和作用仍有较大的提升空间。中国应从全局统筹的战略高度来准确把握未来 5–10 年甚或更长时间对非洲的需求，并在此基础上谋划、制定中国非洲战略。"中国需要非洲"并非虚言妄语，非洲的确有着可资中国利用的政治、经济，乃至战略资源。为了更有效地拓展、维护中国在非洲利益，进而将非洲经营成为中国在地缘政治上运作大国关系之战略外线，中国经济可持续发展之战略依托，中国参与全球治理和多边外交之战略盟友，中国经略非洲需要做好以下几个方面的工作：

一 从全局统筹高度来把握非洲在中国国家利益和国家战略中的定位

中非合作关乎中国整体利益和战略全局，必须将之真正纳入中国安全、外交和发展战略的大棋局中来考量。据此，中国经略非洲要顺应当今世界大变局、中国大发展和非洲大开发之长远趋势，并且要收到政治、经济、战略等多重功效。

其一，将非洲经营成为中国运作大国关系的重要环节。应对美国的战略遏制和抵近围堵，中国既要固守周边，也要外线出击。特别是在中美对抗升级，周边外交复杂多变、一时难以彻底解决的情况下，中国对非工作需要有新思维、大手笔、大动作，要跳出非洲或中非关系这一狭隘的小圈子，真正将之纳入中国战略全局中来考量，通过超大力度运作中非关系，开辟"新战场"，发挥其在中国战略全局中的

"杠杆"作用，即以中非关系影响大国在非洲利益关系，进而间接地牵动大国战略关系，发挥其在中国地缘战略中的牵制、平衡或策应作用。①

其二，将非洲经营成为中国多边外交可倚重的国际力量。非洲系发展中国家最集中的大陆，亦为中国外交之传统优势所在。在周边不睦，中美碰撞升级，中国战略空间不断受到挤压的背景下，稳固中非关系，夯实中国外交基础及巩固中国国际政治资源的重要性更为凸显。非洲亦是中国开展多边外交的重要平台，中国参与全球治理，特别是在大国多边外交博弈中，非洲是值得中国信赖并可加以借助和倚重的国际力量。实际上，非洲国家每每在中国困难或需要之时伸出援手。②

其三，将非洲经营成为中国经济可持续发展的战略依托。非洲系全球资源富集地，业已成为中国不可或缺的战略资源和原材料的供应地，其中从非洲进口的石油数量占到中国石油进口总量的三分之一。另则，非洲市场潜力巨大，中国已连续 7 年占据其货物贸易市场之最大份额，随着非洲城市化进程的提速和中产阶级的成长，中国在非洲中、高端商品市场的拓展空间相当可观，服务贸易亦将成为中国拓展对非贸易的新增长点。此外，非洲系中国实施"走出去"战略，特别是中国产业合作、产能梯次转移的重要区域所在。

二 对非工作要有全局观并注重整体性，以促进各领域合作协同发展

中国对非合作的各个领域是一个相互关联、互为补充的有机整体，但现实是，中非合作在政治、经济、文化、安全等领域的发展并不均衡，甚至缺乏协同性。随着中非合作的深化，其"结构性"问题逐渐显现，这突出反映在，较之快速发展的经贸合作关系，中非在人文和安全领域的交流与合作相对滞后，这种失衡引发了中非合作层面的诸多问题。据此建议：

其一，加快推动中非安全合作步入机制化轨道。安全合作事关中国在非洲的存在和利益安全，同时也是中非各领域合作得以有效开展的重要保障。鉴于非洲局部地区和一些国家安全形势堪忧，以及中国在非洲利益快速拓展，双方人流、

---

① 需要指出的是，外线出击并非脱离主战场，而是寄望于通过提升中非关系战略层级，拓展我战略空间。此举或许能对我大国和周边外交产生一定的策应效应。事实上，过去 10 年我持续加大对非工作力度，不仅对大国在非洲利益关系，也对大国关系产生了一定程度的影响。

② 例如，我在入联、台湾、西藏、人权、入世、申奥、申博、联合国改革等问题上都得到了多数非洲国家的有力支持。在南海问题上，非洲同样也是表态支持我政策主张国家最多、态度最明确的区域。

物流愈加频繁，中国应积极介入非洲安全事务，当务之急是尽快与非洲国家在安全领域建立常态化的合作机制并有针对性地制定应对突发事变的预案，以备不时之需。

其二，切实加强中非在人文领域的交流与合作。中非合作中的许多问题虽然反映在经贸层面，但其深层次原因则在于人文交流的缺失。原因在于，文化、教育合作系中非关系发展之社会或民意基础；智库、媒体交流能够为中非关系发展提供智力支持并营造良好的舆论氛围。在中国"走进非洲"的进程中，如果没有人文合作相伴，"走出去"战略就缺了一条腿。遗憾的是，目前中非人文领域的交流与合作仍浮在面上，满足于做表面文章。

其三，加强合作领域内部各"子领域"之间的互动。中国开展对非合作，不仅要维系政治、经济、文化、安全等领域的协同发展，而且应注重上述领域内部各"子领域"之间的协调配合。以经贸领域为例，只有加强中国对非贸易、投资、承包劳务、援助等相关"子领域"之间的协同与配合，方能使之形成合力，以最大限度地发挥中国对非经贸工作的政策效应。

三 站在国家发展战略全局统筹高度，通盘考虑中国对非经贸战略布局

经贸合作业已成为中非关系的基础和驱动力，但时至今日中国尚无对非经贸合作总体战略规划，以协调各领域之间、各领域内部的布局。另则，中国对非经贸合作的领域规划往往也是大而化之，缺乏长远的、可操作性的次区域、国别规划及行业、产业规划的支撑，难以具体指导、规范中国涉非主体的经营活动。另则，职能部门、经营主体、中介机构、行业组织和科研机构之间缺乏有效的沟通与协作，致使经营主体难以从战略全局高度在非洲开展经营活动，企业行为与政府政策、国家利益之间存在较大的落差或错位。据此建议：

其一，对非经贸合作的战略布局应统筹规划并注重"顶层设计"。对非经贸合作的总体战略规划是中国开展对非经贸活动的行动指南，具有指导意义，因此必须摆在政府对非经济工作的突出位置。对非经贸合作的总体布局应依据非洲在中国发展战略中的定位，契合"十三五"发展规划的相关要求进行"顶层设计"，并注重整体性、战略性和前瞻性。

其二，加快制定对非经贸合作的行业、产业及区域、国别规划。鉴于非洲国家众多，国情差异较大，行业、产业布局，及地区、国别规划应在总体战略规划的指导下，依据中非各自的经济结构特点、比较优势、利益关切等因素而制定。行业、

产业布局及地区、国别规划不仅应相对具体、细化、具备可操作性，而且应结合各合作领域、合作对象的特点，注重合理性及彼此间的兼容性。

其三，对非经贸战略规划既要照顾到面，同时也要突出重点。中国对非经贸合作涉及诸多领域，其中投资是重中之重，应在中国对非经贸合作中占据主导地位，发挥投资项目的综合效益，带动对非贸易和工程承包的全面发展。此外，在投资规划中，能矿等战略性投资①及为配合中国产业合作或产能转移的投资应居于优先地位；在贸易规划中，应将拓展非洲中高端市场、服务贸易放在突出地位；在工程承包规划中，应使工程设计、咨询业务和服务外包业务成为新的增长点；在援助规划中，则以民生项目为重点，物质援助与智力援助并重，发挥援助工具综合效应。

四　充分发挥中国行政效率高的体制优势，使中国对非工作形成合力

随着中非关系的全方位发展，中国对非合作涉及的部委、行业及各类行为体越来越多，需要协调纵横内外、方方面面的关系，因此整合对非工作的管理体系，加快构建集中统筹、纵横有序、职责分明的对非工作领导机制势在必行。只有加强各职能部门之间的沟通与协作，方能形成合力；否则，就会导致运行效率低下，甚至会加大中国实现对非合作政策的目标成本。据此建议：

其一，组建由国务院总理或副总理挂帅的垂直管理机构。现存的由 27 部委组成的"中非合作论坛中方后续行动委员会"只是一个办事机构，加之又是由外交部和商务部双重领导，在协调各部委工作方面存在难度。在不"另起炉灶"的前提下，建议由总理或副总理挂帅，② 以提升"后续委"的层级，与其职责相匹配。此举对外可彰显中国对非洲的重视，对内则便于真正将顺对非工作的纵向关系。

其二，加强政府各职能部门之间及部门内部的沟通与协作。中国涉非工作的部委现已达近 30 个，相关职能司局更多。目前政府各职能部门的"各司其职"实际上是各自为政：不仅部委之间，即便是各部委内部的职能司局之间也缺乏有效的沟

---

① 目前我获取非洲资源的方式是贸易与投资相结合，并以贸易为主；但贸易易受各种国际政治、经济因素的影响，具有较大的不确定性；基于安全性考虑，应逐步过渡到贸易、投资并重，进而实现投资为主、贸易为辅的方式。

② 1997 年，国务院曾设立了一个以李岚清副总理挂帅的"对非经贸协调小组"。

通、协作。当务之急是建立各涉非机构对非工作的报备制度，以避免"多头在外"所引发的不必要的麻烦或损失。另则，国内主管部门在决策时应加强与中国驻使馆的沟通，以免"闭门造车"、无的放矢。

其三，对非工作既要加强内部协调也应注重外部平衡。中国在非洲建交国有52个，各国国情不同，对非工作既要有面向全非的政策理念、原则，也一定要有国别政策或国别方案，切忌搞"一刀切"。在合作对象国的选择上，既要突出重点，但同时也要照顾到"面"的相对均衡性，以免引起非洲国家间的攀比。中国驻非使节要以国家利益为重，克服"爱屋及乌"的心理，切忌只顾驻在国，而不顾周边国家；只顾本任期，而不管下任期。

五　妥善处理中非合作中的问题，适度照顾非洲国家的利益关切

非洲内部关于中非合作的争论主要集中在非洲在其中所扮演的角色和利弊得失上，它反映出作为弱势一方的非洲人的复杂心态：既想从中非合作中获取更多实惠，又担心其自身利益受损。在这种情况下，处理好中国与非洲在各个领域、各个层级的双边或多边利益关系，将互利共赢的合作理念真正落到实处，便成为确保中非关系持续健康发展的关键所在。利益关系处理不好，中国即便"走进非洲"，也难以真正立足并有大的发展。在这方面要做的工作主要有：

其一，切实处理好各类问题，以夯实中非合作关系的基础。中国涉非经营主体多元化后，难免鱼龙混杂，企业行为与国家意志或政府政策之间存在明显的落差和错位，长此以往，将危及中国在非洲整体利益。中国作为中非合作的强势一方，应充分考虑非洲国家经济的特殊性，不与其争小利，适度向其让渡发展空间；此外，政府还应引导企业强化属地化经营意识、法律意识和社会责任意识，以确保中资企业在非洲的可持续发展。

其二，适度增加对非发展援助，充分发挥援助工具的综合效应。对非援助不能只算短期的经济账，而应着眼于长远的战略利益。作为一项战略支出和政策工具，中国对非援助的功能定位和政策目标：应有效配合中国对非政治、经济等战略需求；应有助于促进中国对非投资、贸易和工程承包等各领域合作的开展；应能够起到化解矛盾的润滑剂作用；应有助于拓展中非合作的社会、民意基础，提升中国在非洲的软实力。

其三，准确把握非洲外交走势，充分照顾非洲的利益关切。作为安理会常任理事国中唯一的发展中国家，中国应以更加积极、主动的姿态参与非洲事务

或涉及非洲利益的国际事务，利用各种国际场合为非洲国家仗义执言、捍卫其合法权益。另则，中国应准确把握新世纪非洲外交新趋向①，最大限度地寻求双方利益的交汇点②，强化与非洲国家在国际事务中的互动与合作，同时，要善于利用非洲与西方之间的矛盾，拓展中国在非洲的利益和影响。

六　理性应对大国在非洲的竞争，缓解中国"走进非洲"的国际阻力

中国在非洲的活动已引发西方大国的强烈反应，"竞争中的合作"与"合作中的竞争"业已成为西方与中国在非洲关系之常态。中国"走进非洲"虽势头强劲，但毕竟尚处起步阶段，而西方在非洲已经营了数百年、树大根深，大国在非洲力量格局依然是"西强我弱"。为避免在"走进非洲"的进程中与西方大国过早发生正面冲突，进而缓解中国"走进非洲"过程中的国际阻力，有必要完善或加强以下几方面的工作：

其一，中国应以更加开放、积极的姿态参与涉非国际合作。国际合作不失为中国处理与其他大国在非利益关系的选项。在涉非国际合作问题上，西方国家更为积极、主动，中国则持审慎态度。基于利弊得失分析，在维护国家利益的前提下，中国应以更加开放的姿态，适度参与包括三方合作在内的国际合作。只要方略得当，中国有能力掌控或规避风险。另则，通过开展国际合作，一方面可以彰显中国开放、包容的形象，同时，也可缓解国际摩擦，此外，还可使中国与其他大国在非洲形成利益捆绑，使后者在与中国利益摩擦时投鼠忌器。

其二，利用大国竞争，拓展中国在非利益空间和回旋余地。虽然西方大国在非洲推行的政经模式的总体政策取向一致，并且在干扰中国非洲战略方面亦有相当的默契，但西方并非铁板一块，各大国在非洲的利益诉求亦不尽相同，如老牌殖民国家英国、法国与美国、日本的利益就存在差异。这就难免造成西方大国在非洲彼此倾轧、互挖墙脚的利益竞争，甚或利益冲突。此外，印度、巴西、俄罗斯、土耳其等新兴国家与西方大国之间同样存在利益冲突，中国应善于利用大国在非洲的利益矛盾，最大限度地拓展中国在非洲权益。

---

① 进入新世纪，以联合自强为主旨的泛非主义、以国际关系民主化为诉求的多边主义和以外交服务发展为特征的实用主义三股思潮引导着非洲国家对外关系的发展趋势。

② 例如在国际关系民主化方面，中非双方就有共同的诉求，区别只是在对国际格局演化的期盼上，中国倡导多极化，而非洲国家基于自身实力的考虑，更倾向于多边主义。在这个问题上，中国应设身处地多替作为弱势一方的非洲着想。

综上所述，作为"地区战略"，中国经略非洲必须注重全局统筹：必须立足全局、服从全局、服务全局；如欲达到中国经略非洲所预设的战略目标，中国对非工作还必须做到整体布局：力争形成政治、经济、安全、文化"四位一体"的对非战略布局。而检验中国非洲战略成功与否，则要看它是否符合中国国家利益和国家战略；是否有助于中国在非洲利益的拓展和维护；是否有利于中非合作关系的持续健康发展。

中国软实力建设篇

构建与开放型经济新体制相适应的软实力

钟飞腾

中国社会科学院亚太与全球战略研究院副研究员

2015 年 9 月，中共中央和国务院正式对外发布构建开放型经济新体制的若干意见，提出要建设开放型经济强国，为实现"两个一百年"奋斗目标和中华民族伟大复兴的中国梦打下坚实基础。作为国家综合实力的重要组成部分，文化软实力建设源于经济开放，同时也是进一步促使开放有序发展的保障。

当前各大国围绕文化与意识形态领域的博弈呈现出新特征，经济保护主义与文化扩张主义之间的矛盾日趋深化。西方国家在新一轮大国竞争中面临着艰巨的挑战，经济全球化的文化基础几乎坍塌。自冷战结束以来，美国大肆宣扬制度、政策和文化等方面的软实力，积极向外拓展民主价值观，但在国内层面却难以弥合阶层的贫富差距，美国中产阶级认为美国梦因全球化而破碎，特朗普当选美国第 42 任总统是这种矛盾的尖锐体现。欧洲一贯认为在软实力方面要比美国更为高明，试图不断完善社会福利制度，但最近这种制度却因为移民问题遭遇很大的挑战，后果之一是 2016 年夏季的英国"脱欧"，2017 年可能还会有国家退出欧盟，经济融合并没有消融族群和国别之间的文化冲突。

文化战略是国际竞争中的重要内容，也是大国推行国际战略的应有之义。构建开放型经济新体制是中国做大做强经济的必然之举，同时也是确保综合国力再上新台阶、全面建成小康社会的重大战略部署。在西方社会遭遇空间大危机，进入思想大反思阶段的同时，中国应努力建立起与开放型经济新体制相适应的文化软实力，为中国从中等收入国家迈向高收入国家创造更加良好的外部环境，特别是提升中国在国际话语权中的地位。

一 今后一个时期是中国开放型经济体制基本定型的关键期

目前国际上度量一个国家开放度最流行、简洁的方法是看贸易占 GDP 的比重。

据世界银行提供的数据，以贸易占 GDP 的比重衡量的开放度有如下两个基本特点。第一，全球开放度基本呈上升态势。就全世界平均水平而言，开放度从 1960 年的 24.5% 上升至 2015 年的 57.7%。第二，经济大国的开放度普遍低于全球平均水平。例如，2015 年美国的开放度只有 28.1%，日本为 36.8%，中国达到了 41.2%，而新加坡的开放度高达 326%。美国和日本的人均收入在全球名列前茅，但其贸易占 GDP 的比重远低于世界平均水平。

过去 45 年的历史表明，收入水平与开放度之间的关系并非是线性关系，尤其是中等收入国家的开放度情况更为复杂一些。冷战结束以前，开放度最高的是高收入国家，其次是下中等收入国家，上中等收入国家开放度最低。冷战结束后至 2008 年全球金融危机前，这几种收入水平的国家在贸易度量的开放度上相差无几，但开放度最高的其实是低收入国家。2008 年金融危机以来，尤其是 2012 年以来，高收入国家的开放度再度占据鳌头，2012 至 2015 年四年间平均达到 62.5%，其次是低收入国家，四年平均为 61.6%，再次是下中等收入国家，四年平均为 57.8%，复次是上中等收入国家，四年平均为 51.8%。尤其需要注意的是，上中等收入国家的开放度下降始自 2007 年，而其他三种收入类型的国家则基本从 2009 年开始。

总体而言，目前四类收入水平国家的开放度仍然没有恢复危机前水平，除高收入国家外，大多比高峰时期平均低 10 个百分点。不过，波动幅度最大的其实是中等收入国家，开放度从 2006 年的 61.7% 下跌至 2015 年的 48.6%。其他收入类型的三类国家群体在金融危机后经过两年波动，开放度曾一度恢复至金融危机前水平，不过最终没能维持住开放上扬的势头。令人吃惊的是，恢复能力最强劲的竟然是高收入国家，与高峰时期相比仅低了 1.6 个百分点，达到 60.3%。从这个意义上说，高收入国家与全球经济的联系要比其他收入类型的国家来得更深入，因而在推进开放型经济建设方面有更重大的利益动力和责任需求。

按照国际货币基金组织 2016 年 10 月发布的世界经济展望数据，2015 年中国人均 GDP 为 8140 美元，预计 2021 年将达到 12856 美元。如果以购买力平价计算，中国人均 GDP 将从 2015 年的 14339 国际元增长至 2021 年的 22617 国际元，进步是十分巨大的。从历史经验来看，在由中等收入跨上高收入水平这个阶段，人均意义上的发展还会因中国加大力度推进开放而有更高的质量。2016 年 11 月，习近平主席在秘鲁 APEC 工商峰会上演讲时指出，未来五年中国进口总额将达到 8 万亿美元，利用外资总额将达到 6000 亿美元，对外投资总额将达到 7500 亿美元，出境旅游将达到 7 亿人次。由此可见，中国的快速发展将进一步密切中国与世界的联系。事实上，金融危机以前的 40 年发展历史表明，从中等收入国家迈进高收入国家后，以贸易占 GDP 的比重衡量的开放度还会进一步提高，而且维持在高水平运行的可能性很大。因此，今后五年也将是开放型经济新体制建设初步定型的一个时期。

二 中国与诸高收入大国的软实力差距仍很大

最近，西班牙的埃尔卡诺皇家研究所（Elcano Royal Institute）发布了一份全球90 个国家的全球存在感指数。该指数包括经济、军事和软实力三部分，这三个二级指标的权重分别为 41.4%、19.7% 和 38.9%，二级指标的权重是该研究所委托美国宾夕法尼亚大学全球智库项目问卷调查所得，有较高的可信度。构成军事的三级指标分别是驻外军队人数和军事设施。经济类的三级指标只有五项，按照权重大小划分，分别是初级产品、制造品、能源、服务以及对外直接投资。而软实力的构成因素较为广泛，一共包括了 9 项三级指标，分别是体育、移民、发展合作、旅游、教育、信息、科学、技术和文化。

按照 2015 年度综合指数排名，前十位的国家分别是美国（1098 分）、中国（414 分）、德国（404 分）、英国（403 分）、俄罗斯（320 分）、法国（318 分）、日本（248 分）、荷兰（242 分）、加拿大（224 分）和沙特（194 分）。除中国外的这9 个国家共同的一个特点是，人均收入都高于中国。显然，在综合指数的分值上，美国仍然遥遥领先于其他国家。以中美两国为例，在经济项得分上，美国为 1218，中国为 650，中国是美国的 53.4%；在军事项得分上，美国为 728，中国为 65，中国是美国的 8.9%；在软实力方面，美国为 1159，中国为 338，中国是美国的29.2%。也就是说，中国与美国差距最大的是军事实力，其次是软实力，再次是经济实力。但就全球军事实力排名而言，中国列第三，仅次于俄罗斯（158 分）。

如果以软实力为衡量指标，2015 年中国列全球第六，按国别则是第五。排在前面的依次是欧盟（1490 分）、美国（1159 分）、英国（549 分）、德国（412 分）、法国（401 分）。由于软实力这个二级指标由 9 个三级指标构成，中国在这一项上远远落后于经济大国的相应地位，其原因是多样的。例如，在接受国际移民这一项上，中国列全球 90 个国家中的第 44 位。在影视文化产品输出方面，中国列全球第24 位。以官方发展援助排名，中国列全球第 18 位。以在本国高校求学的外国留学生数量为指标，中国列全球第 9 名。在国际新闻媒体中的能见度列全球第五位，低于美国、英国、德国和法国。在专利和专利保护方面，列全球第五，低于美国、日本、英国、德国和韩国。按接待国际游客这一旅游指标衡量，中国列全球第四位，低于法国、美国和西班牙。而在以奥利匹克运动为代表的体育方面，中国仅次于美国。在科学方面，中国仅次于欧盟和美国，且得分是第四名德国的两倍多。

因此，如果以全球软实力排名为目标的话，今后一个时期的可选项目至少包括接受国际移民、大力输出影视文化产品、增加官方发展援助以及扩大外国来华学生数量。除了旅游这一项法国列全球第一，在软实力的其余 8 个项目上，美国都处于国别中的全球第一位置。从根本上来说，中国如欲在软实力领域获得与经济地位相当的大国地位，最终的追赶目标实际上仍然是美国。在上述诸领域中，中国与美国的差距并不是很均衡，有一些指标如国际移民等则很难在短期内改变。纯粹某一单项上中国得分占美国的比例来看，依次是文化（1.2%）、移民（2.1%）、发展合作（8.9%）、教育（12.3%）、技术（14.2%）、信息（31.2%）、科学（38.1%）、旅游（74.4%）以及体育（83.3%）。因此，除了接收国际移民这一项之外，中国与美国差距最大的两项其实是影视文化的输出与官方发展援助。由于西班牙埃尔卡诺皇家研究所在统计发展援助时，给出的是总的累计量，考虑到中国近些年在这一领域的年度增速很快，预计未来这一领域可以较快缩小与西方国家的差距。

但在文化（影视产品输出）方面，中美的差距是十分巨大的。不过，近年来中国的进展却很快。按照该研究所的数据，自 2011 年以来美国的得分始终保持在1055 分，而中国则从 2011 年的 8.9 分增加至 2015 年的 12.7 分。由于在这一领域中国的排名只是全球第 26 位，中国赶超的目标国家数量众多。就中国周边地区来看，韩国、印度、新加坡、日本、俄罗斯以及马来西亚，还有南太的澳大利亚、新西兰两国，排名都在中国之前。按照中国过去五年 8.4% 的年均增速，未来 5 年如果保持这种增速，那么到 2021 年，即第一个百年目标实现时，中国在影视文化产品输出的全球排名可以进入前 20，但很可能仍然落后于新加坡和日本，更不用说韩国和印度。2015 年，印度得分为 29.4 分，是中国的两倍多。在影视产品输出这一指标上，收入水平远比我们低的印度却远远超前于我们，这是令人深思的。

三　快速提升软实力的若干政策建议

最近一段时期，国内围绕产业政策的争论颇大，有的赞成市场主导论，有的认为还需要维护国家干预。不过，归根结底，政府与市场的关系要依据发展阶段而定。中国从中等收入国家迈向高收入国家，在经济发展意义上是从二元经济中走出来，进入了新古典增长的阶段，也即市场越来越重要的一个阶段。在这个过渡和转型的阶段，政府的角色将逐渐定型。因此，在决定下一阶段如何开放的基本思路方面，也要提高辩证思维能力，综合看待各个因素之间的联系。

就建设开放型经济新体制而言，加强相关制度建设对于将开放维持在高水平是至关重要的。在此过程中，提高开放型新体制中的软实力水平是应有之义，这也是高收入国家的一个典型特征。目前来看，中国与西方国家差距最大的可能还在于文化、移民、发展合作以及教育层面的软实力。今后一个时期，中国政府应该将软实力建设重心放置在提升影视文化产品输出力度、提高外国来华留学生数量以及增加政府发展援助等方面，缩小这些领域与美国等国家的差距。显然，依照中国产业政策的经验，在上述领域的快速追赶离不开国家的规划和对外战略部署，中国政府仍需要加大投入。

就文化指标而言，尽管中国的长期追赶目标是美国，但今后一个时期的主要竞争者并不是美国。与西方在这个方面的竞争具有长期性，而中国政府完全有必要根据自身的人均收入水平，制定相应的发展战略和对外传播战略。

由于中国地区间发展程度不同，各个省市的经济规模又比较大，完全可以放权省市，实施不同阶段的文化软实力战略。根据我们所要影响的目标群体，按照各省人均 GDP 的差距，做一些区域性部署，这样既可以对各个省市有一定的指导意义，也可以发挥与邻国接近的地理优势。

进一步提升中国软实力的方式方法

江时学

中国社会科学院欧洲研究所副所长、研究员

软实力是一个国家依靠自身的魅力和吸引力，而非通过军事手段或经济制裁等强硬手段来达到目的的能力。中国在追求和平发展和实现"中国梦"的过程中，应该重视软实力的培育和使用。

一 进一步强化中国软实力的重要意义

软实力是美国学者约瑟夫·奈在 1990 年提出的一个概念。[①] 根据他的论证，一个国家的力量主要来自三种方式：施加军事上的压力（大棒）、提供经济上的实惠（萝卜）以及软实力。硬实力和软实力的行为方式大相径庭。软实力是一个国家依靠自身的魅力和吸引力，而非通过军事手段或经济制裁等强硬手段来达到目的的能力。这意味着，一个国家完全可以通过发挥软实力的优势，得到他国的追随和支持，从而在国际事务中实现其追求的目标。[②] 由此可见，中国在追求和平发展和实现"中国梦"的过程中，应该重视软实力的培育和使用。

进一步强化中国软实力的重要意义体现在以下四个方面：

第一，有助于进一步提升中国的国际地位。最近几十年，随着经济实力和军事实力的增强，中国的软实力与日俱增。但是，软实力的壮大是无止境的。一方面，国际社会对中国的祈望和期待不断增多；另一方面，中国也应该在全球治理中发挥更大的作用，在国际舞台上扮演一个负责任的大国的角色。实现这一目标的必要条

---

① Joseph S. Nye Jr. , "Think Again：Soft Power", *Foreign Policy*, February 23, 2006, http：//foreignpolicy. com/2006/02/23/think – again – soft – power/.

② Joseph S. Nye Jr. , "Soft Power：The Means To Success In World Politics", *Public Affairs*, 2005.

件是进一步提升中国的国际地位，而提升中国的国际地位的有效手段之一就是强化软实力。

第二，有助于增强中国的综合国力。综合国力是衡量一个国家的经济、政治、军事、文化、科技、教育、自然资源和人力资源等实力的综合性指标。由此可见，软实力和硬实力都是一国综合国力的组成部分，两者缺一不可。最近几十年，以军事力量为核心的中国硬实力不断壮大，这就要求软实力必须随之提升。

第三，有助于进一步改善中国的国家形象。软实力与国家形象息息相关，两者相辅相成、相得益彰。在一定程度上，国家形象的优劣与软实力的大小成正比。一方面，中国国际地位的上升要求中国的国家形象在价值取向上更具亲和力和感召力；另一方面，软实力的提升能进一步改善中国的国家形象，使中国能在更多的领域和场合占领道义制高点，同时也使外部世界能更为容易地接受中国的言行和理念。

第四，有助于践行社会主义核心价值观。在社会主义核心价值观中，富强、民主、文明以及和谐是国家层面上的价值目标。毫无疑问，这一价值目标与中国的软实力息息相关。随着软实力的不断提升，中华民族的自信心和自尊心也会随之上升，践行社会主义核心价值观的动力也会不断增强。换言之，社会主义核心价值观的实现有助于强化中国的软实力，而软实力的提升会加快这一价值目标的实现。

第五，有助于彰显"三个自信"（道路自信、理论自信、制度自信）。"三个自信"根植于1949年以来（尤其是改革开放以来）中国在各个领域取得的巨大成就，充分体现了中国共产党的高度政治自信。但在国际上，质疑和否定"三个自信"的声音时有所闻。因此，有必要通过强化中国的软实力等途径，扩大"三个自信"的国际影响。事实上，中国软实力的强化有助于彰显"三个自信"，"三个自信"的落实同样能强化中国的软实力。

二 国际上对中国软实力的评价

硬实力的大小可用多种量化的指标衡量，而软实力的强弱则主要取决于主观上的判断。换言之，虽然软实力的大小是一种客观存在，但是，在多种主观因素的影响下，不同的人对一国软实力的判断是各不相同的。

国际上对中国软实力的评价多种多样，应有尽有。一家名为"波特兰传媒"（Portland Communications）的英国公共关系公司以所谓"客观的变量"和国际上的一些民意调查数据为基础，为世界上的30个主要国家制作了"软实力30强指数"

（Soft Power 30）。根据它在 2015 年 7 月发布的指数，在 30 个国家的排行榜中，前三名分别是英国（得分 75.61）、德国（得分 73.89）和美国（得分 73.68），最后一名是中国（得分 40.85）。①

"软实力"一词的"发明人"约瑟夫·奈认为，中国的软实力有很大的局限性，因为中国的民族主义情感强盛，而且中国不愿意利用公民社会的优势。他还说，中国为提升"温柔的进攻力"（charm offensive）而花费巨资，但成效未必显著。他认为，在北美洲、欧洲、印度和日本等地进行的民意测验表明，人们对中国影响力的印象都是负面的。② 美国乔治·华盛顿大学的沈大伟认为，虽然中国的经济实力和军事实力在上升，但其软实力则微不足道。他还指出，软实力是无法用金钱买来的，而是必须争取来的。③ 英国皇家国际问题研究所的罗宾·尼伯雷特认为，软实力反映的是一个国家的亲和力，因此也是它吸引外国移民的能力。世界上没有多少人愿意移民到中国。这足以说明，中国的软实力与其引人注目的经济增长和军事实力相比是相形见绌的。④ 英国伦敦经济学院的安德鲁·哈蒙德认为，中国领导人面临的当务之急是如何强化中国的软实力，即如何用魅力，而非胁迫和金钱来获得其他国家的欢心和影响力。中国的软实力大大落后于以不断增长的经济力量和军事力量为基础的硬实力。这一"软实力赤字"是一个"令人头痛"的问题，因为国际上对中国的忧虑、疑心和敌意与日俱增。⑤

但也有不少人认为，中国的软实力不容低估。例如，南非比勒陀利亚大学教授高思·勒佩里认为，中国的软实力快速增强。尤其在非洲的许多地方，中国的软实力甚至可与发达国家媲美。这与中国为非洲的发展做出的巨大贡献有关。巴西应用经济研究所国际部主任里纳托·鲍曼认为，在巴西和其他一些拉美国家，凡是了解中国的学者都认为，中国的软实力之强是无可置疑的，而轻信西方媒体的人则认为中国毫无软实力而言。墨西哥国立自治大学教授阿图罗·奥洛佩萨·加西亚认为，

① "The Soft Power 30：Index Results"，http：//softpower30. portland – communications. com/ranking.
② Joseph S. Nye，"The Limits of Chinese Soft Power"，July 10，2015，https：//www. project – syndicate. org/commentary/china – civil – society – nationalism – soft – power – by – joseph – s – – nye – 2015 – 07？barrier = true.
③ David Shambaugh，"China's Soft – Power Push：The Search for Respect"，*Foreign Affairs*，Vol. 94 Issue 4（2015），July/August 2015，https：//www. foreignaffairs. com/articles/china/2015 – 06 – 16/china – s – soft – power – push.
④ 2013 年 2 月 18 日笔者在布鲁塞尔对罗宾·尼伯雷特的采访。
⑤ Andrew Hammond，"Addressing China's 'soft power deficit'"，*Reuters*，June 7，2013，http：//blogs. reuters. com/great – debate/2013/06/07/addressing – chinas – soft – power – deficit/.

中国的软实力很强，因为源远流长的中华文明在世界文明的宝库中占有十分显赫的地位。此外，中国经济的快速发展也促进了软实力的上升。印度观察家研究基金会主席苏德辛德拉·库卡尼认为，中国经济实力的增强和中国文化的魅力，促使中国的软实力与日俱增。① 美国卡内基国际和平基金会的约舒亚·科兰兹克也认为，中国的国际形象和影响力正在发生变化。导致这一变化的原因是多方面的，其中之一就是中国的软实力在上升。②

三 进一步强化中国软实力的方式方法

如何强化中国的软实力是一个极为复杂而又艰难的系统工程。一方面，我们应该积极应对国外的"有色眼镜"，有力地反击"妖魔化"中国的任何言论；另一方面，我们也应该采取多方面的措施，做好自己的"家庭作业"。

第一，积极应对"有色眼镜"。在国际上，不少人根本不了解中国的国情，却总是透过"有色眼镜"观察中国。其结果是，他们经常误读、污蔑、贬低或歧视中国。"中国崩溃论""中国威胁论"等"妖魔化"中国的论调，都与"有色眼镜"有关。甚至经常应邀来华就软实力等问题发表讲演的约瑟夫·奈也认为，中国的外交政策损害了中国的软实力。他说，在马尼拉建立一所孔子学院有助于传播中国文化，但是，中国在（黄岩岛）"欺负"菲律宾，因此，孔子学院可能无法提升中国的软实力。③

"妖魔化"中国的人多种多样。他们中既有政治家，也有学者；既有媒体界人士，也有企业家；既有精英人士，也有普通的民众。更令人遗憾的是，他们中的一些人甚至敌视共产主义和社会主义，敌视中国。在这些人的眼中，中国取得的任何成就都是不足挂齿的，中国在发展道路上遇到的任何问题都是政治制度导致的必然结果。

"有色眼镜"的由来与多种因素有关。例如，在国际上，不少人依然恪守"冷

---

① 2016 年 5 月 27 日笔者在北京对来华访问的高思·勒佩里、里纳托·鲍曼、阿图罗·奥洛佩萨·加西亚和苏德辛德拉·库卡尼的采访。

② Joshua Kurlantzick，"China's Charm：Implications of Chinese Soft Power"，The Carnegie Endowment for International Peace Policy Brief，No. 47，June 2006，http：//carnegieendowment. org/files/PB_47_FINAL. pdf.

③ Joseph S. Nye，"What China and Russia Don't Get About Soft Power"，April 29，2013，http：//foreignpolicy. com/author/joseph－s－nye/.

战思维"，在意识形态的驱使下，不承认发展模式的多样性，对中国改革开放的成就视而不见。又如，国外媒体对中国的不实报道到处蔓延，在许多人的心目中留下了根深蒂固的阴影。再如，受价值观、语言、政治体制、历史和文化传统的差异性的影响，中国"被理解"和"被认知"的程度极低。

应对"有色眼镜"的有效手段应该是多元化的：既要有力地反击"妖魔化"中国的言论，也要对误读、误判和误解中国的所有人多做细致而有效的宣传和解释工作；既要进一步扩大对外人文交流，又要做好中国自己的"家庭作业"，使之无法找到攻击中国的"口实"。

第二，大力提升对外宣传的成效。无论在新中国建立后的初期还是在改革开放时期，对外宣传都是中国外交的工作重点之一。对外宣传的宗旨不应该是强迫对方必须接受中国人的价值观和理念，也不是要求对方必须"说好话"，而是要使对方正确地、客观地认识中国和了解中国。毫无疑问，中国对外宣传的成效与中国道路在国际上"被理解"的程度是成正比的。

在强大的经济实力的支撑下，目前中国对外宣传的力度已达到了前所未有的高度。但是，为了提升对外宣传的成效，有必要采取以下几个措施。

一是努力实现对外宣传模式的多元化。在全球化、信息化和网络化时代，对外宣传不能追求过去的那种单一化模式。这意味着，对外宣传的内容和方式方法应该是无所不包的：既要宣传中国改革开放的巨大成就，也要敢于介绍中国在发展道路上遇到的各种问题和难题；既要面向海外的"精英"阶层，也要重视那里的普通民众；既要采用传统的形式（书籍、报纸和杂志），也要积极利用风靡全球的新媒体的优势；既要发挥中央级媒体的作用，也要调动地方媒体的积极性。

二是鼓励更多的外国媒体在华设立常驻记者站或来华进行短期采访。外国媒体的吸引力、影响力和竞争力不容低估。因此，有必要鼓励更多的外国媒体在华设立常驻记者站或来华进行短期采访。只有使外国记者做到"眼见为实"，才能尽可能地使其客观地报道中国。

三是必须进一步提升中国对外宣传的诚信度。诚信度的高低决定着对外宣传的效果。因此，各种宣传工具既要千方百计地提升中国在国际舞台上的地位，也要避免《开罗宣言》电影海报那样的虚假宣传。否则，对外宣传不仅不会达到预期目的，而且还会损害中国的国家形象。

第三，继续有力地推动中外人文交流。人文交流有狭义和广义之分。狭义的人文交流仅仅是指文化交流，而广义的人文交流则包括文化、教育、体育、科技、媒体、学术、医疗和宗教，等等。就此而言，人文交流囊括了除商品交流以外的国之交往的一切内容。

人文交流的参与者既可以是政党和政府，也可以是民间；既可以是政府组织，也可以是非政府组织；既可以是外交部门的"一轨"，也可以是非外交部门的"二轨"；既可以是学术界，也可以是工商界。

与人文交流相提并论的是公共外交。公共外交面向社会各个阶层，包括官方与民间的各种双、多边对话交流，涵盖经济、教育、人文、传媒、科技、体育、军事等多个领域。① 由此可见，公共外交不直接从事商品交流，因此，它在一定程度上也应该是人文交流的重要组成部分。

新中国成立以来，中外人文交流从未间断。甚至在"文化大革命"期间，中外人文交流也未曾停止。1978 年以来，中外人文交流的广度和深度不断发展。迄今为止，中国已与欧盟、美国、俄罗斯、法国和英国等国家和地区建立了正规化的人文交流机制。在高层互访的推动下，这些机制在推动相互了解和增进战略共识等方面发挥了一定的作用，因而也为提升中国的软实力做出了贡献，但也并非十全十美。因此，有关政府部门和学术界应该客观地、认真地总结中外人文交流的经验教训和成败得失。

第四，继续加大文化产业和文化产品"走出去"的力度。一方面，中国文化博大精深，在国际上享有很高的声誉；另一方面，文化是一国软实力的主要组成部分，也是提升一国软实力的动力源。因此，最大限度地加大中国的文化产业和文化产品"走出去"的力度，必然会扩大中国文化在国际上的影响力，从而达到强化中国软实力的目的。

根据联合国教科文组织出版的题为《文化贸易的全球化：2004 – 2013 年文化产品和服务的国际流动》的研究报告，早在 2010 年，中国的文化产品出口额就超过了美国。2013 年，中国的文化产品出口额高达 600 亿美元，居世界之最，而且比位居第二的美国高出 50% 以上（美国为 279 亿美元）。② 该报告还指出，2013 年，中国是世界上少数几个文化产品净出口国之一。③

---

① 杨洁篪：《努力开拓中国特色公共外交新局面》，《求是》2011 年第 4 期，http://www.qstheory.cn/zxdk/2011/201104/201102/t20110214_67907.htm。

② UNESCO，"The Globalisation of Cultural Trade：A Shift in Consumption：International Flows of Cultural Goods and Services，2004 – 2013"，2016，p. 25，p. 33.

③ 其他几个文化净出口国是玻利维亚、爱沙尼亚、印度、伊朗和巴基斯坦。（UNESCO，"The Globalisation of Cultural Trade：A Shift in Consumption：International Flows of Cultural Goods and Services，2004 – 2013"，2016，p. 25.）

这一成就来之不易。但是，为了进一步发挥中国文化在中国软实力中的积极作用，有必要继续加大文化产业和文化产品"走出去"的力度。

在各种文化产品中，电影的影响力尤为显著。美国的好莱坞和印度的宝莱坞在提升其文化软实力的过程中发挥了极为重要的作用。相比之下，中国电影在国际上的声望极为有限。北京师范大学采集的中国电影海外观众调研数据表明，半数以上的海外观众对中国电影知之甚少，中国导演与演员在国外认知度不高。① 因此，在推动中国文化产业和文化产品"走出去"的过程中，要优先解决如何加快中国电影"走出去"的步伐这一难题。

第五，要在全球治理中发挥更大的作用。当今世界正经历着深刻而复杂的变化。在这一过程中，形式多样的全球问题层出不穷，对人类社会的生存和发展产生了巨大的不良影响。在全球化深入发展、各国相互依存度不断提高的条件下，全球问题呈现出多元化和复杂化的特点。因此，世界各国应团结一致，同舟共济，积极推动全球治理。

在国际上，批评中国不能在国际事务中发挥"负责任的大国"的作用的声音不绝于耳。一方面，中国要继续"韬光养晦"，恪守"共同而有区别的责任"；另一方面，作为世界上最大的发展中国家和世界第二经济大国，中国有必要，也有能力在全球治理中发挥更大的作用。尤其在全球贸易治理、全球金融治理、全球气候治理、全球网络治理、反恐和国际规则的制定等领域，中国应该有所作为，承担更多的责任。

第六，进一步发挥孔子学院的积极作用。语言是开展对外人文交流的工具和载体。一个民族的语言在世界范围内被使用的广度和频率，与其软实力有着密切的关系。美国和英国的软实力与英语在世界上的广泛使用息息相关。因此，向全世界推广汉语，有利于提升中国的软实力。

截至 2015 年 12 月 1 日，全球 134 个国家（地区）共建立了 500 所孔子学院和1000 个孔子课堂。② 这些机构为外国人学习汉语提供了一个良机。但是，孔子学院在国际上遭遇的批评和责备也时有所闻。美国大学教授协会甚至在 2014 年 6 月公开呼吁美国高校结束与孔子学院的合作或重新谈判条件。③ 这一呼吁当然是别有用心

---

① 于帆：《中国电影"走出去"难在哪儿?》，《中国文化报》2013 年 3 月 25 日，http：//epaper. ccdy. cn/html/2013 – 03/25/content_93237. htm。

② http：//www. hanban. edu. cn/confuciusinstitutes/node_10961. htm.

③ American Association of University Professors，"On Partnerships with Foreign Governments：The Case of Confucius Institutes"，June 2014，https：//www. aaup. org/report/confucius – institutes.

的，也是无稽之谈。但是，为了进一步发挥孔子学院和孔子课堂的作用，确实有必要采取以下措施：

一是要正确处理孔子学院与东道国政府、学校和媒体的关系。孔子学院既不能迁就于东道国的无礼要求，也不能从事一些难以为东道国接受的活动，并要不折不扣地遵守当地的法律。

二是要努力提高汉语教师的水平。在国外开设汉语课，面对母语为其他语言的学生，汉语老师的授课方法和外语水平至关重要。有些老师完全采用国内的"填鸭式"的授课方法，有些老师不懂当地语言，英语水平也不高，导致师生之间的交流严重缺失。这一切都严重增加了外国学生学汉语的难度，使孔子学院难以达到预期目标。

三是要正确处理学汉语与普及中国文化的关系。孔子学院的基本目标是"推动汉语走向世界"和"促进中外文化交流"。① 但在实际工作中，许多孔子学院仅仅开设汉语课，或增加一些学习剪纸和毛笔字的课程，促进中外文化交流方面的功能严重缺失。

四是要努力消除对孔子学院的偏见。德国歌德学院的法尔克·哈蒂格认为，美国和加拿大等地对孔子学院的批评并非无稽之谈。他说，孔子学院并不是在从事共产主义宣传活动，但也并非如中国声称的那么友好或无害。事实上，西方的偏见是损害孔子学院影响力的一个重要因素。他说："只有那些对中国有正面印象的人才会去孔子学院，那些对中国有偏见的人是不会去孔子学院的。因此，这些人不会说他们因孔子学院而改变了对中国的看法。"② 这一评论充分说明，虽然孔子学院在东道国获得的褒扬不绝于耳，但也时常受到批评和责难。因此，如何努力消除国际上对孔子学院的偏见，已成为孔子学院总部（国家汉办）必须应对的刻不容缓的挑战。

第七，认真落实全面依法治国。法治是人类政治文明不断进步的结果。依法治国是坚持和发展中国特色社会主义的本质要求和重要保障，也是进一步改善中国国家形象和强化软实力的有效手段。

一个国家的法治与其软实力息息相关。澳大利亚学者纳仁·奇蒂（Naren Chit-

---

① 《孔子学院发展规划（2012—2020 年）正式发布》，孔子学院总部，2013 年 2 月 28 日，http：//www. hanban. edu. cn/article/2013 – 02/28/content_486129. htm。

② Antony Funnell，"China Pushes to Expand its Soft Power through Cultural Exports"，6 May，2015，http：//www. abc. net. au/radionational/programs/futuretense/soft – power – with – chinese – characteristics/6446990.

ty）认为，法治能产生出两种"红利"：内部的"红利"和外部的"红利"。内部的"红利"有利于改善政府的治理能力，外部的"红利"有助于强化一国在国际上展示的软实力。[1]

国际上常有人污蔑和攻击中国的法治体系。这种"妖魔化"玷污了中国的国家形象，损害了中国的软实力。但是，必须承认，同党和国家事业发展要求相比，同人民群众期待相比，同推进国家治理体系和治理能力现代化目标相比，中国的法治建设还存在许多不适应、不符合的问题。这些问题违背社会主义法治原则，损害人民群众利益，妨碍党和国家事业发展，同时也削弱了中国的软实力。因此，为了强化中国的软实力，有必要认真落实《中共中央关于全面推进依法治国若干重大问题的决定》，形成完备的法律规范体系、高效的法治实施体系、严密的法治监督体系和有力的法治保障体系，真正做到科学立法、严格执法、公正司法、全民守法。

第八，大力提高公民道德水平。"国无德不兴，人无德不立。"道德是规范人的言行的核心要素，也是赢得他人尊重的必要条件。毫无疑问，一国公民的道德水平与这个国家的国家形象和软实力息息相关。

市场经济与公民的道德水平无必然的联系。但是，最近几十年，中国公民的道德水平确实在下降。而且，这一可悲现实已扩散到国门之外。

中国已成为世界上最大的游客输出国。在世界各地的旅游景点，中国游客随处可见。但是，不少中国游客的言行举止与社会主义核心价值观倡导的"文明""诚信"和"友善"相去甚远。《华盛顿邮报》（2015 年 12 月 22 日）的一篇文章写道，"到国外旅游的越来越多的中国人损害了中国的名声"[2]。

第九，鼓励"走出去"的中国企业在东道国承担更多的社会责任。根据联合国开发计划署驻华代表处等机构发布的《2015：中国企业海外可持续发展报告》，自2000 年中国政府提出"走出去"战略以来，中国对外投资合作规模迅速增长，中国对外直接投资已连续三年位居全球第三。[3]

---

[1]　Naren Chitty，"Rule of law will boost soft power"，*China Daily*，November 4，2014，http：//usa. chinadaily. com. cn/opinion/2014 – 11/04/content_18861059. htm.

[2]　Adam Taylor，"There are now 16 Names on Beijing's List of Embarrassing，'Uncivilized' Chinese Tourists"，*The Washington Post*，December 22，2015.

[3]　联合国开发计划署驻华代表处、商务部国际贸易经济合作研究院、国务院国有资产监督管理委员会研究中心：《2015：中国企业海外可持续发展报告》，2015 年 10 月，http：//www. cn. undp. org/content/dam/china/docs/Publications/UNDP – CH – 2015% 20report% 20on% 20the% 20sustainable% 20development% 20of% 20chinese% 20enterprises% 20overseas% 20CN. pdf。

　　企业的言行与国家形象紧密相连，因而也与国家的软实力息息相关。诚然，作为实施"走出去"战略的主体，中国企业在改善东道国基础设施建设、拉动经济发展和促进就业等方面取得了公认的成绩，得到了国际社会的认可。就此而言，中国企业为提升中国的软实力做出了重要的贡献。但是，也有一些中国企业在东道国很少承担社会责任。① 为了牟取利润，它们不仅不遵守东道国的法律和文化传统习惯，而且破坏当地的生态环境。这样的企业对中国软实力的危害性是极大的，必须引起有关部门的高度重视。否则，"中国帝国主义""新殖民主义"和"中国人滚出去"之类的论调会继续蔓延，使中国软实力蒙受更大的打击。

　　第十，努力提高产品质量。出口产品的质量与消费者心目中的出口国的国家形象息息相关，因而也对出口国的软实力产生重大影响。19 世纪，德国的出口产品质量极为低劣。英国曾在 1887 年颁布《商品标记法》，要求进入英国市场的德国出口产品必须标上"德国制造"，德国的国家形象受到很大的损害。进入 20 世纪后，德国产品的质量不断上升，以至于"德国制造"成为德国国家形象的"名片"，德国的软实力也受益匪浅。

　　中国已成为一个贸易大国。2015 年，中国的贸易总额近 4 万亿美元，其中出口额约为 2.3 万亿美元。② 因此，中国出口商品的质量直接关系到中国的国家形象，也会对中国的软实力产生重大影响。

　　迄今为止，中国产品在国际上的声誉欠佳。英国《邮报》（2010 年 1 月 10 日）的一篇文章认为，质量低劣的中国产品已使中国蒙受了"羞耻"。③ 日本《外交家》网站（2015 年 7 月 16 日）的一篇文章认为，"中国制造"是中国的一个"污点"。④

　　事实上，在国外，不仅媒体批评中国产品的质量低下，消费者也颇有微词。长此以往，中国的国家形象和软实力必将受到严重的影响。

---

① 《2015：中国企业海外可持续发展报告》认为，高达 85% 的受调查企业认为企业在自身发展的同时必须要履行社会责任，83% 的企业认为履行社会责任能够提升企业发展能力和竞争力。但 4% 的企业则认为，企业发展目的是追求效益最大化，与社会责任关系不大；2% 的企业甚至认为，为了自身发展，必要时可以不考虑社会责任。（联合国开发计划署驻华代表处、商务部国际贸易经济合作研究院、国务院国有资产监督管理委员会研究中心：《2015：中国企业海外可持续发展报告》，2015 年 10 月，第 28 页。）

② http://ozs. mofcom. gov. cn/article/zojmgx/date/201602/20160201251114. shtml.

③ Paul Midler, "Why 'Made in China' is a mark of shame", Jan 10, 2010, http://www. telegraph. co. uk/finance/comment/6962703/Why－Made－in－China－is－a－mark－of－shame. html.

④ David Volodzko, "How 'Made in China' Became a Stigma", July 16, 2015, http://thediplomat. com/2015/07/how－made－in－china－became－a－stigma/.

为了改善产品质量，除了强化品牌意识和推动科技创新以外，还应该通过强化职业培训等方式，提高劳动力的素质和技能。就此而言，中国企业有必要借鉴德国的学徒制。

第十一，破除一些有损于国家形象的陈规陋习。中国传统文化博大精深，名闻遐迩，为强化中国软实力做出了重大贡献。但是，也有一些陈规陋习极大地玷污了中国的国家形象，因而是不利于提升中国软实力的。

进一步强化中国国际话语权的方式方法

江时学

中国社会科学院欧洲研究所副所长、研究员

话语是人类传递思想和进行沟通的必要工具。国际话语权就是一国在国际上"发声"的权利。在国际政治范畴内,国际话语权既是一国向世界展示自我的权利,也是软实力的重要组成部分;既是一国就某一重大问题表达立场的发言权,也是国与国之间展开博弈的载体。在当代国际关系中,话语权体现了一种特殊的权力关系。尤其是在国际体系中占有举足轻重的地位的国家行为体,更应该努力强化国际话语权。

中国的经济实力和军事实力与日俱增。这两种实力的增强有助于强化国际话语权,但并不会自然而然地壮大国际话语权。因此,面对错综复杂的国际形势,我们应该积极应对如何进一步强化国际话语权这一严峻的挑战。

一 进一步强化国际话语权的必要性和重要性

进一步强化中国的国际话语权具有显而易见的必要性和重要性:

第一,有利于提高中国的软实力。软实力是一个国家依靠自身的魅力和吸引力,而非通过军事手段或经济制裁等强硬手段来达到目的的能力。[①] 提升中国的软实力是实现"中国梦"的必要途径之一,也是党和国家的一项重大战略任务。在提升软实力的过程中,国际话语权发挥着至关重要的作用。只有使外界对"中国梦"的内涵和外延获得清晰而准确的认识,才能遏制"中国威胁论"或"中国崩溃论"等言论的蔓延。

---

① Joseph S. Nye Jr. , "Think Again: Soft Power", *Foreign Policy*, February 23, 2006, http://foreignpolicy.com/2006/02/23/think-again-soft-power/.

第二，有利于中国为自身的和平发展营造一种有利的国际舆论。在中国和平发展的过程中，国际上误读、误解或"妖魔化"中国的声音时有所闻。被特朗普任命为白宫国家贸易委员会（White House National Trade Council）主任的彼得·纳瓦罗（Peter Navarro）曾以其《被中国杀死：为面对中国龙而发起一个全球行动》等"妖魔化"中国的书籍而出名。[①]

毫无疑问，回击这些无稽之谈的最佳方法之一就是强化中国的国际话语权，使国际社会更为深刻地、客观地了解中国，从而为中国的和平发展营造一种良好的国际舆论氛围。

第三，有利于改善中国的国家形象。一国的国家形象与其软实力息息相关。中国是文明大国、东方大国、社会主义大国和负责任的大国。但是，这一国家形象尚未被国际普遍接受。因此，中国有必要通过强化国际话语权等形式，向世界展示自身的魅力，不断改善国家形象，从而达到进一步强化软实力的目的。

第四，有利于中国参与国际规则的制定和修改。国际话语权不仅涉及中国在一般性的国际事务中"发声"和"讲中国故事"，而且应该包括国际规则领域的发言权。一方面，中国与国际体系接轨的紧密度不断上升，遵守国际规则的必要性也日益突出；另一方面，在当前国际体系的力量对比中，发展中国家和新兴经济体尚难在制定和修改国际规则的过程中胜过发达国家。

国际规则的制定和修改与不同国家的软实力和国际舆论的导向息息相关。这意味着，中国既要继续致力于软实力的培育，又要不断强化国际话语权，积极引导国际舆论。为了实现这一目标，中国有必要联合其他发展中国家，向发达国家施加更大的压力。

第五，有利于中国以更为积极的姿态参与国际事务。随着经济实力的增强和国际地位的上升，中国必将在国际事务中发挥更大的作用。在这一过程中，中国必须以更为响亮的声音阐述中国的外交政策和宣传改革开放的成就，力求在国际政治舞台上占领更高的道德制高点。

二 如何进一步强化中国的国际话语权

中国的国际话语权面临着显而易见的有利条件：中国特色社会主义事业和改革

---

① Alex Linder, "Trump appoints 'Death by China' author Peter Navarro to run new White House trade office", December 22, 2016, http://shanghaiist.com/2016/12/22/peter_navarro.php.

开放取得了举世公认的成就，硬实力和软实力不断增强，国际地位稳步上升，与大多数国家保持着良好的双边关系，国际传播体系初具规模。但是，与中国的经济实力和军事实力相比，与强化软实力的必要性和重要性相比，国际话语权有待进一步提高。

进一步强化中国的国际话语权是一个庞大而艰难的系统工程。除了有效地应对西方的"有色眼镜"和"话语霸权"以外，中国还应该采取以下措施。

第一，努力强化国际话语力。话语权与话语力不尽相同。话语权是"发声"的权利，话语力则是话语的感召力、公信力和渗透力。每一个国家都拥有话语权，但不同国家的话语权的强弱各不相同。在很大程度上，话语权的强弱取决于话语力，即"发声"的力量及其效果。换言之，任何一个国家都可以在国际上"发声"，但其成效不尽相同。有些声音既能感化人的观念，也能影响其行为；而有些声音则不然，甚至还会产生负面效果。因此，中国既要强化话语权，又要重视话语力的最大化。这意味着，中国既要积极"发声"，又要使发出的声音能被他人听懂或认可。

事实上，国际话语权的本质就是中国对外"发声"或"讲好中国故事"。因此，国际话语权的大小和国际话语力的强弱在一定程度上取决于国际传播能力的成效。

中国早已拥有包括电视、广播、书籍、报纸、期刊和互联网等媒介在内的庞大的国际传播体系。但是，与中国强化国际话语权的必要性和迫切性相比，这一体系在以下几方面有待进一步完善和充实。

——有必要尽快消除国际传播专业领域中人才匮乏的不良局面。国际传播专业领域中的杰出人才不仅应熟练运用一种以上的外语，还应知晓国际政治和国际经济等专业知识；既要掌握必要的通信技术，又要具有较强的文字表达能力。在中国，具备上述技能的人才极为缺乏。为改变这一局面，除加大本国高校的人才培养的力度以外，还应该从国外引进更多的专业人才。

——有必要扩大中国媒介在全球范围内的覆盖面。英国广播公司（BBC）、美国有线电视新闻广播网（CNN）、《纽约时报》、《华尔街日报》和《金融时报》等媒介出现在世界各地的几乎所有高档酒店或机场的贵宾休息室里，其影响力是可想而知的。中国的媒介尚未达到这一普及程度。无论是中央电视台外语频道的节目还是英文版《中国日报》，都只能出现在为数不多的大城市。

——有必要注意"发声""讲故事"的方式方法。国际上对中国的对外宣传的批评主要包括：报喜不报忧，避重就轻，用词用语不当，空话、大话和套话多于实质性内容，时效性差，单纯追求轰动效应。这些批评并非都是无稽之谈。这些问题不仅削弱了对外宣传的功效，而且损害了中国媒介的声誉。

有必要充分利用新媒体的优势。新媒体具有传统媒体无法比拟的优势，如传播速度快、覆盖面广、表现形式新颖以及互动性强。在全球化、信息化和网络化不断发展的今天，新媒体的上述优势更为突出。

第二，敢于在敏感问题上"发声"。中国外交恪守不干涉他国内政的原则，并在处理国际事务时尽量韬光养晦。但是，为了强化国际话语权，中国必须敢于对不时出现的重大国际问题表明立场。

事实上，敢于对重大国际问题"发声"不仅有利于强化中国的国际话语权，而且能体现中国的大国担当和增加中国外交的透明度，进而强化中国的软实力和国际影响力。而软实力和国际影响力的增强又能使中国在国际上更好地"发声"。两者相辅相成、相得益彰。

民主、人权、选举、政治改革和其他一些在国内较为敏感的话题，常被国外的一些政治家、学者和记者当作攻击和批评中国的"炮弹"。为了自卫和反击，我们既要在各个场合用不同的方式宣传中国特色的政治制度的优势，又要敢于与其"对骂"，揭露西方政治制度中的种种缺陷和弊端。无论如何，在敏感问题上保持沉默绝非上策。

在敏感问题上"发声"时，有必要认真考虑以下几种做法：（1）要注重发挥学者"能说会道"的优势，鼓励其在国际学术交流中发挥更大的作用；（2）要区分人类社会恪守的普遍价值观与西方推崇的价值观两者之间的不同之处，不能将"洗澡水与婴儿一起倒掉"；（3）敢于抨击西方政治制度的局限性；（4）做好我们自己的"家庭作业"，以避免为攻击中国政治制度的人提供"口实"。

第三，努力构建融通中外的话语体系。世界上不同的国家有不同的政治制度、社会制度和文化传统，也有不同的价值观。此外，受国内政治经济体制和文化传统等因素的影响，每一个国家都精心构建为自身利益服务的话语体系。毫无疑问，不同国家的话语体系在国际上的影响力不尽相同。影响力较大的若干话语体系构成了国际话语体系的主体。

中国特色的社会主义建设事业不同于西方国家的现代化，由此产生的理论与实践必然会具有中国特色，因此也是很难被西方理解和认同的。此外，在内容、形式、内涵和外延等方面，中国特色国际话语体系与国际话语体系有着巨大的差别。如果我们完全用中国特色的话语体系在国际上"发声"，效果可能是"对牛弹琴"，事倍功半。这意味着，我们应该最大限度地缩小中国特色话语体系与国际话语体系之间的差异性。一方面，我们应该坚持道路自信、理论自信和制度自信，理直气壮地宣传中国特色社会主义的成就；另一方面，我们也应该使用容易被西方民主接受的话语，使中国发出的声音被越来越多的人接受。

政府拥有足够的经济资源和外交资源，能从国家的层面上推动人文交流。但是，政府在人文交流中并非无所不能。而且，不少西方人士对中国政府直接参与人文交流颇有微词。例如，美国的智库人口研究所所长斯蒂文·莫什（Steven W. Mosher）在美国国会听证会上说，孔子学院是"中国特色的特洛伊木马"，与法国的"法语联盟"和德国的歌德学院相去甚远。他认为，孔子学院受统战部和教育部领导，在海外肩负着政治化的使命（a politicized mission）。[①]

虽然这样的评论失之偏颇，但我们在推动中外人文交流时，必须最大限度发挥非政府组织、私人企业和其他一些民间力量的作用。

中国万达集团收购美国好莱坞知名影视制作公司传奇影业这一案例表明，民营企业有能力进入外国的媒体、出版和娱乐业等领域。[②] 当然，这一道路不会一帆风顺。南方报业集团和成都博瑞传播等企业曾试图收购美国《新闻周刊》，但因所谓投标人的"国籍"问题而受挫。

第四，积极发挥驻外使领馆和学者的重要作用。强化中国的国际话语权不仅仅是对外宣传部门的工作。因此，有必要调动一切可以调动的力量，最大限度地发挥其各自的优势。

驻外使领馆既了解东道国的舆论动向，也深知当地社会各阶层对中国的看法。此外，它们的声音具有很强的权威性，在反击西方媒体蛊惑人心的宣传时能发挥必不可少的引领作用。因此，驻外使领馆应该进一步重视对外宣传，增加驻外使领馆新闻处的人员编制。除了经常性地以记者招待会的形式发布有关信息以外，驻外使领馆还应该不断丰富、更新互联网网站的信息。大使和总领事要善于利用国外的社交网络，通过"脸谱""推特"和"优兔"（Youtube）等新媒体工具，加大对外宣传的力度，与当地社会建立更为密切的关系。

在许多国家，学者因拥有某一专业或某一领域的专业知识而能为其国际话语权的强化做出重要贡献。一方面，国际话语权需要学者提供学术支撑；另一方面，在公众的心目中，政治家的言论完全为政治目的或政府利益服务，而学者的言论则被

① Steven W. Mosher，"Confucius Institutes：Trojan Horses with Chinese Characteristics"，Testimony Presented to the Subcommittee on Oversight and Investigations House Committee on Foreign Affairs，March 28，2012，https：//www. pop. org/content/confucius – institutes – trojan – horses – chinese – characteristics.

② 《万达收购传奇影业 中国资本进入好莱坞"深水区"》，人民网，2016 年 1 月 14 日，http：// media. people. com. cn/n1/2016/0114/c40606 – 28050264. html。

认为具有较多的公正性和合理性。因此，为了强化中国的国际话语权，有必要采取以下措施：（1）鼓励学者在国际学术刊物或国际媒体上发表其科研成果；（2）减少对学者出国参加学术活动的限制；（3）将更多的科研成果翻译成英语或其他主要外语；（4）要求所有学术机构开设外文网站，介绍其学者的主要科研成果；（5）创办更多的外文期刊；（6）为学者在话语权领域的创新提供更大的空间和便利条件。

此外，随着中国国际地位的上升，越来越多的外国大学开设了与中国政治、经济、外交、文化和社会等领域有关的课程。它们以公开的方式招聘教授，而应聘者主要来自中国以外的国家和地区。这些教授对中国的理解和认知是肤浅的，而且还具有很强的片面性。此外，他们很少使用中国出版的教科书。可以想象，这样的课程很难培养出对华友好的学生，也不利于中国话语权的提高。

为了改变这一状况，有关部门应该鼓励中国教授向外国大学提出求职申请，并在人事关系、工资待遇和职称晋升等方面减少其后顾之忧。此外，还应该将中国学者撰写的教材推广到外国大学，以尽快改变外国教授在外国的大学用外国教材开设关于中国的课程这一不利于强化中国话语权的状况。

关于有针对性开展国际传播的分析与建议

田德文

中国社会科学院欧洲研究所研究员

党的十八大以来，中国国际形象总体向好。国外权威民调机构发布的数据显示，近年来广大发展中国家对中国道路、中国模式的认同度越来越高，受访公众普遍对中国的国际作用给予积极评价。相比之下，欧美国家对中国的认同度尚待提高，某些与中国有领土、领海纠纷的国家对中国敌意较深。习近平主席在 2014 年中央外事工作会议上指出，中国对外工作的目标是在国际上广交朋友，形成遍布全球的伙伴关系网络。因此，针对世界上不同类型的国家，"讲好中国故事"，不断提高中国国际传播的质量就成为一项重要的课题，对于维护中国未来发展机遇和发展空间具有重要意义。

全球化时代，国际传播的路径日趋多元化，高层互访、商贸合作、文化交流、新旧媒体、旅游印象都可以发挥作用。因此，开展有针对性的国际传播活动应有顶层设计，构建涵盖政治、经济、文化的多维度的国际传播体系。如习近平主席所言，做好对外工作的前提是我们自己要有理论自信、道路自信和制度自信，将国际传播活动纳入经贸技术互利合作中去，努力与世界上不同类型的国家和地区建构深度交融的互利合作网络，逐步强化利益共同体、建构命运共同体，不断改善中华民族伟大复兴的外部环境。

一 不同国家对中国评价的差异及其原因

国外权威机构关于各国国际形象的民调数据显示，2013 年后中国的国际形象总体向好。2014 年，美国皮尤研究中心对 43 个国家的民众发起一项旨在评估中国国家形象的调查，结果持积极态度的受访者达到 49%，消极态度为 32%，大多数国家的受调查者认为中国经济增长有益于世界。综合近几年盖洛普公司对 22 个国家和地区在美国民众中受欢迎程度的调查数据，对中国的国家形象给予积极评价的受调查者在 2013—2014 年为 43%，2015—2016 年增加到 44%。英国广播电视公司（BBC）2014 年 6 月进行的调查显示，对中国国家形象给予积极评价的受调查者的比例为 42%，负面评价比例同为 42%，比 2013 年积极评价 40% 和负面评价 42% 的比例也略有上升。按照当年积极评价比例的数值排名，中国与美国同为第 8，排在中美之前的是德国、加拿大、英国、法国、日本、欧盟和巴西。如果考虑到西方意识形态霸权下各国媒体对中国长期负面报道的消极影响，中国国际形象排名能够与美国相当应该是值得振奋的。

从地区分布看，目前对中国评价较高的主要是非洲和拉美国家，欧美国家对中国的评价相对较低，但各国之间有不小差别；对中国评价最低的是与中国有领土、领海纠纷的日本、越南、菲律宾等国。综合 BBC 历年调查数据，非洲国家对中国持积极看法者的比例均在 65% 以上，其中尼日利亚高达 85%；拉丁美洲对中国国家形象的评价同样较高，秘鲁和巴西对中国的积极评价均高于 50%，消极评价则低于 30%。欧美国家中，美国和加拿大受访者的对华消极评价比例都在 65% 左右；西欧国家中，只有法国对中国的积极评价超过 50%，德国在 2014 年对中国的消极评价达到 76%，是西欧国家中对中国负面评价比例最高的。亚洲国家中，对中国消极评价最高的是日本，2014 年高达 73%，而对中国积极评价仅为 3%，为 BBC 历年调查中中国国际形象得分的最低值。2014 年皮尤公司对中国国际形象和中国经济增长的国际影响力的调查数据与 BBC 调查数据大同小异（见表 1），说明上述数据具有一定的客观性。

表 1　皮尤公司关于各国对中国国家形象/中国经济增长影响评价的数据

欧洲国家	喜欢	不喜欢	美洲国家	喜欢	不喜欢
俄罗斯	64/47	28/27	委内瑞拉	67/66	26/20
乌克兰	64/40	21/16	智利	60/63	27/13
法国	53/47	47/53	尼加拉瓜	58/74	19/13
希腊	49/52	46/30	秘鲁	56/54	27/23
英国	47/57	38/28	萨尔瓦多	48/54	25/26
西班牙	39/44	55/46	巴西	44/39	44/41
波兰	32/26	52/53	阿根廷	40/41	30/20
德国	28/51	64/45	哥伦比亚	38/30	32/45
意大利	26/14	70/75	美国	35/49	55/42

续表

亚洲国家	喜欢	不喜欢	中东和非洲国家	喜欢	不喜欢
巴基斯坦	78/62	3/8	坦桑尼亚	77/77	10/10
孟加拉国	77/70	22/22	肯尼亚	74/80	16/13
马来西亚	74/69	17/8	塞内加尔	71/75	12/12
泰国	72/75	17/14	尼日利亚	70/68	14/8
印度尼西亚	66/55	25/28	突尼斯	64/66	21/18
韩国	56/57	42/36	乌干达	61/66	18/22
菲律宾	38/30	58/57	加纳	61/61	23/23
印度	31/23	39/46	巴勒斯坦	61/53	29/22
越南	16/21	78/71	黎巴嫩	53/64	44/27
日本	7/47	91/39	以色列	49/62	50/21
			埃及	46/53	53/42
			南非	45/41	40/36
			约旦	35/58	63/37
			土耳其	21/24	68/57

资料来源：http：//www. pewglobal. org/2014/07/14/chapter - 2 - chinas - image/。

影响世界不同国家公众对中国国际形象评价的因素主要包括：

第一，对中国道路、中国模式的认同度。改革开放以来，中国在共产党的坚强领导下，经济持续高速增长，走出一条不同于西方的现代化强国之路。因此，饱受西方意识形态霸权荼毒的非洲、拉丁美洲国家的认同度很高，而坚守西方意识形态的欧美国家认同度较低。

第二，中国与不同国家的合作关系。改革开放以来，中国与非洲、拉美、亚洲国家积极开展全面合作，量力而行地提供不附加政治条件的发展援助，通过商贸、投资活动给当地人民带来实惠，赢得较高美誉度。在与中国有着紧密经贸关系的欧洲国家，近年来对中国的正面评价却持续下降。究其原因，这与当地媒体炒作中国对其贸易倾销、侵犯知识产权、形成巨额贸易顺差、抢夺当地就业岗位等因素有着紧密关系。而西欧国家中，对中国正面评价最高的德国、意大利、西班牙都是中国重要的国际贸易伙伴。

第三，是否与中国有领土、领海纠纷。在皮尤公司和BBC调查中，对中国评价最低的国家都包括日本、越南、菲律宾等。这些国家均与中国存在领土、领海纠纷。相比之下，土耳其是一个特例。根据皮尤公司的调查数据，2014年土耳其受调查者对中国持正面评价的仅有21%，负面评价高达68%。这种情况应与该国"大突厥主义"盛行，长期对中国新疆问题进行负面报道有关，值得引起中国有关部门的注意。

2014 年 11 月，习近平主席在中央外事工作会议上发表重要讲话，再次强调了争取世界各国对"中国梦"的理解和支持，提升中国软实力，"讲好中国故事"，做好对外宣传工作的重要性。为做好这方面的工作，有针对性地开展对不同国家的国际传播工作是非常必要的。从不同国家形成不同对华评价的关键因素出发，中国对外传播工作应将提高不同国家的对华认同度、重视经贸合作、惠及当地人民、减少"中国威胁论"的消极影响作为重点，不断提高国际传播的质量，为中华民族伟大复兴营造更好的外部环境与条件。

二 提高不同国家的对华认同度

随着经济实力的迅速上升，中国国际地位不断提高。近年来，海外公众普遍认可中国经济力量不断增强的事实，认为中国具有世界经济主导作用的人越来越多。美国皮尤研究中心分别在金融危机爆发前的 2008 年和 2014 年对 20 个国家民众心中的国际经济主导力量进行调查，结果显示，尽管大多数民众仍认为美国是国际经济的主导力量，但比率已从 2008 年的 49% 跌至 2014 年的 40%，而认为中国是国际经济主导力量的民众则从 19% 上升至 31%。此外，50% 的受调查者认为中国终将代替美国成为超级大国，比率较之 2008 年上升 9%。这种变化同样出现在欧洲国家中。2008 年，平均 44% 的法国、德国、波兰、西班牙和英国民众认为美国是全球最大的经济力量，认同中国的比率只有 28%。2012 年，认同美国的这一比率降至 28%，而认为中国是全球最大经济力量的平均比率则比 2008 年翻了一番，达到 57%。尽管近两年这一比率有所下降，但大多数欧洲民众仍将中国视为全球最大的经济力量。世界各国对中国经济实力的认可，可以成为提高其对华认同度的基础。但针对发展中国家和发达国家，应采取不同的国际传播策略。

中国外文局发布的《中国国家形象全球调查报告 2014》的数据显示，整体而言，国际社会认可中国经济的国际影响力，认同"中国经济发展推动了全球经济发展""本国从中国经济发展中获得利益"以及"中国乐于在经贸方面与本国开展合作，共享中国经济发展成果"的说法。其中，"中国经济发展推动了全球经济发展"得到的认可最多。因此，平均有 65% 的受访者很看重本国与中国的外交关系而且希望其越来越好。但是，在对中国道路、中国模式的认识方面，发达国家和发展中国家则有很大差别。由于受到西方意识形态偏见的长期影响，发达国家中 31% 的受访者认为中国的发展道路和发展模式"是中共领导的中央集权模式"，23%的受访者认为该模式的"核心是国有经济占主体"。发展中国家的民意与之形成鲜明对比，多数人认为中国模式"是融合了中国历史文化和现实国情需要的一种创新"。政治上，不论是发达国家还是发展中国家，对中国执政党的共同印象是：权力集中、有超强的组织动员能力、组织严密。发达国家中有较多受访者（45%）认为中国执政党贪腐严重；发展中国家有近三分之一（26%）的受访者则认为中国执政党是得到民众支持的。

在西方意识形态尚拥有霸权地位的情况下，建议中国在国际传播过程中更加强调改革开放使数以亿计的中国人脱离贫困，中国在现代化过程中保持社会稳定、治安良好，人民享有的自由度迅速提高等无可辩驳的事实。近年来，在金融危机、欧债危机、难民危机的多重打击下，欧美国家很多人对西方意识形态的怀疑与日俱增。在这种情况下，中国应以静制动，用铁的事实超越意识形态之争，争取越来越多人理解中国，用他们"听得懂"的说法讲好"中国故事"。

三　重视经贸合作惠及当地人民

发达国家和发展中国家对中国评价的差异主要源于与中国的经贸合作能否惠及当地人民。改革开放以来，中国积极开展与发展中国家的经贸合作，力所能及地提供不附加政治条件的发展援助，中国投资给这些国家带去了繁荣与就业岗位，廉价的中国商品丰富了这些国家中下阶层的物质生活。相比之下，中国与发达国家的经济合作以贸易为主，国外媒体长期炒作中国从中收益巨大，取多于予。而且，中国的竞争优势主要来自贸易倾销、侵犯知识产权、污染环境、压低劳工标准，给其他国家的社会和民众造成了消极影响。

目前，欧洲是中国最重要的国际贸易伙伴。但是，随着贸易额的不断攀升，中国在欧洲国家的公众形象却越来越差。根据皮尤公司的调查数据，意大利、德国、波兰和西班牙都有一半以上的民众表示不喜欢中国，法国是欧盟国家中唯一一个对中国国家形象总体持积极态度的国家。这种情况已经对中欧关系的长远发展造成了消极影响，但并非不可改变。2014—2015年，中英关系在高层互访的背景下迅速升温，中国对英投资显著增加，中英贸易额也有明显提高。在这种背景下，据英国广播公司调查，2014年英国公众对中国积极评价的比例比2013年大幅提高12个百分点，达到49%。由此可见，增加对欧洲国家的投资、为欧洲公众提供更多就业机会，不仅是延续中欧经贸关系良好势头的必要条件，也是改善中国在欧公众形象的必要手段。

面对中国经济实力迅速增强的事实，发达国家公众产生嫉妒、忧虑等消极情绪是正常的。但是，只要真正以互利共赢为基础，不断创新合作的领域与方式，这些消极情绪还是可以被理性考量所克服的。根据皮尤公司 2014 年发布的数据，有 3/4 的意大利民众认为中国发展有害于意大利的经济发展，而多数英国和希腊民众则认为中国的发展有益于本国发展。形成这种差异的原因应该在于中国与意大利的经济结构相对接近，在轻工业、服装鞋帽等方面竞争激烈，而英国和希腊则通过中国的投资与援助得到了实惠。

2014 年 3 月，习近平主席在出访欧洲四国和欧盟总部期间，系统提出推动中欧全面战略伙伴关系发展的新理念，凸显和平、合作、交流互鉴和共促文明进步等四大主题，倡议着力打造中欧之间和平、增长、改革、文明四大伙伴关系，进一步提升中欧关系的全球影响力。这些理念不仅为中欧关系发展注入新的活力，而且更新了中国外交的话语体系，提升了中国的软实力，取得良好国际传播效果。展望未来，改善中国在欧公众形象的根本出路在创新，目标是在互利共赢原则基础上不断拓展中国与欧洲国家，尤其是意大利、西班牙、波兰等欧盟中相对较穷国家的经贸合作领域与方式。

四 减少"中国威胁论"的消极影响

在"国强必霸"的传统国际政治观念影响下，近年来发达国家时有"中国威胁论"泛起。海外权威民调数据显示，在与中国存在领土、领海争端的国家，恐华、仇华情绪很高。在 2014 年中央外事工作会议上，习总书记指出，中国对外工作应坚决维护领土主权和海洋权益，维护国家统一，妥善处理好领土岛屿争端问题。但与此同时，中国应争取世界各国对中国梦的理解和支持。因此，让世界各国人民认识到中国梦是和平、发展、合作、共赢的梦，我们追求的是中国人民的福祉，也是各国人民共同的福祉，这应该成为中国对外传播的基本点。

从目前情况看，"中国军事威胁论"在多数国家和地区的影响有限。中国外文局的调查显示，即使在美国、英国、日本等发达国家，认为中国军力发展会对别国国土安全造成威胁的受访者比例也不过 35%，虽高于认为中国军力是稳定国际秩序和维护世界和平重要力量的受访者比例，但也说不上是舆论的主流。也就是说，中国和平崛起在世界各国的认同度较高。相比之下，海外舆论对中国国际形象较具普遍性的负面印象是认为中国没有承担足够的"国际义务"。英国国际战略研究所中国问题专家尼尔（Alexander Neil）在接受《欧洲时报》采访时认为，中国已经以大国姿态登上国际舞台，中美关系已经成为"新型大国关系"，因此中国应当承担与这种地位相称的全球语境下的责任和期待。2015年中国外文局发布的海外民调的数据证实了这种论点的普遍性，有37％的海外受访者认为中国只在与自身利益相关的国际事务中表现积极，承担的国际责任还不够多。值得注意的是，这种观点在发展中国家和发达国家中都占较大比例。

十八大后，中国在这方面做出积极回应。2013年提出"一带一路"倡议，2014年习主席又提出建构互利共赢为基础的"新型国际关系"的构想，为破解中国威胁论提供了坚实的观念基础。目前，中国建构互利共赢、开放包容的国际关系的努力已得到国际社会越来越多的认同。曾任欧盟外交政策高级代表的索拉纳（Javier Solana）认为，尽管一直以来西方国家指责中国没有在国际贸易中严格遵守国际良好行为规范，没有履行作为全球力量应负起的责任，但是，随着中国倡议和引领的金砖国家开发银行、亚投行、丝路基金的建立以及"一带一路"倡议的部署和实施，中国在全球治理中的表现已经发生变化，中国影响力的增长已经显现，影响力覆盖范围不仅局限于发展中国家，也涉及英国、澳大利亚、法国、德国等发达国家。

为减少发达国家和与中国存在领土、领海争端的国家对中华民族伟大复兴的忧虑与恐惧，建议中国在国际传播中更加强调以下三点：第一，中国不是战后国际秩序的挑战者，而是建设者和改革者。在全球治理框架中，中国只做加法，不做减法。把现有国际体系利用好，推进其不断进行改革是实施"全球治理"最合理的选择。第二，对全球化和多极化这两个时代特征层级的概念进行深入研究，在"新型国际关系"概念基础上进一步完善中国国际话语体系，强调全球化使世界各国事实上已经成为"命运共同体"，多极化使世界各国只有进行互利共赢的合作才能解决国际问题。第三，中国在事关国家核心利益的事务上绝不让步，但是相信所有问题都可以通过对话与合作找到有效的解决方案。中国是一个善意、包容和理性的国家，不希望与任何国家为敌。更新中国外交话语体系是一个需要持续很长时间的系统工程，需要我们在十八大以来取得的重大进展的基础上不断努力。

与国际主流媒体开展合作，加强合作传播能力建设，有效传播中国声音研究

张　敏

中国社会科学院欧洲研究所研究员

当前中国国际传播能力严重滞后于社会经济发展水平，中国国家形象长期处于被西方媒体"他塑"的境地，不利于中国国际形象的提升。当前及未来时期，中国应抓住以互联网为基础的新媒体与传统媒体融合发展的新机遇，积极主动与国际主流媒体开展合作，着力构建与国际传播体系接轨、具有中国话语权的国际传播话语体系。有效传播中国声音，成为当前中国一项重要而紧迫的战略任务，已引起党和国家领导人的高度重视。为此，本文提出尽快构建"三位一体"的国际传播话语体系，加快推进国内主流媒体"硬实力"与"软实力"的协调发展等六大对策建议。

一　国际传播的目标、核心和能力提升路径

近年来，在经济实力快速增长、国际政治影响力逐渐上升的同时，中国的全球传媒资源和国际话语权却仍然十分有限，新闻媒体的报道与宣传在西方主流社会的影响力较弱，国际传播能力严重滞后于当前中国社会经济发展水平。中国国家形象长期处于被西方媒体"他塑"的不利境地，这不利于中国国际形象的提升。因此，应该积极与国际主流媒体开展合作，加强中国国际传播能力建设。

全面提升中国的国际传播力，应厘清如下三对概念之间的关系。首先，国际传播的目标——国家利益和国家形象。尽管国际传播的目标很多，但其核心目标应该是维护国家利益和树立国家形象。在实践中，国际传播必须结合国家的发展战略和

外交政策，根据国际环境和国内形势，灵活机动地选择传播内容和传播方式。国际传播中的国际话语权设置、国际话语体系构建以及国际传播能力建设，都必须与此相适应。否则，国际传播就会失去目标。

其次，国际传播的核心——价值观和话语权。维护国家利益和树立国家形象，从国际传播的角度看，主要表现在国际话语权的设置与争夺上。目前国际社会的话语权主要掌握在以美国为首的西方国家手中，其设置和争夺话语权的基础都是西方的价值观。价值观是国际传播中话语权设置和争夺的基础，没有价值观支撑的话语权是难以持久的。中国要在国际传播中争夺和掌握国际话语权，就必须拥有能够站得住脚的、具有人类普适意义的价值观的支撑。

最后，国际传播的实现——构建国际话语体系和提升国际传播能力。构建国际话语体系，是在国际传播中设置和争夺话语权、提高国际传播能力的重要组成部分。国际话语体系的构建成功完善与否，直接关系到在世界上国际传播能力的大小强弱。提高传播能力与构建国际话语体系相辅相成。

二 国际主流媒体及中国的国际传媒实力现状

普遍认为，国际主流媒体主要集中在美、日、欧等西方发达国家，包括美联社（AP）、路透社（Reuters）、法新社（AFP）、英国国际广播公司（BBC）、美国有线电视新闻网（CNN）、国际文传电讯社（Interfax）、彭博社（Bloomberg Business News）、德新社（DPA）、日本共同通讯社、埃菲社等[①]机构。从20世纪90年代起，西方传媒形成了高度垄断的国际话语体系，"四大主流通讯社：美联社、合众社、路透社、法新社每天发出的新闻量占整个世界新闻发稿量的80%。传播于世界各地的新闻，90%以上由美国等西方国家所垄断。西方50家跨国媒体公司占据了世界

[①] 经常被引用并具有国际传播话语权的国际主流媒体包括杂志、报纸、电台、通讯社等。杂志类：日本的《外交学者》、美国的《外交政策》、英国的《简氏防务周刊》、加拿大的《汉和防务评论》、俄罗斯的《军工信使》和《莫斯科防卫摘要》、德国的《明镜周刊》；报纸类：美国的《基督科学箴言报》《华尔街日报》《华盛顿邮报》《纽约时报》和《国防新闻周刊》，英国的《今日中国防务》《卫报》《每日电讯报》，法国的《世界报》，德国的《南德意志报》，日本的《读卖新闻》《产经新闻》《朝日新闻》，韩国的《东亚日报》，俄罗斯的《俄罗斯报》《劳动报》，埃及的《金字塔报》；主流媒体：英国广播公司、美国广播公司、路透通讯社、法新社、美联社、美国合众社、日本共同通讯社、俄罗斯新闻社、塔斯社、时事社、韩联社、朝中社、美国有线电视新闻网、英国天空广播公司、韩国 KBS 电视台、彭博社、埃菲社等。

95% 的传媒市场，其中美国控制了全球 75% 的电视节目的生产和制作，第三世界国家的电视节目中有 60%～80% 的内容来自美国。"① 通常情况下，英国 BBC、美国 CNN 等主流媒体新闻报道及时、跟踪覆盖领域广泛、以西方价值观和意识形态为舆论导向，将西方主导的全球传播话语体系的影响力渗透到了世界各地。当前中国的国际传播能力的基本现状却不容乐观，呈现以下特点：

第一，中国的国际传播影响力较弱，与传媒大国地位极不相称，国际传播和传播语境长期保持"西强我弱"格局。

按照胡鞍钢等学者设计的传媒实力评价指标体系，2000 年中国的传媒实力跃居世界第二，成为世界传媒大国。但是构成中国传媒实力的内在结构并不均衡，国际传播和传媒经济实力相对较弱，只相当于美国的 14% 和 6.5%，与日本、英国、印度和德国等国也有较大差距②。当代国际受众对于中国的了解主要借助于西方媒体，信息获取率高达 68%，仅有 22% 的受众从中国媒体了解中国。这就意味着中国的国际形象很大程度上取决于西方国家"他塑"，而非"自塑"，中国媒体的话语空间受西方国家严重挤压。多数学者认为，虽然目前中国已经发展成为传媒大国，在总体规模与媒体数量上甚至位居世界第一，但中国还算不上传媒强国，中国新闻媒体的国际舆论话语权还比较少，与中国正在快速发展的经济实力和综合国力是不相符的③。

第二，近年来中国在提高传播能力上的诸多努力，其传播效果喜忧参半，尚待进一步实践。

传播效果可谓喜忧参半。可喜的是，中国在提升国际传播能力上表现出较强的主观意识。近年来中国主流媒体积极融入国际传播领域，定期举办大型国际书展，自 2003 年中国新闻出版工作实施"走出去"战略以来，将一大批优秀中国图书推广到了全球 100 多个国家，覆盖五六十个语种，出版业走向国际图书市场的步伐加

---

① 胡正荣、关娟娟主编《世界主要媒体的国际传播战略》，中国传媒大学出版社，2011，第 208 页。转引自胡智锋、刘俊《主体诉求渠道类型：四重维度论如何提高中国传媒的国际传播力》，《新闻与传播研究》2013 年第 4 期。

② 胡鞍钢、张晓群：《中国传媒迅速崛起的实证分析》，《战略与管理》2004 年第 3 期。转引自陈国昌《中国新闻媒体国际传播能力建构研究综述》，《广东外语外贸大学学报》2014 年第 3 期。欧阳雪梅：《中华文化国际传播能力建设路径探析》，《湖南社会科学》2015 年第 1 期，第 184 页。

③ 明安香：《传媒全球化与中国崛起》，社会科学文献出版社，2008，第 145 页，转引自陈国昌《中国新闻媒体国际传播能力建构研究综述》，《广东外语外贸大学学报》2014 年第 3 期。

快。孔子学院在越来越多的国家落户扎根，发展势头迅猛。自 2004 年 6 月首家孔子学院在塔什干签约以来，截至 2015 年 9 月，中国已在全球 134 个国家和地区开设了 495 所孔子学院和 1000 所孔子课堂，集中分布在欧、美两大洲。①

中央电视台、中国国际广播电台等国内主流媒体不断创新传播发展理念，积极跻身国际传播市场，有效传播中国声音。"2009 年以来，中央台基本建成覆盖全球的国内外新闻报道网络，6 个语种频道落地，入户范围达 170 多个国家和地区，有 63 家海外记者站、2 个分台与 5 个中心站"②。国际台在全球范围成立了 100 多家境外整频率电台，采用 65 种语言，通过调频广播、卫星电视、互联网、移动终端等新的传播平台向全球传播的信息，覆盖世界五大洲。

越来越多由官方或民间拍摄的纪录片，以真实记录历史与现实的形式，客观、形象地向世界各国传播中国文化观与价值观，被西方主流媒体和国际受众所接受。2011 年 11 月，斯瓦希里语版的 36 集电视连续剧《媳妇的美好时代》在坦桑尼亚国家电视台开播，取得很高收视率；2012 年度最热纪录片《舌尖上的中国》获得海外市场的高度评价，发行到东南亚、欧美等 27 个国家和地区，首轮海外销售即达到 35 万美元，创造了近年来中国纪录片海外发行的最好成绩，在海外引发了一股"中国热"，成为国际传播中经典的文化事件。独立制片人孙书云的纪录片《西藏一年》，在 BBC 一年中播出 3 遍，美国、加拿大、法国、德国、西班牙、挪威、阿根廷、伊朗、沙特阿拉伯、以色列、南非、韩国以及亚、非、拉等电视广播联合体等主流电视台争相订购与播放。该纪录片引发西方社会广泛的正面反响：中国政府对西藏的扶持与建设，对西藏文化生态与自然生态的保护，通过西藏民众"不愿回到过去"的内心满足来体现，得到了国际受众的肯定。

与此同时，也有令人担忧之处。上述中国国际传播战略并非总能同步有效地提升中国的国际传播能力，有些举措甚至还适得其反。例如，在纽约时代广场播放的中国国家形象片（人物篇）未能收到预期效果。该片以美国人陌生的中国精英来代表中国形象，放弃了中国在更广阔层面的"人、景、物、文"温存而真实的风貌，这反而让西方受众感到中国人生冷遥远、不易接近。根据英国广播公司全球扫描（BBC - Globe

---

① 《境外有超 1 亿人学习汉语》，http：//news. sina. com. cn/o/2016 - 06 - 20/doc - ifxtfsae5834601. shtml，新浪新闻中心，2016 年 6 月 20 日。

② 蔡赴朝：《深入推进广播影视改革发展　为实现中华民族伟大复兴中国梦贡献力量》，《光明日报》2013 年 12 月 25 日，转引自欧阳雪梅《中华文化国际传播能力建设路径探析》，《湖南社会科学》2015 年第 1 期。

Scan）的调查显示，广告播出后，对中国持好感的美国人从 29% 上升至 36%，上升 7 个百分点；而对中国持负面看法者，则上升了 10 个百分点，达到 51%。[1]

中国的国际出版物大多在当地的华文书店销售，或在华文社区传播，未能在主流社会广泛传播。中国的版权输出以中医、武术等中国传统文化书籍、汉语工具书为主，能够引领国际思想前沿、展现中国核心价值观的理论性读物比较鲜见。

孔子学院向世界推广汉语教学并非一帆风顺。近年来孔子学院遭到美国等部分西方国家的抵制与抹黑，被视作为中国侵蚀和威胁西方文化的一项长期战略。2014 年 6 月 18 日《纽约时报》报道，美国大学教授联合会呼吁美国大学取消或重新谈判与孔子学院达成的协议，目前已关闭两家孔子学院。更多的外国人开始懂汉语了，但他们对中国核心价值观、中国文化精髓等观念仍十分模糊，缺乏了解，孔子学院在一些国家出现了"水土不服"。实现以汉语为载体，传播中国文化、价值观的目标，任重而道远。

第三，中国官方主导的单一宣传方式效果不佳，难以吸引国际受众，反而带来民众对中国声音的反感与排斥；互联网、社交平台等新媒体的作用未能得到有效发挥。当前必须清醒地认识到，能够展现中国软实力的国际传播话语体系的建构工作相对滞后，短期内仍无法改变"西强我弱"的国际传播格局，"妖魔化"中国的国际传播事件屡有发生，有损中国国际形象。构建中国主导的国际传播话语体系和实现传播效果，是一项长期的、具有重大战略意义的系统工程。

三　提升国际传播能力、有效传播中国声音的几点政策建议

2013 年 10 月，习近平总书记在全国宣传思想工作会议上指出，"要精心做好对外宣传工作，创新对外宣传方式，着力打造融通中外的新概念、新范畴、新表述，讲好中国故事，传播好中国声音"。在这一创新过程中，国际传播话语体系的构建与创新、传播能力的提升是重大的理论和实践问题，对这些问题开展深入研究意义非凡。

当前及未来时期，中国应抓住以互联网为基础的新媒体与传统媒体融合发展的新机遇，积极主动与国际主流媒体开展合作，着力构建与国际传播体系接轨、具有中国话语权的国际传播话语体系，不断扩大国际传播基础设施建设，创新传播方

---

[1]　胡智锋、刘俊：《主体诉求渠道类型：四重维度论如何提高中国传媒的国际传播力》，《新闻与传播研究》2013 年第 4 期。

式、传播平台和传播模式，提升传播软实力。讲好中国故事，机不可失，时不我待，应在多个方面采取对策。

第一，逐渐改变或摒弃传统的"外宣方式"，树立国际传播新理念，不断创新传播方式和传播平台。

对外宣传与国际传播二者之间显著不同。① 对外宣传是内宣的延伸，以往宣传的内容给外界以官僚、刻板、说教等负面印象，难以引起国际受众和主流媒体关注。国际传播是外交政策手段之一，遵循国际传播惯例，传播中国文化与价值观，其传播效应会逐渐得到体现。因此，无论是中国文化工程"走出去"战略，或是国际台、中央台等国内主流媒体的国际化传播工程建设，均应遵循国际传播理念，不断创新传播方式，努力改变对外宣传烙下的不良印象。

第二，将具有国际视野、能够有效传播中国声音的重要杂志、报纸、广播电视网络纳入一个系统工程中，重点投入与扶持，着力构建和打造"三位一体"的中国国际传播话语体系。借鉴西方主流媒体的国际传播经验，站在理论新高点、学术新前沿、新闻新焦点，在国际话语体系中讲述中国故事，传播中国理念与价值观。

第三，讲好中国故事，应讲究国际传播效果，淡化"官方"身份、鼓励"民间"发声。协调好"讲道理"与"讲故事"、"自己讲"与"他人讲"、"高调讲"与"低调讲"、"多讲"与"少讲"等关系，善于借用"他人"的解说、表述、传播等方式，逐渐学会用世界的语言讲述中国的故事，用中国的语言讲述世界的故事。

第四，创新中国新闻传播课程的设置与开发，将培养国际化新闻传播人才作为重点。以汉语教学为基础的海外孔子学院，应扩大其教学范围，寓教于乐，潜移默化地传播中国价值观。教学内容可涵盖中国古代历史与文明、传统文化、音乐、美术、绘画、舞蹈、戏剧、礼仪风俗、当代中国社会风貌、风土人情等多个领域，淡化或模糊中国与西方国家在文化意识形态上的分歧与争夺。在教汉语的过程中，潜移默化地向国外受众传播中国的文化、价值观和世界观，做到润物细无声。

第五，中央台、国际台等国内主流媒体应协同发展传播基础设施——"硬实力"和提升传播能力——"软实力"。在夯实传播"硬实力"的工程中，不断探索国际传播新理念、新方式、新平台，按国际传播惯例与市场化运作方式，变"他

① 对外宣传由政府主管，作为国家政治喉舌，主观性强，单向传播，专题报道多，是内宣的延伸，受国内宣传纪律约束；国际传播通常是公私兼营，作为社会媒介，客观性强，多向传播，新闻信息多，是外交的延伸，遵循国际传播惯例。

塑"为"我塑",有选择地与西方主流媒体开展合作,联合制作电视节目,联合报道重大新闻事件。在深入调研基础上,量体裁衣,按需推出符合当地审美观的"中国之窗"综合性节目,借助西方主流媒体传播平台,将中国声音有效传播到世界各地。

第六,加快中国智库能力建设,跟踪研究国际传播话语体系的最新理论与发展进程,鼓励更多智库学者在西方主流杂志、报纸上发文,从中国视角和全球视野,以国际化语言探讨中国问题和世界问题,在传播中有效发出中国的声音,用心构建中国主导的国际传播话语体系。

推动中国非政府组织"走出去"的必要性及方式方法

江时学

中国社会科学院欧洲研究所副所长、研究员

根据联合国的定义,公民社会（Civil society）是政府和企业之外的"第三部门"。① 最近几十年,无论在国际事务中还是在国内事务中,公民社会发挥的作用越来越大。联合国前秘书长科菲·安南曾说过:"过去联合国仅仅与各国政府打交道。现在,我们知道,为了实现和平和繁荣,必须使政府、国际组织、工商界和公民社会开展合作。在今天的世界,我们相互依赖。"②

非政府组织（NGO）是公民社会的主要组成部分。作为一种特殊的非国家行为体,NGO 在各国政治、经济、外交和社会发展领域中的重要性与日俱增,在国际舞台上的地位也不断上升。

随着公民社会和 NGO 的发展,中国的经济实力在快速增强,对外开放度持续扩大,公共外交的形式越来越多元化。这一切都是中国非政府组织"走出去"的有利条件。

为了实现中国非政府组织"走出去",有必要鼓励有条件的单位和个人成立更多的非政府组织,重视非政府组织的能力建设,确定能够发挥中国优势的领域,积极谋取联合国经济及社会理事会为非政府组织提供的"咨商"地位,在东道国寻求合作伙伴,充分利用互联网的优势,借鉴和参考世界社会论坛的经验,在夏季达沃斯设立一个以我为主的非政府组织论坛,加强非政府组织与国内外学术界的联系和沟通,鼓励非政府组织积极参与对外援助,力求使中国企业"走出去"与中国非政

---

① "Civil Society", http: //www. un. org/en/sections/resources/civil – society/index. html.
② "What Is Civil Society?", BBC, July 5, 2001, http: //www. bbc. co. uk/worldservice/people/highlights/010705_civil. shtml.

府组织"走出去"相互借力。

一　推动中国非政府组织"走出去"的必要性

进一步推动中国非政府组织"走出去"的必要性主要体现在以下几个方面：

第一，有利于提升中国在全球治理中的重要地位。当今时代的主流是和平与发展，但恐怖主义、霸权主义、军国主义等全球性挑战依然存在，其他形式的全球问题也层出不穷。因此，加强全球治理刻不容缓。

民族国家和国际组织是全球治理的主体。但是，面对错综复杂的国际形势和形式多样的全球问题，仅仅依靠民族国家和国际组织的力量是不够的。而非政府组织则能发挥自身的优势，在民族国家和国际组织无法顾及的领域为全球治理做出贡献。正如英国学者彼得·维勒茨所言，"传统外交"与"全球治理外交"（the diplomacy of global governance）的显著差异就是非政府组织参与了全球治理。①

作为世界上最大的新兴经济体，中国的国际地位不断上升。这就要求中国必须为全球治理做出更大的贡献。当然，非政府组织的国际化特征并不掩盖其国家属性。一方面，中国的非政府组织同样具有参与全球治理的强烈愿望；另一方面，它们在全球治理中的所作所为，体现的是中国的全球治理观。因此，作为全球治理的行为体之一，中国非政府组织的"走出去"必然会提升中国在全球治理中的地位，并为之做出更大的贡献。

第二，有利于宣传中国道路、中国精神和中国力量。实现"中国梦"必须走中国特色社会主义道路，必须弘扬中国精神，必须凝聚中国力量。但是，在"有色眼镜"的支配下，国际上误读中国的人为数不少。非政府组织具有非官方的特征，在国际上常被认为是一种政治立场中立的行为体。因此，中国的非政府组织在"走出去"后，能充分利用这一特点，更好地宣传中国道路、中国精神和中国力量。

第三，有利于推动"一带一路"倡议的实施。"一带一路"倡议旨在促进经济要素的有序自由流动、资源的高效配置和市场的深度融合，推动沿线各国实现经济政策协调，开展更大范围、更高水平、更深层次的区域合作，共同打造开放、包容、均衡、普惠的区域经济合作架构。要使这一愿景成为现实，必须合理界定和发

---

① Peter Willets, "The Role of NGOs in Global Governance", *World Politics Review*, September 27, 2011, https://www.globalpolicy.org/component/content/article/246/50787 – the – role – of – ngos – in – global – governance.html.

挥中国政府、企业、智库、非政府组织的作用，在落实这一倡议的过程中形成合力。尤其在向世界传播中国亲、诚、惠、容的外交理念和创新、协调、绿色、开放、共享的发展理念时，非政府组织的作用不容低估。

第四，有利于扩大中外人文交流。国之交往的主要形式无非商品交流和人文交流。两者相辅相成、相互促进，缺一不可。人文交流的参与者既可以是政党和政府，也可以是民间；既可以是政府组织，也可以是非政府组织；既可以是外交部门的"一轨"，也可以是非外交部门的"二轨"。这意味着，非政府组织在推动中外人文交流的过程中大有用武之地。

第五，有利于发挥中国在《2030年可持续发展议程》中的重要作用。联合国会员国达成的《2030年可持续发展议程》标志着人类社会第一次就发展的概念达成了共识，具有划时代的意义。该议程指出，"我们决心动用必要的手段来执行这一议程，本着加强全球团结的精神，在所有国家、所有利益攸关方和全体人民参与的情况下，恢复全球可持续发展伙伴关系的活力，尤其注重满足最贫困最脆弱群体的需求"。作为世界上最大的发展中国家，中国有必要，也有能力为《2030年可持续发展议程》的实施做出贡献。尤其在扶贫和健康卫生等领域，中国的非政府组织大有用武之地。

二　推动中国非政府组织"走出去"的方式方法

根据2015年12月出版的《2015年民政工作报告》，全国登记的社会组织总量为63.8万个。① 但是，迄今为止，"走出去"的中国非政府组织为数不多。这与中国在国际上的影响力是极不相称的。因此，为了推动中国的非政府组织"走出去"，有必要采取以下措施：

第一，鼓励有条件的单位和个人成立更多的非政府组织。世界各国的经验表明，非政府组织的发展进程必然会经历两个不同的阶段：第一步是多种多样的非政府组织在国内应运而生；第二步是有实力、有条件的非政府组织实现国际化，走向世界。

与中国的大国地位相比，60多万个非政府组织在数量上显然是不敷需求的。因此，为了推动中国非政府组织"走出去"，必须鼓励有条件、有能力的单位和个人

---

① 《2015年民政工作报告》，2015年12月，第7页，民政部网站：http：//images3. mca. gov. cn/www/file/201605/1462763666281. pdf。

成立更多的非政府组织，并为其提供必要的帮助和扶持。只有在数量上形成一定的群体优势，才能使更多的非政府组织脱颖而出，走向世界。

为了成立更多的非政府组织，有必要在法律上和政府的管理层面上为其提供更多的便利。一方面，必须在非政府组织中加强党的建设工作，使其沿着正确的政治道路前进；另一方面，也应该最大限度地简化行政干预，以强化其生命力和活力。

第二，重视非政府组织的能力建设。中国的非政府组织要在国际舞台上发挥更大的作用，必须在人力和财力等方面强化自身的能力建设。例如，为了顺利地在国外开展工作，"走出去"的非政府组织必须拥有精通外语和某一专业领域的领导和工作人员。此外，足够的财力也是必不可少的重要条件。

一般的非政府组织很难拥有足够的人力和财力。因此，各级政府和企业应该帮助有条件"走出去"的非政府组织强化其能力建设，甚至可以直接提供帮助和扶持。

第三，确定能够发挥中国优势的领域。非政府组织具有活动范围广、涵盖面宽的特点。但是，有能力"走出去"的中国非政府组织为数不多，因此，面面俱到、遍地开花显然是不现实的。换言之，有必要选择一些在国际上较受人关注且能够发挥中国优势的领域。这些领域可包括：

（1）文化。中国文化博大精深，内容丰富，在国际上享有盛誉。因此，中国的非政府组织可在文化领域扩大其在国际上的存在，以喜闻乐见的形式宣传中国文化及其与中国特色社会主义和"中国梦"的关系。

（2）经济。中国经济快速发展，在国际经济舞台上的地位不断上升。因此，在经济领域，中国有足够的自信。中国的非政府组织可利用这一优势，在国际上大力宣传中国改革开放的成就及其为世界经济做出的巨大贡献，以消除国外的"有色眼镜"的负面影响。

（3）健康与卫生。一方面，《中共中央关于制定国民经济和社会发展第十三个五年规划》提出了推进建设健康中国的新目标；另一方面，中国医疗队在非洲等地积累了丰富的经验。因此，中国有能力积极参与全球卫生行动与全球卫生治理，支持卫生领域的南北合作和南南合作，为落实《2030 年可持续发展议程》中的卫生目标做出贡献。

第四，积极谋取联合国经济与社会理事会为非政府组织提供的"咨商"地位。

联合国与非政府组织的关系由来已久。根据《联合国宪章》第十章第 71 条的规定，联合国经济与社会理事会可就其管辖的事务与非政府组织进行协商。为此，该理事会为非政府组织提供了"咨商"地位。根据这一制度安排，世界各国的非政府组织可通过申请和报名等方式，获得联合国经济与社会理事会的"咨商"地位。

在获得这一地位后，非政府组织可参与该机构的有关事务，在联合国事务中发挥更大的作用。

中国是联合国经济及社会理事会成员，有必要使更多的中国非政府组织获得"咨商"地位。为了实现这一目标，中国的非政府组织既要得到有关政府部门的大力支持，也要提升自身的公信力。

第五，在东道国寻求合作伙伴。中国的非政府组织在"走出去"的过程中，必须最大限度地了解东道国的法律、风土人情和其他一些重要的信息，否则就会寸步难行。

除了通过书刊和互联网等渠道了解东道国的国情以外，还应该在东道国寻求一个可靠、志同道合的合作伙伴。从租用办公用房到办理注册手续，从开展各种活动到处理可能会出现的纠纷，都需要得到东道国合作伙伴的帮助和支持。

在与东道国合作伙伴开展任何形式的合作时，必须牢记以下原则：一是要坚持"以我为主"，二是要以法律为准绳，三是要追求互利共赢。

第六，充分利用互联网的优势。"走出去"和"请进来"无疑是提升中国非政府组织国际地位和国际影响力的有效手段。但是，"走出去"和"请进来"需要足够的人力、物力和财力。这是中国大多数非政府组织难以逾越的障碍。

相比之下，将本组织的多种形式出版物译成外文后发布在网络上，则能充分利用网络化和信息化的特点，发挥受众面广以及传播速度快的优势。当然，译文的数量、质量和及时的更新非常重要，并要使用在国际上容易被接受的话语体系。

作为具有独立法人资格的全国性非营利社会团体，中国民间组织国际交流促进会在推动中国非政府组织"走出去"的过程中应该发挥举足轻重的作用。令人遗憾的是，在该促进会的中文网页和外文网页中，"出版物"栏目都是空空如也，最近的更新是在 2007 年。①

第七，借鉴和参考世界社会论坛的经验。世界社会论坛是巴西劳工党在 2001 年创立的一个世界性的非政府组织对话平台。首届论坛在巴西南里奥格兰德州州府阿雷格里港市举行，迄今为止已在世界各地举办了 16 次。每一次论坛都设立数百个议题，与会者人数超过一万，有时甚至多达数万。

世界社会论坛之所以能成为世界上最大的非政府组织聚会的场所，必定有其成功的秘诀。中国既要派遣更多的非政府组织参与该论坛，也要关注其政治动向和政策建议；既要学习其组织大型会议的经验，也要借鉴其与媒体和地方政府"打交道"的方式方法。

---

① http：//www. cnie. org. cn/english/Column. asp？ColumnId = 36.

第八，在夏季达沃斯设立一个以我为主的非政府组织论坛。2007 年 9 月，首届夏季达沃斯在大连举行，翌年 9 月在天津举行。天津和大连已成为这一论坛的永久主办地。

夏季达沃斯的与会者多达数百人，以政界、商界和学术界的要人为主。因此，有必要与世界经济论坛协商，利用这一高层次的对话平台，在每年的夏季达沃斯设立一个非政府组织论坛，讨论与世界经济形势有关的重大问题。

在确定选题和被邀请的非政府组织的名单时，必须坚持以我为主，恪守政治原则，将政治上反动和反华的非政府组织拒之门外。

第九，加强非政府组织与国内外学术界的联系和沟通。非政府组织在"走出去"的过程中，必须深刻了解错综复杂的国际形势，密切跟踪世界经济和世界政治大趋势的变化，以融通中外的话语体系介绍本组织的宗旨和理念。这就要求非政府组织必须具备足够的学术素养。为了实现这一目标，它们应该与国内外学术界保持经常性的联系和沟通，使其为本组织的各种活动提供必要的学术支撑。

第十，鼓励非政府组织积极参与对外援助。中国是一个发展中国家。长期以来，中国在致力于自身发展的同时，始终坚持向经济困难的其他发展中国家提供力所能及的援助，承担相应国际义务。中国的这一行为受到了世界上绝大多数国家的赞扬，但也不时受到一些批评和非议。

与政府的对外援助相比，非政府组织的对外援助具有以下特点：（1）动机不同。政府的对外援助常常具有一定的战略意义和政治意义，而非政府组织的对外援助则常以人道主义理念为动机。（2）资金来源不同。政府的对外援助完全依靠国家的财政，而非政府组织的对外援助则以慈善机构和社会各阶层的捐款为主。（3）援助项目不同。政府的对外援助主要是建设周期长、资金需求量大的项目，而非政府组织的对外援助则以见效快、资金需求量较少的民生项目为主。

由此可见，鼓励非政府组织从事力所能及的对外援助项目，既能加快其"走出去"的步伐，又能弥补政府的对外援助项目的欠缺；既能减少西方对中国对外援助的偏见，也能提升中国的软实力；既能扩大中国非政府组织的国际声望，也能加深中国在联合国《2030 年可持续发展议程》中的参与。

第十一，力求使中国企业"走出去"与中国非政府组织"走出去"相互借力。中国企业"走出去"已成为国际经济舞台上的一种新现象。截至 2015 年底，中国对外直接投资存量首次超过万亿美元大关。[①] 英国《金融时报》认为，至 2020 年，

---

① http://www.mofcom.gov.cn/article/ae/ai/201601/20160101235603.shtml.

中国对外直接投资存量有望达到 2 万亿美元。①

遍布全球的中国投资促进了东道国的发展，为世界经济发展做出了贡献。但是，中国企业在"走出去"的过程中经常遭受"中国威胁论"和"恐惧中国论"的攻击。一方面，中国企业必须努力改善其国际形象；另一方面，中国非政府组织在"走出去"的过程中必须消除资金不足的困境，甚至还应该在东道国获得更多的"落脚点"。

欧美的跨国公司常为其国际化的非政府组织提供资金上的帮助。作为回报，这些非政府组织常为跨国公司提供多种多样的服务和帮助。中国的企业和非政府组织应该借鉴欧美的经验，在"走出去"的过程中相互借力，使双方形成一种相得益彰的良性互动关系。

第十二，加强与港澳地区非政府组织的合作。港澳地区非政府组织的国际化程度较高，且在国际上享有较高的声誉。内地的非政府组织在"走出去"的过程中，应该与港澳地区非政府组织加强合作。合作的方式可包括：（1）在港澳地区选择一些价值取向和宗旨相同或相近的非政府组织，在完成必要的法律程序后，以新的名称"走出去"；（2）聘用港澳地区非政府组织中外语能力强和国际视野宽的人才；（3）在港澳地区寻求赞助。

---

① https：//next. ft. com/content/5136953a－1b3d－11e5－8201－cbdb03d71480.

发挥留学生群体国家形象塑造意识和能力的研究

贺之杲

中国社会科学院欧洲研究所助理研究员

对外传播与国际形象塑造需要更多的群体为之努力。从对外传播的要素属性和对外传播的途径方式来看，国内走出去的留学生群体是对外传播战略布局中的重要一环。发挥留学生在对外传播、国家形象塑造中的作用，是通过教育实现外交、把输入变成输出、以民间体现官方、由个人上升到国家的过程。中国在国际上的教育购买力越来越强，出国留学人员数量也逐年攀升。教育部公布的数据显示，截至2015 年底，中国累计出国留学人员达 404.21 万人，人均在外学习时间为 21 个月，且总量连续多年呈现 2 位数以上的增长。① 随着出国留学人员的不断增加，其长期积累的能量已经成为中国公共外交力量、民间外交势力的重要软实力。面对当前各国抢占对外传播阵地、舆论交锋更加突出的新形势，充分发挥海外留学生在对外传播中的作用，能够很好地弥补中国现有传播方式的不足，使传播主体更加多元、形式更加丰富、内容更加生动、途径更加直接、效果更加明显。

一 留学生群体参与对外传播的必要性与可行性

充分发挥海外留学生在国家形象塑造中的作用，实际上是一个以教育实现外交、把输入变成输出、以民间体现官方、由个人上升到国家的过程，既有必要性，又有可行性，必须将其作为对外传播战略布局中的重要一环。

从对外传播的要素属性上来讲，首先，留学是中国实施"人才强国""科教兴国"等战略部署的重要环节，也是一种跨国界、跨文化、跨族群的面对面的人文交

---

① 《2015 年度我国出国留学人员情况》，中华人民共和国教育部，2016 年 2 月 16 日，http：//www. moe. edu. cn/jyb_xwfb/gzdt_gzdt/s5987/201603/t20160316_233837. html。

流行为。其次，留学生具有集传播者、受传者于一身的双重身份，是实现让外国民众听得见、听得懂、听得进中国故事的有效载体。最后，留学本身作为一种跨文化的交流行为，留学生在他国吸收知识的过程，同时也是对当地文化、观点、理念的输入过程。

从对外传播的途径和方式上来讲，人际传播是对外传播最有效、便捷的方式之一，也是当前我们在对外传播中亟须加强的。而海外留学生既能接触到当地的普通民众，又能有机会与社会精英沟通，既有国内纽带联结，又有国际视野关怀，他们通过自觉甚至不自觉的人际传播方式完成传播过程，能够很好地适应西方受众的心理需求以及西方文化的人文主义倾向，使西方民众对中国以往固有的碎片化的、脸谱化的国家形象有机拼接起来，充分发挥消减误解、消除隔阂、弱化抵触心理、提升文化亲和力和影响力的作用。更为重要的是，留学生交往和影响的是当地的知识青年、未来精英，与他们建立朋友关系、共享知识体系，能够培养更多的"知华派""友华派"，一起做大中国的"朋友圈"，为中国话语权体系的构建和国家形象的塑造赢得未来发展的可能和空间。

二　现状与困境

要充分发挥好海外留学生的作用，提高他们在对外传播、国家形象塑造等方面的意识和能力，必须切入当前海外留学生群体的实际状况、成长规律、时代特征与发展趋势，进而分析影响其对外传播力、影响力的因素。随着近年来出国留学事业的不断发展推进，海外留学生的数量、分布、年龄结构、心理诉求、交往方式等方面都呈现出了一些新的特点，在其对外传播过程中值得关注。

第一，数量庞大且持续增长。中国已成为世界上最大的留学生来源国，且出国留学潮愈演愈烈。中国大规模的海外留学生，在将其作为人才储备、对外传播者的同时，更需要关注其在外留学安全的问题。作为当地的少数族群，近年来针对中国留学生人身、财产安全的事件时有发生。因此驻外使馆部门能否更好地保护好海外留学生安全，能否针对类似事件建立起突发事件应急机制，及时有效解决问题，这本身就是中国大国实力的展现，也是应对此类国际舆论危机的有效举措。

第二，分布较广但相对集中。中国在外的留学生，近90%集中在北美、欧洲、澳洲等传统的留学大国，以及新加坡、韩国等亚洲新兴国家，而这些国家和地区恰恰是国际舆论格局调整中的重要力量，因此海外留学生对外传播大有可为。但赴"一带一路"沿线国家的留学生比较少，建议尝试留学外交先行，以互派交流生、组织学术交流活动、短期访问访学等形式，加强"一带一路"沿线留学生的双向往来，将其作为实现"民心相通"的重要模式。在中国留学规划上，不仅要考虑市场选择，更要考虑公共外交和对外传播战略。

第三，从精英化到大众化。中国自费出国留学人员逐年攀升，低龄化现象凸显。留学生群体存在分化严重、素质参差不齐的情况。这里需要关注的是，留学本身作为一种跨文化的交流行为，留学生在他国吸收知识的过程，同时也是对当地文化、观点、理念的输入过程，尤其是针对低龄留学生，他们年龄较小，部分留学生的世界观和价值观尚未形成，对国内主流政治观点认知不足，很容易成为西方媒体、宗教团体等的影响对象，加之教育交流的非对等性，在一定程度上会出现并日益加剧"文化顺差"现象。同时，由于国内对留学服务市场监督管理的不到位，中国留学生诚信危机问题时有显现，加之部分留学生法治意识、自律意识不高，这些问题直接影响着国民素质形象。另外，中国留学生作为当地的少数族群，在现有条件下由于受到语言、思维差异等方面的限制，仅靠个人自发的日常交往，往往很难真正融入当地居民的生活中，人际沟通传播作用发挥有限。

第四，留学形式趋向多样化。参加短期留学、游学等非学位项目的留学生数量不断增加，这种体验式的留学方式的目的在于开拓视野、增长见识，而不是为了获取学位。因此，与传统的学位留学项目相比，这样的方式更能体现文化交流的特性，参与者学业压力更小，有更多的意愿和机会参与活动、主动表达、讲好故事，更能接触到来自各个国家的访学人员，因此有必要继续扩大短期对外交流访学的层次、范围和覆盖面。

第五，留学目的更加清晰、理性。根据中国与全球化智库（CCG）发布的《中国留学发展报告 2015》，[1] 当前中国留学生的留学动机已经转向对回报力度的关注，绝大部分留学人员还是希望能够通过留学增强未来的职业竞争力，以期在劳动力市场上获得更大优势。因此在对留学生的服务管理上，就需要加强后续回国政策的引导，放宽回国就业创业的政策，做好国内企业项目与海外留学归来人才的对接，着力构建个人与祖国共同发展的愿景，提升海外留学生的发展自信，以自身的发展折射出祖国未来发展的广阔前景。

第六，留学生对外发声途径更多元。随着自媒体的迅猛发展，国家形象传播的一种趋势是从以政府和官方媒体为主逐步走向以社会和个人为主。目前，网络通信手段已经成为海外留学生沟通最常用的媒介，这使得他们对国内舆情了解更加实

---

① 王辉耀、苗绿主编《国际人才蓝皮书：中国留学发展报告》，社会科学文献出版社，2005。

时，更能体现内宣外交一体化趋势，同时，网络也为留学生群体的组织动员提供了很好的平台和工具。另一方面，海外留学生同时也是推特（Twitter）、脸书（Facebook）等海外新兴媒体的用户，并将其作为海外人际交流的重要补充，因此他们最能够切身感受到不同舆论观点的交锋和碰撞。从这个意义上甚至可以说，海外留学生处于中西文化冲突和舆论较量的最前沿，若不加以正确引导极易出现前文所说的"文化顺差"现象，进而使其成为外媒为实现其特有政治目的的影响对象。因此我们必须主动出击、加以引导、为我所用，发挥海外留学生在外媒平台上的作用，使对外发声的渠道更加多元、传播更加有力。

三　政策方向和实现路径

未来数十年仍将是中国留学事业发展的黄金期，也为海外留学生讲好中国故事提供了难得的机遇期，必须抓住机遇、因势利导、趋利避害。提升留学生在对外传播、国家形象塑造方面的意识和能力，是一项长期的系统工程，不能就事论事、简单孤立地看待和解决问题，必须坚持"以人为本，密切关注；悉心引导，扬长避短；分类指导，融合发展"的方针，以出国前、出国后、归国后三个时间段为划分，将对外传播与留学生服务管理有效结合起来，将内宣与外播结合起来，将人才战略与对外传播战略结合起来，引领海外留学生更加自信地走上民间外交和对外传播的舞台，更加倾心地服务于国家形象塑造的战略需求。

（一）　出国前：提升留学生素质

在发挥海外留学生对外传播的作用时，相关政府管理部门担负的角色也非常重要，从出国手续办理到服务提供，每一个环节都影响着出国留学生对自己国家政府的认知和情感，必须建立健全一整套与国家、社会和个人发展相适应的留学政策运行机制和留学综合服务保障体系。

一要加强出国前的教育与引导。

国家留学基金委在公派留学生的选拔与派出标准上，不仅要注重专业导向和科研能力导向等基本硬件，更要注重其政治立场、基本观点等必备软件。同时充分发挥教育部留学服务中心以及各大派出机构（如高等院校）的教育培训作用，在对拟派出人员的临行前培训及《留学人员必备手册》中，建议增加对社交礼仪、公共外交技巧、法律及安全意识等方面的技能培训及专业提醒，帮助他们提升对外传播的能力素质，丰富对留学国的文化认知和政治认知，自觉地成为"民间大使"。

二要加强自费留学市场的监管与规范。

近年来，中国每年自费留学生一直占中国出国留学生总数的 90% 以上，[①] 理应对这部分留学生群体给予更多的关注和投入。加强对留学服务机构的资格认定和监督检查，不断提升其服务能力和可信度，坚决杜绝对个人资料的"过度包装"，提升留学生质量和诚信度。

三要深入推进基础教育改革。

所谓"功夫在诗外"，要从根本上提高海外留学生素质形象，就要逐步改变应试教育，引入国际上的教育理念，让学生在基础教育阶段既掌握学习知识，也培养起综合素质，如独立学习能力、独立思考能力、人际交往能力、自我规划能力、独立生存能力等，更利于未来进入国外大学深造，拓宽国际视野，提升综合素质。

（二）出国后：加强组织和引导

习近平总书记在欧美同学会成立 100 周年纪念大会上的讲话中，曾提出"发挥作用"和"促进对外交流"的要求，[②] 十分清晰地阐明了留学生对外传播的战略意图。要加强海外留学生对外传播的意识和能力，必须采取"政府主导 - 组织搭台 - 留学生唱戏"的模式，突出做好跟踪、关注、引导、组织、动员等相关工作。

一是积极构筑海外留学生组织管理网络。外出留学人员绝不是"脱缰的野马"，而就实际状况来看，目前中国驻外使馆对自费学生管理力度不够，且对留学生国际交流重视程度不足。因此，中国驻外领使馆应通过各种渠道与海外学生保持密切联系，并尽可能地协助他们解决实际困难，增进沟通交流。考虑到留学生群体分化较为严重，自费留学生与国家公派留学生、低年级留学生与硕博留学生存在差别，驻外使馆一方面保证国家公派留学生的素质与能力，另一方面也要对自费留学生予以政策倾斜；既要积极发挥低年级留学生的优势，又要关注硕博留学生的科研工作生活。国家领导人或国内相关部门主管在出访时，也可以与当地留学生进行更多的沟通交流，这样做必然有助于保护他们的爱国热情，使他们在完成学业之余，增进对

---

① 《2015 年度我国出国留学人员情况》，中华人民共和国教育部，2016 年 2 月 16 日，http://www.moe.edu.cn/jyb_xwfb/gzdt_gzdt/s5987/201603/t20160316_233837.html。

② 《习近平主席在欧美同学会成立 100 周年庆祝大会上的讲话》，人民网 - 人民日报，2013 年 10 月 21 日，http://politics.people.com.cn/n/2013/1022/c1024 - 23279205.html。

外传播的积极性。

二是充分发挥各类民间团体的作用。将留学生"走出去"与文化"走出去"战略相结合，充分发挥海外各类留学生学会、校友会、学友会、学术协会等民间组织的作用，加大资金投入并尊重其首创精神，积极将我们已在全球许多国家和地区成功开展的"中国文化年""中国节"等活动，通过留学生的文化交流活动延伸到校园、到社区、到国外青年身边，着力打造一批具有较强国际影响力、知名度的校园文化品牌活动，把生动真实的中国形象、具有温度的中国故事，以口口相传的形式植入民间、植入未来。我们不需要传教士式的留学生，但培养留学生的爱国信仰，形成一种"我为祖国代言"的良好氛围，既需要留学生具有高度的政治责任，又要有娴熟的专业技能，既淡化宣传色彩，又强化传播能力。要鼓励海外留学生积极融入当地社会，通过各类民间组织，在广泛参与各类公益活动的过程中接触当地社会实际，扩展视野、增进友谊。

三是努力打造"知识共同体"。充分利用留学生在学术交流方面的优势，不断增进与国际学术研究机构、高等教育机构的学术交流合作，探索以企业或个人冠名或赞助的形式，在国外教育机构设立中国问题研究议题，提升各国学生和学者的关注度。一方面，注重人类共通的经验与思维，遵循共同的价值和情感，寻找文化的共性。达到增信释疑，凝心聚力的目的。另一方面，积极发挥光环效应和累积效应的心理机制。多创造机会、搭建平台，将留学推向学术交流研讨的前沿，鼓励留学生成立民间社团或者读书会，选设如全球气候与环境问题、科技发展、人文艺术等全球青年普遍关心的共同话题，组织开展学习交流、问题研讨、学术论坛等活动，聚拢与吸引各国青年学生学者参与交流，在观点的交融与碰撞中，寻找共同兴趣点，求同存异，赢得理解、认可与尊重。

四是加强海外留学生网络舆情监管和引导。将海外留学生网络舆情纳入高校网络舆情监督与管理，做到舆情时时关注、焦点及时跟进、危机及时化解。充分运用自媒体等新的传播媒介，构建留学生思想引导和组织动员的网络平台。比如当前中国许多驻外使领馆都非常注重对手机自媒体宣传微平台的使用，在这个过程中，应更注重对客户端服务功能的开发和优化，在为海外人员提供便捷的管理服务的同时，增强用户黏度，精准推送信息，使得留学生乐于同朋友"分享"，实现跨平台、跨网络的信息传播。

（三）归国后：构建共同的发展愿景

当前，中国正经历着前所未有的海外留学人员"回国热""创业潮"，基于越来越多留学生选择归国就业或创业的现状，应积极探索海外留学生回国就业与创业多层次、多方位、多渠道的政策机制与工作体系，拓宽海外留学人员回国工作绿色通道，探索利用"互联网＋海归创新创业"① 的模式，更大程度地发挥科技团体、学会、协会等社会组织的作用，运用更加灵活的政策，做好人才、项目与企业之间的对接，吸引高层次海外人才回国工作和创业，提升海外留学生归国工作满意度，为他们提供个人与祖国未来发展的"共同愿景"，提振未来发展的自信心。

---

① 《海归创新创业为中国"互联网＋"注入新活力》，新华网，2015 年 7 月 29 日，http：//news. xinhuanet. com/fortune/2015－07/29/c_1116082434. htm。

中国内政篇

社会治理现代化国外经验教训及启示研究

田德文

中国社会科学院欧洲研究所研究员

十八大以来，中央针对社会治理领域存在的突出问题，就加强和创新社会治理作了全面部署，对推进国家治理体系和治理能力现代化具有重要意义。社会治理现代化是维护国家长治久安的重要保障，其最重要的内涵应是社会保障制度现代化，通过全面改革与创新，应对新挑战，建立符合经济社会发展长远需要，以人为本的机制体制。在这方面，借鉴国外先进经验、汲取国外失败的教训至关重要。20 世纪80 年代后，欧洲国家社会治理体系的核心问题是社会保障制度在财政上不可持续。这种状况是其制度建立健全过程中没有充分预见到战后人口变化趋势的结果。汲取欧美国家教训，中国亟须增强社会政策供给的"人口变化预见性"，不断完善包括家庭政策、生育政策、社会服务、就业政策在内的公共政策供给，建立以人为本、投资于人的"生育友善型"公共政策体系。后工业化时代，战后欧洲建设社会保障制度的前提都已经变了，不进行制度重构势必造成巨大财政压力、资源浪费和社会问题。因此，社会治理体系现代化的关键在创新，中国社会治理现代化的核心应放在应对新型的、个性化的社会需求上，在充分发挥个人、家庭、社区、市场作用的前提下，制定出灵活的、个性化的政策解决方案。

一　社会治理体系现代化的时代意义

社会治理体系现代化，既是中国社会主义社会发展规律的客观要求，也是人民安居乐业、社会安定有序、国家长治久安的重要保障。党的十八大以来，中央针对社会治理领域存在的突出问题，就加强和创新社会治理机制体制建设作了全面部署，对推进国家治理体系和治理能力现代化具有重要意义。在社会治理现代化方面，欧洲国家走在中国前面。因此，在推进社会治理现代化的过程中，借鉴国外先进经验、汲取国外失败的教训至关重要。

社会治理现代化的根本目标与核心内涵是应对新挑战、建立新机制，以人为本，根据经济社会发展的长远需要，完成社会政策体系的重构与创新。二战后，欧洲国家先后建成国家满足公民"从摇篮到坟墓"的社会需求的"福利国家"制度。这对于欧洲国家战后促进经济增长、维护社会稳定与和谐、赢得冷战胜利起到至关重要的作用。但是，20 世纪 80 年代后，欧洲福利国家制度先后陷入财政危机，持续增加的社会开支成为制约其经济增长的重要因素。究其原因，是国家承担的社会职能在内涵、制度和技术上不能很好地适应后工业化社会人口变化带来的社会风险与社会需求变化。改革开放以来，中国已基本建成国际通行的社会保障制度体系，正在努力实现"低水平、广覆盖"的满足城镇居民的基本社会需求，农村社会保障制度也在积极建设中。建立健全有中国特色的社会保障制度既是中国经济社会发展的重要成果，也是维持中国社会稳定和经济发展的必要条件，重要意义自不待言。但是同时也必须借鉴欧美国家的经验，推进社会治理现代化进程，避免陷入欧美国家已经身在其中的"福利陷阱"。

二 增强对人口变化的预见性

20 世纪 80 年代后，西方国家社会保障制度先后陷入经济、政治、社会危机，最终表现为财政不可持续。从根本上说，这种状况是其制度建立健全过程中没有充分预见到战后人口变化趋势的结果。汲取欧美国家教训，中国亟须增强社会政策供给的"人口变化预见性"。

根据欧盟统计局与欧盟就业、社会事务与社会融入总司发布的研究报告，欧盟面临的"人口变化"主要指人口结构和家庭结构的变化，包括人口老龄化日益严重、生命预期延长、移民数量不断增长、家庭功能弱化、单亲家庭和空巢老人增加等。目前，欧盟国家面临的人口变化挑战主要包括：第一，人口老龄化日益严重。据欧盟统计局公布的最新数据，成员国 65 岁以上老人占人口的比例 2003 年为16.2%，2013 年增加到 18.2%。同期，80 岁以上老年人占人口中的比例从 3.8% 增加到 5.1%。过去 50 年，欧盟 27 国人口的预期寿命延长 10 岁。目前，达到 65 岁的欧洲妇女平均还能活 20.7 年，男性还能活 17.2 年。战后欧洲国家设计养老金制度时，没有充分考虑到人口预期寿命不断延长的因素，因而可持续性出现危机。第二，移民增加。据统计，2004—2008 年，欧盟 27 国平均每年增加 300 万—400 万移民。2010 年共有 3240 万外国人生活在欧盟境内，占其人口总量的 6.5%，其中 2010

万是非欧盟国家居民。移民人口最多的欧盟成员国是德国，达到 710 万，西班牙（570 万）、英国（440 万）、意大利（420 万）和法国（380 万）紧随其后。据欧盟官方分析，移民增加已经成为欧盟人口增加的主要原因。外来移民数量不断增加引发欧盟国家社会分裂，很多国民认为这些"外国人"占了"福利国家"的便宜，反移民的排外主义情绪不断上升。第三，家庭结构变化。由于福利国家制度在很大程度上替代了家庭的互助和照顾功能，战后欧洲人的家庭观念日益弱化。一方面，单亲家庭比例很高。根据欧盟公布的最新数据，2008 年，18 岁以下欧洲儿童有 14%生活在单亲家庭，12%生活在同居家庭。欧盟成员国中，单亲家庭比例最高的是拉脱维亚和爱尔兰，均为 23%，英国以 21%紧随其后。另一方面，老年人单独生活的比例很高。据欧盟发布的最新统计数据，目前北欧国家女性老人独自生活的比例最高，丹麦 65 岁及以上女性有 57%独自生活，芬兰（52%）、瑞典（51%）紧随其后，65 岁以上男性独自生活比例最高的是英国，达到 27%，瑞典以 26%紧随其后。

欧盟国家人口变化带来的最大社会问题是老龄化日益严重。为应对人口老龄化，欧盟成员国推出多项改革措施，如延迟退休、提高养老金缴费率和降低养老金标准等。但是，为维护社会稳定与社会公正、预防老年贫困，多数国家的改革力度并不大，实际目标只是抑制社会开支过快增长，"削减福利"实为空谈。同时，单亲家庭不利于就业，更易于陷入贫困，也加重了欧洲国家的社会开支负担。近年来，即使在欧债危机背景下，多数欧盟成员国的社会开支占国内生产总值的比重也居高不下。欧洲国家中，近年来真正把社保开支占 GDP 的比重降下来的只有德国。2005 年施罗德改革以前，德国社会保障开支水平一直高于欧盟平均值三个百分点左右，2005 年后明显下降，2012 年降低到 29.5%，恰好为欧盟平均值，此后基本保持在这个水平。

借鉴欧洲国家经验和教训，中国应不断完善包括家庭政策、生育政策、社会服务、就业政策在内的公共政策供给，建立以人为本、投资于人的"生育友善型"公共政策体系，让人们愿意生、养得好，在较短时间内遏制中国人口出生率不断下降的趋势，有效提高人口的数量和质量。

第一，生育补贴对提高生育率的作用有限。从欧洲的教训看，要想保证较高的生育率，必须建立有效的家庭政策，通过税收优惠、住房优惠、儿童福利等措施鼓励人们组建家庭和生育子女。长期以来，多数欧洲国家都从一般性税收中拨款对养育儿童的家庭给予各种补贴，实施免费义务教育。这对减少人们生儿育女的后顾之忧是有积极意义的，但并没有改变欧洲国家低出生率的状况。

第二，建立健全鼓励生育的相关社会服务体系更重要。目前，中国正在建立健全有中国特色的社会保障制度。值得注意的是，社会保障制度并不仅仅是指五险一金，社会服务也是重要的组成部分。为鼓励生育，中国应加强对于生育服务企业和人员、幼儿园、中小学的政策扶植力度，不断提高社会服务机构的数量和质量。从中国目前的情况看，建立健全鼓励生育的社会服务体系应该比发放数额有限的普惠性儿童福利更能提高人们的生育动力，不仅财政开支的效率更高，而且可以增加相关就业。

第三，建立"家庭友好型"的就业政策是鼓励生育的重要手段。1970 年后，西欧国家女性就业率迅速提高，欧洲大陆和南欧国家"男性养家"的传统家庭结构逐步改变，同时欧洲人口出生率迅速下降。据欧盟统计，1993 年德国女性就业率为57%，到 2013 年增加到 72.3%，增加 15.3 个百分点。意大利的女性就业率从38.6%增加到 49.9%，增加了 11.3 个百分点。同期英国女性就业率从 62.9%增加到 69.4%，瑞典从 75.9%增加到 77.2%。显然，让育龄妇女在工作和生育之间找到两全之策，是提高人口出生率的重要手段。欧盟国家在这方面的主要做法是增加临时和"非全职就业（part – time work）"。据经合组织统计，2012 年欧盟成员国非全职率平均为 16.9%，高于美国同期（13.4%），而从事"非全职工作"的人中超过70%的都是女性，有利于女性兼顾家庭和工作。采取灵活的就业政策不仅有利于提高人口出生率，而且可以提高就业率、减少失业率。中国应借鉴欧洲经验，制定更加有利生育的就业政策。

三　加强社会治理现代化机制体制建设

中国建立健全社会保障制度始于 20 世纪 80 年代后期。其实，当时欧洲国家的社会保障制度已经陷入了财政危机，开始进行制度改革。从欧美国家的历史经验看，国家的社会职能是在现代化过程中逐渐趋于复杂化的，主要原因是现代化进程弱化了农业社会家族、村镇、教区的社会互助职能，大家庭模式让位于父母子女组成的"核心家庭"模式。因此，工业社会中，人们在应对养老、医疗、伤残、失业等风险的时候更加孤单，需要国家通过社会保障制度建设来管控风险、提供服务。应该说，国家社会职能增强是现代化的必然需要，但是必须注意国家社会职能不应替代家庭的社会职能，否则不仅不断增加的社会开支会成为国家背不动的包袱，而且会产生出生率降低、空巢老人增加等社会问题。

经过二十多年的社会保障制度的改革，欧洲这些国家的公共财政开支其实并没有降低，欧洲学术界谈论较多的"国家后撤（retrenchment）"、社保制度"去中心化（decentralization）"等也都没有多大进展。究其原因，这是因为欧洲社会保障制度的财政危机是生产方式变化、老龄化和全球劳动力成本竞争加剧造成的，问题的关键不是该不该建立健全社会保障制度，而是应该怎样在生产方式和人口结构变化的背景下增强它的可持续性，而这就必须对大工业时代设计出来的社会保障制度进行重构，使其能够有效地、可持续地应对后工业化社会的社会风险。

从根本上说，以前的社会保障制度是以"标准化"的就业、家庭和人生模式设计的。在后工业化时代，这些前提都已经变了，不进行制度重构势必造成巨大的财政压力、资源浪费和社会问题。重构社会保障制度的关键在创新，政府应该针对新型的、个性化的社会需求，在充分发挥个人、家庭、社区、市场作用的前提下，制定出灵活的、个性化的政策解决方案。

在社会治理体系创新的目标方面，欧洲经验对中国的启示主要是应以人口变化为前提，建立可持续的社会政策体系。第一，以人为本，建立"老有所为、老有所养、老有所乐"的可持续养老体系。在人口老龄化趋势不可逆转的前提下，积极改变老龄概念，应采取的措施不仅包括逐步推迟退休年龄，而且应该重视充分发挥60~70岁退休的中老年人的社会价值，提高70岁以上老龄人口的生活质量。第二，控制公共开支水平。欧盟国家目前面临的社会危机主要表现为公共财政困难。中国劳动密集型产业结构在短期内不可能根本改变，国民经济所能承受的公共开支水平比欧洲要低。为避免因公共开支增加而迅速失去国际竞争力，中国亟待增强养老金可持续性，但同时也要预防因养老金开支过低造成的老龄贫困问题。第三，积极进行政策创新，应对人口变化。根据欧盟的经验，在联盟与成员国，政府和市场之间划分权责是前面提到的政策创新的主要内容。概括起来，无非两个问题，即钱从哪儿来，事儿归谁干。欧洲"福利国家"制度的失误在于国家承担得太多，现在欧盟国家普遍重视将非营利组织和私人企业引入社会服务领域，通过政策创新分解公共财政的压力。对中国政府而言，他们在这方面的很多思路和做法都可借鉴。例如，通过建立健全社会服务体系为老年人提供更好的生活保障：政府不用出钱，而是改变养老金的使用方式，由支付给老年人到支付给社会服务机构，这样既可增加就业，又能给老年人提供必要的个性化的服务。针对老年人的社会服务必须是个案式的，针对需求提供服务。仅此一项政策创新，就可在提高老年人生活质量的同时，给中国经济增长带来巨大潜力，可谓利国利民。

目前，在社会治理体系创新方面，中国和欧美发达国家站在同一起跑线上。经济新常态下，中国发展仍处于大有作为的重要战略机遇期，但也面临诸多矛盾叠加、风险隐患增多的严峻挑战。因此，中国要适应新形势，增强风险意识，深化对社会治理规律的认识，以理念思路、体制机制、方法手段创新为动力，以现代科学技术为引领，以基层基础建设为支撑，提高社会治理现代化水平。创新有中国特色的社会治理体系主要有三方面内涵。第一，制度创新。在建成低水平、全覆盖的社会保障制度之后，要把工作的重点放在建立健全社会服务体系、完善社会救济制度方面，让社会保障制度有效地、可持续地发挥社会安全网的作用，而不是片面地增加"福利"。第二，服务创新。在摸清新型社会需求之后，要充分发挥社会资源和市场资源的作用，让公共资源发挥杠杆作用，使其效率最大化。第三，技术创新。"互联网＋"给社会保障制度创新提供了强大的技术支持，极大地增强了提供个性化社会服务和社会救济的可能性和便利性。只要秉承"以人为本"的社会主义理念，用创新精神引领中国社会保障制度建设，有中国特色的社会保障之路就会越走越宽。

网络强国战略的架构与核心内容

程卫东

中国社会科学院欧洲研究所副所长、研究员

建设网络强国，就是要在网络关键资源的掌控或分配权、标准制定权、核心技术自主权、话语权及利用网络服务于政治、经济、社会、文化与外交等方面，形成优于其他国家的能力。

网络强国战略应围绕网络强国战略的目标、网络力量的加强来统筹设计，主要应包括六大部分：（1）基础设施战略。网络强国必须加强网络基础设施建设，使之在世界上处于领先水平。（2）创新战略。创新至少应包括网络认知创新、网络基础技术的创新、网络应用的创新、治理方面的创新。（3）治理战略。网络治理的根本目标是通过网络治理，为网络发展与利用提供良好的网络与社会环境。（4）网络安全战略。防范网络威胁、保障网络安全最核心的手段是加强网络安全技术。（5）国家支持战略。网络发展与应用，需要国家强有力的支持，特别是在建立与维护网络秩序、基础研究、政策、投资等多方面的支持。（6）国际战略。国际战略主要目的是为国家发展网络力量争取有利的国际环境。

考虑到网络战略的复杂性，网络战略应处理好技术自主与创新，短、中、长期目标，政府、企业与社会，以及技术与非技术因素之间的关系。

一 网络强国战略的基本原则

目前世界上还没有公认的关于网络强国的定义，但如同其他领域的强国与否是以该国在该领域的力量来衡量一样，网络强国与否，也是以该国的网络力量（cyberpower，也有称之为"网络权力"）来衡量。建设网络强国，就是发展并形成在网络领域的优势力量。从传统力量角度看，网络力量既包括利用网络空间以实现某种目标的能力，也包括相对于其他方在网络领域所具有的优势与影响力。但是，与传统自然存在的空间不同，网络空间是一个通过设备、技术与逻辑系统创造出来的人造空间，在网络空间创造与控制方面的能力，也是网络力量的重要组成部分。因此，网络力量还包括对网络空间创新与发展的自主能力与引领能力。具体而言，网络力量体现在以下几个方面：（1）网络关键资源的掌控或分配权，主要是域名控制权与网络地址（IP）分配权；（2）网络标准制定权；（3）核心网络技术自主权；（4）网络数据控制权；（5）网络话语权；（6）利用网络服务于政治、经济、社会、文化与外交等方面的能力。一个网络强国必须是在这些方面具有优于其他国家能力的国家。

网络战略必须贯彻一些基本原则，以保证网络战略的内在统一性与有效性。从网络的历史、现状、趋势与特征等方面看，网络强国战略应贯彻以下几个基本原则。

（一）自主性原则

如何在现有的以美国网络技术、协议与标准为基础的网络架构下加强中国网络的自主性，是中国发展成为网络强国面临的一个巨大的挑战。网络自主性并不意味着中国须另起炉灶，发展一个与现有网络平行的独立的网络，而是强调在关键的时候，能够不受外部的干扰与破坏，维护中国国内网络及与网络相关的关键基础设施的正常运行与安全。为此，在通过现有技术与规则，与全球网络连接的同时，应加强国内网络系统建设，加强国内网络交换点建设，以及对网络交换点及其运行规则的控制能力。与此同时，要考虑未来网络的发展方向，积极开发新的网络协议与技术标准，参与未来的全球网络发展。

进一步加强自主开发网络应用技术，也是网络自主性的一个重要方面。只有在关键技术上具有自主性，才能在未来的网络应用竞争中掌握主动权，获得技术上的优势，并将之转化为经济创新发展的动力与竞争上的优势。

（二）综合性原则

网络力量是一种综合性力量，因此网络战略必须是一个综合性的战略，须全面考虑发展网络力量的各个方面、各个要素。

网络强国首先当然必须在网络基础设施与网络应用技术上具有先进性，这是网络强国的物质与技术基础，但关键还在于如何将物质与技术上的优势转化为网络利用能力，转化为在其他方面的竞争力。同时也应考虑到，网络是把双刃剑，既可以发挥积极作用，也可以给国家和社会、个人带来消极后果，因此，加强网络治理，引导网络发挥正能量，引导网络向积极的方向发展，也是网络强国的必要条件。而网络是个新事物，还处在演进与发展之中，网络各方面的发展与完善以及网络应用与治理，都离不开网络人才。

因此，作为网络强国，网络基础设施、网络技术、应用技术、网络治理与人才都缺一不可。只有贯彻综合性原则，才能打造真正的网络强国。

（三）均衡性原则

自网络从研究型进入到应用型以来，关于网络就存在着各种争议，如关于网络自治、网络主权、网络自由、个人权利等。这些争议，很多情况下主要是由于只看到或只强调了网络的某一方面的特征。考虑到网络的多主体性、多维性、多目的性以及演进性特征，过于强调网络的片面性，不利于网络的发展和网络潜力的发挥。网络强国战略必须对网络各种价值、需求、维度、目的进行平衡，防止失衡带来的冲突及其他负面效应，特别是要注意国家、企业、社会与个人之间的均衡，以及网络安全与信息自由的平衡。

（四）创新性原则

创新是网络发展与在网络领域保持竞争力的基础。网络本身是创新的产物，从无到有，从研究型到应用型，从社交媒体型到互联网＋广泛应用型，每一个发展阶段，网络发展都是创新驱动的结果。但网络创新还远未结束，而且，要成为网络强国，必须在现有网络的基础上，形成自己的核心技术与能力，而这不可能依靠他人的力量获得，只能通过自己的创新。

（五）合作性原则

建设网络强国，绝不是闭门造车，绝不是仅仅依靠某一方面的力量或依靠一个国家的力量就能完成的。在一个全球化的时代，要建设网络强国，离不开广泛的合作。首先是国内的合作，在网络空间，发挥每个主体的作用非常重要，但是，发挥各类主体的合力最为关键。只有各类主体共同努力，齐心协力，才有可能发展好网络，利用好网络。其次是国际合作。中国既要与在网络领域和中国相同或相近国家开展合作，以增加中国的国际话语权，同时也要与以美国为主导的网络强国合作，争取最大的共识，为中国网络发展谋取最佳的国际环境。

二 网络强国战略的主要构成部分

网络强国战略应围绕网络强国战略的目标、围绕加强网络力量的各必要组成部分来统筹设计，主要应包括以下六大部分。

（一）基础设施战略

网络基础设施是网络发展与应用的基础。只有具有先进、完善的网络基础设施，才能满足社会各方面的需求，同时培育社会对网络的进一步需求，激发进一步开发、创新网络的热情。在网络基础设施建设过程中，也能够促进技术的进步与新兴产业的发展，并进一步促进网络本身的创新与发展。因此，网络强国首先必须加强网络基础设施建设，使之在世界上处于领先水平。现在的网络基础设施既包括与网络本身直接相关的基础设施，如网络布局、网络终端及与之相关的设备与材料，也包括网络应用、服务所需的其他相关基础设施，如云存储、云计算等"云"设施的建设。

（二）创新战略

从国家角度看，只有在各领域、各方面的创新同步进行，才有可能在网络领域保持领先地位，才可能成为并保持为网络强国。创新至少应包括四个方面。

一是网络认知创新。网络的发展、应用与有效治理，在某种程度上，都取决于人类的认知。因此，要引领未来网络的发展，必须高瞻远瞩，认清网络的本质、潜力与未来发展方向，从而引导一个国家的网络向正确的方向前进。

二是网络基础技术的创新。一方面，要改变现有网络技术严重依赖以美国为首的西方发达国家的现状，只能通过技术创新，在现有网络的基础上进一步推动网络基础技术的发展，增强自己在这方面的发言权与自主性；另一方面，网络虽然已经获得了飞跃式发展，但仍然是一个新现象，还有很多潜力，还有很大的发展空间。

三是网络应用的创新。网络技术出现后，如何将网络与社会其他各方面有机结合起来，发挥网络在国家治理、经济增长与商业促进、社会发展与丰富个人生活方面的作用，才是网络的真正价值所在。而在利用网络的特点与优势为人类服务方面，人类才刚刚起步，还有待于进一步创新。

四是治理方面的创新。如何治理网络，既保证网络与社会秩序，同时又促进网络的充分发展与利用，仍是摆在人类面前的一个新课题。只有通过创新，才能真正有效、合理地治理网络。

（三）治理战略

网络治理实现多方面的目标，根本目标是通过网络治理，为网络发展与利用提供良好的网络与社会环境，避免或减少网络的负面效应，充分发挥网络潜力，使网络在一个国家发展中成为重要的基础。网络治理的目的就是在获得社会广泛认同的基础上建立网络秩序，维护网络安全，发挥网络的积极作用，防止网络破坏性力量的发挥。为此，需要在充分认识网络性质、特点、与社会的关联性、潜在的问题等内容的基础上，寻求最大的社会共识，为网络及网络应用、网络行为确立必要的规则与规范。

（四）网络安全战略

一个国家网络及其应用越发达，网络安全就越重要。关于新型网络威胁与安全问题，须针对网络与网络威胁的特点来加强网络安全及与网络相关的关键基础设施的安全。因新型网络安全威胁主要来自于破坏性的技术手段，因此，防范威胁、保障安全最核心的手段是加强网络安全技术。

网络安全技术首先是防御性技术，针对网络可能的威胁，发展诸如防火墙、防病毒软件等技术，防止病毒及其他恶意程序入侵网络。其次是主动型技术，包括主动识别、追踪甚至攻击非法的恶意程序，防止这些恶意、病毒程序攻击网络或在网络的传播；同时也应包括在遭受网络攻击时，进攻攻击方的技术。

网络安全战略还应包括非技术因素，如提高各网络主体网络安全意识与合法应用网络意识，在网、端、云等各环节采取与安全需要相适用的网络安全措施，规范网络服务供应商的运营，强化责任意识等。

（五）国家支持战略

网络发展与应用，需要国家强有力的支持。除了建立与维护网络秩序外，还需要国家在基础研究、政策、投资等多方面的支持。

首先国家要加大对网络基础技术、网络认知等方面的投资力度。其次，考虑到新型技术的开发与应用具有较大的不确定性与市场风险，因此，国家应出台政策，在融资、税收、知识产权保护等方面给予优惠措施，鼓励网络新技术的开发与应用。再次，国家应出台支持网络人才的政策与措施。

（六）国际战略

网络强国的国际战略主要目的是为国家发展网络力量争取有利的国际环境。网络在很多方面还处于发展期，网络力量格局还未最终形成。在此过程中，网络治理理念、相关国际规则与体制、网络技术的结构与发展方向、网络安全合作等，需要国际社会共同努力，才能逐步确立。中国需要明确、清晰、切实可行的国际战略，与在网络领域持有与中国相同或相近理念的国家合作，共同推动网络技术、理念、治理等向有利于所有参与国的方向发展。中国特别要防范新的"网络北约"的形成，防止在网络领域的"冷战"。为此，在与发展中国家合作的同时，利用国际、多边与双边机制，与发达国家也开展广泛的合作，逐步形成国际共识，防止在网络领域的冲突与对抗，在网络领域推行、实践合作共赢的新型国际关系的外交理念。

三　关于制定网络强国战略时应注意的几个关系

要实现网络强国的目标，中国面临着很多内部与外部的挑战。因此，在制定网络强国战略时，必须全面、综合考虑各种因素、各种可能的影响与制约以及面临的各种困难与挑战。从目前的网络形势来看，网络强国战略特别须注意以下几个方面的关系。

（一）技术引进与自主创新的关系

从短期来看，中国在网络发展、应用与网络技术上，还处在追赶阶段，引进、应用外国的基础技术是必要的。但与此同时，中国应在技术发展上进行战略布局，不能对外国技术形成依赖，同时，也应积极参与未来技术的发展，鼓励自主创新，实现弯道超车，在未来网络核心技术发展中，占有一席之地。

在中国尚未掌握核心网络技术、对全球网络结构还不具有影响力的情况下，应通过两种方式，削弱欧美国家技术垄断的影响。一是通过国际规则与机制，削弱欧美国家的影响力，二是在现有技术与网络结构下，尽可能利用其中有利的因素，如争取在中国建立根服务器，增加网络交换点，加强对国内网络建设与运行的自主性等，尽可能减少外部因素对国内网络的可能干扰。

（二）网络强国的短、中、长期目标之间的关系

网络强国战略目标应分阶段实现，根据网络发展状况与中国自身的特点，优势与不足，制定合理的、切实可行的短、中、长期目标。短期目标是致力于追赶网络发达国家，争取在短期内，在这些方面达到发达国家的水平；中期目标是在网络关键核心技术上实现突破，同时在网络应用上，在某些产业、某些领域，形成具有全球优势的技术，培育具有全球竞争力与影响力的企业；长期目标是形成在全球范围内具有影响的网络核心技术，打造中国在网络技术与治理领域的国际话语权与规则

制定权，同时，在网络应用上处于世界先进水平，在全球产业链中，处于领先地位。在制定与实施网络强国战略时，要正确处理好这三者之间的关系。短、中、长期战略目标既后先相续，又相互支持，在每个阶段要考虑实现目标的基础与可能性，同时为后续目标打下坚实的基础。

（三）政府、企业与社会的关系

网络强国战略是三位一体的立体战略，需要政府、企业与社会的共同努力。如上所述，这三者之间的目标有时是一致的，有时是有差异的。政府应通过政策、法律、投资等手段，鼓励、促进网络发展，同时也应通过各种方式，凝聚各方面的共识，共同致力于网络向良性方向发展，发挥网络的正能力。

（四）技术与非技术因素的关系

网络强国既涉及网络技术问题，也涉及很多非技术因素，两方面都是网络力量的重要组成部分，也是影响网络力量的关键因素。网络强国战略对于这二者，应给予同等的关注。技术因素重在创新、自主、技术领先、具有实用价值，非技术因素重在治理，并对网络形成社会共识，以形成网络秩序，充分发挥网络的潜力，发挥网络在经济增长与塑造社会方面的积极作用。技术因素决定一个国家网络的技术水平与应用基础，非技术因素决定一个国家如何利用网络，在何种程度上利用网络，因此，对于网络强国，这二者同等重要。

网络空间全球命运共同体建设与国家安全研究

郎　平

中国社会科学院世界经济与政治研究所国际政治理论研究室副主任、副研究员

在互联网经济时代，建设网络空间全球命运共同体，推动网络空间的互联互通、共享共治，是中国参与全球治理的一项重要内容。世界只有一个互联网，网络空间的虚拟特性决定了在构建全球命运共同体的同时，应处理好与国家安全的关系：明确不同网络空间安全问题在国家利益中的位置和排序；追求国家安全的目标应是寻求相对安全，而不是绝对安全；在捍卫网络主权的同时，应考虑到维护网络空间互联互通、共享共治以及经济发展等其他层面的战略目标。

继 2015 年 12 月习近平主席在第二届世界互联网大会乌镇峰会上提出推进全球互联网治理体系变革"四项原则"和构建网络空间命运共同体"五项主张"之后，2016 年 11 月，习近平主席在第三届乌镇峰会开幕式上发表视频讲话，明确指出"互联网发展是无国界、无边界的，利用好、发展好、治理好互联网必须深化网络空间国际合作，携手构建网络空间命运共同体"，表示"中国愿同国际社会一道……推动网络空间实现平等尊重、创新发展、开放共享、安全有序的目标"。这是中国国家领导人对网络空间全球治理方案的进一步阐述。考虑到网络空间全球命运共同体的建设与维护国家安全之间存在着复杂的双向互动，如何在坚持网络主权的前提下，采取切实的步骤，推进网络空间全球命运共同体的建设并确保国家安全？如何在积极参与全球网络空间治理的过程中，打造负责任的大国网络外交新形象？

一　网络空间对国家安全的威胁与挑战

以互联网为核心的信息通信技术的快速发展导致了网络空间的出现。一般来说，互联网可以分为三个层面：一是物理实体的基础设施层，包括海底光缆、服务器、个人电脑、移动设备等互联网硬件设施；二是由域名、IP 地址等唯一识别符所

构成的逻辑层；三是各种网站、服务、应用、数据构成的内容层。随着互联网逐渐渗透到国家政治、经济、社会活动的方方面面，虚拟空间与现实空间得以紧密并且复杂地融合；互联网用户的活动以网络为媒介向政治、经济和社会领域扩展，由此构成了更加立体、多维度的网络空间。因此，网络空间治理不仅包含了互联网治理的内容，也涉及经济层面的数字经济和发展问题，安全层面的网络犯罪和网络恐怖主义，社会层面的个人信息和隐私保护等。

由于互联网的虚拟特性，网络空间与海、陆、空等其他领域相比具有完全不同的特征。

第一，互联网是分布式的网络，它的技术特点决定了没有哪个个人、机构或国家能够单独控制互联网，全球网络空间的治理只能依靠各相关行为体之间的协商和谈判来实现。

第二，网络空间的内容可以无视地理因素跨越国家的传统边界，网络活动具有极强的隐蔽性，网络信息的传播范围之广、速度之快，很难被彻底切断或遏制。

第三，和传统的军事攻击相比，发动网络攻击的门槛很低，而打击目标则更广，一个国家的政治、军事、经济、社会以及个人的安全都会受到不同程度的威胁。由于网络空间安全问题的模糊性、隐蔽性和不对称性，传统的维护国家安全的手段很难有效应对。

网络空间对国家安全的威胁是多方位和多层次的，网络空间全球命运共同体的建设也应在不同维度上展开，并且根据议题的不同层次采用相应的合作和治理模式。在技术层面，国际互联网治理主要涉及域名、IP 地址分配和协议参数的管理，作为维持全球互联网正常有效运转的最重要的基础设施，这项任务目前由"互联网名称与数字地址分配机构（ICANN）"来负责协调和维护，采用的是多利益相关方的治理模式，政府在其中只有咨询建议权，没有决策权；在公共政策层面，国际互联网治理机构主要是一些对话的论坛，如联合国框架下的互联网治理论坛、中国举办的世界互联网大会等，包括政府在内的多利益相关方以平等的身份参与对话；在经济和发展层面，网络空间治理的主要内容是如何更好地推动数字经济和社会的发展，除了联合国信息社会世界峰会之外，一些地区性的政府间机构如 APEC、G20都已经涉及相关的议题，金砖峰会也正在酝酿；在安全层面，联合国大会第一委员会关于信息技术发展的国际安全影响、北约对网络攻击的集体防御、上海合作组织就网络反恐的合作都已经展开。可以看到，在不同层级上，不同行为体的角色和作用是完全不同的，随着议题"安全性"的增加，政府的重要性也逐层提升。

二 建设网络空间全球命运共同体需理顺的几点关系

网络空间全球命运共同体的建设是一个多维度的综合工程，包含了基础设施、网络内容、数字经济、网络安全以及国际互联网治理，其目标是实现全球网络空间的"互联互通"和"共享共治"。作为全球治理的重要内容，网络空间全球命运共同体的建设同样需要克服集体行动的困难，解决途径只能是通过各方行为体之间的协商与谈判，制定非中性的规则或者从共同利益出发来实现不同行为体之间的合作。在推动全球命运共同体建设的同时，还应以利益和主权为基础，实现维护网络主权与和平安全、开放合作以及构建良好秩序之间的和谐统一。在构建网络空间全球命运共同体的过程中，应特别处理好以下几组关系。

（一）网络空间安全与国家利益的关系

网络空间安全涉及多层次、多维度的不同议题，它们对于国家安全的重要性和紧迫性是不同的，应该区别对待。首先，它可能威胁到国家的核心利益，如领土的统一、主权问题以及关键基础设施的安全等，这些利益涉及国家的生死存亡，需要不惜代价去维护；其次是国家的重要利益，这事关国家的经济发展和社会稳定，网络反恐、打击网络犯罪等都属于这类范畴，它常常需要通过国际合作来实现；最后是国家的其他利益，如互联网治理的公共政策问题、参与国际合作等，这些利益的维护可以有更大的协作空间。当然，网络安全问题的层次划分并不是一成不变的，不同阶段和决策层的观念都会影响到国家对网络安全问题的认知和目标界定，应该用辩证和发展的眼光来看待网络空间与国家安全之间的复杂关系。

（二）绝对安全与相对安全的关系

基于网络空间的上述特性，维护网络空间安全应以相对安全为目标，绝对的安全很难实现。"安全"本身是一个模糊性的概念，它在客观上是指不存在现实的或潜在的威胁，在主观上是指不感到恐惧的价值判断，因此，不同国家或者同一国家不同决策主体对"安全"的界定和认识是不同的。安全目标决定了维护安全的途径和手段，如果以实现绝对安全作为网络空间安全战略的目标，那么维护网络安全的手段和途径就必然是实现自身安全利益的最大化，从而挤压国际合作的空间和潜力，与"互联互通""共享共治"的全球责任与义务相冲突。安全是相对的，不安全是绝对的，只有以相对安全为战略目标，通过合作安全的途径，寻求各方利益的最大公约数，才能够在构建网络空间全球命运共同体与维护国家安全之间创造更大的弹性空间。当然，这也意味着在制定本国网络空间安全政策的同时，应充分考虑到其在国际和全球层面所带来的衍生效应，是否会对全球命运共同体构建的基础带来不利的影响和冲击。

（三）网络主权与发展、合作的关系

网络空间是基于现实空间存在的，因而在当前主权国家的国际秩序下，网络空间同样受到国家主权的管辖和约束。但是，维护国家的网络主权是一个相对的概念，从具有法律约束力的国际协定到政府间的双边协议或者备忘录，国际合作的前提是不同程度上主权的让渡。只有双方均让渡了部分主权，才能实现国家间的集体行动，联合国气候变化谈判就是例子。在建设网络空间全球命运共同体的过程中，既要维护国家的网络主权，也要在让渡部分网络主权与实现发展、推动国际合作之间寻求恰当的平衡点。一枚硬币有正反两面，坚持网络主权也是如此。如果一味坚持绝对的网络主权，对不同层次的主权利益不加区别对待，那么很可能会在其他领域产生不良影响。在推进全球命运共同体建设的过程中，应特别注意维护网络主权与推动互联网经济的发展以及"互联互通""共享共治"等不同目标之间的协调与统一。

三　对策建议

中国是互联网经济时代的受益者，建设网络空间全球命运共同体，实现全球网络空间的互联互通、共享共治，既是中国自身发展的要求，也是对中国负责任大国担当的最佳诠释。随着国际影响力的与日俱增，中国的一言一行都受到国际社会的广泛关注。从外交层面来看，如何更好地让国际社会理解中国的网络政策、观点和立场，避免误读或曲解，如何让中国的全球网络空间治理方案被国际社会所接纳和认同，是中国网络外交面临的一项重要任务和挑战。

首先，在互联网治理层面，应提出中国对"多利益相关方"模式的解读，强调该模式的"谱系"特征以及灵活性和包容性，避免出现"多边"与"多利益相关方"模式对抗的局面。从理论上看，"多利益相关方"模式是指政府、私营部门、公民社会、个人等不同行为体享有同样的地位和发言权，其中，不同的行为体都有其难以替代的作用，既不能歧视某些行为体，更不能一味将政府排除在外。这与习近平主席在乌镇峰会上的陈述是一致的。目前，很多西方观点将 ICANN（互联网名

称与数字地址分配机构）的治理模式等同于"多利益相关方"模式，认为政府只能在其中发挥辅助的咨询作用，这其实是一种误读。ICANN 治理的主要内容仅仅是互联网治理中的逻辑层面，其模式对于域名和数字地址的管理发挥了积极的作用，但它显然不能等同于"多利益相关方"模式本身。

中国版的"多利益相关方"解读应该突出治理问题的多元化和多层次化，针对不同层次的问题采用不同的治理方式，由不同的行为体进行主导，而不是简单化地用一种模式涵盖所有议题。例如，网络安全问题（网络战、网络恐怖主义、网络犯罪等）显然只能放在政府间机构里面谈；数字经济合作可以在现有政府间组织的框架内建立多利益相关方参与的模式；互联网公共政策问题则可以在一些非政府间的机构平台上，政府、私营机构、非政府组织、学术机构等以平等的身份共同参与；域名、IP 地址和协议参数等逻辑层面的治理（如 ICANN）以技术社群为主导显然更有利于互联网的维护和有效运转。

其次，辩证地坚持和维护网络主权，制定国内相关政策时应充分考虑本国政策的外部性。在当今世界的无政府状态下，作为事关国家政治、经济、社会安全的网络空间不可能在世界范围内实现完全的自由和开放。除了一些技术社群和公民社会希望完全将政府（所有国家政府）排除在外，国际社会普遍认同政府在本国管辖范围内互联网公共政策制定中的参与权，2016 年 2 月，美国联邦调查局与苹果公司就手机解锁引发的争执就是一个例证。因此，即使是西方"多利益相关方"模式的追随者也承认，政府可以在国家安全受到威胁的重大问题上介入互联网公共政策的治理。但是，由于国情不同，不同国家政府对于国家安全的界定和优先排序是不一样的，因而对政府在什么情况下、以何种方式介入互联网治理不可能有统一的标准。

网络主权的维护是必需的，但是政府在维护网络主权的同时，应注意处理好主权与发展、主权与互联互通之间的关系。例如，在制定互联网域名管理办法等相关政策时，应在起草过程中增加透明度，听取各利益相关方的意见和建议，从而避免方案出台之后被外界误读，造成不必要的消极影响，动摇国外企业对中国市场开放性的信心；对互联网内容和一些网站进行屏蔽时，对于哪些信息和网站应该屏蔽，屏蔽的限度和尺度如何把握，也应征求相关各方的意见，增加政策制定过程中的包容性和民主化。

最后，中国应加强网络外交的沟通方式和技巧，用西方国家能够接受的思维模式，宣传和解释中国的网络空间全球命运共同体理念，提出具有吸引力和可操作性的落实方案，使其得到国际社会的接受和认可。乌镇峰会是中国参与全球网络空间治理的一个重要平台，2015 年，峰会成立了"高级咨询委员会"以容纳不同的声音，这是中国积极参与全球网络空间治理的重要举措。2016 年，乌镇峰会提出了"乌镇议程"的倡议，得到了国际社会的积极评价。着眼于未来，在建设全球命运共同体的目标引领下，峰会应该配套推进一些更具实效性和现实性的行动计划，让方案更接地气。

总之，建设网络空间全球命运共同体是一项造福世界但也极富挑战的系统工程，要在维护国家安全的前提下推进中国版的治理方案，需要依据国家利益，全面统筹各相关方的利益和各相关领域之间的平衡。从国际背景和外交视角来看，如何讲好中国故事，让世界了解中国、接受中国，是中国各相关部门推进网络空间全球命运共同体建设的首要任务和前提条件。一方面，应积极鼓励私营企业、行业组织等非政府行为体更加主动地参与到网络空间治理中来；另一方面，中国的互联网外交应更加自信，对于国际社会的批评和建议，尤其是中肯和建设性的提议，无论是否采纳，都应该以国家利益为标准，认真聆听并做出坦诚回应。

经济全球化背景下的数据开放与数据治理

——美欧实践与中国对策

张海洋

国际关系学博士，中国社会科学院欧洲研究所《欧洲研究》编辑部副主任

21 世纪以来大数据技术的发展推动了数据经济的崛起，数据正在成为一种资源，并具有生产速度快、非消耗性和共享增值性等特点，这使得数据成为能够重塑全球经济格局的战略要素。数据经济的发展呼唤全球数据治理的介入，而开放政府数据是全球数据治理的关键性问题，美国和欧盟在当前全球开放政府数据运动中处于领先地位。美欧开放模式的共同点在于：把数据开放作为政府的法律义务，强调数据的主动开放，建立适应大数据时代的"可机读化"数据质量体系，将政府数据视为战略性资产，并通过全国性的数据平台，整合、储备数据资源。美欧模式的差异在于：在数据开放的成本上，美国倡导免费原则，欧盟采用少量收费原则；在数据的后续开发上，美国采取"公私分明"的模式，政府不参与开发，欧盟则采取"公私伙伴关系模式"，由公共和私人部门合作经营。美欧通过开放政府数据，已在全球数据产业建立优势，且双方有进一步合作的可能。中国应尽快建立符合本国特色的数据质量体系和数据平台，确立数据开放和开发的基本模式，并为未来的跨境数据贸易做法律准备。

一　数据：重塑全球经济格局的战略要素

自 20 世纪中叶以来，经济全球化作为人类生产、生活的基本模式，已经成为一种常态性的现象。经济要素的跨国自由流动和产业与技术的不断发展，使人类社会的分工与协作深入到前所未有的程度。然而，对于主要的全球性战略力量而言，全球格局仍然是竞争与合作并存，在特定的时间节点和领域，竞争还在不断加剧。在

数字化时代前夜，这种竞争主要体现在资源要素和规则要素两个层面：各大战略性力量对矿产、能源、水、土地和海洋等自然资源的竞争，如中东的地缘政治，北极的开发和南中国海相关问题，背后都有深刻的资源竞争背景。而如多回合的 WTO 贸易谈判，国际金融体系的改革，以及由主要战略力量推动的各种地区一体化方案之间的碰撞，实际上是对于全球层面的生产组织方式和利益分配方式等规则要素的竞争。从本质上看，这些竞争仍是 19 世纪工业化时代以来大国竞争的延续，一方面，虽然不乏合作与双赢的案例，但零和思维在主要世界大国的精英阶层中仍有相当大的市场，大国竞争的残酷性在可以预见的未来将长期存在。另一方面，无论在资源还是规则层面，早已不存在"未开发的处女地"，各大战略性力量对要素的争夺已经趋于白热化。

进入 21 世纪以后，数据经济的出现，为传统意义上的要素竞争带来了新的变化。数据经济的一个核心特点，是通过基于信息积累的知识生产，大幅优化传统经济要素的配置，从而革命性地提高经济运行的效率。这种数据经济的源头，根植于大数据技术的发展。和传统工业经济时代相比，大数据带来的变革主要有以下三点：

第一，大数据背景下的知识生产，在数量和质量上大幅提高。传统的知识洞察，主要是基于一般意义的社会科学方法，通过局部的抽样和统计，用以小见大的方式推测特定问题的整体情况，还需要通过长期的信息积累和修正，才能逐渐接近客观实际，而大数据技术，基于海量的存储技术和互联网的检索能力，使信息搜集工作在较短的时间内达成"全样本"成为可能。比如汤森路透公司，通过检索某一学科 30 年中科学论文的海量引文数据，并基于引用量，引用特征和论文内容分析等多方面的考察，可以从浩如烟海的研究中识别出学科领域内最具贡献度的学者和研究成果，其对诺贝尔奖获得者的成功预测充分证明了大数据洞察的巨大威力。[1] 尤为重要的是，这种预测是由该学科领域以外的信息技术专家，通过特定的数据分析手段，在较短的时间内就完成的，而其预测的准确度和效率，却可以媲美甚至超过浸淫于该学科数十年的专家和学术编辑。可以说，大数据的引入，大大缩短了人类知识生产的周期，并且使人类知识洞察的能力出现了飞跃式发展。

第二，大数据技术，具有前所未有的人类偏好发掘能力。偏好，是经济要素合理配置的核心问题。无论是微观层面的企业对消费者心理的把握，还是宏观层面的政府对企业投资预期的研判，其本质都是对人类偏好的洞察。由于传统认知的局

---

[1] "Thomson Reuters Forecasts Nobel Prize Winners", Thomson Reuters, September 24, 2015, http：//thomsonreuters. com/en/press - releases. html.

限，一般意义的商业和公共决策中，对偏好的把握通常只能借助局部的有限信息，依靠经验直觉做出决策，这使得决策通常只能关注问题的一个侧面而无法顾及全局，甚至彻底与现实脱节。而大数据技术具有在短时间内处理海量信息的能力，甚至能够实现对特定种类海量信息的实时跟踪，并在此基础上全面精准地分析相关人群的偏好。比如国内著名电商淘宝网，通过"时光机"项目，分析用户自注册以来在淘宝购物的轨迹。通过收集与该用户有相类似喜好的其他用户的行为比对，可以对上亿用户的偏好进行较为精准的把握，并择机推送相关产品。① 在商业竞争日趋激烈的今天，把握了数以亿计的消费者的偏好，就意味着拥有了无与伦比的核心竞争力。更为重要的是，掌握了偏好，事实上就具备了通过偏好引导人们行为的潜能。从这个角度看，基于大数据的偏好洞察和引导，对人类社会的影响力可以媲美甚至超越金融业。金融业基于"经济人"理性的假设，在生产、销售、信贷和消费过程中实现对经济要素的优化配置，而实现这一切的重要基础，是金融业者们抓住了人的"趋利性"这一单一偏好。大数据为基础的偏好洞察和引导，则是在掌控海量的人类行为数据的基础上，挖掘出更深层，更多样，也更为个性化的人类偏好。在此基础上，一种相对于传统"金融 + 市场"的更精准更有效率的经济要素配置方式，已经成为可能。

第三，大数据技术不断发展的背景下，数据已经成为经济活动的基本要素，但从价值角度看，数据呈现出诸多传统要素所不具备的成长性特点。举例而言，石油是工业经济时代最重要的资源，是经济活动中的基础要素，但这种要素是消耗性的，其价值实现基本上是一次性的。但数据则完全相反，原始数据的初次开发形成了知识产品，实现了价值，而在此基础上完全可以进行二次、三次甚至多次开发，这不但不会影响初次产品的价值，而且会不断地实现知识产品新的增值。比如城市公交系统通过智能刷卡系统搜集购票乘客的上下车时间信息，并以此高效配置公共汽车的发车班次，而收集到的数据经过二次加工，完全可以成为餐饮服务商早餐销售的指导数据，实现数据的二次增值。另外，数据作为一种资源，具有共享性增值的特点。② 数据拥有者越倾向于数据共享与合作开发，数据资源的价值增值程度就越高。举例而言，一个国家内部的季节性流感患者量的公共卫生数据，通常只能指

---

① 中国广播网：《淘宝发布十周年"时光机"勾起网购达人消费记忆》，http：//china. cnr. cn/yaowen/201305/t20130508_ 512532345. shtml。

② Venturebeat. com，"The company behind your Clipper card just entered the big data business"，http：//venturebeat. com/2014/06/27/cubic - transportation - systems - clipper - card - data - science/.

导本国内部的流感防控，但如果将全球各国的同类数据加以汇总，并结合全球交通和物流的相关数据进行分析，则可以判断出流感这一疾病的全球性蔓延规律，标识出关键性的传播节点，进而革命性地提高全球流感的防控水平。

综上所述，大数据驱动下数据经济的不断发展，已经使数据从科学研究领域的原始素材和公共管理领域的基础信息，转变为新技术条件下社会生产的基本要素和具有极高政治经济价值的战略性资源。而相对于工业时代的传统战略资源，数据资源呈现出诸多新的特点：一是数据资源生产速度快，不存在消耗的问题，而且可以通过后续的开发不断升值；二是基于数据资源的开发产品是知识产品，通常服务于经济运行中的要素配置，相对于传统的依托自然资源的消费品，此类知识产品能够通过优化要素配置方式实现更大的价值，但同时也会对传统的要素配置规则形成挑战。三是相对于传统的资源和产品，数据资源的积累和基于数据的知识产品开发呈现出更强的"合作友好型"特征，开发者越倾向于合作，相关资源和产品的增值就越快。

数据作为经济要素呈现出的新特点，也使自工业时代以来延续至今的国家竞争方式面临新的变局。首先，国家间竞争的重心可能发生变化。无论大数据技术多么先进，数据经济的前景多么广阔，其实现价值的基础，是要尽可能地获得体量大、来源广、类型多样的数据。如果说对石油的争夺是工业化时代大国资源竞争的核心问题，那么在数据时代，则是谁拥有更丰富的数据，谁就具有更强大的战略潜力。当然，数据本身并不发生价值，要实现数据资源的优势，还需要高水平的数据开发能力和知识产品生产能力，这意味着除了掌控数据，还要拥有强大的数据产品开发能力，国家间数据开发技术的竞争因此将进一步加剧。其次，由于基于数据资源开发的知识产品在经济要素的配置效率上将展现出极大的优势，这将对传统的资源配置方式产生巨大冲击。现有的全球经济要素的配置方式，体现为各种类型的生产规则和贸易规则，等等，其本质逻辑除了依据经济理性，也是国家间权力博弈的结果，而随着数据产品在要素配置中越来越体现出效率的优势，传统规则的不足必然凸显，这也意味着数据经济战略能力越强的国家，将获得越大的国际经济规则话语权。再次，和传统意义的国家间资源竞争不同，数据资源具有共享性增值的特性，合作往往比竞争更能创造价值，如果为了打压竞争对手而简单地采取垄断数据资源和封闭数据流动的做法，虽然在特定的时段和特定的产业领域或许可以获得某些优势，但从长远看，这会严重阻碍数据资源的进一步开发，最终导致双输的结局，这也意味着大国间传统的零和思维面对挑战。最后，由于大数据技术的核心优势建立在对人类行为的观察和记录的基础上，这不可避免地引发人们对于如何在大数据时代保护微观层面个人的隐私和宏观层面的国家安全的强烈担忧。从微观层面看，数据搜集的颗粒度越小，洞察能力越强，以一个国家的公共健康数据为例，省一级的数据显然不如市一级数据的洞察效果强，而以此类推，采集到个人层面的数据肯定能提供最大的洞察效果，但采集到何种程度，才不算侵犯个人隐私，此外，跨国搜集类似数据，是否合法，要用何种法律进行规范，这是一个很严肃的问题，必须要进行国际协调。[1] 从宏观层面看，对特定种类的数据进行国家层面的采集，固然能获得最具经济价值的数据资源，但由于后续数据开发的动机可能是多样的，很有可能引发国家安全问题，传统上，对于一些重要的战略性信息，如战略性稀缺矿产资源分布，国家政府通常都会采取保密手段，但大数据技术发展带来的一个重大影响是，即便是出于良性的目的搜集的看似无关国家安全的数据，如果有敌对方对数据进行有目的的二次开发，也很有可能引发国家安全问题。举例而言，汤森路透通过其引文检索系统，可以辨识出学科内最具贡献度的专家，这无疑有利于学术的发展，但在各国情报部门眼中，这种技术无疑可以成为最迅速的定位敌对国最有价值的知识精英的利器。[2] 如何在数据的流通和共享创造经济红利的同时，避免其副产品可能引发的国家安全隐患，将是各国政府必须正视的一个问题。

二　开放政府数据：数据治理视域下的美欧实践

数据经济时代的来临已经不可阻挡，不趁机抓住战略主动的国家在未来的全球格局中会面临边缘化的风险，但数据资源的获取、开发，以及由此引发的国际规则、隐私和国家安全问题也确实存在。因此，建立一种可持续的数据开发合作模式，推动全球数据治理，是世界各国必须面对的问题。数据治理，是全球治理的一个新领域，笔者认为，其核心内涵，是数据领域相关行为体，在产业发展、科技政策、研发创新、公共管理和知识产权等领域，通过立法、公共政策、多维度的公私合作等方式，对数据资源开发，数据产品生产和应用，以及这一过程中产生的公共问题进行规制和管理活动的总和。它主要包含三个层面的内容，第一，促进数据开放和开发利用；第二，处理大数据开发和利用可能引发的安全和隐私保护问题；第三，处理跨国数据流动可能引发的相关问题。从实践角度看，数据经济在全球范围

---

① 董青岭：《大数据外交：一场即将到来的外交革命？》，《欧洲研究》2015 年第 2 期，第 143～144 页。

② 此观点源自笔者于 2015 年 12 月 2 日参加中央网信办"大数据交易研讨会"上的发言。

内仍属于新生事物，而各国数据治理的重心，也首先聚焦于开发数据资源的初级阶段。由于各国政府通常都是本国最大的数据资源产出者和持有人，"开放政府数据"因而成为当前阶段数据治理的核心问题。各国政府纷纷通过立法和公共政策的调整，不断完善数据开放的治理规则，以适应数据时代的发展。

开放政府数据运动大体经历了"政府信息公开""政府信息资源再利用"和"政府数据开放"三个发展阶段。① "政府信息公开"强调的是公开信息以保障公民对政府的监督权，同时也强调了公开信息对于经济社会运行的服务功能。"政府信息资源再利用"，除了保障公众知情权和服务社会的基本维度之外，还强调通过公私合作和授权等方式，对政府信息开展进一步开发，实现增值利用。而"政府数据开放"，则是前两个阶段基础上的又一次飞跃，一方面，强调开放的无条件和免许可，变被动开放为主动开放，另一方面，开放的对象从"信息"变为数据，"信息"可能已被人为加工或解读过，而"数据"则是一手的、原始的，更具真实性。"政府数据开放"强调使用信息技术，主动向所有公众免费地、无须授权地、无差别地开放政府数据，且数据是一手的、原始的、无专属所有权的、可被机器读取的，并具有多种格式以满足不同类型用户的需求。显然，"政府数据开放"是"政府信息公开"和"政府信息资源再利用"的发展和跃进，在开放的广度和深度上都达到了新的高度。② 从全球层面看，美国和欧盟是当今世界主要经济体，其数据市场也占据了全球市场的主要份额，对美国和欧盟数据开放政府数据治理规则的研究因而具有重要的参考价值。

（一）美国开放政府数据的治理实践

美国是数据开放实践的主要领跑者，这与美国崇尚信息自由的传统是分不开的。从 20 世纪 60 年代起，在公众知情权运动不断高涨的压力下，美国政府就出台并修订了一系列的法律，推动政府信息公开，步入了数据开放的第一阶段。1966年，美国政府颁布《信息自由法》，这是二战后世界上第一部信息公开法，首倡了"以公开为原则，不公开为例外"的立法思想，并将享有获得信息权的人从"适当且有直接利害关系的人"放到最宽泛的"无论任何人"，同时又以非常明确的方式

---

① 张起：《欧盟开放政府数据运动：理念、机制和问题应对》，《欧洲研究》2015 年第 5 期，第68 页。

② 郑磊：《开放政府数据研究：概念辨析、关键因素及其互动关系》，《中国行政管理》2015 年第 11 期。

规定了信息公开的例外情况，为美国的政府信息公开实践奠定了重要的具有实际可操作性的法律基础。1976 年，美国修改了《版权法》，规定"版权保护不适用于任何美国政府的工作成果"，对于政府信息进行的复制、传播、汇编、演绎等行为不加限制。1985 年，美国政府出台了《A－130：联邦信息资源管理政策》，强调在联邦信息资源管理中必须保证公众获得政府信息的权利，不能限制政府信息的再利用或分发，包括收取费用或版税。① 从政府信息公开角度看，美国的实践有三个特点：第一，把信息公开确立为政府的基本职责。第二，保障公众对政府信息的传播和使用权。第三，倡导公众使用政府信息的免费原则。这些举措大大降低了公众获取信息的门槛和成本，使政府信息的广泛获取和自由开发利用成为可能。

进入 20 世纪 90 年代后，随着经济社会发展对信息资源的需求不断升高，"政府信息资源再利用"成为美国政府新的政策重点。一方面，美国政府对《A－130：联邦信息资源管理政策》进行了修改，对政府信息资源再利用的政府－市场关系、开发模式和成本做出了明确的规定：政府部门只对公众提供公益性服务，不搞商业性开发，至于信息提供之后的深加工及其再利用服务，完全由私营部门按市场机制运作，政府不再参与，也不提供类似的服务。另一方面，为了降低开发成本，美国政府规定，对于提供给私营部门的信息，如果信息的市场价格已经形成，则政府可按市场价格向私营部门出售。如果信息的市场价格尚未形成，政府部门只向私营部门收取信息成本或者免费提供。此外，美国政府高度重视数据质量，于 2002 年颁布了《数据质量法》（Data Quality Act），以客观性、完整性和实用性为指标，制定了全国统一的数据质量标准，并建立系统化的数据质量管理流程和数据质量救助机制。② 至此，美国基本形成了较为完善的政府信息资源再利用模式，其特点是典型的"公私分明"，政府负责高质量原始数据资源的免费或低价供给，资源的二次开发和经营则完全由私营部门负责。

进入 21 世纪后，在算法和数据挖掘技术不断发展的驱动下，全球社会开始步入大数据时代。2009 年后，在奥巴马总统任内，美国大数据背景下的"开放政府数据"运动开始全面提速。首先，奥巴马政府在 2009 年连续颁布《信息自由法备忘录》《透明和开放政府备忘录》和《开放政府指令》三项政策法规，明确规定：大数据时代政府对其数据资源有公开义务；联邦政府的信息是全民财产；政府有义务在线发布信息、保证信息质量并推动数据开放的经验共享。其次，奥巴马政府整合

---

① 陆建英等《美国的政府数据开放：历史、进展与启示》，《电子政务》2013 年第 6 期。
② 周斌：《美国政府信息资源再利用立法、实践与思考》，《环球视野》2011 年第 9 期。

了全国多个公共部门的数据资源，推出了全国性的大数据平台 Data. gov 向公众开放，并出台了《将数据作为资产管理备忘录》，提出数据是国家资源和战略资产的概念，将数据资产开发列为国家战略行动目标。再次，奥巴马政府出台了《实现政府信息公开化和机器可读取化总统行政命令》，规定政府信息须以开放化和机器可读化为基本形态。到 2014 年 5 月，美国发布《大数据：把握机遇，守护价值》白皮书，对美国大数据应用与管理的现状、政策框架和改进建议进行了集中阐述，形成了较为完善的大数据治理模式①，其特点是：第一，在大数据时代进一步强调政府数据的全民所有权，实施主动数据开放。第二，将政府数据的价值提升到战略性资产的高度，建立全国性平台储备数据资源。第三，重视数据质量，积极推动数据格式的机器可读化，建立符合大数据发展要求的数据技术标准。总体而言，美国的数据开放模式，以社会需求和产业发展需要为核心导向，高度重视建立低成本，高效率、便利化和科学化的数据开放体系，通过政府统一组织平台，并建立质量标准，最大化地为社会层面的数据开发提供良好的环境。

（二）欧盟开放政府数据的治理演变

与美国相比，欧盟数据开放的发展相对落后。欧盟数据开放实践的第一阶段，即政府信息公开阶段，始于 1993 年的欧盟《马斯特里赫特条约》，该条约确认了欧盟机构对公众的信息公开义务，此后的 1999 年和 2001 年，欧盟又分别通过《阿姆斯特丹条约》和《欧盟 1049 号文件》，规定了全欧盟境内公众的信息获取权，并设立了公众获取政府信息的执行细则，对政府信息公开的范围、对象、信息获取的手段和信息的传播与复制做出了明确规定，特别强调"公众原则上应能获得各机构的所有文件"。② 尽管相比美国，欧盟的同类举措已经晚了二十多年，但毕竟为后续的数据开放铺平了道路。

进入 21 世纪以后，随着来自美国信息产业的竞争不断加剧，欧盟意识到需要超越传统的政府信息公开观念，倡导政府信息资源再利用，推动全欧范围内的信息市场发展。2003 年，欧盟通过了《公共部门信息再利用指令》。指令规定，公共部门应该在可能和恰当的情况下通过电子方式处理再利用的请求，应该将信息提供给申请者再利用；再利用信息的收费不应该超过收集、产生、复制、分发信息的成本以

---

① 美国总统行政办公室大数据白皮书：《大数据：把握机遇，守护价值》，浙江大学译本，http://www.bigdatas.cn/article-1233-1.html。

② 周汉华：《外国政府信息公开制度比较》，中国法制出版社，2003，第 325 页。

及对投资的合理回报。同时，为了避免对信息再利用的市场独占行为，指令规定了信息的再利用应向市场中所有潜在的参与者开放；在持有信息的公共部门和第三方之间制定的协议或安排中不应该授予独占权。① 对欧盟而言，《公共部门信息再利用指令》是其数据开放实践的一个重大进展，为欧盟的"政府信息资源再利用"搭建了一个较为完整的治理模式，其特点包括：第一，把公共部门信息再利用列为公众的权利；第二，在开放信息的成本上，以成本回收为主，但要兼顾公共部门在信息开放中投资的收益；第三，强调信息资源再利用市场的公平准入和非独占性，但不禁止政府对商业性开发的参与。该模式的优点是政府通过公私合作，在开放信息过程中可收取一定的费用，可以弥补行政成本，但同时也增加了社会负担，无形中影响了数据资源开发的效率。2008 年 5 ~ 9 月，欧盟组织了对《公共部门信息再利用指令》执行情况的在线调查。其中，政府部门表示执行结果令人满意，但是社会层面的信息使用者普遍认为指令执行效率太慢。②

2008 年金融危机以后，欧盟决策层对开放数据以提振经济的战略认识进一步提升。2010 年，欧盟委员会发布"欧盟 2020 战略"，将开放数据作为促进创新，刺激经济增长的重要工具。同年，欧盟委员会出台了"开放数据：创新、增长和透明治理的引擎"政策报告，以开放数据为核心，制定了应对大数据挑战的战略，旨在建立一个每年增长 400 亿欧元的公共数据市场。为了落实这一目标，欧盟全面修改了 2003 年的《公共部门信息再利用指令》，从五个方面入手提高数据开放水平。第一，强调主动开放，扩大开放范围，将数据资源主动开放的范围从政府部门延伸到图书馆、博物馆、档案馆等。第二，进一步降低信息使用成本，明确规定除非有正当理由，大部分公共部门的数据都将免费或收取极少费用。第三，强调数据质量，强制要求欧盟各成员国政府提供可互操作（interoperability）的机读格式数据，并通过《第 2013/37/EU 号指令》的补充规定，建立公共部门收集信息的问责机制。第四，利用"地平线 2020 计划"等渠道的公共研发基金，推出欧盟开放数据门户网站（The European Union Open Data Portal），筹建类似于美国 Data. gov 的泛欧数据平台以整合数据资源。第五，在数据开发领域倡导建立"公私伙伴关系"（Public – Private Partnership）模式的公私合作项目，并由"地平线 2020 计划"提供部分公共资金支

---

① Directive 2003/98/EC of the European parliament and of the council of 17 November 2003 on the re - use of public sector information，http：//eur - lex. europa. eu/legal - content/EN/TXT/? qid = 1443611822863&uri = CELEX：32003L0098.

② 张起：《欧盟开放政府数据运动：理念、机制和问题应对》，《欧洲研究》2015 年第 5 期。

持，公共部门和私人公司共享权力、共担责任，联合投入资源，共担风险，互惠互利。① 至此，欧盟在大数据背景下"开放政府数据"的治理模式基本成型，其特点包括：第一，强调大范围高水平高质量的数据开放，同时降低信息使用成本；第二，重视数据平台的建设以整合数据资源；第三，在数据资源的开发中注重公共部门的参与（包括资金投入），倡导公私合作。

三 美欧比较视野下的全球数据开放：趋势、影响和对策

目前，全球层面的开放政府数据运动正在如火如荼地展开，但这一发展的态势并不平衡。国际互联网之父蒂姆·伯纳斯·李于2013年发布的《开放数据晴雨表》显示：在全球范围被调查的77个国家和地区中，中东、中亚和非洲地区处于较为落后的第三梯队，亚太地区处于第二梯队，而美欧则处于第一梯队。中国排名仅为61，相对比较落后。从长远看，美欧通过推动开放数据，打造数据经济，将有力提升其在全球的竞争力，对全球政治经济格局也将产生深远影响。

第一，在数据时代，左右数据经济竞争力的关键因素是数据资源的保有量和数据开发能力，通过向社会释放数据资源可以有效地促进数据开发，继而催生新的服务业和产业创新，而服务业和产业创新则会带来新的数据需求，两者相辅相成。美国和欧盟均已完成了数据开放的法律准备和技术准备，并通过数据平台的建设积累了大量数据资源，且构建了较为成熟的数据开发模式，其数据产业的产业生态已进入良性循环。美欧在数据产业的潜在优势将成为其维持在全球经济版图中领先地位的重要助力。

第二，由于数据产业和其外围服务业高度依赖高水平的地区经济活动，且其产业优势在达成规模效应的情况下会成倍放大，这恰恰与美欧当前推动的跨大西洋经济一体化进程相吻合，相关议题在美欧 TTIP 谈判中已有涉及。虽然随着美欧政治层的变动，目前 TTIP 的前景比较黯淡，但由于数据经济在跨境服务贸易中的巨大发展潜力，美欧产业界对推动数据经济的发展仍将充满热情。如果美欧在该领域强强联手，则很可能在未来的全球价值链中形成一个几乎无可匹敌的跨大西洋数字经济

---

① "Dircetive 2013/37/EU of the European parliament and of the council of 26 June 2013 amending Directive 2003/98/EC on the re – use of public sector information", *Official Journal of the European Union* （L175）, http：//eur – lex. europa. eu/legal – content/EN/TXT/? uri = OJ：L：2013：175：TOC.

圈。由于数据产业在全球价值链中处于"创新之创新"的高端位置，美欧在数据产业的既有优势和美欧强强联手的可能性，会在全球产业格局的竞争中对中国形成较大压力。

尽管欧美当前在数据开放和数据开发领域暂时处于领先地位，但中国在该领域也具有自己独特的优势和发展潜力。中国经济体量居世界第二，人口众多，产业分工齐全，消费市场庞大，从数据经济的角度看，这本身就意味着极为丰富的数据资源储量。而近几十年工业化进程的发展，使中国已经深深嵌入了全球价值链，并不断向价值链的高端爬升。由于数据经济的良性发展必须建立在尽可能高水平的数据共享基础之上，因此，要想在全球层面发展数据经济，没有中国的参与是不可想象的。当然，基于传统工业时代积累的"数据自然禀赋优势"仅仅是参与全球数据经济发展的敲门砖，要取得数据经济领域的竞争优势，关键还是在保有数据资源的基础上，提升本国的数据开发能力。为了提升中国在数字时代的产业竞争力，笔者提出以下建议：

第一，尽快出台统一的数据质量标准，推动国家大数据平台建设的落实。中国十三五规划中已明确提出要实施国家大数据战略，筹建国家大数据平台。从美欧的共同经验看，数据平台能否取得良好的运营效果，关键取决于数据资源的质量，包括是不是第一手的最基础原始数据，是否可被计算机自动读取，是否可互操作（interoperability），等等。这就需要在数据收集、整合和发布诸多环节实施统一的标准化的数据质量管理，为此，可考虑通过行政法规，制定符合中国特色的数据质量标准、数据收集发布管理流程和数据质量救助机制，并在有条件的地区和部门先行试点。

第二，通过顶层设计，对数据开放和数据开发的核心规则进行通盘指导，尽快确立中国数据治理模式。美国在数据开放上倡导免费原则，免费向社会提供数据资源，相应成本通过政府税收转移支付，在数据的开发上采取"公私分明"的模式，政府仅向社会提供基础性数据资源，后续的开发和服务完全由市场力量承担。欧盟在数据开放上采用平均成本原则，政府向社会收取一定费用以支付从信息收集到信息发布阶段的成本，在数据开发上则采取"公私伙伴关系模式"，由公共和私人部门共同投入资源，合作经营，共享收益。从实践看，美国模式在促进产业发展上明显更胜一筹，但欧盟的公私合作模式，因为政府的深度参与，更有利于大众的隐私保护。在效率和隐私保护之间如何取舍，需要顶层战略来确定方向。笔者认为，中国目前的数据治理仍处于起步阶段，从应对国际竞争的角度看，政府数据免费开放并放权于市场进行开发，能更有效地提高中国的数据产业竞争力。

　　第三，进一步加强有关跨境数据流动的法律问题研究，为未来跨境数据贸易规则的制定做战略布局。由于数据规模越大，其蕴含的经济价值越大，当前，开放数据运动已呈现出国际协作趋势，这将进一步刺激全球层面的跨境数据流动和数据贸易，但到目前为止，全球层面针对此类问题的配套法规仍几近空白，没有统一的个人数据保护法规体系，而针对数据经济领域的贸易保护，数据流动引发的国家间安全等问题，国际层面的规则也处于缺失状态。中国因为经济体量大，互联网人口众多，潜在的数据市场和数据资源的天然禀赋不输欧美，因此，有必要在促进数据产业开发能力的同时，进一步加强对个人数据的保护和跨境数据流动相关问题的法律法规研究，并在可能的情况下为争取未来的全球数据治理话语权进行立法储备。在数据产业领域尽早达成政策法律的动态调适能力和技术产业能力的有效匹配，将是国际竞争中占得先机的关键。

国际形势篇

美国金融危机以来的世界经济发展趋势

姚枝仲

中国社会科学院世界经济与政治研究所副所长、研究员

美国金融危机爆发至今已有八年，世界经济仍然没有完全走出危机。国际经济长期运行与短期形势相比危机以前均有较大不同。综合来看，世界经济呈现八大重要发展趋势。

一　新兴经济体在全球 GDP 中的份额过半，世界经济格局发生根本变化

按照购买力平价计算，2008 年新兴与发展中经济体在世界 GDP 中的份额达51.1%，这是历史上新兴与发展中经济体在世界 GDP 份额中首次超过一半。此后，该份额稳步上升，至 2015 年，新兴与发展中经济体占世界 GDP 中的份额已达57.6%。与此同时，按现价美元计算的中国 GDP，于 2009 年超过日本，成为世界第二大经济体，按购买力平价计算的中国 GDP，于2014 年超过美国，成为世界第一大经济体。2015 年，世界前十 GDP 大国中，按购买力平价计算，有五个是新兴经济体国家，按照现价美元计算，有三个是新兴经济体国家。新兴经济体群体的崛起正在改变世界经济力量对比。近年来，虽然俄罗斯和巴西经济有所衰退，新兴经济体总体增长速度有所放缓，但是中国、印度等仍然保持较高的经济增速，新兴与发展中经济体在整体上仍然以高于发达经济体的速度在增长，新兴与发展中经济体在世界经济中的份额仍将持续上升，在国际经济事务中的影响力也将随之逐步增强。

二　世界经济潜在增长率下降，结构改革逐步成为各国经济政策的重心

美国金融危机以前的 10 年，世界 GDP 年均增长率（1998 年至 2007 年）为

4.2%，其中发达经济体为 2.8%，新兴与发展中经济体为 5.8%。美国金融危机以来的 8 年，世界 GDP 年均增长率（2008 年至 2015 年）下降至 3.2%，其中发达经济体下降至 0.9%，新兴与发展中经济体下降至 5.1%。长期平均的世界 GDP 增长率下降，是世界经济潜在增长率下降的一个重要体现。各主要经济体为了应对危机和增长率下降的问题，采取了扩张性的宏观经济政策，包括财政刺激政策和以量化宽松和负利率为主要代表的货币政策。这些短期宏观经济政策，在危机爆发初期，为稳定世界经济发挥了较好的作用，但是长期使用的效果不佳。长期使用扩张性财政政策会带来财政可持续性堪忧的问题，长期使用扩张性货币政策会带来金融市场不稳定的问题。短期宏观经济政策不是应对潜在增长率下降的正确处方。推动结构改革，提升经济活力，促进潜在增长率上升，正逐步成为各国经济政策的重心。

三 就业增长缓慢，无就业增长现象突出

就业增长缓慢是当今世界的一大重要经济问题和社会问题。在发达经济体中，美国的劳动力市场是恢复最快的，但直到 2014 年其就业人数才刚刚超过危机以前的水平。欧洲的失业问题自美国金融危机以来一直很严重，欧盟 28 国 2015 年的就业总量比 2008 年这一危机以前的就业高峰仍然低 392 万人，欧元区 19 国 2015 年的就业总数更是比 2008 年少 453 万人。日本的失业率总体上不高，但到 2015 年，其就业人数仍比 2007 年少 52.3 万人。在新兴经济体中，除印度、越南等少数国家的就业保持了较快增长以外，其他主要大国的就业增长都比危机以前更慢，俄罗斯、巴西等国的失业问题尤其严重。全球就业增长缓慢是劳动力市场供需双方共同作用的结果。人口老龄化、劳动参与率下降等劳动供给减少的现象突出；世界经济增长率下降和机器替代人工的现象共同抑制了劳动需求的增长。

四 能源化工行业出现重大技术进步，原油和石化原料价格中低位运行

美国页岩油气开发技术取得重大突破，水力压裂和水平钻井技术的实施大幅度降低了页岩油气的开发成本。美国石油和天然气供给大幅度增加，并逐步由原油和天然气进口国向出口国转变。美国油气市场的变化给世界石油市场带来了较大的冲击。页岩油气开发成本逐步下降和产量逐步上升，在很大程度上抑制了世界原油价格的上升。加上伊朗重新进入世界原油供给市场，世界各国提高能源利用效率、增

加非化石能源的使用等措施降低了世界原油需求增长，国际原油价格进入中低位运行。美国页岩气的开发，也导致了美国大规模采用乙烷制乙烯的技术，极大地降低了乙烯的生产成本。随着美国低成本乙烯产能的逐步形成并加大，整个石化行业将出现重大变化。原油价格持续低位运行和乙烯生产成本的下降，还将持续压低全球工业品生产价格指数，并在一定程度上抑制消费价格的上升。

五 国际贸易低速增长，国际分工重新调整

全球国际贸易自 2012 年以来出现低速增长，世界出口总量增速低于世界 GDP 增长率，2015 年世界出口总额甚至出现了负增长。国际贸易低增长有四个主要原因：一是世界经济增长低迷引起进出口需求放缓。二是贸易自由化的红利逐渐消失。这主要是因为多边贸易谈判进展缓慢，区域贸易谈判虽然方兴未艾，但目前尚无生效的重要协定。三是世界经济增长由更多的依赖制造业转向更多地依赖服务业，经济增长带来的制成品贸易比过去更少。四是全球价值链扩张速度放缓，中间产品反复过境产生的国际贸易减少。与国际贸易低增长相伴随的，还有国际分工的重新调整。中国从劳动密集型产品的制造大国开始向资本密集型和技术密集型产品的制造大国迈进，印度、越南等新兴市场开始成为劳动密集型产品的制造基地。同时，中国的加工贸易正从大量使用国外零部件转向越来越多地使用国内零部件。亚洲分工模式发生重大调整。美国、欧洲等发达经济体重新重视制造业的作用，高端制造业和重化工业发展迅速。东欧、中亚和非洲地区逐渐加入全球生产网络。国际分工格局正在发生重大变化。

六 跨国资本规模剧增，货币危机频繁发生

发达经济体量化宽松政策和低利率政策甚至负利率政策，为国际金融市场提供了大量的廉价资本。根据国际清算银行的统计，全球跨境资本资产头寸 2006 年底约为 25.7 万亿美元，2014 年增加到 30.1 万亿美元。流入发展中经济体的跨国资本头寸 2006 年底约为 1.7 万亿美元，危机以后，迅速增加至 2014 年的 3.9 万亿美元。此后由于发达经济体货币政策预期发生变化，以及新兴经济体自身动荡，至 2016 年3 月底，全球跨境资本资产头寸缩减至 27.5 万亿美元，流入新兴经济体的跨国资本头寸也下降至 3.2 万亿美元。大规模跨国资本流动造成了部分国家外汇市场大幅度动荡，甚至频繁引发货币危机。国际上通常将货币在一年内贬值 25% 认定为发生了

一次货币危机。自 2010 年以来，共有 27 个国家或者地区的货币兑美元年平均汇率贬值幅度超过 25%，其中包括欧元和日元等国际货币，以及俄罗斯卢布和巴西雷亚尔等大国货币。

七 全球债务水平持续升高，金融风险不断累积

美国金融危机以后，各国纷纷采用扩张性货币政策刺激经济增长，导致全球债务水平持续快速升高。按照国际清算银行统计，全球非金融部门债务与 GDP 的比重从 2007 年底的 211% 上升到了 2015 年底的 235%，其中新兴经济体从 121% 上升到了 179%，发达经济体从 244% 上升到了 268%。发达经济体的债务风险主要在政府部门，居民和企业的债务水平有所下降，其中居民债务占 GDP 的比重从 2007 年的 83% 下降到了 2015 年的 75%，非金融企业部门从 89% 下降到了 86%，而政府债务占 GDP 的比重则从 72% 上升到了 107%。新兴经济体的政府债务占 GDP 的比重仅从 2007 年的 39% 轻微上升到了 42%，非金融企业部门的债务则从 2007 年的 61% 快速上升到了 2015 年的 104%。高负债和低利率是一个自我强化并最终会崩溃的组合。债务水平高企要求维持较低水平的利率，否则债务人将面临巨大的还债压力。利率水平下降导致借款成本降低，从而又加速债务累积。低利率还和资产价格上升并存，使资产负债表看上去不那么捉襟见肘。这一方面提升了进一步负债的空间，另一方面又刺激了泡沫的形成和积累。然而，一旦利率、负债水平和资产价格组合中的某个环节出现问题，或者加息，或者杠杆控制和流动性不足，或者资产价格下跌，就会造成连锁反应式的金融市场大崩溃。如资产价格下跌会迫使信贷紧缩，而信贷紧缩造成的流动性危机又会使资产价格进一步下跌，并形成恶性循环。一些经济体目前已经出现低利率、低增长和高负债这一"有毒组合"不断积累的趋势。这种趋势不仅损害货币扩张对实体经济的促进效果，而且将对整个金融体系的稳定造成威胁。

八 全球经济治理重新调整，规则竞争日益重要

美国金融危机以后，全球经济治理平台和治理理念均发生重要变化。治理平台的变化主要体现为两个主要方面：一是 G7 作用下降，G20 成为最主要的国际经济治理决策机制，与此相关的是新兴经济体在全球经济治理中的作用显著提升；二是世界贸易组织、国际货币基金组织和世界银行三大布雷顿森林机构的作用下降，区

域贸易协定等新的合作方式、亚洲基础设施投资银行等新的国际机构在全球经济治理中的作用加大。全球经济治理理念的变化主要体现为：发达经济体从推动商品和要素自由流动的全球一体化转向了推动竞争规则更加统一的全球一体化。这些竞争规则不仅包括边境上的各类措施，还包括边境后的与生产经营活动相关的各种国内政策、法规和标准。国际经济规则向国内经济规则延伸。规则竞争在全球经济治理中处于日益重要的地位。

当前国际反恐斗争态势及挑战

陈　立

中国现代国际关系研究院博士研究生

脱胎于"伊拉克'基地'分支"的"伊斯兰国"已使国际恐怖主义 1.0 版升级为 2.0 版，对国际社会构成的威胁与危害越来越大。2014 年 6 月以来，伊拉克和叙利亚极端武装联手攻城略地，宣称建立"伊斯兰国"，随后在伊拉克和叙利亚以外的中东、北非、南亚、中亚和东南亚地区加速扩张。"伊斯兰国"在遭国际社会围剿的同时，仍向世界各地渗透扩张。与此同时，"基地"恐怖威胁不减，与"伊斯兰国"形成竞争，恐怖活动呈现新态势。随着国际社会对恐怖威胁认识的加深，合作反恐意愿提升。但是国际反恐斗争仍处于变化调整之中，不同层面多个反恐阵营界限分明，多共识少措施的反恐困境依然存在。受国际恐怖主义猖獗的影响，中国也成为恐怖主义受害国，不仅海外利益受恐怖侵害，境内外"东突"势力更趋活跃。反恐已成为中国内政和外交的重要内容。

一　国际恐怖活动呈现新态势

虽然近来"伊斯兰国"接连遭受重创，但其更加极端的恐怖理念，仍吸引着众多恐怖分子和恐怖组织。"基地"等其他恐怖组织蓄势反扑，继续加大活动力度。恐怖主义威胁不减，国际反恐形势异常严峻。

第一，"伊斯兰国"现实威胁不可小视。一是"伊斯兰国"仍保持可观的战斗力。自 2016 年 10 月 17 日摩苏尔收复战和 11 月 5 日重夺叙利亚首都拉卡军事行动相继启动后，"伊斯兰国"遭受沉重打击，不仅在伊拉克和叙利亚境内分别丧失 50% 和 20% 的控制范围，经济实力也大不如前。目前，"伊斯兰国"虽控制叙利亚 60% 和伊拉克 5% 的油井，但在空袭打击下，一些产油设施被破坏，控制区日产原油数已由先前的 3.3 万桶下降至 2.1 万桶，加之与叙利亚和土耳其南部原油黑市的联系也遭切断，"伊斯兰国"的石油收入锐减至少50%①，主要依靠在控制区域征税的办法来维持运营。2016年以来，"伊斯兰国"包括二号人物和新闻发言人在内的多名头目被击毙，武装人员也有大量折损。据欧洲议会委员会安全与防卫小组委员会称，截至2016年10月，"伊斯兰国"在叙利亚和伊拉克损失人员达1.2万～1.5万。②

尽管如此，"伊斯兰国"依然保持着较强战斗力。据俄新社报道，截至6月16日，伊国在叙利亚和伊拉克还拥有1.8万～2.2万名战斗人员。这些人员不仅作战经验丰富，军事素养甚至超过叙伊正规军，而且装备精良，擅长野战攻击和城镇攻防战。12月11日，"伊斯兰国"反扑重新占据叙利亚中部古城巴尔米拉，让一度势如破竹的军事行动陷入停顿。虽然有关国家加强边境管控，导致外国武装分子进入叙、伊两国难度加大，但仍有来自美国、欧洲、沙特、土耳其、俄罗斯和中亚国家的外籍人员设法加入。除此之外，"伊斯兰国"还在控制区胁迫或以粮食为诱饵，招募作战人员，壮大武装力量。

二是"伊斯兰国"仍有指挥或授意发动袭击的能力。"伊斯兰国"凭借其残忍的暴恐手法、血腥的宣传技巧、娴熟的网络技能、充裕的资金保障、优良的武器装备，快速将影响力从伊叙扩展到世界多地，30余个恐怖组织宣誓效忠，100多个国家和地区的外籍"圣战者"纷纷投靠。"伊斯兰国"虽然遭受打击，仍有指挥或授意世界多地效忠者和支持者发动恐怖袭击的能力。据统计，仅2016年前三个月，全球就有2200人在恐怖活动中丧命，其中20%与"伊斯兰国"有关。③

5月，塔吉克斯坦强力部门挫败一起极端组织"伊斯兰国"策划的恐怖袭击，恐怖分子计划于5月9日胜利日当天，在塔吉克斯坦首都杜尚别实施系列恐怖袭击；斋月期间，土耳其、孟加拉国、伊拉克、沙特阿拉伯四国分别发生恐怖袭击，"伊斯兰国"宣称作案；7月，德国巴伐利亚州发生两起暴力袭击事件，德警方掌握的手机聊天记录显示，两名袭击者行凶前都曾与来自沙特的"伊斯兰国"成员保持联系，并受其指使作案；8月，"伊斯兰国"成员在莫斯科郊外袭击一交警站，用阿拉伯语混杂俄语称要报复俄罗斯在叙利亚的空袭行动；9月，法国警方抓获一个由"伊斯兰国"遥控指挥的女子恐怖团伙，该团伙企图袭击巴黎圣母院。法国国防部

① 人民网：《"伊斯兰国"收入锐减》，http：//world. people. com. cn/n/2015/0301/c157278 – 26614541. html（上网时间：2016年10月12日）

② 央视网：《欧盟专家："伊斯兰国"有生力量总体损失逾万人》，http：//news. cctv. com/2016/ 10/12/ARTISCxsclKJJCuOoA4JsE55161012. shtml（上网时间：2016年10月18日）

③ 《美国希望盟友更卖力》，《人民日报》（海外版）2016年5月10日第7版。

长让伊夫·勒德里昂称，自 2014 年 8 月以来，"伊斯兰国"已发起至少 25 起针对西方的恐怖袭击，"由于被逼入死角，伊斯兰国比以往更危险了"。①

三是"伊斯兰国"暴恐模式仍将持续发酵。其一，"伊斯兰国"的建政行动与其他国际暴恐组织联动。"伊斯兰国"建立"哈里发国家"，设立完整的、上下一体的国家机构"治理控制区"，将一个恐怖组织转变成一个"政权"，吸引一些国际恐怖组织效仿。"博科圣地""索马里青年党""基地"阿拉伯半岛分支均割据一方，封都建政，以准国家实体推动暴恐行为。其二，"伊斯兰国"恐怖手法刺激多地恐怖分子模仿。宣布"建国"以来，"伊斯兰国"接连绑架、斩首和处决人质，并将视频发布在互联网上，进行恐怖宣传，彰显实力。在其影响与刺激下，利比亚暴恐组织处决埃及科普特人，并杀害 30 名埃塞俄比亚人质；菲律宾"阿布萨耶夫"与"伊斯兰国"建立网上联系，学习他们的政治宣传手段，经常绑架外国人，通过视频勒索赎金；哈萨克斯坦 21 名极端分子观看"伊斯兰国"恐怖宣传视频后，试图通过袭击枪店获取武器实施暴恐行为。其三，"伊斯兰国"挑拨宗教冲突从中渔利的做法在多个地区得到"推广"。沙特阿拉伯内政部发言人图尔基称，沙特安全机构打掉 3 个"伊斯兰国"团伙，他们正策划对沙特东部地区一座什叶派清真寺发动恐怖袭击。也门、阿富汗也发生多起针对什叶派游行的恐袭及破坏圣墓事件。

四是"伊斯兰国"开启国际社会与恐怖主义的"网络攻击战"。"伊斯兰国"不仅大肆利用社交媒体，还将网络作为发动恐怖袭击的目标。2015 年 1 月 12 日，美国总统奥巴马正准备就网络安全发表公开演讲，美军中央司令部的官方推特和 YouTube 英语及阿拉伯语账号遭到自称"伊斯兰国"黑客的攻击，被迫暂时下线关闭。4 月 9 日，疑似效忠"伊斯兰国"的黑客对法国一家电视台发起网络攻击，造成电视台瘫痪数小时。在此期间，不仅电视节目无法播送，电视台官方网站和社会网站账号也被"伊斯兰国"所控制。美国正对"伊斯兰国"组织发动网络攻击，限制该组织网络联络及招募新成员的能力。2016 年 5 月 3 日，自称"伊斯兰国"黑客部的组织宣称入侵英国国防部电脑网络，并威胁要公布英国军方人员的个人信息。该组织在网上公布一份包括 70 多名美国军方人员的打击名单后，又做出了上述表示。24 日，伊朗迈赫尔通讯社报道，伊朗统计局遭黑客攻击，这些黑客很可能是极端组织"伊斯兰国"成员。据称，"伊斯兰国"一直有针对西方国家发动大规模黑客攻击的计划，它正使用社交媒体吸引越来越多的网络技术工程师，加入攻击美国等西方国家政府部门、能源公司、运输系统和银行网络的行列。美国情报官员表

---

① 《美国希望盟友更卖力》，《人民日报》（海外版）2016 年 5 月 10 日第 7 版。

示：如果恐怖主义将其能量转化为"数字战"，摧毁力将呈指数增长，甚至超过生化武器。2016年2月，美国宣布对"伊斯兰国"发动网络攻击，试图干扰和切断"伊斯兰国"指挥和控制系统，将其从网络空间彻底清除。10月20日，英国国防大臣迈克尔·法伦表示，英国军方对"伊斯兰国"进行网络攻击，支援伊拉克部队重夺重镇摩苏尔的战役。

第二，其他地区恐怖危害上升。"基地"蓄势反扑，整合力量，保持在北非势力的同时，将触角向东南亚延伸。"阿拉伯半岛'基地'组织"在也门南部攻城略地，宣布建立"哈里发国家"；北非"伊斯兰马格里布'基地'组织"仍活跃在马格里布一带，绑架西方人获取赎金；"索马里青年党"在索马里及周边国家不断制造恐怖事件。2014年9月3日，"基地"组织宣称建立印度次大陆分支，9月6日，刚成立的印度"基地"分支组织在巴基斯坦卡拉奇附近海域发动袭击，为"基地"组织在这一地区制造声势。目前，"基地"正向孟加拉国、缅甸等地蔓延扩散。

区域性或国别性恐怖威胁更加突出。中亚地区，受中东、北非以及阿富汗局势影响，活跃在阿巴一带的"乌伊运"加速回流。塔、吉、乌等国多次出现"乌伊运"威胁，先后抓捕、击毙"乌伊运"多名成员。据哈萨克斯坦情报部门透露，哈境内突然出现"哈里发战士""哈萨克斯坦虔诚军"等十余支恐怖团伙，"伊斯兰圣战联盟"已在哈活动。吉尔吉斯斯坦国家安全委员会宣布，名为"吉尔吉斯斯坦伊斯兰运动"的组织浮出水面。除此之外，"伊斯兰解放党"（也称"伊扎布特"）再度活跃，并趋暴力化。南亚地区，阿富汗中部古尔省和巴德吉斯省是阿富汗塔利班和其他反政府武装主要集结地，约130支队伍、8000名武装分子集中于此。巴基斯坦境内约有52个恐怖组织，巴面临的恐怖威胁已由西北部向全境扩散。东南亚地区，虽然"伊斯兰祈祷团"已受重创，但其成员分散组成"唯一真主游击队"等小型恐怖组织，对印尼的恐怖威胁不减。菲律宾恐怖威胁来自棉兰老区的三支恐怖组织。泰国南部三府存在主张分裂的反政府武装，不时地制造恐怖事件。非洲地区，既有与"基地"和"伊斯兰国"相关的恐怖组织，如尼日利亚"博科圣地"、马里"西非统一圣战组织"、埃及"耶路撒冷支持者""索马里青年党"等，也有国别性的恐怖组织，如苏丹"公平与正义运动""苏丹人民解放阵线（北方局）"，乌干达"圣灵抵抗军"，埃塞俄比亚"欧加登民族解放阵线"，尼日利亚"尼日尔三角洲解放运动"等活动。

第三，"伊斯兰国"与"基地"相互竞争，国际恐怖主义内斗不休，行动上互不示弱。法国加入反"伊斯兰国"联盟后，"伊斯兰国"发表线上法语期刊《伊斯兰之家》表明其意愿："愿安拉惩罚法国"，呼吁"以任何方式对美国或欧洲的、尤其是邪恶航脏的法国的不信教者实施杀戮"。在随后发生在法国的几起恐怖事件中，"伊斯兰国"不但追认恐怖分子为"哈里发战士"，还高调宣称对事件负责。"基地"也不甘落后，通过"伊斯兰马格里布'基地'组织"以及活跃于阿尔及利亚北部到几内亚湾沿岸地区的"圣战"团伙，对法国在西非的利益和侨民下手。"伊斯兰国"和"基地"还在亚洲争斗。在阿富汗，"伊斯兰国"同"基地""塔利班"和其他逊尼派组织争夺影响；在巴基斯坦，"强格维军"试图成为"伊斯兰国"分支；在印度，"基地"建立分支组织，而"伊斯兰国"拥有越来越多的支持者；在孟加拉国，"基地"分支"孟加拉安萨鲁拉小组"杀害 5 名作家和无神论者，"伊斯兰国"策划多起枪杀和爆炸事件，吹嘘"孟加拉圣战重新兴起"。

"基地"在与"伊斯兰国"竞争的同时再度扩张，并在美等国对"伊斯兰国"实施的打击中"获益"。在叙利亚，"基地"分支"支持阵线"重整旗鼓，试图把自己描绘成与叙利亚人民并肩作战推翻巴沙尔的可靠力量，赢得民众支持。目前，该组织已成为"基地"最有实力的分支之一；在也门，"阿拉伯半岛'基地'组织"利用沙特领导的军事联盟和什叶派胡塞叛军之间的战争在南部扩大势力范围，控制了哈德拉毛省大部分地区。2016 年 3 月，该组织武装人员重新夺回于 2012 年丢掉的主要商业中心城市阿赞；在利比亚，"基地"通过混入当地民众，把自己标榜为世界上最通情达理的"全球伊斯兰圣战运动"，获得当地一些穆斯林的支持；在阿富汗，又发现多个"基地"的恐怖训练营。

二 国际反恐斗争形势更加复杂

在"恐怖主义全球化"背景下，反恐已不是单一国家力所能及的范畴。然而，国际反恐合作多共识少举措，联合国的主导作用没有得到根本加强，一些国家围绕反恐展开激烈的地缘利益争夺。国际反恐合作虚多实少，举步维艰。

第一，美国调整反恐政策，未放弃地缘政治盘算。奥巴马上台后，美国相对降低欧洲在其全球战略中的地位，提出"转进亚洲"，并于 2011 年推出"亚太再平衡"战略，与之相应的是反恐在美国整体战略中地位的收缩。"伊斯兰国"在全球展开血腥暴力，使美国本土安全受到威胁，奥巴马顺势调整反恐政策，确保美国国家安全。但奥巴马政府评估认为本国面临的"伊斯兰国"威胁不如欧俄急迫，其反恐政策重心在于加强内防，如，美国务院和国土安全部重新评估免签证项目，酝酿相关新立法，防止极端分子潜入；在司法部设"本土恐怖问题顾问"新职，赋予强势权利，加强协调打击本土恐患。奥巴马本人也不断强调"保护我们的国家，防止极端分子招募和诱使本土公民走向极端，是保证国家安全的首要任务"。2014 年，美国虽以盟主身份组建国际同盟，但意在借力多边平台，把持国际反恐走向。一方面，加紧训练和武装伊叙当地力量，重申打击"伊斯兰国"需要伊叙发力；另一方面，分担反恐责任，不愿再陷反恐泥潭。在中东，美拉欧洲参战，敦促法、英等国加大空袭和投入力度，压土耳其入伙，甚至通过"伊核协议"争取伊朗配合。美多次向其中东盟友强调，打恐非美一己之责，反恐成败取决于伙伴国自身的打恐能力。在南亚，美努力挽救和巴基斯坦的反恐联盟，与阿富汗建立伙伴关系并加强与印度的合作。美在反恐中地缘政治盘算明显，10 月 8 日，美英法否决俄罗斯在安理会提出的涉叙利亚决议草案就是佐证。

新任美国总统特朗普虽信誓旦旦，"要把'伊斯兰国'打得满地找牙"，但被问到是否会向伊叙派遣地面部队时，又表示拒绝任何动用地面部队的请求。特朗普提出的国际反恐做法与奥巴马无太大差异，今后走向取决于美面临的国际恐怖主义威胁的程度变化。

第二，俄罗斯牵头反恐新联盟，旨在把握战术先机。2015 年 9 月 30 日，俄罗斯开始对叙利亚境内的"伊斯兰国"实施空中打击，并组建与伊朗、伊拉克和叙利亚的四国反恐联盟，在与美国角力的叙利亚战场占到上风。俄此举，一是遏制"伊斯兰国"威胁。车臣恐怖组织"高加索酋长国"已蹿升为国际"圣战"运动主要力量之一，在叙叛乱活动中发挥着重要作用，"伊斯兰国"持续做大将加剧俄安全威胁。俄塔斯社报道，目前共约 2500 名来自俄罗斯和 7000 名来自独联体国家的极端分子加入"伊斯兰国"，且回流日益严峻。二是打破在乌克兰问题上的僵局。乌克兰危机致俄陷入欧美外交困局。俄借出兵叙利亚，推进与欧反恐合作，迫其放松对俄外交封锁。尤其是欧洲近期频发暴恐袭击，使俄高举反恐义旗更具主动。三是确保俄罗斯在中东战略利益。俄在冷战后重返中东已成定局，叙利亚是俄罗斯在中东的传统盟友，第二大港塔尔图斯港是俄罗斯重要的域外海军基地，也是俄在中东军事存在及掌控地中海的重要战略支点。因此，俄与美在反恐上争夺的焦点是阿萨德政权前途的决定权和在中东的地缘影响力，而非真正意义上的反恐。

第三，欧洲反恐困局难破，在美俄间反复平衡。2016 年以来，欧洲深陷恐怖袭击泥沼，连续发生的恐怖事件，让整个欧洲感受到日益严峻紧迫的本土安全威胁。虽然，欧委会制定了一系列强化内部安全防范的措施，如对乘坐民航客机进入欧洲的旅客进行信息登记备案，推出新《欧盟安全议程》等，英、法、德等国也分别出台反恐新规，加强安全防控，但欧洲国家普遍面临穆斯林移民问题，经济、社会、宗教矛盾日益激烈，使穆斯林与基督徒间族群对立问题更加突出。此外，法英德有4500 名人员①前往伊叙参加"圣战"，面临着人员回流带来的紧迫挑战，以法德英为轴心的欧洲反恐自身软弱无力，又没有得到美国的实质性支持。在这种情况下，法与俄高调结盟，并不再将阿萨德下台作为解决叙利亚问题的先决条件，削弱了美反恐主导地位，法美分歧加大，欧美走向疏离。

第四，沙特领导逊尼派国家反恐，却各有盘算。2015 年 12 月 15 日，沙特宣布成立由 34 国组成的"伊斯兰军事联盟"联手打击恐怖主义，并在首都利雅得设立联合行动中心，"协调和支持军事行动"。该联盟涵盖亚非 34 国，主要为伊斯兰教逊尼派国家。联盟旨在"保护伊斯兰国家免遭恐怖主义团伙和组织伤害"，"协调和支持"在伊拉克、叙利亚、利比亚、埃及和阿富汗的反恐行动。②尽管国际社会对伊斯兰国家反恐联盟抱以厚望，期待其发挥"不容忽视"的作用，但对大多数打击"伊斯兰国"的中东参与者来说，打恐仅是次要目标，均从属于更紧迫的战略诉求。如，沙特重在维护其在伊斯兰世界的领导地位，遏制伊斯兰教什叶派国家伊朗的影响力并推翻其叙利亚"党羽"阿萨德政权，土耳其意在推翻阿萨德，阻止叙利亚库尔德武装坐大。

当前国际社会虽形成同仇敌忾、联手打击国际恐怖主义的舆论氛围，但参与打击"伊斯兰国"的各联盟及各国各怀心思，使得打击"伊斯兰国"成为国际与地区势力的博弈工具，成为美、俄等大国争夺国际反恐主导权的角力场。"伊斯兰国"等国际恐怖组织将在大国博弈的夹缝中长期存在，国际反恐形势不容乐观，反恐靖乱任重道远。

三 新形势下中国反恐外交

恐怖主义已成为全人类面临的最严峻和急迫的安全挑战，任何一个国家都不能独善其身。随着"一带一路"重大倡议的推进，中国参与国际事务范围在扩大，国际影响力在提升，海外利益遍布全球，加强国际反恐合作已成为中国必须高度重视的问题，反恐外交是中国拓展和深入开展国际反恐合作的有效手段。

---

① 傅晓强：《从欧美反恐新局看国际反恐形势新变化》，《和平发展观察》2016 年第 13 期。

② 中国现代国际关系研究院：《国际战略与安全形势评估》（2015－2016），时事出版社，2016，第 120 页。

（一）中国反恐外交面临的突出问题

一是西方反恐"双重标准"的阻碍。西方国家奉行反恐"双重标准"是导致国际反恐怖合作难以取得实效的主要原因。长期以来，西方国家自认为站在道义最高点，以西方意识形态和本国国家利益为尊，谴责和打击对本国安全构成威胁的恐怖主义，同时纵容、唆使、支持，甚至直接插手针对他国的恐怖活动。一方面，将恐怖主义作为国际政治斗争的武器和手段，使国际反恐怖合作出现裂痕，直接影响到国家间关系；另一方面，放纵恐怖主义肆意妄为，加剧了世界范围内恐怖主义的泛滥。如，以"世维会"为首的"东突"组织就是在美等西方国家庇护下开展恐怖活动。

二是中国海外利益保护的困境。中国海外利益遍布全球，中国公民在海外遇袭事件时有发生，一些中资机构和企业遭受恐怖袭击的频度、烈度与广度都在增加。尽管近年来中国的海外利益保护取得长足进步，但仍未形成一套完整有效的机制体系。

三是国内反恐怖体制建设处于完善阶段。现有的反恐怖机制和体制还不能完全做到"预防为主"，中国境内恐怖活动的发生，不仅影响到人民安居乐业，也会损害国家安全利益；现有的反恐怖机制和体制还不能完全切断境内外恐怖主义勾连的渠道，境内恐怖分子仍不断偷渡出境"圣战"或者出境不成就地"圣战"。

（二）中国反恐外交新思路

当前，恐怖主义越来越国际化、复杂化、现代化和高科技化。与此相对应的，是国际反恐合作由于霸权和强权行径出现诸多裂痕，反恐斗争乱象丛生。中国必须树立反恐外交新思路、新理念，争取一个有利于反恐怖斗争的国际环境特别是周边环境。

一是突出"以人为本、外交为民"。从国家安全与外交战略的高度，从内政和外交政策两个角度开展和加强反恐斗争。在开展反恐外交上，紧紧围绕"捍卫中国的国家利益和中国公民的生命安全"这一主线，努力营造有利的国际环境。

二是占领国际反恐道义舆论制高点。中国作为联合国常任理事国和负责任大国，应积极推广正确的国际反恐观，努力占据国际反恐舆论道义制高点，将全球反恐拉到正常的轨道上来，在全球反恐斗争中发挥更重要的作用。

三是参与国际新秩序的建设。要从根本上消除恐怖主义，不能只治标，还应看到恐怖主义产生蔓延的本质，不能只依靠军事力量，还要依靠政治、经济、社会手段，最根本的就是要建立公正、合理、和谐的国际新秩序。中国应积极参与其中。中国要想深度融入国际社会，广泛捍卫国家利益、保障公民安全，不仅要从国际秩序的局外者向局内者转变，还要向积极的建设者转变。

（三）中国反恐外交新举措

一是在联合国框架下开展反恐外交。中国反恐外交应特别重视积极推动联合国层面的全球国际反恐怖合作，争取联合国发挥最大作用，通过联合国不断完善全球反恐怖国际合作。要认识到联合国框架下国际反恐合作的局限性，有的放矢地在联合国框架下开展中国反恐外交。引导国际社会找到反恐共同点；不放弃与各国联合打击"东突"恐怖主义的努力；结合国内反恐需要开展反恐外交，推动本国的反恐怖立场和需求在联合国反恐怖行动中得到体现。

二是以地区反恐合作为重点开展反恐外交。突出中国的主导地位，以我为主，推动周边地区在反恐合作上的政治一致。同时，强化反恐合作要与渐进推动地区政治稳定相结合。在强调共同的恐怖主义威胁时，须加强与周边国家的多方面合作，推动地区政治稳定。中国的"一带一路"倡议可在地区反恐与安全合作领域发挥突出作用。

三是围绕双边反恐合作开展反恐外交。包括：着手战略协同一致，开展与美双边反恐外交。通过外交努力，在共同打击国际恐怖主义上寻找与美的战略协同一致；从共同利益入手，开展与其他国家的双边反恐外交。中国与相关国家进行反恐外交时必须考虑这些国家的利益诉求，进而要求对方考虑中国的利益诉求。中国与巴基斯坦的双边反恐外交应成为范例得到推广。

"伊斯兰国"在中国周边扩张态势及其影响

唐志超

中国社会科学院西亚非洲研究所研究员

随着"伊斯兰国"（IS）的异军突起，近年来该组织积极向东南亚、南亚和中亚等中国周边邻国渗透，不仅使周边国家安全形势趋于恶化，其外溢效应还对中国的国家安全和海外利益构成严重威胁。对此，中方应引起足够重视，加强地区反恐合作，积极预防，高筑深篱。

一　IS 积极向中国周边国家渗透、扩张

IS 通过各种方式积极向中国周边渗透、扩张，使中国周边地区暴恐活动进入新的高发期，周边国家反恐压力普遍增大。

第一，中国周边地区成为 IS 渗透、扩张的重点地区之一。中国周边地区在 IS 所欲建立的"哈里发"全球版图和全球扩张战略中占有重要地位。2014 年 6 月 29 日，巴格达迪宣布建立全球哈里发帝国，并自称哈里发，对全球穆斯林拥有政治、军事和宗教的权威，他们都必须对其效忠。其五年发展计划要将"国土"扩张西至摩洛哥，东到中国新疆。截至 2015 年 6 月，该组织在伊拉克和叙利亚已建立 20 个"省"，还在沙特、也门、埃及（西奈半岛）、利比亚、阿尔及利亚、尼日利亚、北高加索、阿富汗、巴基斯坦等地宣布建"省"（Vilayat）。2015 年 1 月 26 日，该组织宣称成立"呼罗珊省"（Vilayat Khorasan）①，包括巴基斯坦和阿富汗、中亚以及中国新疆地区，任命哈菲兹·萨义德·汗（Hafiz Saeed Khan，前关塔那摩囚犯）为"省长"，毛拉阿卜杜勒·劳夫（Abdul Rauf）为"副省长"。

中国周边地区是 IS 外围战略扩张的重点地区之一。IS 以伊拉克和叙利亚为中

---

① 另翻译为"霍拉桑省"。在古代，该地区包括阿富汗、巴基斯坦及其邻近的中亚、新疆等地区。

心，将世界分为三个层次，分别是核心层（伊拉克与叙利亚）、周边（西亚北非）和外围（欧洲、亚洲、美洲）。该组织发行的英文刊物《达比克》（*Dabiq*）① 第五期全面介绍了其扩张战略"维持和扩张"：在当地开展战斗，对局部地区实施管理，并逐步向外推广，最后各"省"连成一片，建立全球哈里发。2014 年 6 月，巴格达迪公开宣称，中国、印度、巴基斯坦、索马里等国的穆斯林权利被剥夺，威胁要"复仇"。2015 年 12 月，巴格达迪呼吁全球穆斯林支持菲律宾的摩洛人斗争。② 根据德国情报机构调查，IS 下设安全机构"埃姆尼"（EMNI）专门负责对外派遣圣战者从事恐怖活动，建立全球性恐怖网络，设有"欧洲事务特工处""亚洲事务特工处"和"阿拉伯事务特工处"。该机构自 2014 年始向外派遣特工，对象国包括阿富汗、巴基斯坦、孟加拉国、印度尼西亚和马来西亚等国。截至目前，中国周边地区几乎所有国家都有 IS 活动并建立分支，还在巴基斯坦、阿富汗、印度和菲律宾建"省"并派人进行管理。乌兹别克斯坦智库"宗教、法律和政治分析中心"主任卡迪尔 - 马利科夫称，"伊斯兰国"专门成立一个名为"马瓦拉纳赫尔组织"（Mawarannahr，意指包括现今乌兹别克斯坦、塔吉克斯坦、吉尔吉斯斯坦南部以及哈萨克斯坦西南部地区的一个区域）的武装，成员主要来自中亚，并为其拨款 7000 万美元，欲将中亚打造成重要的活动外延基地，计划在以费尔干纳盆地为中心的中亚开展恐怖袭击。③

　　第二，中国周边地区是 IS 在全球招募"圣战者"的重要兵源地。巴格达迪多次公开呼吁全球穆斯林前往叙利亚参加"圣战"。《达比克》第 3 期以"迁徙的号召"为题，呼吁全球穆斯林出走他乡，开展"迁徙圣战"，加入 IS。IS 已在南亚、中亚、东南亚各国建立招募网络，将招募对象重点锁定为曾参与过激进组织或受"圣战"思想影响的人员，特别招募有较高军事素质的专业人才。在 IS 蛊惑下，中国周边地区大量极端分子前往叙利亚参加"圣战"，人数为 4000～5000 人，约占 IS 外籍"圣

---

① "达比克"为 IS 的在线网络刊物，2014 年 7 月创刊。第一期为"哈里发的回归"。截至 2016 年 7 月，该杂志已出版 15 期。达比克为叙利亚北部一个城镇，IS 认为这里是穆斯林和异教徒最终决战之地。

② Peter Chalk, "The Islamic State In the Philippines a Long Shadow In the Southeast?", CTCsentinel, Volume 9, ISSUE3, Mar, 2016. https：//www. ctc. usma. edu/posts/the－islamic－state－in－the－philippines－a－looming－shadow－in－southeast－asia. 上网日期：2017 年 2 月 5 日。

③ "Kyrgyz Claim That IS Allocated ＄70 Million To Destabilize Central Asia", rferl. org, January 21, 2015. http：//www. rferl. org/a/kyrgyz－claim－islamic－state－allocated－70－million－destablize－central－asia/26805854. html. 上网日期：2017 年 2 月 7 日。

战者"的 1/5。其中，中亚五国约 2000～2500 人，南亚 1000 人，东南亚 1200～1800 人，几乎涉及该地区每个国家。此外，来自中亚和南亚的"圣战者"还是 IS 在叙利亚作战的主力之一。通过参加境外"圣战"，极端分子的思想和组织体系、恐怖技能都得到不同程度"提升"，其回流后将对本地区构成重大安全威胁。目前，在马来西亚、印尼、菲律宾、阿富汗、巴基斯坦、孟加拉国、哈萨克斯坦等国发生的恐袭事件，不少为回流人员所为。新加坡总理李显龙在 2015 年度"香格里拉对话"上发出警告称，IS 向包括东南亚在内的亚洲其他国家的渗透力度不断加强，东南亚已成为 IS 的"关键招募中心"，未来 IS 可能在该地区获得类似中东的落脚点，从而对整个地区构成严重威胁。2015 年 4～5 月，新加坡逮捕 2 名年轻的恐怖嫌疑犯，他们欲加入 IS 并企图暗杀总统与总理。2015 年，马来西亚安全机构逮捕了 90 名 IS 支持者，确认 72 名马来西亚人加入 IS，有 14 人战死。[1] 巴基斯坦已成为 IS 的招募基地，多个恐怖组织宣誓效忠 IS 或表示支持该组织。[2] 2015 年，联合国一份报告证实 IS 正侵入阿富汗并在阿 25 个省招募支持者。2016 年 5 月，俄罗斯联邦安全局（FSB）逮捕了 10 名图谋在俄胜利日发动恐怖袭击的中亚国家人员，其中 9 人来自乌兹别克斯坦、1 人来自吉尔吉斯斯坦。他们听从的是叙利亚和土耳其境内恐怖组织头目的指挥，计划于 5 月 9 日"胜利日"发动恐怖袭击。2017 年 1 月，印度情报机构破获一起恐怖案件，逮捕 3 名印度人，他们在阿联酋专门负责为 IS 招募印度人，并已招募 9 名印度人前往叙利亚参战。

第三，IS 积极在中国周边建立分支，招兵买马，其支持、同情势力急剧增长，推动了地区新一代恐怖分子的成长。目前 IS 在中国周边地区已初步形成了由宣传、招募、训练、派遣、"圣战"等各环节组成的扩张体系。《达比克》杂志第 5 期明确指出，IS 承认呼罗珊、高加索、印尼、尼日利亚、菲律宾等地区的支持者，表示将最终在这些地区建"省"，"由哈里发任命或承认这些已宣布效忠的地区组织领导人或建立哈里发与这些组织领导人之间的直接联系，以便接收哈里发的指示和信息"。

一是当地恐怖组织纷纷向 IS 宣誓效忠。IS 积极加强同当地极端组织间的联系，加以收编，以期利用其在当地的网络和人脉加速扩张。该地区主要恐怖组织大多宣誓效忠 IS，其中包括印尼的"东印尼圣战者（MIT）""伊斯兰祈祷团（JI）"和

---

① "Country reports on Terrorism 2015", BUREAU OF COUNTERTERRORISM AND COUNTERING VIOLENT EXTREMISMUS. State, June 2016. https：//www. state. gov/documents/organization/258249. pdf

② Farhan Zahid, "The Islamic State in Pakistan：Growing the Network", washingtoninstitute. org. http：// www. washingtoninstitute. org/fikraforum/view/the－islamic－state－in－pakistan－growing－the－network. 上网日期：2017 年 2 月 8 日。

"唯一真主游击队"（JAT），菲律宾的阿布沙耶夫组织（ASG）、邦萨摩洛伊斯兰自由斗士（BIFF）、邦萨摩洛正义运动（BJM）、哈里发支持者（KIM）以及"哈里发虔信者"（AKP），印度的统一支持者和印度圣战者（IM），巴基斯坦的真主旅（Jundallah）、哈里发与圣战运动、哈里发运动、巴基斯坦自由运动、真主独一营，孟加拉国的真主追随者组织、孟加拉伊斯兰国（ISB）、哈里发真主独一旅（JTK）、自由圣战者（JMB）和孟加拉真主独一军（ABT），阿富汗的呼罗珊伊斯兰英雄旅、呼罗珊独一营、呼罗珊圣战者，乌兹别克斯坦的乌伊运（IMU）等。除了有数百人前往叙利亚参加"圣战"外，印尼境内还有 2000 人宣誓效忠 IS。[①] 巴基斯坦塔利班（TTP）、阿富汗塔利班以及"基地"组织内部也有小部分成员投奔 IS。2014 年 7 月，阿布沙耶夫组织最早向 IS 宣誓效忠。9 月，乌伊运宣布支持 IS，随后不久又宣布效忠 IS。11 月，巴基斯坦真主旅宣布效忠 IS。

二是建立地区分支，统一组织和指挥。IS 已在中亚、阿富汗、印度、巴基斯坦、孟加拉国、马尔代夫、印尼、菲律宾和马来西亚等国建立分支。2015 年 1 月 26 日，该组织宣布在阿富汗、巴基斯坦建立"呼罗珊分支"（ISIL - K），并任命哈菲兹·萨义德·汉为"省长"，毛拉阿卜杜勒·劳夫·阿利扎为"副省长"。目前，该组织已在阿富汗东部南格哈尔省站稳脚跟。2016 年 1 月，IS 宣布将菲律宾的四个伊斯兰极端组织合并，统称菲律宾分支，任命伊斯尼隆·哈皮隆为"埃米尔"，并在棉兰老岛建立"省"。马来西亚首相纳吉布警告，菲律宾南部局势不稳，将让 IS 有机可乘，在当地设立区域基地。

三是极端主义和恐怖主义思想泛滥蔓延，IS 的暴恐理念和行动方式在周边地区被迅速传播和推广。受 IS 示范引领影响，该地区新兴极端组织纷纷成立，个体自我激进化趋势明显。2014 年，马来西亚破获四个伊斯兰国极端组织，它们均效仿 IS，意图在亚太建立一个"伊斯兰国"。2015 年 4 月，马来西亚又破获一个极端组织并逮捕 17 名恐怖嫌疑犯。马警察局长称这一新成立组织目标是在马建立类似 IS 的伊斯兰国。目前 IS 在阿富汗等地建立多个武装训练营，范围遍及巴达赫尚省、昆都士省。2015 年夏，IS 在阿富汗东部省份巴达赫尚省占领多个村庄。2016 年 1 月，印度破获一个仿效 IS 的新型恐怖组织"印度哈里发军"（Janood - ul - Khalifa - e - Hind），并逮捕 6 名成员，该组织的幕后策划者为身在叙利亚的"印度圣战者"领

---

① Navhat Nuraniyah，"How ISIS Charmed the New Generation of Indonesian Militants"，MEI，Jan 9，2015. http：//www. mei. edu/content/map/how - isis - charmed - new - generation - indonesian - militants.

导人穆罕默德·沙菲·阿玛尔（Mohammad Shafi Armar）。

第四，暴力恐怖事件高发，地区反恐形势为十年来最严峻时期。近年来，IS 在巴基斯坦、阿富汗、孟加拉国、印尼、菲律宾、泰国、哈萨克斯坦等国频繁制造严重恐怖袭击事件。根据 2015 年"全球恐怖主义指数"排名，前十名国家有 4 国来自东南亚和南亚，分别为阿富汗（第 2 位）、巴基斯坦（第 4 位）、印度（第 6 位）、泰国（第 7 位），前 50 名国家中有 10 国来自东南亚、南亚（菲律宾、孟加拉国、印尼、缅甸、斯里兰卡、马来西亚）。美国国务院《2016 全球恐怖主义形势报告》称，在全球 13 个恐怖主义活动的"安全天堂"中有 4 个在中国周边：菲律宾苏禄群岛和苏拉威西群岛海域、菲律宾南部、阿富汗、巴基斯坦。一向很少发生恐怖袭击的国家如孟加拉国、泰国、马来西亚、新加坡、斯里兰卡、马尔代夫都面临来自 IS 的恐怖袭击威胁。新加坡和马来西亚还参加了全球打击 IS 的反恐联盟。美国国务院反恐报告称，IS 已在马来西亚建立了滩头阵地。新加坡内政部长尚穆根表示，IS 的势力已蔓延到新加坡及其邻国，新加坡面临的恐袭威胁达到近年来最高水平。2016 年 5 月，新加坡逮捕 8 名孟加拉国人，他们被指控为亲 IS 分子，并企图在新发动恐怖袭击。孟加拉国近年来恐怖事件频繁发生，已成为恐怖分子在南亚地区新的"安全天堂"。巴基斯坦频繁发生 IS 制造的恐怖袭击事件。巴政府已逮捕 309 名 IS 分子。针对 IS 日益在巴落地生根，巴基斯坦国家反恐局（NACTA）专门成立了一个特别部门以应对 IS 威胁。[1] 阿富汗总统加尼表示：IS 已开始向阿富汗西部和南部地区派遣武装分子，企图寻找并利用该国安全上的薄弱环节，寻找替代中东的新基地，而阿富汗处于这一危险的前沿地带。近 5 年哈萨克斯坦共发生 5 起恐怖袭击事件。2016 年 5 月，哈萨克斯坦西部城市阿克托别遭到恐怖袭击，3 名军人和 5 名平民死亡。据哈萨克斯坦官方统计，哈国 2016 年共制止 12 起恐怖袭击，共 182 名哈萨克斯坦籍恐怖嫌疑犯被起诉，3 人被判刑，另有 5 名外国极端分子被逮捕后移交相关国家。[2]

二 对中国外溢风险不断增大

IS 在周边地区的扩张渗透，不仅破坏地区安全与稳定，刺激极端主义和恐怖主

---

[1] Farhan Zahid, "The Islamic State in Pakistan：Growing the Network", washingtoninstitute. org. http：//www. washingtoninstitute. org/fikraforum/view/the – islamic – state – in – pakistan – growing – the – network. 上网日期：2017 年 2 月 8 日。

[2] 周良：《哈萨克斯坦安全机构去年共制止 12 起恐怖袭击》，新华社阿斯塔纳 2017 年 1 月 31 日电。

义蔓延扩散，也严重威胁中国国家安全和重要海外利益。

第一，"东突"恐怖势力进一步融入国际及周边恐怖网络，生存与活动空间增大，恐怖技能进一步提升。叙利亚战争爆发以来，包括"东突"恐怖分子在内的全球伊斯兰极端分子纷纷前往叙利亚参加"圣战"。虽然目前对在叙利亚参加"圣战"的"东突"恐怖分子的实际数量缺乏精确统计，但一般预测至少有数百人，甚至有消息称多达上千人。①"东伊运"恐怖分子主要加入了 IS 以及"努斯拉阵线"两大组织，并成为重要作战力量。叙利亚战争推动了"东突"恐怖势力的全球化②，其与国际恐怖组织之间的互动日益频繁，这不仅为其提供了先进的招募办法，也推动其在战略和技术上与其他国际组织日益相似。"东突"势力正演变为传统恐怖主义，恐怖袭击的目标正由军警政府机构转向平民。③ 目前，"东突"势力已形成以南亚和伊叙为主要活动基地、以东南亚为主要偷逃通道和以中亚为跳板的跨境暴恐网络。"东突"在南亚、中亚根基深厚，与 IS 勾连密切，随着 IS 对东南亚的渗透以及中国与中亚南亚国家反恐合作的不断增强，东南亚对"东突"的吸引力进一步提升。新加坡南洋理工大学安全专家罗汉·古纳拉那指出，如果 IS 在菲律宾建立"安全天堂"，将对整个地区构成威胁。未来 IS 可能向东南亚派遣爆破、作战等专家，并建立训练营，这将会诱惑周边地区的极端民族分裂分子到这里参加"圣战"，如"东突"势力。印度尼西亚反恐专家索拉胡丁（Solahudin）表示，IS 已指示"东印尼圣战组织"更多吸纳"东突"恐怖分子，以中苏拉威西岛的波梭市（Poso）为基地，开展军事训练，不断壮大实力。2014 年 9 月，IS 派遣 6 名"东突"分子持假护照经泰国、马来西亚抵达印尼，与"东印尼圣战组织"秘密联系，其中 4 人被捕。2015 年 2 月，印度尼西亚警方逮捕了 7 名恐怖嫌疑人，其中包括 4 名"东突"恐怖嫌疑犯。2015 年 12 月，印尼警方在首都雅加达附近抓获一名"东突"恐怖分子，他涉嫌制造自杀式爆炸袭击。2016 年 3 月 15 日，由印尼军警组成的联合安全部队在中苏拉威西省波索市附近发现 4 名"东印尼圣战组织"恐怖嫌犯的踪迹。警方试图抓捕 4 人时，双方发生交火。在交火中，两名恐怖嫌犯被击毙，两人逃脱。两人均为"东突"恐怖分子，2015 年加入极端组织"东印尼圣战组织"。

---

① Uran Botobekov，"China's Nightmare：Xinjiang Jihadists Go Global"，*the Diplomat*，August 17，2016. http：//thediplomat. com/2014/06/chinese - involvement - in - global - jihad/.

② Uran Botobekov，"China's Nightmare：Xinjiang Jihadists Go Global"，*the Diplomat*，August 17，2016. http：//thediplomat. com/2014/06/chinese - involvement - in - global - jihad/.

③ Shannon Tiezzi，"Chinese Involvement in Global Jihad"，*the Diplomat*，June 25，2014. http：//thediplomat. com/2014/06/chinese - involvement - in - global - jihad/.

第二，由于前往叙利亚和伊拉克参加"圣战"的通道受堵，"东突"势力在中国周边和境内发动"就地圣战"可能性增大，恐袭范围由新疆向外扩散。近年来，"东突"在云南昆明、广西贵港、陕西西安以及越南、泰国、印尼、吉尔吉斯斯坦等地制造了一系列恐怖袭击事件。2014年1月，在中国与吉尔吉斯斯坦边界地带，"东突"恐怖分子杀死一名猎人并抢夺枪支，随后与吉边防部队激战，10多人被打死。2014年4月，在中越边境附近的越南一侧，被捕的偷渡者袭击越南警卫人员，造成7人死亡。2015年8月17日，"东突"恐怖分子涉嫌在泰国首都曼谷著名景点四面佛附近制造炸弹袭击事件，造成至少27人死亡，78人受伤。2名东突嫌疑犯被捕。2016年8月30日，东突恐怖分子向中国驻吉尔吉斯斯坦大使馆发动自杀性汽车炸弹袭击，导致使馆3名中方人员和2名吉尔吉斯斯坦籍临时工受伤。

第三，"东突"势力偷渡周边地区的趋势将持续。这归咎于几个方面的因素：一是IS在周边的持续扩张，其招募体系难以消灭；二是周边国家尤其是东南亚国家的反恐能力稍弱；三是周边地区是全球最大人力走私网络之一；四是土耳其等相关国家难以彻底断绝与"东突"的联系；五是中国境内反恐措施不断增强，继续对"东突"构成强大挤压。

第四，中方在周边地区的利益与人员面临恐袭风险上升，并严重威胁"一带一路"的推进。东南亚、南亚、中亚是中国游客青睐地区，也是"走出去"战略重点地区，是"一带一路"的最重要合作方，中方在这些地区有重大利益。IS以及在该地区的"东突"势力可能将中方目标作为打击对象。巴格达迪明确将中国列为报复对象。在东南亚，IS的威胁也在增大。2015年8月，东突恐怖分子在泰国制造四面佛恐怖袭击事件，造成包括14名中国游客在内的20人死亡，100多人受伤，是二战结束以来泰国发生的最严重爆炸案。2015年，马来西亚内政部长阿末扎希透露，IS正计划绑架当地富商，甚至抢劫银行。当地华人富商可能成为绑架目标。在南亚和中亚，"乌伊运"、巴基斯坦塔利班已多次袭击在当地的中国公民。"乌伊运"领导人布尔米（Abu Zar al - Burmi）声称，"中国是其下一个头号敌人"。[1] IS虽然面临"基地"组织和塔利班的竞争，但其实力不可小视。随着美军撤离，IS对阿富汗的投入力度恐进一步增大，这将恶化周边国家安全形势。俄罗斯《独立报》称，受阿富汗局势的影响以及IS在土库曼斯坦的活动，土库曼斯坦安全形势脆弱，正成为

---

[1] Shannon Tiezzi, "Chinese Involvement in Global Jihad", *the Diplomat*, June 25, 2014. http://thediplomat. com/2014/06/chinese - involvement - in - global - jihad/.

地区不稳定的因素，"而通往中国的天然气管道更是面临直接危险"。[①]

第五，IS 以周边为跳板，加强向中国境内渗透，中国国内面临来自极端主义和恐怖主义的威胁增大。未来，随着 IS 在伊叙以及中国周边地区之间持续进行人流、物流和信息流的双向流动，其暴恐意识形态、技战术、资金和人员或加速向中国周边地区渗透蔓延，中国周边和西部恐情有深度恶化之虞。一是 IS 在周边的存在便于向中国境内进行渗透；二是人员在中国境内流窜不易被发现；三是手段翻新难以查获，该组织善于通过网络、刊物、广播、组织串联等各种方式进行渗透，在阿富汗境内还设有"哈里发之声"电台，网络反恐难度大；四是中亚和南亚国家的安全稳定面临诸多挑战，短期这一局面难有实质性改变。

三 政策建议

针对 IS 在中国周边扩张新态势及外溢安全威胁增大，中方应及早谋划，加强防范，减小遇袭风险。

第一，积极支持周边国家打击 IS 行动，在国际和地区层面上协调立场，共同行动，推动建立周边地区的反恐机制。中方可在联合国、东盟 + 3、上合组织等框架内与相关国家开展合作。马来西亚总理纳吉布宣布有意建立一个地区反恐信息中心，哈萨克斯坦提出建立地区反恐中心，中方可表示支持。

第二，以双边合作为重点，强化与周边国家的反恐情报、培训与技术合作。总体上，周边国家国力相对较弱，反恐能力有限，中国可就情报交流、反恐技术、人员培训、联合反恐演习、边境管控和毒品走私等方面加强合作，建立双边合作机制。适当扩大安全和情报方面的支持援助，协助提升反恐能力。

第三，突出重点，以阻遏恐怖分子跨境流动、恐怖分子回流、网络渗透等为重点加强地区反恐合作。积极加强边境和移民管制，阻遏暴恐分子的外溢与回流。尽快与周边有关国家达成引渡条约。加强网络反恐合作，加强网络涉恐监控，及时清理宣扬恐怖主义思想的音频视频文字信息。加强在去极端化方面的合作。

第四，积极加强与当地政府合作，加强对周边地区重点项目和人员的安全防护。加强驻当地使领馆的保护，提升安全防护警戒意识和能力建设。及时向旅游公司、游客及驻外中资机构和人员发布安全警报。对重点项目加强安全保护，提升中

---

① 转引自人民网《IS 渗透中亚 通往中国天然气管道面临危险》，2015 年 2 月 3 日，http：//world. people. com. cn/n/2015/0203/c157278 - 26500387. html。

资企业安保意识与能力，积极与所在国政府协调加强安全保护。

第五，加强边界控制和内部防御，将恐怖威胁抵御于国门之外。加强对各边境和通道的管控，防范"东伊运"等暴恐分子回流国内搞袭击。特别防范来自周边国家的 IS 成员可能在中国境内搞渗透和恐怖活动。加强网上内容管控与宗教信仰引导，防止暴恐思想流毒扩散。

第六，加强周边反恐情报能力建设。要大幅增强在周边地区的反恐情报人力和技术投入。考虑在周边国家设立一个反恐情报和行动协调中心。加强语言类、网络等反恐专业人才的培养。

土耳其未遂军事政变对土内政
外交及中土关系的影响

唐志超

中国社会科学院西亚非洲研究所中东研究室主任、研究员

"7·15"未遂军事政变对土耳其内政外交、国际格局与全球战略稳定、中东地区安全造成重要影响。埃尔多安称未遂政变"是他政治生涯中最严峻的时刻",视之为整肃反对派,加强集权并构建"新土耳其"的"天赐礼物"。土政府宣布"紧急状态"并加强整肃,国内矛盾加剧,未来发展不确定性增大。西方对政变的态度与反应使土与西方摩擦将不可避免地增大,土美关系面临新考验,土俄关系重启且渐具"战略性"。土局势不稳虽对"一带一路"带来重要挑战,但土对华需求亦增大,有利于加强中土关系。政变预计不会影响埃尔多安如期出席 G20 峰会。

一 埃尔多安借机集权,土未来不确定性增大

2016 年 7 月 15 日,土军人发动针对埃尔多安的政变未遂,造成 237 人死亡,1000 多人受伤。7 月 20 日,土实施为期 3 个月的紧急状态并出台一系列限制措施,肃清政变参与者和支持者。截至 7 月 29 日,已逮捕 13000 多人,军队、司法、总理府、教育、媒体等公共机构 6 万多人遭解雇和停职。1500 多名高校系主任被解职。2 万名私立学校教师资格被吊销。拘留法官和律师超过 1600 人。3 家通讯社、16 个电视频道、45 家报纸、15 本杂志、29 家出版社被关闭。15 所大学、1043 所私立学校、1229 家协会及基金会、19 个工会组织以及 35 个医疗机构被关闭。联合国秘书长潘基文、美国总统奥巴马以及西方国家政要纷纷要求土保持克制,对土采取限制民主和人权的措施表示关切。

第一,"7·15"军事政变标志土军事干政时代彻底结束。土军人自视为凯末尔主义的捍卫者。历史上,军方曾于 1960 年、1971 年、1980 年和 1997 年发动政变,

推翻其认为企图改变土发展方向的政府。埃尔多安领导的正义与发展党自 2003 年开始执政以来，通过各种手段极大削弱了军方在土政治中的作用。政变发生后，阴谋论甚嚣尘上。大量舆论认为，这次政变的发生是埃尔多安持续驯服军方计划的一部分。除了居伦分子外，一些西方媒体直接指出本次政变很有可能是埃尔多安一手策划的。《纽约时报》文章称，政变可能是埃尔多安导演的，目的是提升公众形象和受欢迎度，打击对手，扩充自己权力。① 欧盟委员会负责土耳其申请加入欧盟事务的专员约翰内斯·哈恩认为，从政变后政府迅即采取的非常有针对性的大规模清洗行动看，土政府对这次军事政变似乎早有准备。"看来，好像至少有些事情早就准备好了，名单是现成的。"本次政变的直接诱因是政府正在酝酿的军队大改组。土能源部长、埃尔多安的女婿贝拉特·阿尔巴伊拉称，在未遂政变前土政府正打算对军队实施大规模重组，裁撤掉被认为与菲特胡拉·居伦②有关的人员。这些人做出了最后一搏。军方发动政变的根本原因在于他们认为埃尔多安的执政路线偏离了土立国之基——凯末尔主义，且埃日益集权化，内外政策任性胡为，严重背离土利益。

军事政变失败亦反映了当代土政治和社会发展的四大现实。第一，素以监国者自居，以捍卫世俗民主体制为己任的军方已遭到严重削弱，昔日政治威望风光不再。政变文化遭到唾弃。土政府公布，参与政变的军人只有 8651 人，占军队总人数的 1.5%。总参谋长和陆海空三军司令均未参加政变。社会各阶层以及各政党普遍反对军人政变。第二，土精英政治日益为大众政治取代，民粹主义在埃尔多安推动下取得大发展。埃尔多安公开呼吁民众上街反对军人政变。民众在挫败本次政变中扮演了重要角色。第三，埃尔多安虽面临各种批评和指责，反对者众多，但仍拥有相当多的支持者，掌控大局。只要不发生特殊情况，其地位难以撼动。第四，在与伊斯兰主义长期对抗中，世俗主义正日益退缩，政治天平正朝向伊斯兰主义倾斜。原本世人普遍认为，经过 90 多年改造，东方的伊斯兰的土耳其已经成功实现了民主和世俗的双重转型，但政变暴露土并未打破伊斯兰国家政治发展的魔咒。

第二，埃尔多安视"7·15"军事政变未遂为天赐良机，借机肃清政敌，巩固并扩展权力，加速打造"新土耳其"。"新土耳其"是埃尔多安近年来竭力打造的重要倡议。经济上提出在 2023 年建国 100 周年时 GDP 进入全球前十名，人均 GDP 达

---

① Tim Arango and Ceylan Yeginsujuly, "As Turkey Coup Unfolded, 'the Whole Night Felt Like Dooms-day'", *The New York Times*, July 16, 2016.

② 菲特胡拉·居伦为"居伦运动"，又称"服务国际"（Hizmet，土耳其语为"服务"）的创始人和领袖，被誉为当代最有影响的伊斯兰思想家之一。曾与埃尔多安结盟。1999 年移居美国，现定居费城。土政府指控其为政变的幕后操作者。

2.5 万美元，进出口总额达 1 万亿美元等重要指标。政治外交上，推动修正凯末尔主义（凯末尔为土"国父"），修改 1980 年政变宪法，突出伊斯兰属性，调整传统的以西方为中心的外交路线，力争做一个有声有色的"区域中心国家"。2003 年埃尔多安领导的正义与发展党（AKP）上台后，实际上就一直在进行内政外交的调整，力图将凯末尔版的土耳其打造为埃尔多安版的土耳其，即"新土耳其"。政变平息后，埃公开声称未遂政变是"真主赐予土耳其的礼物"①，发誓要让反对者付出"沉重的代价"。7 月 20 日，埃尔多安宣布实施为期 3 个月的"紧急状态"②，延揽大权，发誓要清除"病毒"，整肃反对派。首先，彻底整肃与改造军队，强调注入"新鲜血液"，大量解雇军官，使其不再构成威胁。土军队恐由世俗和职业化转向伊斯兰化。土军共 358 名将军，其中 149 名将军被停职调查，178 名将军被扣押，只有 31 名将军未受波及。同时对司法、教育、媒体等行业进行整肃。下一步，埃尔多安将加快修改宪法进程，并尽快完成由议会制向总统制转变的改革，从国家制度层面"去凯末尔主义"。7 月 25 日，土总理耶尔德勒姆表示，有必要对现行宪法进行修订，制定新宪法草案，避免国家沿袭 1980 年军事政变后通过的宪法。政变后埃尔多安采取的清洗政策以及一系列其他修正政策，背后潜藏着他的"新土耳其"的影子。③ 西方媒体称之为"反政变"。④ 英国《经济学家》称，"埃尔多安正利用这次未遂政变发动一场新的政变"，矛盾直指凯末尔主义。⑤

第三，土未来发展不确定性增大，政局走向值得关注。不确定性成为未来土政治发展的一个显著特征。⑥ 其一，军事政变难度日增，但不能排除再次爆发军事政变的可能性。土军方素有干政传统和文化，中高级军官多受西方教育，对伊斯兰主义极度排斥。埃对其短短十几年的改造难以彻底清除长年的印记。不排

---

① "Turkey Coup Was a 'Gift From God' for Turkey", sputniknews, July 18, 2016. https：//sputniknews. com/radio_ world_ in_ focus/201607181043650699 – Turkey – Coup – Gift – From – God/.

② 截至 2017 年 1 月，紧急状态仍在施行，已多次延长。

③ "'New Turkey' Finds Founding Myth in Failed Coup", al – monitor, Sep 22, 2016. http：//www. al – monitor. com/pulse/originals/2016/09/turkey – july – 15 – coup – attempt – founding – myth. html # ixzz4Y05iSXwB.

④ "The Counter – Coup in Turkey", July 16, 2016, The New York Times; "After the Coup, the Counter – Coup", The Economist, July 23, 2016.

⑤ "After the Coup, the Counter – Coup", The Economist, July 23, 2016.

⑥ "Uncertainty in Turkey after Military Faction Coup Attempt", cbsnews, July 15, 2016. http：// www. cbsnews. com/news/prime – minister – turkish – military – launches – attempted – coup – turkey/.

除少数军人铤而走险，甚至对埃尔多安采取极端手段，譬如暗杀行动的可能性。其二，土社会日益撕裂。围绕库尔德问题、伊斯兰主义和世俗主义之争、埃尔多安个人执政风格与理念等问题，土社会日益撕裂。埃尔多安借助各种手段动员底层民众，给土社会稳定带来负面影响，民粹主义加剧社会分裂和冲突。其三，库尔德问题进一步恶化。土军人政变的一个重要原因是不满政府的库尔德政策。自 2015 年夏，土政府再次对反政府武装库尔德工人党（PKK）动武，冲突不断扩大，一年冲突导致至少 1786 人死亡。库尔德工人党频繁制造暴力恐怖袭击事件，并威胁很快将在土发动内战。当前冲突烈度为三十年来最高。库尔德工人党领导人声称，"埃尔多安是库尔德人史上最大的敌人"。政变后，埃尔多安预计不会改变对库尔德的强硬政策，并可能对议会第三大党——亲库尔德的人民民主党动手。其四，军事使土经济雪上加霜。政变及土政府后续整肃行动严重打击投资者对土市场信心，金融市场动荡脆弱，里拉贬值压力增大。经济支柱旅游业受严重冲击，游客锐减。国际评级机构穆迪已下调土信用等级。土经济下行压力增大。埃尔多安实现"2023 年愿景"的目标更加困难。最后，安全形势将恶化。政变及其后的清洗行动，使土安全机构遭严重削弱，大伤元气，暂难全力投入反恐。"伊斯兰国"等极端组织和库尔德工人党可能利用这一真空加紧活动，土反恐形势和安全局势恐将恶化。

二 政变冲击全球及地区稳定，加快土外交转向

土耳其地跨欧亚两大洲，是重要地区大国，且是北约组织的重要成员，在全球和地区事务中有着举足轻重的影响。未遂军事政变不仅可能危及全球战略平衡与稳定，也严重冲击中东政治发展与地区安全。

第一，土"脱欧"和"去西方化"加速，影响全球战略稳定。土一向被西方视为民主转型最成功的伊斯兰国家，非西方文明实现现代化的样板。土政变使西方颇为尴尬，一方是打着民主旗号的伊斯兰主义者，一方是以非法手段捍卫世俗化和民主的军方。立国初，土确立"脱亚入欧"的西化战略，以融入西方为土外交的中心任务。不过，西方主要将土视为地缘政治工具，并未真心接纳土，土迄今未能加入欧盟。土社会从官方到民众充满对欧盟的不满，反美主义情绪浓厚。埃尔多安对脱亚入欧和做西方的仆从的国家战略持怀疑态度，其执政后的政治和外交日益偏离西方设定的航道。政变后，针对西方一再警告土保持克制，埃尔多安则予以强硬反击，批评西方支持"阴谋策划者"。2016 年 7 月 29 日，埃尔多安再度发表强硬讲

话，反驳了西方的批评，建议美欧"多操心自己的事情"。他强调，政变以来没有一位西方政要访土，向政变死难者表示哀悼，这实际上是支持政变者。此外，长期以来，作为北约重要成员的土耳其一直充当西方遏阻苏联和俄罗斯的战略前哨，是北约构建的俄罗斯包围网南翼的重要组成部分。政变后，土与西方关系恶化，土与北约的矛盾上升，西方的态度可能将土进一步推向俄罗斯，并将影响欧洲安全以及全球战略平衡。据悉，政变后土政府大量撤换驻北约的高级军官，并替换为亲俄罗斯的军官。

第二，土美关系面临"断裂"新挑战，信任危机不断加深。自 2002 年埃尔多安上台以来，土美战略伙伴关系就麻烦不断。2003 年，土政府拒绝为美军空袭伊拉克提供军事基地，这是埃上台后送给美国的第一个"见面礼"。美还对埃的伊斯兰主义倾向和专制作风深感不安。近年来，围绕在叙利亚设立安全区和禁飞区、叙利亚库尔德民主党（PYD）、打击"伊斯兰国"等三大问题，土美分歧严重。2016 年 6 月，埃尔多安访美遭到冷遇。军事政变又给土美增添新矛盾：土政府和民众普遍怀疑美知情不报、土希望从美引渡在美隐居的"政变幕后操纵者"居伦、美对政变后土政府采取的措施接连发出警告。埃尔多安公开称美军中央司令部司令沃特尔"站在政变策划者一边"[1]，声称"流产的政变是在国外写的剧本"[2]。土媒体还指责曾在阿富汗领导北约军队的美国前陆军四星上将约翰·坎贝尔是政变的幕后指使者。[3] 土还报复性地短暂关闭和封锁美军驻扎的因切利克军事基地，致使美军战机难以开展打击"伊斯兰国"的行动。虽然土已向美正式提出引渡居伦申请，埃尔多安多次向奥巴马总统提出要求，但美都未予以同意，强调土必须提供确凿可信的证据。从未来看，美引渡居伦的可能性很小。土总理耶尔德勒姆声称，"站在居伦背后的任何国家都不是我们的朋友"。7 月 28 日，土外长公开警告，如美拒绝引渡居伦，土美关系必将恶化。而美国务卿克里警告土在恢复秩序的过程中"不要走得太远"，还与北约秘书长一道警告可能暂停土的北约成员资格。

---

① "Turkey's Erdoğan to Drop Lawsuits against People Who Insulted Him", BBC News, July 29, 2016. http: //www.bbc.com/news/world – us – canada – 36925723.

② "Erdoğan Accuses West of 'Writing the Script' for Turkey Coup", August 2, 2016. http: // www.telegraph.co.uk/news/2016/08/02/erdogan – accuses – west – of – writing – the – script – for – turkey – coup/.

③ Dion Nissenbaum, "Retired U. S. General Dismisses Allegations He Masterminded Turkey Coup", *The Wall Street Journal*, July 25, 2016.

第三，土欧渐行渐远，欧盟对土已失控。政变后，土政府宣布，暂时中止欧洲人权公约。针对土政府采取的一系列整肃措施，欧盟反应激烈。欧盟威胁，若土恢复死刑，将终止土入盟谈判。法国外长警告土可能不再成为可靠的反恐伙伴。① 根据一项民调，大多数德国人认为应中止与土耳其的入盟谈判。在当前环境下，土加入欧盟的可能性几乎已不复存在。欧盟对土也不再有多大吸引力。未来一段时期，围绕民主问题、反恐问题、难民问题，土欧矛盾将更加尖锐。土欧间难民协议②也可能中止。

第四，土对俄关系急剧转向，俄罗斯成为土政变受益者。③ 政变前，埃尔多安已于2016年6月27日主动致信普京总统就击落俄战机事件道歉，希望与俄关系实现正常化。④ 6月30日，埃又与普京通电话，普京下令取消旅游禁令。政变后双边关系加速修好。据悉，俄事先向土政府通报了其侦获的政变情报。政变后，双方总统、外长分别通话。7月17日，普京主动致电埃尔多安，支持埃恢复秩序的努力。普京是政变后第一个与埃尔多安通话的外国领导人。双方还确定8月9～10日在俄举行会晤，这是近一年来两人首次见面。据悉，目前两国已恢复政府间经贸委员会活动。在土与西方关系恶化背景下，不排除土俄建立战略伙伴关系的可能性。除了在经济、能源、反恐和叙利亚问题上有合作需求外，俄可能借机接近土，以突破北约对俄南翼的包围。

第五，对中东政治发展与地区安全造成巨大冲击。首先，政变凸显土耳其模式失灵。土政变预示着西方长期打造世俗民主伊斯兰国家样板的努力遭遇重大失败。土耳其模式的失灵也使地区国家政治发展进一步迷失方向。其次，作为第一个可能陷入动荡的地区大国，走向阿拉伯化，其外溢效应远超出伊拉克和叙利亚，这无疑

---

① Siobhan Fenton, "Turkey may no longer be a viable partner in fight against ISIS following coup attempt, says French foreign minister", *The Independent*, July 17, 2016, http：//www. independent. co. uk/news/world/europe/turkey - coup - latest - isis - syria - iraq - not - viable - partner - france - foreign - minister - a7141501. html.

② 2016年3月，为缓解欧盟面临的日益严峻的难民危机，阻止叙利亚难民从土耳其入境欧洲，土欧达成难民协议。根据该协议，对难民采取"一进一出"政策。自2016年3月20日起，所有从土耳其入境希腊的非法难民将被遣返回土耳其；土耳其从希腊每接收一名叙利亚难民，欧盟就将安置一名来自土耳其的叙利亚难民。作为回报，欧盟将向土提供30亿欧元援助，并启动土耳其公民进入欧盟免签证谈判。

③ 莉利亚·舍夫佐娃：《普京是土耳其大清洗的受益者》，英国《金融时报》中文版，2016年8月15日。

④ 2015年11月24日，一架俄罗斯苏－24战斗机在土叙边境上空被土导弹击落，导致2名俄飞行员死亡。此事件致使土俄关系发生严重危机，俄对土实施一系列严厉制裁。

将对地区稳定造成严重影响。最后，埃尔多安决定改弦易辙，与以色列、俄罗斯、埃及和叙利亚重新修好关系，重启"地区零问题外交"政策，这一政策逆转不仅影响地区力量平衡，也对叙利亚问题、"伊斯兰国"、库尔德问题等地区热点问题产生重要影响。埃尔多安决定与叙利亚政府改善关系，将成为叙问题的重大转折，有利于叙问题走向政治解决，"巴沙尔·阿萨德成为最大受益者"。① 伊朗总统鲁哈尼在政变后主动致电埃尔多安表示慰问，深得埃赞赏，土伊关系缓和。土地区盟友沙特等海湾国家最初对政变报以同情态度，惹土不快。此外，土政变使国际社会打击"伊斯兰国"的军事行动暂时遭遇挫折。美国国家情报总监克拉珀称，埃尔多安的清洗行动削弱了打击"伊斯兰国"的国际合作。② 土与叙政府修好对叙利亚库尔德人也明显不利。

三 未遂政变对中土关系影响利大于弊

土政变及其后埃尔多安采取的一系列行动不仅对土自身发展，而且对地区乃至全球安全与稳定都具有重要影响，有关部门应密切跟踪，及时做出反应。

第一，未遂政变后土政局不稳虽不利于"一带一路"实施，但总体上对中土关系利大于弊。短期看，政变后土政局动荡，安全形势恶化，经济前景暗淡，将不可避免冲击中土经贸投资和人员往来，严重威胁中土共建"一带一路"。不过，从政治和外交角度看，土局势发展有利于中土关系发展。①埃尔多安虽然反复无常，但亲西方的军方执政对华态度并不会好于埃。这也是俄罗斯、伊朗支持埃的重要原因。②土"去西方化"政策意味着将继续加强"东向"外交，重视欧亚大陆和亚洲。③土重启"零问题"地区外交政策，尤其是改变叙利亚政策，将导致中土在叙问题上分歧缩小，有利于开展合作。④政变后土经济上对华需求将进一步增大。

第二，埃尔多安受政变影响缺席 G20 峰会可能性不大。①土是上届峰会主席国，缺席对土形象不利。②埃尔多安十分看重 G20，视之为彰显土大国地位的重要平台。③在国家紧急状态期间，埃按计划出席峰会可向国际社会传递国家稳定，大局在控的信号。④政变后，埃需要通过外交改善国家形象，解释政变后采取的措施。

① Aaron Klein and Ali Waked, "Exclusive – Assad Set to Benefit from Failed Turkish Coup, Arab Intel Official Says", July 20, 2016. http：//www. breitbart. com/jerusalem/2016/07/20/exclusive – assad – set – benefit – failed – turkish – coup – arab – intel – official – says/.

② "Turkey's Erdoǧan to Drop Lawsuits against People Who Insulted Him", BBC News, July 29 2016. http：//www. bbc. com/news/world – us – canada – 36925723.

第三，借土"再平衡"美国，推动土加入"上海合作组织"进程，加速土"脱欧入亚"。从现实看，"去西方化"是土战略选择。对此，中方应予以高度重视，并伺机推动土脱欧、脱北约进程。鉴于近年来埃尔多安多次公开表示希望加入"上合"，中国可顺势而为，表态欢迎土加入，可联合俄罗斯启动土加入进程。至于加入节奏，则视情况而定。

第四，择机向埃尔多安发出中方支持土稳定的信息，助推中土关系。一是利用中土建交 35 周年之际，中方领导人致电埃尔多安表示庆祝（1971 年 8 月 4 日建交）。二是 G20 峰会两国元首会晤。三是在土国庆节（10 月 29 日）之际，中方领导人向土领导人表示祝贺。四是在土政府正式宣布调整叙利亚政策之际，中土双方领导人可就此进行电话沟通，强调加强合作。

第五，当前土局势发展有利于中土反恐合作，拟借机推动土在"东突"问题上加强与中方合作。2016 年以来，土重大恶性恐怖事件不断。尤其是与"东突"恐怖分子勾连的"伊斯兰国"对土威胁大增，接连制造恐袭事件，反恐压力空前增大。令土尴尬的是，参加"伊斯兰国"的外籍"圣战者"很多是来自中亚、车臣的"突厥兄弟"，这些人或明或暗的曾得到过土资助和纵容。他们在土境内制造恐怖袭击事件，表明"东突"恐怖分子对土友好度远低于对"伊斯兰国"的效忠度。这或使土警醒。对此，中国可就此对土进一步晓以利害，敦促其进一步加强在"东突"问题上的合作。

希腊债务危机的发展前景

陈 新

中国社会科学院欧洲研究所经济研究室主任、研究员，中国欧洲学会秘书长

希腊债务问题在最近一段时期内值得继续关注，但近期希腊再次发生动荡的概率不大。本文简要回顾了对希腊的三次救助给经济增长带来的影响和希腊债务形势的最新进展，分析了各方在希腊债务是否需要进一步减免这一问题上的讨论和分歧，剖析了欧元区南部国家对紧缩政策的不同意见以及希腊总理齐普拉斯发起的欧盟地中海成员国领导人会晤的目的，最后探讨了希腊政局是否存在再次动荡的可能性。

一 希腊三次救助后的经济增长和债务状况

希腊经济自2012年2月削减债务并接受第二次救助以来出现持续复苏，并在2014年出现了缓慢增长。这一复苏进程因2014年底的希腊大选、政府换届而终止。2015年夏季的希腊退欧公投更是将希腊的经济增长再次带入谷底。在欧盟向希腊提供第三次救助之后，希腊经济趋于稳定并再次出现缓慢复苏的迹象，2016年第二季度出现0.2%的增长。

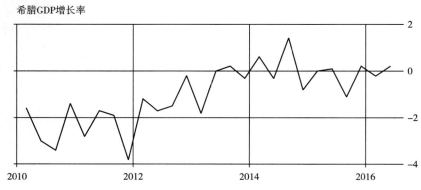

图1 希腊经济的增长状况

然而，希腊的债务状况并未因此有所好转，债务持续保持在较高的水平。2010年初，希腊外债为4200亿欧元。经过2012年初的减计之后降到了3700亿欧元以下。此后，2013年到2015年希腊的外债持续徘徊在4200亿欧元上下。2016年第一季度，希腊外债上升至4450亿欧元，创下了自2010年希腊债务危机以来的新高。

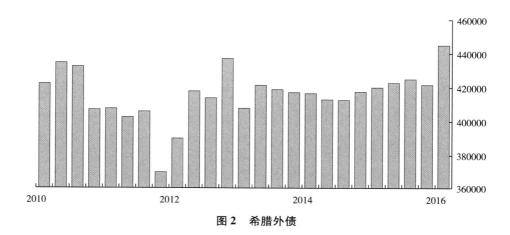

图2 希腊外债

希腊债务占GDP的比重自2010年初危机爆发后，从146.2%迅速攀升到2011年的172%。2012年初的债务减计减轻了希腊的负担，当年债务占比下降到159.6%，2013年又再次上升到170%以上，2014年达到高峰180.1%。2015年缓慢下降到176.9%。

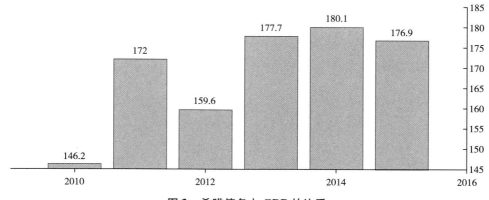

图3 希腊债务占GDP的比重

希腊经过了长达5年多的救助，经济增长依然脆弱，与此同时政府债务高企不下，债务负担依然将希腊压得喘不过气来。相比之下，同期接受救助的爱尔兰、葡萄牙等先后结束了救助计划。爱尔兰的经济增长在2014年和2015年分别达到3.9%

和 4.1% 。爱尔兰经济拥有较强的竞争力，在清除经济泡沫后，通过推动结构改革重新恢复了经济的强劲增长。而欧洲南部国家的增长则因经济自身的竞争力改善不大，结构改革情况也不尽如人意，经济增长乏力。希腊则集欧洲南部国家的缺点于一身。希腊的经济结构决定了出口能力较弱，而欧元贬值可以给包括旅游业在内的国内服务业带来刺激，但也间接阻碍了进口需求的削减，对改善还债能力的贡献有限。希腊的例子说明，欧盟的一刀切的紧缩政策对希腊的债务状况的改善作用有限。

二 希腊债务是否需要进一步减免

在希腊债务是否可持续以及是否需要进一步减免的问题上，各方的观点目前依然没有取得一致。

第一，欧盟认为希腊债务不需要进一步减免。2015 年 7 月 12 日，欧委会和欧央行共同发布的对希腊债务的评估报告认为，在希腊进行深入的和可信的改革的同时，欧委会和欧央行通过追加特定的与债务相关的措施，在避免名义债务减计的情况下可以保持希腊的债务可持续发展。2015 年 8 月 14 日欧元区首脑会议再次重申了上述立场，并将特定的措施具体化为延长债务的宽限期限和偿还期限。2016 年 5 月 24 日，欧元区首脑会议同意进一步采取措施，通过降低 EFSF/ESM 的债券发行成本和利息以及简化债券回购的手续等手段，从短期、中期和长期三个层面来确保希腊公共债务的可持续性。

然而，欧委会和欧央行的报告的可信度令人怀疑。欧委会在预测方面有过于乐观的惯性，同时对希腊救助计划的实施又低估了操作层面上的难度，过于理想化的行为方式导致了前两轮救助计划的实施均没有达到预期效果。根据 2014 年 4 月欧委会和欧央行发布的希腊债务可持续分析报告，希腊债务占 GDP 的比重到 2020 年可以降到 125% ，2022 年进一步降到 112% 。但根据目前希腊债务的发展情况，这一预测近乎天方夜谭。

第二，国际货币基金组织呼吁减免，并因此未加入第三轮救助。希腊救助目前已经进入第三轮，跟前两轮不一样的是，国际货币经济组织（IMF）至今尚未加入第三轮救助计划，并坚称希腊必须举行新一轮减计，否则，希望债务救助遥遥无期。IMF 认为，如果不对希腊进行进一步减计，希腊的债务依然不可持续。这也是 IMF 犹豫是否参加第三次救助的原因之一。欧盟认为，IMF 在 2015 年春季报告中认为希腊债务不可持续的计算方式有问题。IMF 的计算是立足于传统的仅仅由 IMF 提供资金的救助方式。而针对希腊，欧洲有 ESM 资金，而且救助金额远远大于 IMF，并且 ESM 提供更低的利率和更长的还贷期。因此，欧盟认为，通过欧盟的这种方式能够实现希腊债务的可持续发展，尽管希腊的债务水平非常高。

此外，IMF 于 2016 年通过独立评估办公室对 2010 年 IMF 参与救助的做法的合法性进行了评估。评估报告认为，IMF 于 2010 年 5 月仓促加入对希腊的救助，在程序上出现了许多"创新"，并出现了许多"史无前例"的做法。例如，IMF 提供的对希腊的 300 亿欧元的救助超过了希腊自身额度的 3200%，成为 IMF 历史上所批准的最大一笔非预防性贷款安排。而且这也是二战以来第一次对一个经济上发达、金融上发达并开放的货币联盟成员国进行的救助。此外，IMF 误判了希腊的债务可持续性，跟随欧洲的决定破例提供了救助。整个决策过程不透明，救助计划的战略本身非常冒险。救助计划低估了希腊债务的复杂性和政府的行政能力，所采取的措施基于过于乐观的预测。虽然报告并不代表 IMF 的官方观点，但 IMF 总裁拉加德承认救助决定不够慎重、缺乏足够的透明度，但她也强调在当时危机的环境下也只能做出这样的快速决策。

基于对前两次救助的认识，IMF 认为只有对希腊进行再次减免才能参加新的一轮救助。IMF 总裁拉加德 2016 年 9 月初表示，IMF 参加对希腊的救助将基于两个原则，一是希腊必须举行彻底的改革，二是按照 IMF 的标准，希腊的债务必须可持续。而这第二个条件目前希腊还没有满足。

第三，出于土耳其因素的考虑，美国呼吁减免。关于希腊的债务减免讨论一般都从经济和社会等角度来分析，但在 2016 年初夏土耳其发生的未遂政变之后，这一讨论也成为外交问题的一部分。美国财长杰克·卢在接受《金融时报》采访时呼吁对希腊进行债务减免，有一个考虑就是对于土耳其未来走向的判断，他认为土耳其将向"中东"方向发展，而不是向"欧洲"方向移动。因此，帮助希腊减免债务，看起来是为了减轻希腊的负担，稳定希腊的局势，并吸引更多的外国投资，但所有这些的最终目的是为了稳住希腊，加强希腊在解决中东问题以及土耳其的未来走势上成为解决问题方案的组成部分，而不是解决问题的麻烦的一部分。但美国财长并不是呼吁直接进行名义减计，而是债务重组。

第四，希腊认为国际货币基金组织和欧盟的意见不一影响了投资者对希腊的信心。对于希腊来说，债务如果能够进一步减计，那当然是求之不得的事情。但由于希腊的债务在第二次救助时所发生的减计过程中已经转化为欧元区国家的公共债务，因此，如果对希腊债务进行进一步减计就意味着欧元区国家纳税人的损失。这在目前的欧洲环境下是不可操作的。但 IMF 和欧盟关于希腊债务可持续性的看法不一致给潜在的投资者带来负面影响。齐普拉斯在 9 月的一个新闻发布会上表示，IMF 和欧盟的看法不一致会给希腊的金融复苏造成负面影响，而 IMF 迟迟不决定加入对希腊的第三次救助，这本身就会影响市场和投资者的信心。

三　紧缩政策是否会放松

欧债危机以来，欧洲实行一刀切的紧缩政策，目的在于控制重债国家的债务增长速度，迫使这些国家重返债务可持续发展轨道。但紧缩政策实施以来，由于内需不足，投资下降，外需也低迷，紧缩政策对经济增长的负面影响也开始显现。关于是否要给紧缩政策松绑的呼声也日益抬头。

（一）对紧缩政策的微调

欧委会最近一两年来实际上已经针对个别国家对紧缩政策做了些微调。紧缩政策的目的是促使欧元区各国的财政赤字和债务规模重新恢复到 3% 和 60% 这两个指标以内。目前欧元区的平均债务水平在 80% 左右，短期内降到 60% 以下显然不现实，因此，欧元区的重点是将财政赤字减少到 3% 以下。对于未能达标的成员国，则启动过度赤字程序，并被重点监管。对于监管 2 年后依然未能达标的成员国，则开始启动惩罚程序，最高按照 GDP 的 1% 收取罚金。

2015 年初，法国最先面临是否被惩罚的问题。法国虽然做出了努力，但赤字未能减少到 3% 以下。作为欧元区的第二大经济体，如果被收取罚金，先不说罚金的体量，仅惩罚本身也会给法国经济带来负面影响。所以，骄傲的法国人面对可能的惩罚，昂起头说"我是法国人，你能把我怎样？"本届欧委会的财经委员恰好是法国人，经过欧委会的复杂磋商之后，考虑到法国潜在的削减赤字的可能性，最终决定法国免于处罚。

2016 年，西班牙和葡萄牙也面临是否被惩罚的问题。2016 年 7 月 12 日，欧盟理事会认定西班牙和葡萄牙在削减赤字方面未能满足《稳定与增长公约》的要求，进而引发惩罚机制，对这两国征收 GDP 的 0.2% 的罚金。西班牙和葡萄牙随后向欧委会递交了说明，解释为什么没有达标。7 月 27 日，欧委会建议取消对这两国的惩罚并规定了新的整改期限。欧盟理事会 8 月 8 日决定，对欧委会的建议不持异议。

通过以上事例可以看出，欧委会以及欧盟理事会在紧缩政策的执行方面已经开始松绑，变成一事一议。

（二）欧盟地中海国家领导人峰会

针对紧缩政策的微调，欧洲南部国家认为还不够，需要更大的调整，尤其是增加对南部国家的投资等。希腊总理齐普拉斯发起的欧盟地中海成员国领导人会晤，给了欧洲南部国家集体发声的机会。

欧盟地中海成员国领导人第一次会晤于2016年9月8日在雅典举行。欧洲南部国家，包括法国、意大利、葡萄牙、希腊、塞浦路斯、马耳他等6国的总理或总统出席了该会晤。西班牙临时政府派了负责欧盟事务的部长参加了会晤。会晤发布的雅典宣言强调，在经济领域应加大投资，呼吁将容克计划的投资金额提高一倍，同时坚定推动促增长的结构改革，以增强经济竞争力和保障就业。与此同时，宣言还呼吁应在高失业的成员国推动投资项目以及跨国项目，以推动创新和市场一体化。与会领导人还确认第二届欧盟地中海成员国领导人会晤将在葡萄牙举办。

参加会晤的国家都是欧盟成员国中财政紧缩方面承受巨大压力的国家。法国、西班牙、葡萄牙等国因为未能满足《稳定与增长公约》所规定的削减赤字的要求几乎被处罚，最终均被欧委会网开一面，免于处罚。意大利也因银行业危机而备受煎熬。欧洲南部国家的领导人在希腊总理齐普拉斯的邀请下能够参加这次会晤，其本身也说明了这些国家对德国主导的紧缩政策的不满。齐普拉斯虽然在发言中强调，这种形式的会晤不是为了分裂欧盟，但集中发声也是为了更有效地施加压力，以期获得从紧缩政策中的些许松绑。这次会晤也可以被看成是齐普拉斯在构筑反紧缩阵营方面的一次胜利。

四　希腊政局是否再次动荡

希腊的局势近一定时期以来趋于稳定。齐普拉斯通过打舆论战（向德国索赔二战中的损失），拉伙伴壮声势（刚刚举行的第一届欧盟地中海成员国首脑会晤），为赢得与欧盟/德国的博弈争取更多的筹码。希腊近期局势是否会再次动荡，有以下两个因素需要考虑。

第一，希腊会不会按期获得救助资金。2015年欧盟通过欧洲稳定机制（ESM）向希腊提供为期3年总计860亿欧元的救助资金。第一期资金共计103亿欧元，其中75亿欧元已经发放，剩余的28亿欧元最晚应于2016年10月之前发放。2016年9月7日欧元区财长会议讨论了希腊问题，认为希腊承诺了进行15项改革，真正全部完成的只有2项，其他13项部分完成，这离原先的预期有较大的差距。根据这一情况，欧元区财长将于 9 月 21 日开会，决定是否向希腊提供计划中的 28 亿欧元救助资金。希腊政府表示，将会在 9 月底之前落实剩余的 13 项改革措施。预计希腊和欧元区将在该问题上展开新一轮博弈。

第二，希腊会不会提前进行大选。希腊反对党新民主党主席认为，如果希腊不能如期获得 28 亿欧元的救助资金，齐普拉斯就应该下台，因为他没有落实希腊同欧盟关于第三次救助的备忘录中的承诺。但舆论普遍认为，希腊提前进行大选的可能性目前不大。

综上所述，希腊的债务问题在最近一段时期内将继续值得关注，但近期希腊再次发生动荡的概率不大。

欧盟反恐政策发展研究

魏怡然

中国社会科学院欧洲研究所博士后

在信息全球化时代，恐怖主义以前所未有的方式影响着世界安全，欧盟也面临着不断演进的恐怖主义威胁。自"9·11"恐怖袭击之后欧盟开始制定反恐政策，从一开始被动的应急措施，逐渐发展为有中长期战略规划的多维反恐政策体系，对维护联盟的内外部安全起到了积极作用。但是，受危机驱动的欧盟反恐政策也面临结构性困境，需要加强机构权能建设，更有效地遏制恐怖主义威胁。

一 欧盟反恐政策的发展历程

整体而言，欧盟反恐政策因安全危机而启动，随着威胁程度和类型的变化而逐渐演进，其发展经历了如下几个阶段：

（一）萌芽阶段

1972年9月慕尼黑奥运会期间发生的恐怖袭击使欧共体成员国认识到必须就打击恐怖主义进行协作。1976年6月"特莱维集团"成立，为欧共体成员国交流反恐情报提供了平台。但安全问题依然是各国主权范围内的事项，反恐合作在很长一段时间里是欧共体的边缘议题。

（二）开始重视阶段

"9·11"事件改变了世界应对恐怖主义威胁的方式，反恐迅速成为欧盟的重点议题。欧盟将恐怖主义界定为主要安全威胁之一，明确了恐怖主义的含义和性质，反恐政策的发展方向也初步清晰。在这个阶段，欧盟将自身视为全球反恐同盟的一部分[1]，承诺在全世界打击各种形式的恐怖主义[2]，基地组织被视为恐怖主义威胁的核心。这个阶段的反恐政策大多具有应急性，许多通过的文件是"9·11"袭击发生前就提出的，甚至是曾被驳回的提案，缺乏对"9·11"之后反恐新趋势的针对性。

（三）迅速发展阶段

2004 年 3 月 11 日发生的马德里爆炸案，意味着欧盟国家已经成为恐怖分子发动攻击的主要目标之一，这再次改变了欧盟对恐怖主义威胁的认知，将反恐推向了欧盟议程的核心。欧盟在这个阶段通过了许多反恐政策文件。欧盟设立反恐协调员一职，负责协调成员国反恐方面的行动和信息交流。2004 年 3 月 25 日发表的《打击恐怖主义宣言》确立了七项反恐战略目标。但整体而言，反恐政策仍显得不成体系。

（四）政策体系成型阶段

2005 年 7 月 7 日发生的伦敦恐怖袭击使欧盟反恐政策的发展速度进一步加快。这一阶段，欧盟在落实既有政策之外，还于 2005 年 11 月 30 日通过了《欧盟反恐战略》这一反恐核心文件，确定了"预防，保护，起诉和回应"四大反恐目标，列出了实现目标的具体方法。该政策文件的出台，表示欧盟希望构建全面连贯的反恐政策体系。

（五）再重视阶段

随着本·拉登的死亡和"基地"组织影响力的减小，欧洲也有几年没有遭遇严重的恐怖袭击，欧盟反恐一度呈现出反恐协调员所言的"反恐疲劳"[3] 状态，甚至出现了欧盟反恐法存续必要性的讨论。但是，"伊斯兰国"的迅速兴起和外国恐怖主义战斗人员[4]

---

[1] Council of the European Union, *Conclusion and Plan of Action of the Extraordinary European Council Meeting on 21 September 2001*, SN 140/01, p. 1.

[2] Council of the European Union, *Declaration by the Heads of State or Government of the European Union: Follow – up to the September 11 Attacks and the Fight against Terrorism*, Council Document SN 4296/2/01 REV 2, Brussels, p. 2.

[3] EU Counter – Terrorism Coordinator, *EU counter – terrorism strategy – discussion paper*, 15359/1/09REV 1, p.2.

[4] "外国恐怖主义战斗人员"（Foreign Terrorist Fighters, FTFs），指"为了实施、策划、准备或者参加恐怖主义活动，或者提供、接受恐怖主义（包括与武装冲突相关）培训而离开国籍所在国或常住地国（来源国）前往外国的人"。UN Security Counci, *Analysis and Recommendations with Regard to the Global Threat from Foreign Terrorist Fighters*, S/2015/358, p. 6.

问题的严重性引起了欧盟的重视。2015 年和 2016 年欧洲接连遭受的恐怖袭击和难民危机的发生，让欧盟加快了更新反恐政策的节奏。在这个阶段，欧盟对外国恐怖主义战斗人员、恐怖组织和激进化问题造成的安全威胁尤为关注。欧盟认为，跨境个人移动与恐怖主义威胁之间存在联系。因此，强化情报收集和交流，控制跨境人口流动和外部边境，升级监控措施是欧盟在这个阶段的重点措施。

欧盟反恐虽然随着恐怖主义威胁的演化而逐渐发展，但有几点一直十分明确：以国际法作为制定反恐政策和法律的基础；恐怖主义的性质是刑事犯罪，应该主要通过刑事司法途径而非军事手段打击；欧盟在反恐中起辅助作用，成员国负有主要反恐责任。

二 欧盟反恐政策的主要内容

按照调查，截止到 2013 年夏天，欧盟通过了至少 239 项单独的反恐政策，平均下来每年接近 20 个，其中 88 个文件具有法律拘束力。① 从内容来看，这些文件包括大量实体刑法和程序法、跨境司法合作机制以及许多补充的安全与预防措施。有众多欧盟机构和机关被授权执行或协调欧盟反恐政策。按照功能的不同，欧盟的反恐政策可分为以下几类：

(一) 预防政策

本土恐怖分子的活跃，恐怖主义威胁的破坏性和对安全的追求，使预防成为欧盟最重视的反恐政策领域。为了预防激进化，欧盟 2005 年出台《欧盟打击激进化与恐怖主义招募的战略》，2011 年成立 "激进化预警网络" (RAN)，遏制恐怖主义意识形态的传播，阻止恐怖主义组织吸收新成员。为了预防恐怖主义袭击的发生，欧盟逐渐提高反恐监控的范围和规模。在设立具有反恐功能的数据库，积极推动成员国共享恐怖分子的有关信息之外，越来越重视大数据和情报分析，力求在恐怖主义威胁发生之前采取控制措施，避免安全风险发生。2016 年 1 月，欧盟在欧洲警察组织内部设立了欧洲反恐中心，在监督和调查外国恐怖主义战士、贩运非法枪支和资助恐怖主义方面增强信息共享和行动协调。2016 年 4 月 21 日，欧洲议会通过《欧盟乘客姓名记录指令》②，要求航空公司与欧

---

① Fiona de Londras and Josephine Doody, *The Impact*, *Legitimacy and Effectiveness of EU Counter - Terrorism*, Routledge, 2015, p. 4.

② Directive (EU) 2016/681 of the European Parliament and of the Council of 27 April 2016 on the use of passenger name record (PNR) data for the prevention, detection, investigation and prosecution of terrorist offences and serious crime, OJ L 119, 4. 5. 2016, pp. 132 – 149.

盟国家共享旅客数据。该系统与欧盟层面的其他数据库最大的区别是其特有的数据分析方式。① 这种方式能够使未被当局识别为威胁的个人通过其旅行模式或其他行为引起嫌疑。这些措施都体现了欧盟对情报收集和大规模监控的重视。为了预防恐怖组织获得资金支持，欧盟 2002 年通过框架决定将任何资助恐怖主义的行为定性为犯罪，后又通过洗钱指令和有关冻结恐怖主义资产的决议对涉嫌恐怖主义的资金转移和财产进行控制。为了提高预防措施的针对性和效果，欧盟 2006 年成立"关于暴力激进化的专家小组"，2008 年成立"关于激进化的欧洲专家网络"（ENER），加强对激进化的研究。值得注意的是，预防目标逐渐渗透到了其他反恐领域之中，影响了反恐政策的整体发展。

（二）安全保护政策

为了保护关键基础设施，如核电站、油料中心、电力网络及供水系统等的安全，欧盟理事会 2008 年通过《关于识别、指定欧洲关键基础设施以及评估提高保护必要性的指令》，发起"关键基础设施保护的欧洲计划"，包括设立"关键基础设施保护的欧洲参考网络"以及"关键基础设施预警与信息网络"。② 为了保护交通运输安全，欧盟确定民用航空安全领域的共同规则，出台维护港口安全的政策。为了保护边境安全，欧盟 2002 年统一协调了签证制度；2002 年底开始执行欧洲指纹数据库，防止政治避难者投机取巧③；2005 年设立欧盟边防局（Frontex），协调成员国的边境行动，训练成员国的边防人员，提供危机评估，推动有关边境管理的研究与发展，提供紧急支持，控制和监督欧盟南部和东南部边境；2013 年在欧盟边防局内设立欧洲边境监控系统（Eurosur），促进相关反恐信息的交换。为了加强网络安全，保护欧洲免受大规模网络攻击和网络中断的风险，欧盟委员会 2009 年出台了《关于关键信息基础设施保护的通讯》，欧盟理事会 2013 年通过了《欧盟网络安全战略》。为了确保武器安全，防止武器扩散带来的威胁，欧盟对于大规模杀伤性武器、核武器、生化武器、小型武器或轻武器和爆炸物的管制都给予了特别关注，分别制定了管理措施，提高应对相关威胁的能力。

---

① Justice and home affairs, *EU Passenger Name Record*（PNR）*directive: an overview*, 01 – 06 – 2016 http: //www. europarl. europa. eu/news/pt/news – room/20150123BKG12902/EU – Passenger – Name – Record – （PNR）– directive – an – overview.

② 陈洁：《欧盟反恐战略的发展与挑战》，《世界经济与政治论坛》2016 年第 1 期，第 71 页。

③ 申志宏、苏瑞林：《欧盟反恐战略的发展与挑战》，《国际论坛》2015 年第 4 期，第 43 页。

（三）刑事司法合作政策

该领域的政策是欧盟反恐最重要的内容之一。刑法方面，2001 年通过，2008 年修改的《欧盟打击恐怖主义框架决定》是欧盟反恐的基石。在 2016 年 11 月 30 日，该框架决定被欧盟理事会通过的《欧盟打击恐怖主义指令》代替。从框架决定到指令，改变的内容虽然不多，但欧盟反恐的模式变了。整体上是随着恐怖主义威胁的演进，逐渐提前了刑法介入的时间，扩大了刑法调整的范围，增强了执法机关的权限，可罚范围从实施行为向预备行为和辅助行为扩展①，预防成为反恐刑法的重要目标。机构方面，自"9·11"恐怖袭击之后，欧盟提升了欧洲警察组织和欧洲检察官组织的反恐权能，推动两个机构之间的反恐合作和信息交流。欧盟还成立了联合调查小组（Joint Investigation Teams）和欧盟反恐特别工作组（EU Counterterrorism Task Force），为欧盟成员国反恐合作和信息交换提供便利条件。工具方面，欧盟建立统一司法区，要求成员国相互承认司法判决，简化跨境司法工作的程序，实施欧洲逮捕令和欧洲证据令，提高欧洲警察部门跨境追捕恐怖分子的效率。其中，欧洲逮捕令已被实践证明是重要的常用司法合作工具，是欧盟反恐协作功能发展的里程碑，也是欧盟反恐机制发展水平高于其他区域的一个重要标志。此外，欧盟还在跨境司法互助与合作方面，陆续出台新的政策，推动成员国就有关反恐的资料和信息实现共享。

（四）危机反应政策

考虑到恐怖主义袭击的破坏性和事后的紧急状态，欧盟重视反恐准备和事后管理，确保威胁发生后能通过适用欧盟的有关政策体系让一切及时回归正轨。为完善危机管理机制，欧盟委员通过"快速警戒系统"（ARGUS）将专门的快速警报系统整合起来，使欧盟委员会能够在紧急状态下做出全面的应对措施。欧盟还重新审查了紧急情况和危机协调的相关安排，并于 2013 年通过"整合性政治危机应对安排"（IPCR）。为确保对公民的保护，欧盟理事会 2007 年通过决议，提出建设公民保护机制，并在 2013 年底修订了关于欧盟公民保护的立法。为实现受害者援助，2008 年底，欧盟委员会成立了"恐怖主义受害者协会欧洲网络"，推动各协会之间的跨国合作。2014 年欧盟理事会还通过决议，决定为联盟和成员国贯彻"团结条款"做

---

① 魏怡然：《后巴黎—布鲁塞尔时期欧盟反恐法的新发展》，《欧洲研究》2016 年第 5 期，第 58 页。

出具体安排。①

（五） 国际合作政策

恐怖主义威胁的迫近和国际合作反恐的需要，使欧盟逐渐发展为一个国际反恐主体。欧盟以"人的安全"（Human Security）作为国际反恐合作的理论基础，以合作、预防和发展为反恐基本原则②，提倡充分发挥联合国在反恐中的主导作用，重视从根源上遏制恐怖主义，积极发展各个层次、各种形式的跨国反恐合作。在多边层面，欧盟在联合国、八国集团和欧洲委员会的框架内积极参加反恐合作。在双边层面，欧盟除了与重要的安全盟友美国发展紧密的反恐合作以外，还积极与土耳其、摩洛哥等邻国建立反恐伙伴关系，签订合作协议，确保这些面对恐怖主义威胁具有高度脆弱性的邻近国家，能够帮助欧盟保持安全的外部环境。欧盟与这些国家进行反恐合作时，主要是通过帮助他们制定更全面的反恐政策和制度，提高他们的反恐能力和刑事司法方面的合作来进行的。就合作的具体内容而言，欧盟同时还在向这些国家移植自己的反恐理念、模式和具体制度。此外，对于关系不甚紧密的国家，欧盟也尽量改善关系，为进行国际反恐合作打下基础。

总的来说，欧盟反恐政策内外兼顾，强调预防和通过刑事司法合作来打击恐怖主义犯罪，致力于推动成员国之间的反恐协调与合作，重视从根源上遏制恐怖主义，积极主张国际反恐合作，逐渐发展成了一个有自身特点的国际反恐主体。加强预防避免风险，是当前欧盟反恐的主要目标。但是，从欧盟反恐政策的发展过程和具体政策内容也可以看出，其发展和完善在很大程度上是为了回应安全风险，具有应激性和被动性。欧盟与其成员国在安全议题上的权能划分，则使欧盟反恐政策具有辅助性和不成体系性的特点。因此，欧盟反恐政策虽然目标明确，内容丰富，但执行和落实方面有许多问题，进一步发展也面临结构性困境。

三　对欧盟反恐政策的评价与展望

经过 15 年的发展，欧盟在对内和对外方面都成了更强大更具一致性的反恐主体。在欧盟之外，没有其他国际组织能够就广泛的共同反恐战略和行动计划达成一致，这应该被认为是欧盟反恐的主要成就。

---

① 陈洁：《欧盟反恐战略的发展与挑战》，《世界经济与政治论坛》2016 年第 1 期，第 73 页。
② 杨洁勉等：《国际合作反恐》，时事出版社，2003，第 170~171 页。

　　但是，欧盟反恐也面临许多问题。政策内容方面，庞大的反恐体系之内，存在许多与反恐关联不大的措施，也存在理解和适用困难。机构方面，功能重叠和交流不畅的问题十分突出，对反恐来说至关重要的情报交流合作仍处于初级阶段。最核心的问题是，欧盟反恐政策受制于确保安全和维护成员国主权，以及确保安全和维护人权之间的难解困境，这极大地影响了欧盟反恐政策的落实和进一步发展。观察欧盟的反恐政策可以发现，即使反恐规范覆盖各个政策领域，制定迅速而有针对性，但结构和执行的缺陷依然会使反恐陷入困境。欧盟应该在注意威胁变化的同时加强反恐机制的权能，改进成员国反恐的交流与合作质量，将反恐重心从"危机导向"的应急性的政策制定，转向"能力导向"机构权能建设。

美国特朗普政府任期下的朝鲜半岛形势研判与前瞻

李　栅

中国社会科学院美国研究所副研究员

随着美国特朗普入主白宫以及近期以来朝鲜半岛一再升温的局势，东北亚形势日趋严峻。朝核问题已从单纯以"美朝关系"为根本症结的性质逐渐向"半岛南北对立"以及"大国之间对抗"的局面演变，显现出更为复杂和多变的特点。为此，中国需要认真研判半岛的形势，构建起与中国总体对外战略相一致的半岛政策。

一　当前朝鲜半岛局势研判

2016 年 1 月 6 日，朝鲜在丰溪里进行了一次核试验，随后朝鲜政府发表声明，宣布成功进行首次氢弹试验。2 月 8 日，朝鲜利用运载火箭成功发射"光明星 4 号"地球观测卫星。7 月 8 日，美韩军方发表联合声明，决定在韩国部署萨德反导系统，并宣称将于 2017 年底朴槿惠任期内完成部署。8 月 24 日，朝鲜向半岛东部海域发射一枚潜射导弹（SLBM），这是朝鲜截至目前试射的潜射导弹中飞行距离最长的一次。美国专家认为，这次潜射导弹的发射标志着朝鲜在潜射导弹技术方面的巨大成功，朝鲜的火箭技术已经取得重大进步。[①] 9 月 9 日，朝鲜核武器研究所发表声明，宣布当日成功进行一次核弹头爆炸试验。声明称，此次核试验最终确认了能够搭载到战略弹道火箭上的、已实现标准化和规格化的核弹头的构造、性能和威力。按照朝鲜的说法，这次核试验表明"朝鲜可任意按需制造小型化、轻量化、多样化、打

[①] 《日媒：朝鲜掌握潜射导弹技术或致"萨德"成为鸡肋》，2016 年 8 月 24 日，环球网，http://world.huanqiu.com/exclusive/2016 – 08/9353168. html。

击力更大的核弹头，朝鲜核武器兵器化达到更高水平"。①对于日趋升温的半岛局势，各国都相继公开表态。美国政府多次发表声明，谴责朝鲜核试验和发射"导弹"行为，称此举是严重的挑衅行为，并公然违反联合国安理会相关决议。这不仅威胁朝鲜半岛安全，而且威胁地区和美国安全。韩国政府也多次谴责朝鲜的"挑衅性"行为，且要强化对朝鲜更为严厉的制裁。日本外务省表达更为强硬，认为朝鲜此举"绝对不可容忍"。俄罗斯外交部一再重申，反对朝鲜核试验以及导弹试射，并指出朝鲜不顾国际社会呼吁，再次挑衅性地无视国际法准则，这将使朝鲜半岛乃至东北亚局势紧张，给朝鲜和整个地区安全造成重大损失。面对周边国家的反对，朝鲜政府则公开表示，朝鲜的核试验以及卫星、导弹试射是朝鲜为应对"以美国为首的敌对势力对朝威胁和制裁活动而采取的措施之一。为了消除美国的核战争威胁、保卫朝鲜的尊严和生存权、维护真正和平，朝鲜将继续采取措施，从质与量上强化核武力"②。

由上可见，朝鲜半岛局势日趋紧张，东北亚地区的力量平衡正在被打破，新冷战格局出现的可能性大大增强。从目前的形势可以看出，朝核问题已从单纯以"美朝关系"为根本症结的性质逐渐向"半岛南北对立"以及"大国之间对抗"的局面演变。

首先，半岛南北双方出现严重对立，使得南北关系缓和空间越来越小，半岛出现危机的可能大大增强。韩国政府在朝鲜进行第四次核试验以后，恢复在三八线上对北广播，并全面中断韩朝开城工业园区运营。不仅如此，朴槿惠在国会演讲中屡次提到"朝鲜崩溃"，并希望通过对朝鲜进行强有力的施压，促使其内部发生变化，以实现半岛统一。朴槿惠在欧亚峰会上更鼓吹"解决朝鲜人权和核问题的根本方案就是朝鲜半岛的统一"③。2016年3月2日，韩国国会通过了《朝鲜人权法》，这是韩国宪法史上首次制定干预朝鲜内部人权问题的法案，该法案于2005年8月首次提交至国会后历时11年终获得韩国国会通过，这被认为是韩国促使朝鲜内变的重要步骤，将对韩朝关系产生巨大影响。在国际上，韩国与美国加紧"朝鲜人权国际化"的步伐，进一步孤立和刺激朝鲜，这些强硬政策显然无益于南北关系的改善，只会进一步加深朝韩的对立。而对于朝鲜而言，长期以来，朝鲜一直宣称驻韩美军是破坏半岛统一，加剧半岛紧张局势的根本因素，朝鲜强烈反对美韩军演，反对美军在

---

① 引自朝中社，2016年9月9日，http：//www. kcna. kp/kcna. user. article. retrieveNewsViewInfoList. kcmsf。

② 引自朝中社，2016年9月9日，http：//www. kcna. kp/kcna. user. article. retrieveNewsViewInfoList. kcmsf。

③ "Park says unification of Korean Peninsula is fundamental solution to N. K. problems", July 16, 2016, http：//english. yonhapnews. co. kr/news/2016/07/16/0200000000AEN20160716002300315. html.

半岛部署任何新的武器，包括萨德系统。因此，朝鲜加快核武器小型化、导弹化的进程。2017 年 1 月 1 日，朝鲜最高领导人金正恩在新年贺词中提到朝鲜的洲际导弹已进入收尾阶段，引起美韩的高度紧张。半岛南北双方目前所显现的强硬立场，不仅加剧了相互猜疑，更为重要的是，它为双方军备竞赛提供了借口。半岛局势不断恶化，甚至有出现潜在"核对峙"局面的可能。

其次，朝韩与周边国家的关系经历着深刻变化。半岛南北目前出现的对立局面也把周边国家深深卷入进来。对于美朝关系，奥巴马执政期间对朝鲜采取了"战略忍耐"的政策，即对朝鲜的"挑衅性"行为不予理会，同时以强有力的军事威慑持续对朝鲜施压，以此巩固与韩日的同盟关系，并试图联合中国与俄罗斯，形成对朝鲜的多层次遏制。然而截至 2017 年 1 月，在奥巴马任内，朝鲜已进行了四次核试验。虽然"战略忍耐"巩固了美国与盟国的关系，但朝鲜半岛无核化进程遥遥无期，尤其是美国将高精尖进攻型武器相继亮相半岛，强化美韩军演，进一步刺激朝鲜，美朝相互敌对的态势更趋紧张。对于美韩关系，自朴槿惠执政以来，美韩同盟得到了进一步的强化和发展，美国再次确认了包括延伸威慑以及使用常规及核战力的对韩防御承诺，继续努力消除朝鲜核导弹所带来的威胁。奥巴马政府前国防部长帕内塔（Leon Panetta）在其回忆录中坦言，"如果朝鲜越过停战线或进行进攻，我们（美韩）的战争计划是由美国将军指挥所有美军和韩军，如果有必要，将不惜使用核武器"[①]。7 月，美韩宣布在韩国部署萨德系统，显示出美韩同盟走向深化，韩国因此被牢牢绑在了美国的战车上。不仅如此，美、日、韩在安全上不断走近，在军事上正在形成以美国为主导的三边战略同盟。对于朝俄关系，奥巴马政府执政以来，美俄关系陷入低谷，俄罗斯正重新审视朝鲜半岛的战略意义。同时，朝鲜为了打破外交孤立状态，更进一步加强了与俄罗斯的政治、经济联系，双边高级官员互访日渐频繁，经济合作、文化交流也更为热络，朝鲜在"克里米亚问题"上公开表态支持俄罗斯。反过来，俄罗斯也在政治上密切与朝鲜的关系，如反对联合国安理会将"朝鲜人权问题"列入议程。一些俄罗斯学者认为"目前朝俄关系正处在苏联解体之后的最佳状态"[②]。甚至美国国务院朝鲜政策代表金成也认为，朝俄关系目前

---

① Leon Panetta, *Worthy Fights: A Memoir of Leadership in War and Peace* (New York: Penguin Press), p. 12.

② Artyom Lukin, "Russia's Role in the North Korea Conundrum: Part of the Problem or Part of the Solution?", March 4, 2016, http://www.fpri.org/article/2016/03/russias - role - in - the - north - korea - conundrum - part - of - the - problem - or - part - of - the - solution/.

发展迅速，"俄罗斯或将成为美朝双边关系的重要因素"①。对于中韩关系，"萨德入韩"对中国安全构成了严重的威胁，互信明显下降，中韩"战略合作伙伴关系"受到严重的挫折。

最后，东北亚地区的大国关系重新进行调整，对抗和合作互现。就中美关系而言，美国虽然声称在韩国部署萨德是为了应对朝鲜的挑衅，但是萨德系统对中国的安全构成了严重威胁，这无疑将进一步加剧中美两国之间的战略互疑，成为中美之间又一"痛处"。就美俄关系而言，俄国认为，萨德系统配置的 TPY－2（X band）雷达的涵盖面积可以在韩国探索俄罗斯远东部分地区的动态。俄罗斯外交部多次表示，美韩在东北亚地区的军备竞赛对该地区的战略稳定和国际安全构成了严重的影响。由此可见，萨德系统在韩国部署也将恶化本就脆弱的俄美关系。对于中俄关系，中俄两国明确表明了对萨德的反对态度，面对东北亚地区均衡被打破的局面，中俄不得不进一步加强联系和战略沟通，以应对随之而来的威胁。

从以上论述可以看出，东北亚地区以朝鲜半岛南北双方为端，军事对抗局面正在形成。随着半岛南北双方以及周边国家之间的战略互信日益下降，"威胁"正在成为相关国家官方文件中频繁使用的词语，军事因素也正在区域内国家对外决策过程中占据主导地位，这将大大恶化中国的周边环境。

二　特朗普执政后的朝鲜半岛局势走向

2016 年 11 月，美国总统大选落幕，共和党候选人特朗普胜出，于 2017 年 1 月上台执政。在韩国，朴槿惠遭遇"亲信干政门"事件，遭到国会弹劾，一旦弹劾案在宪法裁判所予以通过，韩国总统选举在即，目前执政党与在野党已展开激烈角逐。这些都构成了未来朝鲜半岛局势变化的重要变量，可以说危机与机会并存，合作与冲突并现。

第一，特朗普政府对半岛政策的调整将引起东北亚局势新一轮的动荡。特朗普在选举时期就屡次谈起朝核问题。2016 年 5 月他在接受路透社采访时表示，他愿意同金正恩对话，尝试去停止朝鲜核计划。对于美韩同盟，他在同年 5 月再次声称，包括韩国在内的盟友应承担 100％的防卫费用，甚至暗示若韩国不分摊更多军费，

---

① Artyom Lukin, "Russia's Role in the North Korea Conundrum: Part of the Problem or Part of the Solution?", March 4, 2016, http://www.fpri.org/article/2016/03/russias－role－in－the－north－korea－conundrum－part－of－the－problem－or－part－of－the－solution/.

驻韩美军就有可能撤离，因为美国纳税人的钱不能用于补贴其他国家的防务。同时，特朗普还坚持再调整《韩美自贸协定（FTA）》，甚至声称不在意韩、日自行研发核武器，这些言论都使韩、日高度紧张。对于金正恩 2017 年新年讲话提及威胁美国本土的洲际导弹已进入收尾阶段，特朗普在推特也表示"不会发生"，以强硬的姿态显示出解决朝核问题的决心。由上可见，特朗普对朝鲜半岛政策方面有进行大胆革新的意图，他希望尽快解决朝核问题，以建立其在国内外的声望，彰显他的领导能力。但特朗普缺乏外交经验，尤其缺乏对朝鲜半岛复杂性的认识，如果一意孤行，不考虑盟国或半岛周边大国的利益，将有恶化形势的危险。

冷战以后，为了应对朝核威胁，历届美国政府在成立初期都与朝鲜进行了对话尝试，特朗普也将开启这一模式，美朝之间将展开一系列秘密外交。然而，特朗普与朝鲜进行直接对话将面临诸多困境。首先，美国担心在会谈中，朝鲜提出以"核国家"身份与美国进行对话，从而使得外界得出美国已"默认"朝鲜为核武器国家的错误结论。2005 年 2 月，朝鲜对外宣布自己已拥有核武器；2012 年 4 月，朝鲜修改宪法，把"核武器国家"纳入宪法，成为宪法上确认的核武器国家，增强了自己核地位的合法性。[①] 以上一系列事件在美国看来，表明朝鲜对持有核武器的态度很坚决。在这种情况下，如果美国重返会谈，美国担心这种行为本身会使朝鲜自认为获得了"核国家"的认同。因此，自朝鲜第三次核试验以来，美朝双方在柏林和伦敦接触时，美方并没有派出官方人员，而是让美国学者、前政要与朝鲜官员接触。因此，如何展开美朝对话将是特朗普政府面临的首要问题。其次，美朝直接对话历来都会引起韩、日的警觉和反对，他们认为美国撇开盟国直接与朝鲜改善关系，将会使朝鲜对他们更为强硬。美国与盟国的矛盾将会显现出来。再次，在美国国内，国会中两党对朝鲜的敌视态度愈演愈烈，奥巴马政府时期，国会出台了一系列对朝进行单独制裁以及"朝鲜人权国际化"的法案，两党都表现出积极支持态度。美国大型民调也显示出，美国大多数民众对朝鲜看法也是日趋强硬。[②] 如果美朝进行对话，将在美国国内被视为对朝鲜的"绥靖"。这对于一位民选总统而言，将又是一个不小的考验。最后，也是最为重要的是，美朝之间长期的对立以及敌对使得两国之间缺乏基本的互信，对话很难取得成果，即使达成协议，也很难得以贯彻。克林

---

① 〔韩〕李成贤：《美国为何不再热衷于六方会谈》，《金融时报》（中文版），2013 年 11 月 7 日，http：//www. ftchinese. com/story/001053327/？ print = y。

② "CNN Poll：Worries about North Korean threat at all time high"，April 8，2013，http：//political-ticker. blogs. cnn. com/2013/04/08/cnn – poll – worries – about – north – korean – threat – at – all – time – high/.

顿政府时期，美国以对朝鲜实行重油援助来换取朝鲜弃核，小布什政府时期，美国以缔结和平协定诱使朝鲜在六方会谈中弃核，奥巴马政府时期，美国以粮食援助换取对朝鲜核设施进行核查，但最终不仅没有成功，反而加深了美朝之间的裂痕。2012 年 11 月韩裔美国人裴俊浩带领游客从朝鲜咸镜北道罗津港进入朝鲜后被扣留。2013 年 8 月 27 日，美国国务院宣布，政府分管朝鲜人权事务的特别代表罗伯特·金（Robert Kim）定于 30 日访问朝鲜，寻求朝方释放遭到扣押的美国公民裴俊浩。这将是美国政府高级官员两年多以来首次公开访问朝鲜。但这次本已安排好的会晤却在最后一分钟被朝鲜取消，这对美国来说又是一场"羞辱"，[①] 也使得当时的奥巴马政府不再对美朝对话感兴趣。面对国内外压力，美朝对话将进行得十分艰苦。一旦以失败告终，则美朝之间的裂痕将进一步加深，东北亚形势也将紧张起来。

如果特朗普认为美朝关系改善无望，且朝鲜洲际导弹对美国本土的威胁达到可信的程度，则特朗普也可能采取冒险性行为。目前特朗普政府涉及对外政策的官员很多来自军方或鹰派。以白宫国家安全顾问弗林（Michael Flynn）为例，在其 2016 年 7 月出版的《战场：我们如何赢得同激进伊斯兰及其盟友的全球战争》一书中，他指出美国需要面对"激进的伊斯兰主义者"和中国、朝鲜以及俄罗斯政府之间组成的"联盟"。[②] 新任国防部长马蒂斯在不久前访韩时也声称"朝鲜任何使用核武器的行为都会得到有效和压倒性的反应。"[③] 随着朝鲜洲际导弹对美国本土的威胁日益明显，就目前特朗普政府的外交理念来看，盟国的利益将被淡化，甚至忽视。因此特朗普政府对朝鲜采取冒险性行为将有一定可能性。如果特朗普不顾别国利益而采取单边行动，则美国与东亚盟友的矛盾也将空前激化，东北亚局势急剧恶化。

第二，美韩在朝核问题、防御费用分摊以及《韩美自贸协定》上的分歧将显现出来。此次韩国总统选举中，在野党候选人主张改善南北关系，如果韩国新选政府致力实现南北关系改善，而特朗普政府仍对朝鲜实行强硬政策，则美韩矛盾将显现出来，美国将会对韩国政府施加巨大的压力。此外，随着朝鲜加快核开发的步伐，韩国内部支持韩国研发核武器的声音愈加强烈，反映出韩国国内对美国提供"核保护伞"能力的质疑。在防卫费分摊问题上，韩美两国 2014 年签订的《防卫费分担

---

① 李成贤：《美国为何不再热衷于六方会谈》，《金融时报》（中文版），2013 年 11 月 7 日，http：//www.ftchinese.com/story/001053327/？print = y。

② 《美候任高官出书　妄称中朝与激进伊斯兰结盟》，2016 年 12 月 12 日，http：//mt.sohu.com/20161202/n474702982.shtml。

③ 《美国警告朝鲜勿发动核袭击》，2017 年 2 月 3 日，http：//www.ftchinese.com/story/001071219#adchannelID = 2000。

特别协定》将于 2018 年到期，双方面临重新分摊驻韩美军的防卫费用问题。目前，韩国所承担的防卫费用每年都在增长，2016 年已达到 8.6 亿美元，加之萨德系统入韩以及高精尖武器进口，这对经济已陷入停滞状态的韩国无疑是雪上加霜。如果《韩美自贸协定》再次被拿出来讨论，逼韩国放开市场，韩国经济将遭受重大冲击，美韩矛盾也将被激化。

第三，朝鲜半岛南北关系改善有望，但改善空间并不大。如果韩国在野党可以在这次总统选举中获胜，则半岛南北关系有望改善。而目前朝鲜核武以及导弹能力在不断加强，韩国国内对朝鲜的敌意日渐增强，保守力量仍将以此为借口鼓吹南北对立，因此即使执政者希望改善南北关系，也将受到来自国内外保守力量的限制。一旦半岛出现突发事件，那么本就脆弱的南北关系将遭遇考验。

第四，在美俄关系改善的条件下，俄罗斯将扩大在朝鲜半岛的影响力。为了应对奥巴马政府的"亚太再平衡"战略，俄罗斯重新审视朝鲜半岛对其的战略意义。俄罗斯对朝鲜的政策十分明确，坚决反对朝鲜拥核以及半岛的紧张态势，密切与中国在朝核问题上的沟通与合作，同时将朝核问题与双边发展正常关系区分开来，积极发展与朝鲜政治、经济以及文化的联系，加强各种层面的合作，同时中俄共同反对萨德入韩，彰显出两国在东北亚的战略合作。特朗普政府一直致力于改善对俄关系，在朝鲜半岛事务上，特朗普或将重视俄罗斯的作用。

最后，中美关系走向将成为朝鲜半岛以及东北亚局势的关键因素。特朗普在大选期间就一直鼓吹"中国责任论"，强调中国应向朝鲜施压。可以预见，特朗普政府将在国际上大肆渲染"中国责任论"，以推卸自己的责任。实际上，在历次朝鲜核试验之后，美国政府都习惯指责"中国管控朝鲜不力"。由上可以看出，由于两国对"第三方"认知的差异，中美难以在朝核问题上产生具体和有效的方案。而这一困境又将进一步恶化中美战略互信，对中美关系产生负面影响。如果美朝在特朗普任期内可以实现对话，则中美在半岛合作的空间将会扩大；而如果特朗普对朝鲜继续保持强硬政策或实施冒险性行为，则中美不但无法实现在朝核问题上的合作，而且将加速关系的紧张。

综上，未来朝鲜半岛局势将更为复杂多变，每个国家一项新政策的出台都会产生"牵一发而动全身"的局面。目前，朝鲜半岛南北高度对立，特朗普政府在短期实现美朝关系改善的可能性不大，这既对中国是挑战，也是机会。中国需要认真反思对朝鲜半岛的政策，采取积极的措施以把握时机，应对可能出现的危机。

三　中国的因应对策

鉴于以上朝鲜半岛出现的新动向，中国需要认真反思对朝鲜半岛的政策，从长远着眼，防患于未然，采取积极的措施以应对东北亚可能出现的不利局面。

第一，坚持六方会谈框架，推动美朝双边或多边对话。六方会谈机制对于维持半岛和平与稳定有着重要作用。虽然国内外有观点认为"六方会谈已死"，但这种会谈机制方式应该成为中国始终大力坚持的协商模式，这既代表中国实现半岛无核化与不战不乱目标的意志，也将是中国半岛政策始终一致的重要象征。如果特朗普政府展开对朝鲜的直接对话，中国需要支持，并推动多边会谈，不使美朝双方因对话破裂采取极端行为。

第二，采取一切手段制止美国对朝鲜可能采取的冒险性行为。由于特朗普的执政风格，半岛出现重大危机的可能性在增加，中国需要在中美对话中坚定地表明立场，"不允许半岛生战生乱"，"不允许不顾及他国利益的单边主义行为"，以打消特朗普政府对朝进行单边军事行为的企图。

第三，积极推动南北关系的改善，对南北恢复对话与协商采取必要的支持。如果南北关系不改善，则中国很难与朝韩两国发展稳定的战略关系。有鉴于此，中国应该积极推动南北关系的改善。如果韩国在野党可以赢得今年的总统选举，则南北关系改善还有一线生机，但幅度不可能很大。中国应该利用这一机会促进半岛南北双方在经济、人文等方面的交流。

综上，特朗普执政后的朝鲜半岛局势将更为复杂多变，中国作为东北亚的主要大国，面对严重的安全威胁，需要认真研判半岛的形势，构建起与中国总体对外战略相一致的半岛政策。只有这样，半岛和东北亚这一涉及中国重大利益的地区才能实现稳定与繁荣。

"萨德"系统入韩进程、各方考虑及影响评估

刘　尊
中国社会科学院美国研究所副所长、研究员

　　2016 年初朝鲜第四次核试并射星后，美国和韩国不顾中国和俄罗斯反对，以应对朝鲜核导威胁为由，决定在韩国部署"萨德"反导系统。目前双方已就此原则达成协议，正在就具体事宜进行协商。从种种情况看，"萨德"入韩似难以避免。在韩部署"萨德"系统是美建立亚太和全球反导系统的重要步骤，是美推进"亚太再平衡"战略的重大举措，是美蓄谋已久的既定目标。一旦成为现实，将打破亚太地区战略平衡，提升美导弹防御能力，加大对中俄战略打击能力的威胁，强化美韩军事同盟及美在亚太地区军事存在。此举还将损害中韩关系，进一步刺激朝鲜，并很可能引发地区军备竞赛，损害中方战略安全利益，不利于缓和当前朝鲜半岛紧张局势和维护东北亚地区和平稳定。我们应密切跟踪事态进程，认真评估其影响，并采取必要应对措施。

一　"萨德"系统性能和特点

　　"萨德"反导系统全称"末段高空区域防御"（THAAD，简称"萨德"）系统，是美国 20 世纪 90 年代研制的一种可机动部署的末段高空导弹防御系统。作为美国全球多层弹道导弹防御系统的重要组成部分，"萨德"系统由美陆军负责部署并使用，是目前美唯一能在大气层内外、对来袭的携带核与常规弹头的中近程弹道导弹实施多次拦截的陆基高空远程末段反导系统。该系统的拦截高度为 40～150 公里，射程达 300 公里，采用直接撞击方式拦截目标，主要用于拦截射程在 3500 公里以下、处于末段飞行的来袭弹道导弹。可机动部署，每辆发射车可运载 10 枚拦截弹，还可用 C-141 战略运输机空运，便于在全球范围内快速部署。该系统采用的陆基可移动 X 波段 AN/TPY-2 雷达对弹道导弹的最大探测距离为 2000 公里，既可作为

"萨德"系统的制导雷达，负责搜索、捕获、跟踪、识别目标和制导导弹，还可为低层拦截系统提供目标指示信息，更可作为美军整个反导体系的前端预警雷达，向位于美本土的导弹防御系统提供早期预警信息。"萨德"一旦入韩，可成为美东亚反导体系的重要一环。

"萨德"系统具有以下特点：一是拦截弹射程远，达 300 公里，系统防护区域大；二是拦截高度高，可在大气层内外防御中近程弹道导弹；三是采用动能杀伤技术，毁伤效果好；四是具有多次拦截能力，目标摧毁概率高；五是机动能力和系统生存性较强，可快速空运至所需战区，并可通过公路机动变换阵地躲避打击；六是数据兼容性强，可与其他反导系统互联互通互操作，实施联合作战；七是目标识别能力强，能识别真假目标，拦截精度较高。

二　事态进展

（一）酝酿阶段

美韩在导弹防御方面的合作由来已久，近几年一直在讨论"萨德"入韩问题。2014 年初，据外媒报道，为应对朝导弹威胁，美考虑在韩部署"萨德"系统。该消息引起了中俄在内的诸多国家的强烈反对和广泛关注。此后，美韩两国通过媒体大肆渲染朝导弹威胁，并就部署"萨德"一事对中、俄、朝反复试探。在此过程中，美态度始终积极明确，韩可能顾忌中、俄等国的关切和反对，表面上遮遮掩掩，态度暧昧，实际上持与美类似态度。韩军方一方面表示美方没有做出任何决定，一方面又称美在韩部署该系统有利于韩国防安全，韩方没有理由拒绝。据称，美军自2014 年下半年就已派出代表，在韩实地考察适合部署该系统的位置。但在朝第四次核试前，美并未就此正式做出决定，韩政府也未正式表态是否同意部署。

（二）加速阶段

2016 年初朝第四次核试及射星后，美韩不顾中俄反对，以防止朝核导威胁为由，开始加速推进"萨德"系统在韩部署事宜的磋商。在朝 2 月 7 日宣布成功发射卫星数小时后，韩美即宣布启动驻韩美军部署"萨德"系统相关磋商，随后在不到一个月时间的 3 月 4 日，两国正式签署协议，成立在韩部署"萨德"系统联合工作组，开始就在韩部署"萨德"的地点、费用和时间表等进行磋商。4 月 8 日，美防长卡特在美外交关系协会发表演讲，称在韩部署"萨德"是美韩之间的事，目的是保护韩国及驻韩美军，不关中国的事，美将按计划推进部署。近期美韩就"萨德"系统在韩部署选址和成本等问题进行了多轮磋商，双方决定"萨德"的部署及运作费用将由美方承担，韩方将提供地皮和相关设施。目前双方正积极商讨将"萨德"系统部署在山区，而不是原来计划的驻韩美军基地内。美防长卡特6月2日表示，"萨德"在韩部署问题正在按计划推进，相关计划不久就会公开，双方将在夏季正式决定部署该系统。从种种迹象看，部署计划正在加速推进，"萨德"入韩似难以避免。

三　相关各方考虑和意图

（一）美方意图

美国将最先进的导弹拦截系统部署在韩国是"醉翁之意不在酒"，并非如美所称仅仅针对朝鲜，而是借朝半岛局势紧张之机，推动美亚太反导体系建设。推进"亚太再平衡"战略，是美蓄谋已久的既定目标，意在打破亚太地区战略平衡，提升美导弹防御能力，加大对中俄战略打击力量的威胁，强化在半岛乃至整个东北亚地区的军事存在，同时破坏中韩关系。

在韩部署"萨德"系统，一是整合东北亚反导体系的步骤。近年来在推进"亚太再平衡"战略的大背景下，美以应对朝核导威胁为由，通过多种手段持续推动亚太地区反导合作，着力构建多地相集成的导弹防御体系，逐渐形成了以美日合作为主，美韩、美台、美澳等合作并举的态势，不断拓展其亚太地区导弹防御链条。此次在韩部署"萨德"系统就是其建设亚太和全球一体化导弹防御系统的重要举措，以达到在全球构建起以美本土为中心，以亚太和欧洲为两翼的一体化、多层次全球反导体系的目的。

长期以来，韩一直是美东亚反导体系的短板，一旦"萨德"入韩，美将在东北亚地区拥有一个完整的导弹防御体系："爱国者"为中低层末段反导系统，"萨德"为高层末段反导系统，"宙斯盾"系统则负责海基中段拦截。再加上美本土部署的中段拦截系统，美在亚太地区构建的多层反导体系将更加严密。一旦美在亚太地区的反导系统顺利建成，将远远超出美宣称的对朝鲜半岛的防卫需求，将会极大威胁到东北亚地区国家的战略安全利益，亚太反导网的建设也将成为美"亚太再平衡"战略的直接工具。

二是强化美日韩同盟的抓手。长期以来，美将导弹防御系统作为保护前沿部署力量、为盟友提供延伸威慑的重要装备，将反导合作视为强化联盟体系的重要手段和内容。美长期希望韩加入其反导体系,实现美日韩反导系统指挥控制一体化以及预警信息共享。在韩部署"萨德"就是其强化美日韩实质性军事同盟关系的重要抓手。虽然韩出于各种考虑,对是否加入美导弹防御系统一直态度暧昧,但由于韩自身的反导系统要到2020年后才能建成,且近两年美日韩实现了三方共享导弹威胁的情报,"萨德"入韩必将使韩考虑与美军的联合作战问题,使韩在反导系统作战指挥和情报保障、系统维护和技术升级等方面依赖美国,增强韩加入美反导体系的可能性,从而也进一步增强美对韩的军事控制。据报道,美日韩三国今夏将借环太军演之机,在夏威夷海域首次进行弹道导弹防御联合军演,这意味着韩实际上加入了美日主导的亚太导弹防御系统,美日韩军事合作也迈出了实质性步伐。这也将进一步增强美在亚太地区军事存在,夯实其"亚太再平衡"战略,提升其对中国围堵遏制的能力。

三是胁迫中俄、分化中韩的筹码。美在韩部署"萨德"明里针对朝,实质剑指中俄,想达到胁迫中俄、分化中韩的目的。美以在韩部署"萨德"为筹码,要挟中俄在对朝政策等重大战略关切问题上向其妥协。为了争取中俄对联合国制裁朝鲜决议的支持,2月24日美国务卿克里表示,美并不是急迫地寻求部署"萨德"的机会,如果能够实现朝鲜半岛无核化,就没有必要部署"萨德"。美还推迟了与韩签署成立在韩部署"萨德"系统联合工作组协议的时间。但在3月4日安理会刚刚通过2270号对朝制裁决议后,美韩立刻签署了相关协议。今后美会继续利用中俄的反对,与中俄打"萨德"入韩牌。

朴瑾惠总统上任以来,一改前政府亲美日的政策,在中美之间保持平衡,试图在安全上继续依赖美国的同时,发展同中国的关系,实现"安全靠美、经济依中"的新平衡。近年来中韩关系势头良好,两国在历史问题上相互配合制衡日本;在经济上达成自贸协定;在政治上关系日渐紧密,高层互访不断,去年"九三"阅兵,朴亲赴中国观礼,受到中国隆重接待。中韩的密切关系自然引起美国不快,美不会听之任之,"萨德"入韩就是美分化中韩的重要筹码。

(二)韩方考虑

出于谋求更多战略自主权、顾虑中方立场以及不愿与日本合作等原因,近年来韩一直以自主研制为主、引进合作为辅的方式,构建韩国防空反导系统(KAMD),不断推进"杀伤链"和韩国型导弹防御系统的建设,并表示没有加入美导弹防御系统的打算。朝第四次核试后,韩大幅调整其对朝政策,全面中断开城工业园区,从合作与高压并举变为全面施压,并一改之前的暧昧态度,公开高调支持"萨德"入韩。朴槿惠总统 1 月 13 日在记者会上首次正式提出将"萨德"系统部署在朝鲜半岛的可能性，表示出于国家安全和利益考虑，韩政府将研究有关引进"萨德"系统事宜。面对朝核试及射导带来的安全威胁，韩国包括军方在内，焦虑感持续上升。韩自行筹建的反导系统进展缓慢，技术水平滞后，三五年内构不成战斗力，韩认为仅靠自身力量无法应对朝包括核导与常规力量在内的打击。

朝核试后，美主动展示了增强韩防务的一系列大动作，包括出动核潜艇、核动力航母，派遣 F22 战机抵近韩国，从本土调遣"爱国者"反导系统部署到首尔，使韩民众对美期待高涨，认为部署"萨德"弊大于利的声音相对边缘化，赞同部署的势力占据上风。加之美早就存有"萨德"入韩企图，面对朝核试带来的"良机"，美必然借机敦促韩同意部署"萨德"系统，从而进一步强化美韩防务合作，实现美日韩亚太反导系统一体化。在朝核试危机和美巨大压力下，韩政府以同意"萨德"入韩作为强化美韩同盟、反制朝核威胁的重要举措。

（三）对俄影响及俄方考虑

"萨德"系统配备的陆基 X 波段雷达只能覆盖俄远东部分地区，而俄陆基战略核力量主要部署在西伯利亚以西地区，不在"萨德"系统的预警和拦截范围之内。此外，俄军主要核打击力量如白杨－M 等战略导弹，均具有较强的变轨和突防能力，"萨德"系统难以对其进行有效拦截。加之"萨德"系统主要用于对付中程弹道导弹，不具备拦截洲际弹道导弹的能力，而俄由于受制于国际条约而无法生产和部署中程弹道导弹。因此，虽然"萨德"入韩将对俄国家安全产生一定战略性影响，如将使美亚太地区反导系统进一步逼近俄东部边界，增强美对俄远东军事力量的监视和早期预警能力，在一定程度上威胁俄战略遏制能力，进一步打破俄美全球战略平衡，增大美对俄战略优势，但尚不会对俄战略核遏制能力构成直接的实质性威胁。当前美正在俄后院强推反导部署，5 月 12 日美设在罗马尼亚南部的反导系统正式投入运行，5 月 13 日美还启动了在波兰的第二处反导系统建设，预计将于 2018 年完工。美在欧洲靠近俄边境地区部署反导系统，无疑将对俄国家安全构成直接重大威胁，是俄之心腹大患，需要俄重点加以应对。

俄出于自身利益等多方考虑，有与中国合作应对"萨德"入韩事态的需求和意愿，联合中国应对"萨德"入韩可在一定程度上缓解其因乌克兰问题承受的严重战略压力，在俄美中三边关系中进一步拉近俄中关系，也有助于壮大俄在俄美反导斗争中的声势，改善长期以来俄在俄美反导斗争中势单力薄的被动局面。

四 "萨德"入韩的影响

第一，增强美反导拦截能力。"萨德"入韩将使美在韩导弹防御系统除"爱国者-3"末段低层拦截外，又增加了"萨德"末段高层拦截能力，从而同时具备末段高低两层拦截能力，将降低周边国家弹道导弹的突防能力和作战效能，对其弹道导弹力量的安全和效能构成严重影响。

第二，提高美战略预警能力。"萨德"入韩后，其X波段AN/TPY-2雷达的监控范围将远超部署在日本的同型雷达，可深入东北亚内陆，对周边国家导弹发射活动的预警监视能力将大幅提升，特别是可对中国内陆发射的洲际弹道导弹进行早期探测跟踪。此外，还可获取该地区国家包括目标数据资料在内的大量情报，从而扩大美军对该地区国家的信息优势以及由此带来的决策和行动优势。

第三，破坏国际战略平衡。美国在自己早已拥有强大弹道导弹打击能力的基础上，力推在韩部署"萨德"系统，旨在东亚地区形成完整的导弹防御链条，这将严重削弱本地区国家的战略威慑打击能力。美国单方面获取战略优势，也将严重动摇业已形成的国际安全体系。

第四，刺激地区军备竞赛。中俄等国为了抵消"萨德"入韩所带来的压力，可能被迫提高各自导弹的突防能力和打击能力，从而可能在东北亚引发新一轮军备竞赛。据报道，早有计划引进"萨德"系统的日本也正在重新考虑引进"萨德"事宜。

第五，恶化朝鲜半岛局势。此举将进一步恶化朝鲜半岛局势，使武力威胁升级并继续向战争的危险方向发展，可能引发东北亚局势新的紧张，不利于维护半岛和平稳定和坚持对话协商的正确方向，并让解决朝鲜半岛核问题变得更加困难。

"萨德"入韩是美构建反导体系和强化美韩同盟的重要措施，虽然中俄坚决反对，但并未取得乐观结果，"萨德"入韩似难以避免。美在欧洲部署反导系统即是前车之鉴，围绕此事态的博弈将是长期和复杂的。中国应高举维护全球战略稳定大旗，阐明中国坚决反对"萨德"入韩的严正立场，揭露美方此项军事行动的真实目的，综合运用政治、经济、外交、军事等手段，迟滞甚至搁置其进程，限制其功能，同时提升中国军事反制能力。

参考文献

[1]《美国考虑在韩国部署THAAD系统》，《国外核武器动态参考》2015年第3期。

［2］《美国及其盟友亚太地区弹道导弹防御情况》，《国外核武器动态参考》2015 年第 4 期。

［3］《韩国部署"萨德"系统影响分析》，《国外核武器动态参考》2016 年第 2 期。

［4］《日媒：美日韩将首次进行弹道导弹防御联合军演》，2016 年 5 月 16 日，中国新闻网。

［5］《俄抗议声中美反导系统再开工预计 2018 年完成》，2016 年 5 月 15 日，新华网。

国际规则篇

当代全球规则体系的发展趋势、影响与应对

韩 冰

中国社会科学院世界经济与政治研究所国际投资室副研究员

当前国际格局正处于调整、变革、发展的关键时期，当代全球规则体系出现了国际规则覆盖领域不断扩大、制定权的博弈日益激烈、国际经贸规则体系深刻调整、非国家行为体的参与和影响日益扩大、国际软法的作用日益凸显等新趋势。为应对新一轮国际秩序调整和国际规则体系的新发展带来的挑战，维护国家利益和固化长远的制度性权利，弥补中国在国际规则体系建构中经验、能力、机制和人才队伍等短板，目前需要从树立对国际规则的正确认识、积极参与和创制新的国际法理念和规则、与国际组织展开良性互动、更多利用法律机制解决经贸争端、稳步推动开放与国内改革进程、重视国际法人才培养等方面进一步考虑对策。

一 当代全球规则体系的发展趋势

当今世界秩序建立在"基于规则的"国际体系之上，但是这一国际体系正面临诸多挑战。[①] 例如，英国退欧、美国特朗普主义兴起、恐怖主义持续发酵、欧洲难民潮和极端政治力量勃兴、亚洲地缘政治之争等。当前国际格局正处于调整、变革、发展的关键时期。与此同时，2008 年国际金融危机深层次影响继续呈现，世界经济总体低迷、增长乏力，民粹主义、反全球化的声音日渐增多，发展问题更加突出。在此背景下，各国正在围绕制度性权力和利益的再分配，展开秩序和规则的博弈，国际规则特别是国际经贸规则的发展进入了一个加速变革的时期。伴随着国际形势和格局的发展变化，全球规则体系呈现一系列重要趋势与新动向：

第一，当代全球规则体系覆盖领域不断扩大。订立国际条约规范人类在各领域

---

① 〔美〕亨利·基辛格：《世界秩序》，中信出版社，2015，序言。

的行为和活动，是过去 70 年国际关系中最主要的现象之一，也是保障世界和平、避免世界大战的最主要因素之一。① 在联合国和其他国际机构的推动和支持下，国际社会订立了大量的国际多边条约，双边条约更是不计其数。国际规则的覆盖范围与领域持续扩大，从洋底采矿到外空探索、从气候变化到环境保护、从人权保护到军备控制和裁军无所不包，并日趋完备。

第二，国际规则日益成为国家竞争的"巧实力"。二战以来，作为国际秩序的"稳定器"，国际规则在国际关系中的地位和作用逐步趋于加强，各国愈来愈重视运用国际规则来维护自身的权益，愈来愈多地借重和利用国际规则推进各自的国际政策。国际规则的基础性、战略性作用日益凸显，国际社会法治意识逐步加强。一国如不遵守国际规则意味着触犯了国际社会的道德，抛弃了与国际社会共同沟通的话语。为此，美国等西方国家将国际规则作为可支配的政策工具，通过灵巧运用实现全球领导力。

第三，国际规则制定权的博弈日益激烈。在国际体系和国际秩序正经历深度调整的大背景下，世界各国尤其是大国着眼未来的制度性权利，对各领域国际规则激烈角力。当前在贸易、投资、金融、知识产权、海洋、外空、网络安全等领域的规则制定权之争最为显著。国际规则是非中性的，谁能够制定国际规则，在其中发挥主导作用，谁就能够获得更大的利益。② 为实现自身利益最大化，各国纷纷抢抓国际规则制定的主导权。

第四，国际经贸规则体系深刻调整。2008 年的国际金融危机加速了国际力量的消长变化，新兴经济体快速崛起，国际地位显著上升。随着经济实力的持续提升与更加深刻地融入世界经济，新兴经济体为寻求更加公平公正的发展环境参与规则制定的诉求日益增加。而发达国家作为建构现行国际经贸规则体系的主导者，为应对新兴经济体的崛起，成为当前国际经济秩序变革的直接推动力量，希望通过建立和维护新的规则和制度体系将中国等新兴大国的权利约束其中，从而确保国际秩序及美国主导地位的延续性。③

第五，非国家行为体的参与和影响日益扩大。伴随全球化而来的非国家行为体的数量激增与活动频繁是近年来国际秩序中最突出的现象之一。非国家行为体主要

---

① 徐宏：《法律外交理论和实践创新恰逢其时》，《法律与外交》2016 年第 1 期。

② 李向阳：《国际经济秩序的发展方向》，《现代国际关系》2014 年第 7 期。

③ G. John Ikenberry, "The Rise of China and the Future of the West: Can the Liberal System Survive?", *Foreign Affairs*, 87（1）, pp. 23 – 37.

指国家以外能够独立地参与国际事务的实体，一般包括政府间国际组织、非政府组织、跨国公司等。在国际治理领域，非国家行为体越来越积极地表现出干预国际决策的能力和参与国际治理的决心。非国家行为体的活动日益全球化，不仅针对各国政府采取各种行动以影响其立法或决策过程，而且直接参与联合国及主要国际组织的会议、决策、日常活动、项目执行乃至争端解决，通过合作或抗议行动对相关规则的制定和实施施加影响。联合国人权理事会普遍定期审查制度确立的重要原则之一即是"确保所有相关的利益攸关方，包括非政府组织和国家人权机构的参与"。①

第六，国际软法的作用日益凸显。国际软法是指缺乏具体的规范性内容，无法产生可以执行的权利和义务，但可以产生一定"法律效果"的规范和原则。② 国际软法文件在国际法中有许多称谓，具有代表性的包括"宣言""指南""行为守则"和"建议"等，无论使用哪个术语，国际软法与国际条约的关键区别在于国际软法不具有直接法律约束力。软法作为20世纪70年代末、80年代初在西方学界出现的一个引人注目的概念，体现了全球化对国际社会带来的挑战。一方面，在全球化时代，国际社会中的规则之制定成为了必然的渴求，而传统国际法立法模式无论是条约的制定抑或习惯国际法的形成都需要较长的时间，软法所具有的灵活性在一定程度上可以对新的形势做出较快的反应，从而在一定程度上弥补传统国际立法模式在应对新的国际挑战面前存在的固有缺陷。另一方面，在经济全球一体化的推进中，国际社会面临着各种纷繁复杂的问题，而对这些问题的解决，国家间有时存在着激烈的矛盾与冲突，软法文件在国际经济领域的大量出现即是显明的例证。随着经济全球化的深入，国际经济领域的软法的适用日益广泛和统一，其在一些方面表现出不亚于国内立法和国际条约的"硬约束"作用，还有一些软法成为具有法律约束力的规则出台的试金石。2016年在中国举办的二十国集团（G20）杭州峰会制定了《G20全球投资指导原则》，这一国际软法文件出台的背景即是考虑到短期内在国际投资领域启动统一的、全面的多边投资协定谈判的时机尚未成熟，但又需要为投资者提供可预见的国际投资环境，有效避免可能出现的投资保护主义倾向，因此，在中国的倡议下，G20成员共同制定了这套各国国内与国际投资政策制定需遵循的基本原则与标准。③

---

① A/HRC/RES/5/1, annex, para. 3 (m).

② Francesco Francioni, "International 'Soft Law': A Contemporary Assessment" in V. Lowe, M. Fitzmaurice, eds., *Fifty Years of the International Court of Justice*, *Essays in Honor of Sir Robert Jennings*, Cambridge University Press, p. 167.

③ 韩冰:《二十国集团在国际投资领域的合作与前景展望》,《国际经济评论》2016年第4期。

二 国际规则演变的新动向

第一，国际经贸规则体系呈碎片化发展。伴随区域一体化的发展，当前国际贸易与投资规则体系呈现"多中心"和"碎片化"的发展趋势。在国际贸易领域，WTO 谈判长期停滞不前的局面催生了旨在推进国际市场一体化与建立多边合作机制的新的全球经贸规则谈判，如 2016 年已签署的《跨太平洋伙伴关系协定》（TPP）以及正在谈判中的《服务贸易协定》（TISA）、《跨大西洋伙伴关系协定》（TTIP）、《区域全面经济伙伴关系协定》（RCEP）等。在国际投资领域，国际投资协定数量持续增加，截至 2015 年底已达 3304 项。新签订的国际投资协定遵循不同的协定范围，且各区域协定也大多规定缔约方已有的双边协定继续有效，从而使得国际投资规则体系呈碎片化发展的同时，复杂程度亦不断增加。[①]

第二，国际经贸规则在内容上日趋统一。经济全球化的深入发展使得经贸领域法律之间的借鉴和融合日益加强，国际经贸规则在具体内容上自发地呈现内在一致性，虽高度争议但动态稳定。有学者采取将国际投资协定作为数据的新方法，有效地观察到了 2100 个国际投资协定以及 24000 个具体投资条款的细节内容，通过比较投资条约和条款之间的文本重叠，检测到条约的相似程度。其研究指出 TPP 投资章节 81% 内容取自 2006 年的美国－哥伦比亚自由贸易协定。[②] 在国际投资协定具体内容方面，征收、公正与公平待遇条款、非歧视条款等内容在立法技术上有小的区别，但整体上趋于一致。与此同时，国际经贸法律体系加速了各国涉外经贸立法的趋同。例如区域层面的贸易协定以消除区域内关税及非关税贸易壁垒、促进贸易自由化为目标，势必要求加入区域贸易协定的各成员方的相关国内法律做出调整，从而推动区域内各成员经贸立法的统一。

第三，新一代国际经贸规则逐步形成。随着新兴经济体的崛起，美国等发达国家日益感到现有国际规则体系未能充分维护它们在创新领域和高端服务行业的优势。有鉴于此，发达国家试图通过建立高标准的国际经贸规则来维护其竞争地位。例如 TPP 涉及 WTO 未提到的或是标准较低的新规则。主要创新条款体现在跨境服

---

① 联合国贸易和发展组织（UNCTAD）：《世界投资报告 2016：投资者国籍及其政策挑战》，冼国明、葛顺奇总校译，南开大学出版社，2016。

② Alschner, W. and Skougarevskiy, "Mapping the Universe of International Investment Agreements", Journal of International Economic Law, 19 (3), pp. 561–588.

务、跨境电子商务、国有企业、政府采购、知识产权等方面。这些新规则弥补了以美国为代表的发达国家在世贸组织（WTO）框架下存在的不利于本国企业的漏洞，并进一步为本国企业消除进入新兴经济体以及发展中国家市场的投资壁垒。因此，即使未来 TPP"死了"①，这些经过反复磋商形成的新一代经贸规则也具有示范效应，各国可以根据自身情况在双边、区域与多边自由贸易协定谈判中借鉴或使用。事实上，从目前 TISA 与 RCEP 外泄的谈判议价来看，同时参加这些谈判的 TPP 成员已将其中一些新规则带入这两个重要的谈判。

第四，国际经贸规则增加可持续发展内容。随着经济全球化的深入，经济活动对环境、劳工等领域的影响日益凸显，国际经贸规则从传统上主要关注贸易、投资、金融、税收等纯经济领域，发展到更多地涉及健康和安全保护、环境、劳工权利等领域，并且相互之间的关联不断强化。例如，在国际贸易争端案件审理过程中，WTO 争端解决机构越来越多地考虑和援引环境立法的相关内容，包括把多边环境公约作为法律依据用于案件审理，以及在一定范围内认可国内环境保护措施的域外效力等。② 在国际投资领域，越来越多的国际投资协定在序言中提及健康和安全保护、劳工权利、环境或可持续发展。例如 2012 年美国 BIT 范本、2015 年印度 BIT 范本等。

第五，国际经贸争端数量不断增加。截至 2016 年 10 月，世界贸易组织共登记 513 起争端。另据联合国贸发会议《2016 世界投资报告》统计，截至 2015 年底公开的投资者－东道国争端（ISDS）案件总数达到 696 项，107 个国家成为一个或多个 ISDS 案件中的被诉方。逐年增多的国际经贸争端案例，充分表明各国越来越青睐于使用国际规则对经贸争端定纷止争。这进一步增加了国际经贸争端解决机制在全球经济治理中的重要性。在全球投资治理方面，国际投资争端解决机制改革成为近年的焦点问题。其原因主要在于现有国际投资争端解决机制存在正当性不足、透明度不够、裁决不一致、难于纠正错判以及仲裁员缺乏独立性和公正性等问题。当前，国际社会虽然对于改革现有投资者与国家争端解决机制的必要性已达成共识，但对改革的具体路径仍存有分歧。例如，在 2016 年签署的"跨太平洋伙伴关系协定"（TPP）和"欧盟－加拿大全面经济贸易协定"（CETA）这两个最先签订的巨型自

---

① 2016 年 11 月 24 日，美国当选总统特朗普通过 YouTube 视频宣布其要在上任的第一天发布总统行政令，退出 TPP。

② 廖凡：《经济全球化与国际经济法的新趋势——兼论中国的回应与对策》，《清华法学》2009 年第 6 期。

贸协定中，争端解决机制安排具有较大异同，TPP 坚持传统的投资者 – 国家仲裁制度，而 CETA 包含一个具有预选的法庭成员的双层法院系统。[①]

三 对中国的潜在影响与对策建议

当代全球规则体系呈现的新动向表明，国际规则的博弈正在发生全球性、根本性、全局性、长远性的影响。一个国家能否善用现有的规则并且影响未来的规则发展，能否在国际关系中讲规则、讲出道理，成为衡量一个国家软实力的重要因素。[②]就中国而言，中国既面临深度参与全球规则体系构建的机遇，也不乏复杂挑战：

第一，国际规则体系的调整与变动，为中国参与国际规则体系的建构以及宣示和弘扬中国的主张与增加制度性话语权带来机遇。

第二，国际规则调整范围的扩大，意味着中国在国际规则方面需承担的国际义务与国际承诺不断增加，中国熟练运用国际规则的能力面临挑战，国际条约的解释和适用问题的重要性日益凸显。

第三，国际经贸规则的重塑正在形成影响未来中国经济发展的外部环境。新一代国际经贸协定的主要目标是重新划分和分割市场，获取制度红利，抑制发展中国家日益上升的影响力，这给中国经济发展和市场开放带来新的挑战。

第四，西方国家打着国际规则的旗号对中国施压的情况会更为频繁，中国面对的压力会趋大。随着中国"走出去"的加快与海外利益的扩大，未来国际经贸领域争端的数量也会不断增加。

为应对新一轮国际秩序调整和国际规则体系的新发展带来的挑战，维护国家利益和固化长远的制度性权利，弥补中国在国际规则体系建构中经验、能力、机制和人才队伍等短板，应从以下几方面入手，确立通盘长久的应对国际规则体系负面影响的战略规划。

第一，树立对国际规则的正确认识，纠正西方国家对国际法的滥用。中国不应将国际规则仅视为西方压制中国的工具，而是应学习掌握和合理运用这一工具，对国际不法行为进行批判，并进而树立国际法治中国的积极形象。通过将中国日益增长的经济实力转化为制度性权利，扩大中国对国际规则制定、解释、运用的影响

---

① Schacherer, "TPP, CETA and TTIP between Innovation and Consolidation – Resolving Investor – State Disputes under Mega – regionals", *Journal of International Dispute Settlement*, 7 (3), pp. 628 – 653.

② 徐宏：《国际法前沿与中国面临的挑战与机遇》，中国国际法学会 2016 年学术年会上报告。

力，塑成中国负责任大国的形象。

第二，提炼"中国经验"，积极倡导、参与和创制新的国际法理念和规则。为了谋求更多话语权，中国应在深入研究与分析现有的通用的国际规则体系利弊影响的同时，认真提炼自身发展经验，提出并倡导反映中国发展阶段与利益诉求且能够解决国际社会共同面临的重大挑战（Grand Challenges）的国际法理念，并通过深度参与国际规则制定，将这些理念贯彻到新规则之中，塑造体现中国价值观的国际规则。

第三，采取务实的立场，在维护现有国际经贸规则体系稳定性的前提下协调相关利益。中国作为现行国际经贸规则体系的受益者之一，应在维护现行国际经贸规则体系稳定性的前提下推动国际经贸规则体系的完善与发展。在国际经贸规则谈判方面，特别是对于中国作为发展中国家立场而言有所突破创新的方面，应尽量利用多边谈判机制，避免一对一谈判而造成承压过重，同时注意在国际规则谈判中内置安全阀，降低潜在风险，确保维护国家利益。

第四，加强国际法人才培养，提高中国参与国际规则制定和国际司法活动的质量。积极有为地争取制度性话语权，需要拥有坚定的国家利益立场并具有国际视野与专业知识的国际法人才。国家有关部门、教学科研组织应通过与国际组织、国际司法机构签订实习合作协议、设立支持获得国际组织实习资格的青年学生的专项基金等方式，为青年学生提供更多接触国际法、国际事务的机会。

第五，与国际组织展开良性互动，创造互利共赢的新机会。应充分利用国际组织与多边机构的资源，鼓励国内学术团体、智库深入参与各领域国际规则制定的研讨活动与适用，表达中国关切，推动更为开放、全面和公正的国际规则体系的构建。

第六，顺应国际趋势，更多利用法律机制解决经贸争端。在当前的国际经贸规则体系下，国家利益已日益不再是通过政治家或外交家，而是通过律师和其他技术专家来实现。[①] 中国需要顺应国际趋势，妥善利用国际争端解决机制和规则，不断积累经验，维护中国权益。

第七，处变不惊，稳步推进开放与国内改革进程。面对国际产业分工体系重构以及贸易投资格局的改变，中国的战略重点与政策着力点仍旧在于修炼"内功"。对于新一代国际经贸规则，中国不宜抱持抵触心理，完全否定。如果能够在规则接

---

① 廖凡：《经济全球化与国际经济法的新趋势——兼论中国的回应与对策》，《清华法学》2009年第 6 期。

受程度和方式上掌控得当，这些规则将发挥良性的"倒逼"作用。对于一些不会影响中国核心利益与根本原则的措施，中国应该做出相应调整。同时，也应清醒地意识到，接受高标准的国际经贸规则，需要结合自身经济发展特点与作为发展中国家和转型经济体的基本国情，在充分了解本国的产业发展现状的基础上，逐步、适当引入高标准的国际准则。

国际贸易新规则对中国的影响及对策研究

东 艳　倪月菊

中国社会科学院世界经济与政治所研究员

全球化的快速发展呼唤与之相适应的国际经贸新规则。多哈回合的停滞不前催生了区域及诸边经贸规则的涌现。欧美主导的 TPP、TTIP、TISA 和美国 2012 BIT 模板体现了国际经贸新规则的发展趋势：新规则超越了现有 WTO 规则，为未来形成 WTO2.0 版奠定了基础；新规则回应了全球价值链发展对制度的需求；新规则集中在各国国家管辖（beyond the border）的政策领域；发达国家力图成为新规则的主导者；新规则对发展中国家的制度规范和改革提供了外部压力。

国际经贸新规则在一定程度上超越了中国目前的开放水平，表现在：货物贸易的开放程度和水平更高；服务贸易以负面清单模式全面开放，且为跨境服务贸易、金融服务、电信业、电子商务等服务业及新兴业态确立了新的规则框架；投资条款更致力于为海外投资者建立一个稳定、透明、可预见和非歧视的保护框架；出现了一些中国现有 FTA 没有涉及的新议题，将一些原本属于一国管辖的国内政策向区域层面扩展，而这些规定扩展为国际规则后，将对中国企业的经营及政府监管行为产生较大的影响和冲击。

上述国际经贸领域出现的新规则代表了 21 世纪国际经贸规则的发展方向，可能成为制定未来国际经贸规则的范本，因此必须引起我们的高度重视。如果中国不能参与其中，必将对中国产生重要的影响，如：对中国产生一定的贸易转移效应，给中国既定的亚太战略带来新的挑战，使中国的自贸区战略受到一定影响，也可能影响中国在多边体制下的影响力。面对主要经济体在国际经贸新规则领域的竞争及其实施可能给中国带来的影响和危害，中国必须审时度势，未雨绸缪，努力深化改革、加大开放力度，以逐步适应以 TPP 规则为主要内容的未来国际经贸新规则。

一 国际贸易新规则及其主要特点

当前，主要经济体在全球贸易新规则构建方面的竞争加剧。从 2008 年开始，美国开始力推 TPP、TTIP 等跨地区的区域贸易协定，期望为 21 世纪国际经贸规则打造"高标准"的示范模板；欧盟则通过加强与主要发达经济体的区域及双边贸易谈判，如 TTIP、欧盟 – 加拿大 FTA、欧盟 – 日本 FTA 等，力争占据国际经贸新规则的制高点。同时，美国 2012 模板的双边投资协定、WTO 框架下的诸边服务贸易协定（TISA）也体现了以美国为首的发达经济体在引领国际投资和服务贸易新规则上所做的努力。上述贸易和投资协定中体现出的新规则以促进区内贸易和投资自由化为特点，以构建具有一定排他性的价值链为目标，适应了 21 世纪数字经济时代发展的需求。其特点主要体现在：

第一，超越了现有 WTO 规则，为未来形成 WTO2.0 版奠定了基础。TPP、TTIP、TISA 等协定标准的制定不仅是为了形成协定本身，而且要引领 21 世纪的贸易和投资标准，因此在深度和广度上都超过了 WTO 协定的现有规则，成为未来国际经贸规则的范本。

第二，回应了全球价值链发展对制度的需求。新规则将货物贸易、投资、服务贸易规则相整合，并对 21 世纪贸易模式所涉及的新问题进行规范，如全球价值链生产中的原产地规则、管制的协调、电子商务、中小企业发展等，以形成适应 21 世纪全球价值链发展的新一代贸易规则。

第三，更加关注各国国家管辖（beyond the border）的政策领域。新规则的核心内容是管制的协调性，促进外国厂商更有效地在成员国间进行生产经营活动，通过协调各国国内的贸易规则和政策，去除边境内壁垒，增加全球生产网络的运行效率。

第四，发达国家成为新贸易规则的主导者。当前的新规则构建由美国为主导，欧盟、日本等发达国家为核心力量，反映了美欧等发达经济体维持在全球经济中的主导地位、维护本国的就业、增长及其投资者在其他国家的利益的诉求。如新规则中的投资者—东道国争端解决、金融服务自由化、严格的劳动和环境保护标准等。

第五，给发展中国家的制度规范和改革提供了外部压力。发达国家希望将其价值观及市场经济规则向发展中国家传递。以 TPP 为例，其成员国在经济发展程度、市场经济完善程度等方面均存在较大差异，而事实上，新规则在很大程度上超越了发展中国家的发展水平，因此，客观上 TPP 的新规则为发展中国家的制度规范和经济改革提供了外在的压力。

二 高标准的"二十一世纪贸易协定"

在美国宣布加入 TPP 谈判的声明中首次提出 TPP 的目标是达成一份"与二十一世纪贸易协定相匹配的高标准的区域协定"。至于何为"二十一世纪贸易协定",目前尚无统一界定。但有两点可以达成共识,一是代表更高水平和更全面的贸易自由化,二是涉及更多"与贸易相关"但在传统贸易协定中鲜有涉及的新议题。从目前已知的条款上看,以 TPP 协议为代表的国际经贸新规则立足于对贸易壁垒的削减和贸易自由化的全面推动、谈判目标非常广泛,的确具备了"二十一世纪贸易协定"的基本要素。

以 TPP 为例,其主要内容可以分为四类。第一类是传统议题的深化,包括货物贸易及相关问题、投资、服务贸易;第二类是深度一体化议题,包括政策采购、竞争政策、知识产权、劳工和环境等问题;第三类是横向新议题,包括监管一致性、合作和能力建设、国有企业和指定垄断、中小企业、竞争力和商务便利化、发展、透明度和反腐败等问题;第四类是其他制度性议题,包括争端解决机制等问题。其高标准主要体现在:

第一,全方位降低"市场准入"门槛。TPP 以全方位国民待遇和"负面清单"的谈判方式,极大限度地为货物提供全面的零关税准入,取消对服务、投资、金融市场、临时商务人员准入和政府采购的限制,以保证最大限度的货物和服务贸易自由化。

第二,广泛的跨领域新议题的设置。该协定不仅包括传统的货物和服务贸易等问题,还涉及了劳工标准、环境保护、知识产权、国有企业和垄断、中小企业等诸多在以往多边或双边、区域协定中鲜有提及甚至从未涉及的议题。

第三,全面应对新的贸易挑战。TPP 协议涉及了全球贸易中出现的新挑战,如应对互联网、与数字经济同步发展起来的云计算等新技术问题以确保全球信息和数据的自由流动。

第四,以"规则协同性"确保实现规则的环境。TPP 协议通过建立有效的咨询、合作等机制,通过鼓励透明性、非歧视性、政府合作等方式确保在 TPP 缔约方的市场中营造一个公开、公平、可预见的规则环境,以实现各方规则的协同性。

总之,以 TPP 为代表的国际贸易新规则无论从内容的深度和广度上看,还是从确保实施的规则方面看,已经远非传统的区域贸易协定可以比拟,足以称为一个"超级自由贸易协定",有望成为未来区域贸易协定甚至全球多边贸易协定的模板。

三　中国既有 FTA 的开放水平与新规则的差距

从已知的国际贸易新规则来看，其开放水平明显高于中国已经签订的 FTA 的水平。

在货物贸易开放方面，新规则即时零关税目标基本都设在 80% 以上。同时，海关管理和贸易便利化措施、卫生和植物卫生标准、知识产权标准等都具有较高的标准。在卫生和植物卫生措施方面提出了以科学为基础的新的标准，对食品安全等方面的要求较高；在技术性贸易壁垒方面提出新标准，对化妆品、医疗器械、药品、信息与通信技术产品等方面制定了具体标准。对知识产权、劳动、环境等横向议题，中国面临的竞争环境提出更高的要求。这些标准明显高于目前中国的开放水平和技术标准。

在服务贸易开放方面，由于新规则的标准是根据发达国家的发展情况制定的，因而标准远非发展中国家所能承受。如：TPP 协定对跨境服务贸易、金融服务、电信业、电子商务等服务业及新兴业态确立了新的规则框架，这些内容虽然在现有中国签订的 FTA 协定中都有涉及，但中国的开放标准明显较低，特别是对于电信业、电子商务等新兴业态。

在扩展的新议题方面，新规则往往将一些原本属于一国管辖的国内政策向区域层面扩展，如国有企业和指定垄断、监管一致性等，这些规则旨在采用美国等发达国家的国内政策框架，来约束其他国家的经营和监管行为，以形成统一的营商环境和市场规范，并传递美国的商业价值观。目前中国的 FTA 中没有涉及这类规则。

四　国际经贸新规则对中国经济的影响

由于中国既有的 FTA 开放水平与国际经贸新规则存在很大的差距，一旦其得以顺利实施，而中国置身事外的话，必将对中国经济的发展产生一定的影响。

从货物贸易上看，将对中国产生一定的贸易转移效应。以 TPP 为例，TPP 协议规定成员国之间将在规定的时间内消除多达 18000 多项产品的关税，包括汽车、工具机、信息产品、消费品、化学品及酪梨、小麦、猪肉、牛肉等农产品。众所周知，亚太地区在中国的对外贸易中有着举足轻重的地位，特别是美国、日本和东盟都是中国重要的贸易伙伴。因此，大幅度的关税削减必将形成一定的贸易转移效应。如中国的部分劳动密集型产品的出口（如服装鞋帽等）会转移至越南，部分机电产品的出口可能转移至新加坡和马来西亚。从吸引外资的角度看，会加速外资转移，特别是向东南亚国家的转移，减少外国对华直接投资。因为根据原产地原则，出口产品所含的中间品必须 50%～60% 以上来自于成员国内部才可以享受减免关税的待遇。

从服务贸易上看，国际服务贸易谈判模式正朝着负面清单方式转变。同时，新的服务贸易规则要求服务业的全面开放，除非是关于信息安全等国家利益的服务部门。从内容上看，电信服务、金融服务、运输服务及知识产权等将作为重点谈判的部门，特别是与 ICT 技术相关的服务业开放将是新一轮服务业开放的重点。因此，一旦服务贸易新规则开始全面实施，就意味着需要服务业开放更多的领域，在某些领域可能给国家安全带来威胁。例如，TISA 所推动的数据自由流动涉及隐私保护和国家安全问题。一旦不再要求境外数据提供商的服务器必须位于接受服务提供国境内，一国信息安全将遭受巨大压力。从中国服务业的竞争力来看，虽然中国的服务贸易进出口额逐年增加，已经成为世界第二大服务贸易国，但却一直处于逆差状态，这说明中国服务企业的国际竞争力仍然较弱，即使有一些在世界 500 强企业中排名在前的企业，也多是国有企业。一旦"竞争中立"确立，这些企业在海外的拓展能力将极大降低。再有，服务贸易新规则的目标是要促进更多行业开放，减少例外和限制。其中不少行业中国企业尚未涉足或仅处于较低水平，还没有建立自己的标准体系。一旦放开，势必付出巨大的成本代价。

从自贸区战略层面上看，TPP、TTIP 等高标准协定签署后会有更多的国家和地区申请加入。高度贸易自由化、全面的市场开放承诺及参与国家和地区的逐步增加，必将延缓"10 + 3""10 + 6"甚至 FATTP 等亚洲及亚太地区的贸易自由化进程，从而使中国的亚太自贸区战略面临重大的挑战。如果 TPP 和 TTIP 均能在近年内得以达成并开始实施的话，一个凌驾于 WTO 之上的全球贸易新体制有可能形成，这样中国在多边体制下的影响力也会大打折扣，存在被边缘化的风险。

从政治安全层面看，美国意图通过 TPP、TTIP 以及 TISA 等高标准的国际经贸新规则，强化在国际经贸规则制定上的主导作用和领导力，弱化中国在国际经贸舞台上的作用和话语权，通过削弱中国与其他国家的经贸联系，巩固自己的政治地位。以 TPP 为例，美国就是希望加强与东亚国家的经贸联系，来巩固与东亚国家的政治及军事同盟关系，从而实现其逐渐重掌亚太地区主导权，减少中国影响力的目的。因此，TPP 的达成将使中国在地区政治安全事务中的建设性作用受到限制，给中国既定的亚太战略带来新的挑战。

五　中国应对国际经贸新规则的政策建议

面对主要经济体在国际经贸新规则领域的竞争，中国必须审时度势，未雨绸缪，努力深化改革、加大开放力度，以逐步适应以 TPP 规则为主要内容的未来国际经贸新规则。

首先，要加大力度研究和努力实践国际经贸新规则，密切跟踪国际经贸规则的发展动向，因为它代表了未来国际贸易规则发展的方向。要积极争取参与到国际服务贸易新规则的制定中来，争取尽早加入到 TISA 谈判中。毕竟，服务贸易新规则代表着未来国际服务贸易的发展方向，如果中国始终不加入到谈判中，就将很难跟踪新规则的进展情况，失去在国际规则制定中的话语权。

其次，在中国自贸试验区进行先行先试，为全面对接重大国际服务贸易规则积累经验与条件。包括参照 TPP 中服务贸易规则的核心内容和高标准性，在风险可控前提下，在区内进行制度创新，主动试行更高、更深、更广的服务贸易自由化，从内部推动自贸试验区逐步向高标准新规则靠近，为对接高标准新规则积累经验。中国已经设立了上海等四个自由贸易区，其核心试验内容就是考察中国在何种程度上能适应国际经贸新规则。中国又于近日启动了第三批七个自由贸易试验区建设，最终将成熟可行的规则推广至全国。在实践中，为了适应全球贸易新规则，中国还应加强对劳工、环境及知识产权的建设和保护，积极打击侵犯知识产权和制售假冒伪劣产品的行为，完善保护劳工与环境的制度与机制等，为中国在更大范围内、更高层次上参与经济全球化和区域经济一体化，实现与世界各国的互利共赢格局奠定坚实的制度与政策基础。

再次，是要加快实施"走出去"战略，以应对新经贸规则可能产生的贸易转移和 FDI 流失现象。伴随着经济的高速增长，中国不仅已成为国际产业转移最重要的承接国，而且在服装、纺织、家电、通信、设备制造等行业以及能源、原材料等领域，已形成一定的国际竞争力。中国要利用自己的优势，努力扩大在海外的生产布局，特别是扩大对 TPP 成员国及潜在成员国的投资力度，这样可以有效规避"原产地规则"等带来的负面影响。

同时，要建立服务业外资管理体制。外资监管重心转向依法制定标准和强化管理，突出对外资企业的出资监管、外资企业年检、外汇及税收管理、反垄断控制等，解决外资企业监管过程中的实际问题。同时，要建立有关国家安全的一整套法律和管理制度，确定国家安排的法律框架、国家安全的范围、国家安全的机构设置和运作管理，特别是与 ICT 技术有关的国家信息安全。

此外，还要加快实施自由贸易区战略推动东亚区域经济合作。美国推行 TPP 的目的之一是要削弱中国的区域经济影响力。中国需要采取分而治之的策略加快中国与东亚经济体之间的区域经贸合作进程，尽快推进中日韩 FTA、"10 + 3"和"10 + 6"合作机制的建成，确保东亚区域经济一体化合作的稳步推进。还要积极推进与美国 BIT 谈判，加快推进"区域全面伙伴关系"（RCEP）、亚太自由贸易区（FTA-AP）和"一带一路"战略，使中国更好地融入国际贸易体系，并发挥更大的作用。尽管近年来中国在服务贸易自由化方面做出了一定的努力，特别是在上海等四个自由贸易区对新规则进行了有针对性的先行先试，但从总体上看，与服务贸易新规则相比仍有很大的差距。因此，中国必须未雨绸缪，采取开放包容、积极进取的应对策略。

国际格局篇

世界战略格局和运筹大国关系

邹治波

中国社会科学院世界经济与政治研究所研究员

当前，中国发展已到了一个关键时期，比历史上任何一个时候都要接近中华民族的伟大复兴，比历史上任何一个阶段都有信心和能力去实现这个伟大的"中国梦"。在实现这一伟大目标的关键时期，中国需要从战略高度统筹好国内国外两个大局，除要做好国内的深化改革，继续保持中国经济中高速发展外，同时还要建立和维护一个有利于中国快速发展、实现目标的国际环境，其中，中国与大国的关系是影响中国外部环境的关键因素。大国不仅是影响国际格局、秩序和局势的主体，也是中国发展崛起所需技术、资金、经贸等条件的借重，更是影响中国周边环境的主因。因此，如何运筹好与各大国的政治外交关系，关系到中国是否能为自身和平崛起创造一个有利的外部环境，关系到"中国梦"能否顺利实现。

所谓大国是指在国际体系中拥有权力，资源优势较大的国家，其拥有较强的地缘政治实力、影响力以及国际地位，并在所处地区能影响其他国家。定义和选择大国的参照标准，不仅应包括世界权力构架和国家影响力因素，也应涵盖中国所处地缘环境因素。从当前国际战略格局及其发展趋势和中国所处地缘环境看，中国需处理运筹好的大国关系主要有五组，这就是中美关系、中俄关系、中日关系、中欧关系和中印关系。为此，中国应从全球战略和周边地缘两个方面，把握、处理、构建适宜的五组大国关系，为中华民族的伟大复兴塑造一个有利的外部环境。

一　世界战略格局和形势

冷战的结束导致了世界两极格局的终结，苏联和华约的解体使世界上再也没有一个国家或集团能够与美国相抗衡，美国乘势构建了"一超多强"格局。但是，忘乎所以并为所欲为的美国很快就犯了战略性错误，其凭借"一超"之势接连发动海湾战争、科索沃战争、阿富汗战争和伊拉克战争等，并深度介入中东、北非之乱局，大大消耗了其战略资源和软实力，走入了战略扩张、战略疲惫、战略收缩的轨道。再加上金融危机的打击和全球化发展导致的产业外流，美国的实力和战略优势终于开始呈衰减之势，其主导国际事务的能力也随之大大下降，"一超多强"格局呈弱化之态。随着以中国和印度为代表的新兴经济体的发展崛起和西方大国实力的相对下降，目前世界战略格局正处在又一个新的历史演变周期中，今后二三十年内，世界将演变形成一个新的战略格局。对此各国政治家和战略学家普遍存在分歧，而中国专家学者大都认为，未来世界将是一个多极战略格局。

分析未来世界战略格局，关键要看变动中的世界各大国成为强国的战略要素，和在这一过程中各大国所拥有的条件、潜力以及所处环境。从这些要素、条件、潜力和环境看，未来世界最有可能形成美国和中国成为第一层次的超级大国，而俄罗斯、日本、欧洲和印度成为第二层次的世界大国或国家联合体，从而构成"两超多强"的战略格局。美国无疑是当代的超级大国，虽然目前其战略实力相对衰落，但仍具有自我修复能力和强大创新能力，而且美国仍对世界政治、经济秩序保持最大影响力，也维持着全球军事同盟网络体系，美国的内在发展机制和外部影响力仍能使美国保持一流大国地位。中国则已踏上了崛起之路，只要不发生世界战争和中国参与的周边大规模军事冲突，中国的崛起之势不可阻挡。美国和中国两国均具备世界超级大国的要素特征，这既包括人口、疆土、资源等自然条件，又包括经济结构、创造活力、文化特征等社会条件。目前，美国和中国的实力特别是经济实力已远超处于第三位的日本，从发展趋势看，中美相对其他大国的战略优势不是在缩小而是在扩大。比如，中国的国民生产总值（GDP）在 2010 年超过日本后，在 2015 年已是日本的两倍之多，而按国际货币基金组织（IMF）的预测，在 2020 年中国的 GDP 将是日本的三倍多。与此同时，中国的军事、技术和国际影响力，也将随经济实力的增强而获得同步提升，中国对日本的全面战略优势将会进一步扩大。若中国在 21 世纪中叶实现第二个"双百"目标，即达到中等发达国家水平，中国的经济总量将是第二位的美国的三倍之多，以中国的体量，中国与美国的战略实力必将大幅度缩小甚至等量齐观。以强大经济实力作支撑，加之在政治、军事、科技和文化等领域的相应优势，中美都将具有超过其他大国的对世界事务的主导力，这从中美在 2015 年年底推动达成《巴黎气候变化协定》所发挥的主导作用中可见端倪。

其他大国具备成为一流世界大国的部分条件、要素，但均存在结构性制约因素，难以发展成为世界超级大国。俄罗斯虽拥有广袤的疆土、丰富的资源和强大的核力量，但受其单一的经济结构和薄弱人口因素制约，难以成为真正世界强国；日本具有强大的经济和技术能力，但不能摆脱现有国际体制下美国战略控制的格局，从某种意义上说，日本不是一个真正独立的国家，仅凭这一点，日本就不具备成为联合国常任理事国的条件，不可能肩负维护世界和地区和平与安全的重大责任，日本成为世界强国只能是个神话；欧洲的政治、军事、经济和科技等实力足以称雄世界，但其内部的相互制约机制和不确定的一体化进程，使其内部的协调、统一和对外执行力深受掣肘，难以在国际上发挥一个"强国"作用；目前印度经济发展强劲，拥有疆土、人口、技术等成为世界强国的条件，也是西方用以平衡中国的"宠儿"，但在印度特殊种姓制度和强大宗教力量双重内部社会结构因素的制约下，相当大比例的底层民众难以摆脱"贱民"身份，特殊的社会结构形态使印度社会整体难以真正进入现代文明世界，这一内伤也使印度难以成为一个世界强国。

在目前世界战略格局演变中，国际秩序也处于深刻调整期。美国不甘心战略优势的丧失和所建立和控制的国际秩序被修正，对崛起的中国和视为威胁的俄罗斯采取遏制和打压战略，中国和俄罗斯面临相同的战略处境。西方其他国家在与美国维持了战略上总体一致性的同时，又保持了在政治、外交特别是经贸领域的相对独立性。随着中国的崛起和中美实力的接近，西方其他国家与美国在对待中国问题上的温差将会越来越明显。在美国等西方国家与中俄的战略竞争中，印度是最大变量，印度以其"最大民主国家"和第二大发展中国家的双重身份，在西方与中俄间左右逢源以谋取最大利益，追求其"大国梦"的实现。

二 中国与各大国的关系结构

中国与各大国的关系结构，即在价值理念和利益诉求上的异同，是运筹大国关系的主要依据。

（一）中美关系结构

中美关系存在深刻的结构性矛盾：一是意识形态对立。美国对中国共产党领导下的社会主义制度有根深蒂固的对立认知，总想以西方自由价值观和民主制度改造中国，而中国虽对西方价值观、制度体系等并无对立观念，但对西方"和平演变"保持高度警惕并加以抵制。二是国家战略相抵。美国的全球战略就是维护和强化其世界领导权和按照其价值理念塑造世界，即保持世界霸权，这与中国谋求国际关系民主化、建立公正合理国际秩序的国际战略南辕北辙。三是文化理念相左。美国实行的是"霸道"，往往通过强力压迫和武力干涉来处理世界事务，追求建立一个符合自己理念和利益的"单一"世界。而中国则奉行"王道",倡导以和平共处五项基本原则处理国家关系,追求以和平对话方式解决争端,谋求建立一个"和而不同"的和谐世界。

虽然存在着深刻的结构性矛盾,但中美在现有世界格局和共同利益的制约下也存在较强的合作动因,这就是全球化发展下的命运共同体关系:中美发展了融合度很深的经贸关系,成为"一荣俱荣、一损俱损"的利益攸关体;当今威胁人类生存的问题,如全球气候变暖、恐怖主义全球性蔓延、大规模杀伤性武器扩散、跨国犯罪、大规模流行性疾病传播、网络攻击风险等,都同时对两国安全与发展产生重大影响,中美坐在命运共同体的一条船上;世界重大问题如全球治理、联合国改革、朝核问题、伊核问题,以及其他热点问题的解决离不开中美合作,中美若不合作,这些问题都不可能得到有效解决,两国的利益均会受到损害。

(二) 中俄关系结构

中俄在战略上存在一致性和共同利益:一是均反对美国的霸权政策和强权政治,谋求世界的战略平衡与稳定,追求国际和地区事务的平衡与公正解决。二是战略处境相似,中俄均面临美国等西方国家的战略遏制和打压。美国推动北约东扩和在东欧部署反导系统并不断增强军力部署,以及在东欧策动乌克兰危机等,不断压缩俄罗斯的战略空间。美国在亚太针对中国实施"再平衡战略",并利用中国周边问题挑动周边国家与中国争斗,以此遏制中国崛起。三是国家发展互补性强:俄罗斯拥有巨大能源优势和先进军工技术,而中国具有完善的工业生产体系和广阔市场,两国经济结构互补性强。

中俄关系结构中也存在一些问题:受历史、文化等因素影响,战略互信的完备性不足,两国从高层、职能部门、智库到民众的互信呈倒三角关系;因各自理念原则、利益取向及所处地缘环境不完全相同,在重大问题上中俄难以保持完全一致,如在乌克兰、克里米亚、南海、对印度和越南关系处理等问题上,中俄政策立场表现出一定差异;在利益重合领域,两国存在一些地缘上的竞争现象,如在中亚地区、上合组织事务等问题上。

(三) 中日关系结构

中日关系也存在结构性矛盾:一是日本难以摆脱美国的战略控制,在这一格局下日本不得不保持与美国的战略一致性,甘愿做美国遏制中国的"马前卒",甚至在掣肘中国问题上表现得比美国还激进;二是日本难以从历史桎梏中走出来,不能实现与中国的真正和解，同时，其右倾化日显，未来走向令人担忧；三是日本不甘心失去亚洲第一大国的传统地位，对中国纠结心态严重；四是中日存在钓鱼岛领土争端且难以解决。

中日间也存在发展友好关系的动因：受狭小地缘空间的制约，日本的发展存在较强脆弱性，与崛起的中国不睦、对抗甚至战争，作为岛国的日本有国家安全和民族生存之虞，这一强制性因素不允许日本在对抗中国道路上走得太远；没有中国支持，日本当下谋求联合国常任理事国、亚洲大国地位，实现其梦寐以求的"正常国家"的目标难以实现；中日间密切的经贸关系对双方发展都至关重要，这种具有一定依存度的经济关系对双边关系也构成一定制约。同时，对中国而言，日本也是在国家发展崛起过程中外部技术、资金、贸易的一个重要借助，是中国建立一个有利周边环境不可或缺的重要因素。

（四）中欧关系结构

同为西方国家，欧洲与中国没有中美、中日间那种战略性结构矛盾。虽然中欧在价值理念和政治制度上也存在分歧，这些问题时而会对双边关系造成困扰，但双方对待和处理这些问题的弹性空间较大，这些问题不至于形成制约中欧战略合作的重大障碍，且这种分歧将随着中国的崛起而呈弱化之势。近年来，中国与德国、法国等建立起密切合作关系，中英关系进入"黄金时代"，且这些西方大国不顾美国压力，毅然加入中国发起建立的"亚洲基础设施投资银行"，也积极支持中国提出的"一带一路"倡议，这些都是新时期中欧关系发展的新态势。特别是，若特朗普上台后的美国走向孤立主义，在全球性问题，如全球治理、气候变化等问题上不再承担领导责任和具有大国担当，那么，欧洲就可能会更多寄重于中国发挥大国引领作用，这更是中欧合作的黏合剂。

更为重要的是，战略上欧洲把中国的崛起更多地看作机遇而非威胁。政治上中欧对未来建立一个多极世界有相近看法，安全上欧洲也日益看重中国的作用和影响，经济上欧洲更是较多倚重中国，将中国看作对外经贸合作重点对象。美国和欧洲同属西方集团，但中欧关系与中美关系有本质区别，即美国在战略上对中国进行遏制，而欧洲则不会有这种主观性战略，即使有时会被动地牵入其中，也并非基于其战略本质和实质利益，而是被美国裹挟而为。认识这一点，对中国把握、处理中欧关系至关重要。

（五）中印关系结构

对中国而言，印度是一个特殊大国，在理念和利益方面中印既有高度一致性，也存在巨大差异。一方面，中印的历史、文化和国情具有同质性，两国也有相近的国家复兴战略目标，相似的被殖民侵略的历史、源远流长的文化交流和志在民族复兴的梦想，使中印两国对未来世界格局和秩序及国际重大事务的处理，有相同或相近的主张和看法。中印站在一起，能发出发展中国家的最强音，这是能改变世界格局，使国际秩序向更有利于发展中国家演变的最大力量。

但另一方面由于历史和地缘原因，中印间存在一些结构性矛盾和问题：一是中印边界领土争端。这一源于西方殖民遗留的问题，加之20世纪六十年代战争的激化，始终困扰着中印关系的发展。二是巴基斯坦因素。印度对南亚次大陆的地区野心及历史实践使中巴形成牢固的战略合作关系，中印关系的发展要受制于印巴关系的演变。三是同质竞争。印度充分利用了西方对其价值观、制度的认可，和以印度制衡中国的心理而与中国争利。中印在理念和利益上的这种既存在高度一致性又有巨大差异的关系结构，使印度成为未来世界格局中对中国而言的最大变量和最大影响因素。

三 运筹大国关系

基于上述对未来世界战略格局、形势的判断和中国与各大国关系结构的分析，为创造一个和平稳定并有利于己发展崛起的国际环境，中国应纵横捭阖、善谋而为，运筹好与各大国的关系。

（一）关于中美关系

中美关系的本质是战略的对抗与竞争、利益的竞争与合作关系。在处理中美关系时，总体思路应是努力缩减对抗因素、保持竞争能力、扩大合作领域，方式上应是以实力谋利益、以斗争求合作，方法上不仅要阐明合作对美国的益处，更要讲透对抗带来的代价和后果。总之，要以实力和利益"框住"中美关系，使之运行在一个大致平稳的通道内，中国期望能与美国建立真正的战略合作关系，但这不取决于中国，而主要取决于美国。无论如何，中国要尽量避免让中美间发生大的冲突甚至战争。实际上，中美的结构性矛盾就决定了中美关系的性质，中国要适应美国的不断阻挠和困扰，要善于在美国的遏制中成长。从世界格局和中国对外关系形态看，只要不发生大的冲突和战争，特别是中美战争，中国的崛起是难以阻挡的。因此，防止中美战争才是中国处理中美关系最基本也是最为关键的目标。

历史是一个很好的老师，从美苏对抗历史中可深知，尽管美苏高度对抗、深度仇视，但双方建立的"确保相互摧毁"核力量结构关系，是避免美苏发生战争的关键，也化解了一次次美苏危机，从而保障了世界和平。根据现有中美关系格局，特别是经贸深度融合关系和中国国防政策，为钳制美国的战争冒险，防止中美大的冲突和战争，作为弱势一方的中国，需构筑两个"确保"能力。一是构建经济上对美的"确保重创能力"，即在危机时刻中国动用经济手段打击美国，能使美经济遭受重创，从而抑制其战争冒险决策。当然，中国使用这种手段也将使自己经济遭受严重损失，但远比发生战争引发的损失小得多，也更能承受住这种损失。二是构建核力量的"确保不可承受的打击能力"，即拥有对美国核打击后的确信核反击能力，这种核威慑力足以制约美国进行战争冒险，是防止中美战争的"天花板"，是中国与美国摊牌的最后底牌。

构建经济上的"确保重创能力"，中国不仅要推进建设中美高度依存的经济关系，而且要拥有在关键时刻动用经济手段打击对方而自己也甘愿承受相应损失的决心。从概念上讲，经济依存度是指一国经济与他国经济或与世界经济相互依赖的程度，即外部经济变动对一国经济产生影响的程度及一国经济变动对外部经济产生影响的程度。一般而言，各国广泛采用以进出口总额占该国国民生产总值（GDP）的比重来衡量一国经济对国外的依赖程度，即经济对外依存度。但从中美经济关系格局和影响中美战略决策的因素看，不仅应将中美进出口总额这一经贸指标作为中美经济依存度的主要因素，也要将中美相互投资额和双方持有对方国债额这两个因素纳入中美经济依存度范畴。因为，中美在对方的投资规模能极大影响对方的就业机会，国债因素也能对对方金融稳定产生重大影响，这两个因素都能深刻影响对方的经济和社会稳定，是国家领导人在做出重大决策时不得不考虑的问题。

构建"确保不可承受的打击能力"的含义是，虽然现阶段中美不可能如同美俄（苏）那样建立"确保相互摧毁"核战略关系，但作为弱势的一方，中国仍具有在遭受美国核打击情况下的核反击能力，这种核反击足以给美国造成不可承受的损失。另外，要让美国对中国的这种核反击实力和核反击决心确信无疑，从而有效遏制美国进行战争冒险行为，抑制中美发生战争的风险。为此，中国一方面必须保持一定规模的核武库，另一方面要提升核武器的生存能力、可靠性、突防能力和打击能力。特别是在美国推进部署全球导弹系统情况下，要大力提高导弹武器的突防能力水平，确保拥有对美形成"不可承受"的核打击能力。当前，韩美决定在韩国部署"萨德"反导系统，实际上这是美国全球反导系统针对中国的前沿部署，将损害中国对美的核威慑能力，影响中国对美反制战争能力，因此，这一举措理所当然地遭到中国的强烈反对。然而，韩国并不能理解大国间的战略平衡遭到损害的后果，也就无法理解中国强烈反对在韩部署"萨德"反导系统的行为，不能不说这是韩国懵然成为大国博弈"棋子"的一个遗憾。

（二）关于中俄关系

建立全面战略协作伙伴关系，是中俄在现代国际战略格局和形势下做出的必然战略选择。美国基于其全球霸权战略，从欧洲和亚太两个方向同时战略挤压俄罗斯和中国，目的是将俄罗斯变成一个地区国家和遏制中国的崛起，使中俄都不能对美国全球霸主地位构成威胁。在美国战略遏制和打压下，相同的战略处境和共同的战略对手使中俄走到了一起。以中俄之幅员和实力，两国协作足以抗衡美国的战略围困和打压，中俄站在一起，具有世界意义。无论是国际秩序的调整，还是全球重大事务的处理，以及国际、地区热点问题的解决，中俄的参与和影响能使这个世界更加公正和平衡。在西方主导国际秩序和保持全球战略优势的战略格局和历史条件下，中俄是维护国际战略平衡与稳定的主要力量，是平衡西方、防止其为所欲为地改变世界，维护全球和地区安全的稳定器。

在中俄全面战略协作伙伴关系发展过程中，中俄的认识和实践没有太大问题，而且这种关系日趋向高水平方向发展，目前也是中俄关系历史上最好的时期。但不可否认，由于历史原因和在文化、理念及内部结构和政策上的差异，中俄关系发展仍然存在一些矛盾，两国应从长远和战略高度认识问题，妥善处理好这些矛盾，把控好大局、大势，始终将中俄关系稳定在全面战略协作的水平上。为此，现阶段中俄需处理好以下几个问题：一是战略互信的完备性。应认识和想办法解决中俄间从高层、职能部门到智库、民间战略互信的"倒三角"问题，要大力加强民间和智库交流，弘扬中俄关系发展的正能量，夯实中俄长期战略协作的基石。二是正确看待和妥善处理涉第三方问题。双方应认识到，中俄并非在所有重大国际问题上都能保持完全一致，这是由两国政策原则和利益并非完全一致所致。两国一方面应对对方核心利益给予坚定支持，另一方面也应加强沟通、理解与协调，对对方政策立场有一个宽容度。三是利益交合区问题的处理。中俄是近邻，两国在多个领域存在利益交合区，中俄应在这些问题上秉持"相互尊重、坦诚相待、分工合作"原则进行协作。四是处理好西方对中俄关系的唱衰问题。西方特别是美国基于其全球霸权和意识形态原因，总想离间、瓦解中俄战略协作关系，对此，中俄必须保持清醒认识，始终要从战略高度和长远角度牢牢把握好大局大势，不为一时一事所困、所迷、所误，坚定维护好中俄战略协作关系。

（三）关于中日关系

基于历史、文化和地缘，从长远来说，中日必须要发展友好关系，这是一个或双输或双赢的问题。历史上，日本曾深受中国影响，也深受益于中国，对中国是一种学习、敬重心态，只是到近代在看到中国被西方列强打败欺侮后，日本开始放弃师从中国转而学习西方，从而在明治维新后获得崛起。但崛起后的日本从此开始鄙视中国和亚洲，心理上尊崇西方而一心"脱亚入欧"，于是仿效西方列强发动战争，侵略和殖民亚洲国家，妄想以一个"优等民族"身份统治亚洲。虽然二战中日本战败，但在"抵御共产主义"的需要和遏制中国崛起战略的支配下，美国对日本奉行实用主义和绥靖政策，致使日本从未对其发动战争的根源、根基进行认真反思和彻底肃清，这就是日本在历史问题上不断与战争受害国发生激烈矛盾，和在右倾化道路上越走越远的深刻原因。一直以来，日本的经济、技术在亚洲遥遥领先，这更强化了其在亚洲的"优越感"。但现在随着中国的崛起，中国的综合实力渐超日本，且优势越来越大，日本的这种"优越感"受到巨大冲击，心理极为不适应，于是对中国崛起表现出严重抵触。近年来，在南海仲裁案、跨太平洋伙伴关系协议（TPP）谈判，以及对南亚和非洲经贸合作、援助等问题上，日本都异乎寻常地对中国掣肘、与中国较劲，这实际上都是日本对中国崛起严重抵触的具体表现。因此，在对日关系问题上，关键是要让日本从历史桎梏中解脱出来，使其恢复正常心理认知，接受中国崛起的现实，明晰中日关系利害逻辑，回到发展中日友好关系的正确轨道。

基于当前中日关系结构和日本国内政治、社会形态，着眼于中日关系长远发展，现阶段中国对日本宜采取"以强对官、以情动民"之策，即对日本政府特别是右派高官，要以强硬政策方针应对，要以中国不断发展的强大实力和强硬姿态，迫使"只信奉强者"的日本官僚彻底扭转对华错误思维，迫使其认识到与中国的关系对其安全与发展的极端重要性，从而使其回到发展中日友好的正确道路；对日本民众，则应以柔软、温情之态对待，加大、加重对日民间外交力度。因为日本民间仍存在一定的对华友好基础，也存在反右翼、反军国主义的强大力量，这是制约日本右倾化以及政客挑衅中日关系的主要力量。因此，今后应将对日外交调整为"冷官热民、轻府重野"思路，以此不仅可制约右倾化的日本政府，而且可夯实中日关系之基，有利于中日关系的长远发展。

（四）关于中欧关系

应从欧洲是中国实现崛起战略的一个重要借助和对美战略平衡因素这两个角

度，来认识、定位和运筹中欧关系。中欧关系的三个支柱是政治、经贸和人文。在政治领域，美国和欧洲都与中国发生意识形态纷争，但美国主要是出于战略考虑，而欧洲则更多的是理念所致。因此，中国应主要以交流、包容、融化的"做工作"方式而非对抗方式处理中欧这一分歧。同时，应在建立一个公正、合理的国际秩序和共担世界责任方面，寻求和扩大与欧洲的共同点和利益。在经贸领域，应抓住欧洲经济危机和对中国倚重的历史契机，深化中欧经贸关系依存度，打造中欧利益和命运共同体，这是中欧合作的重点。在人文领域，侧重从代表东方文明的中国文化和代表西方文明的欧洲文化出发，强调两大文化的交流、借鉴和相互促进发展对人类文明发展的重大意义。随着中国道路、模式的日益成功，中华文明和中国文化的辐射力和吸引力会越来越强，这为中欧人文交流与合作提供了强大动力，也必将拉紧中欧关系纽带。

近年来，中欧关系又多了一个重要的合作动源，这就是中国提出的"一带一路"倡议。可以说，作为一个历史新纽带，"一带一路"将把经济发达区的欧洲和经济繁荣区的东亚紧紧联系到一起，其建设将为两大经济区特别是经济复苏乏力的欧洲发展带来新机遇。目前，欧洲特别是东欧国家都对"一带一路"建设表现出极大兴趣，均积极支持"一带一路"建设。"一带一路"建设必将为中欧关系发展注入新的动力。

（五）关于中印关系

在未来世界格局中，基于价值理念、制度、道路的根本不同，中国与西方特别是美国难以避免战略竞争甚至对抗的发生，这将表现在对国际秩序、机制的调整，对国际事务的处理及重大问题的解决上。而未来印度必将在世界大国中占有一席之地，从历史、文化、观念和身份看，印度在建立一个公正、合理国际秩序，国际重大问题的处理，以及维护发展中国家整体利益方面，与中国有相同或相近的立场。在未来世界格局中，中国和印度应互为借重对象，中印相互理解和支持，将有利于强化各自在国际上的地位、作用和影响。

在中印关系问题上，基于大局和长远，中国应坚持将印度视为战略合作伙伴的大方向，不断增进相互理解、深化共同利益，坚定不移地推进和发展中印战略合作关系。一方面，双方都应强化大局意识和全球思维，作为当今世界上两个最大的发展中国家，两国合作不仅有利于两国的发展，带来双赢结果，而且有利于广大发展中国家的团结，有利于在世界格局变化和国际秩序调整中为发展中国家谋取利益。另一方面，中印也必须警惕一些西方国家利用两国在制度、领土、同质竞争等方面的不同或问题，离间、挑拨两国关系，以便于在中印相斗中渔利。同时，要处理好中印间结构性矛盾和问题：一是边界争端问题。在暂时不能解决边界领土争端的情况下，要建立管控争端、防止军事冲突的机制，不让这个局部问题影响中印关系大局。二是正确处理中印巴三方关系。现在中国以"印巴关系改善"有利于"中印关系发展"的认知，鼓励、推动印巴改善关系，但目前效果有限。中国需在对印、巴外交时加大促和力度，并考虑在适当条件下发挥调和、斡旋作用，特别要防止印巴冲突和战争，维护南亚稳定大局。三是妥善应对中印同质竞争问题。中印两国国情和发展阶段有很大的相似性，在当今经济全球化和全球价值链体系下，两国发展不免会出现同质竞争现象。对此，中印两国应从大局出发，以"互让互利、合作共赢"思想，妥善处理好中印竞争中出现的具体问题。

未来五年主要大国力量对比及走向研究

徐秀军

中国社会科学院世界经济与政治研究所副研究员

未来五年，国际形势主要表现为世界经济在中低速运行中逐步修复、发达经济体政策空间收窄推升经济风险、新兴市场国家经济在中高速运行中缩小分化、热点地区的地缘政治风险加大以及主要大国在全球经济治理领域的博弈更加激烈等。受地缘经济政治风险管控与防范能力、国际和区域经贸合作进展、资源能源的有效获取与利用、新技术革命以及全球治理中的制度性话语权等因素的影响，未来五年世界政治的"多极化"格局将发生深刻调整，世界经济的"两极化"趋势将更加显著，世界军事的"三足鼎立"态势将得以巩固，全球治理的"双核化"特征将日益凸显。

当前，国际经济与政治体系正在步入金融危机后的一个新的运行常态，并且其结构与特征将在未来表现得更加明显。展望未来五年，世界经济将在常态运行中加速调整与分化，地缘政治的风险与挑战将日益凸显，并且政治与经济因素将具有高度联动性，从而对主要大国力量对比带来深远影响。

一 关于未来五年国际形势变化的基本判断

从当前的国际形势来看，可以初步判断未来五年世界经济与政治形势的发展将主要体现以下五个特点或变化。

第一，世界经济在中低速运行中逐步修复。2017 年 1 月，国际货币基金组织（IMF）在新发布的《世界经济展望》报告中下调了 2016 年世界经济增长预期，由 1 年前的预测值下调了 0.3 个百分点至 3.1%。[①] 这表明，从短期来看，世界经济增长的下行风险增大，无论是投资、消费还是出口，主要经济体均面临较大的改进压力。而

---

① IMF，"World Economic Outlook Update：A Shifting Global Economic Landscape"，January 2017.

从中长期来看，世界经济的增长则主要受技术进步与扩散、人力资本、市场规模、制度条件、资源环境约束等变量的影响。在这些变量中，积极与消极因素并存，但总体趋于稳定。技术进步与扩散将对劳动生产率的提高产生正向作用；人口老龄化导致的劳动力供给数量下降与劳动力质量的提高并行；全球经济一体化和区域深度一体化的持续推进将为全球市场规模的扩大带来积极影响；国际经济制度变迁进展缓慢，但一些经济体内部制度改革的效应将逐渐显现；世界各国尤其是曾经长期高速增长的新兴市场国家的资源环境约束不断加大。在未来较长的一段时期，金融危机前世界经济 5.5% 以上的增速将难以再现。如不考虑突发性的大型全球灾难，未来五年世界经济将趋向更长历史时段增速的回归，即大致维持在 3.0% ~ 3.5% 的中低速增长区间。

第二，发达经济体政策空间收窄推升经济风险。近年来，发达经济体逐步走出危机阴影，经济复苏总体持续巩固，但仍然存在掣肘复苏的诸多风险。展望未来五年发达经济体的经济走势，美、欧、日三大经济体的经济走势值得关注。在美国，目前经济增长的内生动力较强，并拥有较好的微观基础。但是，长期的低利率或已催发经济泡沫，加上目前不断加大的通缩风险，令美联储加息政策面临两难。与此同时，高企的政府债务仍在侵蚀财政的可持续性基础，美元持续走强对出口的掣肘作用也将进一步显现。在欧洲，欧元区经济持续复苏但动力不足，大规模的宽松货币政策给欧元区经济带来的改善有限。随着低油价和欧元走弱，经济增长的边际效应下降，部分国家债务问题仍可能恶化，如不出台更多的有效刺激计划，经济增长将难抑下行走向。此外，英国公投"脱欧"增加了欧盟经济的不确定性。在日本，经济复苏步履艰难，难以有较大改进。尽管政府接二连三推出刺激政策，并在短期内起到了一定效果，但从长远来看，老龄化、结构改革、生产率下降等制约经济增长的深层次问题均难以改善，高债务率也极大地限制了政府的财政空间。

第三，新兴市场国家经济在中高速运行中缩小分化。一直以来，新兴市场与发展中经济体为世界经济增长注入了强劲动力。如今，支撑其增长的一些重要因素已经发生了周期性改变，新兴市场与发展中经济体的经济增长持续放缓。IMF 数据显示，2016 年新兴市场与发展中经济体经济增速为 4.1%，较 2010 年下降了 4.4 个百分点。新兴经济体对发达经济体的赶超势头以及全球经济的收敛进程也随之放慢。在经济增速放缓的同时，各主要经济体的经济增速分化加大。但在 2015 年后经济增速的分化有望缩小。IMF 数据显示，2015 年印度和俄罗斯的经济增长率分别为 7.6% 和 −3.7%，两者相差 11.3 个百分点，2016 年两者的速差有望降至 7.2 个百分点。值得注意的是，随着美元走强以及美联储进入加息周期，一些以美元计价的新兴市场国家海外债务风险日益显现，偿债负担也会加重，违约风险也将随之加大。

为了挖掘经济增长潜能，化解潜在的经济风险，一些主要新兴市场国家已启动了新一轮的改革进程，谋求以改革红利和制度红利为经济增长提供持续动力。随着这些改革措施的落实与推进，经济增长潜能有望得到持续释放。同时，随着地缘政治影响的边际效应下降以及大宗商品价格触底反弹，俄罗斯、巴西以及其他资源能源型新兴市场与发展中国家的经济将有望回暖。未来五年内，新兴市场与发展中国家经济增长放缓势头将有望得以遏制甚至发生逆转，并稳定在中高速增长水平。

第四，热点地区的地缘政治风险加大。目前，个别国家国内社会政治局势仍不稳定，一些热点地区的紧张局势仍未完全缓和，国际恐怖主义活动依然猖獗，难民危机日益发酵，这不仅给未来相关经济体巩固经济复苏带来威胁，还会掣肘未来区域和国际合作的深入推进。西方国家对俄罗斯实施制裁的范围、强度和持续时间，不仅会影响到俄罗斯以及与其经济关系密切国家的经济，而且会波及相关国家的地缘政治关系。2017 年美国新任总统上台也为敏感微妙的大国博弈添加了变数。作为世界能源重镇的中东，其稳定与否与"伊斯兰国"势力的消长密切相关。一旦重大恐怖主义袭击在世界其他国家得手，首当其冲的便是石油供应及价格，世界经济复苏的进一步巩固亦会受到威胁。中东地区的军事行动仍在继续，一些地区争端仍可能在一定条件下激化，这都给相关国家经济社会发展增加了变数。在巴西、委内瑞拉、土耳其、沙特等国，国内政治的不稳定将成为阻碍国家未来发展的主要不确定性因素之一。此外，突发性的大范围疫情与严重自然灾害也会给相关国家和地区的经济社会发展带来冲击。

第五，主要大国在全球经济治理领域的博弈更加激烈。当前，全球治理体制变革正处在历史转折点上。这表明，未来全球治理体制将面临深度调整与变革。2008年国际金融危机对国际社会的一个重要贡献在于，它深刻暴露出当今全球治理体制的诸多弊端和不足，让人们认识到变革现有全球治理体制、重构全球治理规则体系的重要性和紧迫性。同时，随着国际经济实力对比格局日益朝着有利于新兴经济体的方向发展，新兴经济体在全球治理中的地位与作用不断上升。新兴经济体致力推进 IMF、世界银行、世界贸易组织等现有全球治理体制的改革，推动全球治理体制更加公正更加合理。而以美国为代表的发达经济体仍在加紧谋求新一轮经贸规则的制定权。因此，未来世界各国尤其是发达经济体与新兴经济体之间围绕全球治理体制变革的竞争与博弈将更加激烈，并深刻影响未来全球经贸、金融和政治格局。

二 未来五年主要大国力量对比变化的影响因素

未来五年，影响世界主要大国力量对比变化的因素多种多样。从可以预见的因素来看，安全、市场、资源能源、技术、国际规则等因素将决定未来主要大国在新一轮的国际竞争中的地位，并对国际力量格局变化产生深刻影响。

（一）地缘经济政治风险管控与防范能力

国际社会中，特别是主要大国之间的政策协调和风险管控是影响力量对比的变量之一。在经济层面，美联储进入加息轨道，引发国际资本市场震荡和新兴市场资本外逃压力大大增加；欧洲和日本等主要发达经济体继续采取更大程度的量化宽松和负利率刺激政策，这可能会诱发它们之间以及它们与新兴市场之间的竞争性货币贬值；国际大宗商品价格持续低迷，冲击能源生产国的经济，并向全世界输出通缩；发达国家债务过高，新兴市场债务水平提升过快，使经济面对外部冲击时更加脆弱；经济下行压力之下，贸易投资保护主义甚至民粹主义的势力抬头，对国际经济关系构成冲击。在政治层面，中东北非、朝鲜半岛、拉美、南海等地缘政治动荡风险增加了维护地区安全和世界和平的不确定性。这些问题如果不能得到解决和控制，将严重影响相关国家和平稳定的发展环境。

（二）国际和区域经贸合作进展

在贸易方面，受外需低迷、石油等大宗商品价格下降以及全球汇率市场大幅波动等因素的影响，金砖国家对外贸易面临的环境更加复杂，贸易增速总体大幅下滑。全球贸易保护主义措施成为新兴经济体对外贸易艰难复苏的主要掣肘因素之一。尽管近年来全球主要经济体在促进贸易自由化方面取得了一些新的进展，但进展较为缓慢。跨太平洋伙伴关系协定（TPP）能否起死回生，区域全面伙伴关系协定（RCEP）能否结束谈判达成协定，世界贸易组织（WTO）框架下复边协定、中日韩自由贸易协定、中美和中欧双边投资协定（BIT）、跨大西洋贸易与投资协定（TTIP）等重要国际经贸谈判能否取得实质性进展，不仅会对未来世界贸易与投资格局带来深远影响，还将影响世界主要国家贸易与投资增长新动力的塑造。在国际直接投资方面，由于全球经济增长乏力、主要经济体宏观经济政策不确定性加大以及地缘政治风险攀升等原因，投资者信心遭受重挫，全球外国直接投资（FDI）规模总体大幅下降。尽管全球投资自由化政策持续推进，国际投资制度化建设稳步向前，但 FDI 增长动力难以在短期内显著提升。

（三）资源能源的有效获取与利用

一国经济的稳定增长与社会的持续发展，对包括能源、大宗商品在内的资源的需求会上升。毫无疑问，资源能源不足将严重掣肘一国的经济社会发展。但是，一些国家发展面临的能源与资源瓶颈将日益凸显。对外部能源与资源需求的迅速上升，将在未来相当长的一段时间内成为能源消费大国发展的"软肋"。在能源和资源领域，满足资源需求需要确保以下三个环节的问题：一是支付能力，也即是解决"买得起"的问题；二是保持来源的稳定性，也即是解决"买得到"的问题；三是运输安全，也即是"运得回"的问题。在这三个环节中，一国能否破解以下两类风险至关重要：一是可获得风险，即能否在国际市场上买到并运回所需能源与原材料；二是价格风险，即国际市场上能源与资源价格波动对需求国的影响。考虑到当前能源资源国民粹主义势力抬头、主要大国围绕资源能源的战略竞争加剧、航道安全保障不力等现实，能源资源需求国能否解决以及在多大程度上解决瓶颈问题，对一国综合实力的提升具有重要影响。

（四）新技术革命对全球产业链重构的影响

未来五至十年，全球产业竞争将集中体现在价值链上的竞争，价值链竞争决定了各经济体的制造业乃至整个产业的竞争力，也决定了各经济体未来经济的发展前景。为了在未来全球产业竞争中保持优势地位或向全球价值链上游攀升，主要发达经济体以及一些新兴市场国家都启动了新一轮的工业技术创新计划。例如，美国提出以加速发展先进制造业为核心内容的"再工业化"战略，德国提出包括领先的供应商战略和领先的市场战略的"工业4.0"双重战略，日本提出以人工智能作为突破口的重振"日本制造"规划，中国加紧实施"中国制造2025"战略等。这些战略规划的实施，掀起了一场以智能生产、云计算、大数据、物联网为代表的新技术及其应对模式的变革，全球产业格局的重组与重构因此加速推进。在此进程中，不同经济体之间的技术鸿沟将会进一步扩大，一些抢占高端制造业制高点的经济体将确立新的竞争优势，而另一些经济体则会锁定在全球价值链的低端，更加边缘化。由此可见，在未来一段时期内，"工业4.0"和产业物联网将会给全球产业格局带来颠覆性的重构。

（五）全球治理中的制度性话语权

在国际社会，多数制度和规则具有非中性的特征，也即是说相同的国际制度和规则对不同国家有着不一样的影响。因此，世界主要大国都在维护或提升制度性话语权。发达国家和发展中国家围绕国际规则制定权的竞争也日益激烈。对发达国家而言，当然是希望发展中国家接受由其主导和制定的各种国际规则或制度。但鉴于自身实力的相对衰落和不断加深的国际相互依赖，以美国为首的发达国家集团难以行之有效地通过传统"遏制"手段限制新兴市场和发展中国家在国际规则制定方面的话语权。在未来很长一段时间，国际社会将继续处于新一轮国际贸易投资规则的重塑期，这为新兴大国参与全球治理规则制定提供了新的机遇。

三　未来五年主要大国力量对比的走向

基于对未来五年国际形势以及影响大国力量对比的分析与判断，可以预计主要大国或大国集团在政治、经济、军事和全球治理中的力量对比的走向如下。

第一，世界政治的"多极化"格局发生深刻调整。冷战结束后，世界政治格局日益向多极化方向发展，并形成了所谓"一超多强"的局面。作为世界上唯一的超级大国，美国在多极化世界格局中成为最具实力的一极，而中、欧、日、俄也因其强大的实力而分别成为重要的一极。但近年来，随着美国国力的衰弱，中国的迅速崛起，以及俄、欧、日实力的变化，这种"一超多强"的力量格局不断发生调整。在不考虑大国之间发生战争等突发性重大事件影响的情况下，未来五年"一超多强"的力量格局还将继续发生深刻调整，并呈现以下的发展态势：一是美国仍将是全球首要大国，但其一家独大的局面将不复存在，在很多领域将日益倚重其他国家的支持；二是中国的国际影响将进一步提升，并成为仅次于美国的全球重要大国；三是由于受到英国脱欧导致的欧盟分裂、难民危机引发的社会问题等因素的影响，欧洲实力将遭到进一步削弱；四是由于受到欧美等经济体的持续制裁以及能源资源产品价格的低迷等因素的影响，俄罗斯重振大国的基础遭到进一步侵蚀；五是由于受民粹主义影响，日本在对待历史问题和战后秩序上日益偏离正常轨道，来自内部和外部的政治压力将不断加大，实现成为政治大国的梦想将更加困难。

第二，世界经济的"两极化"趋势日益显著。得益于改革开放以来30余年间经济的快速增长，中国在世界经济中的地位不断提升，缩小了与美国的差距，同时也拉大了与其他经济体之间的差距，这种趋势将在未来五年得以持续。早在2010年，中国按市场汇率衡量的GDP总量超过日本成为世界第二大经济体。IMF预测，2021年中国按市场汇率计算的GDP将达到18.03万亿美元，达到美国的79%，为日本的3.2倍。如果用购买力平价方法衡量，2014年中国的经济总量达到17.62万亿国际美元，已居全球首位，而同期美国为17.42万亿国际美元；2021年中国的经济总量将达到美国的1.4倍。[①] 在贸易和投资方面，中国已于2013年成为世界第一大贸易国，2014年跃

---

① IMF, "World Economic Outlook, October", 2016.

居全球第一大投资目的地，并成为资本净输出国。在货币金融方面，人民币在 2014 年成为全球第二大贸易融资货币、第五大支付货币、第六大外汇交易货币，并有望在未来五年内赶超日元，成为第四大国际货币。由此可见，在未来五年中，随着中国经济的进一步崛起，中美两国经济在世界经济中的两强格局将更加明朗。

第三，世界军事的"三足鼎立"态势得以巩固。苏联解体后，两极格局随之瓦解。尽管独立后的俄罗斯经济受到重创，但由于继承了苏联的军事武器和力量，美苏军事上的两强格局并未随着苏联的解体而发生变化，取而代之的是美俄两个军事超级大国。并且，在此后很长的一段时间内，美俄两国相对于其他国家保持着较大的军事优势。但是，随着经济实力的提升，中国的军事实力也有了很大的提升，并已跻身全球第三大军事强国。根据世界军力排名网公布的 2016 年世界军事力量排名，在不考虑核力量的情况下，美国、俄罗斯和中国分别位居前三位。其中，中国的军力指数与俄罗斯仅相差 0.0024，而与排名第四的印度相差 0.0673。[①] 在未来五年，中国将继续推进常规弹道导弹、陆基和空射巡航导弹的发展，并有望在新一代攻击型核潜艇、战斗机以及高超音速武器、激光武器和反卫星武器研制方面取得重要进展和突破，并在特种作战能力上得到进一步提升，在巩固中国的全球三大军事强国地位的基础上实现在某些技术领域上对美俄的超越。

第四，全球治理日益呈现"双核化"特征。2008 年金融危机后，一些新的制度设计改变了传统的治理结构，并成为全球经济治理的一个方向。二十国集团的升级、金砖国家的成立成为这一进程的标志性事件。尽管目前二十国集团仍只是一个非正式的对话机制，但它已成为全球治理的主导机制，无论是推动发达经济体与新兴经济体之间的协商和合作，还是促进国际金融稳定和全球经济增长，都起着其他机制无可替代的作用。从二十国集团的成员构成来看，它包括了发达经济体和新兴经济体，并且多数成员分属于不同的国家集团。这表明单个国家在全球经济治理中的独霸地位将不复存在，反之，全球经济治理呈现出利益集团化的趋势。一方面是既得利益国家集团在不同的议题上进行利益的分化与重组；另一方面是新兴经济体超越意识形态和制度的差异推动新的利益集团的形成与发展。七国集团和金砖国家两个对话机制在二十国集团框架中的并存和合作，使二十国集团的"双核化"特征日益明显。[②] 但与传统意义上的大国集团之间的相互对抗不同，新兴经济体与发达经济体集团之间借助一个统一的制度框架相互合作与竞争，这是一种新的全球经济治理结构。

[①]　http：//www. globalfirepower. com/countries – listing. asp.

[②]　徐秀军：《新兴经济体与全球经济治理结构转型》，《世界经济与政治》2012 年第 10 期。

主要大国内外战略调整及变化研究

肖 河

中国社会科学院世界经济与政治研究所副研究员

主要大国内外战略调整的实质是霸权国维护既有国际政治、经济和安全秩序的政策再安排，以及其他主要大国在政治、经济和安全领域对霸权国秩序的认识变化或者应对调整。根据 GDP 和军费开支规模，除美国外，当今世界主要大国包括俄罗斯、中国、日本、德国、英国、法国和印度七国。当前，虽然也有动摇和取舍，美国整体倡导的仍是以民主化和人权保护为基础的政治秩序，以自由贸易和开放市场为基础的经济秩序，以及在联合国和其他国际组织框架内的以集体安全为基础的安全秩序。

近年来，美国为平衡资源分配、维护长期霸权，进行了持续的战略收缩；在调整过程中，美国确定了亚太先于中东的战略排序，但是在确定主要战略对手上仍存在战略模糊和徘徊。在这一收缩过程中，日、德、英、法等主要大国并未与美疏远，相反，各国在不同地区和议题上选择分担职责和成本，积极协助维护美式国际秩序。此外，印度也在延续 20 世纪初结束"有限挑战"、融入现有秩序的政策。只有俄罗斯在 2008 年后转向挑战美国主导的政治和安全秩序，但是这一选择也为其带来了全方位的外部压力。美式国际秩序正遭遇直接挑战，但是整体状态是趋于稳定而非削弱。

中国应认识到美国现阶段在战略上只是预做准备，并未将中国切实视为国际秩序的挑战者。在美式秩序整体并未削弱的情况下，中国应避免被卷入针对霸权秩序的冲突中。

一 主要大国战略调整的分析框架

主要大国可以被分为霸权国和其他主要大国两类。前者即美国，而根据 GDP 规模、军费支出和国际政治影响力，后者一般指中国、俄罗斯、日本、德国、英国、法国和印度。除俄罗斯外，主要大国的 GDP 规模均在 2 万亿美元以上。除美中外，主要大国的绝对军费规模基本一致；而按占 GDP 比重计算，可以分为俄美、中英法印和日德三档。

表 1　主要大国力量对比

国　　家	名义 GDP（万亿美元）①	军费（万亿）②	军费（万亿美元）③	军费 GDP 占比（%）④
美　国	18.5	0.59 美元	0.59	3.3
中　国	11.3	1.33 元	0.19	2.0
日　本	4.9	4.90 日元	0.04	1.0
德　国	3.4	0.03 欧元	0.03	1.2
英　国	2.7	0.03 英镑	0.04	1.9
法　国	2.4	0.04 欧元	0.04	2.1
印　度	2.2	3.30 卢比	0.04	2.4
俄罗斯	1.1	4.00 卢布	0.04	5.0

霸权国的战略调整是为了维护自身的优势地位和其所倡导的国际秩序，并在其他国家挑战秩序时予以约束；其他大国则是根据对国际政治、经济和安全秩序的看法来界定国家利益，并调整相应政策。这些政策调整可以分为趋于"追随"或"对等"两类：前者认可当前国际秩序的合理性，主动自我调整以与其靠拢，或者在秩序维持上加以协助；后者则不认可其合理性，并试图建立起平行规则和相应的适用范围。

当前，霸权国倡导的政治秩序是民主化和人权保护，经济秩序是自由贸易和开放市场，安全秩序则是联合国和其他国际组织框架内的集体安全。不过，出于国内政治因素，美国有时也会违反和削弱这些秩序。

二　霸权国的内外战略调整与变化

美国一切战略调整的目标始终是维护其优势实力和"国际领导地位"，但是奥

---

① 国际货币基金组织：*International Monetary Fund World Economic Outlook*，April 2016。
② 斯德哥尔摩国际和平研究所：SIPRI Military Expenditure Database，2015。
③ 汇率采用的是 2016 年 8 月的数据。
④ 斯德哥尔摩国际和平研究所：*Yearbook*：*Armaments*，*Disarmament and International Security*，2015。

巴马政府认为必须修正小布什的战略误判，即将资源"不均衡"地投入中东地区，夸大了恐怖主义和小型独裁政权的威胁，错误地将战略重心放在了不切实际的"大中东民主化"上，无谓消耗了大量有形和无形资源。对此，奥巴马战略调整的要点为：（1）坚持战略收缩，恢复软硬实力；（2）辨析轻重缓急，合理分配资源；（3）预做对冲准备，巩固政经布局。

在"收"的一面，美国自国防减支以来，军费占 GDP 比重由 2010 年的 4.67%迅速下降至 2015 年的 3.52%，同时在无重大调整的情况下，这一趋势还将延续。尽管军方有意将减支后的军力集中于亚太地区，但是在收缩的大环境下，"军事再平衡"缺少现实支撑。无论在欧洲还是亚太地区，美国军事力量更多是在展示存在，并未明显向应对大国间局部对抗转型。在多次收缩后，除长期驻军外，美全球安全供给仅停留在维持对"伊斯兰国"空袭和阿富汗基本局势的低水平上。

在"析"的一面，美认为国际能源结构已发生重大变化，中东的战略重要性下降，在该区域只需维护基本同盟体系；相反，亚太则是美未来扩展经济、政治和安全利益的最主要区域。但是在此基础上，美在谁是国际秩序的主要挑战者的认识上仍存在分歧和游移。虽然中国潜力最大，但是俄罗斯却在东欧、欧亚和中东对国际安全和政治秩序构成了直接威胁，同时中美间的经贸关系也束缚了美强硬派的手脚。因此，美国仅确定了亚太的战略优先度，但是在外部威胁排序上还在游移。

在"备"的一面，由于威胁判断上的模糊，美国主要是在政治和经济层面预做准备，稳固盟友体系、升级经济规则。然而，尽管美国通过"亚太再平衡"迅速巩固和提升了与东亚盟友和其他国家的政治关系，但是其经济布局却遭到了国内政治的严重制约。两党候选人出于竞选目的，竞相反对处于核心地位的 TPP。即使新政府上台"食言"，也要经过相当时间的重新包装，而这也将使得 TTIP 失去动力。美在经济秩序上的"自我削弱"或将在短期内严重妨碍其经济对冲准备。

归纳而言，美虽通过战略收缩为未来的"蓄势待发"做好了部分准备，但是由于战略判断模糊和国内基础动摇，丧失了小布什时期明晰的战略排序和果断的行动能力，进入了战略徘徊期。短期内，美或将继续保持此态势。

三 其他主要大国内外战略调整与变化

（一）日本

安倍政府认为中国是日本的经济和安全威胁，因而明确了全面追随美国的战略。长期以来，日本一直通过日美同盟在国际秩序中换取低防卫支出、高市场保护的特殊地位。但是近年来，其由"搭便车者"迅速向分担经济、安全成本的"支柱盟友"转变。

政治上，日本趁美及周边国家疑虑中国的时机，加强了与美、韩、越、菲、澳等国的政治关系，按照日本"面向未来"的方针，基本解决了美日、日韩间的历史问题，逐步摆脱了道义包袱。此外，日本还刻意保持与俄以及东南亚各国的关系，避免它们在中日间做出不利于日方的战略选择。

经济上，日方开始推动困难的结构改革，甚至不惜得罪传统国内政治盟友以达成 TPP 框架下对本国农产品的部分开放，有利支持了美国重构亚太贸易秩序的倡议，意在通过市场开放巩固与各 TPP 伙伴国的经济关系。同时，日本还明显提高了在东南亚地区的投资和援助，针对性地稀释中方的经济影响。

安全上，安倍政府释宪解禁了集体自卫权，并在新日美防卫指针框架下承担更多前后方职责和成本，但是整体上"言过其实"。近年，日本军费占 GDP 比重一直在 0.93% ~ 1.12% 之间小幅波动，2011 以来还在持续下行。因此，日方主要还是要通过联合演习、军售来发挥有限安全作用，尚无单独或者共同采取作战行动的现实打算。

在转变为支柱盟友的过程中，日本主要通过政治经济手段来对冲中国，针对性的经济投入更多，并以此倒推国内的安全机制和经济结构改革，消除历史包袱。但是在军事上，日方"表面高调，实际谨慎"，并不愿意卷入中美间的军事冲突。

（二）德国

德美关系是二战后最稳定的大国间关系，当前德国仍将跨大西洋同盟作为自身和欧盟外交政策的基石。2008 年全球金融危机以来，与欧洲其他国家"内向化"相反，德国开始主动领导欧盟，积极经营新欧洲，成为推动一体化和双东扩的主要推手，积极在美国秩序的框架内整合欧洲。

政治上，德国致力于扩展欧盟的政治、安全空间，鼓励容纳新欧洲和其他地区移民，并在人权和民主化问题上与美国保持一致。在乌克兰危机中，德国选择淡化德俄特殊纽带，加强与新欧洲的政治关系，确定将代表美式秩序经营东欧、波罗的海和东南欧作为优先目标。德国已成为亲美的新欧洲的领导者和美在欧盟内的最重要盟友。

经济上，德国是自由贸易和开放市场的积极拥护者，在欧盟内主张削减关税，减少农业补贴，鼓励新欧洲的工业化。这与以法国为代表的老欧洲差异较大，使得欧洲难以在经济政策上达成一致，其拒绝对中国光伏产业征收反倾销关税的立场在欧盟产生了重大影响。此外，德国对东欧、东南欧高度关注，警惕中国的经济影响，并通过柏林进程等倡议来加以平衡。

安全上，德国虽然积极参与打造欧洲安全力量，甚至与荷兰等国建立一体化的武装部队，但是仍坚持在北约的框架内发挥德国和欧盟的军事作用，无意提供独立于美国之外的安全供给。此外，德国在安全职能上仍有较大顾虑，国防开支自 2009 年以来也一直持续下降。

德国保持了对美关系的高度稳定，并逐渐成为美国在欧盟内的关键盟友。尽管德国在安全贡献上并无起色，但是其为美国维护在欧洲的既有政治、经济秩序上发挥着日益重要的作用。

（三）英国

在摆脱殖民遗产后，英美一直在国际秩序上保持高度一致。然而与稳步扩大在欧影响力的德国不同，由于卡梅伦政府"冒险公投"的失败，英国在欧洲的影响力迅速下降。这将促使英国更注重增强与美国以及其他非欧大国的关系。

政治上，英国依然紧密追随美国，共同倡导和维持了对俄罗斯和伊朗的制裁，在中东与法国合作，进行了更为积极的人权外交，基本保持了政治影响。但是在过去五年间，英国的海外支出下降了 16%，平均值低于美、德、法等大国。其态势表明英国是在政策方向不变的情况下减少投入，这与脱欧所体现的内向性趋势一致。

经济上，英美两国政策高度相似，但是英国缺少推动欧盟贸易政策的影响力，相反，德国才是美在欧最有效的经贸伙伴。为此，卡梅伦政府试图加强与中国的经贸接触以提升自身的经济和战略价值，甚至不顾美日的疑虑带动欧洲各国加入亚投行。在退欧后，美、中等主要非欧贸易对象的重要性还将上升。

安全上，英国在战略收缩，军费占 GDP 比重由 2009 年的 2.5% 下降到 2015 年的 1.95%。此外，社会结构和思潮的变化也削弱了军事行动的基础。尽管英决策界强调在必要时仍将动武，但是军方认为其主要方式将由伊拉克 – 阿富汗式的战争转变为利比亚 – 叙利亚式的空中打击。

作为唯一提供实质军事支持的美国盟友，2009 年后英国进入了"外表不变、内在萎缩"的收缩期。目前，英国对美的战略需求持续上升，因此还将是后者在维持国际秩序上的忠实伙伴。然而英国的安全供给能力很可能难以为继，其独特战略价值或将更多体现在中美中间人的角色上。

（四）法国

法国长期以来是美国特殊的北约盟友，虽然它支持美式政治秩序，但是它不仅在经济政策上与美国有所分歧，而且一直在安全上保持部分独立。但是在萨科齐执政后，法国明显强化了北约框架内的安全合作，在外交上也提出了"美法特殊关系"。奥朗德则在此基础上，积极"替代"战略收缩的美国在中东和西非进行武力干预。

政治上，法国内外政策高度意识形态化，高举人权、民主和世俗化大旗。对内，在不收紧移民政策的同时强硬限制公开的宗教表达；对外，法国积极倡导在利比亚、叙利亚、马里、中非的人道主义干预及"秩序维持"行动，积极推动巴以和谈。这导致了其国内反恐形势的严重恶化，而法国政府也因此全面改革国家安全体制，增强应对能力。

经济上，法国在危机后推行了有限的财政紧缩政策，但是受制于国内政治，改革缓慢、表现不佳。对外，法国并不热衷推进自由贸易，同时对于外部竞争和移民较为敏感，反对新老欧洲间的经济一体化，对投资新欧洲非常谨慎。因此，法国在欧盟内的影响力也在持续下降，法德轴心日趋不平衡。

安全上，受经济制约，法国的整体对外支出和军费均有所下降，其军费占 GDP 比重由 2009 年的 2.48% 下降到 2015 年的 2.1%。但是，这些支出集中投入海外行动领域，展现出了极强的"侵略性"。在中东，法国积极利用武力推动强硬的价值观外交；在西非，法国更是主动担任"国际宪兵"。这在一定程度填补了美战略收缩导致的"安全供给短缺"。

近年来法国明显强化了对美盟友关系，同时能够在不利的经济状况下采取积极的政治和军事干预政策，这有效地支撑了美国的"幕后领导"战略。由于反恐压力的增加，法国的这一特征或还将继续强化。

（五）印度

小布什时期美印关系得到了长足改善，印度的世界秩序观也出现实质改变，即由"有限的挑战者"转变为支持者，但是两国在"亚太再平衡"的合作上却存在明显分歧。莫迪执政后，将传统的"向东看"提升为"东部行动"政策，推行"本地化"的对华制衡战略，避免卷入中美冲突。

政治上，印度与不结盟运动拉开距离，尤其是在核治理上积极与美国合作，谋求完全成为等级秩序下的核大国，加入核供应国集团。但是，印度并不准备依靠美国来制衡中国。莫迪执政后，大幅加大了对中亚和南亚国家的外交投入，在斯里兰卡、马尔代夫等中国影响较大的地区明显加强了对外干预和政治影响，并取得了一些成效。

经济上，印度与美国倡导的开放经济原则差距较大，双方围绕双边投资协定等经济议题仍存在争议。相对于自由贸易，莫迪政府的主要推进目标是提高印度的制造能力，打造五大工业走廊。此外，印度还加强了区域性经济公共物品供给，承诺为邻国提供基础设施资金并降低关税，构建特殊经济圈。

安全上，印度强化了区域安全供给，与塞舌尔、马尔代夫、毛里求斯和斯里兰卡等国实行共同海上防卫，并增强了与美、日、澳的海上合作。但是印度的军费占GDP比重却从 2009 年的 2.89% 下降到 2015 年的 2.42%，同时其海陆军资源分配长期失衡，仍需要美海军在印度洋维持对华平衡。此外，为避免"一边倒"，印度也加入了上合组织以保证能源和反恐安全。

印度在地区外增强了对国际秩序的追随，同时坚持"本地化"战略，拒绝卷入大国间的冲突；在地区内，则试图通过提高区域安全和经济供给来扩大影响范围，执行强硬的干预性政策。

（六）俄罗斯

俄罗斯从未完全接受国际政治和安全秩序，始终将原苏联阵营视为缓冲区和势力范围，并将此区域内的各国加入北约和欧盟视为战略挤压。自 2008 年格鲁吉亚战争后，俄罗斯开始采用武力来维持关键势力利益，强硬构建国际政治、经济和安全秩序中的"平行自留地"，致力恢复与美国的对等地位。在乌克兰危机后，俄美、俄欧关系突破临界点，美欧各国开始将俄视为对当前国际秩序最强大的威胁。

政治上，俄罗斯西向要求在"后院"事务中的否决权，阻止乌克兰等国加入欧盟或北约，并将地区内的民主化运动视为对俄政权的挑战；东向积极加入欧亚经济联盟，防止美中扩大地区影响力。在乌克兰危机及制裁后，俄外交空间已大幅收窄，不得不以能源换取中方政治支持，此外还尝试通过在叙利亚的冒险介入实现与美欧的外交突破。

经济上，普京试图重振经济，重返超级大国，但是俄经济高度依赖能源产业，遭到了国际能源结构变化的沉重打击，严重限制了其外交资源。由于对抗加剧，俄实质上已将经济发展放在了次要地位。此外，欧亚经济联盟在经济上对俄国的助益也较为有限。

安全上，2008 年后俄军队一方面进行了全面现代化改革，另一方面又由战略准备转向局部的实际动武。在经历了 2009～2011 年的削减后，俄迅速将军费占 GDP 比重由 2011 年的 3.46% 提升到了 2015 年的 5.01%，并且在 2015 年主动军事介入叙利亚，强硬支持巴沙尔政权。这在提升影响的同时，也恶化了俄在中东的安全环境。

俄罗斯战略调整是要与美达成"新雅尔塔体系"，构筑遵守独特秩序的势力范围。俄全面挑战者的身份决定了与美欧关系在根本上难以实现改善，双方对抗仍将加剧，而俄罗斯脆弱的国内基础可能无法长期支撑这一挑战战略。

四 主要大国内外战略调整总结与启示

第一，在美战略收缩后，日、德、英、法等主要大国并未与美疏远，相反，它们积极地协助维护国际政治、经济和安全秩序。其中，日德开始在东亚和东欧发挥重要的政治经济作用，法国则在西非和中东发挥了替代性安全作用。印度虽然拒绝介入中美间冲突，但是也坚持了融入现有秩序的立场，并以不挑战美式秩序的方式经营南亚。大国中，只有俄趋向"对等"立场，挑战现有政治和安全秩序。总体上，主要大国的战略调整趋向于巩固国际秩序，美盟友也趋于分担更多的维护责任与成本。

第二，中国在政治和安全上介于印俄之间，在经济上与冷战中的日本较为相似，是在参与全球自由贸易的同时采取高度市场保护的"半追随"政策。中方在政治和安全上虽然不赞成美式秩序，但是也暂未采取实质性的挑战行动。因此对于美及其盟友而言，目前难以凝聚起遏制中国的国内外共识。如美未来由战略收缩转向扩张，俄恐将是美主要施力对象。

第三，俄作为挑战者面临巨大的外交压力，其一方面希望能够争取到盟友与其分担，另一方面更希望能够与美国实现谅解，获得后者对后乌克兰危机时代的政治现实的承认，认可俄罗斯在乌白、中亚和高加索构建"自留地"的做法，而非在全球范围挑战霸权。因此俄争取中国更多是要分散美国的注意，而非在东亚开辟自身对抗的"第二战场"。

未来五年中国面临的国际政治、经济、安全以及舆论环境及中国应对思路与举措

徐 进

中国社会科学院世界经济与政治研究所副研究员

今后五年（2016－2020 年）既是中国的"十三五"规划实施期和"小康冲刺期"，也是世界的"秩序嬗变期"和"新旧角力期"，国际环境的复杂程度前所未有，中国面临的风险挑战加大。今后五年中国面临的总体国际环境将变得更加复杂多变，有利的一面在于世界仍将处于和平与发展的时代，国际力量对比继续趋于平衡；不利的一面在于国际政治环境中的危机、紧张面会继续上升，局部地区的地缘政治博弈更加激烈，传统安全威胁和非传统安全威胁交织，中国面临的国际安全压力将有增无减。综合而言，由于中国的综合国力仍将迅速增长，今后塑造国际和周边环境、参与全球治理的能力将得到有效提升，因此未来五年中国仍将处于大有可为的战略机遇期。只要政策得当、措施有力，到 2020 年中国实现"第一个百年目标"的任务可望圆满完成。

一 和平与发展的时代主题未变，但世界经济低速增长

今后五年，世界上的各种战略力量将会加快分化组合，国际体系进入加速演变和深刻调整的时期，但和平与发展的时代主题不会发生变化，世界总体和平态势可望保持，国际力量对比逐步趋向平衡，但局部战争威胁和非传统安全威胁仍然存在。以经济全球化、规则多样化、文化多元化、社会信息化为代表的"世界四化"在深入发展，新一轮科技革命和产业变革蓄势待发，全球治理体系将发生巨大变革。

"十三五"期间，中国经济发展面临的国际经济大环境依旧错综复杂，国际金融危机冲击和深层次影响在相当长时期内依然存在，世界经济在深度调整中"曲折复苏、增长乏力"。世界主要经济体走势分化，发达国家中美国、加拿大和英国的

复苏进展最快，尤其是美国经济复苏十分强劲，而欧元区和日本的经济复苏仍存在不确定性。俄罗斯、巴西、南非等新兴经济体的困难和风险明显加大，发展中国家对世界经济的领头作用下降。国际金融市场动荡不稳，大宗商品价格大幅波动，全球贸易持续低迷。

与此同时，新一轮科技革命和产业变革蓄势待发，国际能源格局可能出现较大调整。全球治理体系深刻变革，发展中国家的治理能力和治理话语权继续上升，国际投资贸易规则体系加快重构，多边贸易体制受到以 TPP 和 TTIP 为代表的区域性高标准自由贸易体制的挑战。

总体而言，今后五年，全球经济结构性失衡、有效需求不足、债务积累过多等问题难以得到根本性改善。在新的经济增长点尚未形成、潜在增长率下降等因素的叠加作用下，世界经济将进入低速增长常态化时期，发展中国家面临着比发达国家更严重的经济复苏压力。

二　国际格局再现两极化趋势，但中国面临的安全压力增加

"一超多强"是后冷战时代的国际格局。然而，随着近年来中国的快速崛起，这一结构不断趋于弱化。美国作为世界唯一超级大国的地位在未来五年内不会改变，但其优势程度将大大缩小，主导和控制世界事务的力度下降；多强分化明显，中国从多强中脱颖而出，开始向另一个超级大国迈进。

从经济上看，2015 年中国的 GDP 总量为 10.6 万亿美元，美国为 17.87 万亿美元，中国约为美国的 59%。[①] 从 2016 年到 2020 年，如果中国年均经济增长率保持在 6.6% 左右，而美国保持在 2.5% 左右，则到 2020 年，中国的 GDP 总量将达到 14.6 万亿美元，而美国的 GDP 将达到 20.2 万亿美元，即中国的 GDP 将达到美国的 72% 左右。

从军事上看，2016 年中国的国防预算约为 1468 亿美元。[②] 从 2017 年到 2020 年，如果按 8% 的平均增长率计算，2020 年中国的国防预算将约为 2000 亿美元。与此同时，如果美国继续执行奥巴马总统定下的削减 1 万亿美元国防开支计划的话，

---

① 《国家统计局关于 2015 年国内生产总值最终核实的报告》，http://www.gov.cn/xinwen/2017 - 01/09/content_ 5158113. htm。本文按美元与人民币汇率为 1 : 6.5 计算。

② 《2016 年中国的国防预算 9543 亿元　增长 7.6%》，http://news.xinhuanet.com/mil/2016 - 03/05/c_ 128775856. htm。

到 2020 年美国的国防开支大概在 5000 亿美元左右，即中国的国防开支可达到美国的 40% 左右。今后几年，随着航空母舰、战略核潜艇、第四代战斗机、北斗导航系统等一批高精尖类军事装备投入使用并形成战斗力，中国人民解放军的能力将有更大的提高。不过，考虑到美军还有丰富的作战经验、遍布全球的军事基地和众多的军事盟国，因此，中国在未来几年尚难以大幅度地、实质性地缩小与美国的军事差距。

在亚太地区，如果不算美国的话，中国的综合国力将大大超过该地区的任何一个国家，甚至即将接近其他国家的实力总和。如果算上美国的话，亚太地区将出现两极并立的格局。由于中国执行不结盟政策，而美国拥有众多的亚太盟国，未来亚太地区将出现中国面对美国及其亚太同盟体系的局面。这种"以一对多"的局面将使中国承受越来越大的外部安全压力。

三 大国关系竞合并存，但有阵营分野之势

未来五年，世界主要大国之间的战略关系仍将呈现合作与竞争并存的局面，但可能出现阵营分界的苗头。这主要是因为中国的崛起会迫使其他大国考虑"选边站"的问题。

俄罗斯将选择加强与中国的战略合作关系。自冷战结束以来，俄罗斯始终把中国当作最重要的战略合作伙伴。1996 年，两国建立了战略协作伙伴关系。2001 年，两国签署了《中俄睦邻友好合作条约》，标志着两国形成了"准同盟"关系。十年来，在双方共同努力下，当前中俄战略协作伙伴关系正在全面、健康、稳定、快速发展。经济上，双方正在研究"一带一路"建设与欧亚经济联盟对接的问题；军事上，双方正在研究进一步深化军事合作的问题。在未来五年，两国政府有可能进一步提升双边战略合作的程度。

美国已经选择实施防范中国的新亚太战略。奥巴马政府在口头上却接受中国提出的"新型大国关系"概念，但在行动上却执行"再平衡"战略，竭力宣扬美国将会坚定地帮助东亚国家应对和防范来自中国的威胁，强调美国在地区层次上承担应对"中国崛起"的安全义务。围绕中国周边问题，美国主动出招，向菲律宾、韩国、日本等国承诺其可靠而强大的同盟责任，进一步密切与印度的战略合作，同时开展与越南的战略合作。美国高调介入南海问题，宣布美国在南中国海有"国家利益"，并通过一连串的军事演习和密切军事关系的举动，来强调美国不会忽视中国影响力上升的信息。另外，奥巴马总统执政期间，先后三次对台售武，两次接见达赖。这

些事件使得中美关系不断波动，难以稳定发展。今后五年，中美之间的结构性矛盾难解，虽不至于陷入修昔底德陷阱，但美方对中国将施加更大的战略压力，致使中美关系将在低水平上反复振荡，缓慢下行。

日本和印度将选择强化与美国的战略合作，共同遏制中国的崛起。由于中国总体经济实力超越日本，中日两国之间的结构性矛盾日益突显。日本意识到其在东亚地区的经济主导地位一去不复返，因此想通过建立同盟来防范中国，并提高日本在东亚地区的战略地位。日本不仅在钓鱼岛和东海海洋权益问题上与中方缠斗，而且积极强化日美安保同盟。另外，为牵制中国，日本还主动与越南、菲律宾、印度等国加强协调，企图介入南海争端。

中国与印度虽然同为亚太地区新兴大国，但经济上的共同利益并不能防止两国之间战略矛盾的扩展。中印战略矛盾已非领土争端，而是正在形成的结构性矛盾，即印度视中国为其在亚洲崛起的主要竞争对手。为此，印度采取与地区外的国家合作，平衡中国不断增强的实力的策略。印度与美国加强关系，在核技术和军事方面展开合作，遏制中国影响力的提升。印度还逐渐卷入到中国与周边国家的争端中，试图通过与东盟国家合作，共同制衡中国。

欧洲大国目前尚未在中美之间选边站。不过欧盟在全球战略问题上与美国和中国都有重大分歧。无论欧洲大国在中美战略矛盾中是"选边站"还是采取独立立场，大国之间的冲突与矛盾都只会加剧而不是缓解。

四　周边热点问题复杂难解，但中国难以回避

中国周边地区长期存在一些复杂难解的热点问题，比如海洋领土争端、朝鲜半岛问题、阿富汗问题，等等，这些问题与中国有着或直接或间接的关系，对中国周边安全环境造成或明或暗的影响。

近年来，外力作用致使亚太海洋争端持续"发烧"。美国以"维护航行自由"等为幌子，针对中国南海岛礁建设一再发难，极力喧宾夺主。菲律宾单方面提起"南海仲裁案"，一个所谓的国际仲裁庭于 2016 年 7 月做出的裁决对中国非常不利，致使中国南海维权主张面临严峻挑战。日本推行"新安保法"并扩军备战，在钓鱼岛问题上冥顽不化。朝鲜核试、"射星"加剧半岛南北对峙，助推美日韩军事一体化。阿富汗塔利班势力不减，迫使美军不能完全撤出，敌对双方的和谈不能顺利进行。

未来五年，上述问题没有得到彻底解决的可能。海洋争端很可能持续发展；朝

鲜半岛局势继续呈现"打摆子"式的阵发高度紧张状态；阿富汗内战继续长期化，政府军和塔利班势力处于战略僵持、互有攻守的局面。这些问题将对中国"一带一路"建设产生负面影响，中国须直面应对，无法回避。

五　全球治理规则之争更加激烈，但中国影响力持续上升

由于未来并不存在世界大战的可能性，因而大国之间的竞争在很多情况下通过国际规则之争的形式体现出来。规则的非中性意味着谁能够制定国际规则，谁就能发挥主导作用，故而规则之争的背后是权力之争、利益之争和价值观之争。在国际金融危机之后，以重新确定全球化规则为核心的"再全球化"进程成为未来世界秩序的发展趋势之一。

发达经济体和新兴经济体都是世界经济新秩序的推动力量，但发达经济体在世界经济规则制定方面拥有更多优势。一方面，发达经济体拥有制定规则的丰富经验；另一方面，发达经济体拥有更多的资源和能力来维护并改造现有的世界经济体系。它们的目的在于尽可能地利用现行国际规则保护其既得利益以及制定新的规则获得新的收益。

新兴经济体参与规则制定的诉求和能力不断提升。一方面，新兴经济体越来越注重彼此之间的合作与协调。另一方面，像中国这样经济实力雄厚的国家试图独自挑头主导全球治理新机制的建设，并取得一些成功，亚洲基础设施开发银行的成立就是一例。新兴经济体的目的在于尽可能获得与自身实力和责任相适应的权力和利益。

由于在利益及目标方面存在根本性分歧，发达经济体和新兴经济体在全球经济治理和全球公域治理新规则的制定方面存在比较严重的分歧。双方的规则博弈将更加激烈，但这也为中国深度参与全球治理并提升自己的话语权、影响力提供了机会。

六　国际涉华舆论环境不会得到本质性改善，但中国讲好中国故事的能力有望增强

冷战结束以来，由于中国坚持共产党的领导，坚定地走有中国特色的社会主义道路，因此西方反华势力一直视中国为"眼中钉"，他们利用手中强大的舆论机器，力图塑造一个"无人权人道、无自由民主"的负面中国形象，并先后制造出"中国

威胁论""中国崩溃论""中国责任论"等各种奇谈怪论，甚至出现国际上一有大事发生就立即指责中国的现象。

近年来，中国政府通过官民结合的方式，利用各种手段和机会，宣传改革开放的成就，向国际社会表明中国坚定不移地走和平发展道路的信心和决心，虽然取得一定的效果，但总的来说，长期对中国不利的国际舆论环境今后不会得到本质性改善。"老奇谈"会沉渣泛起，"新怪论"会层出不穷，面对这种形势，"讲好中国故事"的任务相当艰巨。

七 应对思路与举措

"十三五"时期，中国的"战略机遇期"、"小康冲刺期"与世界的"秩序嬗变期"、"新旧角力期"碰头，国际环境变数趋增，国际关系复杂程度前所未有，中国发展面临的风险挑战加大。

党中央对中国今后身处的复杂国际形势早有预判，习近平总书记指出："我们的事业越前进、越发展，新情况新问题就会越多，面临的风险和挑战就会越多，面对的不可预料的事情就会越多。我们必须增强忧患意识，做到居安思危。"

根据习总书记的讲话精神，我国应当按照总体国家安全观的要求，坚持有中国特色的大国外交理念，坚定不移地走和平发展道路，奋发有为、迎难而上，在发展壮大自己的同时切实担负起国际责任。

第一，树立外交服务于国家发展的理念。国家发展比经济建设的含义更加丰富，除经济建设外，还包含社会建设、国民素质、环境质量等内容，这也与小康社会需要用综合指标评价相一致。因此，应当树立外交服务于国家发展的理念，即外交要服务于小康社会建设的方方面面，而不仅仅是经济建设。

第二，实现正当权益与互利共赢的完美结合。在全球化背景下，中国与世界在更深程度上相互依存，在更广范围内相互影响。这就要求中国外交在维护本国利益之时不能干损人利己、以邻为壑的事情，而是要综合考虑本国利益与其他国家的利益，设法实现互利共赢和共同发展。当前，在构建对外开放新格局，尤其是推动"一带一路"建设过程中，应当把"包容性发展"和"共同现代化"等观念贯彻其中。

第三，确立"我是大国"的大国外交前提。中国传统意义上的大国外交前提是"针对大国"，即中国作为一个实力较弱的国家要考虑其他大国的政策对中国的影响。而在中国日益崛起的情况下，中国的大国外交前提应当转变为"我是大国"，即考虑中国作为实力仅逊色于美国的世界第二大国的政策将给全球带来什么影响。今后几年，中国在许多国际领域和国际机制中都会拥有举足轻重的影响。鉴于此，中国应当努力适应自己的国际领导层成员身份，在国际事务的方向性、建设性和开拓性方面提升能力与话语权，加大对地区热点问题的解决力度，切实落实"义利并举、义重于利"的新型义利观，同时尽量少投弃权票、少保持中立。

第四，利用民间资源讲好中国故事。面对国际涉华舆情不利的局面，近年来中国尝试以"官民并举、以官为主"的方式讲好中国故事，这其中有成功的案例，但也有争议之声。在社交媒体日益发达的今天，官方色彩浓厚恐怕并不利于对外传播。为此，对外传播应当更充分地发掘和利用民间资源，在保持"官民并举"原则不变的前提下，变"以官为主"为"官方指导、民间为主"。

大国战略篇

奥巴马主义的困境与美国全球战略的走向

倪　峰

中国社会科学院美国研究所研究员

以 2014 年为时间节点，正当奥巴马政府开始投入全力打造奥巴马主义外交遗产的时候，国际局势和美国国内政治的一些重大变化致使奥巴马主义遭遇了自执政以来最严峻的挑战。这其中包括：重归地缘政治的呼声及其盟友的质疑、反恐议题再度升温以及反全球化与孤立主义情绪不断上升。为此，奥巴马政府不得不在打造奥巴马主义遗产与回应挑战、质疑之间维持艰难的平衡。一方面，奥巴马坚持奥巴马主义的基本要义，即不做蠢事，坚守对外干预的门槛；另一方面，对挑战和质疑做出回应，这其中包括：不断地向地缘战略方向回归，尤其是对中俄这两个最主要的战略竞争对手施加更大的战略压力；更加关注盟友的诉求和利益关切；加大反恐力度，在中东地区适当放慢"淡出"的脚步。两者动态的调适构成了奥巴马政府执政后期美国全球战略的基本线索。然而，奥巴马政府打造奥巴马主义外交遗产与各种质疑、挑战之间所做的艰难调试，进一步凸显了奥巴马主义的困境。第一，在大国关系领域，大国竞争呈加剧态势，尤其是在中美俄三国之间，美国在其中处于越来越不利的位置。第二，盟友更加自行其是。第三，美国的中东政策更加进退失据。第四，TPP 可能破局的前景表明，美国国内的民怨与对外政策的鸿沟在扩大。

一　打造奥巴马主义外交遗产是近年美国对外战略的基本主线

奥巴马是在两场战争、一场危机、新兴大国群体性崛起、西方力量整体性下滑的大背景下出任美国总统的，面对这一基本形势，作为一名具有谨慎性格的自由派，奥巴马深刻意识到了美国全球维霸的目标与其能力之间不断加大的落差，提出了在新形势下维护美国霸权的基本思路，即在经历了小布什政府时期鲁莽的过度扩张和好战的单边主义之后，美国的战略目标可以通过短期收缩来适当地加以推进，为了固本强基、巩固美国主导的世界秩序的核心，可以在一些边缘的地带和利益上后撤，并避免新的重大施政错误。总之，美国需要通过"克制"和"收缩""追求一种致力于国家革新和实现全球领导地位的战略"①。其中注重恢复国力、审慎使用武力、平衡运用各种国家安全手段、强调责任分担是所谓"奥巴马主义"的核心含义，如果用一句话来形容奥巴马主义的特质，就是其在第二任期内的口头禅，"不干蠢事!"

观察八年来奥巴马政府对外战略演进，会发现"奥巴马主义"是其主线，其具体的推进体现在以下几个方面：（1）开展"巧实力"外交，改善美国形象。（2）重返"经济优先"原则。（3）从伊拉克和阿富汗撤军。（4）加强与盟友协调合作，让盟友承担更多责任和义务。（5）在热点问题上，采取战略克制，注重通过经济制裁或外交手段，在多边框架下寻找解决路径。（6）谨慎使用武力，提高出兵门槛，更多地采用低成本的非传统军事手段。（7）缩减国防预算，调整军事战略。（8）推动全球治理的机制化变革，注重引领全球贸易机制的构建，进而获取战略收益。（9）运用外交手段与一些传统对手再度建立联络，并向他们提供一条有可能进入美国主导的世界秩序的通道。（10）将地缘政治重心转向亚太地区，企图用所谓的"规则"约束中国的发展。从总的情况来看，"奥巴马主义"迎合了经历了两场令美国筋疲力尽的战争以及金融风暴的猛烈冲击，整个国家需要休养生息，同时不放弃关键利益的基本需求。自执政以来，奥巴马政府一直在上述几个方向上久久为功，分进合击，试图重新打造美国实力和影响力的基础。2014 年中期选举后，奥巴马政府进入了执政后期，打造"奥巴马主义"的外交遗产成为其推行全球战略的主要任务，这主要包括：不断推进美古关系的正常化、完成美日关系的升级改造、以伊核协议为契机优化美国在中东的地位、推动 TPP 完成谈判并争取国会通过、鼓励缅甸的政治转型、争取联合国气候大会达成《巴黎协议》并推动落实。通过以上这些方面的努力，奥巴马希望为美国以及下届政府留下一份具有奥巴马特色的外交遗产。这基本构成了奥巴马政府执政后期对外政策的主线。

二 奥巴马主义遭遇挑战

正当奥巴马政府全力打造外交遗产的同时，无论是国际局势还是美国国内形势都在发生一些重大变化，对奥巴马主义的推进构成了复杂的挑战。

---

① Gideon Rose，"What Obama Gets Right：Keep Calm and Carry the Liberal Order On"，*Foreign Affairs*，Vol. 94，No. 2，September/October 2015，p. 2.

第一，重归地缘政治的呼声及其盟友的质疑。乌克兰危机爆发后，克里米亚重归俄罗斯怀抱。在西方眼中，这是冷战结束后首次强行的领土变动，具有重大的地缘政治含义。在此背景下，美国战略界对奥巴马政府奉行的"克制"和"收缩"的政策提出强烈质疑，发出了重归地缘政治的呼声。他们对奥巴马的抨击集中在五个方面：一是现任总统的所作所为，实际上放弃了美国在世界上的领导地位和领导责任，居然把美国降低到同其他大国平起平坐的地位，尤其是对中国和俄罗斯过于软弱。二是过分强调了气候变化等非传统安全和全球治理问题，没有抓住国际政治的要害——大国的地缘争夺，听任中国在西太平洋、俄罗斯在乌克兰及其附近地区"欺负小国"，震慑美国的盟国。三是压低国防经费，在网络安全、太空安全等领域没有抓住主导权。四是在中东问题上进退失据，让"伊斯兰国"等激进势力坐大。五是不敢大胆同"专制政府"交涉这些国家的人权问题，背离了美国的理想主义原则。①

与此同时，一些美国的传统盟友也对奥巴马政府"逃避责任"的行为表示出越来越多的不满。波兰外长西科尔斯基在一份秘密录音中表示："波美联盟毫无价值，甚至有害，因为它给了波兰一个错误的安全感。"② 以色列国防部长亚龙在一次演讲中隐晦地提醒奥巴马："如果你的形象就是软弱，你在这个世界上就不名一文。"③ 沙特情报主管费萨尔则对美国在叙利亚的谨慎做法讽刺道："假如不是如此公然背信弃义，假如其意图不只是要给奥巴马先生一个打退堂鼓的机会，美国的叙利亚政策或许还是有趣的。"④

第二，反恐议题再度升温。奥巴马政府上台伊始做出的一个重要调整就是将国家的优先议题从"反恐"转向"反衰退"。在2010年《国家安全战略》中，奥巴马政府摒弃了"反恐战争"的概念，不再提"先发制人"，缩小了美国反恐打击的范围，认为美国是在"与一个具体的、有形的恐怖主义网络——基地组织及其附庸作

① 王缉思、兰志敏：《美国进入"韬光养晦"时代？——奥巴马主义和美国外交转型》，中国社会科学院和平发展研究所编《奥巴马政府内外政策调整与中美关系》，中国社会科学出版社，2015，第129页。

② Bret Stephens, "What Obama Gets Wrong," *Foreign Affairs*, Vol. 94, No. 2, September/October 2015, https：//www. foreignaffairs. com/articles/what－obama－gets－wrong.

③ Bret Stephens, "What Obama Gets Wrong," *Foreign Affairs*, Vol. 94, No. 2, September/October 2015, https：//www. foreignaffairs. com/articles/what－obama－gets－wrong.

④ Bret Stephens, "What Obama Gets Wrong," *Foreign Affairs*, Vol. 94, No. 2, September/October 2015, https：//www. foreignaffairs. com/articles/what－obama－gets－wrong.

战，而不是与某种思想或宗教作战"，主张反恐战略应当"运用美国的各种力量而不仅仅是军事实力"，① 在军事行动方面，美国更多地依赖无人机和特种部队等"低烈度"手段。然而，随着 2014 年以来"伊斯兰国"势力的异军突起，美国遭遇到越来越大的反恐压力。2015 年 11 月 13 日，法国巴黎发生一系列恐怖袭击事件，造成 132 人死亡，震惊世界。在这之后，美国本土也多次遭受独狼式恐怖袭击。国内外反恐形势的不断恶化，使得美国公众对反恐议题的关注不断上升，反恐再度成为优先议题。据皮尤民调显示，如今 40% 的美国人认为美国比 2001 年更容易遭受恐怖袭击，该比例创下 15 年来的新高。

第三，反全球化与孤立主义情绪不断上升。正当奥巴马主义遭到来自战略界对其"克制"、"收缩"强烈质疑的同时，奥巴马政府还面临来自美国社会层面越来越强烈的反全球化情绪和孤立主义思潮的压力。其中最突出的表现就是 2016 年大选中的"特朗普现象"和"桑德斯现象"。在美国政治光谱中，特朗普属于右翼，而桑德斯属于激进左翼，双方的政治理念相去甚远，然而他们却在反全球化、反自由贸易、推崇新孤立主义等问题上出奇地一致，并分别在中下层选民和年轻选民中拥有大量的拥趸。他们在竞选中的受欢迎程度表明，目前美国有一个强大的选民阵营支持放弃全球主义，反对美国的国际军事和经济承诺。随着这股新孤立主义思潮的不断蔓延，为了确保在大选中能够胜选，建制派代表人物、民主党总统候选人希拉里不得不对此有所回应。8 月 11 日，希拉里在美国密歇根州发表经济政策演讲时说，她将阻止任何"扼杀就业和压低薪资"的贸易协定，包括 TPP。②

三　奥巴马政府对挑战的回应

从总的形势来看，以乌克兰危机爆发为节点，美国全球战略的实施面临着一个更趋复杂的内外环境。面对来自各个方向的质疑和压力，奥巴马政府不得不上下腾挪、左支右绌，一方面按照既定的方向打造外交遗产，另一方面针对批评、挑战做出调整。

第一，坚守奥巴马主义的要义。尽管面临各种质疑和批评，奥巴马仍不遗余力

---

① "National Security Strategy 2010", May 2010, http://www.whitehouse.gov/sites/default/files/rss_viewer/national_ security_ strategy. pdf.

② 《希拉里明确表示反对 TPP》，环球网，2016 年 8 月 12 日，http://world. huanqiu. com/hot/2016 - 08/9300651. html

地为自己的基本政策原则辩护。2014 年 5 月 28 日，他在西点军校讲话中指出："自二战以来，我们所犯错误里代价最高的一些错误，不是来自于我们的自我克制，而是来自于我们鲁莽地进行军事冒险的意愿。"① 奥巴马解释说，"如果全球性问题对美国并未构成直接的威胁，当某些危机激发了我们的道德责任，或者使全世界滑向更危险的方向——但并不直接威胁到我们的时候，出兵的门槛必须提高"②。正如奥巴马所言，在打击叙利亚境内的"伊斯兰国"极端势力时，美国并没有出动地面部队，只进行空中打击，而且越来越多地使用无人机以减少美军伤亡。对乌克兰危机、叙利亚内战，对中非共和国、马里、南苏丹的战乱，美国一直没有出兵的打算。在伊核、朝核问题上，美国显然有军事打击的预案，但并未实施。在所有这些已经或者可能出现军事冲突的情景中，奥巴马政府都坚持使用外交、经济制裁、国际压力等手段，尽量避免采取直接军事行动。

第二，不断地向地缘战略方向回归，尤其是对中俄这两个最主要的战略竞争对手施加更大的战略压力，采取更多的战略防范措施。在奥巴马执政的第一个任期，全球治理在美国的全球战略中享有突出地位，这其中包括应对全球金融危机、加大防扩散力度、加强气候变化领域的国家合作，等等。然而，自 2013 年起，美国全球战略中地缘政治的色彩不断凸显。在 2015 年公布的第二份《国家安全战略报告》中，有关国际安全的分析更多地强调国际权力结构的变化，特别提及印度、中国与俄罗斯三国国家行为对国际关系的影响。③

而在现实政策中，美国对中俄两国的战略压力几乎是在同步增强。在欧洲方向上，美国不断加强北约军事体系，不断加大对俄经济制裁力度。2014 年 9 月，在英国威尔士召开的北约峰会上，俄罗斯被称为"不言而喻的敌人"。在美国的推动下，北约成员国在峰会上达成一致，同意组建一支快速反应部队，其后勤保障和装备将预先部署在东欧国家。与此同时，以美国为首的西方国家对俄罗斯实施了多轮制裁。美俄关系降至冷战结束以来的最低点。

在东亚方向，美国对中国的战略施压不断加码。一是不断地加大介入南海问题的力度。2014 年 2 月，美国助理国务卿拉塞尔在国会听证会上要求中国就南海九段

① http：//www. washingtonpost. com/politics/full－text－of－president－obamas－commencement－address－at－west－point/2014/05/28/cfbcdcaa－e670－11e3－afc6－a1dd9407abcf_ story. html
② http：//www. washingtonpost. com/politics/full－text－of－president－obamas－commencement－address－at－west－point/2014/05/28/cfbcdcaa－e670－11e3－afc6－a1dd9407abcf_ story. html
③ The White House，"National Security Strategy"，February 2015. http//www. whitehouse. gov/sites/default/files/docs/2015_ national_ se－curity_ strategy_ 2. pdf.

线做出明确说明，这标志着美国的介入从幕后走向了前台。2015 年 5 月，美军侦察机 P8 - A 搭载美国有线电视网记者前往永暑岛、渚碧礁和美济礁进行侦察，美国的介入从"言辞上走向前台"发展到"行动上走向前台"。10 月，美国导弹驱逐舰"拉森号"驶入渚碧礁 12 海里以内，"行动上的介入"进一步"军事化"。2016 年以来，美国南海政策更是狂飙突进，3 月以来，美国"斯坦尼斯"号航母已两次驶入南海地区，进行了一系列的军事演练和政治宣示。与此同时，围绕着南海问题的对华舆论战、外交战不断升级。二是在韩国部署"萨德"系统，严重破坏东北亚，特别是中美两国之间的战略平衡。所有这些使得中美之间的战略竞争不断凸显。

第三，更加关注盟友的诉求和利益关切。在欧洲方向，美国为了缓和盟友的担忧不断增加在东欧地区的军力部署。2014 年 6 月奥巴马访问波兰，重申美国对波兰和其他东欧盟友的安全承诺。2015 年 6 月，美国防长卡特在塔林与爱沙尼亚、拉脱维亚和立陶宛的国防部长举行会谈时表示，美国将在包括波兰在内的中东欧六个国家部署重型装备。2016 年 7 月在华沙举行的北约峰会上，美国宣布将在波兰和波罗的海三国部署 1 千名北约多国部队，这是自冷战结束以来，北约在该地区最大规模的一次军事部署。在中东方向，伊核协议后，为了缓解盟友的担忧，美国不断向以色列、沙特以及海湾国家做出"再保证"。2015 年 7 月和 8 月，美国国防部长卡特和国务卿克里先后访问中东进行"安抚"之旅，卡特在访问以色列时承诺美将继续向以提供军事援助，2016 年以色列将成为中东地区唯一装备 F - 35 战斗机的盟友。克里在访问多哈时表示美国已经同意将加速向海湾国家军售。在东亚方向，2014 年 4 月，奥巴马在访问日本时声称，《美日安保条约》适用于钓鱼岛，这是美国总统首次做出这样的宣示。2015 年美日完成了"美日防卫合作指针"的修订，扩大了美国和日本在军事安全领域合作的范围。同年，奥巴马出席在马尼拉举行的 APEC 峰会期间登上了菲律宾军舰，表示"美国会继续与菲律宾一道维护区内海上安全和航行自由"。2016 年美菲共同开展"肩并肩"联合军演。5 月，卡特表示，五角大楼会把最精良的武器全部派到太平洋地区，其中包括 F - 35 隐形战机、P - 8 反潜侦察机以及新一代隐形驱逐舰，为美国在亚太地区的盟友和伙伴撑腰打气。①

第四，加大反恐力度，在中东地区适当放慢了"淡出"的脚步。随着"伊斯兰国"在中东的崛起以及在全球范围内的肆虐，美国民众对恐怖袭击的担忧再度升高，打击恐怖活动在奥巴马政府全球战略中的权重再次上升。2014 年 8 月 8 日，美国宣布对伊拉克境内的"伊斯兰国"势力展开空袭。9 月 22 日，美国宣布对叙利亚

---

① http://news.qq.com/a/20160530/017378.htm.

境内的"伊斯兰国"武装展开空袭。与此同时，美国还组建了包括英、法等 50 多个国家以及欧盟、北约、阿盟等地区组织在内的打击"伊斯兰国"势力的国际联盟。2014 年美军共执行了 6981 次空中打击任务，2015 年头 9 个月共执行了 16200 次空中打击任务。① 然而，美国打击"伊斯兰国"的行动并未产生实质性效果。2015 年 9 月 30 日，俄罗斯开始在叙利亚展开打击伊斯兰主义武装的行动，使得大国博弈、地区矛盾与打击恐怖主义复杂地交织在一起。美国不得不进一步加大对叙利亚和伊拉克的投入。10 月 30 日，白宫宣布，奥巴马已授权向叙利亚派遣不到 50 人的特种作战部队，以协助打击极端组织"伊斯兰国"。此举突破奥巴马政府在叙利亚军事行动不派遣地面部队的红线。12 月 2 日，美国国防部发言人表示，美国将派出约 100 名特攻队前往伊拉克，对抗境内及毗邻叙利亚边境的"伊斯兰国"恐怖组织武装。在此之后，美国不断向伊拉克增兵，截止到 2016 年 9 月，驻伊拉克美军已增至 4650 人。进入 2016 年以来，美国和相关各国打击恐怖主义的行动与美俄及伊朗、土耳其、沙特、叙利亚政府、各反对派力量围绕着叙利亚问题的折冲樽俎呈现出一种大起大落、螺旋上升的局面，其间发生了俄罗斯军机被土耳其击落、阿勒颇攻防战、土耳其军队进入叙利亚、联合国人道主义救援车队被炸、美军"误炸"叙利亚政府军、美俄之间中断对话相互指责等一系列事件。叙利亚危机扑朔迷离，已成为 2016 年美国大选中最热门的外交议题之一。

四 奥巴马主义的困境

纵观奥巴马政府执政后期对外政策的演变，会发现奥巴马政府一直在打造奥巴马主义外交遗产与应对各种质疑、挑战之间做一种艰难的调试，而这个过程进一步凸显了奥巴马主义的困境。

第一，在大国关系领域，大国竞争呈加剧态势，尤其是在中美俄三国之间，美国在其中处于越来越不利的位置。我们知道，奥巴马主义的要义是"收缩"，即在经历了小布什政府时期的过度扩张之后，将美国的关注力重新聚焦国内，"追求一种致力于国家革新和实现全球领导地位的战略"。而其中一个重要的前提就是稳定的大国关系。美国上一次发生在尼克松政府时期的战略"收缩"就展现了这样的逻辑，其中最精彩的亮点就是中美之间化敌为友以及与最主要的对手苏联实现了缓

---

① 吴冰冰：《叙利亚危机的演变》，《中国国际战略评论》（2016），世界知识出版社，2016，第 249 页。

和，这大大减轻了美国的战略压力并为摆脱越战泥潭创造了有利条件，为此美国得以进入休养生息、重整旗鼓的战略机遇期。事实上，在奥巴马上台之初，也有与尼克松政府时期相似的思路，奥巴马政府提出要"重启"美俄关系，中美关系也实现了少有的"开门红"，呈现出"高开高走、高潮迭起"的局面。然而，在此之后，无论是中美关系还是美俄关系都开始一路下行，尤其是随着美国不断向地缘政治方向回归，无论是美俄矛盾还是中美矛盾都急剧上升，尤其到了奥巴马任期即将结束的 2016 年，美俄关系由于乌克兰危机、叙利亚冲突以及美国大选到达冷战结束后的最低点，而中美之间的战略竞争由于南海和"萨德"问题而不断加剧。与此同时，面对来自美方不断增加的战略压力，中俄关系在不断走近。总之，奥巴马在大国关系领域以"重启"美俄关系和稳定中美关系开场，而最终却走向所期望的反面，这可能是奥巴马主义外交实践最大的败笔。

第二，盟友更加自行其是。同盟体系是美国维护其霸权的重要支柱，在奥巴马政府实施战略收缩的背景下，"巧实力"的概念应运而生，其中一个重要的含义就是，在实力下降的当口，美国应减少对外承诺，在一些非关键的地区适当后撤，推动盟友承担更多的责任。然而，奥巴马的如意算盘却招致许多盟友的担忧、不满和抱怨。为此奥巴马政府在执政后期也做出了相应的调整，更加关注盟友的利益关切。但从政策执行的效果来看，奥巴马此举并未阻止住一些盟友的离心离德。2015年 3 月，英国不顾美国的反对宣布申请加入亚投行，并引发了美国的盟友的连锁式反应，法、德、意、澳、韩纷纷跟进。2016 年的情景更是让美国沮丧。一些关键的盟友分别在关键的时刻让美国难堪。首先是菲律宾总统杜特尔特，他上任后不仅在南海仲裁案上没有随美日起舞，而且还因为美国和西欧国家批评他在菲律宾国内侵害毒贩人权而与西方世界杠上。10 月 18～21 日，杜特尔特访华并发表了大量亲华疏美的言论，使得美国如芒在背。7 月，土耳其发生未遂军事政变，总统埃尔多安认定，未遂政变是由美国中央情报局及美国庇护的土耳其宗教领袖居伦所主导，为此在国内严厉整肃亲美势力，公开表达对美国的强烈不满，不顾美国的反对向叙利亚库尔德人开战，甚至公开向俄罗斯和伊朗提议，建立三国联盟。9 月底，沙特与美国之间因美国国会强行通过针对沙特的"9·11 诉讼法案"出现危机，声称要撤离沙特在美国近万亿美元的资产。为此，一家美国媒体忧心忡忡地写道："像杜特尔特、埃尔多安这样各行其是的美国盟友，固然不在多数。但是许多盟友——如沙特和其他海湾君主国——正在日益自行其是。甚至以色列也意识到有必要与普京治下的俄国保持良好关系。自从奥巴马总统追求幕后领导以来，这本来就是预料之中的事：盟友们不确定美国是否会对他们保持忠诚，故而也不对美国保持忠诚。"

第三，进退失据的中东政策。鉴于伊拉克战争的教训，奥巴马政府上台之初采取一种从这一地区逐步"淡出"的政策，这其中包括从伊拉克撤军、让欧洲在利比亚问题上充当先锋、在叙利亚问题上徘徊游移、推动达成伊核协议、利用当地力量低烈度反恐，等等。然而美国"淡出"造成的权力真空在现在看来已经造成了不可挽回的影响。"伊斯兰国"势力的崛起不仅冲击了本来已脆弱不堪的中东局势，而且成为世界范围内恐怖主义的乱源。同时，本地区已有的各种矛盾如逊尼派与什叶派的对立、地区大国的争斗、库尔德问题等被再次激发。2015 年俄罗斯借反恐之机强力介入叙利亚内战，极大地改变了该地区的力量对比，进一步让美国在该地区的各类盟友对美国心生芥蒂。而美国面对各种各样的威胁不得不抽身而出的时候，它所面临的是一个更加复杂、更加混乱、更加难以控制、可能也是更加尾大不掉的中东。

第四，民怨与对外政策的鸿沟在扩大。在上台之初，奥巴马已清醒地意识到，重塑美国领导力的根基在国内，为此，他在国内事务上投入大量精力试图解决和缓解各种内部矛盾，这包括强推医改法案、加强银行监管、实施再工业化计划、改革移民政策、推动新能源开发，等等。同时在国际上打造所谓"高标准"的贸易体系，试图为美国赢得竞争优势。其中最为突出的就是推动 TPP 和 TTIP。在奥巴马政府看来，TPP 不仅具有经济意义，而且极具战略价值，它不仅可以帮助美国进一步拓展亚太市场，也将为亚太地区制定新的贸易规则，确保美国在贸易规则制定中继续保持领导地位。奥巴马视 TPP 为美国亚太再平衡战略的核心经济支柱，也是他希望留下的重要政治遗产。经过 5 年多的谈判，相关 12 个国家终于在 2015 年 10 月就 TPP 达成一致，2016 年 2 月正式签署了文本。然而这纸协议并未顾及相当多美国民众的真实感受。美国面临的突出问题是，经济全球化带来的好处由美国政治精英和大企业享有，而所受冲击却主要由中下层承担，相当多普通选民对贸易自由化的抵制和反感正急剧上升。在 2016 年的大选中，几乎所有的两党参选人都对 TPP 表示反对。TPP 在奥巴马任内获得国会批准的前景非常黯淡。曾出任美国总统的政治学家威尔逊从他自身推动美国参与国联失败的经验中得出过这样结论：热忱的改革者必须知道，他们远远跑在大众前面的同时，也正在失去他们所有的权利。这一结论对奥巴马可能也同样适用。

特朗普政府执政后美国的外交政策走向

齐　皓

中国社会科学院美国研究所副研究员

特朗普上任后，美国出现共和党同时控制政府和国会的局面，凭借这种优势，特朗普和共和党有能力对奥巴马时期的美国外交战略进行重大变革。在很多重大的外交和安全战略问题上，特朗普与国会共和党人有很高的共识，例如南海问题、朝核和伊核问题等，在这些问题上美国新政府的外交政策走向有迹可循。但在其他一些问题上，特朗普本人与国会共和党存在较大分歧，例如美俄关系，美国与欧洲、与亚太盟国的关系等，特朗普本人与其安全团队在这些问题上也存在分歧，在这些问题上，美国新政府的外交存在极大的不确定性。鉴于特朗普的不羁性格和政治"局外人"身份，美国新政府的外交和安全战略的形成可能需要相当长的磨合期，单一的国际体系，国内压力或官僚政治因素都不足以解释美国的外交战略走向，只能根据现有状况做初步的分析和预测。

一　特朗普外交政策走向

首先，特朗普主要内阁团队的特点可能使美国新政府倾向于采取缺乏全局视角的政策，或者说更多地从短期和中期利益需求的角度考虑问题，忽视长期战略布局的重要性。特朗普目前确定的内阁成员主要分为三类，分别是退役军人、富商和共和党保守派。最重要的外交和安全团队由富商和退役军人组成，国务卿雷克斯·蒂勒森是埃克森美孚石油公司董事长兼 CEO，与普京私人关系密切。国防部长詹姆斯·马蒂斯是退役的海军陆战队指挥官，参加过海湾战争、伊拉克战争和阿富汗战争，他明确反对奥巴马的伊核政策，主张应在军事上加强对中国的遏制。国家安全事务助理迈克尔·弗林是前国防情报局局长，主张美国加强与俄罗斯和叙利亚的合作，打击"伊斯兰国"。财政部长史蒂芬·努钦是前高盛合伙人，对冲基金老板。

商务部长威尔伯·罗斯是华尔街大名鼎鼎的投资人，是特朗普竞选团队的经济政策顾问，影响了特朗普对 TPP 问题的态度。从这个团队配置来看，特朗普政府缺乏美国作为霸权国家长期倚重的战略思维或眼光，军人和商人主导的内阁将使新政府更具功能性的特点，即在特定领域解决具体问题，谈判协商的能力加强，或者说具有更强大的执行力。可能的倾向包括重新定义美国的重大外交和战略利益，在一些关乎美国重大利益的问题上讨价还价，并辅以军事手段解决问题或影响问题的解决进程。

其次，安全团队内部观点的不协调会使特朗普未来外交政策出现很大的不确定性。特朗普的外交主张在很大程度上偏离美国自二战后形成的外交和安全战略传统，并且由于白宫在外交和安全政策方面有较大的自主性，特朗普的外交和安全政策可能缺乏有效制衡，有可能像小布什时期一样出现较大的战略错误。因此美国的外交政策走向取决于其内阁团队能否对特朗普的政策主张形成制衡。目前外交安全团队的主要人员在一定程度上都与特朗普的主张有所差异，例如弗林和马蒂斯都支持伊拉克战争，这是典型的共和党对外干涉主张，而特朗普在大选前后都反对美国卷入到这些不必要的外部冲突中。马蒂斯在参加关于其国防部长任命的国会听证会上强调了美国继续加强与盟国关系的重要性，而蒂勒森在其任命听证会上对俄罗斯采取了严厉的批评态度，这都与特朗普的主张存在很大差异。另外，特朗普的内阁成员之间也存在明显的分歧，马蒂斯一直主张对俄采取更加强硬的态度，弗林却主张与俄罗斯加强合作，打击"伊斯兰国"。这些分歧在短期内不会表现出来，特朗普可以选择意见较为一致的领域实施新的政策，例如加强国防投入，修改伊核协议，加强对"伊斯兰国"的打击等。但随着具体政策的展开和对其他问题领域的触碰，特朗普团队内部的分歧将不可避免。

最后，也是最重要的，特朗普与国会共和党在一些重大问题上存在分歧，这将对特朗普的政策实施构成主要障碍。这些问题中最明显的是美俄关系走向。国会的共和党领袖，包括参议院共和党领袖米奇·麦康奈尔和参议院军事委员会主席麦凯恩等都主张加强对俄罗斯的制裁和遏制，麦康奈尔更是公开表示，特朗普上任后就会认识到"与俄罗斯改善关系是不可能的"。另外，共和党建制派不会放任特朗普对主要盟国采取不屑态度，削弱美国霸权赖以存在的同盟体系。在伊核和朝核问题上，特朗普采取任何政策变革都会在国会遇到阻碍。伊核问题上，虽然国会共和党有可能全力支持特朗普推翻伊核协议，但民主党仍有足够力量发起反制措施。朝核问题上，除非美国国内对朝鲜核威胁形成高度共识，特朗普很难采取偏离现有轨道的对朝政策。

特朗普本人在大选中和当选后的各种对外政策言论都是基于他个人对美国利益

的定义和计算，他的"美国第一"原则势必会大幅度修正美国对传统地缘核战略利益的认知。为此，他主张减少对盟国的安全承诺，减少自由贸易对美国就业的负面影响，减少气候合作等全球治理机制对美国的限制等。从总体来看，这是一个全面退出的战略。但另一方面，特朗普主张增加军费，建立更强大的军队，彻底消灭"伊斯兰国"等恐怖组织，在南海东海等地区争端上，特朗普还认为应对中国采取更加强硬的政策。这些政策主张看似矛盾，却表现出特朗普的外交战略更具有单边主义和机会主义的特点，即减少机制和条约的束缚，但在所有威胁美国利益的问题上采取更加强硬的政策。

二　特朗普外交政策前瞻

在具体的对外政策方面，从特朗普当选前后的表态，可以做一些谨慎预测。

首先是美俄战略关系的变化。奥巴马时期的美俄关系全面恶化，已经处于新冷战的边缘。但特朗普的当选有可能缓解这种状况，特朗普在当选前后多次表示对普京的好感，希拉里和美国政府言之凿凿地指责俄罗斯政府干涉美国大选，虽然这些说法没有确实证据，但特朗普个人的反建制和弱意识形态思维有可能使得美俄关系在外交层面得以缓和，美俄有可能在打击"伊斯兰国"方面加强合作。美俄关系的改善将最终取决于美国是否在乌克兰和叙利亚问题上转变态度。特朗普对这些问题的态度仍不明朗，但他很可能接受其团队中的俄罗斯和中东问题顾问的意见，主动改善对俄关系，减少人权和意识形态因素对美国反恐和叙利亚政策的影响。特朗普在当选后最先接受普京的祝贺电话，他提名与普京关系密切的蒂勒森担任国务卿和主张加强与俄罗斯合作的弗林担任国家安全事务顾问都可以有力地说明新政府希望修复与俄罗斯的关系，在重大安全问题上加强与俄罗斯的合作。但如上文所述，面对国会的阻碍，特朗普很难在短期内解除对俄罗斯的制裁措施，这将影响美俄合作的前景。

其次是亚太再平衡战略与中美关系。从特朗普现阶段的表态和政策走向来看，比较确定的相关政策走向有两方面。一是经济方面，主要是 TPP 和中美经贸关系的影响。由于特朗普对 TPP 的明确反对态度，美国国会参议院多数党领袖米奇·麦康奈尔之前已经明确表示不考虑批准 TPP，会与下届政府商讨这一问题。奥巴马政府也明确表示，放弃推动国会批准 TPP 的努力，这说明 TPP 将被无限期搁置。大部分东南亚国家都将 TPP 视为美国是否继续推进"亚太再平衡"的试金石，这将对美国的亚太再平衡战略产生严重影响。特朗普政府是否会在执政后或者 2018 年国会选举后再次推动类似的贸易合作机制尚不明确，并且即使再次启动类似谈判，也将是一个十分漫长的过程。但鉴于特朗普对美国所有的贸易协定或条约都持批评态度，中美双边投资协定的谈判很有可能被搁置，中美经贸关系有可能退步或停滞不前，甚至特朗普有可能部分实现大选中的承诺，即在就职后大幅提高对华商品的关税。特朗普最重要的亚洲政策顾问、加州大学欧文分校教授彼得·纳瓦罗一直对中国持敌视态度，他的观点是特朗普抨击美国对外贸易的主要来源。美国对外经贸合作的自我封闭一方面不利于中美经贸关系继续发挥中美关系"压舱石"的作用，但另一方面有助于其他国家更加重视中国市场，提升中国在全球投资和贸易市场中的地位。

二是中美在全球治理方面的合作很可能长期停滞，最主要的是在减缓气候变化方面的合作。特朗普在大选中多次表示全球气候变暖没有明确证据，当选后会退出全球气候合作。当选后特朗普提名俄克拉荷马州总检察长斯科特·普鲁伊特为环保署负责人，普鲁伊特与特朗普一样强烈怀疑气候变化的科学性，强烈反对美国环保署干涉各州事务，积极推动冻结奥巴马气候政策的核心环节。美国国内环保组织和人士普遍担心，共和党控制的国会和普鲁伊特担任环保署长会毁掉遏制碳排放的进程。如果美国推翻《巴黎协定》，全球气候合作将大幅度倒退，中美全球治理合作的弱化将使中美关系发展失去一个重要平台。另外，特朗普要日韩承担更多责任，维护自身安全的言论和做法可能导致日韩开始开发核武器，这将严重打击全球核不扩散机制，朝鲜半岛局势有可能变得更加不可预测，增加中国周边的安全压力。

除以上比较确定的两点外，中美关系还会在很多重大问题上出现不确定性，甚至发生冲突。首先是台湾问题。特朗普的外交和安全团队中多人是坚定的挺台派，主张加强对台关系的官员数量远超奥巴马时期，甚至是小布什时期。这主要包括特朗普任命的白宫幕僚长普里伯斯和国家安全副顾问凯瑟琳·麦克法兰。普里伯斯还积极推动将"对台六项保证"纳入共和党党纲，在大选前还曾访问台湾并会见蔡英文。麦克法兰长期担任右翼媒体福克斯新闻的首席政治安全分析师，一贯主张加强与台湾的联系。另外，还有一些特朗普团队的外围人员与台湾有密切关系，包括曾被传促成蔡英文与特朗普通电的叶望辉和传统基金会创办人佛衲。特朗普与蔡英文通话后，虽然特朗普团队出面澄清特蔡通电主要是出于礼貌，不能被理解为改变"一中政策"，但特朗普过渡团队绝无可能不了解接电话的含义和可能造成的影响，并且通电后，特朗普通过推特进一步表示对"一中政策"的怀疑和有必要与中国进行交易。如果对比特朗普胜选后对很多内政外交问题的谨慎态度，可以推测特朗普的对台言论不是简单的缺乏外交经验和不羁的个人风格，其背后有复杂的团队操作和战略算计。特蔡通电后，特朗普团队人士也表示通电是在蔡政府与特朗普团队的长期沟通后才得以成行，并且随后访台的叶望辉建议蔡英文在通电后保持低调，不要在访问拉美时过境美国与特朗普见面，这说明特朗普团队有对对台政策影响的评估，希望政策有所调整但同时控制风险。

特蔡通电后，美国国内的亲台人士对特朗普的行为和言论进行了充分的合理性解释，认为美国加强与台湾的沟通符合美国的战略利益和利于台海局势稳定。他们甚至认为中美的台湾问题共识已经过时，原因是中美建交时的台湾仍然是一个独裁政体，并且谋求反攻并统一大陆，而今天的台湾已经转变为一个寻求独立的民主政体，因此不论从意识形态角度，还是基于美国的战略利益，美国的对台政策都需要调整。他们还注意到特蔡通电后，中国高层的反应较为平静，以此说明中美在台湾问题上能够进行协商。持这些看法的人与特朗普内阁中的亲台人士有密切联系，他们的观点会在很大程度上影响甚至加强特朗普的对台政策走向。基于共和党内这种强大亲台倾向的存在和特朗普团队内的亲台势力，特朗普最近的对台举动和言论不能简单理解为外交政策不足或就职之前的不当言论，他与蔡英文的通话和涉台的后续言论说明他有很强的改变或重新定义"一中政策"的倾向。

其次是南海问题。在这个问题上，比较肯定的是特朗普政府会采取比奥巴马更加强硬的南海政策，这其中有两个原因。一是特朗普内阁安全团队在南海问题上有较大共识，主张在南海采取更加强硬的军事手段，这与国会安全和军事相关委员会的共和党人的主张高度一致。在奥巴马时期，国会多位共和党权势议员主张在南海采取更加强硬的政策，例如参议院军事委员会主席麦凯恩认为应该在南海采取更加明确的态度，包括意图清晰的"航行自由行动"。二是从特朗普的言论来看，他很有可能将南海、台湾和贸易（主要是人民币汇率）等关乎中国重大利益的实质问题关联起来，并以此作为谈判手段，择机在不同问题上施加有差异的压力，通过制造额外的"损失预期"迫使中国做出妥协。基于此，特朗普政府会增加在中国周边海域"航行自由行动"的强度和频率，加强在南海的军事部署，不排除完全执行南海仲裁案的裁决，排挤中国在南海的活动空间。不确定的是未来亚太国家安全关系的走向，奥巴马时期美国提出并推进亚太再平衡战略主要是依靠东盟国家对美国平衡中国力量的期待。但在 2016 年，东盟一些重要国家的态度明显发生变化，包括之前与中国存在严重海洋争端的菲律宾和越南，这些国家开始认识到与中国就南海争端进行和平协商的重要性。美国介入南海争端的合法性削弱，因此特朗普新政府未来应对南海争端的方向和方式难以预测，在美国新政府的外交政策磨合期，特朗普很有可能遵循安全团队和国会的建议，在南海采取更加强硬的手段，中美在南海发生摩擦甚至冲突的可能性大幅提升。

美国亚太再平衡战略未来走向及对中国的影响

张 帆

中国社会科学院美国研究所战略研究室副研究员

以应对亚太再平衡战略面临的挑战为重点,即将卸任的奥巴马政府和 2017 年就任的新政府将在三个层面继续推进亚太再平衡战略:在国内寻求国会更大程度的支持;在亚太地区以应对中国的反介入和区域封锁(A2/AD)战略为核心,维持和增进"亚太再平衡";进一步协调亚太再平衡战略与其他地区战略,争取非亚太盟友对"亚太再平衡"的支持,保持亚太再平衡战略的可持续性。美国亚太再平衡战略未来走向及相关举措中的相当一部分内容对中国外交和安全形成较为严重的挑战,需认真应对。

一 亚太再平衡战略面临的挑战:美国战略界的认知

2015 年以来,美国战略界就奥巴马政府自 2012 年实施的亚太再平衡战略进行了全面评估。此次评估主要涉及安全和防务领域,全面分析了美国亚太再平衡战略在迅速变化的安全环境中面临的挑战,并以此为基础,就未来 10 年美国如何进一步落实亚太再平衡战略进行规划。参与此次战略评估的机构主要包括战略与国际问题研究中心(CSIS),美国新安全中心(CNAS),兰德公司(Rand Corporation),以及战略与预算评估中心(CSBA)等知名智库,其中 CSIS 的评估由美国国防部以 2015 财年的《国防授权法》为依据委托实施。与此同时,美国参众两院外委会和军委会均就如何应对亚太再平衡战略面临的挑战举行了一系列听证会,美国国会中国经济与安全审查委员会(USCC)也举行了"中国与亚太再平衡"专题听证会。在这些听证会上接受问询的专家和分析人员大多参与了 2015 年以来有关"亚太再平衡"实施现状及未来规划的战略评估。

此次战略评估主要着眼于如何在未来 10 年内进一步增进奥巴马政府开启的亚太

再平衡战略，其基本假定是，美国民主共和两党以及国会和行政当局在亚太再平衡问题上既有的较高程度的一致性将继续维持，其评估内容或相关结论对即将卸任的奥巴马政府和新一届美国政府具有同样的指导和启迪意义。

美国战略界的评估在一定程度上为中方了解、判断美国亚太再平衡战略未来走向及对中国的影响提供了较为重要的参考指标。本项研究以综合分析、研究美国相关智库及其分析人员的见解为基础，结合与美方的学术交流，首先分析美方就其亚太再平衡战略面临的诸种挑战的认识，接着研判美国应对这些挑战的总体战略走向和较为具体的举措，最后以此研判为依据，简要分析美国亚太再平衡战略未来走向对中国之影响。

美国战略界较为一致的看法是，就维持和增进亚太再平衡战略而言，美国面临以下几个层面的挑战。

（一）国内层面

亚太再平衡战略受制于紧缩的财政开支环境。根据《2011 年预算控制法案》（the Budget Control Act of 2011），美国防务预算在 10 年内削减 4870 亿美元。行政当局与国会于 2015 年 10 月达成的预算协议使美国防务预算面临的窘境有所缓解，但该协议只涉及 2016 财年和 2017 财年。在美国战略界看来，从 2018 财年开始的较长时期内，美国防务预算仍然充满不确定性，《2011 年预算控制法案》的自动削减条款仍然是美国防务预算的绊脚石。从中长期防务预算看，美国未来维持和增进亚太再平衡战略的尝试可能仍然受制于某种紧缩的财政开支环境。[①]

（二）地区层面

亚太再平衡战略受制于中国 A2/AD 战略。美国战略界较为一致地认为，中国在亚太地区的外交和安全政策对美国亚太再平衡战略构成严重挑战，主要表现为：中国在南海和东海的领土诉求威胁美国及其地区盟友利益；经过 20 年迅速发展，中国军事现代化取得重大进展，具备一系列抵制美国海空优势的反介入和区域封锁（A2/AD）能力，包括潜艇、反舰巡航和弹道导弹、先进战机、水面舰只，以及电子战和网络战能力；更为重要的是，中国近年来为抵制美国亚太再平衡战略而大胆采取了一些改变

---

① Michael Green, Kathleen Hicks, and Mark Cancian, *Asia - Pacific Rebalance* 2025: *Capabilities, Presence, and Partnerships*, *An Independent Review of U. S. Defense Strategy in the Asia - Pacific* (CSIS Report, January 2016), pp. 219 - 225.

现状的举措，如设立东海防空识别区以及在南海积极从事人工造岛活动。①

最令美国战略界不安的是，中国不仅具备诸多有效的 A2/AD 能力，而且可以以这些能力为基础，制定和实施某种 A2/AD 地区战略，即利用 A2/AD 潜在作战能力，威胁美国在亚太的前沿军事存在，严重限制美国在亚太的军事活动，增加美国决策者在面临危机或冲突时的抉择难度，且对那些向美国提供前沿基地和设施的地区盟友构成威胁。在美国战略界看来，中国正以日渐成熟的 A2/AD 地区战略反制美国亚太再平衡战略，这种反制的基本战略逻辑就是，以日益增强的 A2/AD 能力限制美国及其亚太盟友的地区活动空间和抉择余地，同时不断拓展自己的地缘战略空间，为其改变现状的战略冒险提供支持。该战略的最终目的在于损害美国为其地区盟友承担防务义务的可信度，降低美国在亚太的地区影响力，危害美国亚太再平衡战略的持久性，从而达到挤压美国在亚太的战略空间直至将美国排挤出亚太的长远战略目标。②

（三）全球层面

亚太再平衡战略为中东和欧洲危机事态所牵制。从地缘上看，"亚太再平衡"意味着相对于世界其他地区而言，亚太地区在美国全球战略中占有更重要的地位。奥巴马政府开启亚太再平衡战略之时的有关言论和政策举措显示，美国正着手在中东和欧洲实施"战略收缩"，将其有限的战略资源更多地用于亚太地区。

始于 2012 年的"阿拉伯之春"以及"伊斯兰国"（ISIS）在 2014 年的迅猛"崛起"使中东地区地缘战略环境更趋复杂，一定程度上制约了美国在该地区实施"战略收缩"的速度和规模；2014 年乌克兰危机以及俄罗斯在其对外战略中显示的强势姿态，迫使美国及其北约欧洲盟国在防务战略上做出反应，使美国自冷战结束以来在欧洲逐步实施的"战略收缩"呈现逆转之势。在此背景下，美国的亚太盟友担心，美国会迫于欧洲和中东危机事态的压力，减缓"亚太再平衡"步伐，危及"亚太再平衡"持久性。美国国内部分舆论也表达了此类见解。

美国战略界的评估指出，上述担忧会引发亚太地区盟友对亚太再平衡战略可持续性的怀疑，动摇其对美国在该地区承担的防务义务的信心；另一方面，在各地区间相互联系、相互依赖程度日益增强的全球化时代，其他地区的动荡或不稳定局势

---

① Dr. Mira Rapp – Hooper, Dr. Patrick M. Cronin, Harry Krejsa, and Hannah Suh, *Counter Balance*: *Red Teaming the Rebalance in the Asia – Pacific*（CNAS Report, November 2016）, p. 14.

② Michael Green, Kathleen Hicks, and Mark Cancian, *Asia – Pacific Rebalance* 2025: *Capabilities*, *Presence*, *and Partnerships*, *An Independent Review of U. S. Defense Strategy in the Asia – Pacific*（CSIS Report, January 2016）, pp. 11 – 18.

同样会损害亚太再平衡战略。美国战略界进一步强调，中东和欧洲未来地缘战略环境仍然存在不确定因素，这势必会在某种程度上牵制亚太再平衡战略。[①] 如何在维持其他地区相对稳定的同时，进一步增进"亚太再平衡"？在美国战略界看来，此重大战略挑战从全球战略视角折射出了"亚太再平衡"的含义，即在美国的亚太战略与其他地区战略间求得某种平衡。

二　亚太再平衡战略的未来走向及相关举措

美国战略界的评估认为，亚太再平衡战略自开启以来取得了较大成就，其中最突出的就是业已形成一个较为成熟的防务战略框架。其要素包括：美国亚太前沿存在、美国与其亚太盟友和伙伴的防务合作、地区盟友和伙伴的能力建设，以及与中国管控危机和风险进行的接触。在充分肯定此战略框架内各要素均得到不同程度增强的同时，美国战略界强调，未来 10 年内，美国亚太再平衡战略的持续性和成效很大程度上取决于能否有效应对上述三个层面的挑战。这些相互联系的挑战所折射的亚太再平衡战略的含义就是，如何在防务预算削减或存在不确定性的情况下，在维持世界其他地区相对稳定的同时，有效打破或抵消中国的 A2/AD 战略。

综合美国战略界近年来的各种评估，本项研究判断，即将卸任的奥巴马政府和2017 年就任的新政府将继续推进亚太再平衡战略，重点则是：在国内寻求国会更大程度地支持亚太再平衡战略；在亚太地区以应对中国 A2/AD 战略为核心，维持和增进"亚太再平衡"；进一步协调亚太再平衡战略与其他地区战略，争取非亚太盟友对"亚太再平衡"的支持，以保持亚太再平衡战略的可持续性。

（一）　寻求国会更大程度的支持

美国行政当局与国会在亚太再平衡战略上存在较高一致性，尤其是在该战略的长远目标方面。但近年来国会就奥巴马政府应对中国 A2/AD 战略的措施、亚太再平衡战略与其他地区战略的协调等表达了不满或关切，而行政当局，尤其是国防部，则希望国会能在防务预算方面更多地支持亚太再平衡战略。尽管行政当局与国会在2015 年达成的预算协议使美国在防务预算方面的窘境有所缓解，但美国战略界较为

---

① Michael Green, Kathleen Hicks, and Mark Cancian, *Asia - Pacific Rebalance* 2025: *Capabilities, Presence, and Partnerships*, *An Independent Review of U. S. Defense Strategy in the Asia - Pacific* (CSIS Report, January 2016), pp. 43 - 47.

一致的评估结论是，从长期看，美国在防务预算方面仍然存在不确定性，亚太再平衡战略仍然有可能受制于紧缩的财政开支环境。美国战略界坚持认为，国会广泛而坚定的支持是亚太再平衡战略得以持久、有效实施的重要基础。由此看来，即将卸任的奥巴马政府和2017年开始执政的新政府在亚太再平衡问题上会更多地与国会沟通、协商，寻求国会更大程度的支持，尤其是在防务预算方面。较为具体的措施可能如下所示。

一是出台某种"亚太战略报告"。自亚太再平衡战略开启以来，美国国内相当一部分舆论（包括某些国会议员）认为，美国行政当局应该出台一份全面阐释亚太再平衡战略的报告，以帮助公众和国会更好地理解和支持该战略。为寻求国会更大程度地支持亚太再平衡战略，2017年就任的新一届政府很有可能会尽快出台这样一份报告，以阐明美国在亚太地区的利益、此类利益面临的潜在威胁以及美国应对此类威胁的战略举措等，以此作为对国会有关关切的回应，使国会更好地理解和支持亚太再平衡战略。①

二是加强与国会的沟通。为寻求国会更大程度的支持，美国行政当局会更加主动地与国会议员沟通。国防部、国务院及国安会等防务和外交部门官员与参众两院外委会和军委会的互动交流会更趋频繁，尤其是在与增进"亚太再平衡"相关的具体倡议和创新方面。除私下交流外，公开的互动交流平台主要是参众两院外委会和军委会就相关议题举行的听证会，以及美中经济和安全审查委员会举行的相关听证会。为强化此类沟通的制度化渠道，行政当局和国会有可能支持在参众两院分别设立"亚太观察团"（the Asia – Pacific Observer Group），专门就亚太问题向行政官员提供咨询和建议，监督有关亚太政策实施进展并向国会提交报告，其功能和运转程序类似于美中经济和安全审查委员会。②

（二）应对 A2/AD 战略

美国战略界将中国日益发展的 A2/AD 能力及其在地区战略上的运用视为美国增进亚太再平衡战略的最大障碍。以既有的亚太防务战略框架为基础，结合战略概

---

① Michael Green, Kathleen Hicks, and Mark Cancian, *Asia – Pacific Rebalance* 2025：*Capabilities, Presence, and Partnerships, An Independent Review of U. S. Defense Strategy in the Asia – Pacific* （CSIS Report, January 2016）, p. 195.

② Michael Green, Kathleen Hicks, and Mark Cancian, *Asia – Pacific Rebalance* 2025：*Capabilities, Presence, and Partnerships, An Independent Review of U. S. Defense Strategy in the Asia – Pacific* （CSIS Report, January 2016）, pp. 195 – 196.

念、战术理念和武器系统的创新，打破或抵消中国 A2/AD 战略，是美国政府未来亚太再平衡战略的核心，其可能采取的举措如下。

一是进一步强化在亚太的前沿军事存在。具体包括：继续落实驻日、驻韩美军基地迁移计划；部署更多水面舰只、潜艇和两栖登陆部队；进一步分散部署空军力量；改进情报、监控和侦查（Intelligence，Surveillance and Reconnaissance，ISR）系统，提升地区反导能力。①

二是继续增进与亚太盟友和伙伴国的防务合作，提升伙伴国应对 A2/AD 战略的能力。在增进地区盟友和伙伴国应对 A2/AD 战略的能力时，美国将根据各盟友和伙伴国的地理位置和自身能力特点，确定各国应对 A2/AD 的相对优势能力，加以重点扶植，具体包括：②

日本——以 2015 年美日双边防务指针和日本修宪条款为基础，鼓励日本成立联合作战司令部，同时帮助日本发展两栖攻击舰和部队、反舰弹道导弹、反潜战能力、超音速战机、导弹防御能力以及双重用途空间系统；

澳大利亚——重点支持发展无人情报、监控和侦查（ISR）系统，新一代潜艇以及远程战斗机；

印度——重点扶植发展无人情报、监控和侦查（ISR）系统以及网络战和电子战能力；

菲律宾——侧重发展导弹护卫舰、侦察机以及反潜战能力；

越南——侧重发展无人情报、监控和侦查（ISR）系统、海事巡逻机以及导弹打击能力；

马来西亚——重点帮助其发展海事巡逻舰只、飞机以及反舰导弹。

此外，按照"因地制宜"帮助其亚太盟友和伙伴国发展应对 A2/AD 的能力这一思路，美国政府未来将着手调整与台湾的防务合作关系，从对台出售先进武器转向帮助台湾发展更为实用的，可应对中国大陆可能发起的对台军事行动的能力，即帮助台湾建立自己的 A2/AD 能力，给中国大陆可能发起的军事行动制造障碍，并借此将台湾进一步纳入美国亚太再平衡战略轨道。以此为出发点，美国未来支持台湾军事能力建设的重点领域包括：加固关键基础设施、防空能

---

① Dr. Mira Rapp-Hooper, Dr. Patrick M. Cronin, Harry Krejsa, and Hannah Suh, *Counter Balance：Red Teaming the Rebalance in the Asia-Pacific*（CNAS Report，November 2016），p. 21.

② Patrick M. Cronin, Mira Rapp-Hooper, and Harry Krejsa, *Dynamic Balance：An Alliance Requirements Roadmap for the Asia-Pacific Region*（CNAS Report，May 2016），pp. 34-40.

力、两栖登陆防御、反舰小型快艇以及水雷布防等。①

三是加快创新武器系统和作战概念。具体包括：发展先进远程导弹，进一步创新导弹防御概念，充分利用水下作战优势，以及增强外空、网络和电子战能力。②

四是保持与中国"接触"，通过危机管理机制和信任措施建设防止冲突。美国战略界目前较为一致地认为，中美建设性关系对于亚太的稳定和繁荣至关重要，但这种关系不能以损害美国及其盟友的地区利益为代价。尽管如此，美国战略界仍然主张竭力维持美中关系稳定，避免美中之间的战略竞争以大规模冲突或战争形式出现；对即将卸任的奥巴马政府和2017年继任的政府而言，应对A2/AD是美中战略竞争的重要环节，但应尽可能避免因此发生大规模冲突或战争。因此，美国政府未来在强化应对A2/AD举措的同时，会保持与中国"接触"，并希望进一步完善、增强美中之间既有的危机管理机制和信任措施建设，同时鼓励其地区盟友（如日本、菲律宾）与中国"接触"，探讨建立双边危机管理机制和相关信任措施。③

（三）协调亚太再平衡战略与其他地区战略

如何兼顾处理中东和欧洲危机事态与持续推进亚太再平衡战略？美国战略界倾向于以某种非零和视角应对此类挑战，即应对中东和欧洲的挑战并非一定要以牺牲"亚太再平衡"为代价，反之，"亚太再平衡"的持续推进也并非意味着不能兼顾中东和欧洲的稳定。以这种非零和战略思维为指导，美国战略界强调以两种不同方式分别协调"亚太再平衡"与欧洲、中东地缘战略的关系。美国政府未来在协调"亚太再平衡"与其他地区事务的关系时，主要将呈现以下两种走向及相关政策选择。

一是亚太-中东整体战略。亚太与中东的能源和经贸关系日益紧密，亚太的繁荣和稳定有赖于中东的稳定。鉴于此，奥巴马政府自开启亚太再平衡战略以来，一直以亚太-中东整体视角兼顾处理中东危机事态和亚太再平衡战略，在推进"亚太再平衡"的同时，以较低成本维持和增进美国在中东的影响力。美国战略界认为，维持和增进美国在中东的影响力，对亚太再平衡战略的持续推进具有重要意义。鉴于中国对

---

① Harry Krejsa, *Seeing the Strait: The Future of the U. S. - Taiwan Strategic Relationship* (CNAS Report, May 2016), pp. 7 – 10.

② Dr. Mira Rapp – Hooper, Dr. Patrick M. Cronin, Harry Krejsa, and Hannah Suh, *Counter Balance: Red Teaming the Rebalance in the Asia – Pacific* (CNAS Report, November 2016), p. 48.

③ Michael Green, Kathleen Hicks, and Mark Cancian, *Asia – Pacific Rebalance* 2025: *Capabilities, Presence, and Partnerships, An Independent Review of U. S. Defense Strategy in the Asia – Pacific* (CSIS Report, January 2016), p. 197.

中东能源的依赖程度较高，以及随着中国推行"一带一路"而日益涉足中东，美国可利用其在中东既有的影响力作为其在亚太对中国施压的杠杆；另外，中国日益涉足中东事务后，也需要维护其在该区的利益，这为美中在该地区就反恐、海事安全等涉及地区稳定的问题上进行合作提供了可能，而中美在中东的合作可在一定程度上缓解两国围绕 A2/AD 产生的紧张局势，一定程度上有助于中美战略稳定。

美国政府未来会继续以亚太 – 中东整体视角处理"亚太再平衡"与中东事务的关系。美国政府会在继续推进"亚太再平衡"的同时，以较低成本维持和增进其在中东的影响力。这种影响力会丰富美国有关"亚太再平衡"的政策选择，但从目前趋势看，美国政府未来更有可能利用其在中东的影响力寻求与中国在该地区进行合作，作为缓解美中亚太竞争的某种路径。至于利用其在中东的影响力作为在亚太对中国施压的杠杆，此类政策选择的可能性相对较小。①

二是寻求北约欧洲盟国对"亚太再平衡"的支持。自亚太再平衡战略开启以来，美国战略界一直呼吁北约欧洲盟国为亚太再平衡战略提供支持，北约组织内部也就此展开了讨论。美国及其北约欧洲盟国占主流的见解是，在全球化背景下，北约欧洲国家的繁荣和稳定与亚太地区的安全密切相关；日本、韩国、澳大利亚和新西兰是北约"全球伙伴国"，它们与北约的互动关系为北约欧洲盟国支持亚太再平衡战略奠定了基础；日本、韩国和澳大利亚等亚太国家在参与亚丁湾打击海盗的行动中与北约欧洲盟国有不同程度的合作，为北约欧洲盟国参与"亚太再平衡"积累了合作经验。

乌克兰危机后，外界普遍认为，美国会因支持北约欧洲盟国应对俄罗斯威胁而影响其亚太再平衡进程。但美国战略界则考虑以帮助其欧洲盟国应对俄罗斯威胁，换取这些国家支持美国亚太再平衡战略。但在欧洲盟国防务预算难以显著增长的情况下，其支持至多限于外交领域。美国政府未来将遵循这一思路，继续寻求北约欧洲盟国对亚太再平衡战略的支持，哪怕这种支持仅限于外交声明。②

三 亚太再平衡战略对中国的影响

上述美国亚太再平衡战略未来走向及相关政策选择中的相当一部分内容会对中

---

① Andrew Scobell and Alireza Nader, *China in the Middle East: The Wary Dragon* (Rand Report, December 2016), pp. 79 – 84.

② Julianne Smith, Erik Brattberg, and Rachel Rizzo, *Transatlantic Security Cooperation in the Asia – Pacific: Recommendations for the Next U. S. Administration* (CNAS Report, October 2016), pp. 7 – 9.

国外交和安全形成较为严重的挑战，按严重程度从高到低排列，这些挑战包括：

第一，调整美台防务合作关系，帮助台湾建立自己的 A2/AD 能力，并借此将台湾进一步纳入美国亚太再平衡战略轨道。此举无疑将破坏中国对台独的战略威慑，进一步助长岛内台独势力，危害中国维护国家主权和领土完整的努力。

第二，帮助马来西亚发展海事巡逻舰只和飞机以增强其海事境况意识（maritime situational awareness，MSA），尤其是帮助马来西亚发展反舰导弹，其背后的动机则是利用马来西亚扼守马六甲海峡的地缘战略优势，威胁中国海上石油运输通道和能源安全。

第三，美国为应对中国 A2/AD 战略，着手"因地制宜"地增强其亚太盟友和伙伴国的能力，具有力量倍增效应。尤其是日本潜在军事技术能力一旦得以完全释放，对中国防务战略会形成压力。美国对日本、菲律宾和越南各自相对优势能力的扶持，会进一步增加中国维护国家主权和领土完整的难度。

第四，美国寻求北约欧洲盟国对其亚太再平衡战略的外交支持，无疑会对中国形成更大的外交压力，给中国与欧洲有关国家的关系增添变数。

针对以上未来可能形成的挑战，中国应尽早准备应对之策。

2016 年大选后美国涉台政策研判

袁 征

中国社会科学院美国研究所美国外交室主任、研究员

自 2016 年 5 月 20 日蔡英文上台执政以来，两岸关系正在悄然发生变化，表面上看似相对平静，台海之下却是暗流汹涌。由于特殊的历史原因，美国无疑是影响台海局势最重要的外部因素。2016 年是美国大选年，美国权力交接也给台海局势带来一定的变数，值得仔细观察和认真研判。

一 奥巴马政府的对台政策评估

自 2009 年执政以来，奥巴马政府的对台政策基本延续了中美建交以来的一贯政策，即遵守"一个中国"的原则，以中美三个联合公报及《与台湾关系法》来处理对台关系。2015 年 9 月，美国国家安全顾问苏珊·赖斯在乔治·华盛顿大学的讲演中，就台湾问题明确表示："美国长久以来的立场没有变化。我们继续坚持基于三个联合公报和《与台湾关系法》的'一个中国'政策。我们根本的利益是和平而稳定的两岸关系，并且我们反对任何一方改变现状的单边行动。"[①] 美国一方面发展同中国大陆的关系，寻求双方的合作；另一方面也在推进对台实质性关系的发展，继续对台军售，加强军事合作，对台湾提供政治支持，拓展美台经贸关系。

无论是从地缘政治角度，还是从伙伴关系而言，台湾对于美国都具有非常重要的安全和战略价值，是美国在西太地区的重要"资产"。在是否将台湾明确纳入亚太再平衡战略的问题上，美国国内出现了不同的声音。支持将台湾纳入到亚太再平

---

① National Security Advisor Susan E. Rice's As Prepared Remarks on the U. S. – China Relationship at George Washington University, September 21, 2015, Remarks as Prepared. https：//www. whitehouse. gov/the – press – office/2015/09/21/national – security – advisor – susan – e – rices – prepared – remarks – us – china.

衡战略的一方多为政府内的保守人士和智库中的对华强硬派，其中不乏共和党人士。而另外一派则反对将台湾纳入亚太再平衡战略当中，认为其中的风险性太大。这其中，又以那些持有"弃台论"观点的人士为代表，主张美国应重新思考台湾对于美国的战略意义。

奥巴马政府对于台湾在亚太再平衡战略中角色的界定多少有些含糊其辞，并没有在政策文件上公开明确地将台湾纳入该战略当中。对于台湾的角色，奥巴马政府官员也颇为谨慎，三缄其口，只是一再强调美国对台湾的承诺及美台关系的重要性。奥巴马本人的多次讲话也都没有提到台海地区。美国在东亚地区进行了多次军演，但都小心翼翼地避开了台湾海峡，不愿意将台湾问题搅和其中，以免触动中国大陆的神经。一些亲台国会议员和保守派智库对此种情况十分不满，称之为美重返亚太战略的"漏洞"，认为美国必须弥补这个"漏洞"。

奥巴马政府没有明确将台湾纳入亚太再平衡战略，且表态谨慎的原因主要有以下几点。

其一，经过多年来的斗争，美国方面对于台湾问题的敏感性有了充分的认知。在不同场合，中方都会提及台湾问题，要求美国恪守中美三个联合公报所规定的"一个中国"政策。经过多年的斗争，美方对于台湾问题的敏感性有了进一步的认识，知道此问题事关中国的核心利益。在中美关系相对平稳、美国需要中方合作的情况下，奥巴马政府不愿贸然将台湾牵涉进来，以避免中国大陆的反弹。

其二，美国正在大力推进亚太再平衡战略，并不希望台海局势动荡，以至于冲击美国的全球战略部署。奥巴马政府一再强调亚太再平衡战略不是针对中国，但一旦将台湾纳入该战略当中，就会发出清晰的信息，即美国利用台湾来牵制中国，其结果会适得其反，将会危及台湾的安全，也有害于中美关系。

其三，马英九上台后，两岸关系发展良好，维持当前台海局势的稳定符合美国的国家利益，况且马英九提出的"不统、不独、不武"，也就是"新三不"政策和美国的主张相一致。美方对马英九处理对美关系的态度和两岸政策颇为满意，乐见两岸关系改善。

其四，发展同台湾的实质性关系，提升与台湾的军事与安全合作，让台湾发挥一种独特的隐形作用，同样能够发挥对中国大陆的牵制效果，风险还小许多。奥巴马政府认为，在中国大陆实力大幅增强、而台湾力量又十分有限的情况下，贸然将台湾纳入亚太再平衡战略得不偿失，风险远远大于收益。反倒不如低调地与台湾合作，这样同样可以达到应有的成效。将来一旦有需要，美国同样可以马上祭出这张牌，将台湾纳入美国的亚太再平衡战略当中。

总体来说，面对中美关系整体平稳，中国大陆的实力不断上升的情况，奥巴马政府处理对台问题趋于谨慎。这可以从奥巴马政府 2015 年底对台出售武器的决定看得出来。本来美国对台出售武器可以放在蔡英文上台执政之后，也就是在奥巴马卸任之前，但最终几经思量，还是选择了在马英九卸任之前。美方在台湾政权更替之期还是希望维护海峡两岸和平稳定的局面，既不希望蔡英文贸然宣示台独主张，也不希望中国大陆对台施压，甚至是诉诸武力。

二　特朗普对台立场研判

在 2016 年大选中，特朗普出人意料地当选为美国第 45 任总统。过渡期内，特朗普动作频频，不少言行颇具争议性。2016 年 12 月 2 日，特朗普和蔡英文直接通话，并直呼对方为"台湾总统"。该举动是中美建交 37 年以来打破惯例的第一次，因此引起了各方的高度关注。

特朗普上台执政后，将会继续在亚太地区布局，加大政治、经济和军事投入，试图压缩中国的战略空间，遏制中国影响力的拓展，竭力维护其在亚太地区的主导地位，中美的竞争与博弈将会进一步加剧。近期，特朗普在台湾问题上的言行已经触及中方的底线，但这并没有出乎人们的预料。

就传统而言，共和党反共亲台，一向与台湾关系密切。事实上，美国的一些右翼保守派智库，如传统基金会、美国企业研究所、2049 项目研究所等的一些学者在报刊上和网上发表了大量文章，鼓吹在亚太再平衡战略中提升台湾的地位。他们指责奥巴马政府在台湾问题上的犹豫不定，要求明确界定台湾的角色，给予台湾更多支持。早在 2016 年 5 月和 7 月初，美国参众两院先后通过由共和党议员提出的"支持台湾"的共同决议案，重申"与台湾关系法"及对台"六项保证"（Six Assurances）① 是"美台关系的基石"②。2016 年大选后，共和党继续掌控新一届国会参众两院，"台湾连线"（Taiwan Caucus）影响力不容小视，反华亲台分子依旧活跃，为美国调整对台政策造势。

尽管大选期间特朗普鲜有就台湾问题表态，但通过解读共和党竞选纲领，人们还

---

① 六项保证是：美国不同意设定终止对台军售的日期；不充当台湾与大陆之间的调停人；不对台湾施加压力，促其与大陆进行谈判；不改变长久以来对台湾主权的立场；不寻求修改《与台湾关系法》；不同意在对台军售前事先与中国政府商量。

② H. CON. RES. 88，114TH Congress 2D Session，May 16，2016；S. Con. Res. 38. 114th Congress （2015 –2016），July 7，2016.

是能够窥测到特朗普阵营的对台政策倾向。2016 年 7 月发布的共和党竞选纲领从价值理念上认同台湾，认为"美台双方共享民主、人权、自由市场经济及法治等理念"。共和党竞选纲领只字未提"一个中国"的政策和三个联合公报，只是强调美台关系将继续基于《与台湾关系法》，并首次将对台"六项保证"写入党纲，主张"协助台湾自卫"，并"赞赏台北新政府在继续台海两岸建设性关系方面做出的努力，并号召中国大陆做出回应"，主张给予台湾"强有力的支持"，包括达成自贸协定、适时销售防御性武器，包括建造柴油动力的潜水艇技术，以及参与世界卫生组织、国际民航组织和其他多边机构。① 实际上，共和党竞选纲领获得了特朗普竞选班底的认同。

实际上，特朗普身边不乏亲台人士或对华强硬派。就整个团队来看，特朗普任命或提名的重要位置的人选不是富豪，就是军人，鹰派色彩浓厚。即将出任白宫办公室主任（也有译成幕僚长）、现任共和党全国委员会主席的普利巴斯（Reince Priebus）始终是坚定的挺台派人士。正是在他的大力推动下，共和党党纲纳入了对台"六项保证"。此前，他曾多次访台。2015 年 10 月，普利巴斯赴台访问，会见了蔡英文，双方曾就台美关系、TPP 及经济发展、台湾"国防"、两岸政策等问题进行沟通。白宫办公室主任的位置举足轻重，在各部门之间起着重要的组织和协调作用，对总统有重要的影响力。特朗普的政策顾问、加州大学尔湾分校教授彼得·纳瓦罗（Peter Navarro）曾经写过多篇强烈支持台湾的文章，还有极力渲染"中国威胁论"的著作。这些著作包括《即将到来的中国战争》《被中国杀死》和《卧虎：中国军国主义对世界意味着什么》。目前他已被特朗普任命为白宫国家贸易委员会主席。特朗普过渡团队的顾问、与台湾绿营关系深厚的叶望辉（Stephen Yates）是公开挺台的前美国官员，也是将《与台湾关系法》和对台"六项保证"纳入共和党党纲的起草人。此外，亲台反华的博尔顿（John R. Bolton）、薛瑞福（Randall Schriver）、卜大年（Dan Blumenthal）等都是特朗普的对华政策顾问，未来还有可能出任政府的重要职位。他们中的一些人主张给予台湾更多的支持，甚至有意颠覆原有的"一个中国"政策框架。

不仅如此，特朗普一再强调美国的盟友自身要承担更多的防务，缴纳更多的费用，减少美国的防务负担。与此同时，特朗普希望将更多注意力转向国内，而向来重视国防安全的共和党和传统的军工集团关系密切。在中国大陆不断崛起的背景下，特朗普政府很有可能会鼓励，甚至是施压台湾提升自我防御的能力，加大对台出售武器的力度。未来无论是从台海两岸的局势来讲，还是就军工集团施压而言，特朗普对台出售武器的原动力都在上升。

---

① Republican Platform 2016.

过渡时期，特朗普的言行带有试探的性质，有敲竹杠的意味，但人们有理由相信特朗普政府将会给予台湾更多支持，而对中国大陆的态度趋于强硬，美国对台政策调整的可能性和调整幅度都会加大。

三　未来美国涉台政策趋向

美国的台海政策，无疑要服从其全球战略利益。作为强势的一方，美台关系发展的主动权在于美国，而美国的抉择又受到中美关系及其全球战略的牵制。当前中美两国的战略博弈进入到了一个新阶段，双方的竞争在加剧。但与此同时，两国的协调与合作也在提升，相互依赖程度日益加深。总体来讲，中美关系相对平稳，矛盾尚处于可控阶段。中美远未到战略摊牌的阶段，因此美国不会贸然在台湾问题上搞出大动作来。当然，美国同样不会放弃插手台湾问题。

中美之间的战略博弈与互动将会制衡美国对台政策的调整。一旦中美交恶，台湾夹在中间，处境将更加困难。如果美国动摇或放弃"一个中国"的政策，那么中国大陆的反应将会十分强烈，说地动山摇也不为过。这不仅会使中美关系陷入十分困难的境地，也会使台湾面临武统的风险。一些台湾学者也认为，目前这种发展趋势表面上有利于台湾，但到底是祸是福，还很难说。①

未来台湾岛内的局势将成为影响台海走势的重要因素。蔡英文顽固地拒绝承认"九二共识"，使得两岸关系的不确定性上升。与此同时，她吸取陈水扁寻求"急独"而遭受打压的教训，承诺"不会走回对抗老路"，"希望建立一致性、可预测、可持续的两岸关系"。② 到目前为止，美国对于蔡英文的表现整体满意，而反过来有意对中方施压，要求大陆同台湾方面进行不预设条件的对话。就短期来看，台湾问题并不是特朗普团队关注的焦点问题，其主要精力还是放在美国国内议题上。未来一个时期，美国发展对台关系的主要考量是在民进党执政的情况下如何维护台海局势的和平与稳定。这是一个基本的判断。美方认同台湾的政治制度，认为台湾的民主转型可以为包括中国大陆在内的其他国家树立榜样。不过，台湾的多元化，特别是政权的轮替，也给美台关系带来新的挑战。同国民党相比，民进党和美国的关系不深，互信程度低。未来美国特别需要建立起同民进党当局的沟通与协调渠道，增进彼此的互信，以便巩固美国对台海局势发展的掌控能力。

---

① 2016 年 12 月笔者三次与台湾学者就台海局势和美台关系交流看法。
② 《蔡英文：建立一致性两岸关系　说到做到》，中评社台北 6 月 8 日电。

　　未来只要中美关系相对平稳，美国对台政策的总体框架，即基于"一个中国"政策和三个联合公报以及《与台湾关系法》的台海政策就不会因为特朗普的上台而发生根本变化。这次特朗普和蔡英文通话引发各方关注之后，当选副总统的彭斯则出面表示特朗普和蔡英文之间的通话只是"礼节性的"，无意改变美国对华政策。①而奥巴马政府也表态称美国坚持"一个中国"的政策。普利巴斯也表态说，特朗普政府尚无意改变"一个中国"的政策。特朗普提名艾奥瓦州州长、习近平主席的老朋友特里·布兰斯塔德（Terry Branstad）出任驻华大使，布兰斯塔德也表明还是有意试图稳定中美关系。2016 年 12 月 31 日，特朗普公开表示："希望我们可以和很多国家有很好的关系。这包括俄罗斯，也包括中国。"②

　　在不突破既有的对台政策框架下，特朗普团队将会加大对台湾的支持力度。在政治外交层面，美国将采取更为积极的立场支持台湾有意义地参与多边国际组织，尤其是功能性较强、又直接涉及台湾自身利益的国际机构，比如国际刑警组织、世界卫生组织、国际民航组织及核不扩散机制的相关安全组织等。无论是台湾，还是美国，都担心一旦蔡英文上台，中国大陆会将台湾剩下的"邦交国"全部拿掉。美方一再通过多种渠道对中国大陆施加影响，希望大陆不要采取打压台湾国际空间的做法，认为那无助于两岸关系。

　　在经贸领域，美国将对蔡英文东进和南向发展的诉求乐见其成，这符合美国的经济和战略利益。在稳住两岸的经济之外，蔡英文更加强调台湾经济的内化，并向欧美靠拢，有意进一步加强美台经贸往来，努力参与美国所主导的经济圈，逐步减少对中国大陆经济的依赖性。对于蔡英文的这种诉求，美国自然是举双手赞成。

　　在军事安全领域，美台将继续推进务实合作，往往是多做少说或甚至不说，低调处理，乃至秘密运作。依照《与台湾关系法》，美国会继续向台湾出售武器，提升台湾的自我防卫能力。面对中国大陆军事力量的发展，美国很可能会提升对台军售的力度，这不仅包括武器的数量、质量，而且不排除放宽限制，以便提升台湾的军事防御能力。当然，美国在推进这类军事合作的时候，还需视中美关系的态势，适当考量中国大陆的反应。可以预料到美台军事关系将会有所提升。实际上，美方也试图通过加强军事联系，来维护对岛内政治和台海局势的影响力。

① 苏玉兰：《彭斯：特朗普蔡英文通话是"礼貌性"谈话》，2016 年 12 月 5 日。http：//www. zaobao. com/realtime/world/story20161205 - 698459。

② 王骁：《特朗普被问涉台问题　美国媒体福克斯赶紧转镜头》，观察者网，2017 年 1 月 1 日。http：//www. guancha. cn/america/2017_ 01_ 01_ 387173. shtml。

以特朗普和蔡英文通话为起点，未来特朗普政府有可能采取四大步骤来提升美台关系：

第一，推进美台军事交流与合作，加大对台出售武器力度。2016 年 12 月 23 日，奥巴马总统签署了参众两院通过的《2017 财政年度国防授权法》。该法案主张五角大楼应推动台美高阶资深国防官员的交流，改善台美军事关系与合作。这是首次将台美资深军事将领与官员交流章节纳入法案中。[①] 此外，在中国军力日益强大的背景下，不排除将来美国会出售新型潜艇和战斗机给台湾。台湾方面的解读是，这一法案打破了台美 1979 年"断交"以来的军事交流门槛，未来美国助理部长以上层级的资深官员以及现役将官都可以访问台湾，而台湾"国防部长"也可望突破不能访问华盛顿的限制。绿营方面将其解读为"台美军事关系正常化、台面化"，"实质及象征性意义重大"。

第二，派遣更高级别在任官员如内阁级官员访台。实际上，目前已有共和党亲台人士向特朗普提议，执政后尽早派遣内阁级官员访台。他们认为派遣内阁级官员访台不是"新鲜事"，之前克林顿和小布什执政期间都有先例。

第三，给予台湾领导人或驻美人员更高的接待规格，放松或突破原有的限制。比如允许台湾当局领导人如蔡英文等在访问他国的途中，路经美国首都；允许台湾当局官员进入美国国务院、国防部等内阁部门处理公务；邀请台湾当局高级官员出席美国政府的相关重要会议或大型仪式；甚至是提升美国官方驻台湾机构的级别。

第四，支持台湾加入功能性的国际组织，如国际民航组织、世界卫生组织和国际刑警组织，等等。

总之，随着特朗普的上台执政，美国对华政策将趋于强硬，中美关系将面临严峻挑战。但特朗普团队面临的国际格局已经发生了重大变化，将不得不接受美国实力下滑的现实，未来中美之间竞争与合作并存的总体态势不会发生根本性变化，双方都缺乏全面对抗的意愿。就过去的历史经验来看，美国会视中美关系、亚太局势、两岸关系和岛内政局的具体情况，就对台政策做出一定的调整。在中美关系平稳的情况下，特朗普政府对台政策的调整也要视中方的反应而定。中方需要从战略高度来掌控台海局势发展的方向，有理有节地回击特朗普团队的试探性挑衅行为。一方面要通过不同途径将信号清楚地发送给特朗普团队：不要在台湾问题上玩火。另一方面，又要留有余地，给中美关系的发展留有空间，不必采取过激的举措。

---

① 萧达等《美国防授权法案首次纳入美台军事交流　设新机构抗华》，《环球时报》2016 年 12 月 26 日。另见《中方反对美"国防授权法案"涉台内容　已向美方交涉》，中国网，2016 年 12 月 26 日。http://www.china.com.cn/news/world/2016 – 12/26/content_ 39987132. htm。

中美关系篇

特朗普政府对推进中美新型大国关系的立场评估

刘卫东

中国社会科学院美国研究所研究员

"新型大国关系"是习近平主席 2012 年访美时首次正式提出的倡议，并为奥巴马政府所接受，美国副总统拜登、总统安全事务助理赖斯都曾直接对这一倡议做出过积极正面的回应。但从 2014 年后期开始美国政府不再公开提及这一概念，即使中方在中美高层会晤中一再强调建立新型大国关系的重要意义，美方也一直拒绝提及这一词语。特朗普在美国大选中获胜后，习近平主席在给其发送的贺电中，虽然没有中美应建立"新型大国关系"这一表述，但明确表达出了对此的真诚期待。从特朗普的角度来看，虽然在大选前后他多次谈及对中国和中美关系的认识，但从未在任何场合直接或间接提到过对"新型大国关系"这一倡议的明确态度。不过，特朗普及其内阁班子成员的涉华言论还是从不同侧面触及到了对"新型大国关系"核心内涵的模糊认识。目前看来，特朗普政府全面接受新型大国关系倡议的可能不大，但并不排除在一定程度上有限接受的可能。

一 特朗普对中美关系的基本认识和期待

特朗普究竟如何看待中国，这个问题的答案将在很大程度上影响到其对中方这一倡议的接纳度。目前为止，特朗普在涉华问题上的表态主要涉及以下几方面内容。

第一，中国不尊重美国。特朗普表示，中国抢走了美国人的饭碗，令美国人失去几百万个工作机会，中国在"杀死""撕碎""强奸"美国；"中国贬值货币、对我们的产品大幅征税，或是在南中国海建造大型军事设施时，中国问过我们的意见吗？没有！"特朗普还一再毫无根据地宣称对美国的网络袭击也有可能来自于中国。

第二，中国占了美国的便宜。特朗普在竞选中宣称中美贸易逆差巨大，美国允许中国商品自由输入，中国却不对美国商品开放市场；中国操纵人民币汇率，把美国当成存钱罐，以获得对美竞争优势；美国接受"一个中国"的原则并没有获得中国在经贸问题上的回报；他还宣称，"全球变暖的概念，是中国编造出来的，目的是让美国制造业失去竞争力"。

第三，中国不给美国帮忙。特朗普在朝鲜问题上一再指责中国，声称中国放任朝鲜，"朝鲜如今拥有核武器，中国可以处理这个问题，但他们根本不愿帮忙"。

第四，中国有很多地方值得美国学习。特朗普不断称赞中国的基础建设水平，中国机场桥梁的状况远远好过美国；感叹中国人是谈判高手，"中国人的抱负之高超出你们的想象"。

第五，中国与他国存在的领土争端与美国关系不大。在南海问题上特朗普迄今为止比较明确的表态是："说到底那是中国和别的国家之间的矛盾，我们不会为了与己无关的事情跟中国打第三次世界大战"；在钓鱼岛问题上，尽管美国官方沿用了"安保条约适用于钓鱼岛"的惯常表态，但特朗普本人目前唯一的直接公开表态是 2016 年 3 月在接受华盛顿邮报采访时的言论："你知道我不能透露我的策略。当然，有人会说咱们必须进去掺和一下，我不会同意这么办，我可不想把形势搞得乌烟瘴气。"

第六，对于中美关系，特朗普宣称"我爱中国和中国人"；称美中有严重分歧但并不一定要成为对手，"我们应基于共同利益，求同存异；强大、聪慧的美国一定能和中国友好结交，我们可以彼此获益，而互不干涉"；他提名熟悉中国的艾奥瓦州州长特里·布兰斯塔德为新任美国驻华大使，以便"与中国领导层构筑相互有利的关系"；他还宣称今年春节后与习近平的谈话"极为良好"、"十分热切"；在给中国的春节贺信中表示"期待与中国发展惠及双方的建设性关系"。

从特朗普的这些涉华言论中，可以看出其一些颇有个性的特点：一是中国在其思想意识中占有重要地位，根据《赫芬顿邮报》的统计，特朗普是大选中提及"中国"次数最多的参选人，在特朗普迄今所发的所有推文中，提及"中国"超过 332 次，超过排名第二的伊朗几乎一倍。二是他对华评价褒贬不一，多数是持批评态度，但在肯定中国时力度也很大，他的一些对华言论的友好程度在美国政界史无前例，虽然情绪变化明显，但绝非顽固的反华派。三是他重视的涉华议题多数集中于经贸领域，对于一般美国政客比较在意的地缘政治、安全和人权等议题着墨不多，表明他本人的关注点比较局限，相对容易满足。四是他的意识形态色彩和规则意识比较淡薄，而商业意识浓厚，重视利益算计，言谈中时常显现出可以就任何问题进行交易的暗示，意味着他不愿受到规则的约束，愿意接受讨价还价的互动方式。

自赢得大选以来，特朗普在涉华言论上表现出一些新的特点。一是除了继续就工作岗位、汇率操纵、贸易赤字等经贸议题批评中国外，开始更多涉足政治、外交、安全等高端议题，触及台湾、南海等敏感议题的次数明显增多；二是公开把多种政治安全议题与贸易问题明确挂钩，多次表达出以政治安全议题为讨价还价的条件来换取经贸收益的意图；三是上台之后在涉华议题上并未立即兑现竞选承诺，目前为止其外交的明显调整基本未直接触及中国，同时在具体政策上的对华表态变得慎重；四是故意忽视中国的意味也很明显，特朗普上台后与多国领导人通电话，却唯独将与中国领导人的直接互动推迟很久，还停止了总统给华人春节拜年的一贯做法。由此可见，特朗普就职后开始向美国传统外交路线靠拢，但仍然试图保留自己独特的外交风格。

从这些表现中可以大体推测出特朗普中国观的基本轮廓。

第一，他很嫉妒中国的发展，喜欢把中国与美国做对比，以对中国的欣赏来反衬对美国的不满，因此中国常常被视为一面镜子而不是敌手。

第二，特朗普不愿接受既定原则的束缚，而是希望从全新的起点上开始重新探讨中美互动的方式，以便实现"美国第一"的利益诉求，中美互动的巨大规模决定了中国必然是特朗普从新互动中"榨取"更多收益的主要对象。

第三，特朗普对中国有较少的基于意识形态的偏见，但存在大量基于利益的明显的偏执认识，同时他把打破中美既定格局视为反对美国外交政治正确和与前任切割的标志性举措之一，即使出于功利目的，他也会坚持整体上的对华强硬。

第四，特朗普在应对外交问题时的商业意识非常浓厚。他明白外交就像经商一样，双赢才是保持长期获利的基础，尤其是在面对强大玩家时，为了原则而对抗是不值得的，但为了获利而进行适当的对抗是必要的。因此他并不追求遏制中国，也能接受双赢结局，但支持对华保持必要压力以免出现"单输"。

第五，特朗普尊重和欣赏真正的强者，中国既因其成就而被认为值得尊重，也因其"伤害了"美国而被认为应付出代价，但正是由于担心与被视为强者的中国对抗将会对美国利益带来明显冲击，导致特朗普至少在对华行为方面会努力保持谨慎。

第六，特朗普缺乏战略眼光和整体意识，他喜欢以单独个体的形式来看待中国，不太善于从国际体系的背景下来认识涉华议题，仅从美国自身利益的得失来判断中国的地位和价值，比较功利但也相对容易满足。

二 特朗普对新型大国关系核心内涵的可能接受度

在中方提出建立新型大国关系的倡议后，美国国内对于如何理解这一概念一直存在分歧，主要疑虑包括：一是认为中国完全是出于对自身单方面利益的考虑才提出这一倡议的，可能是个陷阱，美国不能冒险接纳；二是担心这是中国开始从规则上主动发力塑造美中关系模式的一种新尝试，一旦接受就意味着承认中国的平等地位，显然弊大于利；三是认为中国只是利用这一口号来蛊惑、约束、牵制美国，自己原本就没打算遵守，所以不用当真。由于中美对这一倡议只是停留在高层交往时的原则宣示的层面上，一直没能就各自关注的细节问题展开事务级的有效沟通，再加上中美在南海和网络安全等具体议题上的实际冲突不断加剧，因而中方始终没能打消美方的疑虑，没能激发起美国政府同等的兴趣，而美国学界、媒体与公众对这一倡议的兴趣和研究也明显不如国内广泛和深入。

为了进一步阐明这一倡议的内涵以便于理解，中国政府随后将"新型大国关系"解释为"不冲突、不对抗、相互尊重、合作共赢"这"十四字方针"。从奥巴马政府的反应来看，对于"不冲突""不对抗"这两条，美方也表示认同，相信冲突对抗不符合任何一方的利益，应共同予以防范。而在"相互尊重"的问题上，美方认为原则和价值才是处理两国关系的核心依据，相互尊重并非传统国际法和西方政治话语体系常用的规范性概念，尊重规则比尊重利益更为重要，在美方关注的人权、南海、台湾等涉华议题上，相互尊重意味着美国不能干涉，这是其无法接受的。而且相互尊重是个比较模糊的概念，所谓"核心利益和彼此重大关切"可能不断被调整扩充，接受这种约束将会严重限制美方根据自身需求行事的能力。因此，美方对"相互尊重"兴趣不大。至于"合作共赢"，因在大量细节议题上中美的利益重叠不多，美方对两国能否实现互利共赢没有信心，如中方期待美方停止对台售武、停止对华抵近侦察、不要建立对抗中国的同盟体系、不要干涉中国的内政；而美方则希望中方在南海、网络、朝核、对外贸易、国内人权等议题上要满足美方的关切，尤其不要试图打破美国制定的国际规则。由于在这些议题上中美达成妥协的空间不大，所以美方认为全面的"合作共赢"是无法实现的，没有必要受其约束。

特朗普就职以来，各种国内国际议题堆积如山，再加上毫无从政经验，在如何处理中美关系的问题上他尚未公开推出全面明确的思路。不过从其外交战略整体设想和大量涉华言论中，还是可以推测出其对"十四字方针"的大体认识和基本态度的。

关于"不冲突、不对抗"。特朗普乐于采取非常强硬和尖锐的对抗举措来解决问题，在就职后不到一个月的时间内，他已经在诸多内外议题上充分展现出自己的这种风格。虽然冲突对抗并非其追求目标，却被不断作为实现目标的常规手段来使用，尤其是在他认为需要表达强硬的时候，不太顾忌自身言行可能导致的后果。特朗普政府的"美国第一"原则充斥着美国必须是最大获益者的内涵，这一逻辑几乎必然会引发与他国的冲突和对抗。大选期间及其上任前后对华的口无遮拦，也表明注重单边收益的特朗普政府对于自身言行可能引发中美冲突对抗的后果并不介意，甚至有时还在主动挑起冲突和对抗。但特朗普似乎在有意回避强强对抗，无论是竞选中对俄的妥协论调，还是就职后对华政策的低调，都表明他选择冲突对抗为施压手段时是有分寸的，在真正动用这些手段时不会毫无顾忌。

关于"相互尊重"。在竞选中其政策顾问就曾表示特朗普对中国会"低调且保持尊重"，在特朗普不断发出对华强硬言论的背景下这很难令人信服。但他的对华强硬表态主要体现在经贸领域，而在其他领域的兴趣和挑衅均明显降低，其"霸道"姿态是有选择的，意味着他至少可能愿意为了商业利益而接受一定程度的相互尊重。特朗普没有强烈的价值取向，如果能够通过相互尊重获取自身更为关注的利益诉求，手段和途径无关紧要。这种思路与美国建制派的想法迥异，但在极为务实的特朗普看来，完全可以成为一种选项。中国外交部发言人于2017年1月12日表示，习近平主席在特朗普当选总统后与其通话，随后特朗普过渡团队发的消息稿里也提到中美之间应该相互尊重。

关于"合作共赢"。在两国关系的定位上，特朗普认为中国是一个挑战者、竞争者、得利者、挖墙脚者，他倾向于主要从利益分配的角度来理解两国关系，虽然对中国抱有明显的怀疑和敌意，甚至一再无故诋毁中国，但他并不认为中美之间就是敌对关系，没有共同利益。相反，他认为中国在朝核问题上没有给美国帮忙，在经贸问题上占了美国的便宜，在台湾问题上没有给美国回报，在这些观念中其实都有一个没有明示的假设性前提，即中美共处于一个系统中，两国理应在同一系统下的互动中均等获益，但中国的得益超过美国，从而引发了特朗普的不满，但其并不否认中美通过互动实现共赢的现实空间。特朗普身边的一位人士也曾表示，争取双赢是商贸领域的核心原则，重商主义意识浓厚的特朗普出于职业性习惯思维，原则上也能够接受与竞争对手的合作共赢，只要这种合作不会减少自身的获益或者增大对手的竞争优势。特朗普在竞选中也曾亲口表示，希望中美能合作共赢。

总的来看，虽然目前特朗普可能从来没有认真考虑过新型大国关系的倡议，在涉华问题上的表态也没有受到过这个倡议的明显影响，但他可能愿意有条件地接受新型大国关系倡议的部分内涵，同时又不愿受到其他内涵的约束。这也成为评估特朗普政府是否以及能在多大程度上接受新型大国关系倡议的基础依据。

三　特朗普政府的相关立场评估

从奥巴马政府的后期开始，对华应更为强硬逐步成为美国国内的主流思潮。看似特立独行的特朗普政府上任后，已经通过一系列颇具象征意义的举动来表达其对华政策不会延续传统做法的姿态。鉴于中国政府在与特朗普政府的几乎所有互动中均或多或少提到了"十四字方针"，美方不会没有注意到这一点，特朗普在大选获胜以来的对华言行中也直接或间接地表露出对相关原则的态度。综合上述分析，特朗普政府近期在应对这一倡议时的政策走势大体如下。

第一，特朗普政府不会全盘接受中方关于新型大国关系倡议的基本主张。这首先是因为其对中方倡导的部分基本内涵不认同，不愿放弃冲突对抗的施压手段；其次，在国内压力下其也不希望因为接受这一倡议而被认为轻易对华妥协，从而失信于选民；再次，特朗普本能上就不愿受到规则的束缚，尤其是在这一规则是由中国单方倡议的时候。

第二，特朗普政府会认为这个问题是可谈的。特朗普对这一倡议的具体内涵并不熟悉，但一方面他不愿全面与中国为敌，因而仍有耐心去"尊重"、关注中方极力倡导的主张；另一方面，他认为这一倡议中存在对美有利的成分，虽不能全盘接受但也不需要全盘否定。在与中国发展关系的过程中，如果将部分接受这一倡议作为突破口，可能更容易从中方取得收益，因而没有必要单方面堵死这条路径。

第三，特朗普政府可能认为，在一定条件下这一倡议是可以接受的。一方面，特朗普是以反建制、反传统、反政治正确的形象起家的，在他眼里没有什么是理所当然、不可逾越的规则和底线；另一方面，特朗普的政治和大局意识并不强烈，商人背景使他惯于将一切都视为生意，愿意尝试通过讨价还价来获取利益，只要相信能够从中国得到更有利可图的交换，接受一个缺乏强效约束力的倡议对他来说并非不可能。

第四，特朗普政府可能会灵活应对这一倡议。新型大国关系倡议的基本内涵中包含对美有利或能够为美所用的部分，极为务实的特朗普政府应该能够从中看到机会，但为避免国内反弹可能不再沿用原有倡议的名称；或从美方利益出发，重新提出规范今后中美关系的类似的新倡议，其中将会包含"新型大国关系"倡议中中国能够接受的内涵以利于中方的接纳，将中国倡导的"新型大国关系"转化成美国倡导的"新型大国关系"。

第五，特朗普政府将会为此而与中国保持沟通。建立新型大国关系是中国对美政策的核心目标，正面拒绝或始终消极回避均会不可避免地导致中国对美合作热情的下降，从而影响美国从对华交往中获利的空间。从务实角度考虑，特朗普政府可能会比奥巴马更为开放，力争通过更多互动形式获益，至少会为寻求可预期的相对收益而与中国保持沟通，争取找到通过谈判能够达成共识的机会和空间。

第六，特朗普政府在此问题上的立场将是易变的。美方传统上一直认为，只有实际行动才是具体明确、可被评估、有说服力的，"新型大国关系"究竟是什么，要通过不断地实践来验证和塑造。如果美国确实可以从中持续获益就维持；如果收益逐步递减或认为中国获益超过美国，特朗普政府则可能明确拒绝继续接受其基本原则的约束，或者提出抛弃其核心内涵的新倡议来取而代之。

总的来说，提出"美国第一"口号的特朗普在外交中追求以美国为主导、首先必须满足美国利益的方式来发展与他国的关系，这为中美之间就建立"新型大国关系"达成共识提供了新的机会，至少相对于奥巴马政府来说，特朗普政府接纳这一倡议的可能性更大。这一问题今后的走向主要取决于中美近期互动的结果，两国是否能够在有效管控分歧的基础上，提升合作成效以及开拓新的合作空间，将在很大程度上影响特朗普政府对这一倡议的最终判断。

2016 年美国大选两党候选人对华政策主张评析

刘得手

中国社会科学院美国研究所副研究员

近年来，中美关系中的负面因素上升，战略稳定性下降。突出体现在：在战略层面，奥巴马政府执政以来推行的"转向亚洲"及亚太再平衡战略给中国带来了不容忽视的地缘战略压力，特别是美国在南海问题上高调介入，导致中美围绕南海问题发生战略碰撞的风险上升。在公众舆论层面，美国公众对华好感度明显下降。以皮尤研究中心公布的调查结果为例，2015 年参与调查的美国人中，只有大约 40% 的美国人对中国抱有好感，54% 的美国人对中国持负面看法。[1] 而在 2011 年，有 50% 的美国受访者对中国抱有好感。[2] 在战略学界层面，自 2015 年初开始，美国战略学界出现了一场关于是否改变美国现行对华战略的大讨论。持赞同态度的学者认为，美国在过去几十年中与中国打交道的方式在逐渐失效，因此，美国应该改变现有接触战略，加强与亚太地区盟友和伙伴国的关系，努力平衡中国不断增长的地区影响力。持反对态度的学者认为，中美关系事关国际秩序的稳定和亚太地区的安全，中国尚无能力挑战美国的地区主导权，如果因为一些利益冲突的存在就对中国采取不必要的敌视政策，美国的利益也会受到损害。[3]

在中美关系十分敏感、微妙的时期，2016 年的美国总统大选也如火如荼地展开。很显然，这场美国大选值得中方高度关注，因为它关系到未来一段时期美国对华战略、美国亚太战略乃至美国全球战略的延续与调整，进而也关系到中美关系的

---

① Richard Wike, Bruce Stokes and Jacob Poushter, "Views of China and the Global Balance of Power", June 23, 2015, http：//www. pewglobal. org/2015/06/23/2 – views – of – china – and – the – global – balance – of – power/.

② Pew Research Center, "Chapter 2：China's Image", July 14, 2014, http：//www. pewglobal. org/2014/07/14/chapter – 2 – chinas – image/.

③ 转引自齐皓《从美国对华战略辩论看中美关系的变化》，《当代世界》2015 年第 12 期，第 29 页。

走向以及亚太地区乃至世界的和平、繁荣与稳定。

一 美国大选两党候选人的对华政策主张

2016 年 7 月，经过颇为激烈的党内角逐，美国前第一夫人、纽约州前联邦参议员、前国务卿希拉里·克林顿（以下简称希拉里）和美国知名房地产商、真人秀节目主持人唐纳德·特朗普（以下简称特朗普）分别被美国民主党、共和党提名为本党的总统候选人，前者是不折不扣的美国政治"精英"，代表建制派；后者则是地地道道的美国政治"圈外人"，代表民粹派。也正是源于二者的身份背景，就他们各自的对华政策主张而言，民主党总统候选人希拉里的对华政策主张不仅主要体现在其相关竞选言论及《团结起来更强大：美国未来的蓝图》竞选一书中所表述的相关立场，还体现在其担任国务卿期间的对华言论及政策主张。共和党总统候选人特朗普由于是美国政治"圈外人"，这就不可避免地使得他的一些政策主张与共和党竞选纲领所主张的政策存在差异。而理论上，竞选纲领是经党内一致认可的候选人的竞选立场，且也是候选人更为系统、全面的竞选立场。因此，这就使得梳理、评析共和党候选人的对华政策立场的工作稍显复杂。不过，可以肯定地说，共和党提出的竞选纲领对于共和党提名的总统候选人特朗普而言，其分量和影响力是毋庸置疑的。在党内初选阶段，共和党建制派内部曾有人竭力阻止特朗普赢得党内总统提名。在阻止未果的情况下，党内建制派又加大了对特朗普竞选的掣肘力度。特朗普曾坦言，他选择印第安纳州州长迈克·彭斯作为自己的竞选搭档是出于"党内团结"的考虑。① 换言之，这一选择是党内施压的结果。因此，无论如何，在阐述共和党候选人的对华政策主张时尤其不能忽视共和党竞选纲领所提出的相关政策立场，否则做出的分析与判断就会有失偏颇。此外，鉴于美国的对华政策与其全球战略、亚太战略是一脉相承的，以及中美在全球及亚太事务中的分量，因此，梳理、评析美国的对华政策必须兼顾美国的全球战略，特别是其亚太战略。

（一）民主党候选人希拉里和共和党候选人特朗普的对华政策主张

1. 民主党候选人希拉里的对华政策主张

在全球战略上，希拉里强调，美国的对外政策目标是确保美国的领导地位，保

---

① Steve Benen, "Donald Trump picked Mike Pence for a specific reason", http：//www. msnbc. com/ rachel－maddow－show/donald－trump－picked－mike－pence－specific－reason

持美国的安全。

在亚太战略上，希拉里主张强化美日、美韩同盟关系，借助东盟等平台扩展盟友，并继续发展与缅甸等国的伙伴关系，以强大的盟友网络来应对中国的挑战。[①]

在对华政策上，首先，希拉里对中美关系的总体认识是，中美关系是最复杂、最重要的关系。她认为，一个繁荣的中国有益于美国。美国从根本上致力于与中国发展积极的合作关系，扩大中美的共同利益领域是必要的。同时，对于所谓中美面临"修昔底德陷阱"的推断，她认为，"我们两个国家试图做一些历史上从未做过的事情，即当一个守成大国与一个崛起大国相遇后会发生什么的问题给出一个新的解答"[②]。

其次，在政治上，她声称致力于促进中国尊重国际法及构建一个更加开放的政治体系以及使中国更加尊重人权。在经济上，她认为，为了确保未来强劲、可持续与均衡的全球发展，中美必须合作。在此前提下，她主张在中美经贸关系中对华持强硬立场，为美国劳工和消费者争取公平的待遇。在安全上，她宣称在朝核、南海、网络安全等议题上以美国强大而稳定的领导力来应对中国。在全球性议题上，她强调要在气候变化、全球公共卫生、核不扩散等对中美双方都极为重要的议题上强化合作。[③]

2. 共和党候选人特朗普的对华政策主张

特朗普的竞选口号是"让美国再次伟大"，但他鲜少提及美国在全球的抱负。相反，他认为减少美国对亚、欧盟友的承诺对美国是有好处的，他还认为，对美国而言，对他国提供安全保护是一个巨大损失，应该让那些被保护的国家支付其应当承担的公平份额。

对于中美关系，特朗普的总体认识是，美国稳定与中国的关系是走向一个繁荣世纪的另一个重要步骤。他希望与俄罗斯和中国和平相处，保持友好关系。他说，美国和这两个国家存在严重分歧，必须对它们保持警惕。但是，我们并非注定成为敌人。我们应该在共同利益的基础上寻求共同点。[④]

---

① 刁大明：《希拉里的中国观》，http：//pit. ifeng. com/a/20160921/50000045_ 0. shtml。

② The Department of State，Remarks with Chinese Foreign Minister Yang Jiechi，Sep. 5，2012，http：//www. state. gov/secretary/20092013clinton/rm/2012/09/197343. htm.

③ 刁大明：《希拉里的中国观》，http：//pit. ifeng. com/a/20160921/50000045_ 0. shtml。The Department of State，Remarks with Chinese Foreign Minister Yang Jiechi，Sep. 5，2012，http：//www. state. gov/secretary/20092013clinton/rm/2012/09/197343. htm.

④ Donald J. Trump，Transcript of Donald Trump's Foreign Policy Speech，April 27，2016，http：//finance. yahoo. com/news/transcript－donald－trump－foreign－policy－191500717. html；_ ylt = AwrTHQ0SD2JX. 3kAlpJXNyoA；_ ylu = X3oDMTEyOTFtaGQ4BGNvbG8DZ3ExBHBvcwM3BHZ0aWQDQjIyNDJfMQRzZWMDc3I－.

但是，在中美关系的具体领域和问题上，特朗普则是指责、抨击不断。他对中国的指责集中在贸易、人民币汇率、网络安全、知识产权、朝鲜问题以及中国在南海的岛礁建设上。他自诩为贸易保护主义者，声称反对全球化，主张孤立主义。在2016 年 7 月接受本党对他的总统候选人提名而发表的演讲中，特朗普指责克林顿支持中国加入 WTO 是犯了重大错误，并声称将要重新谈判与中国签署的一切贸易协定。① 此前，在接受《纽约时报》采访时，他还宣称"将对所有从中国进口的产品征收 45％的关税"②。特朗普频繁指责中国操纵货币，偷窃美国政府的机密，对美国及其公司进行工业间谍活动，并声称一经当选，他就将宣布中国为货币操纵国，阻止中国偷窃美国的知识产权，尤其是终止技术转让活动。在朝鲜问题上，他认为，"中国应该为我们（美国）解决这个问题。中国应该进入朝鲜。相对于朝鲜而言，中国是极其强大的"③。特朗普还声称中国在南海的岛礁建设是在构筑军事要塞，主张美国加强在中国南海及其周边的军事存在。④

（二） 美国民主、共和两党竞选纲领中的对华政策主张

通常在大选年，美国民主、共和两党会分别召开各自政党的全国代表大会，正式提名本党的总统、副总统候选人，同时通过本党的竞选纲领。美国政党的竞选纲领是旨在解决紧迫的政治问题的一系列原则、目标和战略。每一个政党纲领划分为针对具体问题的纲领条目或声明。政党纲领及其纲领条目对于竞选进程十分重要，它们赋予了本党候选人明确的竞选政治立场。同时也让选民了解本党候选人相信什么，哪些问题是他们认为重要的，以及如果当选，他们将如何解决这些问题。换言之，美国民主、共和两党的竞选纲领分别是它们党内一致同意的本党候选人系统而全面的竞选问题和立场。因此，从两党竞选纲领中透视两党候选人的对华政策主

① Donald J. Trump, Donald Trump 2016 RNC draft speech transcript, http：//www. politico. com/story/2016/07/full – transcript – donald – trump – nomination – acceptance – speech – at – rnc – 225974.

② Sara Hsu, The Ugly Truth About Donald Trump's China Policies, http：//www. forbes. com/sites/sarahsu/2016/09/01/the – ugly – truth – about – donald – trumps – china – policies/#5aff437b3c9d.

③ Anna Fifield, Did Trump really suggest that China should invade North Korea? https：//www. washingtonpost. com/news/worldviews/wp/2016/09/27/did – trump – really – just – suggest – that – china – should – invade – north – korea/? utm_ term =. e0140ceb0fb8.

④ Gavin Fernando, Donald Trump will not back down on America's military presence in China, experts say, November 28, 2016, http：//www. news. com. au/finance/economy/world – economy/donald – trump – will – not – back – down – on – americas – military – presence – in – china – experts – say/news – story/b387501c9cf75f1b77c684978db8eb41.

张，其意义不言而喻。

1. 民主党竞选纲领中的对华政策主张

美国民主党竞选纲领强调，美国的领导地位对于维护美国未来的安全和经济增长至关重要。为此，在亚太地区，美国要深化与澳大利亚、日本、新西兰、菲律宾、韩国以及泰国的关系。美国要信守对日本的历史承诺。美国还要继续加强与印度、缅甸和巴基斯坦的关系。美国要反击朝鲜的侵略。

在对华政策上，美国民主党声称将与盟友和伙伴国一道强化区域组织和规则，保护南海海域的自由；敦促中国遵守游戏规则；应对中国的不公平贸易做法、货币操纵、网络审查、盗版及网络攻击等行为；关注中美双方合作的领域，其中包括气候变化和核扩散问题；推动中国更加尊重人权，包括西藏人的权利；声称信守"一个中国"的原则和《与台湾关系法》，推动符合台湾人民的愿望和与其最大利益相一致的两岸问题的和平解决。①

2. 共和党竞选纲领中的对华政策主张

美国共和党竞选纲领声称，坚持本党的世界领导者传统。共和党政府将恢复美国的可信性。它必须勇敢支持盟友，挑战敌人。纲领强调美国在亚太的领导地位，声称美国是一个与环太平洋各国具有政治、军事及文化联系并与日本、韩国、澳大利亚、菲律宾及泰国拥有盟约关系的太平洋国家。

该纲领关于中国的表述十分负面。它声称，中国的行为已经否定了共和党上一个竞选纲领中有关美国未来与中国关系的乐观判断。它妄加指责中国的国内自由问题、计划生育政策、在南海的岛礁建设等，指责中国操纵货币，将美国产品排除于中国政府采购清单之外，对本国企业给予政府补贴，违反知识产权等。它还妄指中国对整个南海提出主权主张，建设远远超过防御目的的海军。它还妄称奥巴马政府的自满情绪助长了中国在整个南海发出恐吓威胁的胆量。不过，它也表示，共和党没有理由与中国人民或他们的机构脱离接触。

在台湾问题上，它声称有关台湾未来的一切问题都必须通过对话和按着台湾人民的意愿和平解决，反对任何一方采取单方面行动改变台湾海峡的现状。如果中国违反上述原则，美国将根据《与台湾关系法》协防台湾。②

---

① 2016 Democratic Party Platform, July 21, 2016, www. presidency. ucsb. edu/papers _ pdf/ 117717. pdf.

② Republican Platform 2016, https：//prod － cdn － static. gop. com/media/documents/DRAFT_ 12_ FINAL［1］ － ben_ 1468872234. pdf.

二　美国大选两党候选人的对华政策主张评析

第一，自二战结束以来，缔造与维护霸权地位就成为美国民主、共和两党共同奉行的大战略。与此相关，美国在亚太地区的战略目标就是维持美国在该地区的领导地位。因此，奥巴马政府推行的亚太再平衡战略与冷战结束后美国推行的所谓战略重心东移是一脉相承的。也就是说，推行亚太再平衡战略是美国民主、共和两党的共识。在未遭遇其他重大战略事态干扰的情况下，新一届美国政府仍将会延续这一战略，尽管提法可能会不同。

第二，在总体对华政策主张上，美国民主、共和两党候选人都没有改变自尼克松政府以来美国奉行的对华接触政策，不过，比较而言，民主党候选人较为强调对华合作的一面，如在气候变化和清洁能源、全球公共卫生以及核不扩散等领域的中美合作，而共和党候选人则极少提及中美合作。这是由多方面原因造成的，其中主要是因为，美国民主党连续执政八年，在这期间中美在上述三个领域的合作卓有成效，这使民主党看到了中美合作的必要性和潜力，增强了进一步合作的愿望和信心；共和党在野八年，对于中美在上述领域的合作实际上处于"缺席"状态，而且，毋庸讳言，共和党一向最关注的是安全问题，对于气候变化和清洁能源、全球公共卫生等问题并不太重视。况且，对于奥巴马政府推动的伊朗核问题的解决方案，在野的共和党主要是持批评态度。从这个角度看，民主党候选人倾向于主张相对积极的对华接触政策，而共和党候选人则倾向于主张相对消极的对华接触政策。

第三，与最近两次美国大选本党候选人的涉华言论相比，本次美国大选两党候选人对华指责的调门明显提高。希拉里和特朗普都将针对中国的矛头指向经贸、汇率、网络安全、知识产权等。在台湾问题上，两党都没有严重偏离以往的立场，但在表述上存在差异。民主党候选人表示坚持"一个中国"政策，共和党竞选纲领则强调有条件协防台湾。在南海问题上，两党候选人的立场都很负面，民主党候选人秉承奥巴马政府的政策立场，强调南海问题事关美国利益，在这个问题上美国要联合盟国共同应对中国。共和党候选人在对中国妄加指责的基础上，强调美国要增加军事力量以便做出强硬应对。在民主、人权问题上，民主党候选人坚持其一贯的立场，声称将促进中国对人权的尊重。共和党方面对于这个问题也增加了关注，对中国指责的声音十分响亮。

三 美国新一届政府对华政策及中美关系预判

从美国的国内政治角度看，无论民主、共和两党候选人谁当选，都会将提振美国经济、提高就业、缓解种族矛盾、应对本土恐怖主义威胁及妥善处理移民问题等国内议题置于施政的优先地位。在美国当今民怨沸腾、政治极化加剧以及候选人个人形象欠佳的情况下，当选后，新一届美国政府会将主要精力投入国内事务中。

从美国全球战略角度看，由于维持美国的全球领导地位仍是美国两党的共识，则美国的战略资源仍需在其三个战略重点——欧洲、亚太及中东地区之间进行分配、协调与平衡。因此，2017 年就位的美国新政府在外交与安全领域将面临多重挑战：在欧洲应对俄罗斯强势回归世界舞台和乌克兰危机；在中东打击"伊斯兰国"势力和处理伊朗核问题；在亚太应对所谓中国崛起和处理朝鲜核问题。与此同时，如果是希拉里领导的民主党执政，其会重视应对气候变化、全球公共卫生和核不扩散等全球性挑战，并注重在这些领域加强与中国的合作；如果是特朗普领导的共和党执政，其会更加关注安全议题，加大在反恐、打击"伊斯兰国"势力等方面的军事投入。

从美国亚太战略角度看，由于奥巴马政府推行的亚太再平衡战略是美国两党共识的产物，因此，无论是美国民主党领导的政府还是共和党领导的新一届政府，其对亚太地区的战略重视都是可以肯定的。与此相关，同盟关系仍将是美国主导亚太战略的基石。而且，如果希拉里执政，作为前国务卿，其亚太政策很可能更大程度上延续奥巴马政府时期的亚太再平衡政策。同时需要指出的是，尽管奥巴马政府推行的亚太再平衡战略给中方造成了一定的战略压力，但是，奥巴马总统、担任国务卿时的希拉里都曾强调，加强中美关系是美国亚太再平衡战略的重要内容。①

从美国对华政治、外交政策角度看，无论是希拉里政府还是特朗普政府，它们都将延续美国的对华接触政策。同时，也会在所谓遵守国际规则、民主、人权等问题上不断对华施压，在这个问题上，较之于特朗普领导的共和党政府，希拉里领导的民主党政府对华施压的力度会更大。

---

① 关于奥巴马、希拉里的相关表述可分别参见：The White House, Remarks by President Obama and President Xi Jinping in Joint Press Conference, November 12, 2014, https://obamawhitehouse. archives. gov/the – press – office/2014/11/12/remarks – president – obama – and – president – xi – jinping – joint – press – conference；The Department of State, Remarks with Chinese Foreign Minister Yang Jiechi, Sep. 5, 2012。

从对华经济政策角度看，虽然希拉里和特朗普一样，对所谓中国不公平贸易做法、汇率等提出指责，但是，希拉里的具体表述实际上比特朗普温和。她多次说要让中国为其竞争性的经济政策负责，但她小心地避免做出具体承诺或威胁。这意味着她的威胁更不可能导致任何实际的政策行动。特朗普的威胁则不同，他在竞选期间所扬言的对中国的惩罚，如将中国定名为货币操纵国、提高中国产品的关税等更容易由竞选言论变成现实政策。[①] 从而给中美经贸关系造成损害，进而削弱经贸关系所承担的中美关系压舱石作用。当然，美国两党总统候选人竞选时发表的政策主张在当选执政后往往也会打折扣。

从中美安全关系角度看，在台湾问题上，由于蔡英文当局在"九二共识"问题上采取模糊态度，致使台海局势趋于复杂严峻。在这个问题上，希拉里由于明确表示坚持"一个中国"政策，其领导的民主党政府更有利于维持台海局势的稳定。共和党方面，由于声称有条件协防台湾，其政策倾向对中方有更大挑衅性，因此，其在这个问题上的动向值得更密切关注。此外，在南海问题、萨德问题上，美国新一届政府还需要与中国政府一道，以高超的政治智慧和非凡的战略气魄走出安全困局。由于这些是在民主党执政时期生发、凸显的问题，希拉里政府对这些问题的处理可能会延续前一届政府的做法。相应地，特朗普政府虽不受本党遗留问题的牵绊，而可能更容易走出化解问题的新路，但是，由于共和党政府一向强调以军事手段获得安全，因此，也不排除其采取更为冒险的政策的可能性。

总之，2017 年无论是民主党还是共和党的总统候选人大选胜出而执掌白宫，他或她都将面临一个最重要的问题，即中美两国如何在全球、在亚太相处。

[①]　Salvatore Babones, Hillary Clinton, Donald Trump, and China, 17 September, 2016, http：//www. al-jazeera. com/indepth/opinion/2016/09/hillary – clinton – donald – trump – china – 160914114803166. html.

美国南海政策与中美关系

樊吉社

中国社会科学院美国研究所战略室主任、研究员

南海问题正成为中美关系的最重要议题之一。美国认为中国在南海问题上的政策行动挑战其所谓自由航行的权利、美国亚太地区军事同盟的可信性以及美国在亚太地区的主导地位，因而越来越展示出介入南海问题的姿态。美国尤为关注中国未来是否在新建岛礁部署具有较强攻击能力的武器装备、是否扩建黄岩岛、是否在南海宣布建立防空识别区。中美因为南海问题发生重大军事冲突的可能性并不大，但中美围绕南海问题的博弈将趋于常态化、长期化。未来中国仍需要继续制衡美国在南海的军事行动，同时加强中美分歧管控能力，加强战略沟通。中国宜将南海问题置于中国战略总环境和战略大局中考虑，改善中国与东南亚各国的关系，致力于营造一个更有利的周边环境。

一　中美关系中的南海问题

南海问题在中美关系中逐渐升温的背景有两个：一是中国周边海疆领土争端在沉寂多年后因为种种原因逐渐升温，特别是中日之间的钓鱼岛争端和中菲、中越在南海问题上的争端；二是中国为了因应南海争端升温，近年来在南海展开了一些陆域吹填行动。

美国在南海问题上的政策立场经历了一个较长的变化过程。1995 年美济礁事件后，美国国务院发言人就南沙和南海问题发表声明，这是美国对南海问题的最早政策表态。根据这份声明，美国有关南海问题的主要政策立场包括：反对使用或者威胁使用武力解决争端；维护南海的和平与稳定；维持自由航行是美国的根本利益；美国对相关的主权争议不持立场等。[①] 美国在南海问题上的这些核心政策立场在接

---

① "US Policy on Spratly Islands and South China Sea", Daily Press Briefing, Department of State, May 10, 1995. http://dosfan. lib. uic. edu/ERC/briefing/daily_ briefings/1995/9505/950510db. html.

下来的十余年中没有调整。2010 年，随着南海局势有所升温，美国国务卿希拉里在当年 7 月的东盟地区论坛上做出新的表态，强调国际原则对解决南海争端的重要性；此后，美国在 2012 年中菲黄岩岛争议后的 8 月和 2014 年年初再度对其政策做出微调，在指责中国的同时强调《联合国海洋法》的重要性。①

经过中日钓鱼岛争端、中菲黄岩岛争端博弈和中国南海陆域吹填后，南海问题一度成为中美关系中最突出的议题，美国政府官员则在历次中美官方对话磋商中，在与东盟各国的官方互动中，在七国集团等多边机制中，在香格里拉对话等正式和非正式场合就南海问题表明立场。② 美国认定中国越来越有意愿和能力拓展自身在西太平地区的政治、经济和安全利益，中国在西太平洋地区的行动，短期内对美国在西太平洋的行动自由和美国对其军事盟友的安全承诺构成挑战，长期内则可能挑战美国在西太平洋地区的主导地位、美国的海洋霸权，甚至对美国主导建立的国际秩序形成实质性的挑战。③

为了防范中国迅速崛起对美国构成的多层面挑战，奥巴马政府在亚太再平衡战略框架下，通过多种方式加强了约束、防范中国的力度。美国对中国的防范措施包括多个方面：一是加大美国在亚太地区的政治、经济、军事和外交投入，并在中国周边展示军事力量，证明美国的存在；二是强化与亚太地区美国五个条约盟国的政治、经济和军事关系，协助美国的盟国，特别是日本、澳大利亚和菲律宾在本地区发挥更大作用；三是加强与本地区其他国家的协调与协作，特别是借东南亚国家联盟这个地区平台，强化与东南亚国家联盟成员国的合作；四是推动本地区主要国家之间的沟通与协调，包括美日印、美日澳和美日韩等多个国家组合。④

具体到南海问题上，美国的行动主要表现为如下多个方面：政府高官频繁就南

---

① 美国政策的变化过程详见 M. Taylor Fravel，"U. S. Policy Towards the Disputes in the South China Sea Since 1995"，Policy Report，S. Rajaratnam School of International Studies，Nanyang Technological University，March 2014。

② 例如 Chuck Hagel，"The United States'Contribution to Regional Stability"，Shangri – La Dialogue 2014 First Plenary Session，May 31，2014. https：//www. iiss. org/en/events/shangri% 20la% 20dialogue/archive/2014 – c20c/plenary – 1 – d1ba/chuck – hagel – a9cb。

③ Jr. Andrew F. Krepinevich，"How to Deter China：The Case for Archipelagic Defense"，*Foreign Affairs*，March/April 2015.

④ 详细内容参见樊吉社《美国"重返"亚洲与中美关系》，载黄平、倪峰主编《美国问题研究报告（2012）：美国全球及亚洲战略调整》，社会科学文献出版社，2012。

海问题表态，并将矛头指向中国；① 美国陆续将战略资产向这一地区部署，包括将濒海战斗舰部署在新加坡，② 潜艇和三型主力轰炸机陆续在关岛进行轮驻③（Rotational Deployment）；美国在南海展示军事力量，包括自 2015 年以来的四次所谓自由航行行动；美国推动东盟在南海问题上抛开内部分歧，统一发声；④ 美国加强与东盟各国的军事和准军事合作，解除对越南和缅甸的制裁；美国协同本地区其他国家在南海展开所谓联合巡航行动，并同菲律宾进行数次联合军事演习，等等。

二 美国在南海问题上的利益和关切

南海问题之所以在中美关系中的重要性日益提升，美国在南海越来越展示出介入姿态，其根本原因是美国认为其安全利益面临来自中国的挑战。美国在南海问题上的安全利益大致包括三个方面：一是所谓自由航行的权利，二是美国亚太地区军事同盟的可信性，三是美国在亚太地区的主导地位。

第一，美国所谓在南海航行和飞越自由的权利。长期以来，美国海军力量的行动自由是其海洋霸权的核心支撑，这包括进出各地海域进行侦察和情报收集活动、对潜在的敌对国进行军事威慑乃至执行作战任务等。在冷战结束后，美国历次有关

① Secretary of Defense Ash Carter, "Remarks by Secretary Carter at the U. S. Naval War College, Newport, Rhode Island", May 25, 2016. http：//www. defense. gov/News/Transcripts/TranscriptView/Article/781499/remarksbysecretarycarterattheusnavalwarcollegenewportrhodeisland. "Remarks on" Asia – Pacific's Principled Security Network "at 2016 IISS Shangri – La Dialogue", as delivered by Secretary of Defense Ash Carter, Singapore, June 4, 2016. https：//www. defense. gov/News/Speeches/Speech – View/Article/791213/remarks – on – asia – pacifics – principled – security – network – at – 2016 – iiss – shangri – la – di.

② 胡隽欣、陈济朋：《美国濒海战斗舰抵达新加坡开始部署》，新华网，2013 年 4 月 18 日。http：//news. xinhuanet. com/world/2013 – 04/18/c_ 115445106. htm.

③ David Cenciotti, "Three B – 2s and 'several' B – 1s have deployed to Guam to deter China and North Korea", August 10, 2016. https：//theaviationist. com/2016/08/10/three – b – 2s – and – several – b – 1s – have – deployed – to – guam – to – deter – china/. Dan Lamothe, "In rare move, the Navy sends two aircraft carriers near the Philippines", June 20, 2016. https：//www. washingtonpost. com/news/checkpoint/wp/2016/06/20/in – rare – move – the – navy – sends – two – aircraft – carriers – near – the – philippines/.

④ The White House Office of the Press Secretary, "Joint Statement of the US – ASEAN Special Leader's Summit: Sunnylands Declaration", Sunnylands, California, February 16, 2016. https：//www. whitehouse. gov/thepressoffice/2016/02/16/jointstatementusaseanspecialleaderssummitsunnylandsdeclaration.

南海问题的政策表态中，所谓航行和飞越自由始终是美国强调的"根本利益"①（Fundamental Interest）。美国一向声称舰船和飞机在南海不受影响的航行自由对亚太地区的和平与繁荣至关重要，而中国始终反对美国以所谓航行自由为名进行抵近侦察。中美在南海的相关博弈持续多年，并曾经出现数次危机，包括2001年的撞机事件和2009年的无瑕号事件等。②

美国高度关注中国在南海的陆域吹填行动，认为中国未来可能将军事力量部署到新建岛礁上，从而具有更强的军事能力阻止美国进入相关海域从事侦察和情报收集活动。不仅如此，因为中国计划建设"蓝水海军"，因而南海对中国未来军事力量的投送具有非常重要的意义，美国不希望因为中国在南海日益强大的军事存在影响美国的所谓航行自由。

美国同样担心中国反对美国在南海行使"航行自由"权利的示范效应，即，如果美国在南海的航行自由行动因为中国反对而退让，其他国家可能效仿中国，也阻止美军进入其海域从事侦察和情报收集，那么美国海军的活动空间将显著缩小，这将直接冲击以海军为核心支撑的美国军事霸权。③

第二，美国亚太地区军事同盟的可信性。美国在亚太地区有五个条约盟友，其中日本涉及与中国的领土争议、菲律宾和中国在南海问题上存在纷争。美国认为中日近年来有关钓鱼岛的博弈、中菲有关黄岩岛的博弈以及中国在南海进行陆域吹填等行动，都在考验美国对其同盟国的安全承诺。中日钓鱼岛争端之后，美国国务卿、国防部长和总统重申钓鱼岛属于美日安保条约的覆盖范围，以此安抚盟国并威慑中国。④ 中菲黄岩岛争端发生后，美国曾经尝试居中调停，但随后较多地采取措施加强与菲律宾的军事关系。在阿基诺三世执政期间，美国和菲律宾的军事关系得到显著提升，双方在2014年奥巴马访问菲律宾期间签署了《美菲加强防务合作协议》（Enhanced Defense Cooperation Agreement，ECDA）。美国这些行动兼具威慑他国和安

---

① "US Policy on Spratly Islands and South China Sea", Daily Press Briefing, Department of State, May 10, 1995. http：//dosfan. lib. uic. edu/ERC/briefing/daily_ briefings/1995/9505/950510db. html.

② Shirley A. Kan eds. , "China – U. S. Aircraft Collision Incident of April 2001：Assessments and Policy Implications", CRS Report for Congress RL30946, Updated October 10, 2001.
Bill Gertz, "Pentagon says Chinese Jet Carried Out 'Aggressive' and 'Dangerous' Intercept of Navy Intelligence Jet", The Washington Free Beacon, August, 21, 2014.

③ 作者对美国专家学者的访谈，美国波士顿，2016年4月。

④ The White House Office of the Press Secretary, "Joint Press Conference with President Obama and Prime Minister Abe of Japan", April 24, 2014, Tokyo, Japan.

抚盟国的双重内涵，其核心目的是防止美国对盟国安全承诺受到质疑或者挑战。

第三，美国在西太平洋地区的主导地位。随着中国军事现代化的步伐加快和新型军事装备列装、中国在周边海疆争议问题上展示保护自身利益的强烈意愿并采取相关行动，中国在西太平洋地区的政治、经济和安全问题上采取更主动的行动，美国更多地将南海问题放在一个更大的框架下处理。美国战略与国际研究中心的一份研究报告称，到 2030 年中国将拥有多个航母战斗群，届时南海将形同"中国的一个湖"，犹如当前加勒比或者墨西哥湾之于美国。① 因此，南海问题也"由最初中国同周边国家关于岛屿归属和相关利益的争端，正在演化成中美之间的战略竞争，而且日益成为中美战略竞争和战略博弈的一个焦点"②。南海问题似乎成为检验美国在西太平洋地区主导地位的关键，其应对之道也更多具有因应中国崛起的特征。

如前文所述，美国近年来在亚太、东南亚和南海地区采取的各项政策行动都是为了确保美国所谓自由航行权利、对盟国安全承诺的可信性和西太平洋地区主导地位不受中国挑战。中美关系中的南海问题在 2016 年 7 月南海仲裁案结果发布前夕是最为紧张的时刻，随后南海局势趋于稳定。

南海仲裁案结果公布的当天，美国国家安全委员会亚洲事务资深主任康达（Daniel Kritenbrink）在战略与国际研究中心（CSIS）的会议中发表讲话，称美国在南海有最高的国家利益，亚太地区领土和海洋争端按照国际法，以和平而非胁迫的方式解决是美国的持久利益。③ 美国当日乐见单方面有利于菲律宾诉求的南海仲裁案结果，但也相信仲裁并不能解决南海问题。中国外交部随后发布的声明明确表示："该裁决是无效的，没有拘束力，中国不接受、不承认。"④

中美围绕南海问题的博弈不会因为南海仲裁案发布结果而终结，纵观一年来美国国内政界官员和智库专家学者有关南海的言论和著述可以发现，美国非常关注中国未来可能在南海采取的三类行动。这三类行动分别是：是否在新建岛礁部署诸如

---

① Michael Green, Kathleen Hicks, Mark Cancian eds., "Asia – Pacific Rebalance 2025: Capabilities, Presence, and Partnerships (An Independent Review of US Defense Strategy in the Asia – Pacific)", *The Center for Strategic and International Studies*, January 2016, p. 19.

② 倪峰：《美国的南海政策与当前的中美关系》，《太平洋学报》2016 年第 7 期，第 16 页。

③ Remarks by Daniel J. Kritenbrink, Senior Director for Asian Affairs, National Security Council CSIS's 6th South China Sea Conference, July 12, 2016. https://www.csis.org/events/sixth – annual – csis – south – china – sea – conference.

④ 《中华人民共和国外交部关于应菲律宾共和国请求建立的南海仲裁案仲裁庭所作裁决的声明》，2016 年 7 月 12 日。http://www.fmprc.gov.cn/web/ziliao_674904/1179_674909/t1379490.shtml.

战斗机、地空导弹等具有较强攻击能力的武器装备；是否扩建黄岩岛；是否在南海宣布建立防空识别区。

虽然美国舰机在南海相关水域的军事活动频繁，但美国对中国在南海相关岛礁的军事能力建设，特别是中国在部分岛礁修建飞机跑道和机库非常关注。太平洋司令部海军司令哈里斯在2016年2月的参议院听证会上指责中国将"人工岛礁"转变成可以"前置军事能力"的基地。① 2016年1月中国民航飞机降落永暑礁，2月红旗-9防空导弹系统在永兴岛部署，4月中国军机降落永暑礁转运重病工人等均引起美国警惕。

美国同样高度关注中国是否在南海仲裁案结果发布前后扩建黄岩岛。美国海军作战部长理查德森在3月18日接受路透社采访时提到中国在黄岩岛附近的侦测活动，担忧中国可能扩建黄岩岛。② 美国随后在黄岩岛附近空域进行了三次航行行动。在仲裁案结果发布前夕，美国甚至将两个航母战斗群部署到附近海域，威慑中国可能采取的行动。

中国是否会在南海宣布建立防空识别区是美国的另一关切。在南海仲裁案发布前后，美国认为中国很可能效仿2013年11月宣布在东海划设防空识别区的做法，宣布在南海划设防空识别区。为了防范中国采取此种行动，美国国务卿克里曾在2016年6月访问蒙古国期间表示："我们将视任何在南海空域设立……防空识别区为挑衅与破坏稳定的行为，它将自动导致局势紧张并使人怀疑中国通过外交手段处理南海领土争端的承诺。"③ 美国之所以对此深表担忧，一方面是中国从未承诺不在南海划设防空识别区，另一方面则是中国已经在南海扩建了岛礁、修建了飞机跑道，这意味着中国实际上已经具备了划设并维护防空识别区的能力。美中经济安全审查委员会的一份报告认为，中国如果在南海划设防空识别区，将改变南海的政治现状，并导致中美战机空中相遇时出现意外的风险加大。④

---

① Statement of Admiral Harry B. Harris Jr., US Navy Commander, US Pacific Command, Before the Senate Armed Services Committee on S Pacific Command Posture, Feb. 23, 2016. http://www. armed – services. senate. gov/imo/media/doc/Harris_ 02 – 23 – 16. pdf?.

② "U. S. : New Chinese Activity at South China Sea Shoal," March 18, 2016. http://www. marinelink. com/news/activity – chinese – south406871. aspx.

③ 任梅子：《英媒：克里声称中国若设南海防识区是"挑衅行为"》，环球网，2016年6月6日，http://world. huanqiu. com/exclusive/2016 – 06/9009960. html。

④ Michael Pilger, "ADIZ Update: Enforcement in the East China Sea, Prospects for the South China Sea, and Implications for the United States," US – China Economic and Security Review Commission Staff Research Report, March 2, 2016, p. 11.

三 南海问题与中美关系：分歧管控与维持稳定

虽然近年来南海问题在中美关系中的重要性持续上升，并且美国也在南海采取了数次所谓自由航行行动以挑战中国在南海问题上的政策行动，但中美因为南海问题发生重大军事冲突的可能性并不大。美国以前提出过冻结南海现状的倡议，[①] 现在则强调《联合国海洋法》，并敦促中国与东盟各国谈判《南海行为准则》，现在尚无迹象表明美国准备因为南海问题与中国展开对抗或者冲突，但中美围绕南海问题的博弈将趋于常态化、长期化。经历中菲黄岩岛争端、菲律宾提起的南海问题仲裁案和中国在南海的岛礁建设，南海问题的现状已经发生改变。中国不可能放弃在南海问题上的诸项国家利益；美国也不太可能完全接受中国在南海地区逐步拓展利益和影响，并将继续采取各种手段约束、防范、削弱中国在南海采取的行动对美国利益构成的挑战。

中美围绕南海问题的博弈将是多层面的。第一，中国仍需要继续按照"有理有利有节"的基本原则制衡美国在南海的军事行动。2015 年底以来，美国已经通过多次较为高调的所谓自由航行行动挑战中国在南海的诸项权益，针对美国在南海地区的军事行动，中国仍需要采取相应的制衡行动。一旦美国舰机进入南海相关海域和空域，中国舰机可采取跟踪、监测和驱离行动，限制和约束美军相关行动。

第二，加强中美分歧管控能力。中美两军在南海的互动是双边博弈中最突出的挑战。中美舰船的海上相遇具有较强可控性，但空中相遇出现"意外"乃至危机的风险在上升，一旦中美在南海出现危机，中美之间的危机管控能力可能不足以应对危机，从而导致危机快速升级，进而严重冲击中美关系的基本稳定状态。因此，如何避免出现"意外"，建立并强化分歧管控和危机管控机制和能力，防范中美在南海问题上的博弈转变成危机，这将是重要的考验。虽然中美关系近年来面临诸多挑战，但中美关系的根基仍然稳固，维持中美关系稳定符合双方利益，中美关系因为南海问题陷入螺旋上升的紧张状态不符合中美两国利益。中美已经有三十多年大致良性的互动，积累了管控分歧的丰富经验；中美现存的双边沟通机制和高层会晤依然通畅；美国在诸多地区和全球性事务中仍然需要与中国进行合作。这些都是有利于中美管控南海分歧的条件，中美两国也均有政治意愿维持双边关系的总体稳定。

---

① Michael Fuchs, "The Fourth Annual South China Sea Conference," Washington DC, July 11, 2014. https：//2009 - 2017. state. gov/p/eap/rls/rm/2014/07/229129. htm.

中美已经在分歧管控方面做出了很多努力，并取得了不少成就。2013年6月，中美首脑在安纳伯格庄园会晤期间，习近平主席提出建立重大军事行动相互通报信任措施机制和海空相遇安全行为准则机制的倡议，并得到奥巴马总统的积极回应。2014年11月，奥巴马总统访华期间，中美两国防长签署了《中美关于海空相遇安全行为准则谅解备忘录》和《中美国防部关于建立重大军事行动相互通报信任措施机制的谅解备忘录》。2015年9月，习近平主席访美期间，中美完成了空中相遇安全和危机沟通的新增附件，双方还将继续对重大军事行动相互通报的相关附件进行磋商。中美两国海警部门也原则上同意就签署海警相关行为准则进行磋商。

第三，中美还需要加强战略沟通。近年来美国对中国综合力量上升的反应从"顾虑"到"忧虑"再到当前的"焦虑"，正是因为此种对中国崛起的"焦虑"，美国政府的官方文献、实际政策、高官政策表态以及媒体报道都在刻意制造"中国威胁论"，将中国塑造成不遵守现存国际规则、挑战国际秩序的国家；将中国在南海塑造成激烈改变南海现状的国家，将商船在南海的通行混同舰机的航行自由，将美国对中国的抵近侦察混同航行自由。中美目前已经建立了较多的对话磋商机制，中美通过这些定期的沟通和对话，加强对彼此政策的理解和认知，这对于减少误判至关重要。

第四，中国宜将南海问题置于中国战略总环境和战略大局中考虑，改善中国与东南亚各国的关系，致力于营造一个更有利的周边环境。中美在中国周边地区的合作空间有限，但竞争态势明显。过去几年中，美国通过强化与中国周边国家的政治、经济和军事合作，给中国周边安全环境制造了越来越多的麻烦。具体到南海问题上，美国有很强的掣肘中国与东南亚各国关系的能力，试图推动东盟各国搁置内部分歧，在南海问题上形成对中国的集体压力。中美竞相发展与东南亚各国的关系，这既是当下的现实，也将是未来的趋势。维持与东南亚各国的关系稳定是中国平衡美国在本地区影响的重要内容和努力方向。

虽然美国利用南海问题拉拢东盟国家，但无论在经贸问题还是安全问题上，东南亚国家都不期望在中美之间选边站队。虽然美国有能力掣肘中国与周边国家关系的发展，但中国如何与周边国家发展政治、经济和安全关系并不取决于美国，而是取决于中国。在处理与周边国家的关系方面，中国在二十一世纪的第一个十年累积了丰富的经验，取得了重大的成就。这些经验和成就对于指导未来中国与周边国家的关系发展仍有重要借鉴意义。如果中国能够妥善处理与东南亚各国的关系，美国将很难继续利用这些国家制衡中国。

中国已经就此做出了很多外交努力，并取得了不错的成效。2015年8月5日，王毅外长出席在马来西亚吉隆坡举行的中国—东盟（10＋1）外长会时提出"维护南海和平稳定三点倡议"，提出加快《南海行为准则》磋商，并探讨"海上风险管控预防性措施"；各国承诺依据国际法行使和维护在南海享有的航行和飞越自由。①2016 年 3 月 8 日，王毅外长在"两会"记者会上表示，愿把东盟作为"'一带一路'合作的优先伙伴"、"对外自贸合作的优先伙伴"、"区域合作的优先伙伴"、"海上合作的优先伙伴"。② 4 月 21 日，王毅外长结束对文莱的访问时强调"双轨思路"③ 是解决南海问题最为现实、可行的办法。中国展现出的外交姿态和提出的各类倡议对于南海局势的稳定具有重要意义，对处理中美关系中的南海问题亦大有帮助。

---

① 《王毅提出"维护南海和平稳定三点倡议"》，外交部网站，2015 年 8 月 5 日，http：//www. fmprc. gov. cn/web/zyxw/t1286655. shtml。

② 《王毅：中国愿把东盟作为四大合作优先伙伴》，外交部网站，2016 年 3 月 8 日，http：//www. fmprc. gov. cn/web/zyxw/t1345952. shtml。

③ 即有关争议由直接当事国通过友好协商谈判寻求和平解决，而南海的和平与稳定则由中国与东盟国家共同维护。

2016 年美国大选对中美关系的影响：延续与调整

袁 征

中国社会科学院美国研究所美国外交室主任、研究员

2017 年 1 月 20 日，特朗普入主白宫，正式成为美国第 45 任总统。特朗普在 2016 年大选中的政策主张及当选后的特立独行，彰显了特朗普与奥巴马政府在政策理念上的差异。当前中美关系战略博弈加剧，已经发展到一个节点上，因此人们格外关注此次权力交接对于中美关系的影响。

一 中美战略博弈进入到一个新的阶段

当前，中美两国合作在加深，但竞争也在加剧，呈现一种纷繁复杂的态势。在双边层面上，中美两国沟通顺畅，相互依赖程度加深。对于中国国内的发展态势，美国方面有担忧，但影响力相对有限。在全球层面，中美在全球治理问题上合作的空间较大，气候变暖、核不扩散、反恐等都是合作的重要领域。但在地区层面，中美在西太平洋地区的竞争烈度保持在一个较高的水平上，双方战略博弈日益加剧。随着美国阻拦盟国加入亚投行、美日韩同盟关系加强、TPP 谈判达成初步协议和美国海军频繁进入南海岛礁临近海域巡航，中美战略博弈进入到一个新的阶段。

尽管中美关系整体稳定，但最近一些趋势的发展令人担忧，应当引起我们足够的重视。

其一，中美之间的战略竞争继续呈现上升势头。美国大力推进亚太再平衡战略的一个重要目的就是应对中国的崛起。随着中国实力的不断提升，同时也是对美国大力推进亚太再平衡战略的反应，中国外交日趋活跃。在中国倡导的"一带一路"和亚投行等问题上，美方均以负面心态加以解读，认为这是中国有意挑战其霸主地位的举措，进而采取了制衡中国的举措。

在亚太地区，美国进一步强化同盟关系，加强与盟友的协调合作，多有围堵中国的意味。近期萨德反导系统的部署将进一步强化美韩同盟，也使得美日韩三边同盟体系成型，严重损害了中国的安全利益。

就南海问题而言，美国已经从幕后走至前台，甚至有意从"局外者"变成"当事人"，强化对南海问题的介入。美国政府内外不乏有人将中国在南海问题上的所作所为视作中国挑战现有国际秩序的一块试金石。美国以维护航行自由为借口，加大在南海地区的军事存在，还鼓励其盟友如日本、澳大利亚等域外国家联手巡航南海。由于在南海问题上中国的回旋余地不大，在主权和领土问题上不太可能退让，那么美国这种做法有可能将两国推向正面对抗的危险境地。

其二，与两国战略竞争的态势相对应，中美之间的战略互疑在加深。作为一个新兴大国，如何在当今世界秩序中发挥作用，对于中国而言是一个新课题，没有先例可循。正如基辛格在《世界秩序》中所指出的，美国也"从未和一个在国土面积、影响力和经济实力方面与它相似，但国内秩序却迥然不同的国家长期互动过"①。随着中国综合国力和国际影响力日益提升，美国越来越多地感知到中国崛起带来的压力。要真正包容中国的崛起，学会平等相待，一向主张"领导世界"的美国需要一个心理调适期。随着对中国的疑虑日益加深，美国出手制衡中国的倾向愈加明显。美国对于中国的国内发展和对外政策方向主要从负面予以评判，认为中国有意另起炉灶，打造以自己为中心的国际秩序，与美国分庭抗礼，甚至取而代之。

其三，美国精英阶层的对华政策辩论中负面声音抬头，中方也有不少人士认为美国遏制或制衡中国的意图愈加明显。华盛顿决策圈内外围绕是否将对华战略从"接触"转变为"遏制"一直有所争论。但近两年主张对华强硬的声音明显放大，而对中美关系保持乐观态度的声音正趋减弱，精英阶层对华看法发生了潜移默化的变化。一些前政府官员或知名学者认为过去八届美国政府的对华接触政策已然失败，没有能够实现美国的战略目标，公开主张转变对华战略。美国对外关系委员会发表题为"修订美国对华大战略"的报告，认为美国需要一个全新的对华大战略来制衡中国的崛起，建议未来更多地依靠"施压和竞争"，而较少依靠"支持与合作"。②

① 〔美〕亨利·基辛格：《世界秩序》，胡利平等译，中信出版社，2015，第 293 页。

② Robert D. Blackwill and Ashley J. Tellis, "Revising U. S. Grand Strategy Toward China", The Council on Foreign Relations, Council Special Report, No. 72, March 2015.

当然，战略博弈不等于双方就必然走向对抗，而是双方都试图动用手中的各种资源来掌握先机，维护和推进自身的利益，并试图影响对方的行为模式。不过，战略博弈掌控分寸不当，就很有可能会导致对抗。

二 特朗普政府的对华政策研判

特朗普在对外政策领域的主张并不太明晰，但新孤立主义倾向显而易见。更多关注国内问题的解决，而对于外部世界的关注度减弱，承担国际义务的意愿下降，投入的资源也随之减少。特朗普主张"攘外必先安内"，注重解决国内问题。2016年 11 月 11 日，他在接受《华尔街日报》采访时表示，他"想优先解决医疗、就业、边境检查和税务改革"①。特朗普还迎合反全球化的浪潮，对外来移民采取限制乃至抵制的态度，主张极端利己的贸易保护主义，退出 TPP，重新谈判《北美自由贸易协定》。可以确定，特朗普政府在上台之初的一段时间内不会将主要精力投入到外交议题上，除非是有重大事态发展迫使特朗普政府将主要精力从国内转向外交议题。

特朗普在大选中一再强调的"美国优先"（American First）将成为其对外政策的主基调。只要有利于美国的利益实现，特朗普政府就会强力推行，迫使其他国家让步。对于多边国际合作，则采取消极的态度，不愿承担更多国际义务。这就意味着未来美国对外政策中单边主义行为有可能上升。

作为亿万富翁，利益是特朗普的政策基点，务实是他的政策风格。在特定条件下，特朗普将不会排斥利益交换。特朗普入主白宫后，美国的对外战略思想将偏向现实主义方向，意识形态色彩则相对下降，实用主义色彩更为浓厚。这实际上和传统的共和党理念相符。

"让美国再次强大"是特朗普 2016 年总统竞选的口号。在他的理念中，"让美国再次强大"的两个层面是经济振兴和国防强大。而这和他提名的内阁成员组成相互呼应，富豪和将军占据重要职位。如果说在其他问题上还模棱两可或含糊其辞的话，特朗普在经贸层面的民族主义基调则是自始至终十分鲜明。在国防安全层面，特朗普明确表示将重塑美国军事实力，反对奥巴马政府大幅削减军费的做法。这和

---

① 赵衍龙：《特朗普：保留奥巴马医改方案关键条款　没空调查希拉里》，环球网，2016 年 11 月 12 日，http://world.huanqiu.com/exclusive/2016－11/9670312.html。

共和党传统上注重国防安全的做法相吻合。① 特朗普团队主张增强国防力量，海军更是扩张明显，将由现在的 272 艘舰艇发展到 350 艘。这也是共和党鹰派人物所一直追求的目标。②

美国的战略重心依旧会放在亚太地区，将更多的政治、经济、军事等资源投入到这一地区。在中东地区打击 ISIS 恐怖势力或许会在一定程度上吸引美国的注意力，但特朗普政府不太可能大规模投入美国的地面部队，而是依靠地面特种部队、空中力量以与对相关国家合作或对其施压来打击极端和恐怖势力。奥巴马政府推进的亚太再平衡战略，是民主、共和两党的共识。特朗普政府将会强化美国在西太平洋地区的军事存在，保持美国的军事优势。这在美国亚太战略缺少 TPP 这样一条经济支柱的情况下就显得更为重要。事实上，特朗普的两名对外政策顾问亚历山大·格雷（Alexander Gray）和彼得·纳瓦罗（Peter Navarro）2016 年 11 月 7 日在《外交政策》网站发表的一篇文章表示，特朗普政府将在亚太以实力求和平，重写美国与亚洲的关系。③

同盟关系依旧是美国霸权的重要支柱。特朗普从亚洲撤军的论调只会是一种对盟友和伙伴施压的手段，目的是让盟友和伙伴承担起更多的自我防卫义务。但要真正从亚洲撤军，可能性很小。面对中国的崛起和朝鲜核武器的发展，美日韩同盟只会加强，不会削弱。其实，美国要求盟友或伙伴承担更多的防务义务并非始于特朗普。自冷战结束后，美国就在调整同盟友的关系，强化同盟国的合作，要求他们更多分担防务责任。特朗普只不过是延续了这种趋势，并将这种诉求表达得更为极致。

特朗普上台执政后，将会继续在亚太地区布局，加大政治、经济和军事投入，试图压缩中国的战略空间，围堵中国影响力的拓展，竭力维护其在亚太地区的主导

---

① 特朗普的态度实际上已经或多或少影响到美国国会的立法。2016 年 12 月 23 日，美国总统奥巴马签署了《2017 年度国防授权法案》，确定下一年军队薪资增加 2.1%，还计划大幅度提高军队服役人员的数量。根据授权法案，美国陆军明年将拥有总计 47.6 万士兵，比白宫要求的 2017 财年员额多出 1.6 万人。海军陆战队将增加到 18.5 万人，比原来的要求增加 3000 人。空军将达到 32.1 万人，超过原本奥巴马政府要求的 4000 人。总计 6190 亿美元的预算高出奥巴马原本的预算达 32 亿美元。参见荀越《奥巴马签署 2017 财年国防授权法案　美军扩军涨工资》，2016 年 12 月 26 日，http：//www. guancha. cn/military‐affairs/2016_ 12_ 26_ 386214. shtml。

② 《专家：美军力增长是大势所趋　对中国未必是坏事》，《环球时报》2016 年 11 月 22 日。

③ Alexander Gray and Peter Navarro, "Donald Trump's Peace Through Strength Vision for the Asia‐Pacific", November 7, 2016, http：//foreignpolicy. com/2016/11/07/donald‐trumps‐peace‐through‐strength‐vision‐for‐the‐asia‐pacific/.

地位，中美在西太平洋地区的竞争与博弈将会有所加剧。

首当其冲的挑战则是中美之间经贸摩擦将会加剧，甚至不排除爆发商品（如反钢铁倾销等）的局部贸易战。在总统大选中，特朗普多次公开指责中国操纵人民币汇率、实行关税保护政策，导致大量工作机会从美国流失，许多美国本土工厂倒闭，因此放言上台后将把中国确定为汇率操纵国，对华商品征税 45%。而被特朗普提名出任财政部长的史蒂文·努钦（Steven Mnuchin）、提名为商务部长的威尔伯·罗斯（Wilbur L. Ross, Jr.）和出任白宫国家贸易委员会主席的彼得·纳瓦罗都支持特朗普对内减税、对外扭转贸易劣势等政策主张。纳瓦罗和罗斯还合写过一篇文章，指控中国是"世界最大的贸易骗子"，主张对华贸易采取强硬政策。① 目前特朗普团队考虑采取两种方式来实施贸易保护主义：一种是对所有进口产品征收 10% 的关税；另外一种方式是对进出口产品征收所谓的边境调节税收，主要是针对那些海外加工的美国公司。面对美国国内浓厚的贸易保护主义情绪，也是出于兑现竞选承诺的考虑，特朗普至少会采取实质性的举措，对中国部分商品提高惩罚性关税或设置贸易壁垒，从而使得中美经贸摩擦的概率上升。

尽管中美经贸摩擦的可能性会大幅增加，但对华商品全面征税 45% 的可能性微乎其微。毕竟，美国和中国分别是世界第一大和第二大经济体，双方相互依赖程度也日益加深，中国已经是美国的第一大贸易伙伴。如果双方爆发贸易战，肯定是两败俱伤。因此，美国舆论认为，与中国进行贸易战是一个"坏主意"。著名智库彼得森国际经济研究所（Peterson Institute for International Economics）的一项研究显示，如果按照共和党总统候选人特朗普提议的那样向中国、墨西哥产品征收严厉关税，美国经济可能陷入衰退，并可能导致美国流失 500 万个工作岗位。② 在特朗普当选总统后，威尔伯·罗斯在接受雅虎财经的访谈时，曾否认特朗普讲过这样的话，认为媒体扭曲了特朗普的原意。

对于中国而言，台湾问题关系到国家主权和领土完整，因此台湾问题是中美关系中最为重要和敏感的问题。然而，近期特朗普的不少言行颇具争议性，已经触及中方的底线。2016 年 12 月 2 日，特朗普和蔡英文直接通话，并直呼对方为"台湾总统"。该举动是中美建交 37 年以来的第一次，向外界发出了一个令人警惕的信

---

① Patrick Gillespie and Heather Long, "Just how far will Trump go on China and Mexico?", CNN, December 27, 2016.: http://money.cnn.com/2016/12/23/news/economy/trump – trade – china – mexico – navarro – ross/index. html.

② Marcus Noland, Gary Clyde Hufbauer, Sherman Robinson, and Tyler Moran, "Assessing Trade Agendasin the US Presidential Campaign", https://piie.com/system/files/documents/piieb16 – 6. pdf.

号。不过，这一突发事件的出现，倒也不是完全出乎意料。

其一，就传统而言，共和党反共亲台，一向与台湾关系密切。事实上，美国的一些右翼保守派智库发表了大量文章，鼓吹在亚太再平衡战略中提升台湾的地位，要求明确界定台湾的角色，给予台湾更多支持。早在 2016 年 5 月和 7 月初，美国众参两院先后通过由共和党议员提出的"支持台湾"的共同决议案，重申"与台湾关系法"及对台"六项保证"是"美台关系的基石"。2017 年大选后，共和党继续掌控新一届国会参众两院，"台湾连线"影响力不容小视，反华亲台分子依旧活跃，为美国调整对台政策造势。其二，尽管大选期间特朗普鲜有就台湾问题表态，但通过解读今年的共和党竞选纲领，人们还是能够窥测到特朗普阵营的对台政策倾向。在此竞选纲领中，共和党从价值理念上认同台湾，非但只字未提"一个中国"的政策和三个联合公报，而且只是强调美台关系将继续基于《与台湾关系法》，并首次将对台"六项保证"（Six Assurances）① 写入党纲，主张"协助台湾自卫"，并"赞赏台北新政府在继续台海两岸建设性关系方面做出的努力，并号召中国大陆做出回应"，主张给予台湾"强有力的支持"。② 实际上，共和党竞选纲领获得了特朗普竞选班底的认同。其三，特朗普身边不乏亲台人士或对华强硬派。被任命为白宫办公室主任的普利巴斯始终是坚定的挺台派人士，正是他主导在共和党党纲中写入对台"六项保证"。纳瓦罗曾写过多篇强烈支持台湾的文章，还有极力渲染"中国威胁论"的著作。特朗普过渡团队的顾问、与台湾绿营关系深厚的叶望辉（Stephen Yates）是公开挺台的前美国官员，也是将《与台湾关系法》和对台"六项保证"纳入共和党党纲的起草人。此外，亲台反华的博尔顿（John R. Bolton）、薛瑞福（Randall Schriver）、卜大年（Dan Blumenthal）等都是特朗普的对华政策顾问，未来还有可能出任政府的重要职位。他们中的一些人主张给予台湾更多的支持，甚至有意颠覆原有的"一个中国"政策框架。其四，特朗普团队一再强调其盟友要承担更多的军事义务，缴纳更多的费用。这就预示着特朗普政府很有可能会鼓励，甚至是施压台湾使其提升自我防御的能力，加大对台出售武器的力度。在中国大陆不断崛

---

① 1982 年中美就"八·一七公报"谈判期间，中美关系报告编辑小组主编《中美关系报告（1981 - 1983）》，台北美国文化研究所，1984，第 129 页。另参见陶文钊著《中美关系史（1972 - 2000）》，上海人民出版社，2004，第 129 页。六项保证是：美国不同意设定终止对台军售的日期；不同意在对台军售前事先与中国政府商量；不充当台湾与大陆之间的调停人；不同意修改《与台湾关系法》；不改变对台湾主权的立场；不对台湾施加压力，促其与大陆进行谈判。

② Republican Platform 2016，https：//prod - static - ngop - pbl. s3. amazonaws. com/static/home/data/platform. pdf.

起的背景下，未来无论是从台海两岸的局势来讲，还是就军工集团施压而言，特朗普对台出售武器的原动力都在上升。基于上述分析，人们有理由相信特朗普政府将会给予台湾更多支持，而对中国大陆的态度趋于强硬。换句话说，一旦特朗普上台执政，美国对台政策调整的可能性和调整幅度都会加大。

在朝核问题上，奥巴马政府推行战略克制政策，其核心是除非朝鲜为实现无核化采取具体的行动，否则不与朝鲜对话。但在许多美国人看来，这一政策没有达到美国的战略目标。特朗普团队认为奥巴马政府的战略忍耐政策已经失败，"只会加剧不稳定和不断增加的风险"①。面对朝鲜核武器和运载工具的持续研发，美国的焦虑感会不断上升，不排除美国铤而走险，择机对朝鲜采取突袭，以打掉其核设施的可能性。在某种程度上，朝核问题比南海问题风险更大。

中美在南海问题上的战略博弈将会继续。美国将依托海牙仲裁的结果，继续敲打中国，塑造中国不守规则的形象。还会利用南海问题挑拨中国和东盟国家之间的关系，以便在两者之间打下一个楔子。未来特朗普政府将加大在南海巡航的力度，以平衡中国军事力量的存在。特朗普外交团队认为，美国海军或许是亚洲地区稳定的最大源泉，可以制衡"中国日益增长的野心"；面对中国不断增强的海军力量，特朗普的海军计划将会消除这一地区美国盟友的疑虑，表明美国将是"亚洲自由秩序的保证者"。② 拟出任美国国防部长的马蒂斯主张，鉴于中国在南海的动作越来越大，美国应构建更强大的海军力量，拥有更多的军舰。他宣称："虽然我们努力在太平洋地区与中国保持良好关系，但如果中国继续在南海和其他地区扩大作用，我们也必须制定相应的平衡政策"③。他的这番言论实际上是为特朗普的言论加以注解。

三 未来美国对华政策延续大于调整

如同外交部部长王毅所指出的，"中美关系今后会面临一些新的复杂和不确定

---

① Alexander Gray and Peter Navarro，"Donald Trump's Peace Through Strength Vision for the Asia – Pacific"，November 7，2016，http：//foreignpolicy. com/2016/11/07/donald – trumps – peace – through – strength – vision – for – the – asia – pacific/.

② Alexander Gray and Peter Navarro，"Donald Trump's Peace Through Strength Vision for the Asia – Pacific"，November 7，2016，http：//foreignpolicy. com/2016/11/07/donald – trumps – peace – through – strength – vision – for – the – asia – pacific/.

③ 李萌：《特朗普提名马蒂斯任防长 绰号"疯狗"主张用更多军舰应对中国》，《环球时报》2016 年 12 月 2 日。

因素"①。应该说，正式上台执政的特朗普将给中美关系带来更多的变数。就选举中的言词来看，特朗普的对华立场变数较大，甚至是自相矛盾，不确定性强。作为之前的圈外人士，特朗普进入华盛顿的核心权力圈，对于如何处理各种复杂的关系，还需要一段适应的时间。况且，特朗普对于中美关系竞争与合作并存的复杂性，缺乏足够的认识，需要一个学习的过程。不过，特朗普本人认为奥巴马政府对华政策过于软弱，主张对华采取强硬的立场。在特朗普上台执政的初始阶段，中美关系出现起伏的可能性较大。

展望未来美国对华战略的趋势，可以确定新一届美国政府在对华寻求合作的同时，会加大对华的防范力度，两面手法更为明显。美方会进一步采取措施牵制中国，尽可能抑制中国国际影响力的提升，延缓中国崛起的步伐，这将是未来美方的重要取向。应当说，美国对华战略目标未变，但在手法和策略上会有所变化。不过，中美关系的发展态势并不会因为白宫领导人的改变而发生重大变化。

在分析美国大选对于中美关系的影响时，我们必须认识到大选中的言论和实际政策会有差异。竞选中的言论很多是出于竞选的需要，来迎合一些选民的主张。一旦真的入主白宫，新总统必须马上从竞选状态过渡到执政状态，更多地回归到理性判断上。除了考虑国内压力之外，还需要考虑对方国家的反应。在面对中国这样的新兴大国时，就必须考虑相关政策的后果。

特朗普上台执政后，并不能摆脱一些特定的环境，不得不面对美国实力及左右世界能力下滑的趋势。其一，特朗普上台将面临一个撕裂的美国社会，主要精力将会耗费在国内问题上。特朗普多少带有一点侥幸地通过选举人票赢得了大选，普选时则输给希拉里·克林顿近 300 万张票。这表明他在选民中的根基并不牢固，一半的民众支持特朗普，另外一半的民众则反对特朗普，这对于特朗普执政将是很大的牵制。面对一个撕裂的美国社会，如何弥合这种分歧，缓解社会矛盾则是他需要首先解决的问题。一旦处理不好，特朗普政府将会举步维艰，进退两难。其二，党派之争依旧激烈，势必会对特朗普政府构成牵制。其三，共和党内部也并非铁板一块，传统的主流建制派和极右翼共和党人也未必都会和特朗普站在一起。相反，在特定议题上，将会出现分化，只能具体问题具体分析。比如，在贸易问题上，民主党人和劳工组织关系密切，往往支持贸易保护主义，而共和党传统上则与大工商企业和跨国公司关系紧密，对于特

---

① 王毅：《在世界变局中坚定推进中国特色大国外交》，《求是》2017 年第 1 期。

朗普的贸易保护主义政策则是忧虑重重。如果特朗普政府实施贸易保护主义，那么与共和党关系密切的大工商企业就会采取抵触的立场。其四，特朗普政府在"美国优先"理念下采取的举措很可能会引发对象国家甚至是盟友的反弹乃至报复，从而对特朗普的民粹主义举措构成牵制。

基于上述理由，可以就未来美国对华政策做出如下判断。

第一，美国的战略利益决定了对华政策的基调。随着中国的崛起，美国对于中国的猜忌在加深。而美国大力推进亚太再平衡战略大有图穷匕见的味道。不过，美国在诸多问题上还需要与中国合作，况且与中国正面碰撞风险性太大，不符合美国的国家利益，因此美国对华政策不会出现重大调整，双方既斗争又合作的态势将持续下去。

第二，特朗普政府将会继续在中国周边地区布局。推进亚太再平衡战略是两党的共识，并没有太大分歧，只是侧重点或许会有所不同。传统来讲，民主党政府更强调国际合作，更多通过外交、经济与同盟伙伴关系来牵制中国的发展。而共和党的政策则更强硬，尤其是在军事和安全领域。不过，共和党更为务实，更愿意通过妥协来达到美国的目的。

第三，中美管控危机，保持双边关系的相对稳定、避免战略碰撞成为双方的主流共识。[①] 目前中美两国的主观意愿上，缺乏正面碰撞的动力。而中美之间有密切的沟通机制，也有了多年的磨合经验，因此双方沟通的渠道是畅通的。而两军达成重大行动通报机制和海上相遇规则，则有助于避免战略误判，减少事故发生的概率。

第四，在热点问题上，美方还会展开舆论战和心理战，保持对华高压态势，力图掌控主导权。在南海问题上，中美之间的博弈日趋白热化。在网络安全问题上，未来不排除新政府会进一步采取举措，对其所认定的一些涉嫌网络攻击的个人或公司进行制裁。

第五，进一步要求中国遵守国际规则，担负更多国际义务。这体现在包括要求中方维护地区安全、承担更多国际义务、推动全球经济复苏和带头履行减排义务等多个层面。在地区安全层面，不仅要求中方在亚太地区，还要在中东乃至非洲地区的安全问题上发挥建设性作用。

---

① 2016 年 11 月，笔者在华盛顿访谈时，多位美国智库学者向笔者强调：中美都是大国，在世界上有着举足轻重的影响力，除了合作别无选择。美方对于中方提出的"不冲突、不对抗"有着很高的认同。

可以预料，未来中美之间的合作会继续深化，但双方的竞争与博弈也会加剧。由于美国"两面下注"的手法一定程度上存有内在矛盾，因此在具体执行上就存在软硬两者之间度的把握问题。一旦掌控不好，就会出现波动，使中美关系的发展不会风平浪静。美国对华战略会在接触交往与防范围堵之间摇摆，但不排除美国对华政策会向防范围堵的方向靠拢。当然，如果中方缺乏正面碰撞的意愿，进而采取适当的策略来加以应对，那么美方也很难从根本上改变自尼克松政府以来的对华接触战略。

中美在朝鲜半岛博弈的筹码与软肋

董向荣

中国社会科学院亚太与全球战略研究院研究员

从地缘政治的意义上讲，东北亚对美国的重要性要低于对中国的重要性，政策含义在于：美国可能不会以与中国相同的代价和战略决心来捍卫其在东北亚的利益；中国是当前地区格局变化的主要变数，美国加强在东北亚的军事存在，是在应对中国的崛起。当中国崛起呈现不可遏制之势时，美国不得不从东北亚地区收缩。中国的筹码是经济影响力和军事能力的上升，只要中国能稳住国内政局、继续发展经济、改善民生，就会提升中国在地区乃至世界的影响力，提高中国模式的吸引力。中国与美国在东北亚地区博弈的不利因素是地理因素、历史问题、意识形态差异等。美国当前的软实力和硬实力使其在东北亚处于优势地位，软肋是其军事存在的合法性问题。

美国是当今世界唯一的霸权国家，对任何可能取代美国全球霸主地位的国家都"虎视眈眈"。在东北亚，美国着力加强美日、美韩同盟，将美日韩同盟体系从应对朝鲜威胁转向遏制中国崛起。中国是一个正在崛起的大国，当前重点经略周边和其他与本国利益密切相关的地区，力图突破美国的遏制、冲出第一岛链。尽管近期内中国不会试图挑战美国的霸权地位，但是在东北亚地区，中美不可避免地处于竞争和博弈状态。

一 朝鲜半岛对美国的战略重要性要低于对中国的战略重要性

朝鲜半岛是中国重要的安全关切所在，"唇亡齿寒"已经占据了中国部分决策者、学者乃至国民的头脑。尽管在当前技术条件下，战略缓冲区的意义已经明显下降，但思维惯性仍使缓冲区意识存留在中国的战略决策中。对于中国而言，朝鲜半岛已经成为中国崛起、"经营周边"的重要依托，中国不仅要确保该地区不发生大的军事冲突，为经济发展创造良好的外部环境，还要加强与半岛南北双方的联系，在未来局势变动中占据主动。

对于美国而言，冷战之初美国的战略中心在欧洲，而不是在亚洲。在亚洲地区，战略重心也是在日本，朝鲜半岛只是处于边缘地带，并不怎么重要。这正是1949 年美国占领军撤出韩国的主要原因。然而，朝鲜战争改变了半岛对于美国的地位。朝鲜半岛成为冷战的前沿地带。20 世纪 90 年代以后，冷战体制在全球基本解体，却在半岛留下了活化石。进入 21 世纪，中国迅速崛起，美国遏制、防范中国的需求大幅上升，要维护在亚洲的领导力，自然要加强美日、美韩同盟。这是"亚太再平衡"的核心。美国总统唐纳德·特朗普上台后，即便他放弃奥巴马政府的亚太再平衡战略，仍会继续巩固美日韩澳同盟体系，这是应对中国崛起所必需的。

从地缘政治的角度讲，朝鲜半岛对美国的重要性要低于对中国的重要性。这至少有两方面的含义：一是美国可能不会以与中国相同的代价和战略决心来捍卫其在半岛的利益；二是，中国是主要的变数。美国加强在东北亚的军事存在，是在应对中国的崛起，处于守势。当中国崛起呈现不可遏制之势时，美国不得不把周边空间让给中国。

二　中国在朝鲜半岛竞争中的主要手段和软肋

中国手中可能的、最重要的筹码是：经济影响力和安全议题。

首先，经济联系。中韩经济联系密切，中国经济对韩国的重要性远超过韩国经济对中国的重要性。朝鲜也同样如此，中朝贸易是朝鲜对外贸易的主要部分，这个部分相对于中国巨大的外贸总额来说微乎其微。中韩之间、中朝之间都存在着经济联系的不对称性。根据基欧汉（Robert Keohane）和奈（Joseph Nye）关于不对称依赖产生权力的理论，在不对称性相互依赖中，依赖性较小的行为体常常将相互依赖作为一种权力来源，在某些问题上讨价还价甚至借之影响其他问题。[1]

韩国方面早就出现了过于依赖中国的担忧。韩国著名学者金炳局指出，韩国人对中国崛起抱有深深的忧虑和防范心理，韩国"在分享中国繁荣的过程中被拖进中国的增长和权力轨道。因为经济依存必然包含着政治上的脆弱"[2]。至少韩国人感觉

---

[1]　Robert Keohane and Joseph Nye, *Power and Interdependence*, Boston：Little, Brown & Company, 1977.

[2]　金炳局：《夹在崛起的中国与霸权主义的美国之间：韩国的"防范战略"》，载朱锋、罗伯特·罗斯主编《中国崛起：理论与政策的视角》，上海人民出版社，2008，第 324~382 页。

到，经济是中国手里的一张牌，只是中国现在还没有很好地用这张牌。由于担心对华过度依赖可能存在的政治风险，韩国在近年来一直在分散和转移对华投资，试图降低对华依赖程度。2013 年笔者曾刊文指出，"韩国担忧不对称依赖可能成为中国的权力资源，于己不利，试图通过与欧美签署 FTA 等降低对中国的经济依赖。在既定贸易条件下，韩国对中国的不对称依赖可能已经接近或达到峰值"①。

从中韩经济关系来看，近年来韩国的对华贸易依存度的确出现了下降。首先，韩国经济对外依存度逐年下降。根据韩国统计厅的数据，韩国进出口总额占国民收入的比例，已经从 2011 年的 113.5% 逐年下降至 2015 年的 88.1%。其次，在对华贸易方面，韩国从中国获得的贸易顺差占其贸易总盈余的比重也出现了明显的下降。2011 年，韩国外贸总盈余约为 186.6 亿美元，而对华贸易顺差高达 274.3 亿美元，对华贸易顺差是其贸易总盈余的 1.47 倍。到 2015 年，韩国对华贸易顺差只占其贸易总盈余的 44.1%，尽管依然很重要，但已经不像之前有的年份那样重要了，韩国分散对外贸易依存的努力取得了一定的效果。也就是说，因为韩国担心中国利用经济议题对韩国施加影响，所以及早采取措施，降低对华经济依赖度。

表 1 韩国对华贸易依存情况

项 目	2011 年	2012 年	2013 年	2014 年	2015 年
韩国进出口总额/GNI（%）	113.5	112.8	106.1	98.6	88.1
韩国总贸易盈余（百万美元）	18655.8	50835.0	81148.2	84373.0	105939.6
韩国对华贸易顺差（百万美元）	27429.8	41526.9	56693.8	56055.9	46730.6
韩国对华贸易顺差/韩国贸易总盈余（%）	147.0	81.7	69.9	66.4	44.1

资料来源：韩国统计厅网站，http：//kosis. kr/statisticsList/statisticsList_ 01List. jsp？vwcd = MT_ ZTITLE&parentI d = N#SubCont。最后一行韩国对华贸易顺差/韩国贸易总盈余的数据为笔者计算得来。

同样，朝鲜对华贸易依存度也很高。根据大韩贸易投资振兴公社（KOTRA）发布的数据，2015 年，中朝间贸易额为 57.1 亿美元，比 2014 年下降 17%。朝鲜对华贸易依存度在 2005 年首次超过 50% 关口，达到 52.6%；此后逐年上升，2015 年达到 91.3%。② 按照基欧汉和奈的不对称依赖产生权力的理论，朝鲜对中国的经济依赖如此之深，中国有可能对朝鲜发挥巨大的影响力。

中国的软肋。中朝间军事条约的存在，以及中国坚决反对在朝鲜半岛发生战争，使美国及其盟国在东亚地区发动军事打击的时候变得更为谨慎，更多地考虑维

---

① 董向荣：《中韩经济关系：不对称依赖及其前景》，《国际经济评论》2013 年第 2 期。
② 〔韩〕大韩贸易投资振兴公社：《2015 年朝鲜对外贸易动向》，第 15 ~ 16 页。

持与中国的合作。阎学通曾指出，"如果中国像俄罗斯一样实力下降，一些国家，比如朝鲜，就面临着同南斯拉夫一样的命运"①。从常识来看，朝鲜应该感激中国提供的安全保护。但是，朝鲜可能并不这么看，而是认为自己开发核武器使得美韩不敢动手。不仅如此，正是由于朝鲜看准了中国反对任何一方在朝鲜半岛发动战争，从而确认美韩的威胁很难得逞，这反过来使中国无法对朝鲜施加影响力。

在深化与韩国的关系时，中国面临的不利因素是历史问题和意识形态问题。历史问题如同横亘在中韩之间的一座大山。中国人对传统华夷秩序的正面理解，主要是认为附属国通过朝贡表示臣服，中国在安全上对属国进行保护，并回馈大量物品，中华文明也曾对提升周边国家的文明产生重要影响。但是，韩国人关于古代中国与朝鲜半岛关系的历史记忆基本上是负面的，认为韩国在华夷秩序下饱受强盛中国的侵略和欺凌。

意识形态的问题也是如此。冷战时期，韩国的反共宣传强化了中韩之间的意识形态差异。直到现在，在韩国的教科书、军队教育、保守媒体等领域内刻画中国意识形态"怪物"的宣传随处可见。中国和朝鲜的关系，在韩国被视为社会主义国家的"血盟"关系。在韩国的战争博物馆、教科书中，中国"援朝参战"、是"敌国"的内容无处不在，不断地被灌输到新一代韩国人脑中。中国要想越过意识形态的障碍，突破历史的束缚，赢得韩国人的好感和信任，短期内很难实现。

三　美国手中的筹码和软肋

优越的地理位置，独特的软实力，世界第一的硬实力，使美国在东北亚地区与中国的博弈中占据明显优势。从地理位置来看，美国远离韩国，即便是同样强大的中国与美国，韩国也会因与美国距离较远而不怎么感受得到美国的威胁，而很容易对中国的崛起有不适感、压抑感。中国强烈担心朝鲜核事故和核泄漏可能对中国产生的巨大灾难性影响，担心朝鲜一旦出现政局不稳导致大规模难民进入中国境内的问题，而这些问题对美国基本没有什么影响，地理位置就可以使美国在很大程度上置身事外，在外交政策上比中国超脱得多。

1950 年，美国介入朝鲜战争，扭转了战争的局势，将韩国"拯救出来"，韩国人对此感恩戴德。从价值观上来看，日本和韩国被拉入了以美国为首的资本主义体系，在意识形态上保持高度一致。准确地说，中国是在与美国为首的同盟体系，而

① 阎学通等著《中国崛起及其战略》，北京大学出版社，2005，第 67 ~ 68 页。

不仅仅是与美国，在东北亚进行博弈。

客观上来看，朝鲜成为美国强化其在东北亚的军事存在、巩固其同盟体系、放任日本进一步再武装的重要借口。2010 年"天安舰事件"发生之后，美国立刻站出来，表明自己"保卫"韩国的决心和意志，是韩国可资依赖的"靠山"。韩国政府顺势提出将战时军事指挥权移交韩国的时间推迟。在 2016 年朝鲜接连进行核试验和导弹发射试验之后，韩国转向呼应美国多年的要求，决定部署萨德导弹防御系统。实际上，如果不是朝鲜屡次违反联合国决议强行进行核试验和发射导弹，韩国国内不会形成欢迎美国部署反导系统的民意。美国再次以朝鲜的威胁为由，大大强化了在东亚的军事存在，获益颇丰。萨德是韩国的一小步，却是美国加强军事存在、构筑全球导弹防御体系、监视中国军事行动的一大步。这也是为什么中国指责美国在解决朝核问题上并不积极、"夹带私货"。王毅外长明确指出，萨德反导系统覆盖范围，特别是其 X 波段雷达监测范围远远超出半岛防卫需求，深入亚洲大陆腹地，不仅将直接损害中国的战略安全利益，也将损害本地区其他国家的安全利益。中方的立场很明确，我们坚决反对任何国家企图借用半岛核问题侵害中国的正当权益。①

当然，美国在东北亚也是有软肋的，那就是其军事存在的合法性问题。目前，美国在日本和韩国保有大规模驻军，尽管得到国内保守派的大力支持，但无疑也遭到了国内进步力量的抗议。随着韩国的日益强大，对美国军事保护的需求自然要下降。且随着韩国民族主义的日益高涨，年轻人中要求美军撤离、至少在统一后应撤离的呼声远高于其长辈。多数韩国人认为，统一以后美军继续驻扎朝鲜半岛的"名分"不存在，尽管美军可能不会主动撤离。在日本，也存在着一定的反美声音，主要集中在美国的军事基地附近，多因为环境问题、驻军的劣迹等而引发。

四　中美在朝鲜半岛竞争的前景与中国的进取之道

当前在东北亚，美国的软实力和硬实力仍处于优势状态。从中短期来看，美国在东北亚地区的基本战略目标是，维护和加强自身在本地区的军事存在，强化美日、美韩同盟，构筑遏制中国的同盟体系。中国则致力于维持朝鲜半岛的基本稳定，在海上突破第一岛链。从长期来看，中国可以接受一个中立的朝鲜半岛，而美国则不得不从朝鲜半岛和日本缩减驻军。中国的进取之道在于：

---

① 《王毅接受路透社专访谈叙利亚和半岛核问题》，中国外交部网站，http://www.fmprc.gov.cn/web/wjbzhd/t1340285.shtml。

第一，区别对待韩国和日本。从当前东北亚的局势来看，安倍治下的日本，正前所未有地紧紧地绑在美国战车上。在美国军事和经济力量相对下降之际，日本通过进一步加强军事武装，意图实现其政治军事野心。中国对日外交很难有质的突破。当前韩国在萨德问题上出现了严重的误判，没有预想到一旦部署萨德可能会导致中国采取强烈的政治、经济和军事反制措施，仍寄希望于在中美之间保持相对均衡的外交策略，在这一点上韩国与日本不同。况且，由于历史上曾被殖民的原因，韩国国内反日派的力量也不弱，应该能够阻止美日韩之间，特别是韩日之间建立同盟关系。也就是说，韩日关系的发展有天花板。国际社会需要为韩国国内自主力量的成长提供适宜的外部氛围。

第二，从地区层面上讲，只有国际社会对朝鲜发出一致的信号，加快无核化进程，才能釜底抽薪，减弱地区局势的紧张程度，进而使韩国和日本国内的政治生态向着有利于和平和有利于淡化对美国安全依赖的方向发展。当前朝鲜在拥核的道路上越走越远，迫使韩国做出了比以往更加激烈的反应。从根本上来说，朝鲜拥核对于东北亚地区，对于中国的国家利益，甚至对于朝鲜的国家利益而言都不是好事。基于此，从遵守联合国安理会诸多朝鲜相关决议出发，从地区安全利益出发，国际社会需达成共识，切实推进半岛无核化。

第三，在外交战场上，仅仅依靠口头抗议是很难完全达成战略目标的，必须辅以其他政策工具。美国总统西奥多·罗斯福在 100 多年前就信奉这样的外交哲学，"Speak softly, carry a big stick, and you will go far"。中国需要逐步学习和熟悉通过制裁、军事行动等政策工具，实现对外战略目标。实际上，长期以来，中国是一个被国际制裁的国家，而在制裁别国方面没有什么经验，这需要不断地学习和摸索，不断地寻找较为适宜的政策工具组合。

第四，从力量对比来看，韩国的综合国力要远远强于朝鲜。根据韩国银行的统计，2015 年，韩国的人口规模（5062 万）是朝鲜（2478 万）的 2.0 倍；韩国人均国民收入是朝鲜的 22.3 倍；韩国经济规模是朝鲜的 45.4 倍；韩国的贸易总额是朝鲜的 154.1 倍，韩国的对外出口额是朝鲜的 195.1 倍。[①] 诸多数据表明，韩国的实力不可小觑。未来，在韩国在南北之间经济实力、常规军力、国际地位等各方面都占据明显优势的情况下，中国要保持对朝韩双方的影响力，不能在半岛发展的不确定性中踏空。

---

① 韩国银行网站：《韩国和朝鲜主要经济数据比较》，http：//www. bok. or. kr/broadcast. action? menuNaviId = 2236。

中美反腐合作与国际反腐新秩序建构

李　文

中国社会科学院美国研究所副所长、研究员

随着经济全球化进程加快和各国经济依赖的不断加深，加强国际合作，共同打击贪污腐败成为全球治理和善治的一个重大课题。美国、加拿大、澳大利亚是中国腐败分子外逃藏匿的首选地，中国反腐斗争的全面推进离不开上述国家尤其是美国的配合与支持。

积极推动中美反腐合作，是十八大以来党风廉政建设和反腐败斗争的重要环节。以 APEC、G20 和《联合国反腐败公约》为主要平台，中美反腐合作通过不断设计、制定新的合作框架和对话机制，在追逃追赃问题上逐步实现规范化和常态化。在利益驱动和制度支撑下，中美反腐合作取得显著成就，但也面临一些困难与障碍，主要表现在缺乏引渡条约、信息共享不够、司法制度存在差异等方面。在中国与世界的关系发生深刻变化，同国际社会的互联互动变得空前紧密的背景下，中美加强反腐合作，有利于中国将反腐斗争引向深入，有利于中美构建相互尊重、合作共赢的新型大国关系，有利于中国在国际反腐新秩序建构过程中提升议题设置和规则制定的能力和话语权。

一　合作平台与机制

自 20 世纪 90 年代中美开展反腐合作以来，中美反腐合作可资利用的平台和机制越来越多。一系列实质性的合作框架和制度相继出台，使两国在追逃追赃问题上的互利协作逐步实现制度化、规范化和常态化。

（一）合作平台

在 2015 年 6 月 22 日至 24 日开展的第七轮中美战略与经济对话中，两国在反腐内容上达成以下共识，"决定就加强和推动《联合国反腐败公约》、二十国集团（G20）和亚太经合组织（APEC）等多边框架下的反腐败倡议继续开展合作"。

早在 2013 年 12 月的印尼巴厘岛 APEC 峰会期间，各成员经济体即就构建反腐合作网络达成一致，美国也积极参与其中。2014 年 8 月，中国监察部作为 APEC 反腐工作组轮值东道主，与印尼、美国等经济体反腐机构共同倡导，推动成立了亚太经合组织区域性反腐网络，并在北京承办了第一次会议。2014 年 11 月，在中国北京召开的 APEC 第 26 届部长级会议通过的《北京反腐败宣言》，是一份以"加强反腐国际追逃追赃合作"为核心内容的合作文件，也是中国在国际舞台上主导签署的第一份反腐宣言。美方赞赏中方在担任 2014 年 APEC 轮值主席时展现的领导力，高度评价《北京反腐败宣言》，支持 APEC 反腐败执法合作网络秘书处的工作。2016 年 9 月 4 日至 5 日，二十国集团（G20）杭州峰会成功召开。G20 各国领导人一致批准通过《二十国集团反腐败追逃追赃高级原则》，在华设立 G20 反腐败追逃追赃研究中心，以及《二十国集团 2017 - 2018 年反腐败行动计划》。"上述成果的取得，体现了 G20 各成员加强反腐败务实合作，尤其是追逃追赃合作的共同愿望，标志着中国向着构建国际反腐合作新格局的目标迈出了坚实一步。"①

反腐败是 APEC 各成员共同面对的重大挑战，几乎所有国家和地区都面临着打击腐败的迫切需要。中美都是 APEC 成员，反腐也是 APEC 的目标之一。反腐合作网的诞生和《北京反腐败宣言》的问世，标志着中国主导的反腐败国际追讨赃款平台的产生。在《北京反腐败宣言》框架下推进的反贪腐国际合作，涵盖了通常被称为贪官外逃"跳板国"的东南亚各国，并且连接他们最终抵达的"藏匿国"，如美国、加拿大或澳大利亚等未与中国签署引渡条约的西方国家。反腐合作网由 APEC 各个经济体的反腐败和执法机构人员组成，旨在加强以追逃追赃为重点的个案合作、经验分享和能力建设。APEC 反腐框架的搭建，将对中国开展贪官引渡和海外追逃工作具有积极促进作用，为中美双方加强反腐合作提供了一个有益的平台。

G20 一直将反腐作为重点，并专门成立了 G20 反腐败工作组。G20 成员国中，有 18 个国家都是联合国反腐败公约的成员。在 2015 年 6 月举行的第 7 轮中美战略与经济对话中，两国重申了将在 G20 的框架下就打击跨国贿赂、拒绝避风港、资产返还、提高公共领域廉洁性等方面所做的承诺。

包括美国在内的许多与中国没有引渡条约的国家，都是联合国《联合国反腐败

---

① 瞿芃：《戮力构建国际反腐新秩序——二十国集团杭州峰会达成重要反腐成果》，中央纪委监察部网站，2016 年 9 月 7 日。

公约》和《联合国打击跨国有组织犯罪公约》的缔约国。中美通过这两个平台，可以绕开没有引渡协议的司法障碍进行反腐合作。在这两个框架下，中国加强了与包括美国在内的双边、多边协作，与美国、加拿大、澳大利亚等国建立了反腐败执法合作机制。

近年来，中美通过国际刑警组织合作反腐进展顺利。在中国追缉外逃贪官的行动中，国际刑警组织中国国家中心局集中为此公布了针对100名涉嫌犯罪的外逃国家工作人员、重要腐败案件涉案人等人员的红色通缉令。

（二）合作领域

目前，中美反腐合作主要围绕追逃、遣返、追赃开展。合作领域包括：腐败预防，查找腐败犯罪资产，调查、追踪、冻结、追缴、返还腐败资产，交换证据，打击跨国贿赂，拒绝成为犯罪分子及其资产的避风港，遣返逃犯和非法移民，打击贿赂、洗钱、走私等跨境犯罪。

（三）组织机构

中美执法合作联合联络小组（JLG，joint Liaison Group on Law Enforcement Cooperation，）反腐败工作组是两国开展双边反腐败合作的主要渠道。该小组成立于1998年，是中美双方就执法合作进行协调和沟通的主要机制和平台。该小组实行双团长制：中方由外交部、公安部、中纪委分别派人担任共同组长，美方由国务院、司法部、国土安全部分别派人担任共同组长。

小组通常每年轮流在两国召开一次会议，讨论执法合作中的重要事项。2014年中美双方在北京召开中美执法合作联合联络小组（JLG）第12次会议，双方就进一步加强反腐败追逃追赃合作达成重要共识。2015年11月在美国举行第13次会议，回顾和评估2014年12月第12次会议以来中美执法合作及联合联络小组机制运作情况，听取联合联络小组下设的追逃、遣返、知识产权刑事执法、反腐败、禁毒、刑事司法协助和打击网络犯罪各工作组的年度报告，深入讨论双方关注的执法和司法合作问题，并就2016年的重点合作领域和具体工作做出规划。

中共中央反腐败协调小组设立了国际追逃追赃工作办公室（以下简称"追逃办"），健全了协调机制。海外反腐行动将由国际追逃追赃工作办公室来领导，成员来自中纪委、最高法、最高检、外交部、公安部、国家安全部、司法部和人民银行等。

（四）法规

2014 年 6 月，中美依据美国《外国账户税务合规法案》签订了互惠协议，相互向对方政府提供对方公民在本国的金融账户信息。《海外账户纳税法案》是迄今为止美国法律域外管辖权在税收征管领域最大范围的延伸。通过与美国互惠交换掌握中国公民、法人机构在美国的账户，将有助于中国的反腐工作。

美国在 2010 年通过海外查税法案 FATCA。该法案要求拥有 20 万美元以上资产的海外美国公民和持有美国绿卡的外国人都需要向政府申报；藏匿不报被视为有意逃税，一经查出会被罚款甚至判刑。更重要的是，所有想在美国经营的外国银行都必须向美国国税局提供存款超过 5 万美元的美国公民账户信息，否则就会被视为与美国政府不合作。

2014 年 6 月，中美之间签订了"跨政府协议（IGA）"，中国将配合美国执行海外查税，与此同时，美国将提供中国公民在美银行账户信息。鉴于两国在海外账户上的关键利益不同，那么这次合作某种意义上就可以称为：中国帮美国查税，美国帮中国反腐。

根据美国法律，如果向国外转移盗窃资金罪、移民欺诈罪和共谋洗钱罪成立，不仅全部赃款会被罚没，还会面临 20 年以上刑期。同时，即使中美之间没有引渡条约，但如果美国信任中国的司法体系，亦有权在剥夺他们的公民身份后，将其驱逐遣返回中国。

（五）举措

中美在与腐败和国际犯罪相关的遣返、追赃方面合作进展顺利。双方通过外交、警务、检务合作以及反洗钱等多种渠道，灵活运用遣返、境外追诉、腐败资产分享等方式，克服法律障碍，降低证据标准，简化没收程序，为更好地追缉外逃贪官和追缴腐败资产创造了条件。中美都已承诺，没有引渡条约不会，也不应阻碍双方进行追逃追赃合作。美国务院发言人普萨基表示，在没有签署引渡条约的情况下，美方可通过移民程序遣返中国逃犯。普萨基还表示，美司法部在牵头与中方进行反腐合作，如果中方提供更多有力证据，可促使美方对重点案件予以更多关注，包括找寻、起诉和遣返相关逃犯。①

"替代"途径主要包括：以移民欺诈、洗钱等常见罪名起诉中国贪官，促使美

---

① 《中美反腐合作提速，"天网"撒向逃美贪官》，新华每日电讯，2015 年 4 月 28 日。

国移民法庭将他们递解出境;中国也可选择异地追诉方式,在美对贪官提起诉讼。遣返贪官的"替代"途径,捏住了逃美贪官的"命门",因为他们多数都难以撇清移民欺诈、洗钱等罪名。至于留美身份,贪官们无论是签证逾期不归沦为"黑户",或是用赃款获得投资移民绿卡,还是通过杜撰一胎化、宗教迫害等虚假理由骗取政治庇护绿卡,都涉及移民欺诈犯罪。

近期美国将通过包机向中国遣返逃犯和非法移民。安排包机遣返逃犯和非法移民的计划,是2015年4月中国公安部与美国国土安全部首次部级会晤时达成的共识。美国国土安全部曾在官网发布声明称,同意精简遣返收到"最终递解令"的中国公民的流程。美国海关与移民执法局将与中国公安部密切合作,核实申请旅行证件的中国公民身份,并确保安排定期包机计划,促进遣返。① 此前很长一段时间,中美在遣返方面存在一定分歧:中方迫切希望遣返逃往美国的逃犯,而美国关注的则是未取得合法身份、滞留不归的非法移民。通过包机遣返逃犯和非法移民,兼顾了双方关注重点,在分歧问题上取得了共识。

二 成就与问题

在利益的驱动和制度的支撑下,中美反腐合作成就斐然,尤其在遣返涉贪人员上取得突破性进展。美国、加拿大、澳大利亚是中国腐败分子外逃藏匿的首选地,曾一度被舆论称为腐败分子的"避罪天堂"。中央纪委监察部网站公布了一份红色通缉令名单,名单上100名涉嫌犯罪、证据确凿的外逃国家工作人员和重要腐败案件涉案人中,逃往美国的最多,为40人,逃亡加拿大的为26人,单这两国就占了66%。现今这种情况已经在发生改变。自2013年中国公安部成立"猎狐行动"机构、中纪委启动"天网"工程以来,大批外逃美国的贪官被抓捕归案,美国已经不再是中国贪官的"避罪天堂"。

"猎狐行动"(Operation Fox Hunt)是中国全国公安机关追捕逃至国外寻求庇护的腐败官员和其他经济犯罪嫌疑人的专项行动。"天网"行动(Operation Skynet)是中央反腐败协调小组部署开展的针对外逃腐败分子的重要行动。"天网"行动综合运用警务、检务、外交、金融等手段,集中时间、集中力量抓捕一批腐败分子,清理一批违规证照,打击一批地下钱庄,追缴一批涉案资产,劝返一批外逃人员。"天网"行动由多个专项行动组成,分别由中央组织部、最高人民检察院、公安部、人民银行等

---

① 《美方宣布同意精简遣返中国贪官流程》,中新社华盛顿4月11日电。

单位牵头开展。公安部牵头开展"猎狐 2015"专项行动，重点缉捕外逃职务犯罪嫌疑人和腐败案件重要涉案人。最高人民检察院牵头开展职务犯罪国际追逃追赃专项行动，重点抓捕潜逃境外的职务犯罪嫌疑人。人民银行会同公安部开展打击利用离岸公司和地下钱庄向境外转移赃款专项行动，重点对地下钱庄违法犯罪活动，利用离岸公司账户、非居民账户等协助他人跨境转移赃款等进行集中打击。中央组织部会同公安部开展治理违规办理和持有因私出入境证照专项行动，重点对领导干部违规办理和持有证照情况进行清查处理，并对审批、保管环节负有责任人员进行追责。

中国境外缉捕外逃贪腐官员逐年加速加力。自中国公安部 2013 年成立"猎狐"行动机构后，当年便抓获潜逃到境外的各类经济犯罪嫌疑人 151 人。2015 年 4 月至 12 月底，公安部组织全国公安机关开展"猎狐 2015"专项行动，共向境外派出 50 余个工作组，在境外执法机构、我驻外使领馆大力协助配合下，从 66 个国家和地区成功抓获各类外逃人员 857 名。其中，缉捕归案 477 名，投案自首 366 名，异地追诉 14 名。从抓获逃犯的涉案金额看，千万元以上的 212 名，其中，超过亿元的 58 名。从潜逃境外时间看，抓获潜逃 5 年以上的 667 名，其中，10 年以上的 39 名，逃跑时间最长的 21 年。

在中央反腐败协调小组的统一指挥下，2015 年中央纪委监察部与追逃办其他成员单位密切配合，开展"天网"行动，紧盯"人、钱、证"三个环节，追逃、追赃、防逃三管齐下，取得突破性进展。这次行动首次对外逃党员和国家工作人员情况进行大起底，集中公开曝光 100 名外逃党员和国家工作人员，截至 2015 年 11 月底，"天网"行动共从 68 个国家和地区，追回 863 人，其中党员和国家工作人员 196 人，首次实现追回人数超过新增外逃人数。据中纪委网站消息，截至 2016 年 11 月，今年"天网"行动共从 70 多个国家和地区追回 908 人，其中外逃国家工作人员 122 人，追回赃款 23.12 亿元，"百名红通人员"19 人。按照党中央的决策部署，2014 年以来，中国设立中央反腐败协调小组国际追逃追赃工作办公室，先后开展"天网 2015""天网 2016"专项行动，从 70 多个国家和地区追回 2442 人，其中国家工作人员 397 人，"百名红通人员"37 人，追赃金额 85.42 亿元。①

2015 年，中国向美方提出包括 150 名逃美贪官在内的追逃"优先名单"，请求美方协助追捕。美国国务院做出了正面回应，积极配合中国追逃。随着"天网"日益收紧，中国贪官在美生存空间必将被一步步挤压。

中美进行追逃追赃合作工作有许多成功案例。2004 年 4 月 16 日，美方通过执

---

① 《中纪委：2014 年以来我国已追回外逃人员 2442 人》，中央纪委监察部网站，2016 年 12 月 9 日。

法合作联合联络小组，将侵吞中国银行开平支行数亿美元资金的主犯余振东遣返中国。这是中美建交后，第一例经过美国国内法律程序，并由美方执法人员押送至中国的重大经济犯罪嫌疑人。

2009年5月6日，美国拉斯维加斯联邦法院以洗钱、跨州转运盗窃资金、护照和签证欺诈等罪名，分别判处中国银行开平支行前任行长许超凡和许国俊有期徒刑25年和22年，并勒令被告退还4.82亿美元的涉案赃款。同案的许超凡之妻邝婉芳、许国俊之妻余英怡，也分别获刑8年。在此案审理过程中，中方向美方提供了有力证据。

2014年12月，潜逃美国两年多的辽宁省凤城市委原书记王国强，从美国回国向纪检监察机关投案自首。此案是中国"猎狐"行动督办案件，也是中美追逃追赃合作的重点案件。

2015年3月，2011年贪污巨款后潜逃美国的中储粮周口直属库前主任乔建军及其前妻赵世兰，因涉嫌犯有向国外转移盗窃资金罪、移民欺诈罪、共谋洗钱罪在美被正式起诉。乔建军和赵世兰或被遣返中国。美国联邦检察官在起诉乔建军和赵世兰之前，曾到中国调查取证，并得到中方大力协助。这是中国宣布海外"猎狐"行动以来中美司法合作提升到实际行动的表现。

2015年9月18日，"百人红通令"中，潜逃美国14年的杨进军被强制遣返回中国。经温州市检察机关证实，杨进军就是浙江省建设厅原副厅长，贪官杨秀珠的胞弟。这是"天网"行动开展以来职务犯罪国际追逃追赃专项行动取得的又一重要战果，也是美国首次向中国遣返公开曝光的"百名红通人员"。

2015年9月24日上午，美国再次向中国强制遣返贪污贿赂犯罪嫌疑人邝婉芳，并指出，这是继9月18日美方强制遣返贪污贿赂犯罪嫌疑人杨进军后，中美反腐败司法执法合作的又一重要行动。

中美两国意识形态不同，在法律制度、法律程序等方面存在较大差异，中美反腐合作一直存在许多困难与障碍。

最大的障碍在于尚未签署引渡条约。由于缺少引渡条约，中美追赃追逃合作面临诸多复杂难题，使中国很难通过正常途径，对逃美贪官快速实施抓捕、起诉和遣返，而只能采取一案一办的原则向美方交涉，而美国将会依然以其国内法优先的准则处理此类案件。中美双方要想签署引渡协议还存在多重阻力。美国伍德罗·威尔逊中心基辛格中美关系研究所所长罗伯特·戴利表示，除非美国承认中国的证据标准，认为中国的司法程序有保证，以及中国审判的公平和透明性符合要求，否则就不会与中国就引渡问题进行合作。美国卡内基国际和平基金会副会长道格拉斯·帕尔也表示，即使中美政府间完成签约谈判，但是由于美国国会近年来根本没有批准过任何引渡条约，最终很可能陷入美国两党之争的僵局。①

在信息共享方面，一些外逃贪官以申请政治避难的身份滞留国外，外国政府并不会向中国政府通报。若申请成功他们就可以改头换面、隐姓埋名，合法生活在国外。《关于难民地位的公约》规定，"如果一个人曾经犯过非政治的严重罪行时，就没有资格获得政治避难。"然而由于外国的保密程序，中国政府根本就无法得知其政治避难申请情况，所以无法提交证据证明申请人的罪行。

双方在司法制度方面存在的差异，也是反腐合作中需要克服的障碍。美国涉及外逃中国贪官案件最多，与中国合作也是各国中最密切的，但近些年成功遣返的案例并不多，很大程度上是因为美国对中国的死刑以及未能杜绝的刑讯逼供等存在顾虑。由于中美政治制度不同及法律体系的差异，美国一些政治势力仍会从意识形态出发，用所谓的"人权""不公正判决"等为借口，为中美反腐合作设置障碍。一些案件还难免会遭受人权、宗教等因素的干扰。美国司法程序注重保护涉案人法律权利，办案和审判程序复杂冗长，一个案件通常会拖延很久；双方对证据采纳、审判标准、司法透明性等看法不一，因此增加了起诉和遣返贪官的难度。

中美合作反腐还面临追赃难题。据中纪委 2010 年发布的数据显示，近 30 年来，外逃官员数量约为 4000 人，携走资金 500 多亿美元，人均约 1 亿元。2011 年 6 月，中国央行网站曾刊登完成于 2008 年 6 月的课题报告《中国腐败分子向境外转移资产的途径及监测方法研究》，报告引用了中国社科院调研资料，该报告披露，从 20 世纪九十年代中期以来，外逃党政干部，公安、司法干部和国家事业单位、国有企业高层管理人员，以及驻外中资机构外逃、失踪人员，数目达 16000 人至 18000 人，携带款项达 8000 亿元人民币。中国最高法院前院长肖扬在 2009 年出版的《反贪报告》中称，1988～2002 年的 15 年间，资金外逃额共 1913.57 亿美元，以当时美元对人民币的汇率换算，超过了 1.5 万亿元人民币。但迄今为止，中国虽然从美国成功引渡回部分潜逃人员，但其带出国境的大量资产并没有随之回国。

中美之间应尽早签订"分享和返还被追缴资产协定"。据相关资料显示，中国外逃的官员近四成会选择美国、加拿大和澳大利亚，但目前中国只与加拿大和澳大利亚达成相关协定。目前，美国在与一个没有签署引渡条约的国家进行司法合作时，通常是在等价交换的基础上进行的，这对中国的追逃追赃构成较大局限。

2013 年，中国与加拿大谈判完成"分享和返还被追缴资产协定"，成为中国就追缴犯罪所得对外谈判的第一项专门协定。中加即将正式签署的该协定主要包括两

---

① 《中美深化合作　助力"天网""猎狐"》，《经济参考报》2015 年 4 月 17 日。

方面内容：资产返还，如被贪污、挪用的国有资产，被挪用、诈骗的企业和个人财产，如果能证明合法所有人，可被返还；资产分享，如走私、贩毒获得的赃款，没有或无法认定合法所有人，缔约一方可在没收后，与另一缔约方按一定比例分享。中加这个协定将破解跨国追赃难题，为跨国追赃合作树立"样板"。

澳大利亚《犯罪收益追缴法》中有"资产分享"的规定，根据该法规，在帮助其他国家成功追缴资产后，澳方有权对被没收的资产实行分享。不过，澳大利亚法律没有明确规定被没收资产的分享比例，分享额度取决于很多因素，如请求国提供证据材料的分量、犯罪行为所造成的损失等。

海外追捕反腐还会产生高额费用，海外贪官资产的追回和引渡可以说是一个昂贵的过程。在调查和起诉阶段的经济成本，特别是当案件牵涉到不同国家的时候，必须纳入在不同国家涉及管理、差旅、通信、翻译和律师、证人等人员的费用。[①]在扣押和没收贪官资产的案件中，还包括资产管理的成本费用。例如，保养从腐败官员处没收的昂贵古董车、游艇或是赛马的费用是非常高的，否则管理不善的话，会面临贬值的风险。此外，腐败官员通常会聘请律师，对法院发起的引渡或是资产追回的请求进行回击，这也增加了成本。

尽管存在一些差异，但中美对腐败的危害性的认识是一致的。绝不让腐败分子逍遥法外也是各国的共识，各国之间进行卓有成效的反腐合作不应存在不可逾越的障碍。随着中美互信的不断增强及中国法治建设的不断完善，双方的司法合作反腐必将不断走向深入。

三 中美反腐合作的意义

第一，开展中美反腐合作有利于中国在党风廉政建设和反腐败斗争中取得全面胜利。十八大以来，随着中国反腐风暴的不断升级，境外追逃追赃渐渐成为中国反腐的"第二战场"。党的十八届四中全会通过的《中共中央关于全面推进依法治国若干重大问题的决定》明确指出："加强反腐败国际合作，加大海外追赃追逃、遣返引渡力度。"习近平主席指出："中国愿同国际社会积极开展反腐追逃合作。中国人民希望在这方面得到美国支持和配合，让腐败分子在海外永无'避罪天堂'。"[②]

① http：//world. huanqiu. com/article/2014 – 11/5204014. html.
② 习近平：《习近平访美在西雅图发表中美关系演讲：反腐没有"纸牌屋"》，新华社 2015 年 9 月 23 日电。

中美双方在反腐败领域共同话题的拓展与合作质量的提升，与中国正在开展的反腐败国际追逃追赃"天网"行动高度呼应，反映了美方在有关议题上采取了积极务实的合作态度。

中美反腐合作状况，关系到中国的反腐败斗争是否能达到预定目标。长期以来，美国等西方国家是中国贪官外逃的主要目的地，而由于政治制度、意识形态和司法体系等方面的差异，双方反腐败合作面临诸多障碍，以致有关国家成了外逃人员的"避罪天堂"。许多逃美中国贪官能够"逍遥法外"，对中国的反腐斗争造成严重负面影响。中美合作的开展，使这种情形发生改变。在中美都已签署《北京反腐宣言》并承诺不再让本国成为腐败者"避罪天堂"以及双方在司法协助和处置腐败资产等问题的磋商不断加强的背景下，从"猎狐"到"天网"，中国不断加大海外追逃追赃力度；美国一方面希望摘除"贪官天堂"的污名①，另一方面希望中国协助其实施《海外反腐败法》，重点堵塞美公民海外逃税漏洞，因此对中国追逃追赃工作展示了合作态度。随着中美合作的不断深化，潜逃到美国的中国贪官追逃归案、遣返归国的案例会越来越多。

在中国的追逃行动中，美国的支持与合作是必不可少的。在中国政府提供确凿证据的情况下，美国有办法支持中国的反腐努力。美国法院曾在 2012 年和 2013 年分别判处多名中国公民有罪，其中还包括一起重大洗钱案，中国执法部门向美方提供了重要证据。这些案例说明，两国在司法领域的合作不仅是可行的，也是非常重要的。

中美反腐合作加大了突破关键案件的胜算，对已外逃和对心存侥幸、伺机外逃的国内贪腐分子形成巨大的心理震慑。

第二，积极开展反腐合作有利于中国在处理对美关系中占据战略主动地位。以往，美国和西方其他国家经常用人权与腐败等问题刁难中国，有时甚至希望庇护中国外逃的腐败分子，以作为打压中国的筹码，但由于中国主动谋求与美国进行反腐合作，使原来的被动地位发生扭转。腐败侵蚀社会，危害国家，是全球公敌。中共

---

① 美国司法部发言人彼得·卡尔日前对媒体表示，美司法部每年通过中美执法合作联合联络小组定期与中国有关部门进行会晤，讨论追逃追赃合作问题。"我们致力于一个原则，即美国不应成为贪官及其赃款的藏身之所。"布鲁金斯学会中国问题专家李侃如对新华社记者表示，当今世界在金融和数字方面是互联的，中美在许多领域可以增强合作，如打击有组织犯罪、侦办个案等。"美国不希望外国人将非法所得带进来，通过洗钱后过逍遥日子。美国确实拥有将这些贪官绳之以法的法律。"参见《中美反腐合作提速，"天网"撒向逃美贪官》，新华每日电讯 2015 年 4 月 28 日。

十八大以来，中国加大惩治腐败力度，更加重视以法治思维和法治方式反腐，同时积极参与国际反腐合作，占据道德制高点，赢得了国际广泛认同和尊重。2015 年 10 月 20 日，中美执法合作联合联络小组（JLG）反腐败工作组第十次会议在京开幕。主题是"为了公平正义加强合作"。中国海外"猎狐"，"天网"行动赢得了国际普遍赞赏和支持。即使是对中国抱有偏见的西方国家，也从漠视转向支持。很大程度上由于这个原因，美国对协助中国进行海外反腐由消极转变为积极，为反腐合作创造了条件。美方更加积极合作姿态的背后，是中国反腐败展示的坚定决心、实际行动和显著成效。

第三，中美反腐合作是构建新型大国关系的重要增长点。① 反腐败合作为中美合作注入了新的战略性内容，开辟了构建中美新型大国关系的一个新领域。目前，中国反腐力度的加大，中美反腐合作的深入和中美关系的改善呈现良性互动关系。

中美加强反腐败合作互利双赢，符合两国共同利益。两国的利益诉求为反腐国际合作提供了强大的动力，这是中美在反腐败问题上持续靠近的主要原因和最大支撑。中国急切需要建设廉洁政治，保持治标的高压态势为治本赢得时间，为实现经济新常态创造良好的政治环境和社会环境。而美国之所以支持中国追逃追赃，也是出于自身利益的考量。一方面，在腐败国际化趋势越来越明显的背景下，地球村里的任何成员都会直接或间接地受到他国腐败的影响，美国也不例外。出于自我保护的需要，美国不得不与中国在反腐上密切合作。另一方面，美国在经济发展上对中国的依赖持续加深，这也是美国配合中国打击贪官的重要理由。中国已是美国的第二大贸易伙伴，美国的经济复苏离不开中国的市场和产品。中国反腐败会创造更加公开透明、可预见、低交易成本的市场环境，提升美国的投资效益，这些巨大的经济诱惑会持续驱动美国助力中国反腐。如果说在外交关系上没有永恒的朋友只有永恒的利益，那么在反腐国际合作领域，有了永恒的利益就有了永恒的朋友。

遣送中国贪官和经济逃犯既是美国在道义上的责任，也符合美国的国家利益。两国加强反腐败合作，不仅符合两国政府和人民的利益和愿望，也有利于向国际社会传递出中美两国崇尚诚信廉洁、拒绝腐败贿赂的正能量。"中美反腐败合作是中美新型大国关系的重要内容，是双边关系的'珍珠'。"美方代表团团长、美国司法部助理副部长布鲁斯·奥尔说，"在过去的几年中，我们见证了中国政府在惩治腐败方面的决心和努力，美方也会拿出同样的决心和努力深化合作。这不仅是履行两国的责任和义务，也是指引腐败蔓延国家的人民，引导他们找到更好的解决腐败问

---

① 《中美加强反腐败合作：构建新型大国关系的重要增长点》，新华网北京 6 月 26 日。

题的方案"①。

反腐合作有利于中美成为更加可靠的经济伙伴,构建更加健康、稳定的双边关系。两国反腐败和司法执法部门积极落实两国领导人政治共识,取得了一系列重要合作成果,成为双边执法合作的典范,为增进两国政治互信、促进双边关系健康发展增添了动力。两国加强反腐败合作,不仅符合两国政府和人民的利益和愿望,也有利于向国际社会传递出中美两国崇尚诚信廉洁、拒绝腐败贿赂的正能量。中美反腐国际合作的健康发展,将成为构建国际反腐新秩序的重要典范,将对整个世界法治建设的全球治理和善治起到推动作用。

第四,有利于中国在构建国际反腐新秩序的过程中,获得更多的话语权。中国正在成为世界大国,能否在多个国际机制中赢得和自身地位一致并能使自身地位提高的话语权,关系到民族复兴能否顺利实现。通过中美合作,中国在构建国际反腐新秩序的过程中获得了更多的话语权。在中国主导下,2014 年 8 月成立了亚太经合组织区域性反腐网络,2014 年 11 月在北京召开了 APEC 第 26 届部长级会议,通过了《北京反腐败宣言》,这些都向国际社会展示了中国的担当与作为。

未来中国将在各种国际反腐合作场合发挥积极作用,务实推进遣返、异地追诉、劝返和国际司法协助,加强双边和多边执法合作网络建设,探索侦测、调查和起诉腐败、贿赂、洗钱与非法贸易的快速应对机制,以剿除"避罪天堂"和法外之地,让腐败分子无处可逃。

---

① 《为了公平正义加强合作》,《中国纪检监察报》2015 年 10 月 25 日。

中国合作策略篇

中国经济结构调整对区域经济一体化进程的影响及相关选择研究

张奕辉

中国社会科学院亚太与全球战略研究院助理研究员

在"一带一路"大背景下，中国正在进行以"供给侧改革"为主线的经济结构调整。随着中国经济实力的增强，中国在区域发展过程中正在扮演着中心推动力的角色。通过国际产能合作以及金融投资等领域的协同，中国的经济结构调整将加快区域经济一体化进程，为周边国家经济发展带来实实在在的经济利益。

中国是东亚地区经济增长的中心，目前 GDP 总量已经超越日本，成为世界上第二大经济体。在对外贸易方面，中国已经超过美国成为世界上第一货物贸易大国，是周边大多数国家的第一大贸易伙伴，在区域经济一体化进程中正起着更加重要的作用。2008 年后，由于国际金融危机的影响，国际经济形势发生明显变化，中国对外贸易出现下滑，经济发展前景不明，中国经济结构不得不重新做出调整。[①] 正处于经济转型时期的中国已经从过去的区域经济合作的受益者向对区域国家提供经济发展动力的方向转变，经济结构的转型同样会对区域的一体化进程产生重要影响。

一 产业升级和促进消费是中国经济结构调整的主要方向

改革开放三十多年来，中国经济持续高速增长，2015 年，中国人均 GDP 已经超过 8000 美元，成功步入世界中等收入国家行列，已成为影响世界经济发展的经济大国。[②] 但随着国际经济格局深刻调整，中国人口老龄化程度加剧，人口红利消失，

---

① 陈佳贵：《调整和优化产业结构　促进经济可持续发展》，《中国社会科学院研究生院学报》2015 年第 10 期，第 30 页。

② 杨圣明：《世界经济结构调整与优化问题》，《经济纵横》2015 年第 11 期，第 6 页。

中国经济正进入平稳发展时期。

在过去推动中国经济发展的"三驾马车"中，对外出口和投资增长起到了非常重要的作用。但是由于外部经济环境的变化，特别是西方发达国家经济受到国际金融危机的影响而陷入困境，来自外部的需求逐渐减少，中国的对外贸易也出现了停滞。[①] 以 2016 年上半年为例，中国货物贸易进出口总值为 11.1 万亿元人民币，同比下降 3.3%。其中，出口 6.4 万亿元，同比下降 2.1%；进口 4.7 万亿元，同比下降 4.7%。在国内投资方面，由于地方债务风险的上升，固定资产投资效益并没有得到彰显，出现了地方投资过热的情况。可以说中国的对外贸易和国内投资在相当长的一段时期内都会面临困境，中国经济结构调整的一项重点就是扩大国内消费，减少经济增长对贸易和投资的过度依赖。根据国家统计局公布的数据，2015 年，国内最终消费支出对 GDP 的贡献率为 66.4%，比 2014 年提高 15.4 个百分点，在外贸遇冷、投资增速回落的情况下，促进消费已经成为中国经济增长的主要动力，但是相对于美欧等西方发达国家消费支出对 GDP80% 以上的贡献率，中国的消费增长仍有较大潜力。[②]

中国经济增长已经进入了"新常态"，经济增长率已经从过去平均每年 10% 左右的增长水平，下降到 7% 以下，2016 年经济增长率目标只有 6.5%，未来可能是长期的"L"型而不是短期的"U"型。从 2016 年开始，中国进行了旨在调整经济结构的供给侧改革，目的是使要素实现最优配置，提升经济增长的质量和数量。通过产业升级，提高产品质量，满足人民日益增长的物质和文化生活需要。同时，削减过剩的产能，减少钢铁、水泥、焦炭、电解铝等高耗能、高污染行业的产量，促进产品结构的优化调整。另外，在促进消费方面，主要是创造条件引导人们扩大消费，努力增加高品质的产品和服务供给，大力发展休闲旅游业，带动需求端的质量提升。

二　中国经济结构调整对区域一体化进程的影响

目前，亚太地区多数经济体的经济前景并不明朗，地区经济增长仍面临诸多外部挑战，包括区域内发达经济体增长缓慢、新兴市场增长普遍放缓、全球贸易疲软、大宗商品价格持续走低以及全球金融市场波动增加等。这些风险加剧了本地区

---

① 余永定：《世界经济大环境与中国经济结构调整》，《国际经济评论》2011 年第 6 期，第 12 页。

② 李稻葵：《中国经济结构调整应顺市场而为》，《小康》2013 年第 3 期，第 13 页。

经济增长的脆弱性。[①] 由于安倍经济学的失败，人口老龄化和高企的公共债务成为日本经济增长的主要拖累，根据预测，日本经济增速在 2016 年将继续维持在 0.5%，2017 年将下降至负增长 0.1%。受朝核问题以及出口不振和民间投资下滑的影响，韩国 2016 年经济增长率预计会降到 3% 以内。东南亚地区国家受国际贸易下滑的影响更为明显，除越南、菲律宾等少数国家外，地区内其他国家经济增长都出现不同程度的下降。

虽然 2015 年中国经济增速下降到 7% 以下，但随着中国经济结构转型的加快，中国未来在区域经济增长中仍将居于中心推动力的地位。中国经济结构正从劳动密集型为主的中低端制造业向高端制造业、现代服务业和消费行业转型，这种较缓慢但更加可持续增长的转型对中国和区域经济而言都是有益的，特别是在消费支出已成为中国经济更加重要的增长引擎的情况下，这对拉动本地区的经济增长贡献最大。[②] 在全球价值链分工体系中，中国正从过去价值链的中低端逐步走向价值链的顶端，产品的设计和创新成为中国支持和发展的重点产业，而不再像过去一样依靠单一的产品加工和组装而获取较低的附加值。

第一，中国经济结构调整将带动整个区域价值链的合作。随着国际经济形势的变化，原来在东亚地区存在的传统发展模式，包括雁行发展模式和"出口导向型"增长模式等都已经过时，已不能解释当今亚太地区产业发展格局的变化。在全球经济一体化的过程中，产业集聚与价值链分工协作等成为区域经济发展在全球竞争中获得优势的关键。在亚太地区，以产业价值链为纽带的产业集群已经成为区域经济发展的重要基础。[③] 根据中国成功的发展经验来看，可以通过产业链的延伸带动区域内不同国家一批配套产业的发展，形成产业群体，从而使产业整体竞争力得以增强，既壮大了产业经济，又给地区经济带来新的发展机遇。

中国是全球最大的工业制造国，曾被称为"世界工厂"，但是随着劳动力生产结构的变化，中国正在借经济结构调整之际向创新大国转变，升级科技研发结构，逐步淘汰低端产品制造业，而新能源、新材料、节能环保、高端装备制造业、生物技术和新一代信息技术等战略新兴产业的发展也都在为地区经济转型带来新的机

---

① 孙瑾、张旭、王硕琦：《东亚地区经济增长变革与产业结构调整》，《亚太经济》2014 年第 3 期，第 8 页。

② 魏杰：《对目前稳增长、调整经济结构、转变增长方式、深化改革的认识》，《河北经贸大学学报》2014 年第 1 期，第 6 页。

③ 魏杰、杨林：《经济新常态下的产业结构调整及相关改革》，《经济纵横》2015 年第 6 期，第 3 页。

会。中国经济的影响力在周边国家，乃至亚太地区正在逐渐取代美国，成为该地区的重要经济力量。中国大力推动的经济结构改革依然是提高区域生产力增长的关键。中国的产业结构调整将促进区域内产业分工体系的改变，中国过去进行的改革都非常有效，现在进行的结构性改革的目的则是支撑潜在经济增长，促进经济多元化，并帮助亚洲国家进入全球价值链市场。可以预想在未来的亚太地区产业分工中，中国将扮演更为重要的角色。

第二，提升消费能力使得中国成为拉动亚太地区经济增长的重要力量。中国过去依赖于外部市场需求的增长模式发生了改变，对外出口的动能也开始减弱。而随着中国国内促进消费政策措施的实施，中国对消费品的进口需求将会增强。[1] 2015年，中国是日本第二大出口对象国、韩国第一大出口对象国，是中国台湾地区最大的贸易顺差来源国。对东盟十国而言，中国是新加坡、泰国、缅甸、老挝的第一大出口对象国，是越南、印尼、马来西亚的第二大出口对象国。2015年中国从东亚地区进口消费品354亿美元，与2010年相比增长了76.2%，同期美国从东亚地区（不含中国）进口消费品803亿美元，与2010年相比只增长了25.6%。中国与东亚其他国家之间的贸易关系变得更加紧密，反映在贸易结构上，双方不再是中国从周边国家进口原材料或者中间产品进行来料加工进而向美欧出口的关系，而逐渐演变为中国作为亚太地区中心的消费大国，而在过去，这一角色一般是由美国来扮演的。[2]

中国巨大的消费能力还表现在境外消费方面，中国已成为全球最大的出境旅游客源国和海外消费国。2015年中国有1.2亿的海外游客人数，海外消费额超过1600亿美元。中国旅游业的兴起和海外中国旅客的高消费为区域周边国家经济发展带来新的机会。中国是韩国和日本第一大客源国，2015年中国到韩国和日本旅游的游客分别为611万和499万人次，占两个国家客源的45.6%和25.3%。在中国公民出境旅游市场上，东盟国家也是主要的方向，在中国排名前十的旅游目的地中，东盟国家占了四成，分别是泰国、越南、新加坡和马来西亚。中国国家旅游局的统计，2015年中国公民赴东盟的出境人数超过了1000万人次。为了分到中国海外消费市场份额，日本、韩国、澳大利亚、新西兰等国家都在扩大宣传力度，在实施签证、免税、购物、航班等领域给中国游客更多的便利，并且针对中国市场不断地推出新

---

① 何正全：《新常态、贸易逆差与我国经济结构调整》，《经济问题探索》2015年第6期，第67页。

② 周彬：《经济结构、技术创新与经济危机》，《经济管理研究》2016年第4期，第3页。

线路和新产品。旅游业间的合作为区域内人员交流提供了便利，而且可以延伸到经济、文化等诸多方面，是区域经济一体化不可或缺的方面。[①]

第三，"一带一路"倡议将促进区域内互联互通与产能合作。"一带一路"合作倡议并不是中国版的马歇尔计划，而是主要聚焦构建互利互惠的网络，通过设立新型合作模式和多元合作平台，造福沿线各国人民。[②] 中国周边国家除日本、韩国外，大部分正处于经济起飞阶段，由于资金短缺和政策缺失，基础设施建设落后，急切需要外部投资帮助其改善基础设施条件。在"一带一路"经济合作倡议实施的背景下，中国通过与周边国家进行国际产能合作，不断推进基础设施、通信和能源等方面的投资，对于促进区域经济一体化进程作用显著。

通过"一带一路"沿线的基础设施项目建设，依赖于中国在公路、铁路、港口、机场等方面建设的经验，可以有效地连接中国与中亚、中东、东南亚、南亚以及东欧、北非等地区的交通运输网络，提高区域内的人员流通和货物运输的效率和能力，为区域内产业合作提供便利的基础设施条件。

三 对策建议

2013 年 9 月，习近平主席访问哈萨克斯坦时首次阐述了共建"丝绸之路经济带"的战略构想，主要包括以下五个方面：一是各国加强政策沟通，交流经济发展战略，协商制定区域合作规划和措施；二是加强道路联通，打通从太平洋到波罗的海的陆上和海上运输大通道，逐步形成连接东亚、西亚、南亚的交通运输网络；三是加强贸易畅通，推动贸易和投资便利化；四是加强货币流通，推动实现本币兑换和结算，增强抵御金融风险能力，提高整个地区经济国际竞争力；五是加强民心相通，促进人民友好往来，增进相互了解和传统友谊。"以点带面，从线到片，逐步形成区域大合作的格局。"习近平总书记提出的五条战略构想中有四条与区域经济合作有关，由此可见未来中国与周边国家加强经贸合作是外交工作中的重点。

如果中国 GDP 在今后的二十年仍能保持 7% 的增速，而美国的 GDP 增速在 3% 以下，那么在 2035 年左右中国 GDP 将超过美国处于世界第一位，到那时中国可以

---

① 郭迎锋：《基于国际视角的产业结构调整促进经济结构转型研究》，《中国物价》2016 年第 4 期，第 10 页。

② 张焕波、杜靖文：《以五大理念推动国际产能合作》，《中国经贸导刊》2016 年第 4 期，第 7 页。

争取成为世界价值链分工的中心。如何充分发挥中国经济结构调整对区域一体化进程的有利方面，规避过程中碰到的困难和问题，可以从以下几个方面着眼。

第一，与区域内国家发展计划实现战略对接。中国正在进行的经济结构调整应该与区域内国家的发展计划实现战略对接。2016 年是中国的"十三五"规划的开局之年，我们应该将其与东亚区域经济一体化的进程充分结合起来。与此同时，根据周边国家各自的发展战略规划，找出双方经济发展规划中契合的地方，采取国家政策优先支持并且鼓励企业进入双方合作领域的方式，加强区域内经贸合作。鉴于区域经济合作的必要性，只要是有利于双方经济发展的方面均可以开展合作，合作的领域不仅包括产业发展规划、基础设施建设，还应包括避免双重征税、监管一致性以及人才交流便利性等方面。

第二，继续推动"一带一路"建设并加强国际产能合作。借助国际产能合作，积极参与全球市场竞争和价值链重构，这是推动国内产业转型升级，促进中国经济迈向中高端的重大机遇。同时通过国际产能合作，将中国制造业的性价比优势同发达经济体的高端技术相结合，向区域内发展中国家提供质优价廉的装备，帮助他们加速工业化、城市化进程，以供给创新推动区域经济强劲增长。

中国在产能领域有着装备、技术、施工、资金等方面的独特优势。中国的输变电设备、交通装备制造、冶金建材、信息集成等方面在全球都极具竞争力。区域内周边国家，特别是中亚、南亚和东南亚国家总体上仍处于工业化发展阶段，各国正积极推进工业化进程，产业发展的需求和潜力都很大，对引进设备、技术、资金有着迫切的需求。通过与区域内国家进行产能合作，既可以释放国内过剩的优质产能，又可以增强这些国家的基础设施建设水平，提高它们的制造业发展水平，达到双方的共赢。

第三，加强区域内各国在金融领域的合作。金融可以为区域内经济发展起到造血和输血的作用。中国与区域内周边国家在金融领域合作方面存在巨大的合作空间。中国人民银行已经与韩国、新加坡、马来西亚、巴基斯坦、泰国、印尼、蒙古国、哈萨克斯坦等国家签署了双边本币互换协议，标志着中国与周边国家地区在货币金融领域的合作取得了新的进展。随着亚洲基础设施投资银行和丝路发展基金的设立，中国通过"一带一路"倡议的实施，尽力向周边国家和地区提供促进当地经济增长的政策计划。

虽然中国与区域内国家的金融领域合作主要以双边货币互换和基金形式进行，但是还缺乏整体性的制度建设，远不能满足双方经济增长对资金的灵活调动需求。未来应该扩大资金运作规模，建立完善的金融体系和相应的监管制度保障，以便为区域内经济合作提供更为便利的金融融资环境。

第四，其他政策方面的保障。在"一带一路"倡议和中国实施"供给侧"改革的大背景下，与区域内国家共同促进经济发展，还需要其他国家在政治、文化和制度等方面的政策合作和配套。自中国"一带一路"倡议提出之后，受到了沿线各国的高度关注，越南、柬埔寨、老挝和缅甸等都积极对接中国的投资策略，希望能在"一带一路"实施过程中为自身国家发展赢得机遇。但是也有些国家对中国的区域发展战略仍怀迟疑的态度，包括印度、印尼和菲律宾等国家，它们中的部分人认为中国的"一带一路"倡议带有明显的战略意图，是中国的独角戏，会对周边地区安全带来不确定影响。日美更是将中国视为竞争者，在多个区域合作场合试图搅局中国与其他国家的合作关系。面对迟疑和竞争，中国政府需要通过实惠的经济利益对区域内发展国家给予支持，打消它们对中国崛起的顾虑，营造良好的政治氛围，吸引他们共同参与到区域整合的大趋势中来，从而为东亚经济一体化进程助力。

中国对 TPP 的战略选择及其影响分析研究

沈铭辉
中国社会科学院亚太与全球战略研究院研究员

目前，TPP 国内批准程序进展缓慢，但这并不代表 TPP 代表的贸易新规则已死。历史和理论分析表明，TPP 代表的贸易新规则作为美国的重返亚太战略将长期存在并发挥影响。TPP 非传统条款或新议题占全部条款比重高达 60%，这些贸易新议题将对全球贸易体系重构产生重大影响，进而影响中国的国际贸易和投资环境。战略上，中国需尽快完成 RCEP 和中美 BIT 谈判，以"化整为零"的方式实现与 TPP 国家的经贸对接，尽可能减少 TPP 对中国的负面经济影响；推动亚太自贸区建设，构建地区稳定的区域合作平台。技术上，强化贸易团队建设，加快实施自贸区战略。

一 TPP 条款的简要影响分析

根据美国 USTR 公布的信息，TPP 协定正文包括 30 个章节和多个附件。除货物贸易、原产地规则、海关等传统条款外，TPP 包括电子商务、国有企业、知识产权、劳工、环境等非传统条款，这些非传统条款或新议题占全部条款比重高达 60%。具体来看，除了一般性法律条款外，TPP 的贸易条款主要涉及如下几个领域。

（一）中国参与过的贸易条款

（1）货物贸易条款。TPP 货物贸易条款要求，TPP 一旦实施，约占 87% 税目的货物实现"零关税"；15 年后实现零关税的商品达到 99%；30 年后基本实现全部货物贸易零关税。例如，TPP 实施 30 年后，占 99.8% 税目项下美国从日本进口商品实现零关税；96.9% 税目项下日本从美国进口商品实现零关税；类似的，美国亦向马来西亚开放其 99.8% 的商品市场，向越南开放 99.7% 的市场。目前，中国对外签署的多数自贸协定的货物贸易自由化率（或零关税率）约为 85% ~90%，与 TPP 差距较大。

（2）服务贸易和投资条款。TPP 将部分服务贸易置于投资条款谈判中，要求全面给予外资国民待遇，采用"负面清单"方式实施部门开放，不得限制外资控股比例和经营范围，进一步约束业绩条款等。目前，中国面临的主要挑战是：第一，长期以来，中国金融业和电信业受保护程度较高，开放压力较大。第二，负面清单开放方式较少使用，对于如何界定不符措施或例外的经验不足。第三，准入前国民待遇从未实施。总的来看，中国与 TPP 相关条款的差距还是非常明显的。

（3）知识产权条款。该条款主要包括商标及地理标志、专利、版权等内容，具体而言，TPP 加强了对多种构成商标要素以及地理标志的保护，如允许气味作为商标进行注册，允许对地理标志中产地之外的产品给予地理标志注册及保护；加强了对专利及其数据期的保护，特别是对生物制剂等新药给予 8 年保护期；延长了版权保护期，从 TRIPs 的 50 年延长至 70 年等。目前，中国现行版权保护期为 50 年；在仿制药方面存在不同规定；对平行进口、商业便利等议题尚未形成比较明确的法律法规，属空白地带；知识产权的执法力度较弱。可见，中国与 TPP 知识产权条款的差距还是相当大的，如美国给予马来西亚约 5 年专利过渡期，给予越南 10 年过渡期，TPP 知识产权条款对中国的挑战是非常明显的。

（4）环境条款。TPP 要求成员方承诺履行各自已经参加的多边环境协定公约的义务；允许利益相关方以环境问题为由提起针对其他企业或者国家的仲裁。尽管中国早已加入不少多边环境公约，但是中国签署的自贸协定环境条款不适用争端解决机制，与 TPP 区别较大。

（5）电子商务。TPP 电子商务条款要求，各缔约方不得将设立数据中心作为允许 TPP 缔约方企业进入市场的前提，不能强制要求电子商务相关企业转让和获取软件源代码；不允许各缔约方以国家安全为由限制数据加密、VPN 等与电子商务相关的网络技术工具的应用等。过往中国签署的自贸协定也有电子商务条款，但是并不涉及源代码等内容。同时，《中华人民共和国网络安全法（草案）》坚持"互联网主权"概念，并从数据网络安全中要求关键信息基础设施的网络运营者应尽量在境内存储个人信息，这与 TPP 在网络信息自由和安全的理解上有较大差异。而且中国目前要求向银行等金融机构提供软件和软件开发外包的企业需提供源代码，与 TPP 差异较大。

（6）竞争政策。TPP 竞争政策条款主要是要求各缔约方建立相应的法律制度，禁止损害消费者利益的限制竞争行为和商业欺诈行为等。但是由于竞争政策条款并不适用争端解决机制，该条款的实际执行力度会大打折扣，而且过往中国签署的自贸协定中也有类似条款。

（二）中国未参与过的贸易条款

（1）劳工条款。TPP 劳工条款要求各缔约方遵守 1998 年国际劳工组织所宣布的《关于工作中基本原则和权利宣言》；要求各方阻止与强迫劳动和童工相关的贸易行为，无论相关产品是否来自 TPP 缔约方等。中国的自贸协定未涉及过劳工条款，特别是中国在加入国际劳工组织时，对部分条款做了保留。根据美国与新加坡、越南和马来西亚签署的 TPP 双边换文，要求加强上述国家的劳工法和执行力度，比如要求越南在全国总工会外允许设立脱离于该国劳动部的其他工会，并允许工人自由集会、游行和集体谈判工资。而且 TPP 劳工条款未出现任何过渡期和保留措施，同时该条款适用争端解决机制，具有法律约束力。可见，中国与 TPP 劳工条款存在一定的差距。

（2）国有企业和指定垄断。国有企业条款主要涉及三个方面的内容：首先，TPP 规定国有股权占 50%，或国有资本拥有 50% 投票权，或企业董事会由国家指定的企业属于国有企业。其次，TPP 要求国有企业在其经营活动中，不得接受"非商业性"支持，如优惠融资等。最后，TPP 允许实施例外，即国有企业的特定行为，主权财富基金或者年营业收入低于 2 亿 SDR（约 3 亿美元）的国有企业不受该条款约束。目前来看，国有企业条款对中国的冲击比较直接，直指政府对国有企业的补贴和优惠贷款等优惠政策，即使利用例外原则排除部分地方国有企业，中国大型央企也无一例外地会受到该条款的影响，特别是根据透明度要求，中国政府有义务应对方的要求，及时公布国有企业的财务信息，可见该条款的执行力度和冲击较大。

（3）政府采购。TPP 政府采购条款基本继承了 WTO 政府采购协议（GPA）的相关原则和内容。然而，中国尚未加入 WTO 的 GPA 协议，这对中国仍构成一定挑战。

（三）TPP 全新的贸易条款

（1）监管一致性。TPP 监管一致性重点关注对监管操作程序的一致性，而非监管标准的一致性。该条款不适用争端解决机制，没有法律约束力。中国从未涉及该领域，可能存在一定风险，鉴于该条款允许各国加以调整，中国可在中短期内接受该条款。

（2）竞争力和商务便利化、发展、中小企业等新议题，均不适用争端解决机制，客观上来说都属于比较中性的条款。

（3）透明度和反腐败。该条款要求各方加入和遵守《联合国反腐败公约》；对于影响国际贸易和投资的行贿和受贿行为追究刑事责任等。该条款属于全新的贸易议题，传统上不属于自贸协定的内容，目前很难准确判断其影响，因此可视为可关切的条款。

二　中国应对 TPP 的战略选择

目前，虽然 TPP 困难较大，但是并不表明 TPP 代表的贸易新规则失去了生命力。从战略角度看，TPP 是美国应对中国崛起和东亚合作的战略行为。无论 TPP 具体进展如何，为了应对东亚合作，特别是中国等新兴经济体的崛起，美国势必会加强在亚太地区的区域经济合作投入，以便在该地区形成以美国为核心的贸易集团，塑造针对中国等新兴大国的经济优势。从上述现实和理论两个角度可知，TPP 的短期受挫并不会阻碍其代表的贸易新规则的长期发展进程。

第一，积极推动以 RCEP 为代表的东亚合作进程。短期内，为了规避或缩小 TPP 可能对中国产生的贸易转移效应，积极参与和推动 RCEP 是最佳的选择。中长期内，鉴于美国在战略上希望以国际新规则约束中国，那么中国将在区域特别是全球层面，面临着来自发达国家贸易集团越来越紧迫的谈判压力。在此国际环境下，中国能够做到的最有效应对措施，就是类似欧盟的做法，通过 RCEP 形成贸易集团，加强在多边贸易谈判中的整体谈判实力，有选择地、渐进地接受国际新规则，为中国经济崛起争取时间窗口。

第二，稳步推进中美双边投资协定（BIT）谈判。2014 年初美国贸易谈判代表就指出，中国需要先解决中美 BIT 谈判，再讨论 TPP 等问题。短期内，BIT 可以被视为解决中美双边经贸问题，应对 TPP 挑战的工具；长期内，BIT 将充当中美合作推动亚太自贸区的基础。美国的 BIT2012 年范本与 TPP 的投资条款内容基本相同，可以说，缔结 BIT 是参加 TPP 投资条款的充分条件。

目前，完成中美 BIT 谈判，中国仍面临一定挑战：（1）未开放准入前国民待遇；（2）未明确规范业绩条款；（3）有限使用负面清单方式等。其中，最主要的问题是负面清单的确定。2016 年 9 月，双方已经就负面清单出价进行了第三轮交换，并取得了长足进步，这为中美 BIT 下阶段谈判取得成功奠定了一定基础。

第三，积极推动亚太自贸区（FTAAP）建设。当前，全球范围内反全球化盛行，在此背景下，一个既服务亚太地区贸易投资开放，又能满足亚太地区多样性特征和需求，具有现实可行性的亚太自贸区，对于亚太地区的经济发展与和平稳定具有十分重要的现实意义。考虑到亚太自贸区包括诸多发展中成员，宜分阶段开展谈判，与不同成员就不同的议题先行达成协议，再进一步达成基础协议，到 2025 ～ 2030 年实现高水平开放。

中国应对 TPP 的对策研究

李春顶

中国社会科学院世界经济与政治研究所副研究员

苏庆义

中国社会科学院世界经济与政治研究所助理研究员

跨太平洋伙伴关系协定（TPP）已经达成，处于成员国国内审批阶段，虽然美国新任总统特朗普对 TPP 持否定态度，使得 TPP 的前景堪忧，但目前论定 TPP 的未来为时尚早。中国作为全球第二大经济体和第一大贸易国，却未受邀参与而置身TPP 之外。一些分析认为，TPP 是美国重返亚太和抑制中国的战略性举措，未来与美国和欧盟正在谈判中的跨大西洋贸易和投资伙伴关系协定（TTIP）联合，将形成发达国家主导的全新的国际经贸规则。我们认为当前的 TPP 协定并不会对中国构成威胁，原因之一是 TPP 并未涉及中国在贸易协议中所关心的主要问题，即保障性的市场准入；原因之二是 TPP 并非是其所宣称的超高标准和新规则，很多内容和规则并未超越 WTO 和其他区域贸易协定的条款；原因之三是成员国的国内审批仍需时日，美国特朗普总统的当选更使 TPP 的实施遥遥无期。据此提出六个方面的应对策略：一是促进中国参与的区域和双边自由贸易协定的发展，二是加快推动与美欧的双边投资协定谈判并探求构建自贸区，三是促进国内的深度改革与开放，四是以"一带一路"为契机，研究考虑"一带一路"自贸区的可行性，五是推动 WTO 的多边贸易体制发展，六是考虑替代美国入主 TPP 协定。

2015 年 10 月 5 日，跨太平洋伙伴关系协定（TPP），又称为跨太平洋战略经济伙伴关系协定（TPPA），经过五年的谈判终于达成协议。美国贸易代表办公室（USTR）宣布一个高标准的、进取的、全面而平衡的区域贸易协定正式诞生。TPP旨在促进经济增长、推动就业、提升创新、提高生活水平、削减贫困、增进透明度以及改善劳动与保护环境。

中国作为全球第二大经济体和第一大贸易国，却未受邀参与而置身 TPP 之外。不少分析认为，TPP 是美国重返亚太和抑制中国的战略性举措，未来与美国和欧盟正在谈判中的跨大西洋贸易和投资伙伴关系协定（TTIP）联合，将形成发达国家主导的全新的国际经贸规则。但特朗普总统的当选似乎打破了 TPP 的战略规划，TPP 在美国的审批前景渺茫。但在当前阶段，尚不能轻易定论 TPP 的未来，也许特朗普总统会改变主意，抑或 TPP 可能会在美国下一任总统期内获得重生，甚至其他成员会继续推动 TPP 的生效。纵使 TPP 陷入长期的休眠，其新规则和条款所带来的影响也是深远的。因此，对中国来说最重要的问题是如何应对 TPP。

一　TPP 基本概况

TPP 的当前成员共有 12 个，分别是：美国、日本、澳大利亚、文莱、智利、马来西亚、新西兰、秘鲁、新加坡、越南、加拿大和墨西哥。TPP 的未来潜在成员包括泰国、韩国和印度尼西亚等（见图 1）。2012 年 11 月泰国宣布希望加入 TPP 谈判，2013 年 9 月韩国宣布希望加入 TPP 谈判，2015 年 10 月底印度尼西亚总统在与美国总统会晤时提出印尼希望加入 TPP 协定。2016 年 2 月，美国和东盟国家领导人非正式会议后，柬埔寨表示已受邀加入 TPP。

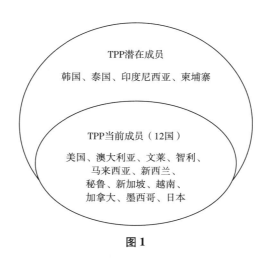

图1

TPP 被称为是面向 21 世纪具有里程碑意义的协定。美国贸易代表办公室发布的协定内容宣称，TPP 具有 5 项重要特征，将为全球贸易树立新的标准：第一，全面的市场准入。TPP 将消除或削减几乎所有货物与服务贸易的关税与非关税壁垒，范围涵盖贸易领域的各个层面，诸如货物贸易、服务贸易以及投资，从而为成员国的企业、劳动者和消费者创造新的机遇和福利。第二，区域性的承诺。TPP 为生产和供应链以及无缝贸易提供便利，以增进效益并帮助实现创造就业、提高生活水平、加强环境保护，以及促进跨界一体化和开放国内市场的目标。第三，应对新的贸易挑战。TPP 通过解决新问题，包括发展数字经济和促进国有企业在全球经济中的作用等，促进创新，提升生产率，提高竞争力。第四，包容性贸易。TPP 纳入若干新的要素，以求保障所有不同发展水平的经济体和不同规模的企业从贸易中获得利益。第五，区域一体化平台。TPP 旨在形成一个区域经济一体化的平台，计划包括横跨亚太地区的其他经济体。

TPP 协定的具体内容包括 30 章，涉及初始条款，最后条款，一般定义包括货物贸易，纺织品和服装，原产地原则，海关管理和贸易便利化，卫生检验检疫措施，技术性贸易壁垒，贸易救济，投资，跨境服务贸易，金融服务，商务人士临时入境，电信，电子商务，政府采购，竞争政策，国有企业及特定垄断领域，知识产权，劳工，环境，合作与能力建设，竞争力和商业促进，发展中小企业，监管一致性，透明度与反腐败，行政及组织条款，争端解决等问题。

TPP 目前 12 个成员的 GDP 总量约占据世界总量的 36%，贸易总额约占世界贸易份额的 25%，出口总额约占世界份额的 23%，而进口总额约占世界份额的 27%。①

二　TPP 难以威胁中国

由于中国并非 TPP 协定的成员，故而 TPP 时常被解读为美国遏制中国战略的一部分。事实上，我们认为当前的 TPP 协定并不会在很大程度上对中国构成威胁。

（一）TPP 并未涉及中国在贸易协议中所关心的主要问题

自 2001 年加入 WTO 以来，中国的对外贸易飞速增长，目前已经是全球最大的贸易出口国。对于中国而言，反倾销、反补贴，以及其他一些环境和技术性贸易壁垒，才是其贸易发展的主要障碍和威胁。因此，中国对贸易协议的主要关切是如何具有保障性的市场准入，以及如何消除贸易的干预和保护，这些议题没有包含在 TPP 协定内容中。

（二）TPP 并非是其所宣称的超高标准和新规则

TPP 宣称是一个高标准的、进取的、全面而平衡的协定。从美国贸易代表办公

---

① 根据世界银行和 WTO2015 年的数据计算而得。

室的 TPP 协议概要来看，TPP 并未设置很多高标准的规则，很多内容和规则并未超越 WTO 和其他区域贸易协定的条款。TPP 规则的重心仍然是货物贸易领域，服务与农产品贸易的开放缺乏实质进展。

TPP 协议确实囊括了最新涌现的一些贸易问题与跨领域问题，包括互联网与数字经济，国有企业在国际贸易和投资中的角色，企业获益于贸易协议的能力，以及其他一些议题。但是这些新的规则在贸易协议中并非第一次出现。

贸易自由化部分的内容同样乏善可陈。TPP 成员国中已经有 6 个国家与美国签署了相关的自由贸易协定，市场准入方面的进一步改善空间有限。而贸易自由化的实施将是一个逐步的过程。可以预期，在 TPP 协议的框架之下贸易将会更加便利，但与全面的贸易自由化仍有距离。可以说，TPP 对中国的消极影响有限。

（三）成员国的国内审批仍需时日，美国特朗普总统更声称要取消 TPP

虽然 TPP 协议谈判已经结束并达成一致，但尚需成员国各自的国内批准，该协定仍然面临着需要 12 个国家逐一批准的挑战。目前已经正式批准 TPP 的国家寥寥无几，美国特朗普总统的当选更使 TPP 的实施遥遥无期。纵使未来 TPP 会进一步的向好的方向转变，但要使得 TPP 正式生效还需要经历漫长的道路。

从全球价值链的角度看，将中国排除在 TPP 之外的想法实际上是无法实现的。中国已经对文莱、智利、马来西亚和越南等发展中国家成员国进行了大量的直接投资，这些成员国家将会成为中间平台，促使中国在 TPP 协定下将其设计开发和生产的产品销往美国等 TPP 成员国市场。

三 中国的应对策略

虽然 TPP 目前的前景堪忧，但进一步发展的空间仍然很大。由于中国身处 TPP 之外，很多讨论开始聚焦于中国的应对策略，以下我们提出六点应对策略。

第一，促进中国参与的区域和双边自由贸易协定的发展。中国将区域和双边自由贸易协定（FTA）视为促使其融入全球经济的重要途径，理念是通过区域自由贸易协议进一步促进中国经济的对外开放，并加快国内改革的步伐。在多哈回合僵持不下，WTO 市场准入尚未取得进展的背景下，区域贸易协定被视为加强与其他经济体经济合作的重要途径，以及以 WTO 为基础的全球多边贸易体系的重要补充。

中国目前已经与 14 个 FTA 贸易伙伴以及 35 个单独经济体贸易伙伴签署了 13 份

贸易协议。这 14 个贸易伙伴包括：东南亚国家联盟（东盟）、巴基斯坦、智利、新西兰、新加坡、秘鲁、香港、澳门、中国台湾、哥斯达黎加、冰岛、瑞士、澳大利亚以及韩国（见表 1）。

中国现有自由贸易协议多数是双边协议，且贸易伙伴主要来自亚洲，并属于发展中国家。在现有的自由贸易区协定中，中国 – 东盟自贸区、更紧密经济伙伴关系协定（CEPA，包括香港和澳门）以及与中国台湾签署的海峡两岸经济合作框架协议（ECFA）涉及的贸易额较大，因此也是中国所签署的最为重要的自由贸易协议。中国应该加快区域全面经济合作伙伴关系协议（RCEP）以及中日韩自由贸易区协定的谈判。

表 1　中国所签署的各项自由贸易协议（FTA）

1. 现有 FTA		签署日期
中国 – 巴基斯坦	与发展中国家所签署的双边协定	2006 年 11 月
中国 – 智利 FTA		2005 年 11 月
中国 – 秘鲁 FTA		2009 年 4 月
中国 – 哥斯达黎加 FTA		2010 年 4 月
中国 – 新西兰 FTA	与发达国家所签署的双边协定	2008 年 4 月
中国 – 新加坡 FTA		2008 年 10 月
中国 – 冰岛 FTA		2013 年 4 月
中国 – 瑞士 FTA		2013 年 7 月
中国 – 澳大利亚 FTA		2015 年 6 月
中国 – 韩国 FTA		2015 年 6 月
中国 – 东盟 FTA	多边	2004 年 11 月
CEPA	国内自由贸易协议	2003 年 3 月
ECFA		2010 年 6 月
中国自由贸易区试点项目		2013 年 9 月
2. 正在谈判的 FTA		谈判开始于
中国 – 挪威 FTA	双边	2008 年 9 月
中国 – 斯里兰卡 FTA		2014 年 9 月
中国 – 马尔代夫 FTA		2015 年 9 月
中国 – GCC FTA	多边	2004 年 7 月
RCEP		2013 年 5 月
中日韩 FTA		2013 年 8 月
中国 – 东盟 FTA 升级		2014 年 9 月

续表

3. 正在筹备中的 FTA		联合可行性研究起始于
中国 – 印度 FTA	双边	2003 年
中国 – 哥伦比亚 FTA		2012 年 5 月
中国 – 摩尔多瓦 FTA		2014 年 10 月
中国 – 格鲁吉亚 FTA		2015 年 3 月
中国 – 美国 FTA		未开始
中国 – TPP FTA	多边	未开始

资料来源：中国自由贸易区服务网。

中国已经与多个 TPP 成员国签署了自由贸易协定。这些国家包括文莱、智利、马来西亚、新西兰、新加坡、秘鲁和越南。中国应加快这一步伐，与 TPP 成员国开始就签署双边 FTA 进行谈判，以此减轻 TPP 对中国的负面影响。

自由贸易区谈判过程中，中国应强调其对贸易与保障性市场准入的关切。例如，中国应将反倾销条款纳入协议中，并利用 FTA 解决反倾销的问题。

第二，加快推动与美欧的双边投资协定谈判并探求构建自贸区。中美和中欧双边投资协定（BIT）谈判已历经多年并处于实质性进展阶段，应该加快进程，促成协定，推动与美国和欧盟的贸易和投资一体化。中美和中欧自贸区的倡议虽然困难重重，但已经在学术和研究层面予以讨论；中欧自贸区的倡议更是在多次的中欧领导人峰会上提出。中国应该在加快谈判与美欧的双边投资协定基础上，倡导启动中美和中欧的自贸区。

第三，促进国内的深度改革与开放。TPP 将会增加中国进行深度国内改革的压力。中国相继建立了上海自由贸易区（FTZ）以及一系列其他国内自由贸易区，包括天津自贸区、广东自贸区和福建自贸区。自由贸易试验区将为中国下一轮改革开放提供有益经验。TPP 将促使中国利用国际贸易规则来推进国内改革，包括国有企业改革、体制改革等。国外竞争对中国国内市场所造成的压力，将促进国内产业提高生产效率。中国要通过进一步对外开放，提高国际影响力，减少 TPP 可能会产生的负面作用。这些措施包括实施意在加强中国与其他亚洲国家的经济往来的"一带一路"战略，中国主导的亚洲基础设施投资银行（AIIB）将为中国的海外投资和基础设施建设提供融资与支持。

第四，以"一带一路"为契机，研究考虑"一带一路"自贸区的可行性。习近平总书记在中国实施自由贸易区战略问题上提出，逐步构筑立足周边、辐射"一带一路"、面向全球的自由贸易区网络，积极与"一带一路"沿线国家和地区商量建设自贸区。亚洲基础设施投资银行、丝路基金和中巴经济走廊已经发起或建立，在此基础上，应该与更多的"一带一路"国家沟通建设自贸区，并考虑将沿线国家连成一体，启动研究"'一带一路'自贸区"的可行性。

第五，推动 WTO 的多边贸易体制发展。多边贸易体制是协调国家间贸易和推动世界贸易一体化的国际组织，虽然多哈回合的谈判一直进展缓慢，但多边贸易体制的功能和作用是无可替代的。中国应该与世界主要贸易经济体加强沟通，共同推动 WTO 多边贸易体制的发展，以多边的一体化消除 TPP 等区域一体化发展带来的排他性冲击。

第六，讨论中国替代美国入主 TPP 的可能性并推动发展。关于中国是否应加入TPP，目前仍存在很多争论。媒体以及很多学者都对这一话题展开了讨论。在不少公开场合，中国官方发言人也表示，尽管中国目前难以满足 TPP 协议的要求，但不排除在未来几年中国可能会具备加入的条件和意愿。

一些 TPP 规则将会对中国形成挑战，譬如 TPP 有关政府采购的标准将会改变中国国有企业的结构与运行模式。另外，电子商务的相关标准会深度影响中国的监管制度和信息控制政策。尽管如此，新规则和新一轮的开放对于中国经济的正面促进作用也不可忽视。中国可以考虑在当前 TPP 前景堪忧，美国无意介入的情形下，替代美国主导 TPP 的发展，或者用区域全面伙伴关系协定（RCEP）扩容的方式吸引其他 TPP 成员加入，间接入主 TPP。如果谈判入主 TPP，中国应进一步推动扩展TPP 当前的内容和范围，增加中国关切和诉求。

参考文献

［1］ Li, Chunding and John Whalley, "China and the Trans – Pacific Partnership: A Numerical Simulation Assessment of the Effects Involved", *The World Economy*, 37（2），2014，pp. 169 – 352.

［2］ Li, Chunding and John Whalley, "Possible Chinese Strategic Responses to the Trans – Pacific Partnership Agreement", *China Economist*, 11（1），2016，pp. 23 – 46.

［3］ 东艳、苏庆义：《揭开 TPP 的面纱：基于文本的分析》，《国际经济评论》2016 年第 1 期，第 35 ~ 57 页。

［4］ 李向阳：《跨太平洋伙伴关系协定：中国崛起过程中的重大挑战》，《国际经济评论》2012 年第 2 期，第 17 ~ 27 页。

［5］ 沈铭辉：《跨太平洋伙伴关系协议（TPP）的成本收益分析：中国的视角》，《当代亚太》2012 年第 1 期，第 6 ~ 34 页。

［6］ 苏庆义：《如何看待 TPP》，《中国远洋航务》2015 年第 11 期，第 22 ~ 23 页。

构建中国主导的亚太贸易投资便利化格局研究

赵江林

中国社会科学院亚太与全球战略研究院研究员

长期以来，中国一直是亚太贸易投资便利化规则的接受者，而非主导者。中国贸易投资便利化水平不高，在参与亚太地区贸易投资便利化规则制订和制度安排时，一直采取跟从战略，重点放在如何提升贸易投资便利化水平上。相比之下，发达国家往往引领亚太贸易投资便利化发展方向。

作为一种低度的政治合作领域，贸易投资便利化理应成为中国主导亚太地区贸易投资规则的领域之一。未来我国应调整发展思路，利用推行贸易投资便利化成本不高但收益大的特点，一方面加快主导亚太地区贸易投资便利化进程，另一方面也要改进和提升中国贸易投资便利化水平。

一 当前亚太地区贸易投资便利化的发展现状和存在问题

贸易投资便利化主要是指为便于国与国之间贸易产品流通和资本流动而采取的措施，旨在降低贸易投资中的隐性成本，消除不必要的行政管制，进而为国与国之间贸易投资提供便利服务。作为一种低度的政治合作领域，贸易投资便利化被认为是最容易推进的合作领域之一，也是取得成效最大的领域之一。

当前亚太地区贸易投资便利化仍主要表现为发达国家贸易投资便利化发展水平高，而发展中国家相对较低的特点。根据亚太经合组织、联合国、世界贸易组织、世界经济论坛等国际或地区组织的测量，亚太地区发达成员贸易投资便利化水平普遍高于发展中成员，特别是亚太地区落后成员仍亟待改善贸易投资便利化水平。另外，从时间段来看，亚太地区发展中成员的贸易投资便利化水平处于不断提升的过程中。根据亚太经合组织的估计，经过几个阶段的改进，亚太地区成员，特别是发展中成员贸易投资便利化水平将会有极大的改进。一些统计数据表明，贸易投资便利化措施的改进，大大降低了亚太地区贸易投资成本，推动了亚太区内贸易投资的扩张。

不过，整体来看，亚太地区贸易投资便利化水平仍有较大的改进空间，特别是对发展中成员而言。根据一些测算，亚太地区贸易投资便利化如果能够再提升5%，则将带来贸易投资的更大规模的增加。

推进贸易投资便利化是有成本的。目前亚太地区发展中成员普遍存在人才缺乏、资金缺乏、技术缺乏、组织缺乏等问题。例如，推进贸易投资便利化需要一定的软硬件技术支撑，而发展中成员缺乏技术人才或者需要相关培训才能推行诸如通关程序、动植物检验等，此外，建立一套贸易投资便利化系统需要建设资金支持和后续资金支持，推行贸易投资便利化更需要一国内部建立实施机构，综合协调机构统一推行便利化的措施，毕竟贸易投资便利化的每一个具体做法牵涉的机构较多，而非单一机构所能独立实施，即使中国也缺乏相应的统一机构来推行贸易投资便利化措施，这不仅无助于便利化措施的完整推行，同时也降低了便利化所带来的潜在的福利。

二 中国主导亚太贸易投资便利化的可能性和可行性

贸易投资便利化是当今各国降低贸易成本、实现贸易投资增长的主要路径，也是当今推进地区经济一体化进程的重要手段。世界贸易组织等国际机构也越来越重视贸易投资便利化，并将贸易投资便利化视为一项贸易改革的重要领域。

贸易投资便利化通常为发达大国所主导，一方面是发达大国有资金、人员和技术实力，另一方面是其在贸易投资便利化领域处于领先水平，有能力主导区内贸易投资便利化进程。因此，区内贸易投资便利化的推进或规则的制订往往掌握在发达国家手中。

作为亚太地区发展中大国，尽管中国贸易投资便利化水平还不及发达国家，但是由中国主导新一代亚太地区贸易投资便利化行动也不是没有可能的。

一是"一带一路"建设的需要。过去有关中国在贸易投资便利化的行动目标更多是以参与美国等发达国家主导的贸易投资便利化进程为主。但随着中国的"一带一路"建设，迫切需要在贸易投资便利化领域有较大幅度的推进，才能更好地配合一带一路战略的推进。此外，"一带一路"涉及的国家有很多是亚太地区发展中成员，亚太地区发展中成员便利化水平的提升也将极大地促进地区贸易投资增长，进而提升区内潜在的经济增长水平。

二是主导贸易投资便利化进程成本并不高。根据多个国际组织对发展中国家贸易投资便利化的投入情况来看，一国建设时期的投入和后续投入在数百万到数千万美元之间。贸易投资便利化对技术水平的要求也不是很高，人才培训也是可以做到的。最大的问题是建立国内关于贸易投资便利化的统一协调机构。另外，贸易投资便利化所带来的福利效应却是巨大的，当然也要明确的是贸易投资便利化本身也在为第三方提供免费的午餐，一定程度上存在搭便车的行为，贸易投资便利化所带来的福利不一定为实施方所全部拥有。

三是有利于中国参与国际规则的制订，改变只是规则的遵守者，而不是制定者的形象。贸易投资便利化不需要复杂的谈判过程，也不过多涉及一国敏感的政治层面，同时在参与规则的制订过程中，逐渐把握国际规则的出台过程，进而为日后参与制订高级复杂的国际规则奠定基础。

四是中国目前具备一定的贸易投资便利化优势，有能力主导贸易投资便利化进程。根据一些国际组织的测算，中国贸易便利化程度在亚洲发展中国家中水平较高，其中交通基础设施及交通服务可得性与质量，边境管理的效率与透明性，信息通信技术的可得性与使用，运营环境等明显高于亚洲发展中国家平均水平，国内市场的准入略高于平均水平。

目前，中国主导贸易投资便利化水平面临的主要障碍是自身的贸易投资便利化水平不处于高端行列，特别是在与外部衔接方面，国外市场的准入远远低于平均水平，我们自己尚处在学习过程中，因而缺乏制订规则的比较优势。其次，我们的资金、人力和技术是否能长期支撑发展中成员便利化措施的实施也是较为现实的障碍。再次，如何与美国、日本等发达国家处理好关系，美国、日本是目前亚太地区贸易投资便利化的主导者，它们能否自愿放弃贸易投资便利化规则的主导权是一个很大的问题。中国要主导亚太地区贸易投资便利化，首先需要解决与美日的关系问题。当前尽管 TPP 可能面临受挫，但是贸易投资便利化作为一个易于推行且成本不高的领域，美日是不会轻易将主导权移交给中国的。

三　对中国主导亚太地区贸易投资格局的对策建议

中国推进"一带一路"倡议中包含大量的贸易投资便利化的内容，中国可借此发挥对亚太地区的影响作用。

第一，配合中国目前在 APEC 中推行的亚太自贸区（FTAAP），设立亚太贸易投资便利化新路线图。目前，美国新总统上任后暂时搁置 TPP，这为中国在亚太经合组织（APEC）中主导贸易投资自由化、便利化提供了条件与时机。2001 年以来，

APEC 贸易部长会议通过了《APEC 贸易便利化原则》和《贸易便利化具体行动和措施清单》。中国可在已有的 APEC 贸易投资便利化路线图基础上，设计贸易投资便利化急行图。在距离 2020 年不到 5 年的时间里，该路线图以 2020 年实现茂物目标为核心，通过对 APEC 成员贸易投资便利化水平进行重新评估，确立新的发展路线图，力争在短时间内以急行军方式，实现 2020 年亚太地区实现贸易投资便利化目标。

第二，对亚太地区发展中成员贸易投资便利化实行机制化安排进行再评估，以启动贸易投资便利化谈判进程。一般而言，启动贸易投资便利化谈判进程的难度相对于贸易投资自由化进程小，同时 APEC 很少以机制化安排的方式来推进贸易投资自由化、便利化进程，基本上是以协商方式进行的。中国可尝试在 APEC 内启动贸易投资便利化谈判，将贸易投资便利化进程作为一种机制化安排，从中掌握贸易投资便利化进程的主导权。实际上，即使在贸易投资便利化领域，也存在一定的政治障碍，中国可通过机制化安排学会国际规则制定的方式，逐渐提升多边谈判水平，为未来进行难度更大的贸易投资自由化谈判创造条件。

第三，加快中国自身贸易投资便利化水平的提升。首先，与亚太地区发达成员相比，目前中国在贸易投资便利化领域仍存在较大的差距。整体水平不高是最突出的表现之一。其次，我们自身没有统一的专门推行贸易投资便利化的机构，部门间协调难度较大。而且，我们也需要进一步完善贸易投资便利化政策的推进，加快贸易投资便利化实施的软硬件技术水平的提升。为此，建议尽快成立统一的专门协调贸易投资便利化事务的机构。最后在可推行的贸易投资便利化领域内，加快推进贸易投资便利化进程。主要思路是边提升自身的贸易投资便利化水平，边逐渐掌握亚太地区贸易投资便利化进程的主导权。

第四，为亚太地区发展中成员推行贸易投资便利化提供必要的资金支持。目前亚太地区各国贸易便利化基础和水平差异较大，这导致各国在贸易投资便利化推进中目标诉求不一致，容易导致部分成员不愿参与机制化进程安排。这就需要我们加大资金支持力度，配合亚太地区贸易投资便利化领域机制化进程。按照目前贸易投资便利化投入的资金规模估算，中国为整个地区发展中成员提供的资金约需上亿美元。可设立专门的贸易投资便利化基金，主要用于发展中国家人员培训、技术培训等。基金的使用可适当向周边国家和"一带一路"沿线国家适度倾斜。

第五，积极与美日等地区大国加强协调和磋商。目前美日有联手抑制中国崛起态势，即使在贸易投资便利化领域，美日也不会主动放弃贸易投资便利化的主导权。目前，中国可利用美国在亚太地区推行贸易投资自由化、便利化的退缩之机，主动出击，加快贸易投资便利化谈判进程，以自愿方式参与，但一旦加入贸易投资便利化谈判推进领域，则以机制化磋商为主，一方面主导贸易投资便利化进程，另一方面逐渐孤立日本。

第六，参照世界贸易组织有关贸易便利化的规则制定过程，将投资便利化作为谈判的重点内容。2015年世界贸易组织已经通过了贸易便利化的协定文本，即《贸易便利化协定》。这是世界贸易组织多年首次通过的一个多边谈判文本。中国可借鉴这一模式和内容，加快亚太地区的贸易投资便利化谈判，重点是投资便利化谈判。一方面可有助于中国投资走出去，避免不必要的风险，另一方面可为世界贸易组织加快投资便利化谈判进程提供参考模板和依据，突出中国在多边谈判中的地位和作用。

第七，充分利用亚洲基础设施投资银行，推进贸易投资便利化进程。基础设施互联互通是发展中成员推进贸易投资便利化的优先条件，也是贸易投资便利化的基础工程和硬件保障。交通基础设施和信息通信技术等硬件互联互通，对扩大贸易投资流量，提高贸易投资效率具有巨大推动作用。在建设机制上，发挥亚洲基础设施投资银行、丝路基金和世界银行、亚洲开发银行等国际性金融机构作用，在具体投资方面优先向贸易投资便利化领域的硬件设施倾斜，提高资金使用与贸易投资便利化规则实施的配合度。

美国旋转门人物资料库及相关问题研究报告

郑秉文
中国社会科学院美国研究所所长
石培培
中国社会科学院美国研究所助理研究员

旋转门是指个人在公共部门和私人部门之间的双向转换角色，穿梭交叉为利益集团牟利的机制。旋转门可以分为两类，第一类是由产业或民间部门进入政府的旋转门，这主要是指公司高管和商业利益集团游说者进入联邦政府或国会并担任要职。第二类是由政府或国会进入私人部门的旋转门。本报告基于美国旋转门人物的相关资料，对此问题进行分析。

本报告研究的法律基础：美国 1995 游说信息公开法（1995 Lobbying Disclosure Act，以下简称 LDA）要求在六个月之内对政府游说方面花费或者赚取 1 万美金及以上的组织公开相关信息。① 基于当前美国联邦政府信息公开制度，我们可以通过国际互联网获取比较全面的美国旋转门人物及相关游说公司数据基础资料。

本报告研究的数据基础：美国无党派机构响应政治中心（Center for Responsive Politics）② 的旋转门人物资料数据库是当前美国学界和媒体公认的关于旋转门人物资料收录最为全面的数据库（以下简称 CRP 数据库）③。通过技术手段于北京时间

---

① https：//www. venable. com/lobbying – disclosure – act – of – 1995 – a – summary – and – overview – for – associations – 01 – 01 – 1999/.

② 该中心由美国前参议员 Frank Church 和 Hugh Scott 创建于 1983 年，专注美国金钱政治交易研究。该中心建设并维护了一个与美国金钱政治相关，涉及游说公司、利益集团、政治献金、旋转门等相关的重要数据库，是目前美国金钱政治相关问题国际影响力最大、资料最为全面的开放性公益数据库。

③ 主要是 1997 年至今的数据，该数据库一直保持动态更新。网址：www. opensecrets. org。

2016 年 9 月 29 日晚 23 时至次日 3 时对该数据库进行了整站数据抓取，本报告获得了该数据库全部美国旋转门人物及机构数据，共包含旋转相关 16358 人的数据，主要为 2007 年至今的美国旋转门人物资料及档案。通过机器学习技术和基于大数据的社会网络计算，我们对旋转门下的关键人物、核心机构及其相关问题进行了分析。

本报告工作：（1）发现美国旋转门人物覆盖范围广、公私部门间流动性强；国会职员通过旋转门进入游说公司，年收入增长 3 至 7 倍；国会职员通过旋转门任职游说公司后，如果与他们有联系的国会原上司/雇主离开国会，他们的平均年收入将减少 24%；（2）通过对旋转门人物关系网络大数据计算，找出了其中社会网络影响力最强的 8 位旋转门关键人物；（3）对当前旋转门相关的核心机构进行了筛选和分析；（4）以 AT&T 公司为例，对旋转门与美国公司/利益集团参政进行了说明；（5）对 2016 年美国总统候选人希拉里、特朗普与旋转门的关系进行了分析。

本报告结论：旋转门作为一种依附于美国政治体系的利益交换现象，一直处于动态发展过程中。旋转门的影响利弊是同时存在的。首先对国会、政府各部门而言，旋转门提供了较为灵活的公立部门与私人部门之间的沟通机制，也提高了政府与社会之间的人才交换流动性，特别是在立法与政策制定方面，更有利于综合各方面利益及现实问题，提供较为实际可行的规范体系；其次对私人部门而言，各类企业组织雇佣退役官员特别是技术官僚，能提高其产品的针对性，并利用这些官员们在政府公共部门任职时积累的能力经验提升私人组织的生产力和效益，也使得这些退休官员们能发挥余热。但是旋转门也带来了隐性利益交换和腐败问题，对正常的市场竞争及社会运行会构成潜在危害。所以美国联邦层面主要采取了不断疏导和规范的方式，如出台游说信息公开法、国会议员退休任职限定条例等，从增强旋转门公开透明度和加强政府人员行为约束两方面着手推动旋转门朝着相对良性的方向发展。

美国旋转门需进一步关注的三个问题：（1）进一步加强对旋转门关键人物的跟踪了解，及时跟进相关信息分析；（2）进一步细化和评估美国核心游说公司对国会、总统及政府各机构的影响；（3）进一步深化对美国本土公司/利益集团与美国立法及政府行为联动机制的了解。

一　美国旋转门概况

第一，美国旋转门人物覆盖范围广。根据 CRP 数据库资料，截至 2014 年，美国旋转门人物所涉主要行业情况如图 1 所示，基本上覆盖了美国的主要行业。

美国国会、政府部门与各利益集团和公司之间的人员流动旋转是一种普遍而广

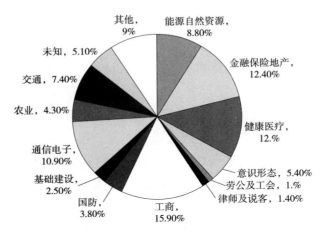

图1　美国旋转门人物涉及行业（2014 年）

资料来源：CRP 数据库，www. opensecrets. org。

泛的现象。以美国国会为例（见图2），国会议员在离任后，30% 以上会选择加入游
说公司，超过 15% 会充当利益集团或公司在华盛顿的游说代理人，约 20% 会去私人
部门担任顾问工作。同时，在游说公司或者私人部门工作的人员，也会通过各种渠
道到国会工作（见图3）。这种公共部门与私人部门之间的人员交替，会在动态旋转
中广泛渗透到各个行业。

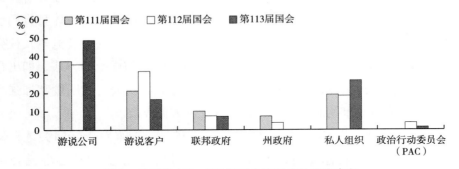

图2　美国第 111～113 届国会离任成员任职去向

资料来源：CRP 数据库，www. opensecrets. org。

　　第二，美国旋转门人物公私部门间流动性强。通过对 CRP 数据库中当前美国旋
转门人物相关资料进行社会网络分析，我们发现旋转门人物在游说公司、国会、联
邦政府与总统之间发挥了穿针引线的作用。如图4所示，游说公司与联邦政府各业
务部门关系最为密切，总统与国会为旋转门人物活动空间的两端，除少部分人物能
同时连接总统与国会外，大部分是通过游说公司和联邦政府业务部门进行旋转。

　　从图5可以看出奥巴马政府与克林顿政府之间旋转门人物的关联性，两者在旋

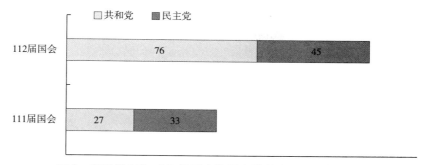

图3　美国第 111～112 届国会议员有游说公司工作背景人数

资料来源：CRP 数据库，www. opensecrets. org。

转门人物联系网络上有大量的重合区域，即有大量的旋转门人物同时与奥巴马政府和克林顿政府存在关系。同时，也可以看出小布什政府与老布什政府之间旋转门人物关系的传承，以及里根政府相关旋转门人物与布什和克林顿之间的关联。综合图 4 和图 5 的社会网络关系，旋转门为美国各类从政人员提供了多样化流转渠道，并为旋转中利益交换提供了可能。

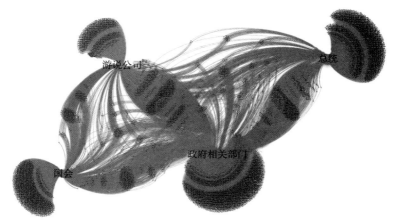

图4　国会、总统、政府和游说公司间的旋转门社会网络关系①

资料来源：CRP 数据库，www. opensecrets. org，样本数据 32716 条。

　　第三，国会职员通过旋转门任职游说公司后，如果与他们有联系的国会原上司（雇主）离开国会，他们的平均年收入将减少24% 。该现象由伦敦经济学院经济绩效研究中心布莱尼·韦德教授等研究发现，并于 2012 年 12 月刊发于《美国经济评论》②。布莱

---

①　本报告中使用的社会网络计算软件为 Gephi0. 9. 1。

②　Jordi Blanes i Vidal, Mirko Draca and Christian Fons – Rosen, "Revolving Door Lobbyists", *The American Economic Review*, Vol. 102, No. 7 (Dec 2012), pp. 3731 – 3748.

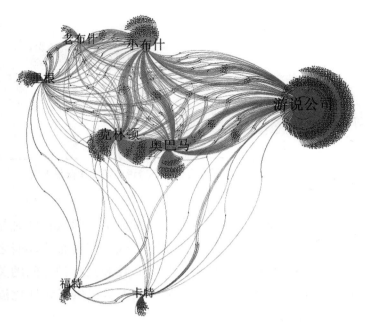

图 5　旋转门人物与总统和游说公司的社会网络关系

资料来源：CRP 数据库，www. opensecrets. org，样本数据 10652 条。

尼·韦德教授团队于 1998 至 2008 年对 3960 家美国游说公司/组织中与旋转门有关的雇员进行了研究，他对每一位通过旋转门进入游说公司工作的国会前职员进行关联分析发现，每一名参议员的离任，与其相关的说客（原部下）平均年收入将减少 24%。研究还表明，国会前职员在他们有联系的参议员离任后，更不倾向于去游说公司工作。

表 1　2001～2011 年旋转门对国会职员的收入影响

国会职位	总人数	离任后担任旋转门说客占比（%）	国会职员年收入（$万）	说客平均年收入（$万）	游说与国会收入比	国会任期（月）
行政主管	2170	30	13.7	42.68	3.12	93.8
立法主任	1949	36.6	8.87	37.23	4.2	89
立法助理	7231	23.4	5.56	30.09	5.41	68.6
立法舆情信息员	5501	11.5	3.67	28.28	7.71	47.6
立法顾问	1421	31.2	7.21	33.78	4.69	62.7
媒体部门	2871	8	5.81	30.52	5.25	64.7
专业技术类职员	1267	24.6	5.88	32.73	5.57	73.8
助理职员	14291	6.2	3.5	26.48	7.57	57.8

资料来源：美国国会人员工资数据库（www. legistorm. com）、CRP 数据库（www. opensecrets. org）、哥伦比亚出版公司美国游说公司数据库（www. lobbyists. info）。

第四，国会职员通过旋转门进入游说公司，年收入增长3至7倍。表1为2001年至2011年旋转门对美国国会职员收入的影响关系。不同级别的国会职员进入游说公司后，收入增长3至7倍。其中在国会担任官职越高、任期越长或者工作技术含量越强，其离任后参与旋转门的占比越高，得到游说公司的报酬也更多。另据《华盛顿邮报》报道，1998年至2012年这14年间，美国有政府或国会等工作经验的说客收入增长了442%，而无政府工作经验的说客工资无增长。①

图6　1998～2015年美国游说费用及说客数量

资料来源：CRP数据库，www.opensecrets.org。

图7　1998～2015年美国说客人均年花费金额

资料来源：CRP数据库，www.opensecrets.org。

---

① Chris Cillizza, "*The revolving door between Congress and K Street is moving faster than ever*", 2014. 1. 22, https：//www. washingtonpost. com/news/the－fix/wp/2014/01/22/the－revolving－door－between－congress－and－k－street－is－moving－faster－than－ever/.

图 6 和图 7 也说明了游说的丰厚收益。1998～2015 年 18 年间，美国游说共计花费 467.9 亿美元，年均 25.9 亿美元，涉及游说人员共计 230.3 万人次，说客人均每年花费 20.3 万美元。根据 LDA 法案，图 6 和图 7 中所指游说公司所公开的花费主要是指雇佣人员薪水、推动立法和法案修改执行等的报酬等。大量资金的注入结合广覆盖、高流动性的旋转门，为旋转门运行提供了持续的发展动力。

二　当前美国旋转门的关键人物

通过对所有旋转门人物资料的关系网络进行计算，我们得出当前美国旋转门人物社会网络关系图（见图 8）。该图包含 CRP 旋转门人物数据库中涉及的美国国会、联邦政府机构、最近美国七届总统（福特至奥巴马），以及各类游说公司、跨国公司利益集团等在内的 16358 名旋转门相关人物之间的社会关系。

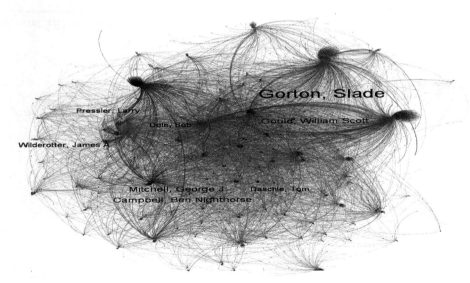

图 8　当前美国旋转门人物社会关系网络图及核心人物排序

资料来源：CRP 数据库，www.opensecrets.org。

如图 8 所示，社会关系网络强度最大的旋转门人物为如下八位（即图 8 中黑色字体标记出英文名的八位。社会关系强度排序采用了特征向量中心度排序算法，只取前

八位是因为从第九位开始社会关系强度明显与前八位差一个等级)①：斯莱德·戈顿
(Slade Gorton)，本·莱特豪斯·坎贝尔（Ben Nighthorse Campbell），乔治·J. 米切尔
(George J. Mitchell)，威廉·斯科特·古尔德（William Scott Gould），鲍勃·多尔（Bob
Dole），汤姆·达施勒（Tom Daschle），拉里·普雷斯勒（Larry Pressler），詹姆斯·A.
维尔德罗特（James A. Wilderotter）。我们重点对这八位旋转门关键人物进行了分析。

（一）八位美国旋转门关键人物总体分析

由表 2 可知，我们计算得出的八位旋转门关键人物年龄均较大。除詹姆斯·
A·维尔德罗特的情况未知，威廉·斯科特·古尔德为联邦政府公务员外，其他人
员均为美国国会议员，且都任期较长，并担任过多数党领袖。其中斯莱德·戈顿是
9/11 特别委员会终身顾问，对美国 9/11 及反恐有突出贡献。本·莱特豪斯·坎贝尔
是美国原住民重要意见领袖。乔治·J. 米切尔是影响中东事务和北爱尔兰和平进程的
重要人物。威廉·斯科特·古尔德是美国退役军人事务专家，资深政府雇员。鲍勃·
多尔曾三次获共和党总统/副总统竞选提名。汤姆·达施勒与奥巴马关系较为密切，
是美国医改方面的专家，对奥巴马医改有重要影响。汤姆·达施勒与鲍勃·多尔曾在
医药行业游说方面有过合作。拉里·普雷斯勒是参议院第一位越战退伍军人议员。

表 2 八位美国旋转门关键人物概况

姓 名	出生日期	年 龄	出生地	党 派	议 员
斯莱德·戈顿	1928. 1. 8	88	华盛顿州	共和党	是
本·莱特豪斯·坎贝尔	1933. 4. 13	83	科罗拉多州	共和党	是
乔治·J. 米切尔	1933. 8. 20	83	缅因州	民主党	是
威廉·斯科特·古尔德	1957. 7. 19	59	马塞诸塞州	—	—
汤姆·达施勒	1947. 12. 9	69	南达科塔州	民主党	是
鲍勃·多尔	1923. 7. 22	93	堪萨斯州	共和党	是
拉里·普雷斯勒	1942. 3. 29	74	南达科塔州	共和党	是
詹姆斯·A. 维尔德罗特	未知		未知	未知	未知

资料来源：CRP 数据库，www. opensecrets. org。

---

① 关系特征向量影响因子取值为 0.6～1。其中斯莱德·戈顿（影响因子 1），本·莱特豪斯·坎
贝尔（0.73），乔治·J. 米切尔（0.73），威廉·斯科特·古尔德（0.73），汤姆·达施勒
（0.66），鲍勃·多尔（0.66），詹姆斯·A. 维尔德罗特（0.66），拉里·普雷斯勒（0.66）。
特征向量中心度排名（Eigenvector Centrality），参见 Newman M. E. J.，"*The mathematics of net-
works*"，*The new palgrave encyclopedia of economics*，2008（2），pp. 1 - 12。

（二）八位美国旋转门关键人物个人情况[1]

（1）斯莱德·戈顿（资深议员，9/11 特别委员会终身顾问）

1.1　个人工作简历

斯莱德·戈顿 1928 年 1 月 8 日生于美国芝加哥，今年 88 岁，共和党人。戈顿 1945～1946 年服役于美国陆军，随后进入达特茅斯学院和哥伦比亚大学法学院学习，获法学学士学位。他于 1953 年至 1956 年服役于美国空军，随后兼任空军储备军官至 1980 年，以空军上校身份退役。

戈顿于 1958 年以法律工作者身份进入政界，该年他被选举为华盛顿州立法机关委员会委员并任职至 1969 年，直到成为该委员会最资深委员。他从 1969 年开始担任华盛顿州首席检察官（1975～1977 年还在白宫担任美国消费者咨询委员会成员），直到于 1981 年当选参议员。

戈顿分别于 1981 至 1983 年和 1989 至 1993 年担任资浅参议员（Junior Senator），并分别于 1983 至 1987 年和 1993 至 2001 年担任资深参议员（Senior Senator）。在 2000 年的选举中，民主党议员玛丽亚·肯特沃以"是变化的时候了"为竞选主题获得了 2229 张选票，击败了戈顿。此外，因戈顿长期坚持削弱印第安部落自治权而于 2000 年遭到了华盛顿州印第安部落的强烈反对。他落选后于 2001 年离任参议院。

戈顿 1958 年 7 月 28 日与莎莉·克拉克结婚，育有三个子女，有一段持续了 55 年的婚姻。他爱人因乳腺癌于 2013 年 7 月 20 日病逝。其个人工作简历请见表 3。

表 3　斯莱德·戈顿工作简历[2]

任　期	雇　主	职　务
2007～	高盖茨律师事务所 K&L Gates	合伙人
2001～2005	柯克帕特里克 & 洛克哈特公司 Kirkpatrick & Lockhart	—
2001～2006	普盖茨律师事务所 Preston，Gates et al	合伙人

---

① 八位旋转门关键人物的个人资料信息是我们结合美国国家档案馆政府档案数据库、旋转门人物涉及的组织机构网站及维基百科等网络资源综合而成，无特殊情况，本章节中不再标注说明。

② 部分参考国会档案，请见附录 1。

任　期	雇　主	职　务
2001～2003	斯莱德戈顿公司 Gorton，Slade	—
1997～2000	参议院能源与自然资源委员会	委员
1995～1996	参议院劳工公共福利委员会	委员
1993～2000	参议院预算委员会	委员
1991～2000	参议院拨款委员会	委员
1991～1992	参议院特设道德委员会	委员
1991～1994	参议院特设情报委员会	委员
1991～2000	参议院印第安人事务委员会	委员
1989～1990	参议院军事委员会	委员
1989～2000	参议院商业科技交通委员会	委员
1989～1990	参议院农业、食品和林业委员会	委员
1981～2000	参议院	议员
1975～1977	白宫消费者咨询委员会	委员

资料来源：CRP 数据库，www. opensecrets. org。

1.2　旋转门经历

戈顿在 10 个国会委员会下属部门和 3 个游说公司工作过，是典型的旋转门人物。戈顿在担任华盛顿州首席检察官期间，以他在美国最高法院为华盛顿州利益立场辩护获胜而出名，并因此开启了其随后的参议员生涯。戈顿 72 岁之前都在公立部门工作，72 岁之后进入游说公司，并以丰富的人脉和影响力先后成为普盖茨律师事务所和高盖茨律师事务所的合伙人，虽然我们无法查到他在游说公司的具体游说提案，但其政策影响力显而易见。戈顿的影响力与其跨越半个世纪的从政经历密不可分。戈顿的口头禅是："我不能保证成功，但我一定保证去战斗。"从与他共事的朋友和同事的文字记录看，他有着非常好的口碑。此外，从他原同事及好友的口述记载中可以看出，戈顿是"9·11"事件特别委员会的重要成员，并发挥了重要作用。①

1.3　沟通渠道

戈顿已 88 岁高龄，作为现在高盖茨律师事务所的合伙人，更多的是在用他的旋转门人脉发挥影响力。此外，美国国家统计局亚洲研究所②（The National Bureau of Asian Research，以下简称 NBR）专门设立了一个斯莱德·戈顿国际政策研究中心。

---

① *Slade Gorton*，*A Half Century in Politics*，https：//www. sos. wa. gov/legacy/stories/slade – gorton/.

② nbr. org.

NBR 于 1989 年在参议员亨利·杰克逊（Henry M. Jackson）倡导和波音公司支持下成立，专注美国与亚洲，特别是美中关系的研究工作。该所特别强调在处理美中关系的时候美国两党合作的重要性。

NBR 下设的斯莱德·戈顿国际政策研究中心主要涉及三个方面，一是侧重亚洲的国际经贸、能源安全、能源与环境问题等研究；二是依托 NBR 反恐相关的优势研究资源，侧重亚洲相关反恐问题研究。该中心同时依托戈顿在 9/11 特别委员会终身顾问身份的平台和渠道，开展反恐稀缺情报体系建设工作。

（2）本·莱特豪斯·坎贝尔（美国原住民重要意见领袖）

2.1 个人工作简历

本·莱特豪斯·坎贝尔 1933 年 4 月 13 日生于加州，今年 83 岁，母亲是葡萄牙裔，父亲是夏安族部落印第安人。坎贝尔 1951 年从高中退学加入美国空军，并作为飞行员参加了朝鲜战争。1953 年获二等飞行员称号，获朝鲜战争服役勋章和空军荣誉勋章，服役期间他获得了高中同等学历证书，并于退役后进入美国圣荷西州立大学学习，其间在日本明治大学短期交换进修过，于 1957 年获得体育和美术学学士学位。他曾经是 1964 年日本东京奥运会美国柔道项目运动员队长。他同时也是美国北方夏安族部落印第安部落首领委员会中 44 个委员之一。在他的自传《一个美国战士：本·莱特豪斯·坎贝尔》中还介绍了他传承自他父亲的珠宝设计才能，先后获得过 200 多项美国国内和国际珠宝设计大奖。在 20 世纪七十年代，"本·莱特豪斯"已成为一种独特的印第安珠宝设计风格代称。

坎贝尔 1982 年被选为科罗拉多州议会议员。1993～2005 年一直担任美国参议院议员，他是美国第一位在美国参议院担任议员超过六年的美国原住民身份公民。从 1993～1997 年坎贝尔连任三个任期的众议院议员。

坎贝尔原本是民主党议员，1995 年 3 月他转而投向共和党。1998 年获得参议院连任的他宣称在 2004 年将不会再继续担任议员，2006 年曾表示要竞选科罗拉多州的州长，但未参加竞选。随后他开始在霍兰游说公司担任高级政策顾问直至 2012 年。他于 2012 年 7 月开始创建了以自己名字命名的游说公司：本·莱特豪斯咨询公司。表 4 为坎贝尔的工作简历。

坎贝尔 1966 年与科罗拉多州当地印第安裔中学教师琳达结婚，两人育有两个子女，现在有四个孙儿/女。

表4　本·莱特豪斯·坎贝尔工作简历

任　期	雇　主	职　务
2012 ~	本·莱特豪斯咨询公司 Ben Nighthorse Consultants	合伙人
2005 ~ 2012	霍兰·奈特律师事务所 Holland & Knight	高级顾问
2001 ~ 2002	参议院环境、公共事务委员会	—
2001 ~ 2002	参议院印第安人事务委员会	副主席
1997 ~ 2004	参议院印第安人事务委员会	主席
1997 ~ 2004	参议院拨款委员会	委员
1995 ~ 2004	参议院	议员
1993 ~ 1994	参议院	议员
1993 ~ 2004	参议院退伍军人事务委员会	委员
1993 ~ 1994	参议院银行、住房、城市事务委员会	委员
1993 ~ 2004	参议院能源、自然资源委员会	委员
1993 ~ 2000	参议院印第安人事务委员会	委员
1989 ~ 1992	众议院农业委员会	委员
1989 ~ 1992	众议院内部事务委员会	委员
1987 ~ 1992	众议院	委员
1983 ~ 1986	科罗拉州议会	委员
1951 ~ 1953	美国空军	二级飞行员

资料来源：CRP 数据库，www. opensecrets. org。

2.2　旋转门经历

据美国国家档案馆公开档案[①]，坎贝尔曾被美国时代周刊评为全美 20 位最重要的监督美国当局未来发展动向的人物之一，加上他美国印第安原住民领袖的背景和多年的国会经历，在美国旋转门人物中有独特优势。据他在咨询公司网站上的介绍，坎贝尔将利用其丰富的从政经验为他的客户在美国印第安事务、阿拉斯加事务、政府拨款、能源、博彩、自然资源（包含水和土地资源）、交通运输等领域为客户进行咨询。公司网站介绍中特别强调了他与美国两党派领袖们的熟悉情况，并表示这将为客户提供解决方案。[②]

2.3　沟通渠道

报告写作期间，我们直接致电本·莱特豪斯咨询公司与其值班人员进行了简短

---

① 参见附录2。

② http：//bennighthorseconsultants. com/.

的采访①，该公司目前常住人员 7 人左右（视项目情况人员会有浮动），但公司收益丰厚。仅印第安博彩协会每年资助经费就达 130 至 150 万美元。在美国印第安事务方面有着非常重要的影响力。他们主要集中于美国本土事务。但在谈到中国时，他们同样表示欢迎开展针对中国公司的咨询合作，并指出他们对美国西部投资及合作有着深刻的了解，只要价格合适，可以考虑合作，并能提供深度洞见的评估报告。

（3）乔治·J. 米切尔（中东事务和北爱尔兰问题重要人物）

3.1　个人工作简历

乔治·J. 米切尔 1933 年 8 月 20 日生于缅因州，是律师、商人和政治家。米切尔 16 岁高中毕业后进入缅因州的鲍登学院学习，1954 年毕业后服役于美国陆军，并于 1956 年升为中尉。1961 年，他以在职学习的方式获得乔治敦大学法学院的法学学位，并随后获得了贝茨学院的荣誉法学博士学位。

米切尔在 1980 至 1995 年担任美国参议院议员，1989 至 1995 年为参议院多数党领袖。从参议院退休之后，米切尔在美国商界和政界都担任了系列职务。他先后担任了 20 世纪末美国北爱尔兰、中东和平议题首席谈判官并发挥了关键作用。1995 至 2001 年被时任总统的克林顿任命为美国对北爱尔兰事务特别大使。米切尔从 2004 到 2007 年担任迪士尼公司主席，随后担任欧华律师事务所合伙人和荣誉主席。2009 至 2011 年被奥巴马总统任命为美国对中东地区和平特使。他的职业生涯在政界、商业之间交替轮换。

米切尔有一段持续 26 年的婚姻，直至 1987 年与其妻子莎莉离婚。两人育有一女。表 5 为米切尔的工作简历。

表 5　米切尔工作简历

任　期	雇　主	职　务
1999~2009	美国两党政策中心	住房委员会联合主席
2009~2011	联邦政府	中东和平特使
2004~2007	迪士尼公司	主席、董事会成员
2002~2008	欧华律师事务所 DLA Piper	合伙人、荣誉主席

---

① 本·莱特豪斯咨询公司咨询电话 719 - 250 - 0541，联系邮箱：nighthorseconsultants@ gmail. com. 报告写作过程中我们试图联系过 8 位旋转门核心人物，这是唯一回答比较详细的。

任　　期	雇　　主	职　　务
1998～2002	维纳利普菲特律师事务所①	说客
1993～1994	参议院道德委员会	委员
1989～1994	参议院退伍军人事务委员会	委员
1989～1994	参议院环境公共事务委员会	委员
1989～1994	参议院金融委员会	委员
1989～1994	参议院	多数党领袖
1980～1994	参议院	议员
1979～1980	美国地方法庭	法官
1977～1979	美国联邦检察官办公室	检察官
1962～1965	埃德蒙·马斯基议员	行政助理
1960～1962	司法部	出庭律师
1954～1956	美国陆军	服役

资料来源：CRP 数据库，www. opensecrets. org。

3.2　旋转门经历

米切尔在任期间政绩突出，1994 年获国会杰斐逊奖章。因其在北爱尔兰和平进程中的重要作用，1998 年先后获得总统自由勋章和费城自由勋章，同年被提名参选诺贝尔和平奖。1999 年，还获得了英国荣誉骑士大十字勋章和大英帝国勋章。除推动爱尔兰和平进程外，米切尔在解决 2000 年期间的巴以冲突时也发挥了重要作用。他于 2001 年发布米切尔报告，向以色列当局施压，要求停止在巴勒斯坦区域进行居民点扩张，从而避免进一步的暴力冲突。该报告提出的系列改革方案促使巴以在多方面达成妥协。因他在中东事务上的突出贡献，2009 年被奥巴马总统任命为美国中东地区和平特使。

米切尔同时也是一位成功的律师和商人。从参议院退休后，据维基百科资料，他先后在迪士尼公司、联邦快递、施乐公司、联合利华、喜达屋酒店集团、波士顿红袜子棒球队等六家跨国公司、大型连锁企业和体育强队中担任重要职务。他在维纳利普菲特律师事务所任职期间，曾因他替美国大烟草公司游说而遭到了舆论的批评②。除他简历中提及的欧华律师事务所外，事实上米切尔还在其他 6 家咨询或游

---

① 维纳利普菲特律师事务所（Verner, Liipfert et al）。

② Dowd, Maureen（May 17, 1998），"*Liberties*; *Nicotine – Stained Halo*"，*The New York Times*，2009. 1. 22.

说公司担任过要职，并最终于 2007 年回归两党政策中心。①

3.3 沟通渠道

米切尔现任美国两党政策中心住房委员会联合主席。已经 83 岁的他目前处于半退休状态。美国两党政策中心住房委员会是与他沟通比较直接的渠道。

（4）威廉·斯科特·古尔德（美国退役军人事务专家）

4.1 个人工作简历

威廉·斯科特·古尔德 1957 年 7 月 19 日出生于马萨诸塞州，现年 59 岁，先后获得康奈尔大学学士学位和罗彻斯特大学工商管理硕士和教育学博士学位。古尔德在美国海军工作长达 26 年，并历任美国财政部、商务部助理部长，担任过 IBM 公司公共战略部副主席，同时也是 O'Gara 投资服务公司的执行总裁、Exolve 技术服务公司首席运营官。他与琳达·比尔姆斯合写了畅销书《人的因素：论公共建设投资与美国强大》。2009 年至 2013
年担任奥巴马政府美国退伍军人事务部副部长。他现在是 CareFirst 联邦医疗保险服务商马里兰蓝十字和蓝盾计划执行副总裁。

古尔德的妻子米歇尔·弗卢努瓦曾担任美国国防部某部副部长，主管国家安全和防务政策的制定。他们有三个孩子，现在全家定居在马里兰州的贝塞斯达城。他的主要工作简历请见表 6。

表 6　威廉·斯科特·古尔德工作简历

任　期	雇　主	职　务
2013 ~	CareFirst 联邦医疗保险公司	马里兰蓝十字和蓝盾计划副总裁
2009 ~ 2013	美国退伍军人事务部	副部长
2008 ~ 2008	奥巴马 - 拜登任职交接团队	退伍军人事务部门主任
2004 ~ 2009	IBM 公司	公共战略部副主席
2002 ~ 2004	O'Gara 公司（投资公司）	首席执行官
—	Exolve 技术公司（与军方有关）	首席运营官
2001 ~ 2002	海军部	—
1997 ~ 2001	商业部	助理部长

---

① 两党政策中心是由原参议员多数党领袖霍华德·贝克、汤姆·达施勒、鲍勃·多尔、乔治·米切尔在 2007 年共同创立的。

任　期	雇　主	职　务
1994～1997	财政部	助理部长
1993～1994	白宫顾问团美国进出口银行	白宫学者

资料来源：CRP 数据库，www. opensecrets. org。

4.2　旋转门经历

古尔德旋转于军界、政界、游说公司、跨国公司、科技公司，还撰写过畅销书。他主要以副手的身份在各类部门担任职务，因此很难查到他的主要政绩。互联网上与他有关的信息主要涉及退伍军人医疗保障、自杀预防及干预、退伍军人住房保障等事项。古尔德是这八位旋转门关键人物中唯一没有国会议员背景的旋转门人物。他的影响力与其所从事的退伍军人事务有密切关系。

4.3　沟通渠道

古尔德本人可以通过 CareFirst 联邦医疗保险公司联系到。

（5）鲍勃·多尔（三次获共和党总统/副总统竞选提名）

5.1　个人工作简历

鲍勃·多尔生于 1923 年 7 月 22 日，现年 93 岁，美国律师、政治家，毕业于沃什伯恩市大学，获法学学士学位。1961 至 1969 年在众议院担任议员，1969 至 1996 年担任参议院议员。在 1976 年总统大选时他作为共和党提名的副总统人选与福特一起竞选。在 1980 年和 1988 年的共和党内部总统人选提名竞选时均未成功。1996 年，多尔获得了共和党内部总统竞选人提名，但在竞选中败给了克林顿。

多尔还出版过一些著作，例如他将美国总统所讲过的笑话收集整理出来，并按照幽默程度给美国总统排序，结集出版。2005 年 4 月 12 日，多尔出版了他的个人回忆录《一个战士的故事》，主要讲他在二战中的经历和战后克服战争创伤，自我奋斗的故事。

1989 年多尔被里根总统授予总统公民奖章。1997 年克林顿总统为奖励他曾经在军队和在政治上的贡献，向他颁发了总统自由勋章。2004 年多尔还荣获美国爱国者奖章。

此外，多尔和前参议员乔治·麦戈文共同创立了国际学校午餐项目，通过国会的捐赠和支持，该项目帮助发展中国家向贫穷饥饿的学生提供营养餐，在 8 年间帮助了 41 个国家超过 220 万的学生。该项目获得了 2008 世界粮食奖。

2009 年，多尔因心律不齐和腿疼入院治疗，手术较为成功。2010 年 2 月，多尔又因为肺炎住院，在沃尔特·里德医疗中心住院 10 个月后康复出院。2011 年 1 月，多尔因为感染引起高烧再次入住沃尔特·里德医院六天，目前身体状况稳定。

多尔先后结过两次婚。与第一任妻子育有一女。他的第二任妻子伊丽莎白·多尔曾任美国劳工部长、美国运输部长及美国参议员。多尔的个人工作简历请见表 7。

表 7　鲍勃·多尔工作简历

任　期	雇　主	职　务
2003 ~	奥斯顿与伯德律师事务所 Alston & Bird	特别顾问
2009 ~ 2010	塞尔因公司 Celgene Corp	
2002 ~ 2002	鲍勃·多尔公司	主席
1997 ~ 2002	维纳利普菲特律师事务所 Verner, Liipfert et al	特别顾问
1993 ~ 1994	参议院特设情报委员会	委员
1991 ~ 1994	联合税收委员会	委员
1989 ~ 1996	参议院农业、食品和林业委员会	委员
1989 ~ 1996	参议院金融委员会	委员
1989 ~ 1996	参议院规则委员会	委员
1985 ~ 1996	参议院	多数党领袖
1969 ~ 1996	参议院	议员
1961 ~ 1968	众议院	议员
1953 ~ 1961	拉塞尔县	检察官
1951 ~ 1953	堪萨斯州	众议院议员
1943 ~ 1948	美国陆军部	服役

资料来源：CRP 数据库，www. opensecrets. org。

5.2　旋转门经历

离开国会后，多尔在华盛顿的奥斯顿与伯德律师事务所做特别顾问，主要从事游说、写作、咨询、公众演讲等工作。除奥斯顿与伯德律师事务所外，他任职过的鲍勃·多尔公司、维纳利普菲特律师事务所都是美国影响力很大的游说公司，但我们并没有查到他具体游说过的政策法案。多尔在共和党有着很高的声望和影响力，是特朗普竞选总统的重要支持者。多尔之前的顾问保罗·马纳福特在特朗普竞选团队中发挥重要作用。

5.3　沟通渠道

多尔年事已高，他现任职的奥斯顿与伯德律师事务所，是华盛顿重要游说公司之一，有广泛的合作沟通渠道。

（6）汤姆·达施勒（与奥巴马关系较为密切，美国医改专家）

6.1　个人工作简历

汤姆·达施勒 1947 年 12 月 9 日出生于南达科塔州，现年 69 岁，民主党。达施勒 1969 年毕业于南达科塔州立大学，获政治学学士学位，毕业后在美国空军战略司令部服役三年，担任情报官。之后五年他担任了参议员詹姆斯·阿布雷兹克的助手。1978 年被选为众议院议员，并担任了四个任期的议员。1986 年被选为参议院议员，并在 1994 年成为多数党领袖。在 2004 年竞选失利后，他开始在游说公司从事政策咨询，2005 年进入奥斯顿与伯德律师事务所做政策顾问。同时，他也是美国进步中心的高级研究人员、董事会主席；并在国家民主研究所担任副主席；同时是爱德华·肯尼迪中心、约翰逊基金会、美国外交关系委员会、哈佛公共卫生学院卫生政策执行委员会的成员。

达施勒是 2008 年总统竞选奥巴马的支持者，在奥巴马当选后被提名担任美国公共与卫生服务部部长，但是由于他的个人收入税收报告遭到质疑，未能就职。达施勒现在在贝克·多纳尔逊律师事务所工作，并于 2014 年创建了自己的达施勒团队（The Daschle Group），从事游说工作。

达施勒 1983 年与第一任夫人劳里离婚，于 1984 年与琳达·豪尔女士结婚。琳达于 1976 年被评为堪萨斯州小姐。克林顿政府时期她在美国联邦航空管理局任职，她现在也是一名在华盛顿的说客。琳达的客户包含美联航空、洛克希德马丁航空航天公司、波音公司等。达施勒与他的第一任妻子育有三名子女。他的工作简历请见表 8。

表 8　汤姆·达施勒工作简历

任　期	雇　主	职　务
2014 ~	贝克·多纳尔逊律师事务所	达施勒团队
2009 ~ 2014	欧华律师事务所 DLA Piper	高级政策顾问
2005 ~	美国进步中心	高级研究员
2005 ~ 2009	奥斯顿与伯德律师事务所	特别政策顾问
2003 ~ 2004	参议院多数党领袖	多数党领袖
2001 ~ 2004	参议院规则委员会	委员

续表

任　期	雇　主	职　务
2001～2004	参议院金融委员会	委员
1995～2003	参议院多数党领袖	多数党领袖
1993～1994	参议院道德委员会	委员
1991～1994	参议院退伍军人事务委员会	委员
1989～1994	参议院金融委员会	委员
1989～1994	参议院印第安人事务委员会	委员
1989～2004	参议院农业、食品和林业委员会	委员
1987～2004	参议院	议员

资料来源：CRP 数据库，www. opensecrets. org。

6.2　旋转门经历

达施勒在 2004 年议员竞选失败后，开始在奥斯顿与伯德律师事务所从事游说工作。由于法律限制，议员离任一年内不得担任说客，他以特别政策顾问的头衔开始在该公司任职。达施勒是美国医改专家，曾与人于 2008 年合作出版《美国医护危机：我们能做些什么?》。他是奥巴马政府医改的重要政策建言者。

达施勒是在前参议员鲍勃·多尔的推荐下进入奥斯顿与伯德律师事务所的，据 2008 年媒体报道，他当时的年薪高达 200 万美金。① 奥斯顿与伯德律师事务所医疗卫生领域的客户主要有美可保健公司、美国家庭护理和临终关怀协会、雅培公司、南方保健公司等，仅 2008 年 1 月至 9 月间，这些公司和协会就支付给该律所 580 万费用来游说国会和政府部门。该律师事务所 60% 的收入来自医药及保健相关行业。2014 年达施勒跳槽到贝克·多纳尔逊律师事务所，并在那成立了自己的游说团队，主要从事医药及保健相关行业的游说工作。

6.3　沟通渠道

直接联系美国贝克·多纳尔逊律师事务所，就可以找到达施勒本人及其团队。

（7）拉里·普雷斯勒（参议院第一位越战退伍军人议员）

7.1　个人工作简历

拉里·普雷斯勒 1942 年 3 月 29 日生于南达科塔州，现年 74 岁。他先后就读于南达科塔大学和牛津大学，获经济学学士学位，随后获哈佛大学法学博士学位。2013 年之前普雷斯勒为共和党派，2013 年之后是独立党派。他于 1975 至 1979 年在

---

① Ceci Connolly, "Daschle Pays ＄100k in Back Taxes Over Car Travel", *Washington Post*, January 30, 2009.

众议院担任了两个任期的众议员。1979 至 1997 年在参议院任职，在 1996 年参议员连选中失利。他是参议院里第一位越战退伍军人议员。

1997 年离开参议院后，他曾当过律师、商业顾问，并参加过多次国会选举。2013 年 12 月，普雷斯勒以独立党派身份参加参议院 2014 中期选举，后来败给共和党派对手麦克·朗兹。落选后，普雷斯勒通过了纽约律师执业考试，重新做回了律师。很快，他在康纳尔·汉南律师事务所被提为高级合伙人，一直在律所工作了 6 年。随后他创造了自己的律所：普雷斯勒律师事务所。这家律所也是纽约律师协会、华盛顿律师协会和最高法院律师协会的成员。

2000 年普雷斯勒成为小布什竞选总统团队信息技术委员会委员，2001 年小布什总统上任后，他在总统过渡团队工作。2004 年 12 月他被任命为乌克兰大选的政府观察员。在 2008 年和 2012 年的总统选举中，布雷斯特都支持奥巴马。2009 年，奥巴马提名普雷斯勒在美国海外遗产保护委员会任职，并同时兼任军事补偿和退休委员会相关工作。2012 年 10 月，普雷斯特在《赫芬顿邮报》撰文并在电视上公开表示支持奥巴马连任。2012 年秋，他开始在巴黎政治学院担任国际关系客座教授。2013 年，他曾上最高法院签名声援支持同性婚姻，受到媒体广泛关注。个人工作简历请见表 9。

表 9　拉里·普雷斯勒工作简历

任　期	雇　主	职　务
2001 ~	普雷斯勒律所 Pressler Group	负责人
2003 ~ 2003	阿尔卡德公司 Alcalde & Fay	说客
2001 ~ 2001	小布什总统过渡团队	成员
1998 ~ 2001	奥康纳·汉南律师事务所 O'Connor & Hannan	说客
1995 ~ 1996	参议院商业、科技、交通委员会	主席
1995 ~ 1996	参议院金融委员会	委员
1993 ~ 1994	参议院司法委员会	委员
1993 ~ 1994	参议院小型商业委员会	首席委员
1989 ~ 1994	参议院老龄特别委员会	委员
1989 ~ 1996	参议院小型商业委员会	委员
1989 ~ 1994	参议院外交关系委员会	委员
1989 ~ 1994	参议院商业、科技、交通委员会	委员
1989 ~ 1990	参议院银行住房城市事务委员会	委员
1979 ~ 1996	参议院	议员

续表

任　期	雇　主	职　务
1975～1978	众议院	议员
1971～1974	国务院	官员
1966～1968	弗朗西斯案 Francis Case	法律援助
1966～1968	美国陆军	越南战争

资料来源：CRP 数据库，www. opensecrets. org。

7.2　旋转门经历

离开国会后，除在奥康纳·汉南律师事务所工作和创办了自己的律所外，普雷斯勒还先后担任了所罗门美邦公司、蒙蒂塞洛公司、黑马资产管理公司和李奥帕投资公司斯里兰卡基金等的高级顾问。

此外，普雷斯勒还长期担任南达科塔农民协会基金会董事；2010 年他被任命为耶利哥城项目的退伍军人顾问委员会董事，帮助布朗克斯地区无家可归的退伍军人。普雷斯勒同时也是加州大学洛杉矶的访问学者和高级研究员、美国西点军校托马斯·霍金斯·约翰逊访问学者，主要讲授国际关系课程。

7.3　沟通渠道

要与普雷斯勒沟通，可直接与普雷斯勒律师事务所联系。

（8）詹姆斯·A. 维尔德罗特（与美国中央情报局有关）

詹姆斯·A. 维尔德罗特的公开资料很少，我们只查到他于 1971 至 1977 年间先后在美国商务部、城市住房发展部、美国白宫、美国能源发展与研究管理局等相关部门工作过，具体工作不详。但是通过对美国国家档案馆的搜索，我们找到了一份詹姆斯签发的白宫解密 CIA 文件①，文件显示他与美国中央情报局和美国国家安全局密码破译评估相关工作有关联。其他信息不详。

三　当前美国旋转门核心机构

（一）　美国旋转门核心机构权威排名（十大影响力游说公司）

美国哥伦比亚出版公司每年都会发布美国权威游说公司研究报告②。根据该公

---

① 见附录 3。

② 哥伦比亚出版公司美国游说公司数据库网址：www. lobbyists. info。

司已经公开的 2014 年研究报告，哥伦比亚出版公司联合华盛顿大学综合 12 项指标对美国游说公司影响力进行了排名。① 图 9、图 10 分别为该公司公布的 2014 年美国十大最具影响力游说公司和国会旋转门人物发挥作用最大的十大公司。两图结合比较，其中有 4 家游说公司是同时出现在图 9 和图 10 的排名中的，可以看出旋转门人物与顶级影响力游说公司有较强关联性。

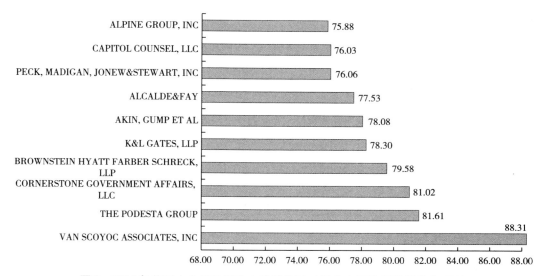

图 9　2014 年美国十大最具影响力游说公司（影响力评估指数满分为 100）

资料来源：哥伦比亚出版公司美国游说公司报告数据库（www. lobbyists. info）。

（二）社会网络强度前 20 名游说公司/组织

我们根据 CRP 数据库中 16358 名旋转门人物的社会网络关系，结合特征向量中心度排名算法②和量排名算法③进行排序筛选，得出了排名前 20 名的游说公司（见表 10）④。该排序主要涉及游说公司与旋转门人物和政府、国会、总统相关机构之

---

① 这 12 项指标分别为游说公司年度收入、客户数量、提交的法案、提交的政策报告、人均公式说客收入、人均为客户带来收入、提交方案涉及收益、公司前国会任职员工数量、前国会任职员工占公司人员比重、游说合同保持率、游说合约法案平均成功率、客户平均费用。

② 量排名算法（Page Ranks），Sergey Brin, Lawrence Page, "The Anatomy of a Large – Scale Hypertextual Web Search Engine", in Proceedings of the seventh International Conference on the World Wide Web（WWW1998），pp. 107 – 117。

③ 特征向量中心度排名算法（Eigenvector Centrality），Newman M. E. J., "The mathematics of networks", *The new palgrave encyclopedia of economics*, 2008（2），pp. 1 – 12。

④ 旋转门涉及游说公司社会网络强度关系图请见附录 4。

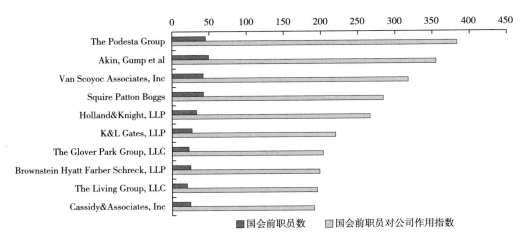

图 10　2014 年国会旋转门人物发挥作用最大的十大游说公司

资料来源：哥伦比亚出版公司美国游说公司报告数据库（www.lobbyists.info）。

间的流动性。流动性越强，影响指数越高（见图 11）。

表 10　社会网络强度前 20 名游说公司/组织

游说公司	旋转门人数	量排名算法	特征向量中心度排名
Akin，Gump et al	189	0.029	1.000
Patton Boggs LLP	188	0.027	0.988
Covington & Burling	108	0.019	0.848
Hogan & Hartson	153	0.016	0.702
Cassidy & Associates	135	0.020	0.651
DLA Piper	100	0.019	0.577
K&L Gates	85	0.017	0.524
Venable LLP	80	0.014	0.495
Alston & Bird	61	0.016	0.483
Arnold & Porter	65	0.014	0.457
Verner，Liipfert et al	67	0.015	0.452
Center for American Progress	66	0.013	0.449
Holland & Knight	106	0.016	0.433
US Chamber of Commerce	108	0.016	0.423
Lockheed Martin	44	0.014	0.399
Greenberg Traurig LLP	72	0.015	0.394
Preston，Gates et al	66	0.013	0.394
Kirkpatrick & Lockhart	61	0.014	0.389
McDermott，Will & Emery	90	0.014	0.385
Goldman Sachs	41	0.010	0.385

资料来源：CRP 数据库，www.opensecrets.org，样本数据 32770 条。

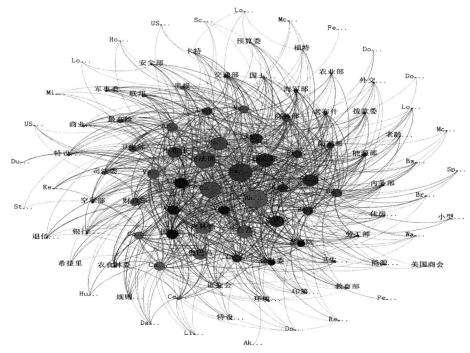

图 11　社会网络强度前 20 名游说公司旋转门网络关系
资料来源：CRP 数据库，www. opensecrets. org，样本数据 12620 条。

（三）典型旋转门公司概况

因篇幅有限，本报告仅对本章节前两部分排名中共同出现的两家公司进行介绍。分别是艾金·岗波律师事务所（Akin Gump et al）和高盖茨律师事务所（K&L Gates）。[①]

（1）艾金·岗波律师事务所

艾金·岗波律师事务所是全球最大的律师事务所之一，因其对美国国会的影响和知名的客户群而闻名世界，也是美国最负盛名的游说机构之一。该律所 1945 年成立于得克萨斯州的达拉斯市，总部在华盛顿特区，拥有 900 多名律师，在包含北京在内的全球 17 个城市设立有办事处[②]。该律所在银行破产重组、医疗健康、政治关

---

① 艾金·岗波律师事务所和高盖茨公司的资料来自与其公司官网、维基百科及 CRP 数据库。
② 艾金·岗波律师事务所办事处：达拉斯、华盛顿特区、圣安东尼奥、休斯敦、纽约、莫斯科、费城、伦敦、洛杉矶、朗维尤、旧金山、北京、香港、新加坡、阿布扎比、法兰克福、日内瓦都等。

系、美国原住民法律、媒体娱乐等多项业务领域内的服务在国际上处于领先地位。

CRP 数据库中，与艾金·岗波律所相关的旋转门人物有 189 人，通过这些旋转门人物原来在公共部门任职的情况，可以看出艾金·岗波律师事务所与各相关部门之间的社会网络关系。如图 12 所示，艾金·岗波律师事务所与美国各核心部门有着广泛的互动关系，形成了一张基于旋转门人脉的社会关系网络。

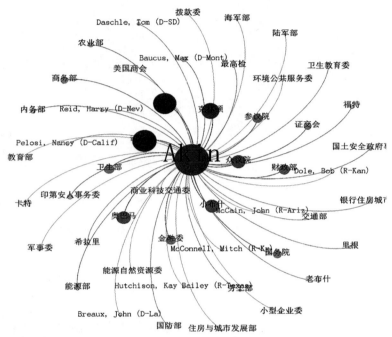

图 12　艾金·岗波律师事务旋转门社会网络关系（涉及 45 个部门，其中包含 5 个国会重要议员）
资料来源：CRP 数据库，www. opensecrets. org，样本数据 420 条。

（2）高盖茨律师事务所

高盖茨律师事务所 1883 年成立于西雅图，总部设在匹茨堡，在全球五大洲拥有近 2000 名律师，并在包含上海在内的 46 个城市设有办事处。① 从职员数量上来说是美国第 8 大律师事务所，全球排名第 11 位。该公司的游说业务影响力很大，涉及公司行业政策、能源基础设施、金融、知识产权、劳动就业及工作场所安全、诉讼

_____

① 高盖茨律师事务所全球办事处主要有安克雷齐、奥斯汀、北京、柏林、波士顿、布里斯班、布鲁塞尔、夏洛特、芝加哥、达拉斯、多哈、迪拜、沃斯堡、法兰克福、哈里斯堡、香港、休斯敦、伦敦、洛杉矶、墨尔本、迈阿密、米兰、莫斯科、纽瓦克、纽约、橘郡、帕罗奥多、巴黎、珀斯、匹兹堡、波特兰、罗利、科研三角园、旧金山、查尔斯顿、圣保罗、西雅图、首尔、上海、新加坡、悉尼、台北、东京、华沙、华盛顿特区以及威明顿等。

和争端解决、房地产、法律和政策等。

根据 CRP 数据库统计，高盖茨律师事务所目前与旋转门相关的人物有 85 人。图 13 为我们根据 CRP 数据中旋转门关系人物计算出来的该公司与各政府部门的社会关系网络图，与艾金·岗波律师事务所情况类似，涉及美国各核心部门，构成了强大游说影响力的重要支撑。

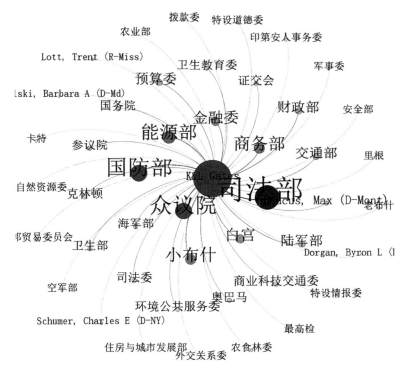

图 13　高盖茨律师事务所旋转门社会网络关系（涉及 49 个部门，其中包含 9 个国会重要议员）
资料来源：CRP 数据库，www.opensecrets.org，样本数据 220 条。

四　旋转门与公司（利益集团）参政：AT&T 公司案例

美国电话电报公司（简称 AT&T）是美国第二大移动运营商，创建于 1877 年，全球五百强排名第 32 名（2012 年），作为美国的老牌跨国电讯公司和美国电信业重要利益集团，其参政方式具有典型性。

（一）成立专门的政府事务部门吸纳旋转门人物

AT&T 内部设有专门处理政府关系与公共事务的部门，并吸纳大量旋转门人物。

该部门员工大多都有国会或者政府工作经历。例如从 2005 年开始担任 AT&T 外部法律事务部主任的詹姆斯·西科尼（James W Cicconi）①，他在任职 AT&T 之前是艾金·岗波律师事务所的合伙人之一，同时詹姆斯在 20 世纪八九十年代都曾在总统行政办公室工作过。他曾担任过老布什总统时期的行政副主管、里根总统特别助理。所以詹姆斯在代表 AT&T 公司处理政府相关事务时具有优势。

如附录 5 所示，AT&T 涉及公共关系，市场等关键岗位都聘用了大量在政府及国会担任过要职的旋转门人物。附录 5 表格中所列举的 AT&T 有政府工作经历的职员，有些曾为参议员/众议员工作，有些之前在政府机构担任职务。附录 5 表格最后一列同时显示了他们从公司到政府、政府到公司，或者从政府到公司再跳回政府部门工作的旋转门过程。

对于 AT&T 而言，更倾向于在涉及政府事务或者行业政策的重要岗位安排有广泛政府人脉资源、对政府内部工作程序非常熟悉的旋转门人物。这样能够保证公司有快速政治反应力，例如联邦通信委员会在某些制度制定中需要听取外部意见，就需要公司能够准确快速做出反应，而不是临时雇佣外部咨询公司及人员。AT&T 公司充分利用旋转门关系建立起来的强大政治能力是保证其在通信行业领域可持续占优的重要保障。据 CRP 数据库数据显示，AT&T 是美国对国会、政府游说投入最多的公司之一，也是美国通信政策及法规领域影响力最大的公司。

（二）维系或支持大量政治行动委员会（PAC）

政治行动委员会（Political Action Committee，以下简称 PAC）是美国的一种由工会、工商界、贸易组织或独立的政治团体组织的，为竞选各级公职的候选人筹集政治资金的非党派的基金管理机构。根据联邦竞选法案（Federal Election Campaign Act）规定，在联邦层面，一个组织在影响联邦选举中只要获得或者花费多于 2600 美元就能称为政治行动委员会（PAC）。简言之，PAC 是一种为政治活动集资的机构，并由委员会自主决定竞选捐款去向。在大公司和利益集团的幕后支持下，PAC 利用手中掌握的资金对美国政治施加影响，使自己成为美国政治中非常重要的力量。AT&T 有专门的预算用于 PAC 捐赠，以达到支持相关竞选人进入政府或国会领导岗位的目的（见表 11）。

如表 11 所示，AT&T 每年向各 PAC 捐款不少于 250 万美元，用于支持自身利益

---

① 附录 5。

方竞选人。AT&T 的捐赠目的性非常明确。在 2011 年该公司年报上明确指出①，如果某立法委员会主任在涉及 AT&T 利益的法案上有投赞成票的记录，或者在公司主营业务所在区域，对公司表示支持的政治领袖竞选对象，公司将进行捐赠。

表 11　PAC 中 AT&T 给竞选人的捐赠

单位：万美元

	PAC 中 AT&T 给竞选人的捐赠	全美 PAC 捐赠排名
2005~2006	323.7	2
2007~2008	315.3	3
2009~2010	332	4
2011~2012	254.3	8
2013~2014	250.4	7
2015~2016	274.4	2

资料来源：CRP 数据库，www.opensecrets.org。

（三）利用旋转门人物和游说公司开展大量游说活动

AT&T 雇佣具有影响力的前国会或政府旋转门人物是公司向国会、政府开展游说的重要策略。雇佣这些旋转门关键人物有三个作用，一是可利用旋转门人物资深的经验对未来公司政策、规章制度做出某些有利的改动，例如防止触犯反垄断法等；二是能够对国会立法机构、在任政府领导施加影响；三是利用旋转门人物开展游说能推动行业法案修改，可以提高市场准入门槛，减少未来潜在竞争者。

根据 CRP 数据库统计，AT&T 每年花费重金聘请专业游说公司团队及旋转门重要人物开展游说活动。图 14 为近 16 年（2000 至 2015 年）来 AT&T 在游说活动上花费的费用，共计 2.73 亿美元，年均约花费 1700 万美元在游说活动上。

我们发现 AT&T 游说业务支出的金额数量与公司发展动向有着明显的正比例关系。如果公司发生兼并和收购业务时，游说费用也明显增加。2011 年 AT&T 公司宣称要收购美国 T－Mobile 公司，当年的游说费用比上一年度增加了 25%。2004 年到 2006 年的费用的上升也是因为 AT&T 公司对 Cingular 公司的收购。同时也可以清晰了解，2007 年以及 2012 年在没有收购业务的时期，游说支出费用明显下降。

AT&T 的游说活动主要包含三个方面，一是积极提供立法建议，引导立法过程

---

① AT&T，www.att.com。

图 14　AT&T 游说活动支出费用

资料来源：CRP 数据库，www. opensecrets. org。

倾向公司利益；二是发布行业法律和管制政策评估报告，向立法者和政府管理机构施压；三是联合行业领域公司集体游说。

（1）立法过程游说：积极提供立法建议，引导立法过程倾向公司利益

在法律制定过程中，利益集团和公司可以合法发表建议，从而替自己所在行业领域和自身公司利益说话。在 2000 至 2010 年联邦通信委员会（简称 FCC）的相关法规制定过程中，AT&T 共计提出超过 7000 多份立法意见及建议。[①]例如 2008 年手机号码转移法规[②]案例。电话号码迁移是指如果用户更换电信运营商，用户有权使用原电信运营商提供的手机号码。在相关法规制定过程中，FCC 拟要求原电信运营商（例如 AT&T）在某一限定时间内配合用户选择的新运营商完成手机号码迁移。但显然这一限时完成号码迁移的要求会给原号码所有运营商在号码迁移业务上增加成本。2008 年 4 月 21 日，AT&T 正式向 FCC 提出建议，指出号码迁移限时完成要求是多余的，最终在 FCC 出台的相关正式法规中取消了手机号码迁移限时完成的规定。类似的立法建议看起来很小，但超过 7000 份类似的建议结合起来能给公司运营成本控制、市场拓展、技术开发等各方面带来巨大的利益。立法过程游说的实质是促使潜在的可能影响公司利益的具体法规条文在该法规正式出台前调整或者删除，从而实现公司利益的最大化。

（2）法律实施反馈：发布行业法规和管制政策实施报告，向立法者和政府管理

---

① 资料来源 CRP 数据库（www. opensecrets. org）。

② FCC Database，Docket 07 - 244.

机构施压

对于已经实施的行业法规及相关管制政策，公司及利益集团可以通过发布行业法规及政策评估报告的方式向管制机构进行施压，迫使其做出对自身公司或利益集团有利的修改。图15为FCC数据库记录的AT&T在2007至2011年间向FCC提交的行业报告/政策评估报告数量，均排在美国通信行业公司前5名。向FCC提交的报告内容主要涉及产品定价、通信特别领域豁免权、助听器标准、通信领域营业许可证等公司重要利益领域。

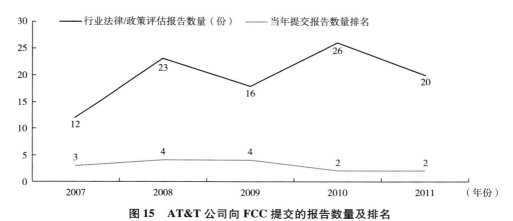

图15　AT&T公司向FCC提交的报告数量及排名

资料来源：CRP数据库，www. opensecrets. org。

（3）联合行业领域公司集体游说

单个公司游说目的是争取获得一定的专属特权，提高行业竞争力。而行业领域集体游说则是为了联合消灭潜在竞争者，给那些准备进入行业领域的公司设立门槛，或者提高已有行业市场准入门槛。例如从1998年到2012年间，通信行业在游说方面共支出44亿美元（不包括政治捐赠）。移动电信和互联网协会（Cellular Telecom and Internet Association）和无线宽带联盟这两个机构作为美国通信行业重要协会，其主要职责之一就是向国会等立法机构开展游说活动。AT&T是这两个协会重要资金支持者之一。

AT&T的例子充分说明大公司对政治游说的重视。AT&T战略思路明确：即参与到政治过程中，影响政策和法律制定。在对国会及政府施加影响方面，对公司来说很关键的一点就是如何选择说客以及找对关键的政治家、议员或者政府官员，这个过程构成了旋转门关键人物丰富的活动空间和灵活的交易条件。

五 2016 年美国总统候选人希拉里、特朗普与旋转门

（一）2016 年总统候选人竞选资金来源对比

表 12 为特朗普、希拉里竞选捐助前十名行业排名对比。前十名的总捐款数中，希拉里是特朗普的 10.27 倍。其中特朗普的捐赠数额超过 100 万的行业主要有退休人员（排名第一，唯一捐款数额超过千万），其次是房地产、各类商业、卫生医疗、各类金融业等。希拉里捐赠行业中的前十名均超过了 1000 万，其中捐赠最多的是与华尔街密切相关的证券投资业。退休人员捐赠占特朗普捐赠第一名和希拉里捐赠第二名的位置，但希拉里收到的退休人员捐赠是特朗普的 3.16 倍。

需要特别指出的是，希拉里与华尔街的关联性很强。据维基解密和著名黑客 guccifer2 纰漏的克林顿基金会资料[①]，在 2008 年美国金融危机时，为了不让银行倒闭，政府通过法案，美国财政部动用七千亿美元购买美国各大银行的不良资产（希拉里在此过程中发挥了重要作用）。各大银行在拿到补偿的同时就给予了克林顿基金会一定额度的捐赠，具体账目请见附录 6。

表 12　特朗普与希拉里竞选捐赠前 10 名资金来源（行业）

单位：万美元

特朗普		希拉里	
捐赠行业	数　额	捐赠行业	数　额
退休人员	＄1444	证券投资业	＄5885
房地产业	＄187	退休人员	＄4567
各类商业	＄154	律师/律所	＄2804
卫生医疗业	＄114	电视/电影/音乐	＄1968
各类金融业	＄75	非营利机构	＄1442
律师/律所	＄65	教育业	＄1371
证券投资业	＄59	医药及卫生行业	＄1331
共和党人/保守派	＄56	妇女相关行业	＄1236
大型建筑承包	＄50	房地产业	＄1208
保险业	＄37	出版业	＄1184
合　计	＄2239	合　计	＄22995

资料来源：CRP 数据库，www.opensecrets.org。

---

① https://guccifer2.wordpress.com/2016/10/04/clinton-foundation/.

（二）2016年总统候选人竞选团队与旋转门

（1）特朗普竞选团队与共和党前资深议员、当前美国旋转门关键人物之一鲍勃·多尔关系密切

在特朗普竞选核心团队中有五人曾是鲍勃·多尔的部下。他们分别是竞选团主席保罗·马纳福特，副经理麦克·格拉斯、吉姆·墨菲，竞选团国家政治部主任、联盟（统战）主任艾伦·科布，代理策略师迈克·谢里。这五人除迈克·谢里外，其他4人均有旋转门相关经历。从旋转门视角看，鲍勃·多尔的三次总统/副总统提名竞选培养了系列骨干竞选人才，多尔作为特朗普的支持者，他曾经的团队也在特朗普竞选中发挥着重要的作用。

（2）希拉里竞选团队的重要力量来自智库美国进步中心①

希拉里竞选核心团队共15人，其中有过旋转门经历的6人。曾在美国进步中心任职的有竞选团主席约翰·波德斯塔（原美国进步中心主席）、宣传部主任詹妮弗·帕尔米耶里（原美国进步中心副主席）、高级政策顾问玛雅·哈里斯（原美国进步中心高级研究员）。

（三）旋转门与希拉里外交：旋转门人物能间接影响外交关系

通过维基解密公布的希拉里邮件资料，我们同时还找到了旋转门人物游说希拉里的直接证据。2010年6月，土耳其商会主席乌米特·博因尔代表土耳其私营公司访美。作为私营公司的代表，她当时受到了高规格的接待，不仅会见了美国国务院欧亚事务部助理国务卿菲利普·戈登，同时还与时任国务卿希拉里进行了会谈。但这一切都是博因尔通过原众议院多数党领袖狄克·盖帕特（民主党）的旋转门游说促成的。袖狄克·盖帕特在2004年退出国会后，创办了自己的游说公司："盖帕特政府事务所。"该公司曾于2007年被《纽约时报》评为替土耳其游说最得力的游说公司。② 博因尔正是通过盖帕特在当年5月的协调，才促成了她与希拉里的会面。过程大致如下：

盖帕特写信给希拉里办公室主任谢里尔·米尔斯询问土耳其商会主席乌米特·博因尔会见希拉里国务卿的可能性（见图16）。办公室主任米尔斯随后将邮件转发给了助理国务卿戈登等人。戈登回复盖帕特说："这次会晤值得安排，并推荐希拉

---

① https://ballotpedia.org/.

② http://www.nytimes.com/2007/10/17/washington/17lobby.html?_r=2.

里会见博因尔", 希拉里看到戈登邮件后同意了戈登的建议（请见图 17）, 从而最终促成了土耳其商会主席乌米特·博因尔与希拉里的会谈。但事实上盖帕特和希拉里关系并不好, 在历史学家泰勒·布朗奇 2010 年 11 月出版的《克林顿的录音带》一书中明确提到希拉里在一次会谈中公开骂盖帕特是混蛋。但盖帕特通过协调助理国务卿戈登, 依然顺利促成了此事。

From: Mills, Cheryl D
To: Sullivan, Jacob J; Gordon, Philip H
Sent: Wed May 05 21:18:07 2010
Subject: FW: Note from Dick Gephardt

Thoughts on this?

From: Dick Gephardt   B6
Sent: Wednesday, May 05, 2010 4:05 PM
To: Mills, Cheryl D
Subject: Note from Dick Gephardt

Dear Cheryl:

I have been asked by the Turkish Embassy, who I represent, to request a meeting with Secretary Clinton for Mrs. Umit Boyner, a prominent Turkish business woman. Such a meeting could be whenever and wherever you determine most convenient for the Secretary -- either in Washington, DC or Turkey.

As you will see from the biographical information below, Mrs. Boyner has had a distinguished career as a businesswoman, and she has also devoted time to philanthropy as well. Mrs. Boyner was recently selected to be the chair person of the board of one of the most prominent Turkish business organizations, the Turkish Industrialists' and Businessmen's Association (TUSIAD) – an organization comparable to the Business Roundtable. I have also attached a document providing additional background information on TUSIAD.

Mrs. Umit is a great admirer of Secretary Clinton's and would be extremely honored to be able to meet with her. I know the Secretary is extremely busy, but I hope she can find a window to meet with Mrs. Umit. Thanks for all you help and my personal regards to Secretary Clinton.

Best,

Dick

图 16 盖帕特牵线推动希拉里与博因尔会见

资料来源：维基解密（wikileaks. org）。

六 美国旋转门利弊分析及需进一步关注的三个问题

旋转门作为一种依附于美国政治体系的利益交换机制, 一直处于动态发展过程

From: H <hrod17@clintonemail.com>
Sent: Wednesday, May 5, 2010 10:40 PM
To: 'millscd@state.gov'
Subject: Re: Note from Dick Gephardt

Ok.

----- Original Message -----
From: Mills, Cheryl D <MillsCD@state.gov>
To: H
Sent: Wed May 05 22:20:16 2010
Subject: FW: Note from Dick Gephardt

See below – you fine with this?

cdm

From: Gordon, Philip H
Sent: Wednesday, May 05, 2010 10:00 PM
To: Mills, Cheryl D; Sullivan, Jacob J
Subject: Re: Note from Dick Gephardt

Recommend she do it. In fact we had arranged for a meeting in March but Ms. Boyner's trip was cancelled. We can send up a new meeting request.

图 17　助理国务卿戈登帮忙，希拉里同意与博因尔会见
（希拉里当时使用邮箱 hrod17@clintonemail. com）

资料来源：维基解密（wikileaks. org）。

中。旋转门带来了腐败问题，但旋转门作为一种政治沟通机制和人才流转渠道同时也发挥着积极的作用。美国联邦层面采取了不断疏导和规范的方式，如出台游说信息公开法、国会议员退休任职限定条例等，从增强旋转门公开透明度和加强政府人员行为约束两方面着手推动旋转门朝着相对良性的方向发展。

（一）美国旋转门利弊分析

早在 2009 年，经济合作与发展组织（OECD）报告就指出，美国旋转门与 2008 年金融危机有直接的关系，并对美国当局施压，要求美国加强因为旋转门所产生的

图 18　美国国会部分区域明确告示禁止说客进入

资料来源：《华盛顿邮报》官网新闻版 2014.1.22。

摄影记者：帕特里克·曼斯基。

公共部门和私人部门之间腐败的监管[1]。但从本报告所反映的情况来看，美国旋转门近十余年以来，不仅没有得到有效抑制，而且发展迅速。据《华盛顿邮报》报道，近年来美国旋转门说客增长迅速，国会不堪其扰，有的办公区域直接贴出了"禁止说客进入"的告示（见图 18）[2]。

不可否认的是，旋转门的影响是利弊同时存在的。首先如前文所述，对国会、政府各部门而言，旋转门提供了较为灵活的公立部门与私人部门之间的沟通机制，也提高了政府与社会之间的人才交换流动性，特别是在立法与政策制定方面，更有利于综合各方面利益及实际问题，提供较为实际可行的规范体系；其次，对私人部门而言，各类企业组织雇佣离任官员，特别是技术官僚能提高其产品的针对性，并利用这些官员们在政府公共部门任职时积累的能力经验提升生产力和效益，也使得这些退休官员们能发挥余热。但与此同时，旋转门也带来了隐性利益交换和腐败问题，影响公平。特别是那些有能力雇佣政府离任官员和没有此能力的公司之间的不公平竞争问题，对正常的市场竞争及社会运行会构成潜在危害。

（二）美国旋转门需进一步关注的三个问题

（1）进一步加强对旋转门关键人物的跟踪了解，及时跟进相关信息分析

本报告发现旋转门人物的作用不仅与其本身原有官阶和影响力有关，更重要的是其在关键问题上是否能联系上关键岗位上的关键人物。这种社会网络的有效性直

---

[1]　Miller . D, Dinan W. , "Revolving Doors, Accountability and Transparency – Emerging Regulatory Concerns and Policy Solutions in the Financial Crisis 2009", http：//storre. stir. ac. uk/handle/ 1893/21777#. V_ oVpyRHWx8.

[2]　https：//www. washingtonpost. com/news/the – fix/wp/2014/01/22/the – revolving – door – between – congress – and – k – street – is – moving – faster – than – ever/.

接决定了旋转门人物的价值。旋转门为政府及国会职员提供了将自身关系变为物质收益的转换机制，也为及时研究美国政局变化提供了契机。因为根据美国 LDA 法案，美国旋转门人物资料都是公开的，所以通过对其关键人物的跟踪与信息分析，依托当前计算机技术，可以实现对美国联邦层面政治发展进行精细化计算和预测，从而为中美关系提供更多量化参考指标。

（2）进一步细化和评估美国核心游说公司对国会、总统及政府的影响

游说公司充当了利益集团代理人角色，游说公司游说动向，直接反映了美国政治角力及其走向。当前中国的二轨外交机制主要是注重与美国智库的来往。但游说公司的政策意图和利益指向更为直接和明显，对相关问题的进一步细化研究可弥补当前中美智库来往及相关二轨外交活动存在的功能性不足问题。

（3）进一步深化对美国本土公司/利益集团与美国立法和政府行为联动机制的了解

我们目前无法确认华为、中兴等公司进入美国市场所遭遇的重重阻力是否与AT&T 等通信领域大公司有直接关联。但从本报告 AT&T 的游说影响力和游说行为看，至少能说明 AT&T 对本国同行竞争对手是毫不手软的，一直致力于通过立法或者修改行业规则直接将潜在对手扼杀在摇篮中。旋转门机制为剖析美国本土公司及利益集团与国会、政府等互动提供了抓手。这对进一步了解其联动机制，对中国企业进军美国市场有直接参考价值。

1-52 · *Senators and Staffs*

Slade Gorton

R –Washington
Reelection Year: 1994

Began Service: 1981-87; 1989

SH-730 Hart Senate
Office Building
Washington, DC
20510-4701

(202) **224-3441**

FAX: (202) 224-9393

4- 9393

BIOGRAPHICAL
Born: 1/8/28
Home: Seattle
Educ.: A.B., Dartmouth Col.; LL.B., Columbia U.
Prof.: Attorney; U.S. Senate, 1981-87
Rel.: Episcopalian

KEY STAFF AIDES

Name	Position	Legislative Responsibility
J. Vander Stoep	Chf. of Staff	*Jack MRAE 4 3605*
Veda Jellen (206-553-0350)	State Dir.	
Deborah Brunton (224-3431)	Press Secy.	
Debbie Bergh (224-3415)	Dep. Press Secy.	
John McQuade	Office Mgr./Scheduler	*4- 3321*
Sam Spina	Legis. Dir.	
Jim Blundell	Sr. Legis. Asst.	Interior, Environment/Natural Resources
Terri Claffey	Sr. Legis. Asst.	Commerce Committee; Transportation, Communication, Science, Fisheries, Aviation, National Ocean Policy Study
Jim McVey	Sr. Legis. Asst.	Appropriations (Legislative and D.C. Subcommittees) and Select Indian Affairs Committee; Budget, Finance
Krista Eichler	Legis. Asst.	Defense, Military, Veterans
Bruce Evans	Legis. Asst.	Energy (Hanford), Banking, Housing
John Kelly	Legis. Asst.	Appropriations Committee; Labor, Education, Judiciary, Human Resources
Jeff Roe	Prof. Staff	Agriculture, Trade, Foreign Affairs, Water, Bureau of Reclamation

COMMITTEE ASSIGNMENTS

Committee	Subcommittee(s)
Appropriations	Legislative Branch, *Ranking Minority Member* • District of Columbia • Interior and Related Agencies • Labor, Health and Human Services, Education, and Related Agencies
Commerce, Science, and Transportation	Consumer, *Ranking Minority Member* • Aviation • Communications • National Ocean Policy Study
Ethics (Select)	No subcommittees
Indian Affairs (Select)	No subcommittees
Intelligence (Select)	No subcommittees

OTHER POSITIONS
Concerned Senators for the Arts • Caucus on Deficit Reduction and Economic Growth • Senate Wine Caucus • Senate Republican Task Force on Health Care

STATE OFFICES
3206 Jackson Federal Office Bldg., 915 Second Ave., Seattle, WA 98174 . . . . . (206) 553-0350
130 Federal Office Bldg., 500 W. 12th St., Vancouver, WA 98660 . . . . (206) 696-7838
697 U.S. Courthouse, W. 920 Riverside, Spokane, WA 99201 . . . . (509) 353-2507
Room 119, Morris Bldg., 23 So. Wenatchee Ave., Wenatchee, WA 98801 . . . . (509) 663-2118

Summer 1992 © *Congressional Yellow Book*

附录 1. 斯莱德·戈顿档案资料（部分）

BEN NIGHTHORSE CAMPBELL
COLORADO

United States Senate
WASHINGTON, DC 20510-0605

BIOGRAPHY

BEN NIGHTHORSE CAMPBELL

Colorado's U.S. Senator, Ben Nighthorse Campbell, was born in Auburn, California, April 13, 1933. His parents were Mary Vierra, a Portugese immigrant, and Albert Campbell, a Northern Cheyenne Indian. Campbell is the only American Indian presently serving in either the House of Representatives or the United States Senate. He received a bachelors degree in physical education and fine arts from San Jose State University in 1957 and later attended Meiji University in Tokyo in 1960 as a special research student. Before entering college, Campbell served in the U.S. Air Force in 1951-53, stationed in Korea, attaining the rank of Airman 2nd Class. Campbell is a self-employed jewelry designer, rancher, and was a trainer of champion quarter horses. He was elected to the Colorado State Legislature in 1982 where he served for four years. Campbell is married to the former Linda Price, and is the father of two grown children: Colin and Shanan.

CONGRESSIONAL

Elected to the U.S. Senate November 3, 1992 -- the first American Indian to serve in Congress in more than 60 years.

Won appointments to three key Senate Committees: Energy and Natural Resources, Banking, Housing and Urban Affairs, and the Democratic Policy Committee. He is currently being considered for the Select Committee on Indian Affairs.

Served 1987-92 in the U.S. House of Representatives, representing Colorado's Third District. Served on the House Committees on Agriculture and Interior and Insular Affairs.

A leader in public lands and natural resources policy, recognized for initiating the passage of landmark legislation to settle American Indian water rights, and in the forefront of sponsoring and fighting for legislation to protect Colorado wilderness and water rights.

In 1991, won fight to change name of the Custer Battlefield Monument in Montana to the Little Bighorn National Monument -- legislation that honors American Indians who died in battle.

Initiated and passed legislation to establish the National Museum of the American Indian.

A leader in developing preventive treatment program to battle Fetal Alcohol Syndrome.

ACHIEVEMENTS AND AWARDS

Inducted into Council of 44 Chiefs, Northern Cheyenne Tribe, Lame Deer, Montana.

All-American in judo; captained the U.S. Olympic Judo Team at Tokyo Games in 1964; Gold-medal winner in Pan-American Games of 1963; coached the U.S. International Team.

Selected by Newsweek magazine as one of 20 "people to watch" for policy and future of the American West.

Voted one of Ten Best Legislators in 1986 by colleagues for the Denver Post and News Center 4 survey.

Recipient of more than 200 first place and best-of-show awards for jewelry design.

JUL-01 1994 14:53 FROM AAOL   TO   4566465   P.005.006

Jefords (R-VT)	supports UC, prefers to call mandate "shared responsibility"	OK
Kohl (D-WI)	supports UC, not sure on EM - concerned about impact on business	might support
Simpson (R-WY)	wants UC, supports EM or IM	supports

The following Senators indicated they would support health care reform that achieves universal coverage through an employer mandate and that guarantees a defined package of benefits:

Campbell (D-CO)
Dodd (D-CT)
Simon (D-IL)
Harkin (D-IA)
Mitchell (D-ME)
Mikulski (D-MD)
Riegle (D-MI)
Bingaman (D-NM)
Pell (D-RI)
Daschle (D-SD)
Sasser (D-TN)
Leahy (D-VT)
Murray (D-WA)
Rockefeller (D-WV)

附录 2. 坎贝尔·本·莱特豪斯白宫档案（部分）

THE WHITE HOUSE

WASHINGTON

April 21, 1975

MEMORANDUM FOR: Mr. Rumsfeld/Mr. Cheney
                    Mr. Buchen/Mr. Hills
                    Mr. Marsh/Dr. Wolthuis
                    General Scowcroft/Colonel McFarlane

FROM: JAMES A. WILDEROTTER

SUBJECT: Studies requested by the
                    Church Committee

On April 16, I transmitted abstracts of six studies of the CIA or specific intelligence activities requested by the Church Committee. Since that time, these studies have been available for your review in the Situation Room.

I recommend that we permit the Church Committee Staff Director (Miller), Chief Counsel (Schwarz), Minority Counsel (Smothers) and Task Force Director (Aaron) to review at the CIA five of the six reports listed in the April 16 memorandum -- with the exception of the Bissel Report on a "Review of Selected NSA Cryptanalytic Efforts, February 19, 1965" -- and that we later provide the Committee with a classified paraphrased copy of these five reports. I also recommend that I be authorized to discuss the subject matter of the Bissell Report generally with Messrs. Miller, Schwarz and Smothers to elicit their views as to whether this is one that they prefer be discussed with Senators Tower and Church.

Attached are forms on which to indicate your approval/disapproval, etc. of these recommendations.

Attachments

DECLASSIFIED
E.O. 12356, Sec. 3.4.
MR 91-13, #10, NSC ltr 1/5/93
By KBH NARA, Date 1/27/93

附录 3. 詹姆斯·A. 维尔德罗特白宫 CIA 解密文件

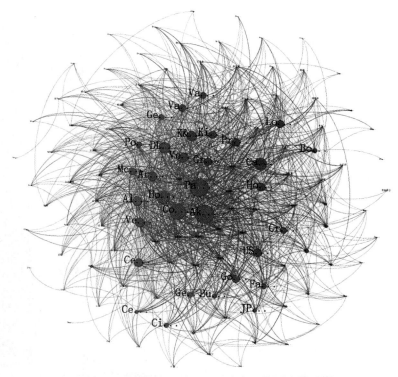

附录4 旋转门涉及游说公司社会网络强度关系图

资料来源：CRP 数据库，www. opensecrets. org，样本数据 32770 条。

附录5 AT&T 公司与旋转门

姓　名	在 AT&T 的职位	之前在公共部门职位	党　派	旋转顺序
Amy Andryszak	说客	众议员吉姆·马西森的办公室主任	D	A
Cresencio Arcos	公共政策高级总监	洪都拉斯国土安全大使国际事务秘书 国务院高级副秘书助理	R	B‐G
Robert Arensberg	执行董事	参议员康拉德·博拉斯法律援助	R	G
Mary Amold	国会与立法事务总监	参议员保拉·霍金斯的助手	R	G
Dorothy Attwood	公共政策高级总监	联邦通信委员会办事处主任		G
Michael Balmoris	执行董事	联邦通信委员会公共事务联络部 众议员爱德华·马尔凯特的助手	D	
Kelly Bingel	联邦政府关系部主任	参议员布兰奇·林肯的办公室主任	D	B‐G
Martina L. Bradford	—	众议员西尔维奥·孔蒂的助手 参议员约翰·海因茨的助手	R	
Robert M. Brown	—	众议员查尔斯·马赛厄斯特别助理 陆军部国会事务	R	G

姓　名	在 AT&T 的职位	之前在公共部门职位	党　派	旋转顺序
Jot Carpenter	政府事务总监	众议员迈克尔·奥克斯莱立法助理	R	G
James W. Cicconi	立法事务高级执行总监	老布什总统时期办公室副主任 总统过渡期工作人员 里根总统时期特别助理国务院总顾问	R	G
John D. Cohen	公共事务的地区总监	众议院司法委员会首席调研员 海军部特别代理商		G
Troup B. Coronado	联邦政府关系总监助理	参议院司法委员立法人员参议员奥林·哈奇的立法助理	R	G
William Daley	SBC 总裁	艾伯特·戈尔总统竞选团队主席 克林顿总统特别顾问 克林顿政府商务部部长	D	G
Brian F. Fontes	法规事务总监	联邦通信委员会办公室主任		G
Brent R. Heberlee	政府关系执行董事	参议员哈里·瑞德的实习生 众议员詹姆斯·比尔布雷的立法主任 参议员理查德·布莱恩的立法主任	D	G
Barry Hutchison	公共事务执行董事	众议院议长纽特·金里奇的助手	R	G
Peter Jacoby	联邦政府关系总监	克林顿总统的助理	D	G
Broderick D. Johnson	国会关系总监	奥巴马 2012 总统竞选高级顾问 奥巴马 2008 总统竞选顾问 克林顿政府国会事务 众议院住房、教育委员会顾问 众议院政府改革委员会首席顾问	D	B－G
Kevin Joseph	国会与立法事务总监	众议院商务委员会立法助理		
Sean Kennedy	说客	奥巴马政府立法事务特别助理 参议员克莱尔·麦克卡斯基办公室主任 众议员理查德·格普哈特立法主任	D	B－G
David B. Krone	政府关系执行总监	参议员哈里·瑞德办公室主任	D	A
Douglas E. Lavin	公司战略部主任	联邦航空局行政助理		G
Scott Nishioki	政府关系事务	众议员吉姆·科斯塔办公室主任	D	A
Christopher A. Padilla	商品市场部主任	商务部负责国际贸易副部长 美国贸易代表处	R	B－G
John R. Reilly	立法事务主任	联邦贸易委员会理事 司法部副部长助理 反垄断部门出庭律师	D	G

续表

姓　名	在 AT&T 的职位	之前在公共部门职位	党　派	旋转顺序
Desiree Rogers	顾客服务经理	奥巴马政府白宫社交部长	D	A
William H. Shute	—	众议员鲍勃·惠塔克立法助理	R	G
Dorothy Walsh	—	参议员比尔·内尔森立法助理	R	G
Patrick H. Williams	联邦政府关系总监	众议员吉姆·布兰查德工作人员 众议员丹尼斯·赫特尔工作人员	D	G
Laura Zuckerman	总监助理	众议员史蒂夫·拜耳办公室副主任	R	G

说明：党派：R 代表共和党，D 代表民主党

旋转顺序：A 表示先在 AT&T 公司然后到政府工作；

G 表示从政府到 AT&T 公司工作；

B－G 表示从政府到 AT&T 工作然后又回到政府工作。

附录6　2008 年政府购买银行不良资产后克林顿基金会收到的银行捐赠（部分）

会员名称 Member	银行名称 Bank	捐赠额度 Amount of Donation	不良资产总额 Tarp Funds
Barney Frank	Bank of America	$17, 000. 00	$15, 000, 000, 000. 00
Barney Frank	Bank of New York Mellon	$2, 000. 00	$3, 000, 000, 000. 00
Barney Frank	Capital One	$6, 000. 00	$3, 555, 199, 000. 00
Barney Frank	Citigroup	$7, 500. 00	$25, 000, 000, 000. 00
Barney Frank	Fifth Third	$2, 000. 00	$3, 408, 000, 000. 00
Barney Frank	Goldman Sachs	$10, 000. 00	$10, 000, 000, 000. 00
Barney Frank	Huntington Bancshares	$1, 000. 00	$1, 398, 071, 000. 00
Barney Frank	JP Morgan	$10, 000. 00	$25, 000, 000, 000. 00
Barney Frank	KeyCorp	$2, 500. 00	$2, 500, 000, 000. 00
Barney Frank	Merril Lynch	$2, 000. 00	$10, 000, 000, 000. 00
Barney Frank	Morgan Stanley	$10, 000. 00	$10, 000, 000, 000. 00
Barney Frank	Wells Fargo	$7, 000. 00	$25, 000, 000, 000. 00
Carolyn Maloney	Bank of America	$10, 000. 00	$15, 000, 000, 000. 00
Carolyn Maloney	Bank of New York Mellon	$2, 500. 00	$3, 000, 000, 000. 00
Carolyn Maloney	Citigroup	$3, 500. 00	$25, 000, 000, 000. 00
Carolyn Maloney	Goldman Sachs	$7, 000. 00	$10, 000, 000, 000. 00
Carolyn Maloney	JP Morgan	$10, 000. 00	$25, 000, 000, 000. 00
Carolyn Maloney	Merril Lynch	$2, 500. 00	$10, 000, 000, 000. 00
Carolyn Maloney	Morgan Stanley	$5, 000. 00	$10, 000, 000, 000. 00

会员名称 Member	银行名称 Bank	捐赠额度 Amount of Donation	不良资产总额 Tarp Funds
Carolyn Maloney	Wells Fargo	$5,000.00	$25,000,000,000.00
Chris Van Hollen	Bank of America	$3,000.00	$15,000,000,000.00
Chris Van Hollen	Citigroup	$5,500.00	$25,000,000,000.00
Chris Van Hollen	Goldman Sachs	$5,000.00	$10,000,000,000.00
Chris Van Hollen	JP Morgan	$1,000.00	$25,000,000,000.00
Chris Van Hollen	Morgan Stanley	$1,000.00	$10,000,000,000.00
DCCC	Bank of America	$5,000.00	$15,000,000,000.00
DCCC	Capital One	$25,000.00	$3,555,199,000.00
DCCC	Citigroup	$22,500.00	$25,000,000,000.00
DCCC	Comerica Inc PAC	$1,000.00	$2,250,000,000.00
DCCC	Goldman Sachs	$30,000.00	$10,000,000,000.00
DCCC	JP Morgan	$30,000.00	$25,000,000,000.00
DCCC	Morgan Stanley	$15,000.00	$10,000,000,000.00
DCCC	PNC	$2,500.00	$7,579,200,000.00
DCCC	Wells Fargo	$30,000.00	$25,000,000,000.00
James Clyburn	Bank of America	$20,000.00	$15,000,000,000.00
James Clyburn	Capital One	$4,000.00	$3,555,199,000.00
James Clyburn	Citigroup	$8,500.00	$25,000,000,000.00
James Clyburn	Goldman Sachs	$10,000.00	$10,000,000,000.00
James Clyburn	JP Morgan	$22,500.00	$25,000,000,000.00
James Clyburn	Merril Lynch	$5,000.00	$10,000,000,000.00
James Clyburn	Morgan Stanley	$6,000.00	$10,000,000,000.00
James Clyburn	Wells Fargo	$10,000.00	$25,000,000,000.00
John Larson	Bank of America	$2,500.00	$15,000,000,000.00
John Larson	Citigroup	$4,000.00	$25,000,000,000.00
John Larson	Goldman Sachs	$2,000.00	$10,000,000,000.00
John Larson	JP Morgan	$2,500.00	$25,000,000,000.00
John Larson	Merril Lynch	$1,000.00	$10,000,000,000.00
John Larson	Morgan Stanley	$2,000.00	$10,000,000,000.00
Luis Gutierrez	Goldman Sachs	$2,500.00	$10,000,000,000.00
Mel Watt	Bank of America	$7,000.00	$15,000,000,000.00
Mel Watt	Capital One	$4,000.00	$3,555,199,000.00

会员名称 Member	银行名称 Bank	捐赠额度 Amount of Donation	不良资产总额 Tarp Funds
Mel Watt	Citigroup	$ 5, 000. 00	$ 25, 000, 000, 000. 00
Mel Watt	Goldman Sachs	$ 5, 000. 00	$ 10, 000, 000, 000. 00
Mel Watt	JP Morgan	$ 5, 000. 00	$ 25, 000, 000, 000. 00
Mel Watt	Merril Lynch	$ 2, 000. 00	$ 10, 000, 000, 000. 00
Mel Watt	Morgan Stanley	$ 2, 000. 00	$ 10, 000, 000, 000. 00
Nancy Pelosi	Bank of America	$ 5, 000. 00	$ 15, 000, 000, 000. 00
Nancy Pelosi	Citigroup	$ 10, 000. 00	$ 25, 000, 000, 000. 00
Nancy Pelosi	Goldman Sachs	$ 20, 000. 00	$ 10, 000, 000, 000. 00
Nancy Pelosi	JP Morgan	$ 22, 500. 00	$ 25, 000, 000, 000. 00
Nancy Pelosi	Morgan Stanley	$ 10, 000. 00	$ 10, 000, 000, 000. 00
Nancy Pelosi	Wells Fargo	$ 10, 000. 00	$ 25, 000, 000, 000. 00
Paul Kanjorski	Bank of America	$ 7, 000. 00	$ 15, 000, 000, 000. 00
Paul Kanjorski	Bank of New York Mellon	$ 8, 000. 00	$ 3, 000, 000, 000. 00
Paul Kanjorski	Capital One	$ 4, 500. 00	$ 3, 555, 199, 000. 00
Paul Kanjorski	Citigroup	$ 6, 500. 00	$ 25, 000, 000, 000. 00
Paul Kanjorski	Goldman Sachs	$ 10, 000. 00	$ 10, 000, 000, 000. 00
Paul Kanjorski	Huntington Bancshares	$ 1, 000. 00	$ 1, 398, 071, 000. 00
Paul Kanjorski	JP Morgan	$ 12, 500. 00	$ 25, 000, 000, 000. 00
Paul Kanjorski	Merril Lynch	$ 5, 000. 00	$ 10, 000, 000, 000. 00
Paul Kanjorski	Morgan Stanley	$ 9, 000. 00	$ 10, 000, 000, 000. 00
Paul Kanjorski	PNC	$ 2, 500. 00	$ 7, 579, 200, 000. 00
Paul Kanjorski	State Street	$ 3, 000. 00	$ 2, 000, 000, 000. 00
Paul Kanjorski	SunTrust	$ 1, 000. 00	$ 4, 850, 000, 000. 00
Paul Kanjorski	Wells Fargo	$ 10, 000. 00	$ 25, 000, 000, 000. 00
Steny Hoyer	Bank of America	$ 17, 500. 00	$ 15, 000, 000, 000. 00
Steny Hoyer	Capital One	$ 7, 500. 00	$ 3, 555, 199, 000. 00
Steny Hoyer	Citigroup	$ 10, 000. 00	$ 25, 000, 000, 000. 00
Steny Hoyer	First Horizon	$ 250. 00	$ 866, 540, 000. 00
Steny Hoyer	Goldman Sachs	$ 10, 000. 00	$ 10, 000, 000, 000. 00
Steny Hoyer	JP Morgan	$ 20, 000. 00	$ 25, 000, 000, 000. 00
Steny Hoyer	KeyCorp	$ 2, 000. 00	$ 2, 500, 000, 000. 00
Steny Hoyer	Merril Lynch	$ 5, 000. 00	$ 10, 000, 000, 000. 00

会员名称 Member	银行名称 Bank	捐赠额度 Amount of Donation	不良资产总额 Tarp Funds
Steny Hoyer	Morgan Stanley	$13, 500.00	$10, 000, 000, 000.00
Steny Hoyer	SunTrust	$500.00	$4, 850, 000, 000.00
Steny Hoyer	Wells Fargo	$10, 000.00	$25, 000, 000, 000.00
Xavier Beccera	Bank of America	$3, 500.00	$15, 000, 000, 000.00
Xavier Beccera	Citigroup	$3, 500.00	$25, 000, 000, 000.00
Xavier Beccera	Goldman Sachs	$2, 000.00	$10, 000, 000, 000.00
Xavier Beccera	JP Morgan	$1, 000.00	$25, 000, 000, 000.00
Xavier Beccera	Morgan Stanley	$1, 000.00	$10, 000, 000, 000.00
Xavier Beccera	Popular	$4, 600.00	$935, 000, 000.00
Xavier Beccera	Wells Fargo	$6, 000.00	$25, 000, 000, 000.00

资料来源：https：//guccifer2. wordpress. com/2016/10/04/clinton – foundation/。

图书在版编目（CIP）数据

2016 年的中国与世界／中国社会科学院国家全球战
略智库编. -- 北京：社会科学文献出版社，2017.11
ISBN 978 - 7 - 5201 - 0716 - 7

Ⅰ. ①2… Ⅱ. ①中… Ⅲ. ①中国 - 国情 - 研究 -
2016②国际政治 - 研究 - 2016 Ⅳ. ①D6②D5

中国版本图书馆 CIP 数据核字（2017）第 088110 号

2016 年的中国与世界

编　　者／中国社会科学院国家全球战略智库

出 版 人／谢寿光
项目统筹／祝得彬
责任编辑／祝得彬　刘学谦　刘　娟　李　敏

出　　版／社会科学文献出版社·当代世界出版分社（010）59367004
　　　　　地址：北京市北三环中路甲 29 号院华龙大厦　邮编：100029
　　　　　网址：www.ssap.com.cn
发　　行／市场营销中心（010）59367081　59367018
印　　装／三河市东方印刷有限公司

规　　格／开　本：787mm × 1092mm　1/16
　　　　　印　张：35　字　数：649 千字
版　　次／2017 年 11 月第 1 版　2017 年 11 月第 1 次印刷
书　　号／ISBN 978 - 7 - 5201 - 0716 - 7
定　　价／168.00 元

本书如有印装质量问题，请与读者服务中心（010 - 59367028）联系